이벤트 연출론

이벤트 연출론

사단법인 한국이벤트협회 저 | 한국이벤트학회 감수

학지사

머리말

현대는 '이벤트의 시대'라고 생각될 만큼 이벤트가 우리 삶 속 깊숙이 자리하고 있다. 생일, 웨딩 등과 같은 개인적인 이벤트에서 스포츠와 문화, 산업의 영역까지 다양한 형태로 우리와 함께하고 있다. 그러나 이벤트에 대한 뚜렷한 정의나 범위가 정리되어 있지 않고, 이벤트 종사자 또한 정체성에 대한 고민으로 힘들어하고 있다. 게다가 명확한 산업분류군으로 자리매김하지 못하고 문화예술의 한 분야로 인정받지도 못하는 안타까운 현실이다.

영화가 끝나면 엔딩 크레딧이 올라간다. 이는 영화에 참여한 배우, 스태프 등에 대한 감사의 의미를 담고 있다. 사람들은 감명 깊게 본 뮤지컬의 제작자가 누구이고 음악감독은 누구인지, 자신이 즐겨 보는 드라마의 작가와 감독은 누구인지 관심을 가지거나 혹은 이미 알고 있다. 이렇듯 우리가 문화예술이라고 일컫는 모든 장르에는 그것에 관여한 제작자, 저작자, 감독, 스태프 등이 명확하게 알려져 있다. 하지만 아시안게임 개막식을 보면서는 이 행사의 실질적인 기획자가 누구인지, 음향감독이 누구인지 알려고 하지 않고 관심조차 없다. 지역의 축제를 신나게 즐기면서 이 축제의 기획자가 누구인지, 이 축제를 만들기 위해 어떤 사람들이 준비하고 함께했는지 알려고 하지 않는다. 이러한 행사들을 실질적으로 기획하고 진행하는 사람들, 그들이 바로 이벤트 종사자이다. 이벤트에 대한 정체성이 모호한 현실에서는 다른 의견이 있을 수도 있지만, 적어도 현장에 있는 이벤트 종사자들은 자신이 스포츠, 공연, 축제, 전시, 박람회, 퍼레이드부터 기업의 프로모션까지 다양한 분야에 직간접적으로 관여하고 있다고 생각한다.

성공적인 행사를 만들기 위해서는 행정, 교통, 홍보, 경제 등 다양한 분야에서 전문가의 참여가 필요하고, 개최 지역민이나 행사 참가자들의 적극적인 노력도 필요하다. 그러나 이를 기획하고 운영하는 이벤트 프로듀서 또는 이벤트 플래너, 무대, 음향, 조명, 영상, 특수효과 등의 시스템, 설치물, 장식물 및 인쇄물, 안전, 경호, 공연자 등 각 분야 전문가들의 유기적인 네트워킹으로 비로소 하나의 행사가 완성된다.

또한 산업으로서의 이벤트는 성장 잠재력이 매우 높은 유망산업이다. 한국고용정보원 자료에 의하면 정부의 여타 소비지출사업보다 일자리 창출효과가 큰 고용 친화적 수단이 이벤트이다.

이와 같이 이벤트는 다양하고 긍정적인 효과가 있고 실질적으로 여러 분야에서 기여하고 있지만 이벤트산업이나 이벤트 종사자들은 아웃사이더 취급을 받는다. 성공한 드라마의 제작사나 제작자, 유명스타가 소속된 기획사 또는 CEO들은 문화산업의 리더로서 사회적인 관심과 조명을 받는다. 하지만 지역이나 한국을 대표하는 축제를 기획하고 만드는 이벤티스트에게는 아무도 관심이 없다. 여러 관련 사업이나 업종들은 법률적 · 행정적 지원을 받고 있지만 이벤트는 아직도 언저리를 맴돌 뿐이다. 이벤트 종사자들에 대한 엄청난 존경과 대우를 바라는 게 아니다. 다만, 조그만 관심과 정확한 인식이 필요하기에 많은 이벤트인은 우리 주변에서 접하는 수많은 행사가 그들의 노력과 열정으로 만들어진다는 사실을 알리고자 노력하고 있다.

2009년, 이벤트 종사자들의 정체성에 대한 고민과 당시 신종플루를 겪으면서 리스크에 너무 취약했던 업계의 어려움 등 다양한 문제를 함께 풀어 보고자 전국의 이벤트인들이 모였다. 그리고 2010년, 10개 지회 1,500여 명의 회원이 뭉쳐 「이벤트산업진흥법」 제정과 이벤트업종의 독립적인 산업군 형성, 이벤트 종사자들의 권익 신장을 통한 우리나라 이벤트산업의 발전을 목적으로 하는 사단법인 한국이벤트협회를 창립하였다.

창립 이래 협회는 적극적이고 다양한 활동을 펼쳐 왔고, 특히 이벤트의 정체성 확립과 전문성 획득을 위해 지속적인 노력을 하고 있다. 그 일환으로 「자격기본법」 개정 후 2013년부터 업계 최초로 이벤트 연출사 자격증을 발급해 오고 있으며, 국가공인 민간자격으로 공인받기 위해 착실히 준비하고 있다. 이러한 가운데 자격증의 검증과정을 위한 기본 교재의 필요성이 발생함에 따라, 또한 이벤트 관련 학과 학생과 이벤트 현장의 초보자들에게 조금이라도 실질적인 도움이 되는 입문서가 되고자 이 책을 출간하게 되었다.

이 책은 12개 장으로 구성되어 있으며, 이벤트의 개요, 효과, 역할에서 기획, 연출, 시스템, 홍보 분야에 이르기까지 폭넓은 내용을 담고 있다. 이론적 부분을 소홀히 하지 않으면서 현장에서 필요한 실용적인 부분까지 담고자 노력했다. 그러나 방대한 내용을 포함하려다 보니 각 장마다 다소 부족한 부분도 있고, 원고 마감 후 편찬 준비 과정이 늦어지면서 원고 집필 시점과 출간 시점 사이의 간격으로 인해 일부 내용이 트렌드에 맞지 않는 점 등은 아쉬움이 남는다. 향후 미흡한 부분을 보완해 가면서 좋은 교재들이 지속적으로 출간되도록 노력하겠다.

이 책이 나오기까지 많은 분의 헌신과 지원이 있었다. 먼저, 공동으로 집필해 주신 한국지역문화이벤트연구소 이각규 소장님, 월드커뮤니케이션 김정로 회장님, 한국이벤트경영연구소 신창열 소장님과 감수를 해 주신 한국이벤트학회장이신 중부대학교 이찬도 교수님과 모든 학회 회원, 특히 본 협회에 지속적인 관심과 지원을 아끼지 않으시는 수성대학교 정두진 교수님과 오산대학교 이완복 교수님께 감사의 인사를 드린다.

또한 이 책을 출간하기까지 시간과 노력을 아끼지 않으신 편찬위원장 호서대학교 정철상 교수님과 편찬위원으로 도움을 주신 장윤열 직전회장, 신백수 수석부회장, 손정호 · 배영섭 부회장, 이정태 · 박나아리 감사, 박연성 사무처장, 이삼수 의전실장, 홍순정 전북지회장과 장일현, 이광용, 이은수, 최준호, 윤삼호, 이호, 강철원, 강진영, 오세욱 지회장, (주)호서이엔씨 염미진 대표께도 감사의 인사를 드린다. 끝으로 이 책의 출간을 흔쾌히 수락해 주신 학지사 김진환 사장님과 지면에서 모두 소개하지 못했지만 출간을 위해 물심양면으로 도움을 주신 모든 협회 임원 및 회원 여러분께 진심으로 감사를 전한다.

2018년 2월
사단법인 한국이벤트협회
회장 조정환, 편찬위원장 정철상

차례

제1장

이벤트 개요

1. 이벤트의 개념 및 정의

"이벤트란 무엇인가?"라는 질문을 받고 정확하게 대답할 수 있는 사람은 의외로 드물다. 그리고 대답을 하더라도 그 내용은 각양각색이다. 이벤트에 돈을 투자하는 투자자와 이벤트를 제작하는 제작자에게 질문하면 대답은 각자의 입장에 따라 다르다. 사람에 따라 이벤트에 대한 시각은 다르지만 분명한 것은 현대는 이벤트시대라는 것이다. 이른바 '이벤트의 일상화'라고 해도 과언이 아니다. 따라서 이 장에서는 이벤트의 기능과 정의, 목적과 사회적 역할 그리고 분류방법에 관하여 기본적인 내용을 정리하였다. 이벤트 분야에 종사하는 경우 산업적인 측면과 기술적인 측면이 있지만 여기에서는 커뮤니케이션 미디어의 측면에서 그 본질적 의미를 서술하기로 한다.

1) 이벤트의 기능과 정의

이벤트의 기능을 정리하면 핵심은 '커뮤니케이션 기능'이라고 할 수 있다. 그것도 다른 커뮤니케이션 미디어와 비교한다면, 참가대상에게 직접적으로 내용을 전달할 수 있다는 것이다.

(1) 이벤트의 기능

이벤트를 미디어론적으로 말하면, 제1의 미디어가 문자, 제2의 미디어가 영상, 제3의 미디어가 정보통신기술(ICT)을 활용한 멀티미디어이며, 이벤트는 FACE TO FACE의 미디어, 즉 제4의 미디어라고 할 수 있다. 이벤트는 '정보'라는 말 그대로 '정에 보답하는 정보를 보낸다'는 기능을 가지고 있다.

–일본 이벤트 프로듀서 기타모토 마사타케(北本正孟)

또한 이벤트는 단순하게 '사람이 모이는 장(場)'이 아니라 새로운 커뮤니케이션 도구이다. 신문, TV 등의 매스미디어에 의해서 정보의 균질화가 이루어졌지만, 문화가 성숙되고 정보가 범람하고 있는 현재의 대중들은 한편으로 매스미디어 정보에 의한 타인들과의 차별화를 추구하는 측면을 보이고 있다. 이러한 시대의 움직임을 배경으로 한 이벤트가 새로운 미디어, 즉 퍼스널 커뮤니케이션 미디어로서 부각되고 있다.

–전 덴츠(電通)그룹 회장 나리타 유타카(成田豊)

그리고 이벤트는 〈표 1–1〉과 같은 효과를 가지면서, 기획되고 실시되어야 한다.

〈표 1–1〉 **이벤트 효과**

다이렉트 효과	이벤트 행사장과 같은 '장(場)'이 가져오는 직접적인 효과. 입장료 수입, 행사장 내에서의 매출, 관중 동원 수 등 이벤트의 직접적인 성과지표 외에 '장'에 참여한 사람들의 의식, 태도에 미치는 효과 등이 여기에 해당한다.
커뮤니케이션 효과	매스미디어, 온라인, SNS 등에 의한 뉴스 레벨화와 이벤트가 연동해서 발생하는 효과. 이벤트 참가자들의 주최 측에 대한 지명도 상승, 활동 내용에 대한 이해, 공감대 형성 등 여러 가지 효과가 여기에 해당한다.
판촉 효과	판촉 이벤트의 경우 구매동기 유발로 매출에 기여하는 효과
파급 효과	파급 효과는 직접적 파급 효과와 간접적 파급 효과로 구분된다. • 직접적 파급 효과 이벤트 기획자와 참가자 혹은 이벤트에 관련된 어떠한 정보를 접한 사람들로부터 직접 구전을 통한 소문의 형태로 목적이 전달되는 효과이다. • 간접적 파급 효과 이벤트의 기획 및 개최로 인한 투자가 가져오는 경제 효과, 이벤트가 지닌 신선한 발상 등에 의한 새로운 기술, 문화의 보급 등의 개발 효과이다. 공공 이벤트의 경우 사회에 대한 인식전환 효과 등이 이에 해당한다.
퍼블리시티 효과	이벤트가 매스컴을 통해 보도되므로 주최 측의 의도가 주지되는 효과 등이다.
인센티브 효과	기업프로모션 이벤드의 경우 판매점, 식영섬, 협력업체, 금융기관, 감독관청 등 기업을 둘러싼 다양한 관련 사업체의 이해증진으로 인한 관계개선의 효과

다음은 다른 커뮤니케이션 미디어와 비교했을 때 이벤트의 특이성을 제시한다.

① 이벤트의 특이성

- **현물주의**:커뮤니케이션 수신자가 직접 커뮤니케이션의 내용을 접할 수 있다.
- **현장 참가주의**:커뮤니케이션 수신자는 이벤트 현장에 가거나 참가해야 한다.

- 일과성: 커뮤니케이션 수신자 대부분은 이벤트를 접할 수 있는 시간 및 기간이 정해져 있다(그러나 커뮤니케이션 전략, SP전략으로서의 연속성은 항상 고려됨).
- 종합예술성: 커뮤니케이션 수신자의 모든 감각(오감)에 호소할 수 있다.
- 사회성, 문화성: 평판과 홍보에 의해서 간접적 수신자의 수가 확대되었을 때 그 이벤트는 사회적 및 문화적 성격을 띠게 된다.

② 이벤트 구성요소의 특성

이벤트 개념을 파악할 때에 중요한 것은, 이벤트 구성요소의 구조를 기본으로 어느 요소에 중점을 두고 파악하는가에 따라 그 의미가 달라진다는 점이다. 이벤트 형성요소의 항목내용을 정리하면 〈표 1-2〉와 같다.

〈표 1-2〉 **이벤트 형성요소**

구 분		항 목	비 고
누가	주체 성격	국가, 지방자치체, 공공단체, 기업, 영리단체, 기타(학교, 사회단체 등), 국제기구	• 목적, 규모, 조건(예산규모를 포함), 운영조건 • 영리, 비영리의 조건 • 주최 이외 참여조건 등 • 기획의 조건 등
	주체 구성	단독, 공동(주체가 복합체: 공동 개최, 협찬, 단독 · 복수 후원)	
언제	시기	계절, 월 · 일, 요일, 시간, 사회문화적 조건(국제기구 지정연도), 기념일 등	
어디서	장소	지역(해외, 전국, 도시, 거리 등), 장소(경기장, 문화예술회관, 호텔, 구민회관, 해변, 공원 등)	
무엇을	형태	생활행사, 통과의례, 기업 사내행사, 판촉행사, 스포츠대회, 문화예술행사, 박람회, 전시회, 컨벤션, 제례, 관광행사 및 국가정책 홍보행사, 지역축제, 지역경제 개발촉진 행사 등	
무엇을 위해	목적	영리(판촉, 홍보), 비영리(진흥, 계몽, 교육, 지역개발, 사회복지, 기념 등)	
	대상	일반 대중 (국민, 지역주민), 고객, 관계자 외 특정대상	• 목적의 명확화 • 우선권의 확립

어떻게	규모	예산, 집객, 참가자, 운영	• 이벤트의 효과 예측과 확인 • 목적, 업무의 목표화 확립 • 기획연출의 발상 아이디어 • 시대감각, 운영기획, 예비조건 등
	기간	기간(일, 주, 월), 주기(단발, 상설)	
	내용 구성	기획, 구성, 연출 및 운영	

출처: 일본 이벤트 프로듀서협회(1987). 이벤트전략 데이터파일.

이벤트의 구성요소는 달리 말하면 이벤트 기능항목을 나열한 것에 지나지 않지만, 각각의 기능요소 간의 원칙적인 관련과 의의 및 이벤트의 효과측정이 필요한 관점에서 보면 '누가', 즉 '개최 주체요소'와 '무엇을 위해', 즉 '목적요소'의 두 가지가 주체적 조건요소이기 때문에 다른 요소는 그것에 포함되는 종속요소라고 할 수 있다. 그리고 이와 같은 주체요소와 종속요소의 관계 속에서 각 요소가 서로 조합된 형태로 이벤트가 구성된다. 또한 종속요소로 위치가 부여되었지만 '어떻게'라는 내용구성의 요소는 이벤트 기획, 구성과 아이디어 및 연출, 운영계획 등에 의해서 구성되며, 효과에 대한 영향력은 매우 강하다. 이벤트의 구성요소를 정리하면 〈표 1-3〉과 같이 정리할 수 있다. 또한 이 구성요소는 나중에 서술할 이벤트 효과 측면에서 본다면 이벤트 효과 기능의 전제기능이며 전제조건이다.

〈표 1-3〉 **이벤트의 구성요소**

<table>
<tr><th colspan="4">주체요소</th></tr>
<tr><td colspan="2">누가</td><td colspan="2">무엇을 위해</td></tr>
<tr><td colspan="2">• 이벤트 개최 주체 성격
• 주체 성격: 국가, 지방자치단체, 기업
• 주체 구성: 단독 주최, 복수 개최(공동 개최, 협찬, 후원 등)</td><td colspan="2">• 구성요소와 이벤트의 목적요소</td></tr>
<tr><th colspan="4">종속요소</th></tr>
<tr><td>무엇을</td><td>어떻게</td><td>언제</td><td>어디서</td></tr>
<tr><td>이벤트 구성요소, 규모</td><td>내용 구성</td><td>기간 및 시기</td><td>장소</td></tr>
</table>

(2) 이벤트의 정의

이벤트의 정의를 추상화해서 표현하는 것은 어려울 뿐만 아니라 그것이 반드시 의미 있는 일인가 하는 의문도 생긴다. 그래서 여러 국내 · 외 전문가들이 내린 다양한 정의를 유형별로 제시하고 종합적인 차원의 이벤트에 대한 정의를 내려 보고자 한다.

사전 계획성을 강조한 정의는 다음과 같다.

- 스페셜이벤트는 항상 계획에 따라 구성된 것으로 기대감을 유발시키며, 축하하려는 특정동기와 함께 발생하는 것(Goldblatt, 1990)
- 주어진 시간 동안 특정 욕구를 충족시키기 위하여 사전에 계획된 일회성 행사(Wilkinson, 1988)

목적달성 측면을 강조한 정의는 다음과 같다.

- 뚜렷한 목적을 가지고 일정한 기간 동안 특정한 장소에서 대상이 되는 사람들에게 각각 개별적이고, 직접적으로 자극을 체험시키는 미디어(일본이벤트프로듀스협회, 1996)
- 어떤 목적을 위해서 어떤 조직이 대중동원을 도모하는 것[도비오카 겐(飛岡健), 1994]
- 특정 목적(지역사회의 경제 · 사회 · 문화적 발전과 관련 산업의 발전, 국제교류, 관광 등)을 수단으로 실시하는 행사 또는 기획된 모임(일본 통상산업성 이벤트연구회, 1987)
- 기간, 장소, 대상을 제한하고 공동의 목적을 달성하려는 의도를 가진 일체의 행사(일본 인터크로스연구소, 1989)
- 이벤트는 커뮤니케이션 미디어로서 특정주체에 의해 기획 · 운영되며, 명확한 목적을 갖고 특정한 기간에 특정 장소에서 참여한 대상에게 정보를 체험시키는 것(일본 이벤트산업진흥협회, 1999)
- 광의의 의미로 기간, 장소, 그리고 대상을 제한하여 공통의 목적을 실현하기 위한 모든 행사(일본월간지 Event Report)

특별성을 강조한 정의는 다음과 같다.

- 스페셜이벤트란 주최 측 입장에서는 일상적인 활동이나 프로그램에서 벗어난 1회성 또는 비정기적으로 개최하는 특별한 이벤트이며, 수요자들에게는 일상생활의 경험을 벗어나는 특별한 사회 · 문화적 또는 여가적 경험의 특별한 기회를 제공하는 것이다(Getz, 1997).

- 이벤트의 어원은 라틴어인 e−(밖으로)와 venire(오다)라는 뜻을 가진 evenir(밖으로 나오다)의 파생어로서 발생 또는 우발적인 사건과 같이 일상적인 상황의 흐름 중에서 특별하게 발생하는 일을 나타낸다(한국문화예술진흥원, 1992).
- 이벤트는 뭔가의 이변을 일으키는 의도된 것, 주최 측이 어떤 목적을 달성하기 위해서 행하는 비일상적인 특별한 활동이다[구마노 타쿠가(熊野卓可), 1988].

이러한 세 가지 특성을 고려하여 종합적인 관점에서 내린 이벤트의 정의는 다음과 같으며, [그림 1−1]에서 사과의 의미는 다음과 같다.

- 뉴턴의 사과: 거기에서 새로운 무엇인가가 생겨난다.
- 아담과 이브의 사과: 사용법에 따라서는 독이 되기도 하고 약이 되기도 한다.
- 윌리엄 텔의 사과: 정확하게 표적에 조준하여 맞히는 것이다.

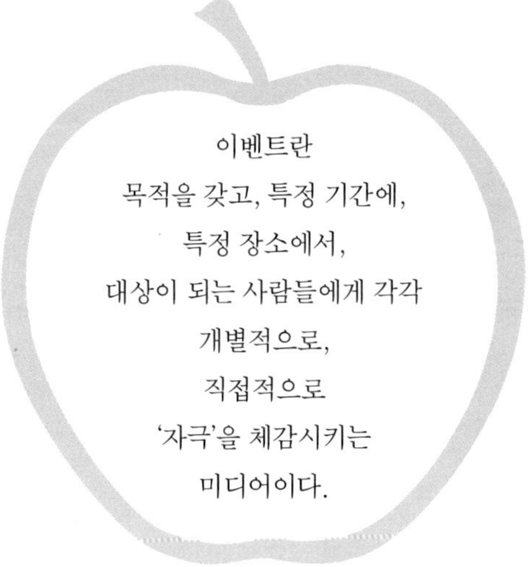

[그림 1−1] 이벤트의 정의

2) 이벤트의 목적과 사회적 역할

이벤트에 대한 고찰은 국가 및 지방행정 등의 행정적인 측면과 기업과 단체가 주최 및 참가하는 측면, 그리고 이벤트에 참가하는 사람들, 즉 대중적인 측면에서 고찰하는 방법 등이 있다. 여기에서는 각각의 측면에서 이벤트의 목적과 사회적 역할에 관해 정리해 보기로 한다.

(1) 이벤트의 목적

국가행정적인 측면에서 본 이벤트의 목적은 크게 다음 네 가지로 집약할 수 있다.

- 국민의 욕구(정신적 충족, 문화 스포츠 지향 등) 충족
- 지역 활성화
- 산업교류 및 진흥
- 국제교류

이 중에서 현재 특히 주목되고 있는 것은 국내 수요 창출과도 연계되는 지역 활성화와 산업교류 및 진흥에 관련된 목적이다. 최근에 개최되고 있는 지방박람회 및 문화관광축제의 목적 중에서 이것이 큰 비중을 차지하고 있는 것을 봐도 알 수 있다.

기업 전략적인 측면에서 본 이벤트의 목적은 크게 세 가지로 집약할 수 있다.

① 이벤트로서 직접적 효과를 추구: '영리목적' 효과
 –이벤트를 제작하는 것에 의해 이익을 얻는다. (기획, 실시, 조사 등의 업무를 하는 기업)
 –이벤트를 실시하는 것에 의해 참가자 또는 소비자로부터 이익을 얻는다. (입장료, 관람료, 상품판매 등의 수입)
② 이벤트의 참가대상에게 이벤트를 통해서 간접적 효과를 추구하는 것
 –이벤트 참가대상자 및 관계자들에게 기업의 지명도 및 인지도 제고
 –상품과 서비스의 판매 촉진(브랜드 인지도 제고로서 판매 촉진)
③ 이벤트의 참가대상에게 부가적인 효과창출: 활성화 효과
 –지역사회를 활성화하여 사회에 환원함
 –임직원에게 의욕과 자부심을 높여 주는 기업의 사내행사

이와 같은 측면에서 기업이 주도해서 실시하는 이벤트는 그 자체가 넓은 의미의 판촉 이벤트라고도 할 수 있지만, 좁은 의미의 판촉 이벤트는 ①의 둘째 항에 해당한다.

대중적인 측면, 즉 이벤트 참가자 측면에서 본 이벤트 참가목적은 크게 네 가지로 집

약할 수 있다.

- 놀이, 오락으로서의 직접적인 목적
- 지식, 정보, 교양을 제공하는 장소
- 현실생활에 대한 자극 = 활력을 제공하는 장
- 현실생활에서의 탈피 = 마음의 근심을 푸는 장

(2) 이벤트의 사회적 역할

이벤트를 행정, 기업, 대중 등 개개의 측면에서 파악한 목적을 정리해 보았지만, 이벤트의 목적이 단일한 경우는 거의 드물고 대부분 복합적인 경우가 많다. 예를 들면, 스폰서십 스포츠대회는 대중의 욕구충족과 기업의 인지도를 높이는 목적이 큰 비중을 차지한다. 이와 같은 각각의 목적이 이루어진다는 것은 이벤트에는 기본적으로 사회적인 역할이 존재하고 있음을 의미한다. 예를 들면, 제사, 예언, 점, 축제, 태양숭배, 추수감사제, 장례식, 내세에 대한 기원, 나아가서는 귀족의 놀이와 의식, 대중 속에서 성장한 제례, 예능(향토예술, 민속예술) 등 한국의 역사 속에 나타난 이벤트는 왕조시대에는 통치의 수단이기도 하였고, 때로는 민속신앙적인 충족을 구하거나 생활을 즐기는 놀이를 목적으로 실시되기도 하였다. 이처럼 이벤트는 시대 배경에 의해서 크게 변화하였다.

시대와 함께 변화되는 이러한 이벤트에 대해 많은 전문가들이 일관되게 말하는 공통적인 요소는 이벤트는 사회적으로 유력한 '커뮤니케이션 미디어'이며, 특히 인간이 개재되는 '퍼스널 커뮤니케이션 미디어'라는 것이다. 여기서 해외의 저명한 이벤트 전문가들의 견해를 살펴보고, 이벤트의 사회적 역할에 관한 인식을 깊이 들여다보도록 한다.

① 니헤이 조우키(二瓶長記)의 견해『축제의 기술혁신』

- 이벤트는 인간이 개재되는 커뮤니케이션 미디어이다.
- 이벤트는 '사건'이나 '결과'와 같은 의미이나, 일상적으로는 일어날 수 없는 일이 일어나는 것이다.
- 현대는 이벤트시대라고 일컬어진다. 이벤트를 하나의 산업으로 분류하고, 적극적으로 그것을 활성화시키려는 움직임이 활발하다. 이것은 시대의 추세이며, 시대의 추세에 뒤처져서는 안 될 것이다.

② 엔도 히로모토(遠藤博元)의 견해『이벤트 전략』

- 이벤트는 인간 탄생의 시점부터 이 세상에 존재해 왔다. 인간은 자연의 일부로서 살아가고 있다. 자연을 두려워하고, 자연을 숭배하는 생존과정에서 스스로 '제례(축제)'를 발생시켰을 것이라고 여겨진다.
- "이벤트는 '참가시키는 예술'이다."라고 어느 프로듀서가 말했다. 참가와 공감, 창조의 논리 '참가시키는 방법의 노하우'가 이벤트 제작의 포인트이다.
- 이벤트는 인간의 꿈과 희망을 만족시키는 것을 밑바탕에 둔 '정열창조의 프로모션'이 아닐까.
- 이벤트는 공동체 커뮤니케이션 확립을 위한 계기라고 해야 할까? 아니 더욱 강렬한 언어로 표현한다면 '기폭제'에 해당할 것이다.
- 현대는 모두들 '불신'의 시대라고 말하며 단절을 호소하고 있지만, 모두의 마음속에는 '커다란 만남'을 원하고 있다. 여기에서 '만남 만들기'를 보람으로 한다면, 거기에 반드시 있어야만 하는 것이 상호 간에 구축하는 '공감'이다. '공감창조를 위한 원동력', 그것이 바로 이벤트 프로모션이다.

③ 히라노 시게오미(平野繁臣)의 견해『이벤트 부국론』

- 급속하게 변화하는 경제적인 측면, 생활적인 측면에서의 소프트화 현상 속에서, 정보는 증가했지만 '인적 접촉'은 감소되었다.
- 현재의 매스미디어는 '사물'과 '사건'의 존재에 대한 정보는 대량으로 끊임없이 제공되고 있음에도, 정보 수신자와의 관계에 있어 인식되는 것은 그 관계의 존재방식이 본래의 커뮤니케이션 의미에서 점차 멀어지고 있다.
- 이벤트는 전개되는 '사물'과 '사건'의 접촉, 그것들을 매개로 하는 자신과 주변 대중과의 사이에서 새로운 관계를 발견하고, 자신에게 있어서의 '의미'를 창출하는 것이며, 이러한 새로운 발견이 감동의 원천이 되는, 새로운 미디어라고 할 수 있다.
- 이벤트는 지역 활성화의 기폭제이다.
- 이벤트 효과 중에서 특히 공공 이벤트는 입장객 수와 수지의 결과로만 판단해서는 안 된다. 더욱 넓은 의미에서의 사회 · 경제적인 효과와 지역에 미치는 문화적 · 정신적 효과를 포함해서 평가해야 할 것이다.

3) 이벤트의 분류

(1) 이벤트 분류를 위한 요소

앞에서 기술한 〈표 1-2〉 이벤트 형성요소에서 본 것처럼 이벤트를 상세하게 분류하려면 그 모든 요소를 조합해야만 한다. 그리고 거기에는 중점요소(주체적 조건요소)가 있으며, 그것들을 기준으로 하여 이벤트를 분류하는 기본적인 방법을 살펴보기로 한다. 우선, 분류에 관련된 주체적 조건요소는 이벤트 개최 주체의 성격, 구성요소와 이벤트 목적요소의 조합이며, 〈표 1-4〉와 같이 분류할 수 있다.

〈표 1-4〉 **이벤트의 주체적 조건**

공공 이벤트	세금과 기부금으로 실시-무료 행징형
	채산제를 도입-유료 경영형
기업이벤트	이벤트 자체에서 수익을 추구-영리 목적형
	지역 및 조직의 활성화 추구-활성 목적형
	기업 및 상품의 홍보가 목적인 브랜드 고지

또한 〈표 1-5〉에서 제시한 이벤트 형태별·장르별 분류를 매트릭스로 파악하는 방식이 비교적 이해하기 쉬운 파악법이라고 할 수 있다.

〈표 1-5〉 **이벤트 형태별 · 장르별 분류**

① 박람회(페어 등을 포함)
② 견본시, 전시회(설명회, 딜러회의 등을 포함)
③ 연예, 스포츠이벤트(가요 콘서트, 각종 경기 등을 포함)
④ 예술, 과학이벤트(클래식 콘서트, 과하전시 등을 포함)
⑤ 회의, 컨벤션(대표회의, 연회, 강연회, 심포지엄, 포럼, 세미나 등을 포함)
⑥ 세레모니, 리셉션(기념식, 파티, 쇼, 퍼레이드 등을 포함)
⑦ 콘테스트(미인 콘테스트, 무선 조정비행기 응모 콘테스트, 콩쿨 등을 포함)
⑧ 미디어이벤트(공개방송, 거리캠페인 등을 포함)
⑨ 지역축제(문화관광, 문화예술, 역사, 자연환경, 특산물 등을 포함)

여기에 덧붙여 상가와 쇼핑센터 혹은 대형 유통점에서의 매장 이벤트(대매출, 바겐세일을 포함)와 SP 활동과 연동한 형식의 'SP이벤트'를 독립시킨 방식도 있다. 또 지역 활성화 등을 목적으로 한 '지역 이벤트' 등으로 구분하는 방법도 있다. 그리고 '문화이벤트'라는 표현도 있지만 이벤트 자체가 문화에 기반을 두기 때문에 굳이 문화이벤트라는 용어는 사용할 필요가 없다.

이벤트의 참가대상인 일반 대중 측면에서 본 이벤트 참가목적을 〈표 1-6〉에 제시하였다.

〈표 1-6〉 **일반 대중의 이벤트 참가목적**

① 참관형 이벤트: 보는 즐거움(오락, 교양)
② 체험형 이벤트: 체험하며 만드는 즐거움
③ 귀속형 이벤트: 체감의 기쁨(회의, 클럽파티)
④ 욕구충족형 이벤트: 자기욕구 충족요소가 포함된 참가형(스포츠, 콘테스트)
⑤ 이득형 이벤트: 정보를 입수함으로써 어떠한 이득을 얻음(회의, 전시회)

(2) 주요 구성요소별로 본 이벤트의 종류

앞에서 서술한 주요 구성요소별 이벤트 종류에 관해서 소개한다.

① 주최기관 분류

이벤트 제공의 형태로서 '주최' '후원' '협찬' 등이 있다. 일반적으로 '주최'는 이벤트 개최 시 대부분의 예산을 책임진다. '협찬'은 이벤트 개최경비의 일부를 부담하며, 전반적인 책임은 지지 않는다. 그리고 예산책임의 범위와 제공형태의 관계가 명확하지 않

〈표 1-7〉 **주최기관 분류**

- 국가, 정부(외국정부, 정부기관 포함)
- 지방자치단체(광역시 · 도, 시 · 군 등의 자치단체)
- 일반기업, 업계단체
  ① 제조업 ② 도매업 ③ 종합상사 ④ 소매업 ⑤ 백화점, 수퍼(대형소매점)
  ⑥ 전문점(상가, 쇼핑몰 포함) ⑦ 음식점 ⑧ 서비스업
  ⑨ 관광 관련 서비스(여행업, 여객운송업, 호텔, 여관 등) ⑩ 매스컴, 광고대행사
  ⑪ 종교(각종 종교단체) ⑫ 기타(금융, 보험, 화물운송, 통신 등)
- 단체
  ① 경제단체 ② 학술, 문화단체
  ③ 스포츠단체 ④ 기타 단체(정치단체, 노동단체 등)

으며 실제로는 모든 비용을 책임지고 있어도 후원 및 협찬으로 명시되는 경우도 많기 때문에 여기에서는 모든 이벤트 제공자를 '주최기관'으로 정의한다(〈표 1-7〉 참조).

② 목적별 분류

이벤트의 목적은 크게 정치 및 행정 목적, 경제 및 산업적 목적, 사회 및 문화 목적, 마케팅 목적 등으로 분류할 수 있다. 주최기관과의 관계에서 보면 〈표 1-8〉과 같이 분류할 수 있다.

〈표 1-8〉 **주최기관 측면에서 본 목적별 분류**

<table>
<tr><th>주최기관</th><th>목 적</th><th>주최기관</th><th>목 적</th></tr>
<tr><td rowspan="2">정부기관,
지방자치단체,
공공단체 등</td><td rowspan="2">경제진흥
산업진흥
지역개발진흥
과학기술진흥
학술진흥
예술, 예능기술
체육, 스포츠 기능
사회복지사업 추진
국가의례
국위 선양
국민의 사회적 · 문화적 계몽
국민, 지역주민 의식의 고양
국제교류, 지역 간 교류
인적교류
정보교류
지역, 지방자치단체의 홍보
이미지 업</td><td>제조업
업계, 단체</td><td>제품브랜드의 판매 촉진
세일즈활동의 지원
기업 이미지 제고
기업 주체성 확립
소비자에게 이익 환원
지역주민과의 연대
사회적 계몽, 소비자 계몽
사회복지, 공공봉사
기업기념일</td></tr>
<tr><td>서비스업
상점가</td><td>고객서비스(이익 환원)
상점 및 상가 판매 촉진
매출증대
상점, 상가의 홍보, 이미지 제고
고객과의 연대
상권 확대</td></tr>
</table>

③ 참가대상 분류

국민, 지역주민(일반 대중) 소비자, 고객, 유통관계자(도매점, 소매점), 업계, 기업, 학회, 단체, 기타

④ 규모 분류

이벤트의 규모는 국가 차원의 세계적인 메가이벤트인 엑스포, 올림픽, 월드컵과 지

방자치단체의 대형이벤트인 지방박람회와 문화관광축제, 스포츠대회, 기업이벤트인 판촉 이벤트와 문화행사, 상가와 유통점의 판촉 이벤트 등으로 분류할 수 있다.

2. 이벤트의 역사

이벤트의 발전과정과 현대가 이벤트시대라고 일컬어지는 배경은 어디에서 근거한 것인가에 대해 생각해 보고자 한다. 우선 고대부터 있었던 이벤트의 역사를 간단하게 되돌아보고, 현대 이벤트의 시작과 이벤트시대의 도래 및 발전 과정을 살펴보기로 한다. 계속해서 이벤트시대라고 불리게 된 배경요인, 즉 기술의 변화, 생활의식의 변화, 사회경제의 소프트화 현상에 대해 살펴보고, 그것이 이벤트 산업의 발전에 미친 영향에 대해 서술하고자 한다. 더불어 이벤트 산업의 발달이 지역문화 및 경제활성화에 미친 영향 등에 대해 서술하고, 끝으로 이벤트 관련 산업의 현 상황, 행정정책의 바람직한 자세와 향후 방향에 대해서 정리한다. 이벤트를 산업적 측면에서 파악하는 것도 큰 의미를 갖지만, 다음 장에서 서술할 이벤트의 사회적인 역할(양방향 퍼스널커뮤니케이션 미디어로서의 역할)을 근거로 산업적 의의를 이해하는 것도 중요하다.

1) 이벤트의 발전과정

(1) 역사로 보는 이벤트의 기원

고대부터 현대까지 실시되어 온 이벤트는 당대의 사회적 배경이나 사회구조, 생활양식과 밀접한 관계가 있다고 할 수 있다. 예를 들면, 혼란했던 시기에는 마음의 평안함을 추구하는 '종교적'인 것을, 평화롭던 시기에는 일상생활을 한층 더 즐겁게 보내기 위한 '놀이적'인 것을, 그리고 독재시기에는 '정치 · 정책적' 또는 '저항적 사상'이 내재된 것을 흔히 볼 수 있다. 원시시대에는 험난한 자연과 싸움의 연속이었지만, 인간은 자연에 대해서는 너무나 무력했기 때문에 또 다른 무엇인가에 의지하려 했다. 이것이 종교적 사상을 싹트게 했으며 여기서부터 기원을 위한 제사가 시작되었다고 한다. 이처럼 신에 대한 숭배로부터 시작된 이벤트는 오곡풍요기원제, 추수감사제 그리고 죽은 자에 대한 진혼이라는 의식이 싹틈과 동시에 영혼과 조상을 모시는 제례의식이 행해지게 되었다. 이러한 제례의식은 제사장(무당)이 주관하여 제사장을 통한 영혼이나 조상과 대화가 이루어졌는데, 특히 이런 대화의 과정에서 제사장은 주술, 점, 예언, 신의 계시를 했었다.

우리나라도 부족국가 시대의 부여의 영고, 고구려의 동맹, 동예의 무천 등의 제천의식이 있었으며, 이것들이 고대의 최초 이벤트였다고 할 수 있다. 이 같은 전통은 불교의식이 중심이 된 고려시대의 팔관회, 연등회, 지방각지에서 실시된 단오제와 백중놀이, 그리고 조선시대의 산천제, 성황제 및 각 마을의 동제(洞祭)로 이어져 오늘날까지 내려왔고, 각 지역의 향토축제로서 발전되어 2016년 현재 우리나라에는 1,214개(2014년 기준)의 지역축제가 개최되고 있다. 이것들은 역사와 전통 위에 구축되어 오늘날까지 많은 사람에 의해 계승 · 발전 · 개발되어 왔다.

[그림 1-2] 원시기원제

[그림 1-3] 고구려의 제천의식 동맹 재현

19세기 말에 밀어닥친 거센 외세의 물결 속에 개항을 하게 되고 신문물을 받아들이는 가운데, 1881년 일본에 파견된 신사유람단의 제2회 도쿄내국권업박람회 관람과 1883년에 조선보빙사 일행의 미국 보스턴기업박람회 관람을 통해 고종은 박람회를 국제사회에 조선을 알리기 위한 목적으로 활용했을 뿐 아니라 산업과 기술진흥에 주요한 문물을 입수할 수 있는 행사로 인식했다고 볼 수 있다. 당시의 지식인이나 언론 등 여론 주도층 사이에서 박람회는 개화를 위한 가장 효과적인 수단의 하나로 널리 인식되었다. 격동기였던 조선 말기와 대한제국 시기에 1893년 시카고세계박람회와 1900년 파리세계박람회 등 서구에서 개최된 세계박람회에 두 차례 참가한 것은 외국에 조선을 알릴 수 있는 기회가 되었다. 각각 전시실과 전시관을 짓고 조선의 문화와 산물을 전시하여 서구인에게 소개하였다. 시카고세계박람회의 조선 진열실은 조선의 물품을 다양한 나라 사람에게 알리는 기회가 되었으며, 박람회 기간 동안 각국의 주요 인사들과 만날 수 있는 연회를 주최하거나 연회에 참석하여 교류하였다.

[그림 1-4] 1893년 시카고세계박람회의 조선실

[그림 1-5] 1900년 파리세계박람회의 대한제국관

또한 파리세계박람회도 대한제국관의 설치는 조선의 문물과 문화가 얼마나 섬세하며 아름다운지를 알릴 수 있는 기회가 되었던 것으로 보인다.

두 번에 걸친 세계박람회 경험은 기술과 품질, 규모 등 모든 면에서 조선의 수준이 매우 낙후되었음을 절실히 인식하는 계기가 되었다. 개화기 이후 문화에 관한 대변혁기를 맞이하면서 창극, 신파극, 무성영화, 유랑극단, 서커스 등의 공연이 활발해졌다.

[그림 1-6] 국내 최초의 박람회 1906년 부산일한상품박람회

1906년 4월에 부산에서 국내 최초의 박람회인 일한 상품박람회가 개최되었고, 8월에는 전조선철도박람회가 개최되었다. 1907년에는 『조선신보사』 주최로 기차박람회가, 9월에는 서울에서 대형 박람회인 경성박람회가 개최되었다. 또한 조선통감부는 1910년 5월에 영국 런던에서 개최되었던 일영박람회의 동양관에 조선의 특산물과 공예품을 전시하였다.

[그림 1-7] 1910년 런던 일영박람회 조선통감부 전시관

1910년 일제의 강점으로 식민지 시대로 접어들면서 일제의 주도로 박람회, 산업전람회, 미술전람회, 음악회, 체육대회 등의 각종 행사가 개최되었다.

일제강점기는 박람회시대라고 해도 과언이 아닐 정도로 많은 박람회와 공진회가 개최되었다. 또한 일본에서 개최된 박람회에 조선은 매회 참가하였는데 시대의 요청에 따라 출품 내용도 각각 달랐다. 조선에서의 박람회 담당자는 식민당국과 밀접한 관계가 있었으며, 때로는 통감부와 총독부이기도 했다.

일제강점기 조선에서의 박람회는 일본의 식민지 경영과는 떼려야 뗄 수 없는 관계였다. 조선총독부는 1910년부터 1940년까지 30년 동안 일본에서 개최된 104개의 지방박람회와 공진회에 참가하였다. 그리고 수많은 일본의 지방박람회장에는 어김없이 조선관들이 세워졌다. 또한 조선에서도 1910년부터 1945년까지 36년 동안 다양한 대·소형박람회와 공진회가 173개나 개최되었으며, 주최도 총독부에서 일반 관청, 신문사, 단체 등으로 확대되었다. 주로 2차 산업의 상품을 중심으로 한 박람회와 특정한 목적의 아동박람회나 가정박람회 같은 새로운 라이프스타일을 제안하는 박람회가 전국적으로 거의 매년 개최되었다.

박람회 개최 목적도 초기에는 주로 일본의 상품을 선전하거나 물산장려와 계몽이라는 경제적인 목적으로 시작되었으나, 점차 식민통치 성과의 선전, 일본의 동아시아 진출의 선전, 내선일체 및 전쟁참여 의식 고취 등 정치적인 성격이 더해졌다. 그러나 그것이 경제적인 목적이든 정치적인 목적이든 간에 식민지에서 이루어진 제국주의적 전시였다는 점은 다를 바가 없다. 그 대표적인 사례가 경성에서 개최된 3개의 대형 박람회인데, 식민통치 선전이 목적이었던 시정 5주년 기념 1915년 조선물산공진회, 경제

[그림 1-8] 경제불황 타개가 목적이었던 1929년 조선박람회의 풍경

불황 타개가 목적인 시정 20주년 기념 1929년 조선박람회, 내선일체와 황국신민화의 선전이 목적이었던 시정 30주년 기념 1940년 조선대박람회 등이다. 일제의 박람회 개최는 표면적으로는 긍정적 의미를 지닌다. 조선물산공진회, 조선박람회, 조선대박람회 등 모두 식민지 조선의 산업을 발전시키려는 의도를 지니고 있었다. 실제로도 많은 부분 조선의 산업발달에 이바지했던 측면도 있었다. 그러나 일제강점기 동안 광범위하게 개최되었던 박람회는 겉으로 드러나는 것과 같이 긍정적인 의미만을 지닌 것은 아니었다. 이는 일본이 박람회를 문화통치 수단의 하나로 이용했기 때문이었다.

또한 특이한 점은 일제강점기에 개최된 각종 박람회와 공진회에 기생(예기)이 연예인으로 등장한 점이다. 주최 측인 해당 관청과 민간 협찬회는 관람객 유치와 여흥을 위해 기생을 동원시켜 각종 가무공연과 놀이를 실시하였다. 박람회장 연예관의 기생 가무공연은 대중적인 볼거리가 드물었던 당시에 대단한 인기를 끌었다. 또한 일본 기생은 1870년대부터 조선에 유입되었고, 1878년 부산을 시작으로 하여 1910년대에는 전국 각지에 일본 기생의 유곽이 생겼다. 예술수준을 갖춘 일본 기생이 조선에 들어와 관의 행사는 물론, 관리들의 개별 연회, 각종 박람회와 공진회에서도 조선 기생과 함께 가무활동을 하였다.

그리고 당시의 사회적 현상 가운데 빠질 수 없는 것이 소비주체로서 여성의 등장이다. 그러나 박람회에서 여성은 소비주체로서뿐만 아니라, 소비되는 대상으로도 재현되

[그림 1-9] 내선일체와 황국신민화 선전이 목적이었던 1940년 조선대박람회의 풍경

었다. 즉, 여성의 스테레오타입이 박람회에서 형성되고 있음을 볼 수 있다. 조선박람회에서 여성은 상품화되고 있었다. 1929년 조선박람회에서 화제가 되었던 것은 '마네킹걸'의 등장과 전시 도우미인 '여간수'의 모집이었다. 경성협찬회는 일본에서 '마네킹걸'을 초청하여 조선은행 앞 광장에서 홍보캠페인을 실시하여 센세이션을 불러일으켰다. 또한 공진회와 박람회의 여간수 모집에는 이십대 여성의 지원이 쇄도했으며, 이들 중에는 고학력자도 상당히 많았다. 이것은 당시 여성의 취업난이 극심했다는 것을 보여준다. 전시관의 운영을 맡았던 여간수들은 관람객에게 전시물과 함께 관람되는 존재가 되었다.

[그림 1-10] 1929년 조선박람회의 여자 간수

[그림 1-11] 일본 예기들의 조선박람회 선전(1929년)

(2) 현대 이벤트의 시작과 제1차 이벤트시대

1945년 8 · 15 광복과 더불어 건국을 축하하는 각종 문화 행사가 개최되었고, 해방 이후 최초의 박람회는 조선공업기술연맹이 주최하고 군정청, 금융단체, 상공회의소 및 서울신문사가 후원하여 1946년 10월 15일부터 11월 25일까지 40여 일에 걸쳐 창경원에서 개최되었던 '건국공업박람회'였다. 박람회가 개최되기 직전인 10월 10일까지 3백여 개 회사에서 3천여 점을 출품할 정도로 호응이 좋았다. 당초 박람회는 10월 15일부터 열릴 예정이었지만 9월부터 시작된 철도파업으로 출품 품목이 원활하게 수송되지 않아 10월 19일로 연기되었다. 박람회는 어려운 여건에서 개최되었으며, 개장 후에도 내부장치와 전시품 진열이 완료되지 않아 밤낮으로 작업을 하여 일주일 후인 25일경에 간신히 완료되었다.

1947년 이후부터 1953년까지 남한 전체가 좌우대립의 혼란과 한국전쟁 등으로 인해 남한에서는 한동안 박람회를 개최할 여력이 없었다.

1950년대는 3년간의 한국전쟁의 폐허를 딛고 일어나 재건의 메아리 속에 1952년과 1953년 흑인 영가가수 마리안 앤더슨의 내한공연(부산)이 있었는데, 국내 최초의 외국가수 공연이었다. 또한 1956년에 국내 최초로 패션쇼가 노라노 씨의 작품발표회로 개최되었다.

[그림 1-12] 1956년 반도호텔에서 열린 국내 최초의 패션쇼 노라노 씨의 작품발표회

[그림 1-13] 광복 10주년을 기념해 창경궁에서 열린 1955년 산업박람회

한국전쟁으로 폐허가 된 산업과 경제가 어느 정도 복구된 1954년에는 국산품 애용을 고취할 목적으로 전국국산부흥선전박람회가 국산품 종합품평회를 겸해서 5월15일부터 7월 3일까지 50일간 사직공원 광장에서 개최되었다. 전국 280여 개 회사에서 2만여 점이 출품되었으며 장내에는 영화관을 비롯한 각종 오락시설도 설치되었다.

1955년에는 광복 10주년을 기념하여 '산업박람회'가 10월 1일부터 1개월 동안 창경원에서 개최되었다. 출품물은 4천여 종, 4만730점이 각 도별 전시관과 함께 전기관, 원자관, 농기구 · 조선 · 방직 등 특설관을 포함해 모두 39개관에서 전시되었다. 이 박람회에서 화제의 전시물은 우리나라 최초로 공개된 미국 RCA의 텔레비전, 시발지프차, 소형 기차였다.

1959년에는 8월 20일부터 서울교외 뚝섬 경마장에서 '국산박람회'가 개최되었다. 대한산업진흥협의회가 주최한 이 박람회는 당초 5000평 규모에 정부관 10개 동, 각 산업관 10개 동, 기타관 4개 동을 설치하여 6천 종의 국산품을 전시할 계획이었으나, 발명관 등 4개 관만이 영성한 전시물을 전시했을 뿐이었다. 정부관 및 일반 산업관 등 30개 관은 공사비를 지불하지 않아 모든 공사가 중지된 상태였다. 당시 언론은 돈벌이에만 급급하여 개막은 되었으나 텅 빈 전시관을 빌린 기업들의 불평과 원성이 높고, 특히 박람회장 구석에 설치된 오락관에서 '신사오락'이란 이름으로 도박이 성행하는 것을 비판하면서 국산품을 장려하는 박람회가 아니라 도박을 하기 위한 박람회라고 혹평했다.

1960년대는 경제개발 5개년 계획이 실시되면서, 주로 산업박람회가 개최되었다.

[그림 1-14] 경복궁에서 개최된 1962년 5 · 16군사정변 제1주년 기념 산업박람회

1962년에는 '5 · 16군사정변 제1주년 기념 산업박람회'가 4월 20일부터 6월 5일까지 경복궁에서 47일간 개최되었다. 군사정부는 혁명의 진전과 경제력 성장을 자극하고 국력을 과시하기 위해 박람회를 구상했다. 이 박람회는 총 10억 환 정도의 예산을 들여 경복궁에 지은 37개 전시관에 2천 2백 명의 출품자가 출품한 17만점을 전시했다. 개장 11일째인 5월 1일에 유료 입장객만 1백만 명이 넘었으며, 6월 5일 폐장까지 전 국민의 1할에 가까운 240만 명(무료입장 30만 명)이 입장했다. 언론에서 '사람박람회' 라는 별칭을 얻을 정도였다. 관람객 가운데 80%가 시골에서 올라온 사람들이었는데, 그들에게 산업박람회는 '영농자금'의 일부를 헐어서라도 한 번 볼 만한 볼거리로 여겨졌다. 특별한 볼거리가 없던 당시로선 전 국민의 흥미를 끌 만한 대형 이벤트였다.

1968년 9월 9일부터 10월 20일까지 42일간 서울 구로동 제2수출공업단지에서 '내일을 위한 번영의 광장'이란 주제로 제1회 한국무역박람회(Korea Trade Fair)가 개최되었다. 이 박람회는 우리나라 최초의 현대적인 박람회로 평가되고 있다. 제2차 경제개발 5개년 계획 중에 개최되어 과학기술의 진흥과 기술수준과 생산성 향상, 수출증대 등 보편적인 의미에서 박람회의 성격을 갖추었다고 할 수 있다. 국내에서 개최된 첫 국제견본시(見本市)로서 전시관은 크게 한국상품관, 한국정부관, 국제관, 미국 원자력에너지관으로 구성됐다.

관람객은 200만 명이 넘었으며, 회장의 지리적 여건이 불리하다는 이유로 입장료는 대인 50원, 소인 30원으로 결정했으며, 하루 평균 5만 명의 입장객이 관람했다. 이 박람회는 한국에서 개최된 최초의 국제무역박람회였으며, 수출증진을 목적으로 한 국제견본시로서 경제적인 성격이 강한 박람회였다.

또한 1900년 파리세계박람회에 참가한지 62년 만에 세계박람회에 다시 참가했다. 1962년 시애틀세계박람회와 1964~1965년 뉴욕세계박람회, 1967년 몬트리올세계박람회, 1968년 미국 샌안토니오세계박람회에 각각 참가하여 독립관을 건설하고 한국전쟁의 폐허를 딛고 일어선 한국의 발전상을 전 세계인에게 소개했다. 1966년 코스모스백화점이 백화점으로서는 최초로 패션쇼를 실시하여 유통업계의 판촉행사로 선보였고, 해외 아티스트 내한공연은 1962년 루이 암스트롱, 1963년 패티 페이지, 1964년 냇킹 콜, 1965년 이베트 지로, 1966년 펫 분과 브랜다 리, 1967년 클리프 리처드, 레이 찰스 등의 공연이 활발하게 이어졌다. 1970년대에 들어서는 해외 아티스트 공연 외에 언론사 주최의 각종 전시회와 소규모로 실시된 각 기업의 판촉행사가 간혹 있었을 뿐 국가적인 이벤트는 거의 없었다.

1975년 대한무역진흥공사가 국내 수출업계를 위한 지원정책의 하나로 10월 10일부터 11월 10일까지 30일간 제1회 '75특별상품전('75 Special Merchandise Show)'을 개최했다. 무역회관 2층에 마련된 300평 규모의 전시장에서 총 18개 업체가 참가하였고, 51개국에서 876명의 바이어가 방한하여 1억4670만 달러의 수출계약이 이루어져 괄목할 만한 성과를 거두었다. 1975년 특별상품전은 1976년부터 서울교역전(Seoul Trade Show)이라 개칭하여 연 2회 봄·가을로 나누고 개최기간도 30일에서 40일로 연장했으며, 개최성과도 전년 대비 3.5배의 높은 신장률을 기록했다. 1981년까지 총 11회에 걸쳐 개최되었으며, 전시기법과 개최 노하우 등의 경험을 축적할 수 있었다. 이러한 경험을 바탕으로 1982년부터는 명칭을 서울국제무역박람회(Seoul International Trade Fair: SITRA)로 하여 격년제로 개최했다. 1970년대 한국의 세계박람

[그림 1-15] 1968년 구로공단에서 열린 제1회 한국무역박람회 개막식과 기업관

[그림 1-16] 1977년 춘계 서울교역전

회 참가는 아시아 최초의 종합박람회인 1970년 일본 오사카세계박람회와 1974년 미국 스포케인세계박람회, 1975년 일본 오키나와세계박람회에 참가하는 등 세계박람회에 적극적으로 참가하기 시작했다.

전 국민을 대상으로 한 국가적인 이벤트는 1981년 '국풍 81'을 기점으로 시작되었다고 할 수 있다. '82서울국제무역박람회(SITRA '82)는 대한무역진흥공사 주관으로 1982년 9월 24일부터 10월 18일까지 '내일의 번영을 위한 광장'이란 주제로 한국종합전시장과 인근의 총무처 부지에서 개최되었다. 이 박람회는 단순한 무역박람회가 아니라 준(準)세계박람회적인 성격도 있었다. 상품전시와 판매를 위한 상업활동 위주의 행사였지만 정기적으로 개최되었고, 전문 전시회가 아니어서 일반인도 관람할 수 있었으며, 무역박람회지만 축제 성격이 가미된 박람회였다. 내국인 관람객 2백 25만여 명, 외국인 바이어 1만 1백여 명이 참가하는 등 대성황을 이루었다. 하지만 종합 무역박람회보다는 특수한 분야의 상품만을 전시하는 전문 무역박람회에 대한 기업들의 선호도가 높아지면서 서울국제무역박람회의 규모는 점차 축소되다가 1996년에 폐지되었다.

1980년대 한국의 세계박람회 참가는 1982년 미국 녹스빌세계박람회와 1984년 미국

[그림 1-17] 전 국민을 대상으로 한 국가적인 이벤트 '국풍 81'

뉴올리언스세계박람회, 1985년 일본 츠쿠바국제과학기술박람회, 1986년 캐나다 밴쿠버세계박람회, 1988년 호주 브리즈번세계박람회 등에 한국관을 건설하고 참가했다. 그리고 세계적인 규모의 메가 스포츠 이벤트인 1986년 아시안게임과 1988년 서울올림픽 이후 사회 전반적으로 이벤트에 대한 관심이 높아져 기업의 각종 판촉 이벤트도 활발히 실시되었다. 또한 1980년대 후반부터 불어닥친 기업문화 또는 기업 이미지에 대한 관심 고조는 그 수단으로 이벤트의 중요성을 증대시켰으며, 특히 홍보이벤트와 사회프로모션 이벤트의 중요성이 부각되었다.

[그림 1-18] 1982년 서울국제무역박람회의 풍경

이처럼 1980년대에는 학술, 예술, 스포츠 등의 각종 이벤트가 생겨나 번성하게 되었

[그림 1-19] 1988년 서울올림픽

으며, 또한 국제적인 교류이벤트도 실시되어 국내 이벤트시대의 큰 '흐름'을 형성하기 시작했다. 그중에서도 1988년에 개최된 '서울올림픽'을 국내 제1차 이벤트시대의 시작으로 볼 수 있으며, 이러한 제1차 이벤트 시대의 '발전 계기'를 제공한 사회적 배경요인으로 다음의 사항을 들 수 있다.

- 학술 · 문화의 발전
- 미국 문화의 침투
- 매스커뮤니케이션의 발달
- 경제의 고도성장
- 민주주의의 정착
- 과학기술의 급속한 발달
- 국제교류의 활발

이 시기는 고도성장을 배경으로 성장 확대된 이벤트시대라고 할 수 있으며, 이러한 현상은 거품경제가 붕괴될 때까지 계속되었다. 당시의 이벤트는 오늘날에 비교하면 그 자체가 상품이고, 직접적 효과를 겨냥했으며, 복합적 목적이 아닌 단일 목적의 경향이 강했다. 즉, 당시 매스커뮤니케이션의 강세 속에서 이벤트는 커뮤니케이션 미디어로서 자리 잡기보다는 부분적 위치 내지는 보완적인 역할을 했다고 할 수 있다. 따라서 기업의 판촉전략 속에 존재한다 하더라도 명확한 하나의 전략적 요소라기보다는 단순히 사람을 모으기 위한 수단이었고, 오락요소적인 위치 부여로 끝나 버리는 것도 많았다.

(3) 제2차 이벤트시대

1991년부터 급격히 축소되었던 이벤트 산업이 경제가 회복되면서 1993년 세계적인 메가 이벤트인 '대전세계박람회'를 기점으로 많은 기업과 공공단체가 다양하면서도 수많은 이벤트를 실시하는데, '1994 한국방문의 해'와 '서울정도 600년 기념행사' 등과 같은 대규모 관광이벤트에 이르기까지 많은 이벤트가 개최되었다. 이와 함께 패션쇼, 신제품 발표회, 고객초청 사은행사, 신차 발표회, 야외영화 프로모션 등 기업의 판촉 이벤트가 유형적인 측면에서 성장 · 확대되는 경향을 보였으며, 이 시기에 대기업과 백화점 측면에서 판매 촉진의 수단으로서 이벤트가 정착되었다.

[그림 1-20] 개발도상국의 저력을 보여 준 1993년 대전세계박람회

1997년 11월부터 닥쳐온 경제위기인 IMF의 한파 속에 이벤트시장은 급격하게 감소되었으며, 한국의 경제, 사회, 문화 전반에 미친 거품경제 붕괴의 영향은 대단히 컸다. 이 거품경제 붕괴 이후 한국이 크게 변했다고 해도 과언은 아니다. 이벤트 산업도 개최횟수뿐만 아니라 내용 측면에서도 이전에 비해 많은 변화가 있었다.

2002년부터 경기회복과 함께 '한 · 일월드컵' 개최로 인해 이벤트업계는 일시적인 월드컵 특수를 누렸다. 1990년대부터 본격적인 지방화시대를 맞이해 각 지방자치단체에 의한 크고 작은 지방박람회 개최가 줄을 이었다. 1995년 본격적인 지방화시대가 도래하면서 지역 활성화의 수단으로 지방박람회가 부각됐다. 1993 대전세계박람회의 성공은 지방과 세계가 바로 연결될 수 있는 새로운 가능성을 보여 주었으며, 이에 자극을 받아 1997년부터 고양국제꽃박람회와 경주세계문화엑스포 등이 개최되어 지방박람회의 붐을 일으키는 계기가 됐다.

그 후 2015년까지 18년 동안 45개의 다양한 지방박람회가 개최되었다. 그리고 2020년까지 12개의 지방박람회가 개최를 준비하고 있다. 그동안 다양한 성격의 박람회가 개최되면서 지역의 산업과 지역개발에 중요한 역할을 담당해 왔다. 1980년대의 놀랄 만

[그림 1-21] 1997년 고양세계꽃박람회 주제공연

한 경제성장의 풍요로움과 함께 1990년대는 고도성장에서 저성장으로 이행되는 시기였기 때문에 각 지방자치단체에서는 지방박람회를 통한 지역홍보는 물론 지역산업의 발전과 재정수입의 증대, 중앙정부의 지원을 확대시키는 계기를 마련하였고, 경기부양과 지역 활성화를 위한 수단의 하나로 박람회가 개최되었다. 1990년대는 1997년부터 1999년까지 1997년 고양세계꽃박람회, 1998년 경주세계문화엑스포, 1999년 강원국제관광박람회, 1999년 하남국제환경박람회 등 다양한 소재의 지방박람회가 개최되었다. 1990년대 한국의 세계박람회 참가는 1990년 일본 오사카 국제꽃과 녹음의 박람회, 1992년 스페인 세비야세계박람회, 1992년 이탈리아 제노바세계박람회, 1998년 포르투갈 리스본세계박람회 등에 한국관을 건설하고 참가했다.

그리고 지방화시대의 개막과 함께 전통문화와 독특한 소재를 배경으로 한 지역축제 중 외래 관광객 유치확대 및 지역관광활성화를 위해 관광상품성이 큰 축제를 대상으로

[그림 1-22] 지방박람회의 새로운 모델을 보여 준 2013년 순천만국제정원박람회

문화관광부에서 1995년부터 지원 · 육성하고 있는 문화관광축제는 해마다 지속적으로 발전하고 있으며, 현재 매년 40여 개를 선정하여 지원하고 있다. 문화관광축제 추진 결과, 2013년의 경우 총 관광객 수 2,942만 명, 지역경제 파급 효과는 1조 6,422억 원이라는 괄목할 만한 성과를 거두었다.

2000년부터 2014년까지 15년 동안 45개의 다양한 소재의 지방박람회가 개최되면서 지역의 산업과 지역개발에 중요한 역할을 담당해 왔다. 주요 지방박람회를 살펴보면, 2001년 경기도세계도자기엑스포, 2002년 안면도세계꽃박람회와 오송국제바이오엑스포, 삼척세계동굴박람회, 2006년 고성공룡세계엑스포와 금산세계인삼엑스포, 2008년 함평세계나비 · 곤충엑스포, 2009년 인천세계도시축전, 2010년 제천국제한방바이오엑스포와 울산세계옹기문화엑스포, 2011년 경주세계문화엑스포와 대장경천년문화세계축전, 2012년 안성세계민속축전과 고성세계공룡엑스포, 2013년 순천만국제정원박람

[그림 1-23] 세계박람회가 소도시에서도 성공할 수 있다는 선례를 남겼던 2012년 여수세계박람회

회, 산청세계전통의약엑스포, 오송화장품 · 뷰티세계박람회, 2014년 완도세계해조류박람회, 오송국제바이오엑스포 등이 연이어 개최되었다.

2012년에는 남도의 미항 여수에서 '살아있는 바다, 숨쉬는 연안'이란 주제로 1993년 대전세계박람회 개최 후 20년 만에 BIE(국제박람회사무국)공인 세계박람회인 여수세계박람회가 개최되었다. 여수세계박람회는 박람회 역사상 가장 작은 도시에서 개최된 사례였다. 걱정과 우려도 많았지만 흥행과 전시, 운영 등 모든 면에서 성공의 기록을 남겼다.

2000년대 한국의 세계박람회 참가는 2000년 독일 하노버세계박람회, 2005년 일본 아이치세계박람회, 2008년 스페인 사라고사세계박람회 등에 한국관을 건설하고 참가했으며 2010년 중국 상하이세계박람회에는 한국관과 한국기업관을 건설하고 참가했다.

제2차 이벤트시대가 제1차 이벤트시대와 기본적으로 다른 것은 이벤트가 새로운 미디어로 명확하게 자리매김했으며, 복합적인 목적으로 의미가 부여되고, 효과측면에서도 직접적인 것뿐만 아니라 간접적인 효과까지 확대가 필요하다는 인식이 중요시되었다. 이벤트시대는 이와 같이 이벤트의 양적 · 질적인 변화 속에서 명확하게 파악된다. 비록 우리나라에서 현대적 개념의 이벤트가 본격적으로 도입된 역사는 짧지만 사회 · 경제적인 욕구의 증대로 중요성이 점차 부각되면서 발전의 가능성이 매우 크고 밝은 전망을 가진 21세기 유망산업 중 하나로 부각되었다.

2) 기술 및 생활의식의 변화와 이벤트

이벤트시대의 배경에 대해서 여러 가지 사회적 · 경제적 현상을 근거로 정리해 보자.

현재 이벤트시대의 특징 중 하나로, 행정주도형 이벤트의 급증을 들 수 있다. 행정의 이벤트 지향성은 시대 흐름을 도외시하고는 생각할 수 없지만, 행정내부의 변화 및 지역사회 측면의 변화와 상승효과에 의한 측면이 강하다고 할 수 있다. 우선 행정내부의 변화는 지방자치제에서 최대 과제인 지역산업의 진흥, 지역경제의 활성화와 지역문화와 기술의 발전을 현재의 냉엄한 사회환경과 행정개혁의 흐름 속에서 중앙정부에만 맡길 수 없다는 것이다. 즉, 과거의 고도 성장기처럼 공업화와 인프라스트럭처 구축만으로 상징되는 공공투자는 의미가 없게 된 것이다. 또한 경제의 회복기(IMF 이후)에 접어들면서부터 지역주민의 의식도 변해 보다 정신적인 만족을 중시하고, 행정에 대한 요구도 다양화되어 이로 인한 공공투자의 핵심도 문화 복지적 기반의 확충 등으로 이행되고 있다.

한편 경제성장의 둔화와 함께 무역마찰, 세계경제의 블럭화 등 국제환경 변화의 영향으로 침체된 지역경제 활성화와 지역산업의 진흥, 지역을 뒷받침하는 기술과 문화의 발전에 대한 요구는 더욱 강해지고 있으며, 이런 가운데 지역 활성화의 전략적 수단으로써 등장한 것이 바로 이벤트이다.

이러한 시대 흐름에서 행정 측면의 변화만이 아닌, 지역사회 측면에도 변화가 나타나기 시작했다. 지역 활성화란 대기업의 공장유치로 인한 공업화의 촉진이라는 단순한 생각이 아니라, 여러 가지 다양한 발상이 시도되기 시작했다. 지역주민 스스로의 노력으로 그 지역의 다양한 자원을 활용한 개성과 활력이 넘치는 지역조성을 추진하려는 구상으로, 자립적이며 내부 발생적인 지역 활성화를 실행하고 있다.

이러한 요구와 활동은 단순한 지역산업의 진흥과 지역경제의 활성화라는 측면에만 국한되지 않고, 지역사회의 재구축, 새로운 지역연대로 유지되는 활력이 넘치는 지역의 창조를 목표로 하는 단계까지 성장할 가능성을 포함하고 있다.

이러한 움직임에 '동기'를 부여하고 '탄력'을 제공한 것이 이벤트라고 할 수 있다. 이벤트는 지역진흥을 위한 수단이며, 지역 활성화를 위한 전략적 의미를 갖는다.

(1) 기술의 변화가 생활과 산업 그리고 지역을 바꾼다

이와 같이 행정 측면의 움직임과 지역사회 측면의 변화가 상승해서 이벤트시대가 도래하게 되었다고 할 수 있다. 그렇다면 '왜 지금이 이벤트 시대인가?'라는 의문이 제기되었지만, 명쾌한 답을 찾지 못했다. 지금부터 이 의문에 대해서 명쾌하게 답하고자 한다. 최근 과학기술의 진보, 특히 정보통신기술(ICT)을 활용한 다양한 정보와 비즈니스 기회의 창출은 실로 엄청난 것이었다.

그중에서도 정보통신기술의 향상은 가전제품에 국한되지 않고 광통신과 뉴 미디어 등 정보통신 수단의 발달에 큰 역할을 담당하고 있다. 이것은 한 가지 사례에 지나지 않지만 이와 같은 과학기술의 발달은 과거부터 경제사회의 기반이 되는 도로, 철도, 항공 또는 전기, 통신 등의 인프라스트럭처에 큰 변화를 가져왔고, 이것이 새로운 네트워크 사회를 구축하는 기본 요건이 되었다.

대량생산 · 대량판매를 전제로 한 대중 소비사회에서 시장이라는 개념은 다품종 소량생산의 기술출현과 소비자의 욕구변화에 의해서 어쩔 수 없이 변화되어, 집단붕괴의 흐름 속에서 종래의 마케팅 이론을 대체할 새로운 이론이 요구되는 시대가 되었다. 일반적으로 이와 같은 흐름을 통칭하여 하드웨어 중심의 사회에서 소프트웨어 중심의 사회로, 공업화 사회에서 정보화 사회로의 변화라고 말하고 있다. 이것은 산업사회에도 구조적인 변화를 가져오기 시작했다. 즉, 제품중심의 경제에서 지식 서비스를 중심으로 하는 경제로 모든 경제의 소프트화 현상이 진행 중이다.

이러한 상황 속에서 지역도 경영의 시대로 접어들었다고 할 수 있다. 지역도 다른 힘에 의존하지 않고, 자신의 힘으로 새로운 산업을 창출하는 것, 즉 '자주적이며 내부 발생적인 지역의 진흥'을 추진하려는 움직임이 활발히 진행되고 있다. 이러한 지역 활성화의 전략적인 수단으로 이벤트가 등장한 점을 간과해서는 안 될 것이다. 더욱이 지역의 활성화는 최근 3~4년 사이 내수촉진이라는 커다란 한국경제의 과제와 연결되어 한층 중요해졌다.

(2) 생활과 이벤트

이와 같은 변화 속에서 기본적이며 직접적인 욕구에서 보다 고차원적인 정신적 · 문화적 욕구의 충족을 향한 요구가 높아지는 것은 당연하다. 이것은 '물질에서 마음으로' 가치관의 변화이며 생활의 소프트화라고 할 수 있다. 이러한 생활 욕구의 변화에 대해서 다음과 같이 정리할 수 있다.

- '물질' 그 자체가 소프트화하고 있다. 즉, 디자인과 브랜드가 중시되고 수작업의 가치가 중시되고 있다.
- 기업과 업계 그 자체가 소프트화하고 있다. 즉, 상품의 구성과 매출이 차지하는 소프트 관련 분야가 증가하고 있다.
- 라이프스타일이 소프트화하고 있다. 즉, 소비의 개성화, 다양화가 진행되어 자기실현의 욕구가 강해지고 있다.

이러한 대중의 의식변화는 다양한 정신적 · 문화적 욕구를 유발시키고, 윤택함에 대한 가치관을 변화시켜 지역적인 새로운 인간관계를 갈망하는 마음을 기르며, 조화된 환경과 자연을 추구하고, 남녀의 역할에 대한 의식을 변화시키는 등 다양한 방향으로 계속 표출되고 있다. 또 사회적으로는 소득의 향상과 물질적인 만족을 추구하는 단계에서 정신적인 풍족함, 여유, 자기실현 욕구의 고조 등 보다 고도의 욕구단계로 이행되고 있다. 이러한 생활의 변화와 함께 정보의 양은 급속하게 증가하여 다양한 미디어를 통한 정보가 거리와 인터넷, SNS에 넘치고 있다.

이벤트란 특정 공간에서 전개되는 '사물'과 '사건'을 접하고, 그것들을 매개로 자신과 주위의 대중과의 사이에서 새로운 관계를 발견하고 자신에게 새로운 '의미'를 발견해 내는 장을 말하며, 이러한 새로운 발견이 감동의 원천이 된다.

따라서 현대의 이벤트는 결코 미지의 '사물'과 '사건'만을 보여 주는 것으로 감동을 창출하려는 것이 아니라, 가령 이미 알고 있었거나 평소에 아무런 생각 없이 지나쳐 온 것을 다시 한 번 되돌아보고, 새로운 자신과의 관계를 발견함으로써 전혀 새로운 감동을 느끼는 것이다.

점점 더 거대화되고 복잡화되는 현대사회에서 점차 잃어버리고 망각되고 있는 만남과 접촉을 소중하게 지키면서 새로운 커뮤니케이션의 장과 기회를 만드는 것이 이벤트이다. 또한 이벤트는 종래의 매스미디어에 결여되어 있는 적극적 · 능동적인 양방향 커뮤니케이션이 가능한 새로운 미래의 시대가 필요로 하는 미디어이다.

끝으로 이벤트는 지역의 경제와 산업뿐만이 아니라 대중의 마음을 활성화하는 역할을 담당하고 있다는 점에서 내수촉진을 위한 유력한 수단임과 동시에 그것 자체에 의해서 개발되는 유망한 산업이라고 할 수 있다.

3) 산업의 발달, 지역 활성화, 국제교류 촉진과 이벤트

(1) 산업융합화가 진행된다

현대는 산업융합화 시대이다. 새로운 기업 간, 산업 간 교류가 왕성해지고 있고, 하이테크화, 서비스 산업화라고 하는 산업구조의 변화 속에서 다양한 업종이 새로운 시장 개척을 위해 모색하는 시대가 되었다. 종래의 한 가지 업종의 발상만으로는 미래에 대한 비전이 없고, 다른 업종과 교류하면서 무언가 새로운 것을 찾아내려고 하는 시대가 되었다. 즉, 현대에는 업계의 각 분야와 다른 업종의 교류가 활발히 이루어지고 있으며, 이러한 교류의 열쇠가 되는 것이 이벤트이다.

(2) 지역 활성화와 내수증진

현대는 지역 활성화의 시대이다. 지금까지는 금융과 서비스업을 중심으로 서울 집중이 급속하게 진행되어 왔으며 지역의 정보발신 기능이 극히 저하되어 있다. 이와 같은 상황에서 인구와 정보 등의 대도시 집중경향에 대응하여 지역에서의 생활과 문화를 재조명하여, 지역 활성화와 지방으로부터의 정보발신 기능회복을 도모하려는 움직임이 생겨나고 있다. 지방자치단체와 지역의 여러 단체가 지역 전략산업의 진흥을 비롯해 지역경제 활성화, 개성적인 지역 만들기, 향토의식 함양(지역정체성의 확립)에 적극적으로 몰두하려는 움직임이 계속 심화되고 있다. 이벤트가 지역주민과 지역산업의 활성화를 위한 구체적인 활동기반과 절호의 참가기회를 제공함으로써 한층 주목을 받고 있다. 또한 지역 활성화와 내수증진이 밀접하게 연결되어 국내 경제의 경기회복에 크게 기여하고 있는 점도 간과해서는 안 된다.

(3) 국제교류의 촉진

이미 잘 알려져 있는 바와 같이 우리나라가 대외 무역마찰을 피하고, 국민생활의 향상을 도모하기 위해 무엇보다도 중요한 것은 국제협력을 기본으로 한 내수진흥형의 경제경영의 확립과 추진이다. 동시에 문화적 마찰을 사전에 피하기 위해 국제 이해의 증진, 국제교류의 촉진을 위해 노력하는 것이 필요하다. 이벤트는 국제적인 문화, 산업, 기술을 교류하는 장이며, 특히 국제적인 인적교류의 장으로서 중요한 역할을 다할 수 있다. 최근 세계적으로 점차 활발해지고 있는 인재와 정보의 교류 속에서 국제적인 모임의 장으로 이벤트에 대한 욕구는 더욱 더 증대되고 있다.

4) 이벤트 관련 산업

(1) 이벤트 관련 산업의 현황

이벤트 관련 산업의 범위는 굉장히 광범위하다. 일반적으로 이벤트 관련 산업은 이벤트의 준비, 개최 등에 참가하는 사업체를 통해 파악된다. 전형적인 이벤트 준비에서 개최, 종료까지 업종의 흐름을 도표화하면 〈표 1-10〉과 같다. 이 밖에도 이벤트 공간, 시설제공 사업이 있지만 국내에서는 현재까지 공공기관이 주체인 경우가 많다. 또 전시회에 참가하는 기업의 내부조직으로서 전시기획 등의 업무를 전담하는 '사업'이 있지만 일단 제외하였다. 한국의 이벤트 관련 산업의 특색은 다음과 같다.

- 이벤트 관련 산업은 다양한 업종이 다양한 역할을 수행하고 있으며, 그 범위도 매우 광범위하다.
- 이벤트 관련 산업은 분야별로 세분화되어 있다. 대형 광고회사 및 언론사에는 특

정 이벤트 프로젝트사업 부문이 조직화되어 있으며, 이벤트 유형별로 전문화 및 세분화되어 있다.

• 이벤트컨설팅 및 이벤트 제작회사는 포화단계이다.

이벤트 산업의 시장규모는 각 매스컴 및 이벤트 전문가들의 추정에 의하면 전시 및 컨벤션을 포함해서 약 2조 원 정도로 추산되며, 성장산업인 것만은 틀림없다(KIET, 2010). 이벤트 관련 기업의 사업규모는 대형 광고대행사와 언론사, 전시사업, 영상제작 등의 대기업을 제외하면 대체적으로 소규모이다. 특히 이벤트 제작회사들은 유능한 프로듀서와 소수 인원의 스태프로 운영되는 소규모 사업체가 많다.

〈표 1-9〉 **이벤트 관련 산업의 체계**

구분	업무	직접적 이벤트 관련 산업	간접적 이벤트 관련 산업
이벤트 준비	종합 조정	광고대행업, 방송업 등	
	기획 수립	프로듀서, 디렉터, 플래너 등	
	행사장, 부지임대	공연장 및 전시장 임대업, 부동산업	
	시설설계 · 건설	전시업, 건축업, 디자인업 등	건축업, 전기공사, 배관업, 임대업
	전시기획, 시설 제작	전시디자인업, 전시제작, 렌탈업	
	광고 및 홍보	방송, 신문, 온라인, 옥외광고, 홍보대행업 등	출판, 인쇄업
	예매권 판매	티켓 판매업 등	
	자금조달	금융업	
	회계처리	회계사	
	법률업무	변호사	
	보험업무	보험업	
	전시물 반입	운송, 창고, 통관업	
	전력, 수도, 가스	전력, 수도, 가스공급업 등	

	행사장 안내	도우미, 통역 등 인력공급업	
	관람객 수송	여행사, 철도, 버스, 택시	주차장업
	행사장 경비	경비업	
	행사장 통신	통신업	
	행사장 내 음식점	음식업	
	행사장 내 판매점	소매업	
	숙박	숙박업-호텔, 모텔, 펜션 등	
이벤트 실시	방송	방송업	
	행사 제작	프로듀서, 연예프로덕션, 연출, 진행, 영상, 음향, 조명, 특수효과 관련 업종	
	광고 및 홍보	방송, 신문, 온라인, 옥외광고, 홍보대행업 등	
	행사장 내 청소	청소업	
	행사장 내 의료	지정병원, 보건소	
	기타 서비스	은행, 우체국, 택배업	
	기록제작	사진촬영, 영상제작, 출판업 등	
종료	조사평가	조사분석업	
	행사장 철거	건축업, 운송업, 폐기물처리업 등	

이벤트 산업은 아직 정착되어 있지 않는 만큼 문제점도 많다. 그 주된 사례는 다음과 같다.

- 기획 등의 소프트 업무에 대한 적정한 평가의 결여
  - 소프트에 대한 객관적인 평가의 곤란성
  - 프레젠테이션에 관련된 적정한 비용보상 인식의 결여
  - 아이디어, 지적소유권 보호의 문제
- 수요의 변동, 부정기성
  - 이벤트의 수요는 국가와 지방자치단체의 정책, 국가적인 천재지변, 기업의 경기

동향 등에 민감하게 영향을 받는다.
- 계절적으로 집중되는 경향이 많다(봄, 가을).
- 단발형과 일과성 이벤트가 많다.

• 이벤트 산업의 시장규모 관련자료 부재와 지속적인 연구부족
  - 한국에 이벤트가 산업화된 지 40년이 넘는데도 이벤트 산업의 시장규모와 전문회사, 전문인력 및 종사자의 수 등에 대한 자료가 부재하여 이벤트 산업 관련 지원정책 수립에 어려움이 있다.
  - 이벤트 산업에 대한 총괄적인 연구보다는 각 분야별로 구체적인 연구가 이뤄지고 있으나 이벤트 산업의 발전과 미래에 대한 실질적이고 지속적인 연구가 부족하다.
• 인재의 확보 및 육성의 어려움
  - 적정한 인원 확보의 곤란
  - 인재 육성의 곤란
  - 이벤트 프로듀서 역할에 대한 인식부족

이러한 문제에 대한 바람직한 대책을 다음과 같이 제안할 수 있다.

• 이벤트 산업 지원기준 · 법적근거 및 제도 마련
  - 이벤트 산업 진흥 및 발전법 제정
  - 이벤트 산업 대행구조 개선법 제정
  - 이벤트 산업 유치 · 개최 지원기준 설정을 통한 제도 마련
  - 이벤트 산업의 시장규모 관련 자료 확보를 위한 체계적인 등록시스템 마련
• 이벤트업계 지원방안
  - 이벤트 산업 관련 협회/조합에 대한 적극적인 지원
  - 정부의 세제 및 금융지원 정책 마련
  - 물가 및 인건비 상승에 근거한 비율 사업비 적용 검토
  - 이벤트업계 전문인력 양성을 위한 적극적인 지원
  - 이벤트 인재 육성을 위한 국가자격증 도입
  - 행사용역 입찰제도 개선을 통해 이벤트 전문회사의 성장기반 구축
  - 프레젠테이션에 관련된 적정보상 체계 마련

기업이 이벤트를 실시하는 경우는 스스로의 필요성에 의해 실시하는 것과 공공 이벤트 참가형이 있다. 두 가지 모두 이벤트 활성화의 배경과 산업특성, 대책의 방향성 부여 및 제시 등에 대해 깊이 이해하는 것이 중요하다.

EVENT

제2장

이벤트의 효과 및 역할

1. 이벤트의 효과

이 장에서는 이벤트의 효과에 관해서 기술하고자 한다. 광고 효과에 대해서는 많은 전문서적이 나와 있지만, 이벤트의 효과에 관해 정리한 것은 찾아보기 어렵다. 광고의 경우도 그렇지만 이벤트 역시 효과를 측정한다는 것은 기획단계에서 이벤트 효과의 목표화를 시도하여 효과 있는 기획을 수립하고 실시하는 것이 궁극적인 목적이다.

그것을 위해서는 기획단계에서 효과의 목표를 명확히 설정하는 것이 중요하다. 반드시 정량적 표현이 아니라도 좋다. 이벤트의 본질적인 역할을 근거로 한 광의의 개념에서 목표화하면 된다. 이와 같이 목표화를 적절히 하기 위해서 이벤트 효과의 구조, 이벤트 효과 측정방법을 이해할 필요가 있다. 이 장에서는 이벤트 효과를 어떻게 파악하는가에 대해서 체계적으로 연구하기로 한다.

1) 이벤트 효과의 목표화

(1) 효과의 목표화를 위한 이벤트 개념 정리

20년 전부터 각 지역의 문화관광축제, 지방박람회 등의 개최 주체인 지방자치단체에서도 이벤트의 효과에 대해 많은 관심을 갖게 되었다. 그렇지만 지금까지의 사례를 보면 그 효과목표의 주된 관점이 입장객 수와 수지 계산만으로 제시되는 경우가 많았다. 그 이유는 효과의 표현이 구체적인 수치화되지 않으면 파악하기 어렵고 객관성이 없다는 생각이 지배적이었다. 구체적이고 정량적인 효과목표의 설정은 대단히 중요한 의미를 갖는다. 그러나 과연 이것만이 이벤트 효과의 모든 것일까? 그렇지는 않다. 그러면 이벤트 효과는 무엇을 기준으로 구상하고 파악해야 할 것인가? 그 해답은 제2장에서 서술한 내용, 즉 이벤트의 기능과 정의, 목적과 본질적 역할, 이벤트의 성격, 분류 등과 같은 것들로 파악할 수 있다. 단지 그것을 측정하는 근거기준이 있느냐는 여기에서 생각해야 할 것이 아니라 다음 단계에서 생각해야 할 문제이기 때문에, 이 단계에서는 기법에 구애될 필요는 없다.

(2) 넓은 시야로 본 효과의 목표화

앞에서 서술한 것과 같이 이벤트 효과는 단순하게 파악되는 양적인 측면만이 아니다. 여러 가지 파급 효과와 커뮤니케이션 효과 등 넓은 범위로 확대되는 성격을 갖고 있다. 또한 이벤트 형태에 따라 여러 가지 효과 중에서 강조되는 부분은 당연히 달라진다.

> 지역의 모든 계층에게 명확한 목표를 부여하고 자발적인 참가를 권유하여 공동작업을 하는 것이 전제가 되는 지역 이벤트는 의도적으로 기획 구상을 함으로써 다른 산업분야와의 제휴협력과 융합화, 지역연대와 참가의식 육성에 매우 효과적인 촉진작용을 한다. 동시에 그 이벤트에 참가해서 완성해 가는 과정을 통해 지역에 대한 주민들의 애착과 긍지가 육성되어 그것이 내부 발생적인 지역발전의 에너지로 바뀔 가능성을 가지고 있다.
>
> –히라노 시게오미(平野繁臣) 저, 『이벤트 부국론』

지방박람회와 지역축제 등의 지역 이벤트에서는 파급 효과와 커뮤니케이션 효과가 매우 중요한 의미를 갖는다. 이와 같이 양적인 효과측정이 불가능할 경우 목표화에 대해서는 상기와 같이 과정을 중시한 효과 목표화의 구조를 만들고, 그것을 실시과정에서 정확하게 추진하는 것이 중요하다. 앞에서 예로 든 히라노 시게오미의 저서에서 파급 효과를 파악하는 사례를 〈표 2–1〉에 소개한다.

〈표 2–1〉 **공공 이벤트의 파급 효과**

① 생산유발 효과		
• 행사장 시설 등에 의한 생산유발 • 입장객의 소비에 의한 생산유발	→	• 개인소득의 증가 • 지방세 수익 증가 • 고용기회의 증가
② 지역의 동질싱 확립		
• 지역의 지명도 제고 • 지역의 이미지 업 실현 • 지역주민의 계몽과 연대감 육성	→	• 관광객 증대 • 기업유치 증가 • 지역산업의 거래기회 증대
③ 교류확대와 네트워크의 구축		
• 지역의 기술과 문화수준 향상 • 정보화의 접촉기회 증대 • 지역의 새로운 매력창조 기회조성 • 지역발전의 장기적인 기반강화	→	• 기획설계, 디자인의 기술이전 • 산업 간의 교류와 융합화 촉진 • 전문가 집단과 인적 채널조성 • 참가 및 협찬 기업과 채널조성

〈표 2-1〉과 같이 구성이 가능하면 정성적(定性的)이라 해도, 일부는 정량적(定量的)인 기준으로 측정하는 것도 가능하며 효과의 목표화도 가능하다.

(3) 기획단계에서 고려해야 할 효과예측 방법

여기에서는 기획에 포함해야 할 효과목표 중에서 가장 알기 쉬운 입장객 예측을 생각해 본다면, 대형 박람회에서는 각 분야의 전문가로 구성한 추진기획단에서 시뮬레이션 모델을 만들어 예측하며, 그것이 실제상황에 적중했거나 빗나갔다고 판단한 것이 지금까지의 일반적인 상식이었다고 해도 과언이 아니다.

입장객 예측과 같이 양적으로 측정 가능한 척도라 하더라도, 다음과 같은 점에 유의하는 것이 중요하다. 적중했느냐 아니냐의 논의보다 현실적인 여러 조건 속에 그것을 목표화하고 가능성과 실현성을 검토하여 실행하는 것이 현실적이며 이치에 맞다고 할 수 있다. 따라서 예측을 하는 경우에는 다음의 여러 가지 사항에 유의해야 한다.

① 효과측정에서 가장 중요한 것은 이벤트 개최의 기본조건[이벤트 개최의 주체조건(주체성격 및 공동개최 여부, 협찬 등에 의한 주최자의 구성조건을 포함)과 목적, 규모, 장소 등의 조건]의 성격 패턴별로 입장객 예측기술의 구성방법이 달라져야 한다. 예를 들면, 여수세계박람회와 같은 국가적인 의의를 지닌 성격과 규모의 이벤트부터 지방박람회 혹은 대기업 주최의 이벤트, 백화점의 판촉행사처럼 매출증대 목적에 대한 비중이 높은 경우 등과 같이, 기본조건이 다른 상황에 대한 패턴별 예측체계의 정리가 매우 중요하다.

② '예측'이란 것은 '목표화'를 위한 작업이라는 것을 명확히 해야 한다.

③ 예측을 위한 구성요인으로는 다음과 같은 점들을 보완하는 것이 필요하다.

㉠ 이벤트 개최의 기본조건에 근거하는 요인

–이벤트의 주체, 소구대상, 지역, 시기, 행사장 규모 등

㉡ 이벤트의 질적 조건에 근거하는 요인

–이벤트의 매력요인

–고지, 홍보, 광고 등의 커뮤니케이션 요인

–소구대상의 특성요인

–집객대상 지역의 지역적 요인

–기타요인: 재입장율, 기간 내 입장객 변동, 경쟁여건 등

이와 같은 요인 등을 일거에 망라하는 것은 불가능하지만 앞의 ①의 기본조건, ③-ⓛ의 질적 조건별로 어떠한 시뮬레이션 모델이 필요하다. 더욱이 정량적으로 예측할 수 없는 효과목표에 대해서는 앞에서 서술한 바와 같이, 나름의 요소를 정해 각 부분에서의 정량화와 함께 계획에서 실행에 이르는 과정에서 계획적으로 만들어 낸 요소를 확실하게 구성함으로써 효과의 목표화와 동일하게 파악할 수 있다. 가끔 있는 일이지만 정량화할 수 없는 것은 자칫 기존목표와 동떨어지기 쉬운 난점을 지니고 있다는 것을 잊어서는 안 된다.

2) 이벤트 효과의 구조

(1) 효과구조의 기본조건

효과를 파악할 경우 효과의 소재와 기준, 측정의 효과 내용에 대한 제약조건 등이 있기 때문에 그것들에 대한 기본조건을 인식할 필요가 있다. 효과의 소재는 이벤트 장소를 대상으로 한 실시효과가 '어디에서' '어떠한 형태'로 표현되는가를 명확히 하는 것이 필요하다. 효과기준에 관해서는 효과의 성격과 정도를 측정하기 위한 각종 배경조건에 따라 '개별적'이기 때문에 항상 상황에 따라 필요한 '계획기준'의 평가기준에 의해서 분석되고 확인되었을 때 비로소 구체적인 이벤트 효과라는 것을 인식하는 것이 필요하다.

그 외에 효과측정의 기술적 제약으로 인해, 효과측정의 핵심에 접근할 수 없는 '효과의 질적인 평가'도 중시할 필요가 있다. 이것들을 근거로 '이벤트 효과의 파악법'이라는 관점에서 총괄적인 기본조건을 예로 들면 다음과 같다.

첫째, 이벤트의 실시체계는 실시 주체가 의도한 목적과 메시지의 표출이다. 따라서 개최 주체가 특정 목적을 갖고 실시하는 이벤트는 일차적으로 입장객이 보이는 반응은 물론이며, 실시 주체도 그 주변(기획자 등)에 여러 가지 반응(의식과 행동)을 불러일으키게 된다. 반응의 내용이 플러스효과든 마이너스효과든 모두가 효과의 대상이라는 관점에서 파악해야 한다.

둘째, 파악된 효과는 실시주체(주최, 협찬, 후원 등)의 목적에 따라 '어디에서' '어떻게' 반응했느냐가 최종적으로 이벤트별로 정해지는 기준에 의해서 평가된다.

셋째, 이벤트의 효과는 '기획 · 연출된 이벤트가 작용하는 각각의 소구기능에 대해 입장객이 어떻게 반응했는가'라는 것이다. 따라서 이벤트 효과 구조체계는 이벤트 연출기능과는 상반되는 관계라고 할 수 있다. 일본 노무라종합연구소의 『기업의 이벤트 전략』의 사고방식 NRISEARCH 1984년 10월호에 '기업 측면에서 본 이벤트 효과구조'에 관한 내용이 발표되었다. 그 내용 중에는 '이벤트 효과 구조'에 대하여 "이벤트는 ① 미디어 기능, ② 퍼블리시티 기능, ③ 이익 환원 기능을 통해서 소비자와 사회에 작용한다. 이 중에서 이벤트만의 기능은 미디어 기능으로, 즉 다이렉트 커뮤니케이션이다."라고 이벤트기능 측면에서 이벤트의 구조를 소개하고 있다. 어느 쪽이라 해도 이벤트의 효과구조는 목적에 적합하게 기획 · 실시된 것이 어떠한 효과기능을 발휘하였는가를 명확히 하여 효과 기능체계에 대응하는 형태로 정리되어야 한다.

넷째, 목적으로서 효과구조 중에서 이벤트 내용에 관한 아이디어, 발상, 연출기법의 장단점 등에 대해서는 참가자와 같은 외부에서의 평가접근도 가능하지만, 핵심적인 기술적 평가 등은 통상적인 평가범주에서 처리하는 것 외에 별도의 접근이 필요하다고 생각한다. 특히 의외성의 평가 등에 관해서는 특별한 평가사항으로 고려해야 한다.

이벤트 효과의 관련 사항을 도표로 제시하면 [그림 2-1]과 같다. 이것이 이벤트 효과의 구조이다. 이벤트 효과에 대해 다음 표를 보면서 설명하고자 한다.

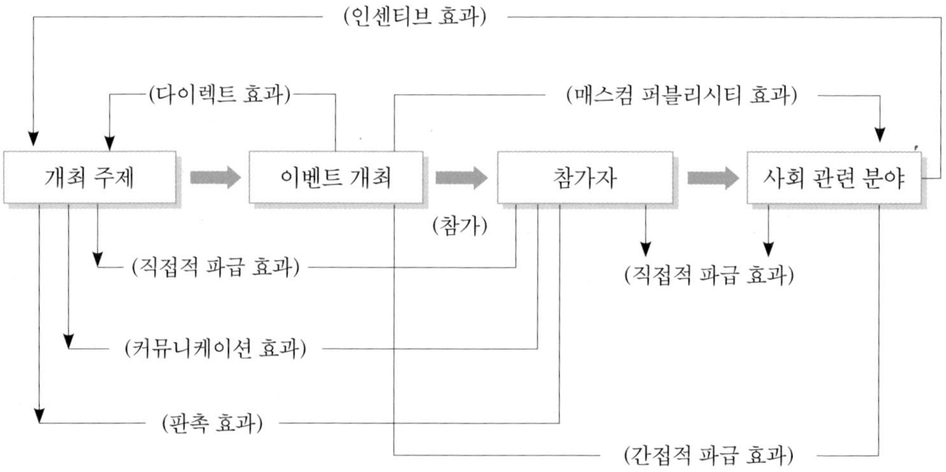

※ 표 속의 굵은 선은 개최 주체의 목적 및 의도 작용의 흐름이며, 가는 선은 효과의 흐름을 나타낸 것이다.

[그림 2-1] **이벤트 효과의 구조**

① 다이렉트 효과

이벤트의 장(場)이 창출하는 직접적인 효과이다. 여기에서 발생하는 효과는 집객인원 수, 입장료 수입, 행사장 내 매출과 이벤트에 참가한 사람들의 의식, 태도에 미치는 효과 등이다.

• 이벤트의 직접적 효과(이벤트의 성과지표)
  –참가자 수(소구대상 속성별)
  –입장료 수입
  –행사장 내 · 외부의 소비액
  –그 외의 수입(광고 및 협찬 수입)

• 이벤트 매체로서의 역할
  –이벤트의 인식
  –이벤트 주제의 인식, 이해 ── 태도변화의 촉진 효과
  –발신자의 지명도
  –발신내용, 활동의 이해
  –발신자에 대한 이미지(호의적 이미지, 부정적 이미지)
  –참가 계층의 확대
  –소구내용의 소구력(訴求力)
  –이벤트의 평가, 공감도(이벤트 세부연출 사항에 대한 전문적이며 기술적인 의견 등도 포함)
  –집객력
  –참가 횟수, 접촉 횟수
  –화제성

• 의식향상 효과
  –사원의 의식 향상
  –사원의 의식 통일
  –관계자의 공감, 지원 의식

② 커뮤니케이션 효과

매스미디어에 의한 홍보와 이벤트가 연동되어 발생하는 효과이다. 이벤트 참가자들의 실시 주체 인지도, 활동 내용의 이해, 공감 등의 여러 가지 효과가 해당한다. 이들 효과의 측정지표로서는 앞의 다이렉트 효과 중 이벤트 매체로서의 역할과 같다.

③ 판매 촉진 효과

판촉 이벤트의 경우 구매의식, 호의적 태도의 변용 등에 의한 판매기여 효과이다. 이것들은 다음과 같은 효과가 있다.

• 판촉효과
 –구입 및 사용 빈도의 향상
 –신규구입, 브랜드 교체, 구입량의 증가
 –구입 준비행동의 조성

• 판매효과
 –전 회사의 매출
 –상품, 브랜드, 매출
 –시장점유율 확대

④ 파급 효과

■ 직접적 파급 효과

이벤트의 기획자 및 참가자 혹은 이벤트에 관해서 어떤 정보를 접한 사람으로부터 '소문'으로 전달되는 구전효과이다. 이들의 효과에 관한 구체적인 지표는 앞의 커뮤니케이션 효과와 동일하다.

■ 간접적 파급 효과

이벤트의 기획, 개최에 따른 투자가 가져오는 경제효과 및 이벤트가 지닌 신선한 발상 등에 의한 새로운 기술, 문화의 보급을 촉진시키는 사회 개발 효과이다.

• 경제 파급 효과
  –생산유발
  –소득증가
  –소비확대
  –유통촉진
  –세수증대
  –고용기회 증대

• 기술 개발 효과
  –첨단기술의 실용화
  –첨단기술의 보급
  –기술지식의 보급
  –자사 보유기술의 어필

• 환경개선 효과
  –사회 간접시설의 충실
  –시가지 재개발 등의 유발 효과
  –환경 개선 의식의 향상 ┐
  –지역 이미지의 향상 ├── 의식지표
  –공동체 의식의 향상 ┘

• 문화수준의 향상 효과
  –교육 효과(학교교육, 사회교육)
  –교육 문화시설의 확충

⑤ 홍보 효과

이벤트 개최가 매스컴 등에 보도됨으로써 실시 주체의 의도가 홍보되는 효과이다. 이 효과 중에는 단순한 고지 효과뿐만 아니라 이벤트에 대한 매스컴의 평가와 해석이 첨가되어, 관련된 소구대상의 의식과 행동을 촉발시키는 효과도 있다. 이것에 관련된 효과는 고지 효과(각종 홍보 효과)와 여론의 환기 · 형성 · 촉발 효과이다.

⑥ 인센티브 효과

기업 프로모션이벤트의 경우 판매점, 도매점, 협력업체 등 기업을 둘러싸고 있는 각 관련 사업체의 초청 등에 의해서 형성되는 관계 개선 효과가 있다.

- 사업활동의 협력도, 공헌도 향상
- 공감의식, 이해도의 향상(친근감, 연대의식)
- 거래조건에 대한 협조, 이해
- 거래, 영업의 활성화

(3) 이벤트 효과지표의 설정

이벤트 효과의 전제조건 아래서 전개되는 직접적인 효과구조는 앞에서 서술한 바와 같다. 효과측정 체계와 관련하여 기능하는 각각의 효과 내용 항목을 구체적인 효과지표로 정리하고, 더 나아가 그것을 효과의 반응으로 나타내는 두 가지 형태, 즉 '의식 혹은 지식화지표'로 파악되는 항목과 그것에 의해 현실적 지표로 나타나는 항목 등 두 가지로 나누어 정리하여, 측정작업에 대한 효과의 구조를 제시한다. 이를 도표화한 것이 〈표 2-2〉의 효과지표 분류이다.

〈표 2-2〉 **효과지표 분류**

판촉 효과	판촉 효과	• 구입의도 • 사용의도 • 호의적 태도	• 사용량, 구입량의 증가 • 신규 사용 • 브랜드 교체 • 구입 준비행위
	판매 효과		• 전 회사의 매출 • 상품, 브랜드 매출고 • 시장점유율
직접적 파급 효과	직접적 파급 효과	• 이벤트의 인지 • 이벤트 주제의 인지 • 이벤트 주제의 이해 • 이벤트 평가, 공감 • 이벤트 내용의 임팩트(소구력, 화제성) • 개최 주체의 지명도 • 개최 주체의 사업내용 이해 • 개최 주체에 대한 이미지	

3) 이벤트의 효과측정

(1) 효과측정의 관점

효과측정은 우선 개최 주체와 이벤트의 목적에 따라서 어떠한 효과를 의도할 것인가를 명확히 하는 것이 필요하다. 그다음은 측정의 목적이 부분적인 것인가, 종합평가가 필요한 것인가를 명확히 하는 것이 중요하다.

그중에 부분적인 경우에는 다음 사항을 검토하여야 한다.

- 실제측정에 의해 직접적으로 효과를 파악함
  (예: 입장객 수, 입장료 수입 등)
- 설문조사를 실시하여 데이터 분석에 의해 파악할 수 있는 효과
  (예: 입장객의 평가, 이벤트의 영향, 소구력과 태도변화 등)
- 그 외의 자료(과거의 매출과 경제동향)와 연관된 상태에서 파악할 수 있는 효과
  (예: 경제 파급 효과와 매출에 기여하는 효과의 추정 혹은 예측 등)
- 종합평가를 필요로 할 경우에는 파악된 각종의 효과를 개최 주체 측에서 종합적으로 평가해 판단하는 것을 목적으로 하는 효과측정
  (예: 개최의도의 달성도 등)

그리고 세부적인 것과 종합평가를 함께 필요로 하는 경우도 있다.

(2) 효과측정의 기획

효과측정의 주요 조건으로서 중요한 것은 다음 세 가지이다. 첫째, 이벤트 구조와 성격의 정확한 파악(프로젝트 개념의 도입), 둘째, 측정작업 기획을 위한 체크리스트에 의한 체크, 셋째, 측정작업의 조건설정 작업이다.

우선 이벤트구조와 성격의 정확한 파악에 관한 기본적인 견해로서 측정하는 이벤트 구조의 확대를 충분하게 체크해야 하며, 그것을 위해서는 개최 주체별 목적체계와 효과구조 체계를 매트릭스로서 보는 개념정리가 중요한 의미를 갖는다.

다음은 효과측정 계획을 위해 매트릭스를 활용하는 것이다. 이는 조건설정을 정리하기 위한 예비작업이라고 할 수 있으며, 측정계획 확정을 위해 체크리스트에 의한 정확

한 체크가 중요하다. 체크리스트에는 '조건설정 A' '조건설정 B'가 있다. 〈표 2-3〉에 효과측정 계획을 위한 체크리스트를 제시하였다.

끝으로 효과측정을 위한 조건설정에 관해서는 다음과 같은 점이 중요하다. 첫째, 이벤트 효과측정에서 가장 유의해야 할 점은 일반적인 조사기획의 절대적인 원칙과 같이 측정계획의 기획단계에서 '조건설정'을 철저히 해야 한다. 둘째, 측정계획을 위해서는 우선 배경에 있는 이벤트 주체의 목적과 내용에 관한 조건설정을 정확하게 인식한 후 그것을 근거로 측정목적 내용을 명확하게 규정하기 위한 작업내용의 조건설정이 이루어져야 한다. 이 두 가지 조건설정을 근거로 하여 측정 내용으로서의 과제가 설정되며, 계획이 구체화된다(상세한 내용은 4항의 이벤트 효과측정의 기술체계 참조). 따라서 전자의 조건설정을 조건설정 A, 후자를 조건설정 B라고 부른다.

앞에서 서술한 개최 주체 조건별 목적체계와 효과구조 체계의 관계 파악과 측정을 위한 체크리스트는 이 '조건설정 A'와 '조건설정 B'의 설정을 위한 전제작업이라 할 수 있다.

〈표 2-3〉 **효과측정 계획을 위한 체크리스트**

조건설정을 위한 체크항목		
주체요소	누가	• 개최 주체 성격: 국가, 지방자치단체, 기업, 단체 • 개최 주체 구성: 단독개최, 복수개최(공동개최, 협찬, 후원, 협력) • 조건주체의 구성별: -협찬예산의 유무 -개최 주체 간의 경쟁관계 유무 -이벤트의 주요 목적과 기관의 목적과의 적합성 -지역 등의 부분적 참가 여부 -이벤트에 간접적인 지원만 하는가의 여부
	무엇을 위해	• 명확한 목적을 확정할 수 있는가 -영리목적(판촉, 홍보, 기념) -비영리 목적(진흥, 계몽, 교육지역 개발, 사회복지, 기념 등) • 이벤트의 대상은 누구인가 -일반 대중(국민, 지역주민), 고객, 관계자 및 노인, 젊은층, 외국인 • 이벤트의 목적에 대응해서 측정해야 할 효과항목은 무엇인가 (개최 주체별 효과 구조 매트릭스에 근거함) • 주최기관의 경우 협찬기관의 목적과 효과목표의 내용이 정리되어 있는가 • 협찬기관의 경우 효과 목적요소는(공식적 목적과 실질적 목적만 정리) • 내용항목의 중요도 순위는 무엇인가 • 이벤트 기획은 결정되었는가, 기획 중인가

종속요소	무엇을	• 이벤트 형태는 무엇인가
	어디에서	• 지역 –행사장은 단일장소인가, 복수장소인가 –행사장의 성격은(다목적 행사장, 경기장, 호텔, 문화예술회관, 해변 등)
		• 규모 –예산규모 –입장객 수의 예상규모 –이벤트 실행전문가의 규모와 구성 –운영조직의 규모와 구성(아르바이트요원 수까지 포함) • 개최시기, 개최기간 –단일 행사장의 경우 기간(시간, 일, 주, 월) –복수 행사장의 경우 행사장별, 시기, 기간 및 전체기간의 구성 –단발인가, 상설로 개최되는가 • 내용구성 –행사별 내용: 실시코너의 배치, 코너별 규모와 내용, 행사 내용의 규모와 방식, 코너별 소구목표는 무엇인가 –어떠한 의도에서 계획하고 있는가
	어떻게	• 앞 내용과 예산 관계 –이벤트의 핵심은 무엇인가, 그 중요도는 명확히 되어 있는가 • 주최기관, 협찬기관의 행사 내용 분담과 전체의 통합성은 (각 연출기획자와의 연대는) • 이벤트의 운영계획은 어떻게 되어 있는가 –개최 주체가 복수인 경우 각 행사장과의 연계운영은 철저히 되어 있는가 –지역이 복수인 경우 각 행사장별로 연계운영은 철저한가 –이벤트의 운영관리에 있어서 이벤트의 홍보의 취지가 철저한가 • 이벤트의 홍보, 개최고지는 어떠한 형태로 실시되는가

(3) 관점별 측정기법과 판단기준

앞에서 서술한 3항의 효과측정 관점별 사례와 그리고 효과측정의 사고방식을 연구해 보기로 한다.

① 개최 주체별, 목적체계별 조건에 의한 관점의 사례

개최 주체별, 목적체계별 조건과 측정의 사고방식과의 관계는 앞에서 서술한 바와 같이 측정을 위한 중요한 전제조건이라고 할 수 있다. 따라서 측정의 조건으로서 이벤트의 목적에서 본 기본적인 효과측정 내용의 범위와 척도 등을 규정하게 된다.

기법으로서 효과측정을 위한 조사대상 지역의 확대, 조사대상 및 상대적인 측정기법의 선정 등에 영향을 미치는 경우도 예상된다.

② 부분적 효과에 그치는 경우

효과측정의 대상영역은 효과구조 흐름의 전역에 미치지만 앞에서 서술한 〈표 2-2〉의 효과지표 분류에 근거하여 각각의 효과지표를 그 성격에 따라서 분류하였다. 첫째, 직접적인 계측(혹은 관측)에 의해 파악할 수 있는 효과지표, 둘째, 설문조사 등을 실시하거나 그밖의 데이터를 분석하는 것으로 파악할 수 있는 효과지표, 셋째, 다른 데이터와의 연결 및 분석으로 파악된 효과지표로 크게 분류하여 〈표 2-4〉와 같이 정리하였다.

효과지표에 대해서는 주요한 항목만을 셀 안에 표기했다. 실제상황에서는 프로젝트별로, 〈표 2-4〉의 효과지표와 기법은 측정기법의 전제로서 기법 대별화의 의미를 가지고 있다. 또 여기에서 대상으로 하는 효과의 내용은 직접적인 효과지표만으로 하였다.

〈표 2-4〉 **효과지표와 기법**

효과측정의 기법 / 효과지표		직접적 계측(혹은 관측)에 의해 파악할 수 있는 효과 지표	설문조사 등을 실시, 데이터를 분석하여 파악할 수 있는 효과지표	다른 데이터와 연결 및 분석하여 파악할 수 있는 효과지표
다이렉트 효과	이벤트 그 자체의 효과 (이벤트의 성과지표)	• 참가자 수 • 입장료 수입 • 광고료 수입 등 • 기타 수입	• 행사장 내 · 외부의 소비액	
	이벤트 매체로서의 효과		• 이벤트의 인지 • 이벤트 주제의 인지 • 이벤트 내용의 소구력 • 이벤트 내용의 의외성, 화제성 • 개최자의 지명도 • 개최자의 사업 내용 이해 • 개최자에 대한 이미지 –호의적 이미지 –비호의적 이미지 • 참가 횟수 • 이벤트 접촉 횟수 • 집객력	
	의식 향상 효과		• 직원의 의식 향상 • 직원의 의식 통일 • 관계자의 공감, 지지의식	

커뮤니케이션/판촉효과	커뮤니케이션 효과		• 이벤트의 매체로서의 효과와 동일함	
	판촉 효과	• 이벤트에 의한 행사장내 상품매출 • 행사장에서 거래조건에 대한 사전문의, 상담, 질문건수	• 구입의도, 사용의도 • 호의적 태도 • 사용 구입량의 증가 • 브랜드 교체의 촉진 • 구입 준비행위 • 신규 사용 촉진	
	판매 효과	• 행사장 내 매출		• 회사 전체 매출 • 상품, 브랜드 매출 • 시장점유율
직접적 파급 효과	직접 파급 효과		• 이벤트의 인지 • 이벤트 주제의 인지 • 이벤트 주제의 이해 • 이벤트의 평가공감 (기술평가를 포함) • 이벤트 내용의 소구력 • 이벤트 내용의 임팩트 (의외성, 화제성) • 개최자의 지명도 • 개최자의 사업 내용 이해 • 개최자에 대한 이미지	
간접적 파급 효과	경제파급 효과			• 생산유발액 • 소득증가율 • 소비유발액 • 물류증가량 • 상업매출 증가액 • 세수익증가액 • 고용기회의 증대
	기술 발전 효과	• 첨단기술의 실용화	• 기술지식의 보급 • 첨단기술, 지식의 보급 • 자사 보유기술의 어필	
	환경 개선 효과		• 환경개선 의식의 향상 • 지역 이미지의 향상 • 커뮤니티 의식의 향상	• 경제기반의 충실 • 시가지 재개발의 촉진

퍼블리시티 효과	문화수준의 향상			• 교육수준의 향상 • 교육문화 시설의 충실 • 교육수준의 향상 • 교육문화 시설의 충실
	퍼블리시티 효과		• 고지 효과(홍보 효과) • 여론, 의식환기 형성	
	인센티브 효과	• 거래량의 증가 • 거래조건의 향상	• 사업협력, 공헌도 향상 • 공감의식, 이해도 향상 • 거래조건에 대한 협조 이해 • 영업행위의 활성화	

주: 각 셀의 지표항목은 모두 사례로서 예시함.

③ 종합평가가 필요한 경우

종합평가와 부분적 평가의 인식과 측정방식의 상관관계는 앞에서 서술한 바와 같다. 이벤트의 종합평가는 향후의 기획활동을 위한 참고자료로 활용하기 위해서도 필요하다. 이 시점에서 이벤트 효과를 생각할 때 '개개의 이벤트 도구대상이 어떠한 반응을 보였는가'라는 것도 중요하지만 그 외에 '당초에 의도했던 이벤트의 목적이 어느 정도 달성되었는가'라는 개최 주체 자체의 평가와 판단이 중요하다.

4) 이벤트의 종합평가를 위한 판단테이블

일반적인 마케팅 프로젝트에서 의사결정을 위한 판단을 적절하고 명확하게 하기 위한 의사결정 구조에 관한 구체적인 절차방식으로서 판단테이블을 작성하는 것이 판단을 적절하고 명확하게 하기 위해서는 더없이 효과적이다.

일반적인 조사에서도 추상적인 리포트 수준을 탈피하여, 최종판단을 마케팅 과제의 해결을 위한 조사에 바로 적용할 수 있는 '판단테이블'을 작성해야만 비로소 마케팅 프로젝트에 관한 실질적인 효과를 발휘한다. 판단테이블이란 소재정보에서 1차, 2차로 지식 정보화하여 마지막으로 현안사항의 취합선택, 구상안의 우위비교 등을 정확하게 판단하는 것을 목적으로 하나의 '도표형식'으로 빌어 표현한 것이라고 할 수 있다.

이벤트의 효과측정에 있어서, 특히 '종합적인 평가'의 측면에서는 당연히 '판단테이블'이 필요하다.

일반적으로 이벤트는 그 효과를 계속해서 예상 또는 기대하면서 이벤트를 계획하게 되지만, 측정방법만이 아닌 기획단계에서 사전에 몇 개의 대체안을 비교 · 검토하기 위해 정해진 판단테이블을 준비하고, 이것에 따라 개별안을 평가하여 효과적으로 이벤트에 반영하기 위한 표준적인 평가방법을 고려하는 것이 필요하다.

대체안이 없는 경우에도 기대치와 실측치를 정확히 대비해야 하며, 효과측정 척도에 관한 중요한 조건이 된다. 이 평가판단을 위한 테이블은 본래 이벤트 기획 때마다 작성하는 것이 바람직하며, 여기에서는 그 개념만 제시하기로 한다.

(1) 판단테이블 방식

이벤트 기획자가 몇 개의 기획 대체안을 평가할 경우에 맞추어서 다음에 제시한 판단 테이블을 작성한다. 판단 테이블에는 예상되는 결과를 상정해 각 대체안의 종합효과를 평가하는 테이블인 종합평가 테이블과 기획 시의 주요 조건을 여러 가지 상황을 예상하여 각종 효과를 체크하는 테이블인 효과판단 시뮬레이션 테이블이 있다.

2. 이벤트의 역할

이 절에서는 기업활동과 지역 활성화를 위한 이벤트역할에 대해 연구하기로 한다. 사회기반(인프라스트럭처, infrastructure)의 큰 변혁 속에서 기업활동의 중요한 위치에 있는 마케팅의 커뮤니케이션 전략방법도 크게 변화하고 있다. 장기적인 경기침체와 혼란스런 마케팅 환경에 있어, 종래와는 다른 고객획득 방법을 개발할 필요가 생겨났다. 그 수단의 하나가 '이벤트마케팅'이다. 선진국에서는 이미 마케팅활동에 다양하게 활용해 온 '이벤트마케팅'을 소개하여 이벤트 프로모션의 가치를 높이고자 한다. 또한 새로운 지역 활성화 관점에서 지역종합 계획과 전략 프로젝트로서 이벤트도 필수불가결한 행정과제이며 지역 활성화를 위한 전략 프로젝트의 하나로 포지셔닝되고 있다. 이벤트는 다른 사업과는 분명하게 구별되는 고유의 기능과 역할이 있다. 즉, 지역의 연대와 협동의 기운을 양성하고 네트워크의 형성을 촉진하여 인재 육성에 기여한다. 이벤트는 지역의 CI운동에 필요한 기능을 복합적으로 갖추고 있다. 정보 수신 · 발신 기능의 강화와 교류인구의 확대, 산업 간의 교류와 복합화를 촉진한다. 이러한 변화 속에서 양방향의 퍼스널 커뮤니케이션 미디어가 어떤 역할과 목적을 달성해야만 하는가, 그 의의와 역할을 근거로 기업의 마케팅활동과 이벤트와의 연관은 어떻게 해야 할 것인가, 또한 기업이 이벤트를 주최할 때와 참가할 때는 어떤 대응의 차이가 있는가에 관해서 기본적인 사항을 연구하고자 한다. 끝으로 기업실무자와 외부전문가와의 효과적인 연계를 어떻게 해야 하는가에 관해서 고찰하기로 한다.

1) 기업활동과 마케팅 전략

(1) 기업활동의 새로운 차원

한국의 경제와 사회는 지금 역사상 그 유래가 드문 환경의 대변혁기를 맞이하고 있다고 해도 과언이 아닐 것이다. 사회 · 경제의 여러 가지 요소의 관계가 다이나믹하고 빠른 속도로 변화하여, 새롭고 다양한 국면이 계속해서 출현하고 있다. 그와 같은 움직임의 배경에는 정보통신, 정보처리와 인터넷 비즈니스의 급속한 발전이 존재한다. 이 혁명적인 변화가 산업혁명과 비교되어야 할 규모와 역사적 의의를 갖는 것인지는 지금의 우리는 알 수 없다. 어찌되었건 지금 이 순간에도 경제 산업사회의 낡은 질서가 무너지기 시작했으며 새로운 질서가 계속 생성되고 있는 것만은 확실하다.

기존의 도로, 항만, 항공 시설의 기반에서 컴퓨터와 인터넷을 구사하는 지식 사회기반으로의 변화는 백년 단위의 대단한 혁신이다. 20년 전만 해도 국내에는 인터넷과 휴대전화조차도 드물었는데 지금은 휴대전화와 초고속 통신망을 대다수의 사람이 사용하고 있을 정도로 기술변혁의 침투 속도는 빠르다. 그리고 한국의 산업은 네트워크 산업조직으로 급속히 전환되고 있다. 이 변화에 수반해서 마케팅 방법도 네트워크적인 개념으로 바뀌고 있다. 여기에서 네트워크적이라는 것은 제조와 구매 사이의 정보해석에 의한 다양한 관계 형성을 중시한다는 것이다. 마케팅의 본질이 정보의 상호해석 프로세스에 있다는 것을 마케터들이 인식하기 시작한 것은 최근의 일이다. 과거에는 마케팅화라고 하면, 생산한 것을 '어떻게 팔 것인가'에 관한 기술이나 수단의 일종이라고 생각했다. 그것이 최근에는 마케팅이란 기본적으로 생산자와 구매자 사이의 커뮤니케이션 문제라는 의식이 생겨나기 시작했다.

지금 기업에 요구되고 있는 것은 이와 같은 변화 속에서 소비자와 기업을 연결하는 사회적 커뮤니케이션 시스템을 구축하는 것이다. 이 과제가 현대사회에 실질적인 마케팅의 중요 과제 중 하나이다.

(2) 지금은 사회적 마케팅 시대

와세다대학교 우노 마사오(宇野政雄) 교수는 기업의 마케팅 발전단계를 인간의 생활 의식구조 패턴을 응용한 형태로 [그림 2-2]와 같이 정리하였다. 이와 같은 마케팅 발전 단계 속에서 현재는 4단계에 해당된다고 할 수 있다. 이것을 기업과 연결하는 커뮤니케이션 시스템과 관련하여 파악하면 사회적 마케팅의 시대는 이 커뮤니케이션 시스템의 의의가 매우 중요시되고, 그 내용에 있어서 양방향의 목적이 요구되는 것은 명확하다.

새로운 네트워크 시대의 마케팅은 기본적으로 기업과 소비자 사이에서 얼마나 윤택한 커뮤니케이션 관계를 만들 수 있는가? 윤택한 커뮤니케이션을 뒷받침하는 것은 일방적인 것이 아니고 양방향 커뮤니케이션 관계인 것을 지적해 온 셈이지만 현재 기업의 사회성이 중시되면 될수록, 즉 사회적 마케팅을 지향하면 할수록 양방향 커뮤니케이션 시스템 만들기가 중요한 의의를 갖게 되는 것은 당연하다고 할 수 있다.

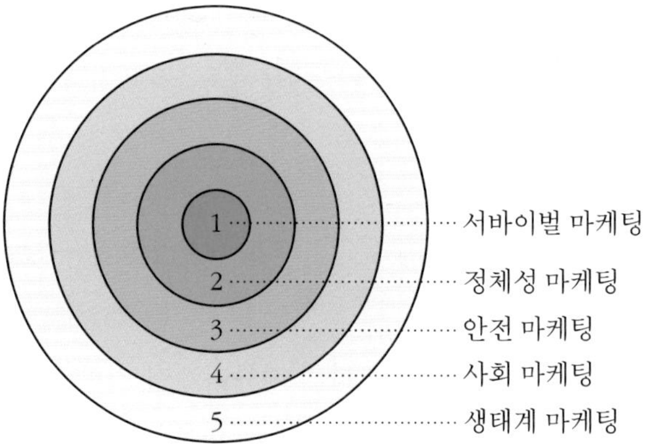

[그림 2-2] 인간의 생활 의식구조를 응용한 기업의 마케팅 발전단계

(3) 양방향 커뮤니케이션 시스템 구축의 중요성

기업과 마케팅을 둘러싼 환경의 변화는 시대 흐름에 따라 양방향 커뮤니케이션 시스템의 구축을 구체적으로 추진할 것을 요구하고 있다. 각 기업이 경쟁적으로 세일즈 프로모션과 캠페인을 실시하고 있는 배경에는 이와 같은 움직임이 반영되고 있다고 할 수 있다.

일본의 전문가들은 다음과 같이 말한다.

이벤트는 공동체 커뮤니케이션 확립의 계기이며 '기폭제'에 해당한다.

–이벤트 프로듀서 엔도 히로모토(遠藤博元)

이벤트는 점점 거대화되고 복잡화되어 가고 있는 현대사회에서 점차 잃어버리고 망각되고 있는 '만남'과 '접촉'을 소중히 지키면서 거기에 새로운 커뮤니케이션의 장과 기회를 육성하는 것이다. 그 의미에서 종래의 매스미디어에 결여되어 있던 적극적 · 능동적인 양방향의 커뮤니케이션을 가능하게 하는 새로운 미디어라고 할 수 있다.

–이벤트 프로듀서 히라노 시게오미(平野繁臣)

이벤트란 문화가 성숙되고 정보가 범람하는 속에서 사람들은 한편으로는 정보에 의한 균질화를 지향하고, 다른 한편에서는 퍼스널 정보에 의한 타인과의 차별화를 지향하는 양면성을 갖기 시작하며, 이 양면의 한쪽을 떠받치는 새로운 미디어, 즉 퍼스널 커뮤니케이션 미디어로서 의미를 갖는다.

–전 덴츠그룹 회장 나리타 유타카(成田豊)

이와 같이 이벤트의 미디어 특성이 양방향의 커뮤니케이션 미디어라는 것은 변함이 없다. 중요한 것은 양방향의 의미이다. 거듭 말하면 "한쪽에서 다른 한쪽으로 형식적인 정보를 일방적으로 보내는 것이 아니라 서로가 발신하는 정보의 의미를 해석하면서 관계를 형성한다." 즉, 진정한 양방의 의미를 잘 파악하여, 상호 이해를 바탕으로 새로운 정보와 수요가 생겨난다는 의미이다. 이벤트는 이와 같은 양방향 커뮤니케이션 시스템을 구축하는 유력한 '장소(공간, 장) 만들기'이며, '기회 만들기'라고 할 수 있다. 단지 현재 실시되고 있는 모든 이벤트가 그렇지는 않지만, 그 기능성을 기본적으로 가지고 있다고 할 수 있다. 그것을 완벽하게 활용할 수 있느냐가 이벤트 기획의 과제 중 하나일 것이다.

(4) 라이프스타일 이벤트마케팅: 새로운 고객파트너십 형성

현재 장기적인 경기침체와 혼란스러운 마케팅 환경에서 TV와 신문을 중심으로 한 전통적인 매스미디어에 광고하는 것만으로는 확실한 성공을 기대할 수 없다. 시장세분화는 급속하게 진행되고, 그 때문에 종래와는 다른 고객획득 방법을 개발할 필요가 생겨났다. 종래와 다른 수단의 하나가 '이벤트마케팅'이다. 선진국에서는 이미 마케팅활동에 다양하게 활용해 온 이벤트마케팅을 국내에 소개하여 이벤트 프로모션의 가치를 높이고자 한다.

라이프스타일 이벤트마케팅은 기존의 광고나 세일즈 프로모션의 대체수단이 아니다. 이벤트와 라이프스타일 캠페인에 의한 스폰서활동은 프로모션 수단을 보다 효과적으로 하는 촉매제로 기능한다.

그러나 마케팅 환경은 다방면에 걸쳐 언론매체와 기존의 네트워크를 이용한 TV광고에 식상한 소비자에게 둘러싸여 있다. 이런 환경에서 기업이 소비자를 획득하려고 한다면 새로운 마케팅에 필요한 것은 융합된 수단이다. 버슨-마스텔러(Burson-Marsteller, 세계최대의 홍보회사)의 창업자이자 이벤트마케팅의 개척자 해럴드 버슨(Harold Burson) 씨는 이 트렌드를 다음과 같이 분석하고 있다. "라이프스타일 이벤트마케팅은 혼재하는 여러 가지 광고, 주로 TV광고를 초월하여 소비자와 관계를 확립하는 역할을 완수할 것이다. 현재는 제품의 품질 차이가 거의 없다. 따라서 차별화된 특징이 필요하다. 그러기 위해서는 밖에서 외부요인을 찾고, 그 요인을 타사제품과 차별화하기 위한 특징의 하나로 구체화하는 것이 가장 쉽다. 적절한 스폰서활동은 제품의 차별화를 강화하고, 수많은 따라하기 제품(Me to Product)과 다른 특성을 제품에 부여하는 것이 가능하다."

제품은 이제 더 이상 단순한 것이 아니다. 사회적 가치관이 금전적 가치관으로 대체됐다. 이제까지 주류였던 전자의 가치관을 가진 소비자는 후자와는 다른 수요를 가지고 있으며 다른 특정분야(틈새) 시장이 세분화되고 있다. 환경보호에 적극적인 녹색소비자(green consumer)가 있다면 회색소비자(grey consumer)도 있다. 또한, 새로운 시장에는 그 외 다수 그룹이 혼재하고 있다. 각 그룹은 각자의 흥미와 관심에 기업이 주목하기를 요구하고 있다. 대량판매로는 각 그룹의 요구를 만족시킬 수 없을 것이다. 유선TV방송과 SNS(소셜네트워킹서비스)를 필요로 하고 있는 것은 이 때문이다. 그리고 라이프스타일 캠페인에는 표적이 되는 세분화된 시장과 장기적인 지속관계를 구축하기 위해 필요한 기능이 준비돼 있다.

제품 종류는 '포화상태'이다. 슈퍼마켓의 진열대에는 다양한 브랜드의 비누와 샴푸가, 자동차 쇼룸에는 비슷한 차가 늘어서 있다. 제품에 거의 차이가 없다면 소비자는 다른 기준으로 구매를 결정한다. 그 기준은 제품과 제품을 제조하는 기업의 평가와 이미지가 되는 경우가 많다. 라이프스타일 이벤트마케팅은 종종 구매자의 수요에 강력한 제2의 기준을 만들기도 한다. 그 기준이라는 것은 공유가 가능한 개인적 가치관이나 사회적 관심사 등이다. 라이프스타일 이벤트마케팅은 마케팅 프로세스를 풀뿌리 수준에서 전개해 나갈 수 있는 수단이다. 그리고 이 마케팅은 오늘날의 복잡화된 시장에서 기업주체성과 제품차별화를 확립하는 매우 효과적이며 새로운 방법이다.

이와 같이 비즈니스를 이용해서 고객에게 기업의 메시지를 전달하고 환경을 존중하며 가족에게 경의를 표한다. 고객에게 호소하듯이 미술과 음악을 후원하고 사회복지를 지원한다. 그러나 모든 사람에게 호소하라는 것은 아니며, 기대해서도 안 된다. 어디까지나 기업은 선별된 그룹의 파트너이다. 이것이 라이프스타일 이벤트마케팅의 원칙이며 강점이다. 예산에 관계없이 즉석에서 기능을 발휘하고, 항상 기대 이상의 결과를 창출하는 힘이 있다. 사회공헌 라이프스타일 이벤트마케팅은 기업의 자선활동과 비슷한 것이 아닌가라는 인식도 있다. 실제로 오랜 기간 비슷하다고 생각돼 왔으나 현재는 사회공헌 이벤트마케팅이 자선활동을 거의 대체하고 있다고 할 수 있다. 양자의 차이점은 무엇일까. 자선활동은 가끔 자금 지원을 하는 것에 지나지 않는다. 물론 라이프스타일 이벤트마케팅도 자금을 지원하지만, 그것에 머물지 않고 가치관을 공유한다. 즉, 이벤트마케팅은 공공적인 데몬스트레이션을 실시해 자금 제공만이 아닌 소비자와 가치를 공유한다는 것을 주장한다. 또한 라이프스타일 이벤트마케팅은 자선활동 이상의 상승효과가 있다. 중요한 것은 돈이 아니라 양자 간 제휴로, 그 파트너 관계가 가져올 명확한 것, 즉 프로그램이나 이벤트 등이다.

2) 세일즈 프로모션 및 커뮤니케이션 전략과 이벤트

(1) 수요 창출에 직결되는 세일즈 프로모션 전략과 이벤트

세일즈 프로모션은 현대의 마케팅 환경 아래서 판매의 실질적인 완결이라고 할 수 있는 구매의사의 결정을 촉진하고 있다. 이러한 세일즈 프로모션의 즉효성이 기대되면서 1990년대부터 모든 업계에 걸쳐 급속하게 중요시된 것은 당연하다고 할 수 있다.

이와 같이 세일즈 프로모션을 중요시하는 상황에서 세일즈 프로모션 이벤트에 대한 기대 또한 커진 것은 당연하다. 따라서 세일즈 프로모션 전략의 일환으로서 세일즈 프로모션 믹스 안에서 실시되는 이벤트의 역할은 즉효성이라는 특성을 살리면서, 나아가 더욱 넓은 효과(파급 효과와 커뮤니케이션 효과 또는 인센티브 효과 등)를 배경으로 종래의 매스미디어 믹스 전략과는 또 다른 측면이 있으므로 현대에 걸맞은 의의와 역할을 수행하고 있다고 할 수 있다. 즉, 세일즈 프로모션 이벤트는 세일즈 프로모션의 즉효적인 효과 측면을 보강하여 수요 창출, 나아가 시장 확대의 역할을 수행하고, 세일즈 프로모션의 본래 기능과 더불어 다목적 내지는 매스미디어 믹스 효과를 보다 강하게 기대할 수 있다. 세일즈 프로모션 이벤트는 즉각적인 경쟁수단이라기보다 수요 창출을 통해서 경쟁에서 승리하기 위한 유력한 도구(무기)로 기능하는 것으로 볼 수 있을 것이다.

세일즈 프로모션 전략의 일환으로서 이벤트가 갖는 특성은 대상참가, 오리지널리티 소구, 생활문화 창조, 실물밀착, 프로세스 관리 중시의 다섯 가지를 들 수 있다.

가장 중요한 것으로 이벤트 실시에서 가장 피해야 할 요소는 이른바 나무만 보고 숲을 보지 않는 발상이며, 이벤트를 위한 이벤트여서는 안 된다는 것이다. 세일즈 프로모션이벤트도 세일즈 프로모션 전략의 일환으로서, 명확하게 위치가 부여되어 기능해야 한다는 것을 거듭 강조하고자 한다.

(2) 커뮤니케이션 전략과 이벤트

기업의 커뮤니케이션 전략은 매우 중요한 의미를 갖고 있다. 특히 제품 하나하나를 개별적으로 알릴 뿐만 아니라 기업의 개성을 소비자들이 인식하게 하는 것이 중요시됨에 따라 커뮤니케이션의 의미가 깊고 넓은 것이 될 수밖에 없다.

이 커뮤니케이션은 소비자의 생활과 의식이 획일적이지 않고 개별적 · 개성적으로 되면 될수록 기업 측의 일방적인 커뮤니케이션만으로는 통용되지 않는다. 그래서 기업 커뮤니케이션 전략의 성패는 다른 기업과의 차별화라는 의미를 포함하여 얼마나 다각적인 커뮤니케이션 수단을 효과적으로 믹스하는가, 그리고 얼마나 소비자 속으로 스며들 수 있는 커뮤니케이션 시스템을 만들어 낸 수 있는가에 달려 있다. 특히 미디어로서는 일방적인 미디어와 양방향 미디어의 믹스 효과를 얼마나 유효하게 거둘 수 있는가가 중요하다. 기업이 이벤트를 실시할 때 고려해야 할 중요한 점은 이벤트의 홍보 전략이다. 이벤트 효과를 충분히 거둘 수 있는가는 프레이벤트를 포함한 홍보 전략과 캠페인 실시 여하에 달려 있다. 홍보 전략이라고 해서 단순히 사람을 많이 모으기 위한 목적만이라면 이벤트 의미가 반감된다. 이벤트의 본질적인 의미로서 이벤트 개최전후를 통한 양방향 커뮤니케이션 미디어의 역할이 최대한으로 발휘하도록 조직되고, 실행하는 종합적인 커뮤니케이션 전략이 강하게 요구되고 있다.

(3) 사내 커뮤니케이션 창조와 사원의식 향상

기업의 얼굴에는 여러 가지 측면이 있다. 그러나 가장 중요한 것은 사원의 얼굴이다. 그것은 사원의 언어이며 행동이고, 태도이며 향기라고 해도 좋다. 현대는 개성시대이다. 다른 사람과 동일한 것은 선호하지 않는다. 네트워크 시대는 이러한 움직임을 한층 더 촉진시킬 것이다. 이와 같은 상황에서 사원의 의식 향상, 기업으로서의 일체감 조성(개성적이지만 사원들에게 '단 한 가지' 공통적인 것은 있다)은 중요한 의미가 있다. CI 붐 속에서 기업이념을 어떻게 표현할 것인가를 일부 몇 사람만이 인식하고, 전체 사원의 결집된 분위기가 느껴지지 않는다면 효과를 부여할 수 없다. 그러한 의미에서 CI의 과제는 사내 · 외 커뮤니케이션 만들기라고 단언한 전문가도 있을 정도이다.

현재는 '회사 속에 축제를 만들어라!'라는 슬로건으로 새로운 형태의 사내이벤트가 생겨나고 있다. 그것은 가족을 포함한 사원의 '만남'과 '접촉'의 장이다. 진정한 의미의 이벤트인 것이다. 이벤트가 갖는 양방향 퍼스널 커뮤니케이션 기능은 사원의 사기활성화, 또 매너리즘 타파의 기폭제가 될 수 있는 요소를 충분히 갖고 있다.

개개인의 개성을 살리면서 사원 상호 간의 자극과 접촉을 만들 수 있는 사내이벤트는 또 다른 여러 가지 사원 대응책과 결부시켜 그야말로 의미있는 것으로 만들 수 있다. 그리고 이와 같은 이벤트를 배양하고 키우는 기업 마인드 조성이 사회를 향해 우수한 이벤트를 만드는 토양이 된다는 것은 더 이상 설명이 필요 없을 것이다.

3) 이벤트 프로모션

치열한 시장환경과 범람하는 정보 속에서 기업활동이 시장에서 승리해야만 하는 근본적인 문제에 직면하고 있는 오늘날, 시대 변화를 정확히 파악하고 적극적인 대응을 위해서는 고감도의 마케팅 수단이 필요하다. 이러한 환경에서 등장한 것이 이벤트 프로모션이며, 또한 시대 변화를 민감하게 파악하여 새로운 트렌드를 형성할 수 있는 수단이라 할 수 있다.

이벤트 프로모션이란 이벤트를 통해 판매 촉진과 기업 이미지 형성 및 제고라는 효과를 동시에 노리는 소비자 지향적인 사고에서 발상된 것이며, 기업의 마케팅 커뮤니케이션에 새로운 활력을 주는 수단이라 할 수 있다.

① 이벤트 프로모션이 기업 커뮤니케이션에 미치는 효과

- 기업 이미지 형성
- 임직원의 사기진작 효과
- 영업 및 유통관계자의 판매의욕 제고
- 직접적인 판매효과

② 이벤트 프로모션의 유형

- 기업 이벤트 프로모션
- 판촉 이벤트 프로모션
- 국가 이벤트 프로모션
- 국제 컨벤션

③ 이벤트 프로모션의 활용범위

- **기업 이벤트 프로모션**: 기업행동이 단순히 상품 및 서비스를 제공해 얻어지는 이익에 그치지 않고, 범위를 넓혀 사회형성, 문화형성, 지역형성을 이룩함으로써 기업인식을 높여 상품 판매 효과 및 기업이익을 창출할 수 있다는 것이다. 이러한 사실은 이벤트 프로모션이 '기업이익의 사회환원'에 한몫을 담당하고 있음을 보여 주고 있다. 이러한 기업 이벤트 프로모션의 활동유형은 스포츠 · 문화개최형 이벤트, 사회문제 인식형 이벤트, 소비자 참가형 이벤트의 세 가지로 분류할 수 있다.
- **판촉 이벤트 프로모션**: 주로 유통업자에게서 많이 찾아볼 수 있다. 이러한 활동은 판매이벤트와 홍보이벤트로 구분된다.
  - 판매이벤트: 재고처분 세일, 각종 기념세일(개점 및 기념 등) · 계절적인 세일(설날, 추석 등) · 자선바자회 등이 있으며 이것은 상당히 도식화된 이벤트인 만큼 고객을 유치하기 위한 차별화된 이벤트 소재개발이 필요하다.
  - 홍보이벤트: 매스컴에 뉴스로서 보도될 것을 겨냥한 이벤트로서 문화(스포츠경기, 전시회, 콘서트), 사회공공(교통 안전교실 등) 등이 있다.
- **국가 이벤트 프로모션**: 국가 이벤트 프로모션은 국가 차원에서 대외 이미지와 브랜드 가치를 높일 기회가 된다. 주로 세계적인 메가 이벤트로서 대표적인 것이 1988년 서울올림픽, 2002년 한 · 일월드컵, 2012년 여수세계박람회, 2014년 인천아시안게임 등을 들 수 있다.

- 국제 컨벤션: 국제적인 정보교환을 주 목적으로 하는 국제적인 이벤트 프로모션이다. 즉, 국제회의, 국제 세미나, 국제 견본시(International Trade Show) 등의 형태이다. 이는 주변산업(호텔, 회의대행업, 통역업 등)의 성장이 필수조건이다. 국가 간의 이동이 편리하고 활발해진 국제교류가 기초가 되며, 이는 관광산업의 발달과 더불어 이루어질 국가 차원의 산업성장이 밑받침되어야 한다.

④ 이벤트 프로모션의 성공요인

첫째, 이벤트 프로모션계획에서는 창의성이 요구된다. 즉, 아이디어가 상당히 뛰어나야 한다는 것이다. 둘째, 기업의 판매를 위한 이벤트(manufacture's selling consumer's buying event)로서 세일즈 프로모션 프로그램으로 전환시킬 수 있는 능력이 있어야 한다. 즉, 이벤트 프로모션은 판매자로서의 기업관점에서 구매자로서의 소비자관점으로 전환, 계획되어야 한다. 셋째, 특정 이벤트 프로모션을 성공적으로 수행할 수 있는 다양한 경험을 보유해야 하며, 이는 이벤트 프로모션 계획수립에 전략적인 접근방법이 요구된다는 측면이다.

⑤ 이벤트 프로모션의 필요배경

- 매스컴의 분리
- 이해의 다원화
- 실체를 요구하는 시대
- 판매곤란 시대의 대응방법
- 사회욕구의 부응

⑥ 이벤트 프로모션의 종류

- 세일즈이벤트
- 홍보이벤트
- 이벤트 프리미엄
- 사회이벤트
- 매스미디어 이벤트
- 유통연결 이벤트
- 일반행사

⑦ 이벤트 프로모션의 전개목적

- 소비자 구매행동에 직접적인 동기부여
- 판매 관계자의 판매의욕 고취
- 기업 및 브랜드의 호감도 형성

⑧ 이벤트 프로모션의 기획순서

- 목적의 명확화
- 이벤트 타입 선정
- 이벤트 전개의 실시계획
- 이벤트 주제개발
- 실시프로그램 개발
- 미디어 툴의 개발

〈표 2-5〉 **이벤트 프로모션의 기획 순서**

목 적 설 정

1. 인지(認知)과제(제품, 기업)
2. 시험사용 과제
3. 판매과제(신규, 계속)
4. 유통과제(인지, 시험 사용, 수송, 우선판매)

↓

이벤트 타입 선정

↓

이벤트 주제 개발

↓

실시프로그램 개발

↓

미디어 툴 개발

⑨ 이벤트 프로모션 계획수립 시 고려사항

첫째, 다른 마케팅 커뮤니케이션 수단, 즉 광고와 세일즈 프로모션의 다른 기법 혹은 현재 계획 중인 세일즈프로그램과 비교해서 이벤트 프로모션의 비용효과 측면을 검토해야 한다.

둘째, 이벤트 프로모션활동이 마케팅목표와 일치하는가를 확인해야 한다. 이벤트 프로모션의 목표는 〈표 2-6〉에 제시했듯이 현재의 소비자, 잠재적인 소비자와 판매적 목표, 비판매적 목표의 매트릭스 속에서 결정되어야 한다.

〈표 2-6〉 **이벤트 프로모션의 목표**

목표 / 소비자	판매목표 (selling objectives)	비판매목표 (nonselling objectives)
현재 소비자 (current customers)	• 관계의 유지 • 핵심 소비자에게 메시지 전달 • 서비스 문제점 제거 • 부가적인 판매자극	• 기업 이미지 유지 • 제품시험 • 경쟁사 정보의 수집 • 노출 확대(widen exposure)
잠재 소비자 (potential customers)	• 잠재 수요자와 접촉 • 소비자 필요의 결정 • 메시지 전달 • 판매와 콜백(call-back) 유도	• 잠재 수요자와 접촉 • 이미지 구축 촉진 • 제품시험 • 경쟁사 정보의 수집

셋째, 이벤트 프로모션과 관련된 모든 가능한 프로모션 수단, 즉 홍보, 광고, 세일즈 프로모션, 거래(trade) 기회 등을 확인해야 하며, 이것들이 서로 관련되어 종합적인 상승효과를 거둘 수 있도록 계획되어야 한다. [그림 2-3]에서 보듯 트라이앵글 효과를 집중시켜서 운영할 수 있는 방법을 최대한으로 포착해야 한다.

넷째, 이벤트 프로모션 활동이 브랜드의 표적시장(brand's target market)의 인구학적 측면과 일치함을 확인해야 한다. 이는 이벤트 프로모션의 대상이 명확하게 설정되어야 하며, 대상에 적합한 이벤트 프로모션의 성격을 명확히 규명하여 그들과 심도 있는 공감대를 형성할 수 있어야 한다.

다섯째, 이벤트 프로모션 활동을 위해서는 전문적이며 숙련된 관리능력을 보유해야 한다. 그 이유는 이벤트 프로모션의 성과를 높이기 위해 풍부한 경험이 반드시 필요하기 때문이다. 이벤트 프로모션을 성공적으로 수행하기 위해서는 기획단계부터 전략적인 사고를 가져야 한다. 전략적인 사고란 기업의 현재 위치와 경쟁사와의 관계, 시장을

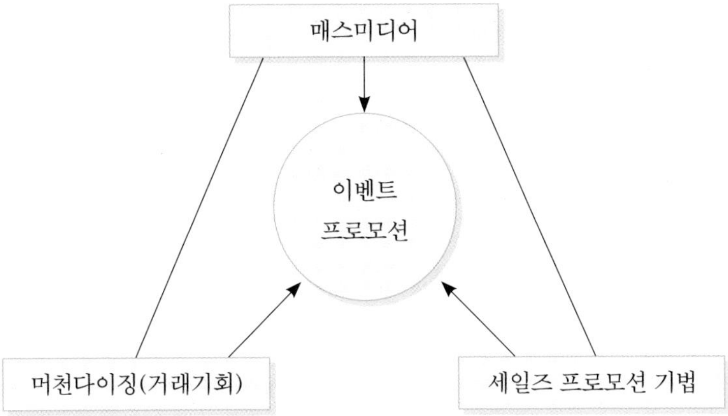

[그림 2-3] 트라이앵글 효과

파악할 수 있는 통찰력을 지니며, 모든 이벤트 프로모션 활동이 기업의 목표에 부합되도록 하는 것이다. 이것은 이벤트 프로모션을 위한 객관적인 근거를 확보하고 실행을 올바르게 해야 함을 의미한다. 이벤트 프로모션 활동의 근본취지를 명심하고 업무를 수행해야만 비로소 성공할 수 있음을 의미하는 것이다.

⑩ 이벤트 프로모션의 향후 방향

이벤트 프로모션은 세일즈 프로모션 실무자에게 가장 도전적인 영역의 하나로 부각되었다. 기업환경의 변화에 새롭게 대응할 수 있는 기업마케팅 커뮤니케이션의 도구로서 이벤트 프로모션은 강렬히 각광받고 있다.

이벤트 프로모션은 기업문화적 차원에서 이해되어야 하며, 이러한 기업문화는 대외적으로 모두가 공감할 수 있는 '놀이마당'으로 전개되어야 할 것이다. 즉, 인간과 인간의 만남의 장에서 서로 자유롭게 어울릴 수 있는 축제 분위기를 조성하여 서로의 공감대를 일치시키고 돈독하게 해야만 효과가 있다.

이벤트 프로모션의 미래는 진실로 인간의 한마당 놀이축제가 되어야 할 것이며, 기업의 마케팅 커뮤니케이션으로서 기업문화와 소비자의 욕구를 최대한 도모하는 세일즈 프로모션의 독창적인 결합으로써 전개되어야 한다.

4) 기업주최 및 협찬 이벤트의 대응

(1) 주최 이벤트의 대응

기업이 독자적인 전략을 가지고 주최하는 이벤트에는 여러 가지 형태가 있다. 예를 들면, 전시회와 설명회, 연예 · 스포츠 이벤트, 세레모니, 리셉션(기념식과 파티 등), 콘테스트 외에도 상가 입구 등에서의 각종 판촉 이벤트 등이 여기에 해당된다.

이것들은 박람회 등 국가나 지방공공단체들이 주최하는 이벤트의 규모와 비교하면 대부분 소규모이다. 그러나 기업독자적인 '커뮤니케이션 전략' 혹은 '마케팅 세일즈 프로모션 전략' 등과 같은 맥락에서 위치설정을 명확히 하기 쉽고, 그 위치가 설정되므로 의의가 있다고 할 수 있다. 따라서 이벤트의 목적, 소구대상의 설정이 명확하기 때문에 이벤트의 콘셉트를 설정하기 쉬운 조건에 있다고 할 수 있다. 기업이 주최하는 이벤트의 경우 기본적인 주의사항으로 다음과 같은 점을 들 수 있다(〈표 2-7〉 참조).

〈표 2-7〉 **기업 주최 이벤트에서 주의해야 할 사항**

① 이벤트를 단독으로 생각해서는 안 된다. 이벤트는 모두 커뮤니케이션 전략, 세일즈 프로모션 전략의 일환이다. 이벤트를 일시적인 것으로 끝내서는 의미가 반감된다. 전략적인 발상으로 이벤트의 역할을 명확하게 하여 기능하도록 계획하는 것이 중요하다.

② 콘셉트(목적)를 명확히 하여 단순한 흉내 내기나 외양적인 테크닉에 현혹되지 말라. 이벤트에서 중요한 것은 콘셉트 설정이다. 콘셉트도 없이 아이디어에만 현혹되는 경우를 자주 볼 수 있는데, 이를 엄격하게 경계해야 한다.

③ 풍부한 발상을 자유롭게 활용하고 가까운 미래를 제시하는, 새롭고 시사성이 넘치는 내용(구상)이어야 한다. 이벤트 아이디어는 콘셉트이 명확하면 활용할 수 있는 가치 있는 것이 된다. 아이디어발상 전문가 및 콘셉트 전문가와의 멋진 팀플레이가 성공의 비결이다.

④ 이벤트는 비즈니스이며 사업이다. 특히 기업이 주최하는 이벤트는 계획, 실행, 사후까지 조직적인 비즈니스로 정리되어야만 한다. 당연히 수지계획과 그것을 위한 홍보 및 촉진 방안이 실효성이 있어야 한다.

⑤ 이벤트 프로듀서와의 좋은 파트너십 만들기가 중요하다. 이벤트를 성공시키기 위해서는 이벤트 프로듀서와의 연계, 파트너십 조성, 더 나아가 외부 협력업체와의 관계 조성 등이 성공 여부를 결정하는 요인이 된다.

(2) 협찬 이벤트의 대응

기업이 주최하는 것 외에 박람회와 특별전시 기타 협찬 이벤트 등의 참가 이벤트가 있다. 스포츠, 예술 · 과학이벤트와 전통행사, 공개방송 등의 미디어이벤트에도 이런 종류의 것이 많다. 박람회와 관련하여 기업의 참가는 박람회를 성공시키는 중요한 요건이기도 하다. 기업이 참가하는 이런 종류의 이벤트는 전체적인 규모와 콘셉트 등 그 내용에 따라서 입장객 수와 수입규모가 거의 결정된다. 그리고 박람회는 이벤트의 꽃으로, 기업관 조성이 중요한 위치를 차지한다. 이때 동일한 공간에서 기업 간의 경쟁도 발생한다. 기업은 자사 또는 그룹의 독립관 조성이 가장 중요한 과제라 할 수 있다.

그러나 이 경우에도 앞에 서술한 주최 이벤트의 주의사항을 기본적으로 따라야 한다. 그리고 동시에 고려해야 하는 것으로서 약간 덧붙이면 다음과 같은 점이 있다(〈표 2-9〉 참조).

〈표 2-9〉 **기업 참가 이벤트에서 주의해야 할 사항**

- 전체의 이벤트 콘셉트를 확실한 근거로 하여 이해하고, 그것을 촉진할 수 있도록 독자적인 콘셉트를 만드는 것이 중요하다.
- 동시에 자사의 개성을 얼마나 강력하게 표방할 수 있는가이다. 물론 대부분은 아이디어의 승부라고도 할 수 있지만 종합적인 커뮤니케이션 전략, 마케팅 세일즈 프로모션 전략의 유기적인 연계를 포함하여 치밀하게 타사와의 차별화 전략을 도출해 계획, 실시, 추진하고 전개하는 준비가 중요하다.
- 주최형과는 달리 효과목표의 파악방법이 조금 복잡해진다. 그러나 효과목표를 세우지 않으면 효과평가는 불가능하다. 이벤트의 종합적인 기능을 근거로 하여 이벤트 전체의 의미 부여를 정확히 인식한 후에 자사의 효과목표를 명확히 하여, 그것을 추진하는 체제를 구축해야 한다. 이것은 주최형의 경우도 동일하다.

5) 새로운 지역 활성화의 관점

지역의 개성화를 추구하거나, 자립성을 제고하여 창조성을 풍부하게 하기 위해 다양한 형태의 지역 활성화 키워드를 들 수 있으나, 좀 더 넓은 관섬에서 본다면 최근 지방행정을 둘러싼 동향을 두 가지로 지적할 수 있다. 첫째, 지방분권화로서 중앙집권에서 지방분권으로의 흐름이 명확해졌다. 둘째, 광역화이다. 새로운 지역 활성화의 경우 이 두 가지를 새로운 관점으로 지적할 수 있다.

(1) 사업관청에서 정책관청으로

자치단체의 업무도 상당히 크게 변화되었다. 중앙집권 시기에는 말단적 행정이었으나, 지방분권에서는 선단행정이 되는 것이다. 즉, 정책을 자신이 만들어 가야 한다. 사업관청에서 정책관청으로 전환된 것이다. 지금까지 정책 만들기는 국가의 역할로 시와 산하기관은 단지 보조금과 지역재정을 확보하기 위해 노력했는데, 이제는 자신이 정책을 만들고 실시하는 방향으로 명확하게 변화하고 있다. 이러한 계획을 확정할 때 기본 전제는 시와 지역이 자신의 발상으로 자신의 지역특성과 상황을 염두에 둔 계획을 세우는 것이다. 즉, 중앙에서 하달하는 계획이 아니라, 시와 지역이 주체가 되는 계획이라는 점이 지금까지와는 전혀 다른 것이다. 이러한 형태가 앞으로는 더욱더 일반화될 것이다.

(2) 광역화 동향

광역화는 지방분권과 밀접한 관련이 있다. 지방을 거점으로 한 도시지역 정비로써 국가와 지방도 광역권으로 하자는 흐름이 명확히 나타나고 있다. 따라서 지방분권과 광역화는 오늘날 행정상의 큰 흐름이라는 것을 이해해야 한다.

행정단위를 축소하여 구체적으로 일상생활권의 핵이 되는 지역을 중심으로, 주변부를 포함한, 지역사회의 존립조건과 재정능력을 갖춘 지방자치단체는 전국적으로 16개이다. 광역자치단체에서 산하 기초자치단체에 대폭 권한을 이양하여 지방분권을 촉진하고 있으며 동시에 다극분산형 국토형성을 도모하고 있다. 지역 활성화는 단독의 지역에서는 좀처럼 구상대로 되지 않는다. 따라서 지역 주변부를 포함한 넓은 지역에서 지역 활성화를 시도할 필요가 있다. 특히 광역화의 문제는 각각의 지역에서 자기중심으로 생각하기 때문에 그것만으로 함께 추진하기가 어렵다. 더욱이 같은 규모의 시가 둘이면 좀처럼 조정되지 않는다. 서로 자신과 상대의 역할과 특색을 활용하는 것이 중요하다. 물론 이는 대단히 어려운 일이며, 다소 시간도 걸릴 것이다. 지역은 좀 더 넓은 시각에서 광역에서의 역할 분담에 관해 고려할 필요가 있다.

6) 지역 종합계획과 전략 프로젝트

지역 종합계획은 '기본구상' '기본계획' 그리고 '실시계획'으로 성립되며, 그밖에 '전략 프로젝트'가 있다. 그러나 기본구상, 기본계획, 실시계획 등의 세 가지로는 계획이 성립되지 않는다. 전략 프로젝트는 종합계획 속에서 장기정책을 정보화하고 주민에게 소구(訴求)하는 기능을 가진다. 정책의 큰 줄기는 '기본 과제를 해결하고, 기본 목표를 실현하기 위해 어떠한 정책이 필요한가'라는 것이다. 행정원안을 기본으로 하는 리딩 프로젝트가 필요하다. 중점정책으로서 기본목표와 기본콘셉트를 구체화하고 지역주민에게 강하게 소구하는 내용이 있어야 한다. 종합계획을 정보화한 것이 전략 프로젝트이므로 기본이 되는 행정원안은 거의 관심을 가지지 않는 것이 일반적이다. 현재까지 구체적인 프로젝트는 5년 또는 10년 단위로 구분하여 추진되었으나 3년, 5년, 10년 단위의 단기, 중기, 장기 등으로 구분하고 그것에 대응하는 전략 프로젝트를 제시하는 것이 가장 이해하기 쉬울 것이다. 지역 종합계획이라는 것은 최상위 계획이며 개최하고 있는 이벤트도 필요 불가결한 행정과제이다. 또한 이벤트도 훌륭한 전략 프로젝트이므로 이벤트는 지역 활성화를 위한 전략 프로젝트의 하나로 포지셔닝되어야 한다. 이벤트를 기획하는 경우 이벤트의 기술적인 부분만 강조되고, 종합계획의 어느 부분에 포지셔닝될 것인가라는 가장 중요한 부분이 결여되는 사례가 대단히 많다.

지역에서 이벤트를 실시할 때 실시하는 사람만 흥미를 가지는 행정적인 이벤트는 아무 의미도 없다. 종합계획은 지역에 확실한 목표를 설정하고, 이벤트는 그것을 실현하기 위한 독창적이고 전략적인 목적이 있어야 한다. 이것을 충분히 이해한 상태에서 이벤트를 기획하고 실시해야 한다.

7) 이벤트의 기능과 역할

이벤트는 다른 사업과는 분명하게 구별되는 고유의 기능과 역할을 갖는다. 이벤트로 가능한 기능과 역할 중에서도 대표적인 것을 골라 개요를 정리한다.

(1) 지역의 연대와 협동의 기운(氣運) 양성

자립적 · 내부 발생적인 지역진흥을 추진할 경우, 우선 처음에 고려할 것은 지역 내의 주민이나 기업, 단체와 행정 등이 서로 협력하여 개성 있는 지역사회와 지역산업 창조에 임할 수 있도록 구조와 체제를 구축하는 것이다. 지역 활성화는 장기적인 작업이고, 때로는 용기 있는 결단과 위험을 무릅쓴 대응도 필요한데, 이것을 완수하기 위해서는 지역주민들이 스스로 담당자가 되어 적극적으로 추진하려는 의욕과 그것을 지지하는 체제를 구축하는 것이 필수적이다. 두말할 필요도 없이, 개성 있고 활력이 넘치는 지역을 만드는 것은 행정만 애를 쓴다고 해서 실현되는 것은 아니다. 오늘날과 같은 사회환경에서 지역진흥에 필요한 것은 가장 먼저 행정과 시민, 기업 간에 협력과 협동이 성립될 수 있는 환경과 구조를 구축하는 것이며, 그것을 위해서는 쌍방이 같은 목표를 공유하며, 각각 입장에서 각자의 역할을 완수할 수 있는 기운과 구조를 만들어 내는 것이 중요하다.

다만 여러 가지 지역변혁을 낳는 환경이나 구조가 지역에 형성되기 위해서는, 어떠한 계기가 필요하다. 즉, 알기 쉬운 주제와 목표를 구체적으로 제시하고 참가의욕을 높이는 구조를 준비한 다음 실현을 위한 장소와 기회를 실제로 준비하는 것, 바꾸어 말하면, 자립적인 지역 활성화를 향한 여러 가지 행동을 유발하는 계기가 될 수 있는 구체적인 정책을 어떠한 형태로든 실현해야 한다는 것이다.

이벤트는 확실히 이러한 기능과 역할을 가장 효과적으로 완수하는 전략적인 수단이 될 수 있다. 지역의 분위기나 의식을 바꾸어 지역 내의 다양한 계층의 사람들을 지역부흥 운동에 참여케 하기 위한 계기가 되는 것이 이벤트의 큰 역할이다. 지역 이벤트를 만들어 가는 가운데, 지역민이 업종이나 입장의 차이를 넘어 교류하고 공통의 인식이 확산되어 행동을 함께한다는 공감대를 형성할 수 있다면, 지역의 연대를 유발하는 계기가 되는 것과 동시에 미래를 향한 귀중한 협동체험의 기회로 만들어 나갈 수 있다. 즉, 지역 이벤트라는 것은 지역 활성화를 향한 이러한 의식과 의욕을 높이기 위한 계기가 될 수 있으며 동시에 그러한 기운을 결집하는 장소로서, 나아가 이런 협동행동의 연습장소로서의 역할을 완수할 가능성을 내포하고 있다고 말할 수 있다.

이러한 관점에서 계획적으로 준비된 지역 이벤트의 경우, 그 이벤트에 참가하거나 혹은 그 이벤트를 협력하여 만드는 과정을 통해서 주민 한 사람 한 사람에게 지역에 대한 자긍심과 애착이 생겨나 그것이 자조(自助) 노력에 의한 지역 활성화의 계기가 된다.

(2) 네트워크 형성을 촉진, 인재 육성에 기여

앞에서 설명한 바와 같이, 지역진흥을 위한 이벤트를 추진하면 지역 내의 다양한 계층의 사람들의 제휴와 협력이 필수적이다. 이 경우 그 과정에서 그때까지 별로 관계가 없었던 사람들 사이에도 교류가 촉진되어 서로 간의 이해를 돕는 효과가 생긴다. 게다가 입장이 다른 사람들이 공동의 목표를 향한 행동을 함께하게 되면, 조직의 틀을 넘어 원만하고 소프트한 인간관계 또는 조직 간의 관계가 구축될 가능성이 높다. 이것이 바로 유기적인 조직 간의 네트워크 형성이라고 할 수 있다. 지역에는 다양한 조직이 존재하는데, 그러한 비공식적인 교류와 목표의 공유는 각각을 활성화하는 것과 동시에 지역차원에서의 협력체제 확립으로 나아가는 첫걸음이 된다.

물론 이러한 조직 간의 관계는 반드시 지역 내에만 한정되는 것은 아니고, 이벤트를 만드는 방법에 따라서는 한층 더 광역으로 넓히는 것도 가능하다. 실제로 앞에서 소개한 광역화 동향에 의하면, 광역 제휴활동 중에서 해 보고 싶은 사업으로 '공동이벤트'와 '공동 마케팅'이 거론되고 있다. 현재는 조직 간의 교류와 제휴, 협력과 협조의 중요성이 높아지는 시대이다. 이러한 완만한 조직 간의 관계 혹은 소프트한 네트워크의 형성은 지역사회에서 향후과제의 하나이며, 지역 이벤트는 지역 간을 연결하는 광역 네트워크의 수립에 기여하는 것이라고 할 수 있다.

한편, 여러 사람이 이벤트와 관련하게 되면서 지역 내의 뛰어난 인재가 발굴되는 경우도 적지 않고, 또 여러 어려움을 극복하고 이벤트를 만들어 가는 과정에서의 경험을 바탕으로 새로운 인재가 육성되는 경우도 드문 일이 아니다. 즉, 이벤트는 향후의 지역 활성화의 리더가 되어야 할 인재를 발견하거나 양성하는 계기가 되며, 목표를 공유하면서 준비작업을 추진하는 가운데 뜻을 같이 하는 동료와의 만남과 교류를 활성화하는 기회가 된다. 이러한 리더와 동지의 존재는 지역 활성화에 매우 중요하다. 사실, 지역이 자립에 성공하고 있다고 생각되는 곳은 모두 지역 내 일부 사람들의 문제의식과 대응이 계기가 되고 그 열의가 점차 지역 내로 확산되어 마침내 지역 전체로 여러 가지 힘이 결집되면서 조금씩 지역이 변화해 가는 프로세스를 가지고 있다.

(3) 지역의 이미지를 만드는 CI 전략

개성적이고 매력적인 지역 만들기는 가장 먼저 우리가 사는 지역의 특성과 조건을 냉정하게 분석 · 이해하고, 미래에 대한 분명한 이념을 가지는 것부터 시작된다. 우리의 지역을 어떠한 지역으로 만들고 싶은지, 그것을 위해서는 어떠한 목표를 설정해야 할 것인지, 지역의 주제와 정체성을 확정한 다음 실현을 향해 어떠한 대응자세가 필요한지, 어떠한 정책이 유효한지 전략과 방법을 검토하는 것이 필요하다.

기업에서 시작한 CI(Corporate Identity)는 현재 정부와 지방자치단체 등의 행성조직으로까지 그 개념이 보편화되었다. 이제는 지역에서도 CI(Corporate Identity 혹은 City Identity)의 확립이 요구된다. CI라고 하면 회사명의 변경이나 로고 제작으로 대표되는 단순한 외부용의 홍보수단이라고 생각하기 쉽다. 본래의 의미는 스스로 놓인 상황과 위치를 객관적으로 파악한 다음 추진되어야 할 방향과 미래상을 전략적으로 구축하는 것이다. 그것을 위한 한 방법으로서 한편으로는 사회와 외부환경에 대해서 아이덴티티를 소구하는 것으로 자신의 입장을 분명히 하고, 다른 한편에서는 그것의 실현을 향한 조직내부의 의식개혁을 도모하는 것이다. 지역의 CI도 마찬가지로 지역을 둘러싼 외부

환경과 지역 외의 사회에 대한 대외적인 운동과 지역내부의 의식개혁을 추진하기 위한 대내적인 운동 등 2개의 요소를 조합해야 한다.

지역 이벤트는 그것이 본래 가지고 있는 정보발신 기능에 의해 지역의 정체성을 소구하는 미디어로서의 역할은 물론, 이벤트를 계획 · 준비하는 과정에서 지역의 과제와 관련되지 않을 수 없다. 그렇기 때문에 그 미래상과 본연의 모습에 대한 개념을 찾아내는 계기가 될 수 있다는 점과 지역주민들이 자신의 입장을 떠난 교류와 공통의 인식을 키우는 것으로 지역 내의 의식을 바꾸고 공감을 형성하는 계기가 될 수 있다는 점, 게다가 공동의 목표를 향한 지역제휴와 협동의 트레이닝 장소가 될 수 있다는 점에서 지역 CI의 확립을 향한 매우 유효한 수단이 되는 것이다. 바꾸어 말하면, 지역 이벤트는 지역의 CI운동에 필요한 기능을 복합적으로 갖추고 있다고 할 수 있다.

지역이 하나가 되는 아이덴티티 확립은 향후의 지역 만들기에서 하나의 큰 과제이며, 또 그것을 구체화하기 위한 CI운동의 전개도 중요한 전략의 하나이다. 이와 같이 지역 이벤트는 그것을 효과적으로 추진하기 위한 유효한 수단이 될 수 있지만, 그것을 위해서는 종료 후에 지역에 무엇을 남길 수 있는지를 포함해서 사전에 면밀한 검토와 준비가 필요하다.

(4) 정보수신 · 발신기능 강화와 교류인구의 확대

향후 지역에서 정보발신력의 향상도 큰 과제 중 하나이다. 지역만의 독자적인 완벽한 진흥대책은 현실적으로는 불가능하며, 지역진흥을 위한 활동은 어떠한 형태로든 지역외부와의 관계 안에서 성립되므로 정보발신 기능이 중요한 의미를 가지는 것은 당연하다. 물론 중요한 정보기능은 발신기능만이 아니다. 정보의 수신과 그 집적도는 매우 중요한 역할을 하며 유익하고 살아있는 정보에 대한 적절한 반응도 중요하다.

이제부터는 지혜로 승부하는 시대라고 할 수 있다. 이러한 관점에서 생각한다면 폭넓은 인맥과 네트워크, 바꾸어 말하면 '지혜를 모으는' 궁리와 장치가 큰 무기가 될 것이다. 지역 내 · 외부를 불문하고, 다양한 분야의 사람들과의 교류와 제휴가 현재 이상으로 요구될 것이다. 앞으로 지역에서 인적채널 및 정보채널의 확보와 질적 · 양적 측면에서의 충실화가 매우 중요한 전략이 된다. 이런 의미로 말하면 사람이나 정보도 지역의 중요한 자원의 하나다.

지역에서 교류해야 할 대상은 일부 전문가나 학자만이 아니다. 최근 종래의 '정주(定住)인구'에 대해 지역의 환경이나 그곳에 사는 사람들과의 만남을 목적으로 재방문하여 체류하는 방문자를 의미하는 '교류인구'라는 개념이 부각되고 있는데, 이러한 교류인구의 유치와 정착도 지역의 큰 과제이다. 한마디로 말하면, 지역의 '팬'을 늘리는 노력이 필요하다는 것이다. 이를 위해서는 방문자의 욕구에 적절히 대응하는 것은 물론, 동시에 지역의 존재와 그 특성, 지역에서 제공하는 활동과 매력 등을 효과적으로 홍보하는 것도 필요하다. 이러한 의미에서도 지역의 정보 발신력은 중요하다.

지금까지 살펴본 것처럼, 구조적으로 갖추고 있는 정보발신 기능을 전략적으로 활용함으로써 지역 이벤트는 이러한 요구에 대응하는 효과적인 수단이 된다. 참가자와의 사이에 생기는 양방향 교류 속에서 상대의 반응을 확인하면서 눈에 보이는 형태로 직접적으로 지역의 정보를 소구하는 것이 가능함과 동시에 그것이 기사형태로 매스컴에 보도되는 것도 기대할 수 있기 때문이다.

또한 이벤트란 사람과 정보가 교류하는 독특한 커뮤니케이션 환경이기 때문에 개최 중에는 물론 준비과정에서도 여러 사람과의 교류와 제휴가 촉진되어 여러 가지 정보가 집적되는 구조이다. 따라서 폭 넓은 인맥과 정보채널의 개척과 조직화에 가장 적합한 사업형태라고 할 수 있다. 즉, 이벤트를 통한 정보발신은 그 자체가 중요한 역할을 하는 동시에 살아있는 정보의 수신기능 향상이라는 측면에서도 큰 효과를 가져온다고 할 수 있다.

(5) 산업 간 교류와 융합화 촉진

최근 타 업종과의 교류라는 말을 자주 듣는다. 이것은 다른 업종의 교류 · 협력을 통해 새로운 발상과 상품개발의 혁신을 이뤄 신상품 개발과 신기술 창출을 촉진하는 것으로, 지방 특화산업의 진흥과 지역경제활성화 전략으로 주목받고 있다. 다만 지금까지는 대체로 제조업에 국한하여 생각하는 경향이 많았으나, 이제부터는 제1차 산업, 제3차 산업의 범위를 넘는 융합화 혹은 전통공예와 특산품 등과 첨단기술의 융합 등 종래의 틀을 넘는 교류와 제휴가 기대되고 있다. 이것은 신상품 개발에만 머물지 않고, 새로운 판로 개척과 브랜드화의 실현가능성도 동시에 내포하고 있다.

물론 산업 간 교류와 융합화는 특수한 조건을 갖춘 지역만 가능한 것은 아니다. 지역의 자원과 특성을 객관적으로 분석한 다음, 미래 과제를 염두에 두고 지역의 독자적이며 전략적인 프로그램을 구상하며 목표달성을 향해 진지하게 노력해 보자는 합의만 된다면 어떤 지역에서도 가능하다.

이러한 프로젝트가 실제로 추진되기 위해서는 적어도 알기 쉬운 도달목표가 구체적으로 설정되는 한편, 그 실현을 향한 작업의 착수를 강제하는 어떠한 계기와 인센티브가 필요하다. 회의실에 모인 관계자에게 "자, 여러분, 지금부터 많이 교류하세요."라고 한다고 해서 업종을 초월한 융합프로젝트가 본격적으로 추진되는 것은 아니다. 지역 이벤트는 이러한 활동을 유발하기 위한 무대로서 가장 적격인 사업이다. 앞에 말한 바와 같이 이벤트는 공통의 목표를 향해 관계자들에게 일정 기간의 협동작업을 강제한다는 구조를 가지고 있어 관계자 사이의 교류를 확산시켜 결속력을 높이는 효과를 가져온다. 게다가 이벤트는 시간과 공간이 극단적으로 한정된 특수한 조건 아래 있기 때문에, 일상적인 사업활동의 틀을 넘은 새로운 시도를 실시하는 데 절호의 기회이기도 하다. 지역 이벤트를 계기로 구체적인 교류 융합화 프로젝트를 시작하려는 시도도 이미 많이 이루어지고 있다.

8) 기대효과

(1) 이벤트의 가능성으로서의 성과와 효과

이벤트는 '목적을 달성하기 위한 수단'이다. 즉, 이벤트를 통해서 지역을 활성화하거나 과제를 해결해야 할 경우에 실시한다. 그러므로 우선은 이벤트의 개최목적을 명확히 해야 하는데, 목적달성 정도를 판단하는 것이 중요하다. 이 목적달성도를 '성과'라고 할 수 있다. 단순히 목적의 달성뿐만 아니라 이벤트를 실시함으로써 각종 '효과'도 기대할 수 있다. 그것이 '경제적 효과'와 '사회 · 문화적 효과'이며 이러한 성과나 효과를 최대한으로 추구하는 것이 이벤트 기획의 핵심이 된다.

(2) 행정 과제에 맞춰서

경제적 효과와 사회 · 문화적 효과는 광범위하다. 그러나 이러한 효과를 종합적으로 추구하다 보면 목적의식이 별로 없는 이벤트가 되어 버리는 경우가 있다. 그러므로 행정과제에 맞추어 추구하는 효과를 한정할 필요가 있다. 예를 들면, 과제가 산업 활성화에 있으면 매출과 고용의 증가로 연결되는 내용, 주민교류에 있으면 모여서 즐길 수 있는 내용이 되어야 한다. 이벤트를 계획하는 첫걸음으로 이 점을 명확히 인식할 필요가 있다.

(3) 인재 육성을 위해서

지방분권시대를 맞이하여 개성있는 지역 활성화를 추진하기 위해 주민의 적극적인 참여가 더욱 중요해지고 있다. 또 자원봉사와 시민단체 등의 활동도 활성화됨에 따라 그것을 위한 인재 육성이 반드시 필요하다. 행정과 지역주민이 하나가 되어 직접 이벤트를 실시함으로써 주민의 의식이 높아지고 지역활동의 리더가 육성된다.

(4) '경제적 효과'란

지역 이벤트를 실시한 결과가 경제적 이익으로 연결되면 효과로서 명확하게 인식되며, 다음 이벤트의 개최를 위해 많은 사람을 설득하기 쉬워진다. 지역 이벤트에 있어서의 '경제적 효과'는 다음과 같다.

- 지역산업의 홍보와 판매 촉진
- 지역산업 기술의 계승
- 타 지역과의 유통판로 개척
- 특산품의 개발
- 향토음식의 개발
- 관광산업의 진흥
- 지역상가의 활성화
- 타 업종과의 교류 활성화
- 지역의 각종 경제단체 활동의 활성화
- 시설활용 등의 촉진

(5) '사회 · 문화적 효과'란

지역사회의 발전에 반드시 필요한 '사회 · 문화적 효과'는 다음과 같다.

- 여가활동의 기회 제공
- 사는 보람 만들기
- 지역의 주체성 확립
- 지역에 대한 자부심 형성
- 지역의 지명도 향상

- 지역주민의 공동체 육성
- 주민 참가형 지역 활성화 등 지역계획의 원활한 추진
- 지역의 각종 단체 협력체제의 촉진
- 지역 간의 교류 촉진
- 지역 활성화에 있어서 인재 육성
- 평생학습의 추진
- 학교교육에 있어서 체험학습 실현
- 새로운 문화의 창조
- 새로운 스포츠의 창조

제3장

이벤트 기획

1. 이벤트 기획

이 장에서는 이벤트의 기획 방법을 연구하는 데 있어 무엇보다 중요한 기획의 기본요소에 관한 이해를 심화시키고자 한다. 우선 기획에 당면하여 요구되는 세 가지 기본 능력인 기획력, 발상력, 설득력과 기획업무 수행에 필요한 아홉 가지 능력을 서술한다. 목적 달성 여부에는 기획력이 큰 비중을 차지하며, 좋은 기획을 위해서는 시대를 직관하는 높은 감성이 필요하다. 그리고 기획서가 기획서 그 자체로 끝나 버리지 않도록 무엇을 해야 하는지 기획의 기본적인 사항에 관해서 그 요점을 서술한다.

동서고금(東西古今)을 통해 아이디어 발상법을 연구한 사람은 많다. 이벤트사업에 종사하는 사람들도 틀림없이 '무언가 좋은 아이디어는 없을까' 하고 밤낮으로 그 소재 찾기에 여념이 없었을 것이다. 사실 발상법의 노하우를 소개한 책은 몇백 권이나 된다. 이렇게 많다는 것에 놀라겠지만, 중요한 것은 자신의 느낌과 일치하는 책을 발견하는 것이다. 아이디어라는 것은 그 사람의 라이프 스타일과 목적에 따라서 관점이 다를 것이고, 가치기준과 판단도 각각 다르다. 그래서 이 장에서는 누구나 응용하기 쉽고 이해하기 쉬운, 아이디어 발상법의 포인트와 구조를 소개한다. 이벤트를 성공시키기 위해서 무엇보다도 중요한 바람직한 기획방법과 발상법에 대해서 명확하게 이해하기를 바란다.

1) 기획이란

(1) 요구되는 세 가지 능력

기획에 관련된 단어 중에 '아이디어' 또는 '계획'이란 것이 있다. 아이디어는 '문득 떠오른 생각' 또는 '착상'의 의미로 갑자기 떠오른 생각이라고 할 수 있다. 이 아이디어가 없으면 좋은 기획이 완성될 수 없다. 기획은 플랜(plan) 또는 플래닝(planning)에 해당되지만, 그 의미는 기획에서 나온 여러 아이디어를 조합하여 어떠한 목적, 여기에서는 이벤트의 목적을 달성하기 위해 필요한 수단을 구상하는 것이라고 할 수 있다. 여기에 의미를 확대하여, 일정을 짜고, 경비를 결정해 실행에 옮기는 것까지를 기획의 범주로 정의하고 있다. 따라서 기획에는 '어떤 것을 하는가'와 '어떤 일정을 얼마만큼의 비용으로 실시하는가'의 두 가지 측면이 포함되어 있다.

하나의 계획(program, project)이란, 상황적 조건에 의해서 완성된 기획을 실행하기 위해 여러 가지 자원(인력, 물자, 자금, 노하우, 정보, 시간)을 확보하고 배분하는 것이라고 정의할 수 있다. 여기서 말하는 이벤트 기획이란 본래 기획의 의미에 계획의 의미를 어느 정도 가미한 내용을 말한다. 즉, 아이디어를 바탕으로 목적달성에 도달하기 위해 필요한 수단의 조합만을 생각하는 것만으로는 이벤트 기획이라고 할 수 없으며, 또한 그것을 어떠한 형태로 실현하는가의 구체성이 없으면, 이 또한 이벤트 기획이 될 수 없다.

예를 들면, 이미 결정된 예산으로 실시하기 위해서 어떤 아이디어로 어떤 수단을 어떻게 조합하면 좋을 것인가 등을 시행착오를 거치면서 좁혀 가는 프로세스 등도 기획의 범위에 들어간다고 할 수 있다. 이러한 기획에 요구되는 요소 또는 능력에는 여러 가지 측면이 있다. 여기에서는 특히 중요하다고 생각되는 기획력, 발상력, 설득력 등 세 가지에 대해서 서술한다.

① 기획력

성공을 거두는 플래닝(기획 수립)에 불가결한 것은 무엇일까. 그것은 '플래너가 어떠한 마음 자세를 갖고 있느냐이다.'라고 미국의 리처드 스로머(Richard Thromer, 『The planning』, TBS 브리태니커 발행)는 서술하고 있다. 이것은 정말 의미 있는 말이다. 기획력이 있고 없고는 기획을 하는 사람이 어떠한 '마음가짐'을 가지고 그 일에 임하는가에 크게 좌우된다. 즉, 기획의 기술력보다도 그 기획에 임하는 자세와 정열이 필요한 것이다. 그렇기 때문에 기획을 외부 전문가에게 의뢰할 때 중요한 것은 이와 같은 자세, 정열 그리고 무엇인가 해 보겠다는 마음가짐을 갖게 하는 동기부여 조성에 대해 세심한 배려를 하는 일이다.

그러나 정열과 의욕만 있다고 해서 그것이 바로 기획력으로 직결되는 것은 아니다. 그 목적수행을 위한 여러 가지 조건을 제대로 이해하고, 폭넓은 아이디어를 추출하여, 그것을 여러 가지 조건 속에 구체적으로 조합해 가는 객관적인 자세 또는 지식과 기획 기술력이 수반되지 않으면 안 된다. 즉, 기획력을 떠받치는 것은 기획자 또는 그룹의 '하려고 하는 의지'와 '객관적인 자세-기획기술력(planning ability)'이라고 할 수 있다. 많은 기획자가 가지고 있는 잘못된 사고 방식 중 하나가 기획자가 지녀야 할 '마음'의 자세를 도외시한 채 계획을 세우기 위한 도구와 테크닉에만 관심을 기울이는 것이다. '하려고 하는 마음가짐'을 갖고 '사고방식'과 '기술(테크닉, 지식)'이 양쪽의 바퀴처럼 존재하지 않는다면 기획력이란 이루어지지 않는다.

기획에서 중요한 사항은 다음과 같다.

첫째, 기획은 목적을 달성하기 위한 수단이며 프로세스이다.

둘째, 기획에서 중요한 것은 그 목적을 명확하게 구체적으로 이해하고 그것을 실행하기 위한 여러 가지 전제와 조건(시간, 인력, 자금 포함)을 냉철하게 이해하고 설정할 수 있어야 한다.

셋째, 각종 아이디어와 수단을 이 조건 속에서 얼마나 적절하고 합리적으로 실행화하는가의 반복작업(시행착오)이 필요하며 그 반복작업 과정에서 조건변화를 수용하면서 계속 수정을 거듭하여 목적 실현의 절차를 만들어 갈 수 있는 프로세스 만들기가 중시되어야 한다.

넷째, 효과적인 기획을 하기 위해서는 실행하기 전의 예비조사, 탐색조사와 가설을 집약시킨 프로세스가 중요하다. 기획에서 팀구성과 아이디어 추출의 방법, 수단의 조합 등에 관해서는 다음에서 계속 서술하기로 한다.

② 발상력

기획에서 중요한 능력으로 발상력을 들 수 있다. 발상력은 개개인의 풍부한 발상력은 물론이며, 팀(그룹, 조직)에 의해서 만들어지는 발상력도 요구된다. 개인의 발상력을 키우기 위해서는 매일 다양한 위기에서 생존할 수 있는 지혜 짜내기가 크게 도움이 된다. 이와 관련해서 도쿄대학교 명예교수인 와사도리 시게루(渡辺茂)는 자신의 저서 『앞으로의 발상법』(아사히신문사)에서 다섯 가지를 제시하고 있다(〈표 3-1〉 참조).

〈표 3-1〉 **발상력을 키우는 요소**

- 인간적 성장을 완성시키는 노력: 자신의 경험을 소중히 하고 그것을 통해서 배우며 보다 풍부한 발상력을 지니려고 노력한다.
- 보다 많은 지식과 경험: 자신의 취향과 관계없이 조금이라도 다른 분야에 뛰어들어 새로운 경험을 하거나 서로 의견을 교환한다. 그리고 지식과 경험을 자신 속에서 구현하여 지혜로 승화할 수 있도록 노력한다.
- 정보를 여과하는 능력: 정보를 5W 1H로 확인하여, 자신의 데이터 뱅크에 정리한다.
- 자기능력에 대한 도전: 조직의 일과 자신의 사적인 일 중에서 한 가지 계획을 세워, 자기능력에 도전한다. 목표를 세우고 그것을 달성하여 스스로에게 자신감을 부여한다.
- 유비무환(有備無患)의 정신: 밤에 잠자기 전에는 머리맡에 옷을 꼭 개어 놓도록 하라. '일단 유사시에 어둠속에서도 옷을 입을 수 있도록'이란 옛 속담을 언제나 명심한다.

한 가지 더하여 지혜시대의 발상법으로서 '착안(着眼)'을 '아이디어'와 구별해서 서술한 이쓰이 다쿠(伊吹卓)의 견해를 소개한다(『착안력』, PHP 문고). 이쓰이 다쿠가 지적하는 '문득 떠오른 아이디어'는 재미있는 것처럼 보이지만 실패한다. 그는 "아이디어라는 것은 원래 그것에 대한 근거가 필요한 것이다."라고 지적하며 착안의 위치설정을 〈표 3-2〉와 같이 제시하고 있다. 또, 아이디어와 착안의 비교를 〈표 3-3〉과 같이 정리하고 있다.

〈표 3-2〉 지혜시대에 착안의 위치 부여

<table>
<tr><td colspan="3">사회에 있는 지혜를 자신의 눈으로 발견한다.</td><td>착 안
(판단력, 실행력)</td></tr>
<tr><td colspan="2">스스로 보고 생각한다.</td><td>발상(직감)</td><td>발상(직감)</td></tr>
<tr><td>받아들인 지식
생각하는 지식</td><td>지식</td><td>지식</td><td>지식</td></tr>
</table>

〈표 3-3〉 아이디어와 착안의 비교

아이디어	착안
공상적이다.	체험적이다.
탁상공론적 아이디어이다. 해 보지 않으면 알 수 없다. 해 보면 문제가 있다.	테스트를 끝마친 아이디어이다. 따라서 실행하기 쉽고 성공하기 쉽다.
아이디어가 많고 쉽다.	착안에 의한 아이디어는 수가 적다.
문제의식이 막연한 것이 많다.	문제의식이 명확하다.
아웃풋(output)적인 발상에 의해서 생겨나는 아이디어	인풋(input)적인 발생에 의해서 생겨나는 아이디어

계속해서 이쓰이 다쿠 씨의 견해를 제시하면, "착안점은 뛰어난 지식과 아이디어를 토대로 하여, 뛰어난 판단력과 선택력에 의해서 선택되는 급소이며 의도인 것이다. 착안점은 결과를 놓고 보면 단순해 보이지만 한 가지의 착안점을 선택하기 위해 어떻게 예측하는가가 문제인 것이다." 이처럼 이벤트 기획에 요구되는 발상력은 단순히 공허한 아이디어 발상이 아니라 '착안'으로 이어지는 현실성이 있는 것"이다. 따라서 풍부한 발상력이 요구된다.

③ 설득력

설득력은 기획에 요구되는 중요한 요소로서, 또한 기획자체가 최종적으로 살아남느냐, 사라지느냐의 결정요소가 되는 필수 불가결한 요소이다. 설득기술에 대해서는 여러 가지 설명이 있지만, 여기에서는 설득의 구조요소를 도표로 제시하고, 설득력을 높이기 위해서는 어떠한 요소를 고려하고 강조해야 할 것인가를 생각해 보자([그림 3-1] 참조).

설득력이 갖추기 위해서는 우선 상대의 상황, 전제조건 등을 충분히 파악하는 것이 중요하다. '심금을 울려라.'라는 말이 있듯이, 이를 위해서는 상대를 잘 알고 있어야만 한다. 이것은 기획을 하는 데 대단히 중요하다. 다음은 타이밍(언제, 어느 정도의 시간을 들여서)을 가늠하는 것을 들 수 있다. 아이들이 부모에게 용돈을 달라고 조를 때도 부모가 기분이 좋지 않다면 거절당할 것이 명백하다.

다음은 표현에 관한 것인데, 간결하고 요점있는 표현이 요구된다. 이것은 한마디로 말하면 간단하지만, 그것을 위해서 어떻게 내용을 정리하고, 어떤 점을 강조하고, 어느 정도의 분량으로 어떠한 표현방법(문자, 숫자, 그래프, 그림, 영상 등)을 취할 것인가를 고려해야 한다. 결론부터 이야기하고 각론은 나중에 이야기하는 등의 상식적인 사항은 말할 필요도 없다.

이것들을 유지하기 위해서는 의식적으로 객관성(상대와 나라고 하는 상대적 감각)을

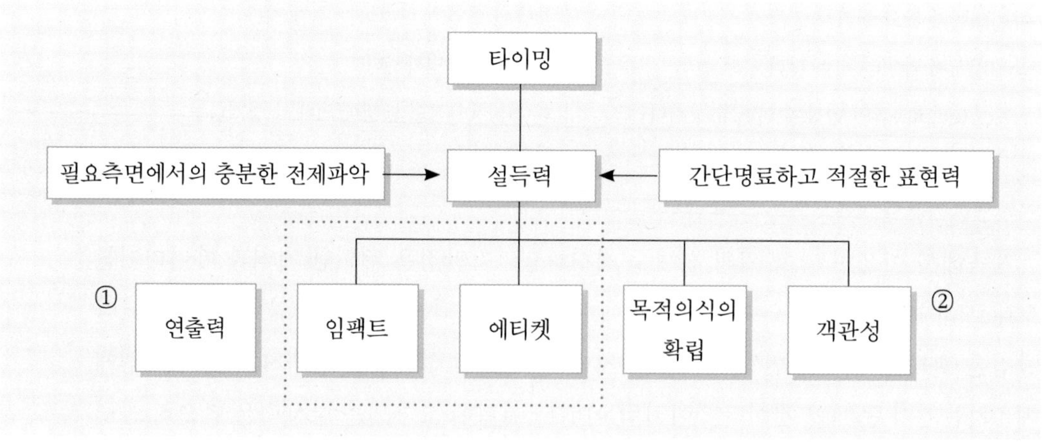

[그림 3-1] 설득의 구조요소

주: ① 연출은 동양에서는 미덕이 아니라는 착각이 있다. 이것은 큰 잘못이며, 연출은 인간성에 뿌리를 둔 것이고, 본래 표현력 자체도 연출이 수반되는 것이다.
② 상대의 사고 속에서 생겨난다.

한시도 잊어서는 안 된다. 주제의 목적의식을 명확하게 확립하고, 그것을 명심하는 것 또한 중요하다. 또 표현을 지탱하는 요소로서 예의와 임팩트 효과에 대한 배려, 강한 집념이 요구된다. 그리고 설득력을 높이는 종합적인 연출력이 더욱 효과를 높이게 된다. 설득력이 결여되어 실패했다고 할 때, 여기에서 서술한 요소 중 무엇이 결여되었는가를 분석하면 다음에는 반드시 도움이 될 것이다. 설득력이라고 해도 프레젠테이션 조건에 따라서 어떤 요소에 역점을 둘 것인가를 잘 고려한 후에 실행하는 계획성이 요구된다. 친분관계와 의리, 인정에 의지하는 안일한 방법은 경계해야 할 것이다.

(2) 기획업무의 흐름과 필요한 능력

기획업무는 3개의 P로 이뤄졌으며, 그 흐름에 근거해서 9개의 '능력'이 필요하다(〈표 3-4〉 참조). 기획업무의 '3P'는 다음과 같다.

- Planning(기획 수립): 기획 수립에서는 기획주제에 관한 정보를 광범위하게 수집하고 객관적으로 분석하여 구체적인 아이디어를 발상한다. 향후의 변화와 전망도 예견한다.
- Proposal(기획서 작성): 기획서 작성에서 발상한 아이디어의 구상을 구체화하면서 적절히 표현하여 내용과 표현의 쌍방을 연성한다. 의뢰자를 매료시키는 정리방법과 그 전제로서 알기 쉽게 작성하는 것이 중요하다.
- Presentation(기획 제안): 기획 제안을 받는 사람에게 내용을 정확하게 전달하는 동시에 프레젠터의 연출로 매력을 높여 최종적으로 설득한다. 자발형 기획에서는 기획의 필요성에 대한 공감을 획득하는 것이 전제가 된다.

기획 수립→ 기획서 작성 →기획 제안은 기획업무의 기본이 되는 흐름이다. 기획자는 3개의 'P' 가운데 업종이나 직종, 지위에 따라서 필요성이 높은 'P'를 중점적으로 연구해야 한다(〈표 3-4〉 참조).

〈표 3-4〉 **기획업무의 흐름과 필요한 능력**

기획 수립	기획서 작성	기획 제안
정보력	구상력	설득력
분석력	표현력	연출력
발상력	연성력	전달력

기획업무 수행에 필요한 아홉 가지 능력은 다음과 같다.

• 기획 수립 단계

–정보력: 기획주제에 맞게 정보를 효율적으로 수집하는 능력. 일상형과 과제형의 정보수집을 병행한다.

–분석력: 정보를 정리하여 현 상황과 목표를 명확하게 하는 능력. 목표에 도달하기 위해 해야 할 일을 논리적으로 도출한다.

–발상력: 목표에 도달하기 위한 현실적인 방법을 제시하는 능력. 발상법 등을 활용하여 양질의 아이디어를 많이 낸다.

• 기획서 작성단계

–구상력: 기획내용을 논리적이며 발전적으로 조립하는 능력. 발상한 아이디어를 구축하고 기획의 전체상을 설정한다. 구상과 내용의 표현은 동시작업을 하는 경우가 많다.

–표현력: 기획내용을 알기 쉽게 매력적으로 기획서로 정리하는 능력. 논리적인 소구와 감성적인 소구의 양면이 필요하다. 기획서 이외에도 다양한 표현형태가 있다.

–연성력: 기획내용을 음미하고, 그 매력을 갈고닦는 능력. 표현이 적절한 것인지 검토한다.

• 기획 제안단계

–전달력: 기획내용을 의뢰인에게 정확하게 전달하고 정확하게 표현하는 능력. 기획서는 물론 발표하는 것이 전제이며, 그냥 읽어 버리지 않는다.

–연출력: 기획내용의 매력을 끌어내고, 한층 더 높이는 능력. 같은 내용도 발표자의 능력에 따라 매력에 영향을 미친다.

–설득력: 의뢰인의 공감을 촉구하고 의사결정을 일으키게 하는 능력

기획 내용에 대해서 설득하고 최대한 그 자리에서 승인을 받는다. '기획력'은 이들 9개의 능력이 균형 있게 통합된 것이다. 또한 분석력과 선견력의 중요성이 높아지고 있다.

기획은 시대를 앞서가고 미래를 생각하며 묘사하는 능력이다. 기획이 지혜의 작용에

근거한 이상 그 좋고 나쁨은 기획자에게 달려 있다. 기획력을 향상시키기 위해 평소의 노력과 훈련을 게을리하지 않는다.

2) 조직구성

(1) 조직구성의 필요성

이벤트 프로듀서는 이벤트의 개최 주체가 요구하는 이벤트의 목적을 달성하기 위해 필요한 인재를 모집한다. 작전을 세우기 위해서는 기획력이 뛰어난 기획자를 선택해야 하는데, 창조적이면서 신선한 아이디어가 풍부한 인재가 필요하다. 그러나 아무리 뛰어난 지혜가 있다고 해도 경쟁자의 전략상황과 환경조건, 거기에 자신의 전력이 나아갈 방향 등에 관한 정확한 정보가 없다면 목적을 달성하기 어렵다. 이 경우에는 경쟁자의 정보수집이 필요하며, 분석력이 뛰어난 인재가 최적임자라는 것을 중요시해야 한다. 실행계획이 완성되어 실행에 옮길 때는 발 빠르고 강하며 민첩한 진행자의 도움이 필요하다. 각 전문 스태프들은 각각 자신만의 독특한 장점이 있으므로 그 장점을 충분히 이해하고 그 역할을 충분히 발휘할 수 있도록 조합해 가는 것이 프로듀서의 능력 중 하나이다.

① 기획, 정보, 진행이 갖고 있는 장점

- 정보분석가: 한번 들으면 결코 잊지 않고, 상대방의 비밀을 재빨리 듣고 파악할 수 있는 장점의 소유자. 어디에 무엇이 있는지 재빨리 발견한다. 조사, 분석이 특기이며 성공한 이벤트의 요인 분석도 잘하고 데이터화되어 있으며, 풍부한 경험 또한 살릴 수 있다.
- 기획자: 때로는 잔재주꾼으로 불리며 공상가 취급을 받기도 하지만, 아이디어를 낼 수 있는 천부적인 능력이 있다. 그것뿐만 아니라 그 아이디어를 이벤트의 목적과 여러 조건에서 최적으로 조합시켜 스케줄화하고, 현실적인 예산화를 할 수 있는 능력을 갖고 있다.
- 진행자: 밝고 행동적인 비즈니스맨 타입. 섭외력이 좋고, 부탁을 받으면 재빨리 행동에 옮긴다. 이벤트의 종류에 따른 섭외력에도 멋진 재능을 보여 준다.

② 기획력의 의미

이벤트를 성공시키는 것은 목적을 수행하는 일, 바꾸어서 생각하면 생사를 거는 일이 되기도 한다. 생사를 거는 전투일 경우에는 매우 진지해지는데, 이벤트의 성공도 같은 의미를 갖고 있다. 성공을 위한 기획력의 의미는 매우 크다고 할 수 있다. 이 기획력이란 전투에서 승리하기 위한 수단과 계획, 거기에 인재의 활용방법에 따라서 결정되는 것이다. 이벤트 프로젝트의 수행은 프로듀서가 구상을 짜고(콘셉트 만들기), 연출가가 구체적인 실시작전(아이디어)을 내고, 그것을 판단하기 위해 기획자가 자료조사와 아이디어 검증을 실시하고, 진행자가 이벤트 장비 및 도구를 모아서 작전을 성공시키는 것이다. 이때 빛나는 것은 역시 기획력이다. 이와 같이 이벤트의 성공은 기획력의 승리라고 할 수 있다. 다음 [그림 3-2]는 기획과 정보(검증), 실행의 관계를 제시한 것이다. 이 균형 맞추기가 프로듀서의 큰 역할 중 하나이기도 하지만, 그중에서도 기획력은 모든 것의 출발이라는 의미에서 큰 의의를 갖고 있다.

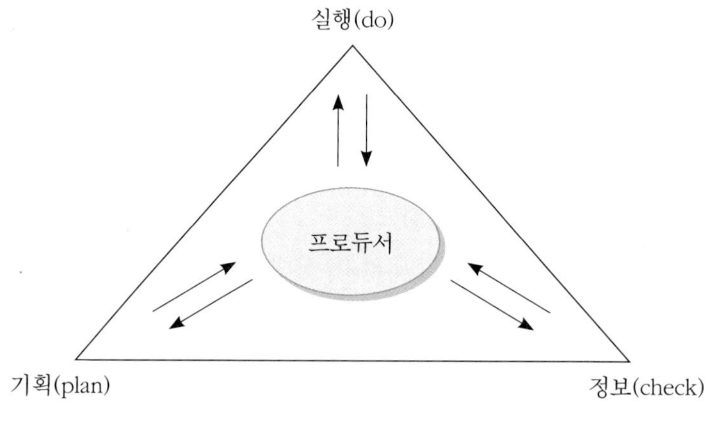

[그림 3-2] 기획, 정보, 실행의 균형도

③ 조직구성 시 유의사항

이벤트 프로젝트 실행조직을 구성하고 그것을 목적달성에 유효하도록 운영하기 위해서는 여러 가지 배려가 필요하다. 특히 이벤트에 관여하는 많은 스태프는 분야가 다르고 개성이 강한 만큼 조직구성이 중요하다. 실행팀의 구성과 운영방법에 관해 유의해야 할 사항을 몇 가지 제시한다.

첫째, 개개인의 특정한 장점과 능력을 최대한 살릴 수 있도록 한다.

둘째, 조직(팀)은 상하의 관계가 아니고, 써클의 연동(분담과 연결)이라는 것을 리더를 포함한 전원이 올바르게 인식(정신적인 측면과 비즈니스의 책임분담이라는 측면에서)한다.

셋째, 개개인의 특별한 장점과 능력을 끌어낼 수 있도록 역할을 명확히 하고, 목표를 정한다. 나아가 전문가의 개개인의 업무분담과 상호관계와 연계를 명확히 한다.

넷째, 리더(프로듀서)의 결단과 적절한 시기의 지원체제와 운영방식을 확립한다.

다섯째, 스태프의 대부분이 예산과 스케줄 측면에서 철저하지 못한 측면도 있기 때문에 인력운영을 원활하게 할 수 있는 관계 조성을 사전에 고려한다.

이 외에 세부적인 측면에서도 여러 유의사항이 있지만, 중요한 것은 그룹멤버가 기분이 좋고 상쾌한 마음으로 최선을 다할 수 있는 관계형성(프로듀서의 리더십이 중요하지만 동시에 횡적관계도 고려해야 한다)이 이벤트를 성공시키는 요건의 하나라는 점이다.

3) 이벤트요소와 기획요소

(1) 이벤트요소

이벤트요소 중에서 발상요소와 전개요소의 몇 가지 측면에 대해서 설명하면 다음과 같다([그림 3-3] 참조).

- **단순성**: 간단하게 목적이 좁혀지면 기획의도가 선명하게 부각된다. 다만, 실제는 그렇게 되지 않는 경우가 많기 때문에 강조를 하는 방법과 핵심과제를 설정하는 방법이 있다.
- **화제성**: 이벤트에서는 집객을 위해서나 커뮤니케이션을 극대화하기 위해서도 불가결한 요소이다.
- **미래성**: 지역 이벤트에서 지역에 대한 친근감은 역사에 내한 공삼에서도 얻을 수 있다. 동시에 시대의 변화가 급속한 가운데, 가까운 미래성을 끊임없이 인식하는 것도 중요하다. 조선 말 개화기의 서양문명의 도입 정도는 아니더라도 새로운 시대로의 이미지 조성에 기여하는 의미는 크다. 이벤트 기획자는 시대를 직관하는 높은 감성이 필요하다.
- **독창성**: '어느 박람회를 가도 똑같은 것뿐이다.'라는 의견을 자주 듣는다. 독창성은 보는 사람이 어떻게 느끼느냐 하는 문제이기 때문에 전문가가 단순히 외양만 보고 단적으로 평가하는 것은 잘못된 것이다. 예를 들면, 이천과 여주에서 동일한 도자

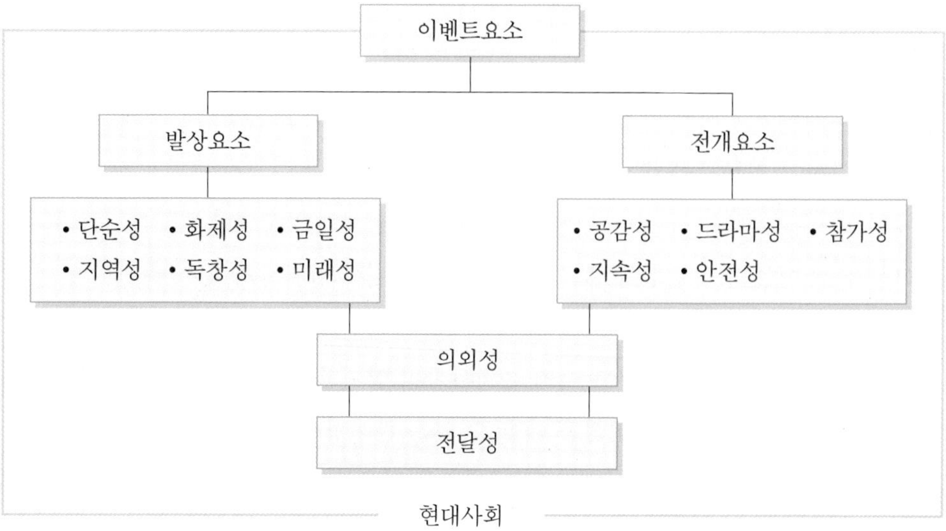

[그림 3-3] 이벤트가 지닌 요소

기축제가 있어도 전체 구성의 방법과 의미에 따라서 독창성을 확보할 수 있다.

- **지역성**: 지역 이벤트는 지역을 잘 연구해서 지역의 개성창출(매력 만들기)을 위해 이벤트를 실시한다는 발상이 바람직하다. 지역을 잘 모르는 대중의 아이디어 공모는 시간과 예산의 낭비일 뿐이다.
- **공감성**: 이벤트는 공감과 감동이 없으면 가치를 잃는다. 공감과 감동의 창조는 기획과 연출의 결과이다. 그리고 그 기획내용에 참가자들과 그 장을 연결하는 강력한 연계성이 없으면 안 된다.
- **지속성**: 이벤트 자체는 일정한 장소에서 정해진 기간에 한정되지만 수단으로서의 이벤트는 기업과 행정에서 장기적인 커뮤니케이션 전략과 마케팅 전략의 과제 속에 명확히 위치가 부여되어 지속성을 지녀야만 한다.

종합적으로는 의외성과 전달성이 이벤트의 특징으로 부각될 수 있다.

(2) 기획요소

이벤트의 기획요소를 일반적인 형태로 정리하면 다음과 같다.

- 주체요소
  - –주최자(By Whom: 단독인가 복수인가)
  - –목적(Why: 주요 목적과 부대 목적)
  - –대상(To Whom: 주된 대상)
  - –내용개요(What: 기본 항목과 중요도 순위)
- 종속요소
  - –장소(Where: 단독인가 복수인가, 야외인가 실내인가)
  - –기간(From & To when: 준비기간, 홍보기간, 개최기간)
  - –방법(How to: 제작방법, 운영방법, 홍보방법)
  - –예산(How Much: 예산규모)

주체요소로서 주최자(단독인가 복수인가)의 구성을 기본으로 한 목적설정, 여기에는 효과목표를 근거로 하여 어떤 대상에게 어떤 효과를 겨냥할 것인가(이것이 목표가 된다)가 포함되어 있다. 목적과 효과목표를 명확히 한 상황에서 내용이 결정되는 것이다. 그러나 이 내용은 종속요소로서의 장소, 기간, 예산과 방법, 조건과의 대응 속에서 결정된다. 이러한 내용을 강조하는 방법은 목적, 과제를 근거로 한 이벤트의 콘셉트(앵글, 중점을 두는 법, 방향 부여 등으로도 표현함)에 의해서 명확해진다.

이벤트 내용은 많은 아이디어를 구체적인 여러 조건 속에서 구체화할 수 있는 것으로 압축되며, 여러 조합이 생겨난다. 이벤트의 가장 큰 제약조건인 예산 결정방법이 중요하지만 예산은 사전에 설정되는 예산과 이벤트 기간 중의 수입에 의해서 조달되는 경우도 있으며, 이 수입은 내용과 홍보방법(여기에도 비용이 든다)에 따라서 달라진다.

따라서 입장객 예측과 입장료 결정, 거기에 내부에서의 여러 가지 수입예측이 필요하다. 이 예측의 전제조건에는 이벤트의 내용 등을 어떻게 완성할 것인가가 큰 요소가 되며, 이와 더불어 홍보방법이 결정적인 요소가 된다.

그것을 위해 조사활동을 실시하고 예측모델을 만들어 참고하는 경우도 있지만, 이것은 대형행사에만 국한되며 소형행사는 느낌에 의해 좌우된다. 중요한 것은 예측모델이 아무리 정밀하다고 해도 조건 여하에 따라서 달라질 수 있다는 것이다. 역으로 말하면 조건을 바꾸기 위한 노력(예를 들면, 홍보방법 중에서 구전과 SNS에 의한 방법과 행사의 기발성 소구 등)에 의해서 수치의 증대화를 도모하는 것도 가능하다. 불가능한 방법과 공허한 탁상공론적인 방법은 실패를 초래할 수 있기 때문에 철저히 경계해야 한다.

(3) 이벤트 기획의 프레임

일반적으로 이벤트 기획의 프레임 개요는 다음과 같다.

- 기본구상
- 기본(실행)계획
  - –내용과 운영의 실행계획
  - –행사장 계획 및 설계, 조사, 예측
  - –유치계획, 교통운송 계획
  - –행사계획, 운영계획
  - –광고 · 홍보계획
  - –운영 · 예산계획

이 프레임의 '조사, 예측'을 근거로 해서 예산계획과의 연계 등이 자주 강조된다. 그 관계는 다른 항목 사이에서도 진행된다. 또한 기본구상이 모든 것의 시작이며, 매우 중요한 위치를 차지하지만, 그것이 실행계획 단계로 진행되는 과정에서 단번에 매력을 상실한 내용이 될 수도 있다. 적정예산을 수립하고 비용인식을 내용에 연결하는 것이 대단히 중요하지만 콘셉트를 구현화한 내용이 매우 부족하다면 이벤트의 가치는 반감된다.

콘셉트를 예산범위 안에서 개별행사에 구현하는 것이 키포인트라고 할 수 있다. 그리고 이벤트를 계획하고 완성하는 프로세스가 중요하다. 이 단계에서 지역주민이 여러 가지 형태로 참여하는 것은 이벤트의 성공을 위해서나 이벤트의 성격을 보더라도 중요하다. 공감창조는 이와 같은 준비계획 단계에서 시작된다.

끝으로 이벤트 프로듀서는 단순히 이벤트를 개최하는 것이 아니고, 그 이전의 과정에서 '참가대상들을 어떻게 참가시켜 결집시킬 것인가'라는 겉으로 드러나지는 않지만 중요한 측면을 계획에 포함시킨다는 의식을 결코 잊어서는 안 된다.

4) 선조들의 발상법과 기획 창조력

(1) 우리 선조들의 발상법

삼상(三上)이란 우리 선조들이 생각이나 문장을 발상하는 데 가장 좋은 장소를 선정한 것으로, 마상(馬上), 침상(枕上), 그리고 측상(厠上) 세 가지 장소가 최상이라는 것이다. 이 삼상에서 공통적으로 나타나는 것은 고독이다. 다른 일에 번잡한 생각을 할 것도 없이, 혼자서 생각할 수 있는 장소로서 더할 나위없이 좋다.

삼상은 문장을 만들 때에 한정되지 않고, 아이디어를 발상할 때도 마찬가지이다. 마음의 번잡함을 버리고 어느 한 가지에 생각을 집중하고 있으면 번뜩 떠오르는 것이 있다. 이것은 본래 인간이 갖고 있는 본능적인 자질이다. 예를 들면, 프랑스의 유명한 조각가 로댕의 '생각하는 사람'을 보고 있으면, 문득 그런 것이 생각난다. 발상법은 동서양을 막론하고 똑같은 것 같다. 그렇더라도 '생각하는 사람'을 보고 있으면 아이디어를 발상하고 있다기보다는 고뇌하고 있는 것 같이 보인다. 이래서는 좋은 아이디어가 떠오르지 않는다. 아이디어는 커다란 우주공간 속에 무한히 있는 것이라는 마음자세로, 어린아이와 같이 무심하게 열중하는 것이 핵심이다.

(2) 현대에 있어서 삼상의 교훈

삼상을 현 시점에서 생각해 보면, 마상은 지하철이나 버스 등과 같은 것이라고 말할 수 있다. '군중 속의 고독'이라는 말이 있지만, 주위에 아무리 군중이 많이 있어도 전혀 신경쓸 게 없다. 냉정하게 말하면, 전혀 모르는 사람들이기 때문이지만 군중에게 둘러싸인 상태가 침묵의 벽으로 작용해 오히려 조용한 공간을 만들어 주기 때문에 불가사의한 것이다. 그중에서도 지하철은 어떤 일정한 리듬감이 기분이 좋다. 앉으면 독서를 하거나 스마트폰을 사용해 어학공부도 할 수 있다. 몸도 꼼짝할 수 없을 만큼 붐비는 만원 지하철 안에서 소설의 구상이 떠오른다고 쓴 작가도 있다.

다음 침상은 침대 속이다. 여기는 하루를 정리하는 곳이며 안식의 공간이다. 자신이 좋아하는 잡지 등을 머리맡에 두고 읽고 싶은 대로 읽는 것도 즐거운 일이다. 여기는 하루의 일과를 반추하기도 하고 새로운 기획을 구상하기 위한 자신만의 연구실이기도 하다. 그래서 베갯머리에 놓아 두었으면 하는 것이 노트와 필기구이다. 무엇인가 아이디어가 떠올랐을 때는 잊어버리기 전에 노트에 적어 놓는 것이다. 평소 베갯머리에서 쓰고 있던 메모가 나중에 엄청난 힌트가 될 것이다.

끝으로 측상이란, 오늘날의 화장실이다. 예전에 어느 지역유지의 초대를 받았을 때 화장실을 사용한 적이 있는데 그 규모와 분위기에 깜짝 놀랐다. 화장실 크기가 5평이나 되었다. 그 안에는 책장과 소파, 테이블이 있고 각종 신문과 주간 및 월간 잡지 등이 비치되어 있었다. 이런 화려한 화장실을 꿈꿀 수는 없다 하더라도 최소한 메모지 정도는 놓아두고 천천히 사색에 잠겨 보는 것도 좋을 것이다. 창조적인 작업에 종사하는 각 분야의 전문가 중에는 중요한 구상을 화장실 안에서 많이 한다고 밝히는 이들도 꽤 있다. 집의 화장실에는 언제나 메모지와 필기구가 놓여 있다. 그렇다면 결론적으로 삼상의 교훈에서 중요한 열쇠가 되는 것은 메모이다. 생각이 나면 무엇이나 메모하는 습관을 몸에 익혀 두는 것이 중요하다.

(3) 세 사람의 지혜

'평범한 사람이라도 세 명이 모여서 회의하면 좋은 생각이 떠오른다.'는 의미로 우리 속담에 '백지장도 맞들면 낫다.'라든가 '구슬이 세 말이라도 꿰어야 보배'가 있다. 영어에도 'Two heads are better than one, even if the one's a sheep's(2개의 머리는 하나의 머리보다 낫다. 가령 그중 하나가 양의 머리라 하더라도 말이다).'라는 속담이 있다. 이런 속담들을 아이디어 발상법으로 바꿔서 설명해 보자.

우선, 아이디어는 혼자서 생각하면 능력의 한계도 있고, 독선에 빠지기 쉽다. 또한 개인이 갖고 있는 정보량은 한정되어 비교 검토할 때에 판단착오를 범하기 쉽다. 그렇다면 두 명이 아이디어를 가지고 검토할 경우 어떠한 일이 발생하기 쉬운가. 만약 양자가 서로 자신의 아이디어만 내세우고 완고하게 양보하지 않는다면 결렬될 수밖에 없다. 그럴 때 제3자가 있다면 어느 쪽 아이디어가 좋은가를 판단해 준다. 이때 제3자는 자신의 아이디어도 피력하면서 판단하게 되어 균형감각이 생겨난다. 그런 의미에서 아이디어회의의 최소 단위는 세 명부터이다. 세 명은 서로가 상대방으로부터 자극을 받기도 하고 설득하기도 하는 최소 인원인 것이다.

(4) 추리력과 창조력

추리란 사전적 의미로 보면 '사전에 알려져 있는 것에서 새로운 지식결론을 창출해 내는 것'이다. 창조란 '새롭게 만드는 것, 새로운 것을 만들기 시작하는 것'이다. 전자의 추리를 이벤트에 적용해 설명해 보자. 예를 들면, 어느 지방박람회가 큰 성공을 거두었다고 가정하자. 행사기간에 날씨도 나쁘고 평판도 좋지 않았는데 성공했다고 한다. 왜 성공했는가? 그 원인이 무엇인가를 제3자가 마치 명탐정처럼 입장객을 대상으로 설문조사도 하고, 박람회 주최자에게서 의견을 듣고 자기 나름대로 성공요인을 추리해서 결론을 도출하는 방법이 추론이다. 한편, 창조란 박람회를 예로 들면 이것을 위해 새로운 아이디어와 콘셉트를 창출하여 어떻게 내용(사물)을 가치있는 것으로 의도적으로 표현하는가에 있다.

일본의 유명 플래너인 다카하시 미치요시(高橋由良)는 그의 저서『기획을 창출하는 사전』에서 기획의 필수조건으로서 창조력을 이루는 9개 항목을 제시하고 있다.

- 미래상정 능력: 기획한 것이 실현되었을 때 조직과 환경에서 어떻게 받아들여질 것인지 예상하는 선견능력
- 지식력: 기획 주변의 광범위한 지식, 전문지식, 다양한 인맥에서 나오는 지식, 정보수집력
- 자기객체화 능력: 자신의 기획능력을 스스로 체크하는 능력
- 감수성
- 가설력
- 이매지네이션
- 현 상황과 기성 개념에 좌우되지 않는 성향
- 부감(府瞰) · 조감(鳥瞰) 능력: 전체를 파악하는 일
- 집념: 한번 시작하면 끝장을 보는 능력

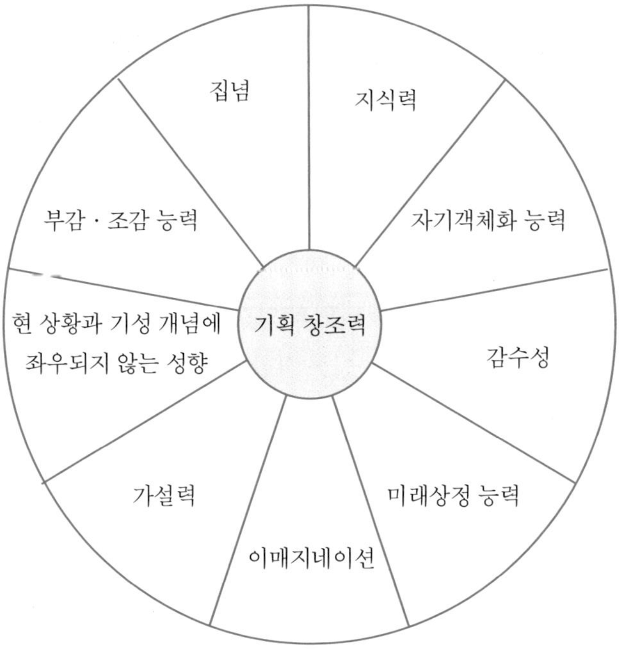

[그림 3-4] 기획창조력의 필수조건

5) 아이디어의 추출

(1) 기존 개념의 탈피

이벤트를 몇 번 하다 보면, 이벤트에 대한 고정관념이 생겨 응용성과 융통성이 없어져 버리는 사람이 있다. 말하자면 이벤트에 대해 매너리즘에 빠지는 것인데, 이것은 결코 바람직하지 않다. 이벤트는 살아있는 것으로 현재의 사회정세와 시대 흐름에 따라 대중의 가치관도 다르고, 기호 또한 다양하기 때문에 그것에 대응하는 이벤트 계획을 세우지 않으면 안 된다. 과거의 개념을 완전히 버리지 않고 기획된 이벤트는 그야말로 진부한 것이 되어 버릴 것이다. 이와 함께 기획에 임해서 주의해야 할 것은 아무리 평판이 좋았다고 해도 안이하게 과거의 기획을 복제하거나 다른 사람의 기획을 모방해서는 안 된다는 것이다. 이벤트 아이디어는 신선함과 독창성이 생명이다.

(2) 지식과 아이디어

지식이란 사물에 관한 명확한 의식이며, 지식인이란 그것을 갖고 있는 사람을 의미한다. 그것들은 책을 읽거나 사람들에게서 이야기를 듣거나 여러 가지 경험에서 얻을 수 있다. 이러한 경험에서 얻은 지식은 언어적 · 개념적 정보로서 좌뇌에 저장된다. 그렇다면 아이디어란 무엇인가? 그것은 지식을 바탕으로 한 새로운 발상의 조합이라고 할 수 있다. 그것은 우뇌라는 스크린에 회화적인 비주얼로 떠오른다. 좋은 아이디어를 내기 어려운 사람은 스크린에 그림을 그리는 것이 서툰 사람일 것이다. 이런 사람은 주로 사물을 논리적으로 생각하고, 남에게 설명하는 경우 조리 있게 이야기한다. 즉, 좌뇌발상 타입의 인간이다. 이에 비해 아이디어맨이라고 불리는 사람은 직감적이고 번득이는 인간이다. 단, 우뇌라는 스크린에 비친 이미지를 논리적으로 설명하는 것에 서투른 사람이 많다. 이와 같은 사람을 우뇌발상 타입의 인간이라고 한다.

기획자는 우뇌와 좌뇌의 균형감각이 있는 사람이 바람직하다. 우뇌와 좌뇌를 균형있게 연마하는 데는 스스로 시를 쓰거나 영화를 보거나 그림을 그려 우뇌에 자극을 부여하고, 또한 가능한 많은 책을 읽어 그 내용을 사람들에게 설명하여 좌뇌를 활성화시킬 수도 있다.

(3) 상상과 연상

국어사전적으로 말하면 상상이란 실제로 보거나 정확하게 들은 적도 없는 사물에 대해서 아마 이러한 것일 거라고 머릿속에서 생각하는 것이며, 연상이란 어느 한 가지 사물을 보고 듣거나 생각할 때 그것의 어떠한 점에 관련되는 사물과 생각이 떠오르는 것이다. 이것을 게임방식으로 말하면, 사과를 모르는 사람에게 빨갛고 동그랗고 고무공 정도의 크기인 과일이라고 설명하고 그것을 알아맞추게 하는 것이 상상게임이고, 사과를 알고 있는 사람에게 그것을 보여 주고(혹은 들려주고) 사과에서 빨간 볼(얼굴)과 주산지인 청송을 생각나게 하는 것이 연상게임이다. 최근에는 이 연상게임을 학교교육에 활용하고 있는 초등학교도 있다. '바다'라는 단어를 보여 주고 '항구–배–선장–생선–낚시'라는 순서로 연상시켜 그것이 어업이라는 산업으로 이어지는 것을 학생들에게 이해시키는 것이다. 다음과 같은 재미있는 연상게임도 있다.

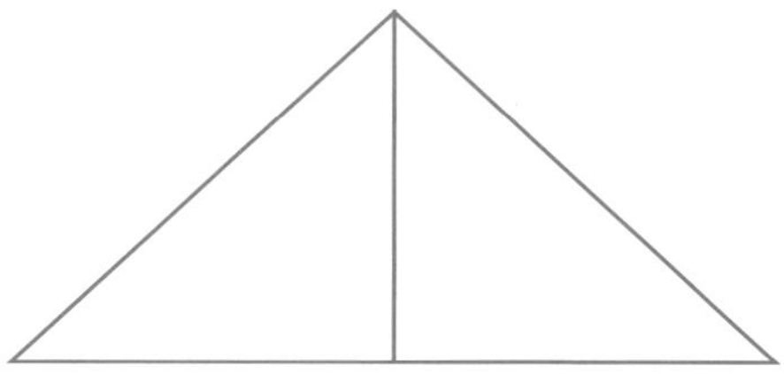

이런 도형을 보여 준 뒤 이것에서 무엇을 연상할 수 있는가를 대답하게 한다.

해답의 예로, 텐트, 요트의 돛, 피라미드, UFO, 새의 부리, 미끄럼틀 등과 같이 끝이 없다.

미국의 유명한 광고회사 BBDO의 전 부사장으로 집단사고법을 개발한 알렉스 오즈번(Alex Osborn)은 아이디어가 생겨나는 조건으로서 다음과 같은 체크리스트를 제시했다. 아이디어 체크리스트의 항목만을 예를 들면 다음과 같다.

- 다른 사용방도는 없는가
- 다른 아이디어를 빌릴 수는 없는가
- 확대하면 어떨 것인가
- 축소하면 어떨 것인가
- 바꾸면 어떨 것인가
- 대용하면 어떨 것인가
- 교체하면 어떨 것인가

• 반대로 해 보면 어떨 것인가
• 조합해 보면 어떨 것인가

이 중에서 몇 가지 타입을 꺼내서 이벤트의 시뮬레이션을 해 보자. '확대하면 어떨 것인가'와 '축소하면 어떨 것인가'를 예로 들면 [그림 3-5]와 같은 발상의 이벤트가 된다.

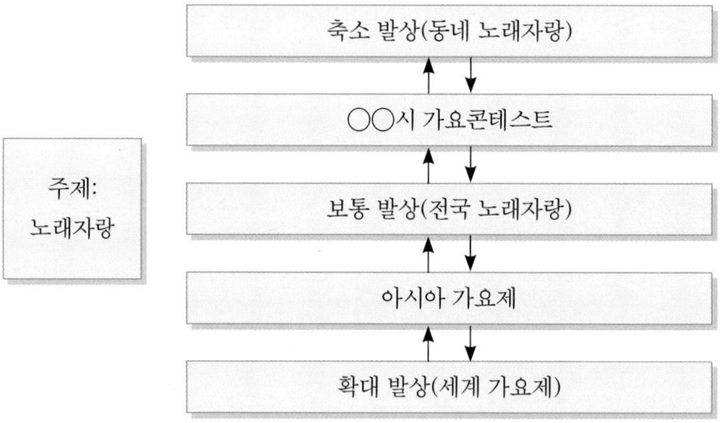

[그림 3-5] **'확대하면 어떨 것인가'와 '축소하면 어떨 것인가'에 대한 시뮬레이션**

6) 정보수집과 창조적인 아이디어 발상

(1) 정보수집 방법

아이디어를 발상하기 위해서는 그 바탕이 되는 깊은 지식과 풍부한 경험이 필요하다는 것은 앞에서도 설명했다. 그것을 위해 우선 백화점 행사, 대학축제, 지역축제, 전시회, 지방박람회 등 여러 가지 이벤트를 답사해 보자. 이벤트시대인 오늘날은 언제, 어느 곳에 가더라도 기업이벤트와 지방자치단체가 주최하는 지역 이벤트 등 다양한 이벤트를 볼 수 있다. 그저 막연히 보는 게 아니라 무엇을 보고 싶은가, 어떤 점을 주의해 보면 자신에게 도움이 될 것인가를 체크하면서 살펴주기를 바란다. 어떤 이벤트가 인기가 있었는가, 여성 관람객은 눈에 띄었는가, 시설은 어떤가, 동선배치는 원활하도록 배려되어 있는가, 화장실은 청결한가, 서비스는 좋았는가 등을 나름대로 체크리스트를 만들어 관찰한다면 이벤트 계획 수립 시 반드시 도움이 될 것이다. 이와 같이 발로 뛰어 얻을 수 있는 정보 외에 이벤트 관련 인터넷포털과 유튜브, SNS, 신문과 잡지의 이벤트정보란에도 세심한 관심을 기울여 필요하다면 발췌하고 스크랩하여 정보별로 정리해 두는 것이 편리하다. 일본의 저명한 교육컨설턴트인 이와사키 이쿠지(岩崎陸治)는 정보시장으로서 사물, 인간, 개념, 발상 등 네 가지 커뮤니케이션을 설정했다. 이것을 정리하면 〈표 3-5〉와 같다.

〈표 3-5〉 **이벤트플래닝의 정보수집법**

정보시장	도시커뮤니케이션	인간커뮤니케이션	매스커뮤니케이션	조직커뮤니케이션
정보의 종류	사실	지식	자료	경험
정보입수장소	아니? (느낀다)	아! (안다)	허! (생각한다)	과연 (기억한다)
입수방법	본다, 접촉한다	듣는다, 묻는다	읽는다, 조사한다	캐낸다, 그린다, 쓴다
사고의 방법	발로 생각한다	귀로 생각한다	머리로 생각한다	손으로 생각한다
정보원	• 견학 • 백화점 행사 • 거리를 걷는다 • 지역축제 • 전시회 • 기업 판촉행사	• 연구 • 촉발된다 • 계발된다 • 멋진 아이디어가 생겨난다	• 조사 • 신문, 잡지 (TV, 라디오) • 전문지, 광고전단 • 이벤트포털, 인터넷, 유튜브, • 지역 정보지	• 발상법 • 집단사고 • KJ법 • 핀 카드법

(2) 과학적 사고에 의한 방법

인간의 두뇌는 창조하는 일을 하는 전두엽(前頭葉)과 기억을 담당하는 측두엽(側頭葉), 추리 · 흡수의 후두엽(後頭葉), 두정엽(頭頂葉)으로 나뉘어져 있다. 이 중에서 특히 전두엽은 단련하면 노화되지 않는다고 한다. 아이디어 발상은 이 전두엽을 얼마나 훈련시키냐에 따라 좌우된다. 아이디어의 과학적인 발상기법은 백 가지 이상 있다고 하지만, 일본의 창조개발연구소 소장인 다카하시 마고토(高橋誠)는 그것을 크게 네 가지로 나누고 있다. 이 네 가지 기법 중에서 발산기법의 예로 든 집단사고(브레인스토밍법)에 관해서는 120쪽에서 설명하기로 한다.

• 아이디어의 과학적 발상기법
 –발산기법: 발산사고를 사용해 사실과 아이디어를 내기 위한 사고법. 집단사고와 체크리스트법, NM법 등이 있다.

–수렴기법: 발산사고로 끌어낸 사실과 아이디어를 정리하는 방법. KJ법, 특성요인도, 각종 분류 등이 있다.

–태도기법: 주로 창조적 태도를 양성하기 위한 기법. 최면, 카운셀링, 롤 프레이닝 등이 있다.

–통합기법: 발산사고와 수렴사고를 반복하는 것에 포인트를 두는 기법. 하이브리드법, 워크 디자인법 등이 있다.

(3) 창조적인 아이디어 발상

창조적인 아이디어를 내는 방법에는 수많은 기법이 있지만, 여기서는 이벤트 기획 실무에 가장 많이 쓰이며 활용하기 쉬운 대표적인 기법을 소개한다. 주요한 창조적 아이디어 기법의 특징을 〈표 3–6〉과 같이 정리하였다.

〈표 3–6〉 주요 창조적 아이디어 기법의 특징

대분류		발산기법				수렴기법
소분류		자유연상법		강제연상법		공간형법
기법명		브레인스토밍법	브레인라이팅법	체크리스트법	매트릭스법 PTE	KJ법
대상	일반직원층					
	모든 계층	○	○	○	○	○
주체	집단	○	○		○	
	개인 · 집단			○	PTE	○
적용단계	과제해결 시				○	
	전단계	○	○	○	PTE PTE	○
적용분야	연구기술					
	전 직종	○	○	○	○	○

① 제임스 영의 방법

미국의 유명 광고대행사 JW톰슨(J. Walter Thomson)의 전 상임 최고 고문으로 미국 광고대행업계의 회장 등을 역임한 제임스 영(James Webb Young)은 아이디어를 만드는 방법으로 다음의 5 단계를 들고 있다.

- 1단계: 자료수집. 당면한 과제를 해결하기 위한 자료와 일반적 지식의 축적을 끊임없이 풍부하게 함으로써 생겨나는 자료
- 2단계: 자신의 마음속에서 이 자료들을 소화하는 단계
- 3단계: 부화단계. 여기에서는 자신의 의식 밖에서 무엇인가를 자기 스스로 조합하는 일을 하는 대로 맡겨 둔다(문제를 싹 잊어버리는 단계).
- 4단계: 아이디어의 실제 탄생(이거였던가! 알았다! 발견했다!)하는 단계
- 5단계: 현실의 유효성에 일치시키기 위해 최종적으로 아이디어를 구체화하여 전개시키는 단계

이 5단계는 좋은 아이디어를 발견하기 위한 중요한 과정이지만, 특히 제3단계의 부화단계는 머릿속에 주입시켜야만 한다. 여기에서는 조합이 키워드이다. 일본의 저명 과학평론가인 토비오카 겐(飛岡健)이 40년 전에 이질적인 것을 조합하는 새로운 기법으로 '하이브리드(hybrid) 사고'라고 명칭한 발상법을 공개해서 화제가 되었다. 하이브리드란 영어로 '잡종'이나 '혼성물'의 의미로, 이 사고법은 이질적인 것의 조합 외에도 두 가지를 분석해 장단점을 밝혀내기도 하고, 장점과 단점을 연결시키기도 하며 단점을 장점으로 바꿀 수 없는가를 생각하는 등 유기적인 결합을 목표로 하는 것이다. 스마트폰과 드론 등의 히트상품과 신제품이 계속해서 개발되었는데, 이것들도 하이브리드 사고의 산물인 것이다.

② 홀리겔(Holliger)의 브레인라이팅법

브레인라이팅법(Brainwriting, 이하 BW법)은 독일의 형태분석 기법전문가 홀리겔(Hermann Holliger)이 미국에서 개발된 브레인스토밍법에서 힌트를 얻어 개발했다. 독일에서는 보급률이 60%를 넘고 있어 브레인스토밍법에 이어 인기가 높은 기법이다.

BW법은 당초에 6・3・5법이라고 불렀다. 이것은 BW법의 특징과 포인트를 잘 정리한 명칭이라 할 수 있다. 즉, 6명의 참가자가 각자 세 가지 아이디어를 5분마다 차례차

례 생각해 간다라는 것이다. 그리고 이 BW법의 최대 특징은 '침묵의 브레인스토밍'이라는 별명이 있듯이 참가자가 침묵하면서 진행하는 데 있다. 집단사고 속에 개인사고의 장점을 최대한 살린 기법이다.

BW법은 일반적으로 다음과 같은 순서로 진행된다.

첫째, 주제를 설정한다. 주제는 BS법과 마찬가지로 자유롭게 설정할 수 있다. 그렇지만 주제는 BS법과 마찬가지로 구체적이고 알기 쉬운 내용으로 하지 않으면 안 된다.

둘째, 리더와 멤버를 정한다. 리더는 시간을 체크하고 진행자의 역할을 담당한다. 멤버는 6명이 원칙이지만 몇 명이더라도 상관없다.

셋째, 5분 안에 세 가지 아이디어를 차례차례 생각해 낸다. 참가자들 앞에는 〈표 3-7〉과 같은 BW시트가 놓인다. 크기는 A4의 반 장 정도가 적당하다. 그리고 양식 상단부의 여백에는 반드시 주제를 기입해 넣는 칸을 마련해 둔다.

넷째, 시간은 30분을 1라운드로 한다. BW에서는 5분씩의 스태프, 세션이 6회, 즉 30분을 1단계로 하는 것이 원칙이다. 계산상으로 보면 각 멤버가 3개 안을, 6명이 6회, 합계 108개의 아이디어가 나오게 된다.

다섯째, 평가로 정리한다. 브레인스토밍법에서는 보통 후반부에 아이디어가 기록된 시트를 근거로 하여 전원이 아이디어를 평가한다. 모든 단계가 종료된 후 각자 앞에 남아 있는 시트를 각자에게 평가하도록 하여, 좋은 아이디어를 각각 3~5개 정도 선택하도록 한다. 그런 다음 그것을 전원이 평가하는 방법이 효과적이며, 실질적으로도 자주 사용되고 있다.

〈표 3-7〉 BW시트

주제 (   )

구분	A	B	C
1			
2			
3			
4			
5			
6			

이 기법의 최대 특징은 반복하여 서술한 바와 같이 '침묵의 BS'라는 점이며, 개인사고를 최대한으로 발휘시키는 데 있다. 그렇기 때문에 이 방법은 논의가 논의를 불러 그룹 전체를 활기있게 하는 효과는 기대하기 어려우나, 각자가 필사적으로 주제나 과제에 임한다는 진지함에 있어서는 브레인스토밍법보다 앞선다고 할 수 있다.

③ 매트릭스(Matrix)법

매트릭스사고를 요약하면, '복잡한 다차원의 세계로 나타나는 현상을 행과 열을 갖춘 매트릭스라는 네트워크로 파악하고, 그것에 의해 여러 가지 요소의 상호관계를 파악하여 문제를 해결하는 사고법'이다. 매트릭스법은 가로 · 세로의 각 변수를 끄집어내어 그 변수마다의 요소를 추출하고 그것들을 조합하여 현상을 분석한다든지 새로운 아이디어를 내는 데 활용한다.

〈표 3-8〉은 매트릭스법을 현상분석적으로 활용한 사례이다. 이 매트릭스에서는 시장동향 파악에 대해 '대상×생활 측면'이라는 두 가지 독립변수를 설정하고 청소년을 대상으로 시장을 분석했다.

〈표 3-8〉 **청소년시장 신동향 매트릭스**

구분	의식, 가치관, 행동	미디어
청소년	• 인터넷과 SNS는 기본 • 이메일과 채팅을 즐김 • 랩과 힙합을 즐김 • 헐렁한 의상 • 스포츠 및 인터넷 게임 • 일주일 용돈 평균 5만 원 • 만화 보기를 즐김	• 애니메이션 선호 • 게임 및 PC잡지 • 인터넷, SNS • 전문지 • 심야방송 • 문고본

그러면 과제해결을 위한 매트릭스란 무엇인가?

현상분석 결과와 미래예측에 따라 과제를 발견한 경우, 그 과제의 구체화를 위한 아이디어 발상에 활용하는 것과 같은 경우이다. 예를 들면, '손목시계의 신상품 개발'을 생각해 보자. 이런 경우, 우선 변수로서는 '생활상황' '부가기능' '사용심리' '사용시기' 등을 생각할 수 있다. 여기서 파악된 요소를 근거로 주제를 젊은 여성의 계절상황으로 범위를 좁히고, 또 하나의 변수로 '브랜드심리'를 설정했을 경우에 작성한 것이 〈표 3-9〉의 매트릭스이다.

〈표 3-9〉 젊은 여성 관찰

계절 브랜드심리	춘	하	추	동
쾌락				
과시		○		
집착				
안심				

매트릭스법은 앞에서 설명한 바와 같지만, 그 단계는 다음과 같다. 첫째, 주제를 명확히 한다. 둘째, 변수를 밝힌다(대상, 장면, 기능, 심리, 형태 등). 셋째, 변수 두 가지를 선택한다. 넷째, 변수마다의 요소를 밝혀낸다. 다섯째, 매트릭스 도표를 작성한다. 여섯째, 블록마다 데이터를 산출한다.

이 경우 핵심은 무엇보다도 변수의 명료화에 있음은 두말할 필요도 없다. 각 블록마다의 데이터 산출은 현상분석의 경우에는 현상의 사실만을 산출하지만, 과제해결의 경우에는 아이디어를 내야 하므로 모든 블록에 대해 데이터를 산출할 수는 없으므로 포인트를 좁혀 실시하는 것이 일반적이다.

④ 가와키타 지로의 KJ법

KJ법은 일본에서 고안된 창조기법으로서는 가장 유명하다. 이 기법은 문화인류학자인 가와키타 지로(川喜田二郎)가 현지조사를 정리하기 위해 고안한 기법이며, KJ법이라는 명칭은 창안자의 이름에서 따온 것이다.

KJ법은 개인, 집단, 조직을 불문하고 인간이 미지의 문제를 해결하기 위해 꾸준히 달성하는 과정에 대해 질문한다는 관점에서 출발했다. 그 과정은 모델적으로는 판단, 결단, 집행으로 이루어진다. 그것을 좀 더 상세히 한 W형 문제해결 모델(약칭 W해결)을 기본적으로 활용한다. 그것은 문제해결 과정을 사고수준과 경험수준 사이에서 W형으로 진행한다. 과거의 문명은 집행과정의 여러 방법을 고도로 발달시켰지만, 판단과정에 대해서는 거의 발전시키지 못했다. 특히 정량적(定量的) 정보처리에 비해 정성적(定性的) 정보종합화 방법은 거의 백지상태였다. KJ법은 그 공백을 메우고자 하는 시도이다.

이 기법은 다음과 같은 순서로 전개된다.

첫째, 주제를 결정한다.

둘째, 정보를 취재하여 데이터화한다. 이를 위해 취재네트의 설치방법에 5개 원칙을 설정하고 있다. 더욱이 특정 취재현장(야외현장, 토론 · 면접장, 문서, 기타)에서 예리하게 관찰하여 생생한 기록을 하기 위한 여러 가지 절차를 준비하고 있다.

셋째, 데이터를 카드화한다. 원칙은 1개 카드에 일관된 뜻을 갖는 데이터여야 하고, 짧아도 어구가 아닌 문장이어야 한다.

넷째, 뜻이 가장 가까운 카드끼리 모은다. 이것은 결코 분류가 아니다. 이 작업(라벨 수집이라고 한다)은 선행하는 기존개념에 따라 모아서 분류하는 것이 아니라, 반대로 하는 것이기 때문이다.

다섯째, 표찰을 만든다. 세트로 된 각 카드에 왜 그것들이 모아졌는지에 대한 이유를 정확히 문장화하는 과정이다. 즉, 개념형성의 순서이다. 표찰을 앞으로 하여 카드세트를 묶는다.

여섯째, 차례차례 상위그룹으로 정리해 간다. 마지막으로 묶인 라벨의 수가 아무리 많더라도 10묶음(1묶음 1장의 경우도 있다) 이내로 될 때까지 몇 번이고 실시한다.

일곱째, 큰 종이 위에 그림을 그린다. 모조지를 펼치고, 우선 몇 묶음을 공간에 배치한다. 전체의 의미구도가 가장 좋은 배치를 탐구한다. 이어서 고차원의 묶음부터 차례로 꺼내어 최선의 공간배치를 고려한다. 이와 같이 하여 원래의 카드배치까지 전개가 끝나면, 그것들을 그 위치에 붙인다.

여덟째, 낮은 차원의 라벨수집 무리마다 동그라미를 그리고 그 바깥 혹은 그 안쪽에 문패를 옮겨 써 간다. 몇 개의 동그라미와 문패가 삽입되면, 그들 동그라미 사이의 관계를 여러 가지 관련 선으로 표시한다.

아홉째, 문장화 또는 구두발표이다. 도해를 근거로 하여 그 내용을 문장화한다. 혹은 도해의 해당지점을 지시하면서 구두로 발표한다.

열째, 누적 KJ법을 사용한다. 취재를 근거로 카드를 제작하게 된다. 그렇기 때문에 취재활동과 카드화 이후의 과정을 이따금 1라운드라 부른다. 쉬운 과제나 급한 과제는 1라운드로 충분한 경우도 많다. 그러나 복잡난해하거나 시간, 노력, 비용에 여유가 있는 경우에는 W해결에 따라 몇 라운드라도 거듭 누적할 필요가 있다.

KJ법은 학문연구에는 물론이고 오늘날에는 행정, 기업, 교육 등 거의 모든 분야에서 폭넓게 이용하고 있다. 그러나 제대로 된 연수를 받지 않으면 충분히 구사할 수 없는 경우도 많다. 특히 그 정보처리는 현실로부터의 상향식(Bottom Up)인데도 불구하고, 기성 개념으로부터의 분류적 하향식(Top Down)에 빠져 버리는 실수도 매우 많다. 그런 점에서 제대로 실행되면 개인, 집단, 조직의 활성화에도 매우 유용하지만, 잘못 사용하거나 아류의 KJ법이 굳어지면 오히려 사람을 상하게 하고 조직을 손상시키는 경우도 발생한다.

7) 브레인스토밍법

브레인스토밍(Brain Storming: BS) 기법은 앞에서 서술한 알렉스 오즈번에 의해서 1939년에 고안된 집단사고 기법이다. 이것은 참가자가 상식적인 사고를 떠나서, 자유롭게 서로 아이디어를 내는 방법이다. 이 집단사고에는 다음의 네 가지 규칙이 있다.

- 비판엄금: 참가자의 아이디어가 전부 나오기 전까지 비판은 엄금한다.
- 자유분방: 기발하고 비현실적인 생각이어도 좋다. 다소의 결점은 된다.
- 질보다 양: 아이디어의 양이 많다는 것은 질을 창출한다. 그러므로 질보다는 많은 양을 제시하게 한다.
- 결합개선: 타인의 아이디어에 편승하는 것도 환영하며, 제시된 제안에 별도의 아이디어를 결합하거나 조금 보완하면 새로운 아이디어가 된다.

브레인스토밍의 진행 순서는 다음과 같다.

① 리더와 기록원(1~2명)을 결정한다.
② 커다란 백지(칠판이나 보드도 좋다)를 준비해 모든 참가자가 잘 보이는 곳에 붙인다. 이 종이에 참가자의 의견을 매직으로 계속 써 나간다.
③ 참가 멤버는 10명 내외가 좋다.
④ 리더는 참가자에게 규칙과 의도, 주제 등을 설명하고 발언할 때는 손을 들도록 한다.
⑤ 리더는 손을 든 사람을 지명하고, 기록원은 그것을 계속 종이에 기록해 간다. 비판자에게는 리더가 주의를 준다. 제안 순서에 따라 번호를 붙여 두면 정리하기 쉽다.
⑥ 참가자에게서 더 이상 아이디어가 나오지 않으면 기록한 제안을 다시 읽기도 하고, 힌트를 내기도 해서 자극을 준다.
⑦ 시간을 많이 들인다고 해서 좋은 아이디어가 아니기 때문에 리더의 판단에 따라 휴식도 하고, 종료하도록 한다.

⑧ 제출된 아이디어를 ○, △, × 표시로 실시 가능한 제안을 평가해 그것들을 가능한 한 같은 것끼리 모아서 정리한다.

이 밖에도 집단사고에서 유의할 점은 같은 주제에 관해서 몇 번이고 회의를 갖고 천천히 아이디어를 결집해 가며, 참가자만이 아닌 다른 참가자에게도 같은 주제에 관해서 토론해 보도록 하는 것도 좋은 결과를 낳을 수 있다. 그리고 어쩔 수 없이 혼자서 이벤트기획을 수립해야 할 때는 집단사고와 같은 요령으로 해 보면 좋다. 이것을 퍼스널(또는 솔로) 집단사고라고 한다. 단, 혼자서 할 경우는 곁에 이벤트 관련 정보와 앞에서 서술한 신문, 잡지의 정보란 등을 스크랩한 기사 등을 놓아두면 힌트가 된다. 또한 머리의 긴장을 풀기 위해서는 만화나 잡지 등을 가끔씩 보면서 쉬는 것도 재충전하기 위한 윤활유가 된다. 필자는 머리를 마음껏 해방시키고 싶을 때는 소량의 알코올을 섭취하는 것도 좋다고 권유하고 있다. 이렇게 하면 질이야 어찌됐든 많은 양의 아이디어가 나온다.

어느 지역의 어떤 이벤트를 가정해서 브레인스토밍 사례를 생각해 보자. 가령, 이 지역의 특징으로 주민 중에 외국인이 많아서 행정적으로 그들과의 교류를 도모할 수 있는 이벤트를 기획하고 싶은데 어떡해야 좋을지 의뢰를 받았다고 가정하고 집단사고를 해 보았다.

참가자 수는 리더 1명, 기록원 1명, 참가자 8명으로 총 10명이다. 리더가 집단사고에서의 주의사항(네 가지 원칙)을 제시하고 주제의 핵심을 설명한다(기록원, 기록 준비).

리더: 자! 지금부터 브레인스토밍을 실시하도록 하겠습니다. 시간은 20분입니다. 많은 제안 부탁드립니다.

집단사고의 결과 1인 평균 두 가지 이상의 제안이다. 회의 중에 리더가 참가자들에게 힌트를 제공하여 취합한 결과를 장르별로 정리하면 〈표 3-10〉과 같다.

〈표 3-10〉 **장르별 추출 아이디어**

아이디어 장르	아이디어	비고
문화교실형	영어회화교실, 김치교실, 요리교실	
스포츠 참가형	마라톤대회, 각종 스포츠교류	
파티 참가형	불고기, 갈비파티, 댄스파티, 가면무도회, 외국 전통무용파티	
GLOBAL	국제교류 심포지엄, 어머니 대사(大使), 국제친선 청년의 만남, 자매결연 도시	
기타	외국인 민속경연대회, 한국어 경연대회	

1단계에서는 위와 같이 분류할 수 있다. 여기에서 조금 독특한 외국 전통무용파티에 마라톤대회를 더하면 지역주민과 외국인의 교류이벤트가 만들어질 것이다. 그러나 이것만으로는 아직 불충분하다.

2단계를 예를 들어 막연한 제안인 '스포츠교류'를 새로운 주제로 하여 좀 더 집단사고를 실시하면 보다 참신한 아이디어가 나올 것이다. 이와 같이 전개한 다음, 기획안으로서 정리하는 것이 집단사고의 요령이다. 그리고 표를 만든 다음에 리더가 ○, △, ×표를 붙인다면 참가자 전원이 이해하기 쉬울 것이다.

2. 이벤트 기획의 종류

이벤트 기획방법의 기본은 힘들게 고생해서 수집한 정보를 여러 가지 조건에 따라 정리하고 아이디어를 검토하고 연출을 연구하여, 그것을 조화된 기획으로 완성하는 데 있다. 그것은 마치 작곡가가 작곡을 하듯이 악센트를 붙이고, 리듬감을 갖게 해야 한다. 기획하는 방법도 작곡을 하는 것과 매우 흡사하다. 경험과 지식이 부족하거나 감각이 둔해서는 좋은 기획을 할 수 없다.

이 장에서는 이벤트 기획에 대한 간단한 원칙과 방법을 배우고 기본계획에 관한 기획요소와 구성, 기획항목, 기획서가 어떻게 구성되어야 매력적인 내용이 될 수 있는지 그 요령과 포인트를 연구함과 동시에 고객을 직접적으로 설득하는 프레젠테이션 기법을 소개한다. 이벤트의 출발점은 기획에 있다. 기획할 수 있는 이벤트는 무한하다. 기획서는 누가 보더라도 이해하기 쉽고, 간결하게 작성되어야 한다. 내용이 없는 것을 장황하고 길게 설명하거나, 읽어도 머릿속에 이미지가 떠오르지 않는 것은 좋은 기획이라고 할 수 없다. 연극과 영화에 대본이 있는 것처럼 이벤트 기획안에도 정확한 줄거리와 연출이 있는 것이 당연하다.

1) 이벤트 기획의 핵심

(1) 이벤트에서의 기획이란

이벤트에서의 기획이란 집짓기에서 디자인 설계와 마찬가지이다. 여기에는 조사, 분석, 가설, 예측이 필요조건이다. 따라서 그림의 떡이어서는 안 된다. 어디까지나 실현성을 근거로 한 도상연습(圖上演習)인 것이다.

(2) 이벤트의 목적과 대상

이벤트에는 반드시 어떠한 목적이 있다. 판매 촉진을 위한 것이든, 지역주민의 교류를 촉진하기 위한 것이든, 경제 활성화를 도모하기 위한 것이든, 이벤트는 이처럼 무엇인가를 실현하기 위한 수단이지 목적이 아니다. 목적이라는 말이 나온 김에 기획서에 자주 사용되는 타깃이라는 용어에 관해서 언급하기로 한다. 타깃이란 사격과 화살의 과녁이다. 이벤트 기획을 할 경우, 이 타깃이 명확하지 않고, 떠오른 아이디어를 나열하는 정도의 기획은 결코 바람직하지 못하다. 무엇을 기획의 중심 타깃으로 할 것인가를 먼저 생각해야 한다.

이것을 필자는 이벤트의 핵심이라고 부르고 싶다. 이벤트의 종류가 많은 경우는 우선 메인이벤트가 무엇인가를 설정하고, 그 외의 것은 서브이벤트로서 위치를 설정하는 것이 중요하다. 여러 개의 이벤트를 같은 비중으로 취급한다면, 초점이 희석되어 참가자들은 쉽게 지루함을 느낄 것이다.

(3) 기획을 위한 6W 2H법

기획을 할 경우 이론상으로는 잘 알고 있어도 중요한 항목을 누락하여 당황할 때가 있다. 이와 같은 실수를 저지르지 않기 위해서라도 〈표 3-11〉과 같은 체크리스트 표를 갖고 있으면 체계적인 계획을 만들 수 있다. 기획에 임해서 기획자가 특히 유의해야 할 것은 표 안에 있는 왜(why)이다. 이벤트 주최자가 왜 이벤트를 실시하려고 하는지, 그 이유와 목적을 충분히 듣고 이해한 뒤에 기획을 수립해 본다.

〈표 3-11〉 **6W 2H 이벤트 기획 체크리스트**

<table>
<tr><th>구분</th><th>검토 항목</th><th>비고</th></tr>
<tr><td>Why(왜)</td><td>목적 · 목표, 콘셉트</td><td rowspan="8">• 우천과 사고에 대한 대비책 검토
• 사전, 기간 중, 사후의 홍보 및 광고 방법은?
• 초청 및 유치 인원수, 매출의 예측, 문의처의 명확화</td></tr>
<tr><td>When(언제)</td><td>계절 특성(춘, 하, 추, 동)
시간 특성(아침, 낮, 밤)
기간(몇 개월, 일주간, 1회 등)</td></tr>
<tr><td>Where(어디서)</td><td>지역 특성(도심, 교외, 바다, 산 등)
행사장 특성(야외, 실내)</td></tr>
<tr><td>Who(누가)</td><td>주최자, 후원단체</td></tr>
<tr><td>Whom(누구에게)</td><td>연령대별 특성(청소년, 가족 등), 성별, 학력, 소득 등</td></tr>
<tr><td>What(무엇을)</td><td>이벤트의 내용(주제, 프로그램 내용 등)</td></tr>
<tr><td>How(어떻게)</td><td>연출방법</td></tr>
<tr><td>How much(얼마에)</td><td>행사 예산</td></tr>
</table>

(4) 특성요인 분석 〈브리프〉의 응용

이벤트 기획을 할 때, 일반적으로 특성요인을 분석하여 응용한다. 그 기법은 다양하지만, 여기서는 이벤트 기획 실무에 가장 적합한 기법을 소개한다. 그동안 이벤트 기획 실무를 진행하면서 여러 가지 분석기법에 대해 연구하던 중 세계적인 광고회사 사치 앤드 사치(Saatchi & Saatchi)의 광고전략 모델인 'The Brief'를 근거로 하여, 필자가 고안한 '이벤트 프로듀스 브리프'를 〈표 3-12〉와 같이 제시한다.

이벤트 기획을 수립할 때 이 브리프를 응용하여 이벤트 주최자와 전문 스태프들에게 이벤트 특성요인에 대해 명확하고 합리적이며 쉽게 설명할 수 있을 것이다. 이와 같이 '이벤트 프로듀스 브리프'를 활용하여 브레인스토밍기법으로 요점을 기획팀(또는 솔로 브레인스토밍)이 체크하면서 누락된 요소가 없는지를 점검하는 것이다. 이와 같이 정리된 '이벤트 프로듀스 브리프'로 기획을 검토한다면 서로 이해하기 쉽고 탁월한 기획내용이 나올 수 있다.

〈표 3-12〉 **이벤트 프로듀스 브리프**

제작 NO.	광고주 / Client	담당 / PD
이벤트명	보고일 / Review Day	광고주 제시일

■ 이벤트의 주요 특성(물리적 · 감성적 특성) / Key Characteristics of the Event

■ 시장상황, 문제점, 기회 / Market Problems & Opportunities

■ 목표집단 / Target Audience Profile (Demographic, Lifestyle, Attitude 등)

■ 이벤트의 성취목표 / What is this Event Intended to Achieve

■ 주 소구점 및 근거 / The Single-Minded Proposition

■ 바람직한 이벤트 이미지 / Desired Event Personality

■ 실시시기 및 활용매체 / Suggested Media & Timing

■ 필수요구사항(참고 관련 자료 등) / Mandatory Inclusions

구분	담당	팀장	임원
기획			
제작			

2) 기획 구상의 정리기법

(1) 기획의 의외성

이벤트에는 의외성이 필요한데, 핵심요소와 전개요소를 어떻게 연결할 것인가에 대해 자기 나름대로 스토리를 조합해 보는 것도 즐거운 두뇌플레이가 될 것이다.

기획 구상을 정리하는 기법으로 기-승-전-결에 의한 구성기법이 있다. 기-승-전-결은 중국의 한시(漢詩)에서 유래된 말로 문장에서 절(絶)과 구(句)를 만드는 방법이다. 일구(一句)에서 말하기 시작한 사항(起)을, 이구(二句)에서 전개(承)하고, 삼구(三句)에서 전환(轉)한 다음, 사구(四句)에서 정리(結)하는 구성법이다.

요리와 비교한다면 '입맛이 당기는' 것이 기(起)라고 한다면 '맛있는 요리'는 결(結)이다. 승(承)과 전(轉)은 요리방법, 즉 맛내기이다. 맛을 내기에 따라 진미가 되기도 하고 별미도 되는 것이다. 이벤트도 승과 전이 키포인트이다. 이벤트를 기-승-전-결의 구성법으로 만든다는 것은 핵심요소에 의외성(承, 轉)을 첨가하는 것이다. 단지, 그저 해프닝으로 대중을 놀라게 하는 것만으로는 머릿속만 혼란하고 곤혹스러울 뿐이다. 무엇보다도 거기에는 대중을 설득할 수 있는 스토리성과 정합성이 필요하다.

(2) 스토리성과 정합성

스토리성이란 기-승-전-결을 근거로 한 이야기로 되어 있는 것이다. 달리 말하면 이야기의 줄거리가 평탄하게 진행되는 것이 아니고, 얼마나 드라마틱한 전개로 구성되는가이다. 사람의 마음을 뒤흔드는 듯한 감동과 경이를 구현하는 구성으로 이루어져야 한다. "이것은 스토리성이 있는 이벤트로군요."라고 말할 때는 그러한 의미를 포함한다.

정합성이란 유연성이 있는가, 어떤가라는 것이다. 이벤트에 아무리 스토리성이 있어도 내용이 중복되거나 무대배경이 엉터리라면 어쩔 수 없다. 또 잡탕찌개처럼 생각나는 아이디어를 되는대로 기획에 포함하는 것은 정합성 있는 이벤트라고 할 수 없다.

국어사전에서 정합성의 의미를 찾아보면 '앞뒤가 일치하며 정확히 맞아 있는 것, 또는 맞추는 것'이라고 쓰여 있다. 질서정연하지 않으면 안되는 것이다. 박람회의 행사장(會場) 설치시설과 배치도를 보면, 그 행사장에서 개최하는 이벤트의 내용은 물론이고 공간배치(zoning) 등도 질서정연하여 정합성이 있는지를 알 수 있다([그림 3-6] 참조).

예를 들면, '본다' '논다' '접촉한다' '먹는다' 등의 상황별로 각 지역이 구분되어 있어,

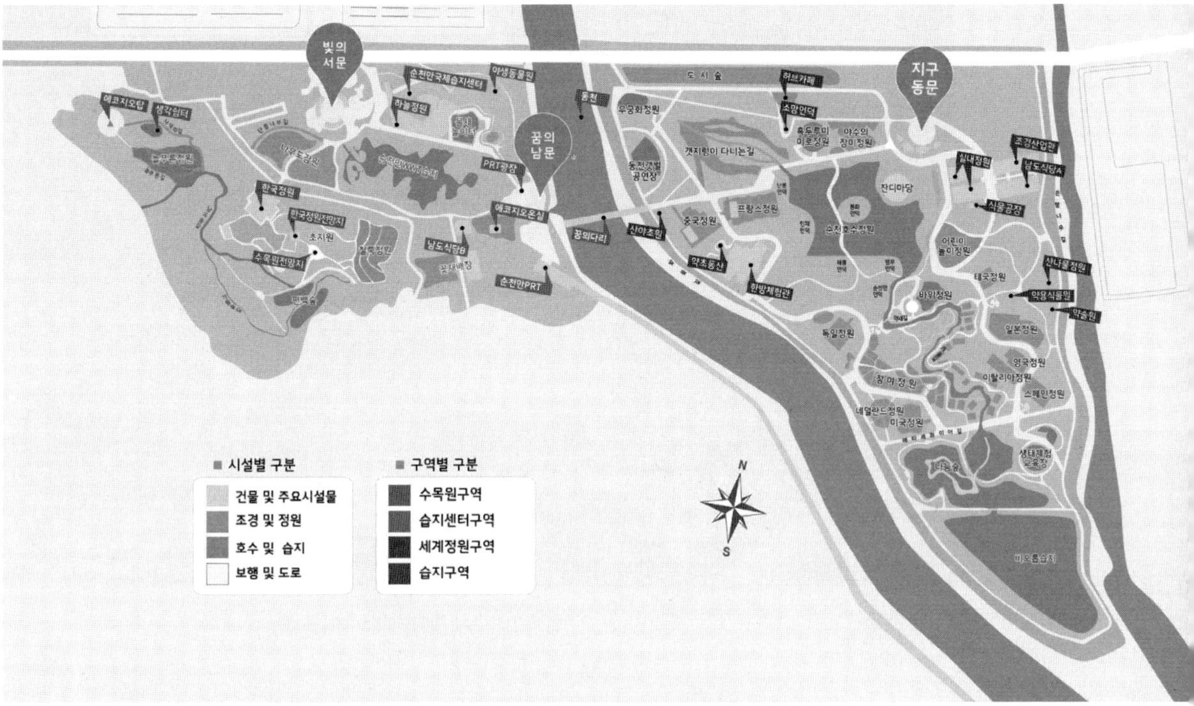

[그림 3-6] 2013 순천만국제정원박람회장 배치도

관람객이 각각 목적을 갖고 관람할 수 있도록 구성되어 있다. 이벤트 기획에서 스토리성과 정합성과의 관계는 자동차의 양쪽 바퀴와 같은 것으로, 이율배반적인 것이 아니라 그 어느 쪽도 결여될 수 없는 것이다. 기획을 진행할 때는 스토리성과 정합성을 주축으로 해서 수립해야 한다.

(3) 이벤트 기획과 연출

이벤트 기획이 평면적인 것인 데 비해서, 이벤트 연출은 입체적이며 공간적이라고 할 수 있다. 또한 이벤트 기획은 무엇을 어떻게 실시하는가를 창출하는 것이며, 이벤트 연출은 그 창출된 안을 어떻게 보여 줄 것인가를 고민하는 것이다. 보다 더 간단히 말하면 기획은 머리로서 생각하는 것이고, 연출은 몸을 움직여서 생각하는 것이라고 할 수 있다.

기획의 순서는 통상 다음과 같이 실시될 것이다. 첫째, 주최자의 요구가 무엇이며, 무엇을 의도하고 있는가를 파악한다. 둘째, 모르는 사항은 자료를 수집하며, 경우에 따라서는 조사도 실시한다. 셋째, 문제를 제기한다(예를 들면, 이벤트를 해도 관중이 모이지

[그림 3-7] 2012 여수세계박람회의 빅오쇼

않고 매출이 늘지 않는다는 사례의 경우에도, 그 원인이 어디에 있는가를 위와 같은 순서로 작업을 전개하여 문제점을 찾아내는 것이다). 넷째, 문제점을 충분히 파악한 뒤에 집단사고를 실시하여 이벤트 아이디어를 도출한다. 다섯째, 아이디어를 충분한 시간에 걸쳐 분석한 후, 의뢰자의 요구에 적합한 것으로 만들고, 그것에 스토리성과 정합성을 부여하여 기획안으로 정리한다. 이벤트 연출은 이 기획안을 정리하는 과정으로 실제로 행사장에서 연출 아이디어를 검증하는 것이다. 소리(BGM 등), 빛(조명 등), 움직임(퍼포먼스 등)과 더 나아가 영상과 특수효과 등을 연출시나리오에 근거해서 현장에서 여러 가지 테스트를 하고 조정하여 실현 가능성을 찾는 것이다([그림 3-7] 참조).

(4) 장기적인 안목과 필요성

이벤트를 실시하여 실패했기 때문에 이제는 하지 않는다든지, 초기의 목적을 달성하지 못했다고 해서 다음 해에는 중지하는 사례가 자주 있다. 이와 같이 이벤트의 특성을 일회성 혹은 일과성이라고 하지만 이러한 인식을 하고 있다는 것은 정말이지 유감스럽다. 이벤트를 기획할 때는 지속성을 갖고 장기적인 전망에서 구상하는 것이 좋다. 박람회와 같은 대형 이벤트를 같은 장소에서 매년 실시하는 것은 불필요하며, 참가자 없이는 불가능한 일이지만, 지역축제나 사회성이 있는 홍보캠페인 이벤트 등은 계속 개최함으로써 지역사회와 주민에게 서서히 정착되고 성과를 거둘 수 있다.

따라서 새롭게 이벤트 기획을 수립할 때는 장래를 내다보고 구상해야 한다. 예를 들면, 문화관광축제 등을 기획하는 경우는 10년 앞, 20년 앞을 내다보고 기획해야 한다. 이 경우 처음 실시할 때는 이벤트의 목표달성으로 5년 앞을 예측하여 확고한 목표를 설정해야 한다. 그와 같은 목표를 가짐으로써 이벤트 관계자들의 사기도 높아지고, 큰 성과를 달성하는 결과를 낳을 수 있다. 특히 이벤트 기획자는 미래를 생각하는 기획을 만들려는 마음가짐을 가져야 한다.

3) 이벤트 기획방법

(1) 프리뷰 기획과 데뷰 기획

프리뷰(preview)란 통상 영화의 시사회나 전시회 등의 특별참관 등을 말한다. 이벤트 기획단계로 말한다면 '기본구상안'이라고 정의해도 좋을 것이다. 이벤트의 규모가 커지면 세부적으로 완성하기까지 엄청난 노력과 시간이 필요하다. 이벤트의 전체 구상과 방향에 대한 합의를 하기 위한 기획이나 구상의 알맹이를 상세하게 채우기 위한 기획 같이 각각 단계적으로 좁혀 가는 경우가 많다.

프리뷰 기획이란 의뢰자의 요구와 기획안을 제출하는 측의 의도 사이에 차이점이 없는가를 알기 위한 2차 체크를 할 수 있는 기획안이다. 이 단계에서는 기획의 내용도 A안, B안, C안 등과 같이 3개 정도로 제안하는 것이 일반적이다. 이 세 가지 안 중에서 최상의 안을 채택하는 경우가 많다. 이러한 과정을 거치게 되면 위험과 실패가 적다.

데뷰(debut)란 프랑스어로 예능계 등에 신인이 처음 등장하는 것을 말한다. 프리뷰 기획을 자동차 면허로 비유한다면 임시면허라고 할 수 있지만, 데뷰 기획은 정식 면허증을 겨우 수중에 넣은 단계이다. 기획콘셉트가 확정되고 행사내용에서도 주요기획이 결정되어 예산규모 또한 명확한 단계이다. 데뷰 기획에 근거해서 작성하는 것이 실행계획이다.

(2) 이벤트 네이밍과 CI

네이밍(naming)과 CI는 이벤트의 성패를 쥐고 있는 열쇠 중 하나라고 할 수 있다. 대중은 이벤트 명칭을 보고 그 이벤트의 내용을 풍부하게 상상하기 마련이다. 예를 들면, 눈 축제를 영문으로 'Snow Festival'로 하여 이벤트 주제화를 하더라도 이미지는 크게 확대되지 않을 것이다. 이것으로는 지역적인 맛도, 이벤트의 내용도 전달할 수 없다. 정보발신을 하지 않기 때문이다. 대신에 '한국 최대의 눈사람 축제'로 한다면, 좀 더 정보발신의 가능성이 있을 것이다. 여기에 서브 캐치프레이즈로서 '참가자 전원에게 따끈한 단팥죽 서비스'라고 쓴다면 관광이벤트 같은 이미지가 느껴진다.

네이밍의 체크 포인트는 다음과 같다.

- 내용을 적절하고 확실하게 파악하여 표현하고 있는가?
- 정보발신의 기능을 하고 있는가?
- 알기 쉬운가?

CI란 'Corporate Identity'의 약자로, 기업의 주체성을 이미지화하여 알리고자 하는 전략이다. 주로 시각적 수단을 사용해서 경영이념을 알리고, 보다 좋은 기업 이미지를 대중에게 부각하려고 하는 것이다. 이벤트도 CI 전략이 중요하다. 이것을 EI(Event Identity)라고 명칭하는데, 이벤트의 심벌컬러, 심벌마크, 심벌캐릭터 등을 통일된 색채와 디자인으로 대중에게 알리고자 하는 것이다. 이것은 일종의 조건반사와 같은 것으로 대중이 이 심벌컬러와 마크를 본 것만으로도 그 이벤트의 전체상이 머릿속에 이미지화 되는 것이다. 예를 들면, 해변지역의 이벤트를 기획한다고 가정했을 때, 심벌컬러는 푸른 바다의 색인 라이트 블루, 심벌마크는 바다거북을 디자인화한 것, 심벌캐릭터는 큰 거북으로 구상해 볼 수 있다. 라이트 블루의 바다에 떠 있는 거북의 포스터와 심벌마크를 본 것만으로 그 지역의 이벤트가 머릿속에 그려질 것이다. 따라서 이벤트 기획 수립에 CI는 불가결한 요소이다([그림 3-8] 참조).

[그림 3-8] 이벤트 EI(Event Identity) 사례

(3) 이벤트 기획의 체크포인트

① 기간(언제)

- 계절, 요일, 기간의 설정은 문제가 없는가?
- 기상(기온, 풍력, 온도)조건은?
- 전문가 선정은 어떠한가?
- 대상자의 상태는 양호한가?
- 타 행사와 겹치지 않는가?
- 준비기간과 홍보기간은 충분한가?

② 장소(어디에서)

- 실시지역은 양호한가?
- 기상변화 대응이 가능한 장소인가?
  - 기상조건에 대응 가능한가?(냉난방)
  - 면적은 충분한가?

–교통편은 편리한가?

- 전기, 배수구, 화장실, 통신, 음향, 조명, 가스 등의 설비는?
- 행사장 규모는?
- 주차장은?
- 공터, 빈 공간, 운영본부는?
- 안전성은?
- 반 · 출입은 가능한가?
- 허가관계는?(경찰, 보건소, 소방서, 세무서 등)

③ 주최(누가)

- 주최자(기획조직, 실행조직, 본부조직)
- 사회자, 게스트, 심사위원, 도우미, 경비, 행사기록 등
- 지원자(후원, 협찬, 협력)

④ 대상(누구인가)

⑤ 목적, 내용(누구를 위한, 무엇을)

- 목적은 명확히 하고 있는가?
- 내용은 무엇인가?
- 의미가 있는 이벤트인가?(기업, 단체, 지역, 사회적으로)
- 재미있고 알기 쉬운가?
- 안정성은 있는가?
- 효과를 기대할 수 있는가?
- 실패 가능성이 있는가?
- 실패할 경우의 계약조건은 어떠한가?
- 예산 내에서 실시 가능한가?

⑥ 방법(어떤 방식으로)

- 실시순서, 스케줄은 가능한가?
- 인적, 물적 기준은?

–기획서, 대본, 진행자, 체크리스트
–포스터, 전단, 광고, PR 활동
–행사장 디스플레이, 소도구류, 사무용품류
–유니폼, 의장, 우산, 커버
–자동차, 자전거, 방화, 구급용품
–음향, 조명, 전기용량, 예비전원
–식사, 음료수, 채소류

⑦ 예산

⑧ 효과예측

(4) 프로그램 연구

이벤트 중에서 전시회와 같은 비교적 움직임이 정적인 이벤트는 오프닝 프로그램에 신경을 쓰지만, 전체적인 프로그램이 다양한 지역축제는 프로그램에 별 신경을 쓰지 않는 것 같다. 여성단체의 무용시연, 줄다리기대회, 가요열창대회, 마라톤, 체험프로그램 등 그 밖에 유사한 참가형 이벤트가 많이 있을 때는 프로그램 편성에 고민하는 것이 통상적인 예이다. 그것도 하루에 끝나는가, 이틀에 걸쳐서 하는가, 휴일에 하는가, 평일에 하는가, 어느 계절에 실시하는가, 관광객 유치형인가 주민참가형인가 등에 대해 고민해야 한다.

이벤트의 목적과 의도에 따라서 프로그램의 구성은 달라진다. 예를 들면, 주민참가형 이벤트는 지역주민이 중심이기 때문에 이벤트의 시간배분도 충분하고 여유있게 배정된다. 한여름에 이벤트를 개최한다면 마라톤 등 장시간 달리기나 거친 운동은 오전 중에 경기시간을 배정하는 것이 참가자의 피로를 줄일 수 있다. 또 줄다리기대회와 같은 경기는 주간에 실시해도 경기시간이 짧아 관람객이 더위에 고생할 일은 없다. 관광객 유치형 이벤트는 외부 관광객이 많이 오는 주말에 주요 이벤트프로그램을 집중 배정해서 기다리지 않고 이벤트프로그램을 체험하고 즐길 수 있도록 해야 한다. 그다음에는 지역관광과 연계하여 관광수익 증대로 지역의 경제활성화 효과를 거두어야 한다. 프로그램을 편성할 때 염두에 둘 것이 한 가지 있다. 여행권과 식사권 등을 상품으로 제공하는 추첨 프로그램을 만드는 기회가 있다면 이벤트에 참가하는 사람도 늘어날 것이고, 여행권과 식사권을 그 지역의 여행사 또는 식당 등과 교섭하면 협찬광고 유치 등 상호협력이 이루어질 것이다.

(5) 운영 체크사항과 대응

이벤트 운영에는 예측하지 못한 문제가 많다. 특히 이벤트 직전과 진행 중에 장비가 제대로 작동하지 않거나 전기계통에 문제가 발생해서 당황하는 경우도 많다. 이와 같은 일이 일어나지 않도록, 이벤트 운영을 할 때 사전에 체크리스트를 만들어 점검한다면 안심할 수 있다. 소방서, 경찰서, 보건소 등의 관계기관에 협조의뢰를 확인하고 우천 시 대책, 출연진 등의 돌발사태에 대한 대비책 검토, 주차장 대책, 비품리스트 작성, 환자 및 부상자 대책, 행사장 내의 안전대책, 홍보 및 광고대책, 관계자 도시락 등 주문, 주차위반 체크, 각종 장비 체크, 인력 파견회사(도우미, 통역 등)와 경비회사 등의 섭외 체크 등의 체크리스트는 이벤트의 종류와 규모에 따라서 다르지만, 가능한 한 상세하게 만들어 둘 필요가 있다. 체크리스트를 만들어서 각각 담당분야의 책임자와 전화번호를 기입한 뒤에 이벤트 실무자들에게 나누어 주는 것이 좋다. 이를 위해서는 행사기간 중의 업무분담을 상세하고 명확하게 할 필요가 있다. 또, 전담 스태프도 각 섹션에 배치해 두면 안심할 수 있다. 이벤트가 무사히 끝나고 회식과 함께하는 반성모임을 갖는다면, 그 시간은 정말 뜻 깊은 시간이 될 것이다. 이벤트의 참가인원과 매출, 개최기간 중 해프닝과 에피소드, 각 섹션별 담당 책임자로부터 취합한 보고서, 참가자 설문조사 등을 정리해서 자료집으로 만들어 두면 매우 유익하다. 다음 이벤트를 개최할 때의 개선방안과 귀중한 노하우가 되기 때문이다. 이벤트에 협력해 준 관계기관 및 주요 인사들에게는 그 자료집을 근거로 해서 총괄보고서를 만들어 보내는 것이 예의이다. 이와 같이 이벤트 개최 후 마무리를 완벽히 해 두면 다음 해의 이벤트도 개최하기 쉬울 것이다.

4) 기본계획

(1) 기본계획의 개념

신체를 예로 들면 기본구상은 '골격'이라 할 수 있다. 그 골격에 살을 붙여 최종 목표로 하는 계획안에 보다 근접하는 작업이 기본계획이다. 이벤트가 목표로 하는 성과를 최대한 도출하기 위해서는 이벤트를 어떤 형태로 만드는 것이 가장 좋을지 생각할 필요가 있다. 이 단계를 기본계획이라 부르는데, 이것을 생략하면 '개최하는 것 자체가 목적'이라는 결과가 되어 본래의 목적을 상실할 위험성이 있다.

(2) 목표의 구체화

기본구상의 단계에서 6W 2H의 요소가 결정되면, 곧바로 행사장 장식은 어떻게 할까, 공연의 가수는 누구로 할까, 무대 디자인이나 시공은 어디에 맡길까 등에 대해서 빨리 결정해야 한다고 생각하기 마련이지만, 실은 이것이 큰 함정이다.

기본계획에서는 '목표'를 더 구체적인 방향으로 접근하는 것이 중요하다. 특히 목적과 실시내용을 어떻게 관련시키느냐에 유의해야 한다. '지역산업의 진흥'을 목적으로 한 이벤트를 실시할 경우, 직접 실시내용을 생각하기에는 무리가 있다. 그 접근방향으로서는 고용창출, 새로운 지역상품의 개발, 지역특산품의 지명도 향상, 판매거점의 강화, 기술후계자 확보 등과 같이 보다 더 구체화함으로써 실시내용을 어떻게 해야 할지 구상할 수 있다.

(3) 기본계획의 검토요소

[그림 3-9]는 이벤트의 계획단계에서 검토해야 할 요소를 그 상관관계를 고려하여 배치한 것이다. 즉, 기본계획에서는 원형으로 둘러싼 6W 2H요소를 서로 연결하기 위해서 이벤트의 목적을 늘 염두에 두면서 사각형으로 둘러싼 요소에 대해 검토한다. 이 표의 각 요소가 결합되면 추진조직의 구성과 규모도 대략 윤곽이 나오기 때문에 담당팀을 구성하고 실행계획 단계부터 구체적인 준비작업 단계로 들어간다.

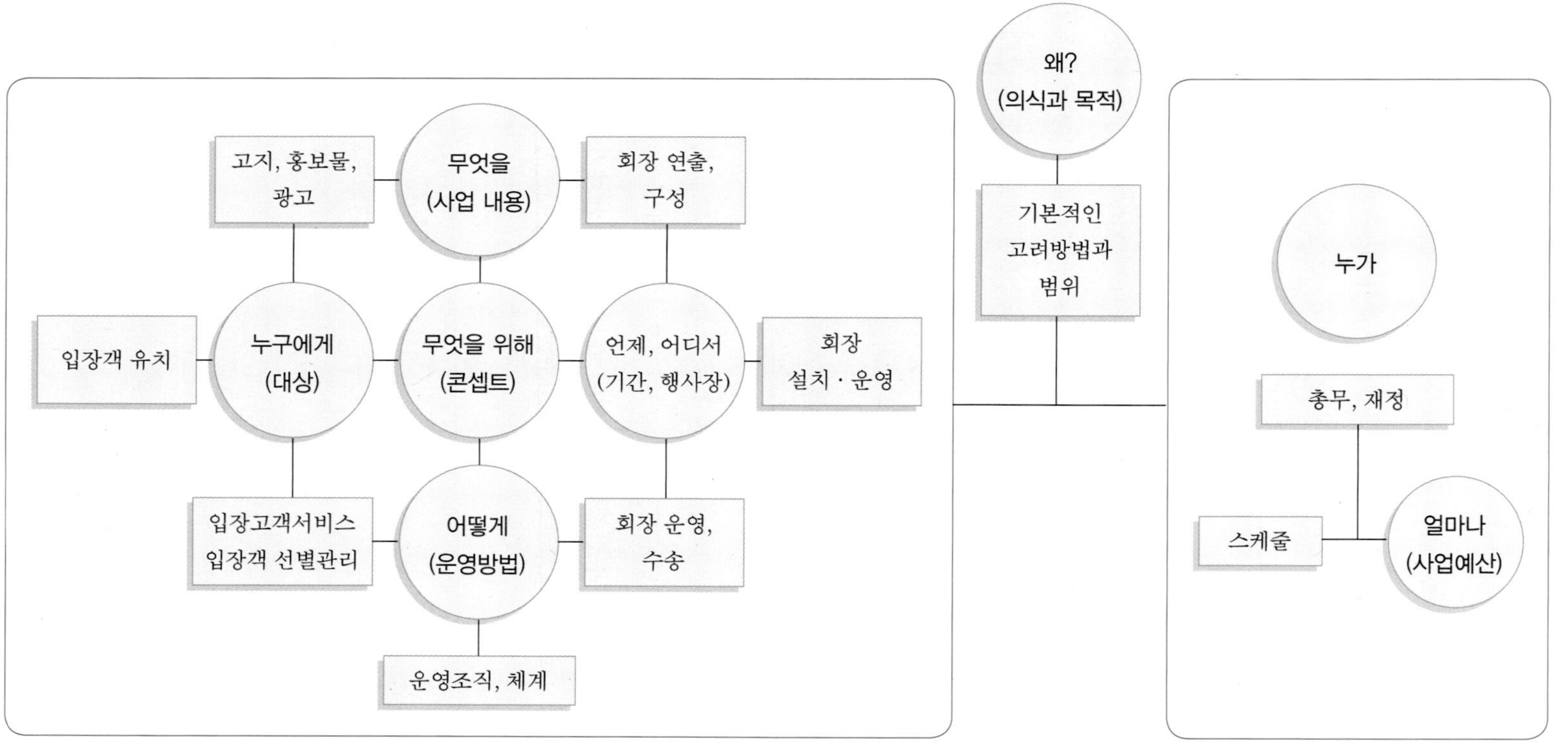

[그림 3-9] 기본계획 확정의 흐름

5) 기본계획의 구성과 기획항목

(1) 기본계획의 두 가지 흐름

기본계획은 크게 이벤트를 실현시키기 위한 조건이나 기반을 조성하는 것과 이벤트 자체의 구체적인 구성과 순서를 명확히 하는 것 등 두 가지로 구분한다.

기본계획의 한 가지 흐름은 6W 2H의 '왜'에 해당하는 이벤트의 의의와 목적에 대한 기본적인 생각을 기본구상 단계보다 더 강조하고 구체화하는 것이다. 그리고 나서 '누가'에 해당하는 조직이나 체제, 또 '얼마로'에 해당하는 재원확보의 방법, 예산총액의 확인이나 다소의 수정, 경비항목별의 배분율 등을 생각한다. 즉, 이벤트를 경영의 관점에서 보는 것이다.

또 하나는 실시하는 내용 자체를 세부화하는 것이다. 상정할 수 있는 많은 선택요소 중에서 목적으로서의 적합성, 실현가능성, 비용효율 등을 감안하면서 한정시키고 이벤트의 구성을 확정하여 순서를 생각하는 흐름이다. 물론 이때 가장 중요한 판단기준은 콘셉트이며, '이 이벤트는 무엇을 위해 하느냐'라는 것을 늘 염두에 두어야 한다.

(2) 기본계획에 포함해야 하는 항목

기본구상은 '처음으로 읽은 사람도 그 이벤트의 윤곽을 대략 이미지화 할 수 있는 수준'이며, 기본계획은 '그것을 받은 실무담당자가 그다음날부터 곧바로 실행계획 작업에 착수할 수 있는 수준'까지 요구된다. 그러기 위해서는 다음 항목에 대한 기본적인 구상을 정리할 필요가 있다. 계획서는 먼저 기본이 되는 이벤트의 기획배경을 서술하고 그 이미지 전개를 소개하는 기본계획을 작성한다.

- 이벤트의 동향분석
- 개최지역(장소)의 환경분석
- 추진전략
- 실시개요: 명칭, 애칭, 주제, 개최기간, 개최장소, 주최자, 후원, 협찬, 입장객 목표, 입장료 유무 등
- 행사장 개요: 교통수단 등도 소개
- 주제의 전개
- 공간계획: 기본방침, 공간배치계획, 설치계획

- **시설계획**: 기본방침, 시설내역
- **행사계획**: 기본적 사고방식, 구체적 프로그램
- **광고 및 홍보 계획**: 기본방침, 목표설정, 광고 · 홍보일정
- **관람객 유치계획**: 관람객 유치방안, 입장객 산출
- **교통 · 운송 계획**: 교통연계, 행사장 운송
- **실시운영계획**: 연출계획, 관리계획, 안전대책, 경비, 경찰, 소방, 교통 관련 대책
- **사업수지계획**: 기본방침, 1차 수지계획안
- **추진일정**: 기본계획 시부터 리허설 및 제작, 설치, 실시까지의 작업항목과 스케줄
- **사무국체제**: 업무분담, 인원수, 조직확충 시기, 개설, 해산시기, 설치장소, 설치기재

세부계획은 이것들을 더욱 구체적으로 세분화하여 실시 프로그램 수준으로 기획하며, 실행매뉴얼은 행사 및 운영계획을 구체적으로 제작 · 운영하기 위한 시나리오이다.

6) 기획안의 구성

기획서는 누가 읽더라도 이해하기 쉽고, 간결하게 쓰는 것이 중요하다. 미사여구를 늘어놓거나, 필요 이상으로 형용사를 많이 사용하면 오히려 읽는 사람이 부담을 느낄 수 있다. 또, 같은 표현을 몇 번씩 반복하거나, 자기만 아는 어조나 약자를 사용하는 것도, 특별한 목적과 의도가 있을 때를 제외하고는 피하는 것이 상식이다. 우리 선조들은 맛있는 밥을 부엌에서 만드는 노하우를 다음처럼 간결하게 표현했다. "처음은 홀홀(불꽃이 타는 모양), 중간은 활활, 어린애가 배고프다고 울어도 솥뚜껑은 열지 마라." 젊은 세대를 위해 약간 설명을 덧붙이면, 옛날에는 밥을 지을 때 장작과 솔잎가지 등을 사용했는데, 그때 처음에는 화력을 약하게 하고, 중간에는 활활 화력을 높이고, 절대 밥 짓는 중에는 솥뚜껑을 열지 말라는 것이다. 맛있는 밥을 짓는 요령을 불필요한 수식어 없이, 실로 이해하기 쉽고 간결하게 표현하고 있는 것에 놀라지 않을 수 없다.

기획서의 구성요소를 크게 나누면 다음의 다섯 가지 항목이 된다.

- **타이틀(표제)**: 2015 ○○ 지역 ○○○ 축제(○○이벤트 기획안) 등의 형태로, 타이틀을 기획서 표지 중앙에 쓰는 것이 일반적이다. 제시할 주최 측의 공식명칭은 생략하지 않고 쓰는 것이 예의이다.

- 취지와 의도: 제출하는 기획의 취지(필연성, 배경 등)는 무엇인가, 그 의도(목적성, 실현성, 파급 효과 등)는 어디에 있는가에 대해서, 내용 설명에 들어가는 전제사항으로 표기한다. 취지와 의도를 대신해서 '전제사항' '기획에 앞서' 등의 제목으로 양자를 겸해서 설명하는 경우도 있다.
- 내용과 전개(연출방법 등): 이벤트 내용에 대해 개략적인 설명을 하고, 그것을 전개하는 경우에 어떤 연출방법을 생각할 수 있는지, 출연진과 각종 특수장비 등 이벤트 툴을 어떻게 활용할 것인지, 홍보활동은 언제부터 시작하는 것이 효과적인지에 대해서 가능한 시각적으로 설명한다.
- 타임 스케줄: 성공으로 이끄는 핵심은 인력, 물자, 예산, 내용, 정보라고 이야기하지만, 또 한 가지 잊어서는 안 되는 것이 시간이다. 이벤트의 진행상 프로세스는 분석 → 기획 → 제작 → 홍보 → 운영 → 종료의 각 단계가 있는데, 이 일련의 흐름(follow)을 파악해서 추진 일정표를 만들지 않으면 크게 실패할 우려가 있다. 'Time is money.'의 개념으로 이야기하면 'Time is event.'인 것이다.
- 예산: 예산은 상황과 규모에 따라 상당히 다르다. 대형 이벤트는 예산을 편성한 세부내역이 50매를 넘어가는 것도 가끔 있다. 주최 측이 이벤트를 개최할 때 기획 수립, 프로듀서 업무, 제작 등을 자체적으로 실시하는 경우와 광고대행사나 이벤트 프로모션회사에 의뢰하는 경우에는 예산규모의 차이가 생길 수 있다. 이것은 단순히 숫자로 이야기할 수 있는 것이 아니라, 그 이벤트에 관련된 전문인력의 양과 질 그리고 프로그램 내용 등에 따라서 종합적으로 판단되는 것이다.
  일반적인 예로서 예산항목은 다음과 같은 비용이 있다.
  - 기획료: 이벤트와 관련한 기본계획, 실행계획, 실행매뉴얼 등의 기획 및 자료수집비
  - 제작비: 디스플레이 관련 비용, 이벤트 장비와 저작물 사용 · 렌탈비, 음향 · 조명 · 무대 비용, 디자인 관련 비용, 연예인 출연료 등
  - 홍보 및 광고 비용: 광고 및 홍보 비용, 옥외광고 및 온라인광고 비용, 전단 및 홍보물 배포 비용, 기타 비용 등
  - 행사장 관계 비용: 행사장 사용료, 부대설비 비용 등
  - 운영 관계 비용: 기재, 비품, 보험, 음악 저작권료 등
  - 경비, 정리 관계 비용: 경비회사, 인력파견회사, 청소회사와의 계약에 관련된 비용

–인건비: 전문 스태프, 아르바이트 비용 등
–인쇄비: 포스터, 전단, 리플릿, 프로그램 등
–영업비: 관계자 접대 비용, 사례금, 업무협의시 접대비 등
–통신비: 전화, FAX, 우편요금, 휴대전화, 인터넷 사용료 등
–교통비: 시내 및 지방, 해외 등
–기타: 숙박비, 식사비, 예비비(예상 외 지출에 대비해 총 경비의 5% 정도), 영업 관리비(이익) 등이 있다.

이벤트예산은 내용에 따라 수없이 발생되기 때문에, 예산항목은 가능한 세분화해서 작성하는 것이 중요하다. 광고대행사와 이벤트전문회사에 일을 의뢰하는 경우에는 기획료와 연출료, 대행수수료 등이 포함된다(〈표 3-13〉 참조).

7) 매력적인 기획안

(1) 타이틀, 표제어(헤드라인)가 결정한다

매일 보는 신문 기사를 읽을 때 가장 먼저 눈에 띄는 글씨는 표제어이다. 신문사에는 헤드라인을 구상하는 부서가 있어 매일 "독자의 눈에 띄는 헤드라인이 될 만한 좋은 문구는 없을까?" 하고 머리를 짜 내고 있다. 헤드라인은 신문의 생명이라고 해도 과언이 아니다. 이것은 기획서의 표지 타이틀과 본문의 표제에도 적용될 수 있다. 그렇다면 좋은 타이틀과 본문의 표제어란 도대체 어떤 것인지 살펴본다.

① 내용에 맞는 타이틀 표제어를 붙인다.

우선 그 타이틀과 표제어가 기획안의 내용과 본문의 의미를 충분히 담고 있으며, 정확하고 적절하게 집약되어 표현되어야 한다. 표제어를 보고 본문을 읽어 보면 쓴 내용과 표제어가 일치되지 않는 경우가 종종 있다. 이래서는 고생해서 작성한 기획안이 물거품이 될 것이다.

② 간결하게 쓴다.

타이틀과 표제어도 장황하게 나열하지 말고 간결하게 써야 한다. 그러나 표제어의 경우 아무리 간결하게 쓰려고 해도 길게 쓰지 않으면 뉘앙스가 상대에게 전달이 잘 되

〈표 3-13〉 **이벤트 제작비 명세서**

제작비 명세서(사업부 보관)

예산작성일자: 2015년 월 일
아래와 같은 예산으로 제작하고자 합니다.

담당부서	담당	대리	팀장	이사	소장

제작항목		규격 · 수량 · 단가	예산금액	외주 확정
정가항목	기획료			
	연출료			
	소 계			
외주항목				
	소 계			
	예산 합계			

※ 3부 작성(예산)
① 제작비명세서 → 사업부 보관
② 제작완료보고서(보관) → 제작담당부서 보관
③ 제작비정산보고서 → 관리부 보관

건 명:	
시 기:	장 소:

의뢰 일자:	완료요망일:
제작담당: 팀	

견적항목	견적금액	재견적	비고
소계			
소계			
대행수수료			
견적 합계			

위와 같은 견적으로 제시합니다.

구분	담당	대리	팀장	이사	소장
견적					
재견적					

지 않을 때가 있다. 그럴 경우 2단 쓰기나 3단 쓰기로 해서 강조하고 싶은 부분의 글씨 크기를 확대하거나 글씨체를 굵게 하는 등의 연구를 해야 한다.

③ 소 표제어를 능숙하게 사용한다.

소 표제어를 능숙하게 사용해야 한다. 문장이 길어지면 읽는 사람도 지친다. 용지규격이 A4라면 3장에 한 군데 정도는 소 표제어를 넣으면 훨씬 읽기 쉽다.

(2) 문장력이란

기획안은 소설이나 수필과는 다르다. 그렇기 때문에 결코 아름다운 문장일 필요는 없다. 중요한 것은 상대에게 얼마만큼의 임팩트를 가지고 기획안 내용을 전달할 수 있는가에 있다. 바꿔 말하면 문장력이란 설득력이라고 해도 과언이 아니다. 시냇물 흐름과 같은 문장은 읽기는 쉽지만, 읽은 다음 머릿속에 아무것도 남아 있지 않다면 그것은 기획안이 아니다. 문장의 구성이 탄탄해야 한다는 점도 중요하다. 읽고 난 다음, 과연 부분적으로는 설득력 있는 문장이라고 인정하더라도 전체 구성이 엉성하다면 그 가치는 반감될 것이다. 따라서 이벤트 기획안을 쓸 때는 전체의 줄거리를 머릿속에 그려 가면서, 순서에 따라 써 나가야 한다는 것을 명심해야 한다.

좋은 문장은 다음 조건을 갖춘다. 첫째, 컬러풀하다. 문장이 풍부한 색채를 띠고 있어야 한다. 둘째, 감동이 있다. 상대의 심금을 울릴 표현이 있으면 좋다. 셋째, 시대에 맞는 언어를 사용한다. 낡은 표현을 많이 사용하면, 모처럼의 기획도 진부해진다. 넷째, 스토리성이 있다. 즉, 스토리(기-승-전-결)가 확실하다. 다섯째, 자료가 갖추어져 있다. 비교 검토할 때에 편리하다. 여섯째, 결의가 있다. '~일 것이다.' '~와 같다.' '~라고 사료된다.' 등의 표현이 많은 기획안은 무책임해서 믿을 수 없다. 일곱째, 밝다. 읽고 있으면 기분이 좋아지는 문장을 써야 한다.

(3) 보다 간결하게

문장은 길게 쓰기보다는 짧고 간결하게 정리하는 것이 어렵다고들 한다. 종합일간지 신문 35면의 상단에 있는 옆으로 기다란 사설은 각 신문사의 베테랑 기자가 쓰고 있다. 불과 600자 정도의 공간에 전체 진단과 수상(隧想) 등을 논리있게 정리해야 하고, 더구나 독자의 공감을 얻을 수 있는 문체로 써야 하기 때문에 대단히 어려운 일이다. 여러분도 한 번 연습한다는 생각으로 600자 칼럼에 도전해 보면 많은 도움이 될 것이다. 문장을 이해하기 쉽고 간결하게 쓰는 요령은 일종의 소거법(消去法)의 응용이다. 불필요한 문구를 사용하지 않았는가, 이중 표현은 없는가, 더 짧은 표현을 사용할 수는 없는가 등 문장상의 연구 외에도 그래프를 사용해서 문장과 숫자를 간략화하는 것도 기획안을 보다 간결하게 정리하는 방법이다.

(4) 형태 및 제본에 관한 연구

현대는 퍼포먼스라는 용어가 유행하고 있듯이, 연출 전성시대이다. 기획안도 읽는 사람의 기분을 고려하여 눈에 띄고 읽기 쉽도록 형태와 체제에 관한 연구와 조그만 연출이 필요하다. 기획안 용지의 질, 용지의 색상, 다양한 글씨체, 워드프로세스, 가로형태, 세로형태, 종이규격, 바인더 철 등 기획안의 형태와 체제는 각양각색이다. 기획안은 필요와 목적에 따라 다르기 때문에 한마디로 어떤 것이 최고라고 단언할 수는 없다.

박람회 규모의 빅 이벤트나 대형 전시회 등의 기획서는 도면과 시안, 항공사진 등과 같은 자료가 상당한 분량으로 포함되기 때문에 형태는 B4나 A3 규격을 사용하는 경우도 많다. 또 분량이 너무 많아질 것 같으면 자료집으로 나누는 것이 보기 좋으며, 읽는 사람도 편하다. 반대로 나누지 않고 한 권으로 제본할 경우, 자료집은 색종이를 사용하여 보기 쉽도록 하던지, 바인더와 같이 포켓을 만들어 그 속에 자료를 넣는 것도 재미있을 것이다. 이벤트 기획 시 처음 단계는 아이디어만 많이 요구되기도 한다. 이런 경우에는 A4 규격으로 주최 측에 제출할 때가 많은데, 최근에는 OA시스템이 다양하게 보급되어 파일링 제본기 등이 보급되어 있기 때문에, 기획안을 제시하기 전에 주최 측에 기획안 규격을 확인할 수 있다. 이럴 경우 세세한 점까지 마음을 쓴다는 점에서 호감을 얻을 수 있다.

8) 기획안 작성 포인트

(1) 결론은 앞에 써라

기획안 내용의 중요한 포인트는 처음에 쓰는 것이 상대에게 강한 인상을 부여한다. 이때 짧게, 몇 개의 포인트로 나누어서 설명하면 효과적이다. 예를 들면, '결론을 세 가지 든다.'라고 쓴다.

1. ______ …… ______
2. ______ …… ______
3. ______ …… ______

이와 같이 3~5행 정도로 정리해서 기술하면 읽는 사람의 이해가 빠르고 이미지도 강해져 후반의 내용 설명이 자연히 머릿속에 들어온다. 일종의 귀납법적인 기획안 작성법으로 '문장은 역삼각형의 정점에서 써라.'는 지침이 있는 것처럼, 결론을 앞에 쓰는 것이 상대의 반응도 빨리 알 수 있고 면전에서 설명할 때 그것에 맞추어서 대응하기 쉽다. 서론의 설명부터 결론에 도달할 때까지 장황하게 기술한다면 읽는 사람의 흥미와 관심도가 줄어 끝까지 읽지 못하게 만든다. 특히 여러 회사가 경쟁 프레젠테이션을 할 때, 주최 측 담당자는 많은 기획안을 읽어야 하기 때문에 지치기 쉽다. 이렇게 지루하게 질질 끌면 우유부단한 내용이라며 도중에 포기해 버릴 수도 있다. 기획안의 첫머리에서 승부가 결정된다는 것을 명심해야 한다.

(2) 차트(도표) 활용

기획안에서 특히 읽기 어려운 것은 문장과 숫자를 단순하게 나열한 것이다. 기획 내용이 복잡해지고 분량이 많아졌을 때는 우선 도표화해서 내용을 알기 쉽게 시각적으로 표현하는 것이 중요하다. 도표에는 그래프형, 데이터 차트형, 플로 차트형 등 여러 가지가 있는데 목적에 따라서 적절하게 사용해야 한다([그림 3-10] 참조). 예를 들면, 플로 차트형은 논리의 흐름을 설명하는 데 적절하며, 숫자 등은 그래프화하면 수치를 양적으로 파악하기 쉬워진다.

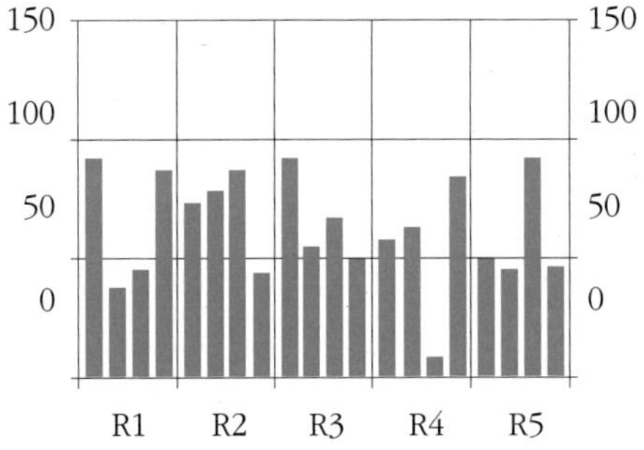

〈그래프형〉

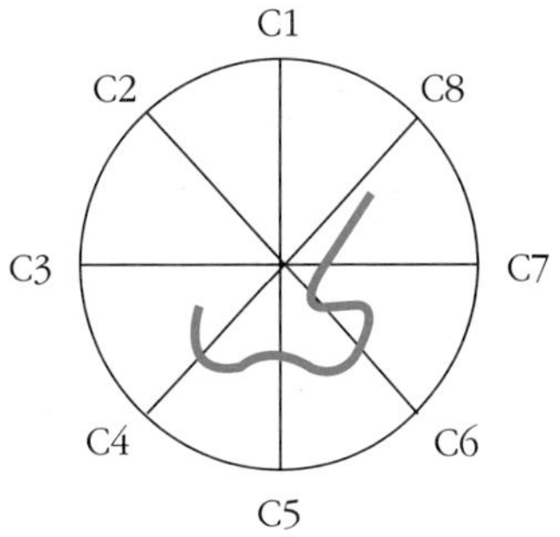

〈데이터 차트형〉

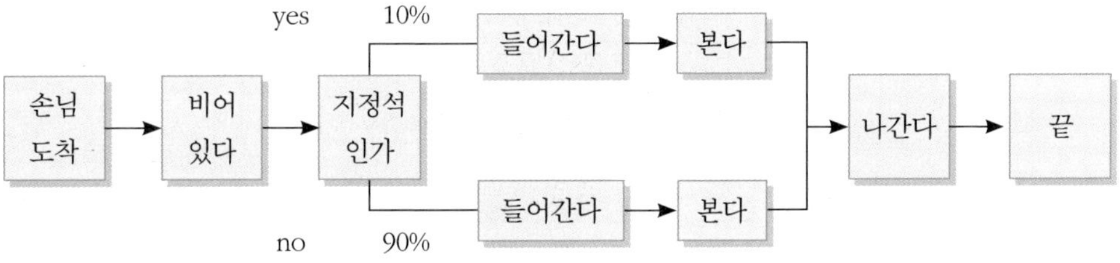

〈플로 차트형〉

[그림 3-10] **각종 도표의 예**

(3) 일러스트, 사진 등의 비주얼 활용

이벤트는 동적인 것이 많고, 평면적이기보다는 입체적이다. 행사장의 움직임에 맞추어서 소리와 빛이 약동하고 색채가 넘친다. 이러한 상황을 문장으로 표현하면 수식어 등이 많아져 장난처럼 되기 쉽다. 이러한 경우에는 일러스트와 사진을 사용하여 비주얼로 보여 주는 것이 상대가 이해하기 쉽다. 사진으로는 사실적인 분위기를 낼 수 있으며, 반대로 일러스트를 넣으면 소프트한 느낌을 상대방에게 줄 수 있어 효과적이다([그림 3-11], [그림 3-12] 참조).

[그림 3-11] 일러스트를 활용한 기획안

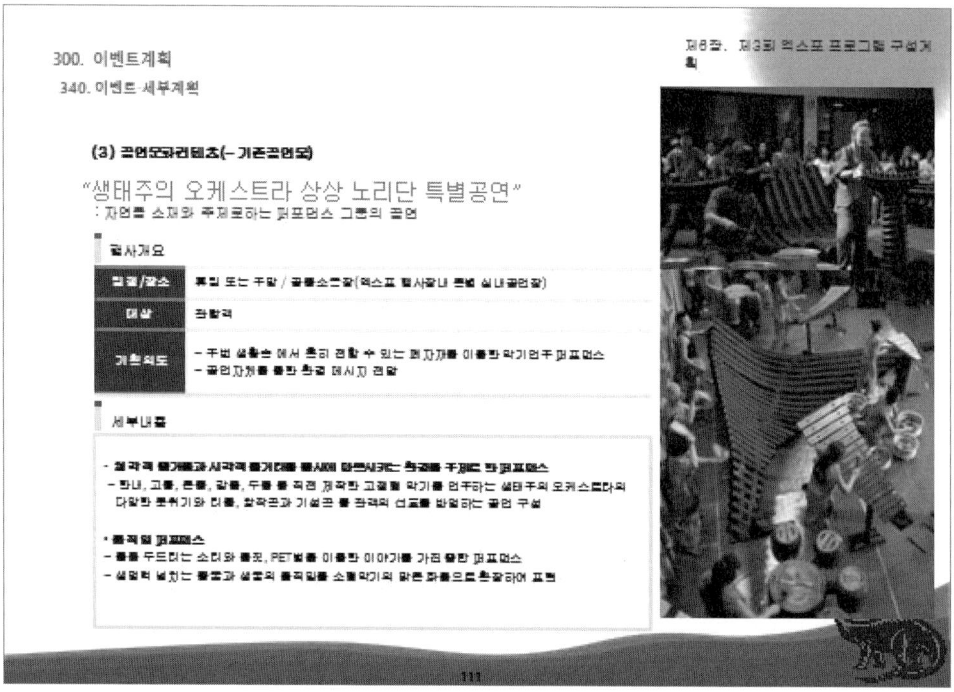

[그림 3-12] 사진을 활용한 기획안

(4) 누구라도 이해할 수 있는 기획안

기획안은 누가 읽더라도 이해할 수 있어야 한다. 외래어가 너무 많거나 난해한 전문용어를 사용하는 등 자기만족적인 표현은 피해야 한다. 기획안은 반드시 실무자만 검토한다고는 볼 수 없다. 담당부서 외에 중역이 읽거나 회사 외부의 자문위원이 참고로 보는 경우도 있다. 대형 이벤트일수록 예산도 많이 들고, 그만큼 많은 사람의 검토를 거치지 않고서는 기획이 결정될 수 없다는 것도 충분히 고려해야 한다.

번역이 불가능한 외래어를 써야 하거나, 난해한 전문용어를 사용할 때는 공란에 비전문가도 이해할 수 있도록 용어해설을 수록하면 좋다. 또한 기획자는 자신의 기획안을 몇 번이고 되풀이해서 읽는 노력을 해야 한다. 오자와 탈자로 인해 상대방이 의미를 오해하여 기획이 채택되지 않을 수도 있기 때문에 주의해야 한다.

'기획자는 기획안을 몇 건 정도 써야 제대로 기획업무를 한다고 볼 수 있는가?'라는 질문이 많은데, 기획을 전문으로 할 경우 입사 후 3년째에 기획업무를 마스터하는 것이 일반적이다. 그런 후에 5년째에 정확히 한 사람 몫을 할 수 있는 실무 경력자가 된다. 제일선에서 활약하는 시기는 35세 전후로 현장실무 능력과 기획안을 작성한 경력을 볼 때, 어느 때보다도 왕성하게 활동할 시기이다. 초급 레벨은 한 달에 1건으로 연간 12건, 3년 동안에 36건 정도, 중급 레벨은 한 달에 2건 정도로 연간 24건, 5년 동안에 120건 정도, 고급 레벨은 한 달에 3건으로 연간 36건, 5년 동안에 180건 정도가 하나의 기준이다. 고급 레벨에 들어서는 30대 중반에는 150건 전후의 경험이 쌓여 어느 정도 응용력과 잠재력을 구사할 수 있게 된다. 이렇게 보면 기획안에 능숙해지는 건수는 필자의 경험에서 볼 때 100건에서 150건 정도가 제 몫을 할 수 있는 기획안 작성 건수이다. 물론 기획건수만이 아닌 기획안의 질적인 수준도 중요하다.

9) 프레젠테이션

(1) 프레젠테이션이란

미국의 광고업계에서 광고대행사가 광고주에게 기획을 제안하는 것을 프레젠테이션이라고 한다. 1980년대 이후 한국에서도 광고대행사들 간에 이 용어를 처음 사용하기 시작하여 현재는 각종 업계에서 널리 사용되고 있다. 최근에는 프레젠테이션 기법과 수준이 고도화되어 프레젠테이션에 들어가는 비용이 수천만 원에 이르는 경우도 허다하다. 경쟁상대가 많아지면 프레젠테이션이 실시되는 회의장, 시간대, 설명순서 등이 평가에 미묘하게 영향을 미친다. 기획의 경쟁과 동시에 어떤 의미에서는 심리전도 있을 것이다.

현재 프레젠테이션에 일반적으로 많이 사용되고 있는 장비는 빔프로젝트와 대형 모니터 등이 있다. 빔프로젝트와 대형 모니터의 장점은 기획내용을 프레젠테이션 시나리오 순서대로 설명할 수 있으며, 풍부한 색채와 화려한 비주얼로 입체적으로 소구하거나 시각적인 요소와 동영상을 구사할 수 있는 점에서 박력이 있다. 단, 동영상은 너무 길게 보여 주지 않아야 한다. 기획내용에 신선함이 없으면 조는 사람이 있기 때문이다. 또한 실내조명을 전부 끄지 않아도 스크린이나 화면이 충분히 보이기 때문에 상대가 화면을 보면서 메모하거나 청취할 수 있다. 어떤 장비라 해도 프레젠테이션은 연출이 중요하다. 어떤 장비를 사용하면 효과적인가를 고려해서 사용하기를 바란다.

프레젠테이션의 주제 및 방향이 결정되면 필요한 자료를 수집하고, 이를 바탕으로 전반적인 구성을 기획한 후 내용을 알기 쉽게 제작한다. 이때 시각적인 자료로 사용하는 대표적인 소프트웨어로 파워포인트가 있다. 파워포인트는 프레젠테이션을 효과적으로 작성 · 발표할 수 있다는 장점이 있다. 파워포인트를 사용해 만든 화면을 스크린이나 모니터에 연결해서 사용할 경우 프레젠테이션의 효과를 극대화할 수 있다. 파워포인트 화면에는 프레젠테이션하려는 내용에 부합되는 사진이나 이미지 등을 사용하며, 화려한 이미지보다는 깔끔하고 집중할 수 있는 이미지를 사용하는 것이 좋다.

(2) 프레젠테이션 기법

프레젠테이션에서 중요한 것은 설명할 때의 발표자의 태도와 어조이다. 상대의 눈을 똑바로 바라보고, 목소리에 정확한 억양을 붙여서 자신을 갖고 설명을 해야 한다. 이를 위해서는 사전에 몇 번이고 리허설을 반복해서 실시할 필요가 있다. 그리고 상대방으로부터 어떤 질문이 나올 것인가의 예상문답을 준비하는 것도 유사시에 당황하지 않고 대응할 수 있는 방법이다.

(3) 의뢰자 요구의 정확한 파악

프레젠테이션에서 중요한 것은 의사결정권이 있는 의뢰자가 무엇을 알고 싶어 하고, 무엇을 원하고 있는가를 정확히 파악하는 것이다. 이를 위해서는 사전에 의뢰자의 회사나 제품, 시장상황, 경쟁업체 등을 충분히 조사하고 분석해 두어야만 한다. 그리고 사전에 의뢰자를 방문해 내용설명을 듣거나 자료를 본다면 상대에게도 열의가 전해져 호감을 줄 수 있다. 단, 의뢰자를 방문할 경우는 빈손으로 가서는 곤란하다. 의뢰자 회사와 관계가 있을 법한 '정보'라는 선물을 가지고 가면, 틀림없이 기뻐할 것이다. 요즘은 정보수집도 데이터베이스가 보급되어 있어 급한 경제정보 등을 알고 싶을 때에 굉장한 도움이 된다. 어찌되었든 상대와 만날 때 정보를 가지고 있으면 대화가 쉬워지고, 커뮤니케이션도 원할해져 상대의 요구를 포착할 기회가 된다.

(4) 요점은 간결하게

시시한 기획을 긴 시간 동안 듣고 있는 것만큼 따분하고 고통스러운 것은 없다. 프레젠테이션 설명도 기획안과 같아서 장황하게 늘어놓다가는 실패할 것이다. 그와 같은 경우를 교훈으로 삼기 위해 후드 콘 베르딩의 부사장인 로널드 홉(Ronald Hob)의 프레젠테이션 성공비결을 소개한다.

- 셀프 이미지: 자신이 갖고 있는 이미지와 성격의 특장점을 잘 파악한 후, 그 장점을 활용한 프레젠테이션을 한다.
- 상대방: 듣는 사람을 집중시켜라. 프레젠테이션을 하는 동안 상대방의 입장을 자주 거론한다.
- 숫자: 조사와 미디어의 설명은 따분하다. 간단하게 핵심만 설명한다.
- 목표: 목표는 숫자로 계량화하여 제안하라. 그것이 추상적 예측이어서는 안 된다.
- 결론: 결론에 도달하기까지의 과정보다 그 결론이 의뢰자에게 어떠한 이익을 줄 것인가를 제시한다.
- 금물: 누구나가 참고 듣고 있다. 일관성이 없는 자기 이야기 등은 그 누구도 듣고 싶지 않을 것이다.
- 리허설: 정성 어린 리허설 없이는 승리할 수 없다. 그리고 질문에 누가 어떻게 대답할 것인가를 결정한다.
- 보디랭귀지: 말보다도 몸짓이 본심을 전달할 수 있다.
- 칵테일 파티: 칵테일 파티 때처럼 두리번거리지 않는다.
- 정확한 시간: 예정시간을 넘기고도 태연한 사람은 프레젠테이션에 내보내지 않아야 한다.

EVENT

제4장

이벤트 실행

1. 실행계획

여러분이 작성한 기획서가 내용도 뛰어나고 프레젠테이션의 태도도 성의가 있었다고 판단되어 채택되었다. "자, 그럼 실시해 보자. 아니, 기다리자. 기획안대로 실시될 수 있을까?" 이러한 의문이 떠오른다면 여러분도 이벤트의 프로로서 한 발짝 다가서게 된 것이다.

이벤트를 실시한다는 것은 그렇게 간단한 게 아니나다. 세밀한 그리고 구체적인 계획서가 없다면 아무것도 할 수 없다. 실시운영은 책상 위의 계획과 달라 실행계획과 시시각각 변하는 상황을 판단해서 명확히 지시할 수 있는 역량을 키울 필요가 있다. 그리고 '몸으로 느끼고 경험으로 말하는', 즉 직접 몸으로 부딪히며 시행착오를 반복하여 여러 가지 장애요소와 싸워 가면서 독자적인 노하우를 축적하는 것은 이벤트 프로듀서의 기본이다.

1) 실행계획의 포인트

(1) 실행계획의 개념

기본계획의 수준을 더 높이고, 실행을 위한 현실적인 대안을 작성하는 작업이다. 이 작업은 실무담당자가 중심이 되어 부문별로 상세한 계획을 정리하는 것과 더불어, 한편으로는 전체적으로 모순이나 무리가 없도록 상호 조정하는 단계이다. 각 담당부문별로 독자적으로 하는 경우도 적지 않지만, 전체의 효과를 높이는 관점에서 각 요소를 제어 · 조정하는 프로듀스기능의 발휘가 기대된다. 말하자면 이벤트를 실제로 실시하기 위한 과제를 하나하나 해결해 가는 작업이자 어떤 의미에서는 현실적인 준비작업 과정이다. 여기서는 그대로 반영하거나 발주조건으로 할 수 있는 수준이 요구된다.

(2) 계획의 기본적인 태도

구체적인 계획내용은 실시하는 이벤트에 따라 다르지만 대부분의 경우에 적용되는 공통적인 유의점은 다음과 같다.

첫째, 늘 비용을 인식한다. 이 단계에서는 다양한 아이디어가 나온다. 물론 유연한 발상이나 아이디어를 부정하는 것은 아니지만, 물리적으로 '가능성 여부'를 검토할 뿐만 아니라 '비용지출만큼의 효과를 얻을 수 있느냐'를 고려하는 것이 중요하다.

둘째, 늘 공정을 의식한다. 이벤트를 둘러싼 여러 조건 중에서 절대로 옮길 수 없는 것이 '개최일'이다. 개최일 당일까지 거의 준비를 끝내더라도 일부분을 끝내지 못하면, 그 이벤트는 개최가 불가능하다. 또한 무리를 해서 당일까지 끝내기 위해서는 많은 노력과 비용이 필요하다. 늘 전체요소에 관심을 기울이고 남아 있는 기간을 의식하면서 작업하는 것이 중요하다.

셋째, 일관된 판단기준을 갖는다. 기획업무를 진행하는 데는 각 구성요소의 역할이나 위치, 비용대비 효과를 충분히 검토하고, 제각기 우선순위를 명확하게 하면서 기법과 사양을 선정해야 한다. 판단기준이 그때마다 변하는 상황은 어떻게 해서라도 피해야 하는데, 이 국면에서 중요한 것이 이벤트의 '목적'이자 '콘셉트'이다.

넷째, 늘 원점으로 돌아간다. 기획작업을 진행하면서 다양한 아이디어와 발상이 나올 때가 있다. 그러다 보면 무심코 본래의 의의와 목적을 잊고 당초의 목표방향에서 벗어나는 경우가 자주 있는데, 열심히 기획하고 있을 때야말로 일단 멈추고 원점에서 다시 검토하는 것이 필요한 시점이다.

다섯째, 세 가지 관점에서 다시 살펴본다. 기획 작업을 진행하다 보면, 무심코 엉뚱한 방향으로 흘러가 버릴 위험성이 있다. 가끔씩 입장을 바꿔서 다음과 같은 세 가지의 다른 관점에서 늘 전체를 다시 바라보는 것이 중요하다.

- 주최자의 입장: 목적과 의도는 달성되었는지, 비용대비 효과에 문제는 없는지, 전체 구성의 균형은 좋은지 등
- 참가자, 방문객의 입장: 기대나 요구에 대응하고 있는지, 불편한 점이나 불쾌한 점은 없는지, 전체적인 인상은 어떤지 등
- 실무담당자의 입장: 구조 · 시설 등의 측면에서 문제점은 없는지, 방재 · 안전대책은 충분히 확보되어 있는지 등

2) 주최 측 내부 공감대 형성과 조직구성

기획내용이 결정되면 우선 주최 측 내부에 실행조직(이벤트 실시를 위한 프로젝트팀)을 구성하여 경영진으로부터 정식으로 이벤트업무를 위임받아 내부의 사전 교섭이 원

활히 이루어질 수 있는 체제와 공감대를 형성한다.

(1) 계획과 주최 측 내부 공감대 형성

실행계획이 착착 진행돼 가는 과정에서, 주최측 프로듀서는 전문 브레인을 포함한 프로젝트팀이 결정한 실행계획을 세밀하게 검증하여 조직내부의 승인을 받는다. 결재제도가 있는 조직에서는 품의서를 제출해 해당 계획의 정당성에 대해 조직내부의 공감을 얻을 필요가 있다. 이것은 조직내부의 홍보활동에도 연결되는 중요한 일이다. 조직내부의 지지와 해당 이벤트가 일체되지 않으면 성공할 수 없으므로, 주최측 프로듀서의 실력을 발휘할 만한 업무이기도 하다.

통상 실행계획서의 원안이 작성된 단계에서, 부서장에게 보고하여 의견을 묻는 경우가 많다. 이는 담당팀 외에 조직내부의 지지자를 확보하는 절호의 찬스이기도 하다. 외부 프로듀서에 의해 조직 내 공감대를 얻은 사례를 들어본다면 이렇다.

'2015 항구축제(가칭)' 기획에 공감한 이벤트 프로듀서 A씨는 기획회사의 B씨와 함께 주최자를 방문, 총괄 프로듀서의 수락과 아울러 주최자에게 현장에서 실행에 따른 전권을 위임해 주도록 요청했다. 그리고 총괄 프로듀서를 맡은 '2015 항구축제'의 내용에 관해 B씨에게서 받은 오리엔테이션 내용을 확인하고, 주최자의 총괄 프로듀서에 대한 의견과 A씨의 의견 차이를 좁힐 수 있는 합의를 하였다.

특히 A씨는 과거에 이벤트대행 업무에서 고생한 경험이 있기 때문에 대행 용역비에 관해서는 주최측과 업무 대행계약서를 체결하여 결정하고, A씨의 책임범위와 주최자의 권한위임 범위를 명확히 할 것을 제안했다. 주최측에게는 과거의 경험을 참고하여 '현장에 대해서는 참견하지 않을 것, 도중에 변경하지 않을 것, 총괄 프로듀서는 이벤트의 총책임자일 것, 주최측에서는 협력요청은 명확히 할 것, 중간보고는 확실히 할 것' 등의 요구를 쌍방이 합의한 근거로 남기기 위해 업무 대행계약서를 체결했다.

(2) 조직구성과 조직의 기능화

사무실로 돌아온 A씨는 우선 오랜 관계의 동료들에게 전화연락을 하여 '2015 항구축제'의 총괄 프로듀서를 의뢰받은 취지를 전달하고, 협력을 요청했다. 그리고 B씨에게 받은 '2015 항구축제' 기획안을 동료들에게 보냈다. 기획안을 접수한 동료들은 아트디렉터 C씨, 전시프로듀서 D씨, 조명 디자이너 E양, 음향프로듀서 F군, 패션디자이너 G씨, 도우미 파견회사 교육담당 H양, 광고대행사 프로모션 담당 I씨, 도시개발전문가

J씨, 마케팅회사의 디렉터 K군, 예능프로덕션 매니저 L군, 신문사 사회부 담당 M군, TV 방송국의 제작담당 N군, 잡지사 편집담당 O군, 여행사 상품담당 P씨, 박람회프로듀서 Q선생, 대학 후배 R군과 S양, 이벤트운영 경험이 풍부한 T군, 은행 대출계 U씨, 화가 V선생, 사진가 W선생, 만화가 X선생 그리고 역사 민속전문가 Z씨였다. A씨의 각 방면에 폭넓은 인간관계가 도움이 될 때가 온 것이다.

일주일 후 오후 1시에 회의소집을 당부한 A씨는 기획회사의 B씨에게도 참석을 부탁했다. 참석할 수 없는 동료에게는 기획의 문제점 지적과 개선방안을 보고받아 첫 미팅을 가졌다. 우선 B씨에게서는 기획안에 감추어져 있는 실제 기획의도와 주최자의 의뢰사항을 듣고, A씨가 주최자와 체결한 업무 대행계약서를 회람했다. 기획안에 대한 질의응답 후 이번 이벤트에 전문위원으로서 참여해야 할 전문가와 실무 스태프로 프로젝트팀에서 실무를 담당해야 할 요원을 결정했다. 전문위원은 E양, F군, G씨, J씨, K군, P씨, V선생, W선생, Z씨 실무 스태프는 C씨, D씨, H양, I씨, L군, R군, S양, T군, 나머지는 A씨의 어드바이저가 되기로 했다.

(3) 주최측 스태프와 전문 스태프의 역할 분담

최근 기업 측 담당자가 너무 바쁘기 때문에 이벤트 전체를 외부 전문 스태프에 맡기는 경우가 늘고 있다. 그러나 책임 소재가 불분명하여 마찰의 원인이 되고 있기 때문에, 여기서는 어디까지나 주최측 스태프와 전문 스태프가 함께 추진해 나가는 것을 전제로 논의하겠다. 주최측 스태프와 전문 스태프의 관계가 잘 유지된다면 이벤트 성공의 가능성은 크다. 핵심은 각자의 전문분야를 담당하는 것이 좋다는 것이다. 주최측이 직접 담당하는 업무와 전문 스태프에 맡기는 업무를 명확히 구분할 필요가 있다. 무리하게 분담을 하면 중도에 포기하는 경우도 발생하며, 업무분담이 불확실하면 서로가 "주최측 스태프가 하고 있을 것이니까."라든지 "전문 스태프에게 맡긴 것이니까."라고 서로 미루게 된다. 이벤트의 주요 업무(전시설치, 도우미파견, 실시운영 등)는 전문 스태프에게 맡기고, 포스터나 팸플릿 제작 · 인쇄 등의 이벤트에 관련된 부대업무는 주최측 스태프가 진행하는 경우가 많다. 그러나 기획에 관해서는 주최측과 전문 스태프가 공동작업하는 형태가 주최측의 콘셉트를 전달하기 쉬워 많이 채택되고 있다. 또한, 전문 스태프 간의 업무분담도 명확히 규정하여 둘 필요가 있다.

(4) 실시 운영조직구성

앞에서 서술한 계획과 조직 내 공감대 형성, 조직구성과 조직의 기능화, 외부 스태프와의 역할 분담을 도표화하면 [그림 4-1]이 된다.

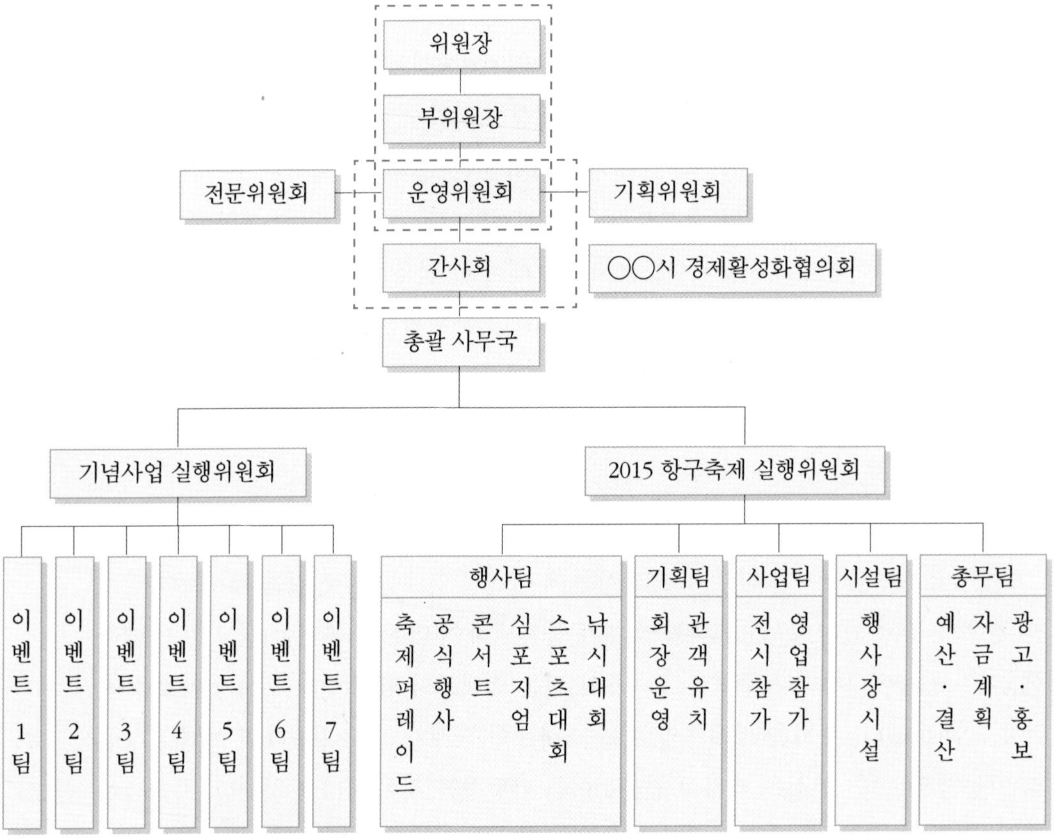

[그림 4-1] 2015 항구축제 실행조직도(예시)

3) 기본계획안을 근거로 한 실행계획 작성

실행계획은 기획자에 의해 만들어진 기본계획안을 현장상황에 맞게 작성한 것이다. 기본계획안에는 '불가능한 것' '예산이 지나치게 드는 것' '기일까지 되지 않는 것' 등을 포함해서 제안되는 경우가 많다. 따라서 이벤트는 '현장으로부터의 발상'이 중요하며, 현장 전문가에 의해 실행계획이 작성되는 것은 이러한 이유 때문이다. 다음은 기본계획안이 실행계획화되는 과정이다.

(1) 기본계획안의 분석, 검토와 실무

실행계획 작성에 참여하여 기본계획을 검증해 본다면 이렇다. 우선 실행차원에서 현장측면의 실현성 문제가 핵심으로 검증된다. 기본계획은 만들어졌지만 실제로 가능할까라는 초보적인 것부터 주변상황, 교통체계의 검토 등 현장에 몇 번이고 찾아가 실제로 프로듀서의 눈으로 확인할 필요가 있다. 예산체크도 중요한 요소이다. 자금계획은 확실히 되어 있는가, 예산낭비는 없는가, 예비비는 확보되어 있는가(이 예비비가 최종단계에서 매우 중요하다) 등 자금에 관계된 것은 특히 주의가 필요하다.

(2) 실시까지의 각 담당업무별 계획안 작성

다시 '2015 항구축제'의 상황으로 되돌아가 본다면, 실무 스태프는 주최자와 B씨로부터 입수한 자료, A씨가 현장에서 촬영한 사진 등과 K군이 조사한 데이터에 근거하여 실행계획 작성에 착수했다. 데이터와 계획안은 업무과정에 따라 전문위원에게 확인받는 것으로 하고, 시간제약이 있어 기본사항에 한해 전원이 동시에 계획안 작성에 몰두하였다. A씨는 전체 진행과 조정, 실행, 예산, 전체 스케줄을, C군은 아트 디렉션을, D씨는 행사장 전체구성, 행사장 시설과 전시, 장식계획을, H양은 도우미 모집요강, 연수, 교육계획, 유니폼 디자인, VIP 접대계획을, I씨는 광고 · 홍보계획을, L군은 행사계획을, R군과 S양은 동원계획과 전체 스태프의 업무보조를 담당하고 T군은 실행안을 담당하여, 2주일 후에 파워포인트로 제시하기로 했다. 파워포인트로 작성된 실행안에 대해 실무 스태프 전원이 브레인스토밍을 하여 제1차안이 완성됐다. 제1차안을 전문위원에게 제안했으며, 문제점과 개선방안이 제시되어 또 다시 실무 스태프의 검토회의가 이루어졌다. 실무 스태프 그리고 전문위원이 공감할 수 있는 실행안이 완성되어 주최측에 제안되었다. A씨의 총괄프로듀서 수락부터 2개월 후에 주최측에 실행안을 제출하고, 주최측과 함께 행사장 예정지로 가서 현장에서 검증을 했다. 또한 실행예산안에 관해서는 주최측 의견을 반영한 견적서를 제시하였다. 주최자와 프로듀서간의 합의가 성립, 최종 실행안이 완성되었다. 실행안이 결정되고, A씨는 실무 스태프를 소집하여 각 팀마다의 실행계획 작성을 지시했다. 실시까지의 시간 여유가 없었기 때문에 개최일로부터 역산해서 스케줄을 결정해 가는 방법으로 각 담당팀별로 착수하였다.

이상이 실행안 작성까지의 대략적인 과정이다.

(3) 기본계획 내용의 실행계획화

실행안 중 결정된 사항(공간구성, 행사장 시설, 주차장 등)이 현장에서 실제로 진행하게 될 상황을 예상하여 계획서를 작성한다. 실행계획의 내용은 다음 항목이 포함된다.

- 개최개요(6W 2H)
- 실행운영 조직도
- 행사장 배치도
- 주차장 안내도
- 행사장 주변도
- 시설과 참가단체 및 기업
- 입장권, 입퇴장, 차량 등의 기본지식
- 임시 스태프(도우미, 아르바이트 등) 모집, 채용, 교육, 연수, 실행훈련
- 유니폼 대여규정, 취업규칙, 보험수속 등 인사, 총무
- 행사장 운영
  - 운영본부 구성표
  - 운영본부 스태프(도우미, 아르바이트 등) 배치표, 배치도
  - 운영본부 스태프 업무내용(역할과 일일 스케줄)
  - 경비, 정리요원 배치표, 배치도
  - 경비, 정리요원 업무내용(역할과 일일 스케줄)
  - 청소
  - 기록
- 행사장 정리
  - 입·퇴장 정리
  - 순회 정리
  - 미아보호
  - 유실물, 습득물 보관
  - 구급환자 보호
  - 장애자 배려
- 재해대책
  - 자율소방 조직과 자율소방대 편성표

-화재예방 조직표
-야간의 경비, 자율소방
-긴급방송 요령
-일제검색 연락도
-긴급 연락망

- 외부기관과의 연계(경찰, 소방서, 보건소 등)
- 타부서와의 연계(전단 배포, 캠페인팀 구성 등)

-예산관리
-전체 스케줄

4) 실행계획안 작성

(1) 실행계획의 작업순서

실행계획안은 하드와 소프트로 크게 나눌 수 있다. 하드 측면에 필요한 계획안은 건축, 전시, 음향, 조명, 영상 등의 설계도 또는 시스템도, 오퍼레이션 매뉴얼 등이다. 소프트 측면에 필요한 계획안은 행사장 운영계획이다.

이 소프트 및 하드 측면의 요소가 실행계획안에는 반드시 필요하다. 작성순서를 설명하면 다음과 같다.

① 예산서의 제출의뢰

프로듀서가 각 실무 스태프를 소집하여, 실행계획안 작성을 위한 오리엔테이션 및 각 부문별 실행계획과 예산서 제출을 의뢰한다. 의뢰 항목사례를 〈표 4-1〉에 제시하였다.

〈표 4-1〉 **각 부문별 실행계획 및 예산서의 의뢰항목 사례**

담당	계획 내용
전시 스태프	실시설계 시안 및 도면, 예산서 등
영상하드 스태프	시스템도, 기기의 사양, 예산서 등
연출 스태프	연출계획, 연출시나리오, 예산서 등
영상소프트 스태프	영상 시나리오, 예산서 등

음향, 조명, 특수효과 스태프	시스템도, 레이아웃도, 기기의 사양, 예산서 등
홍보 관련 스태프	홍보계획, 예산서 등
광고 관련 스태프	광고계획, 포스터, 전단 등의 디자인 제작, 예산서 등
운영 스태프	운영계획, 예산서 등

② 조정작업

프로듀서는 각 실무 스태프와 긴밀히 연락을 취하면서 동시에 이벤트 주최측과 협의 및 조정작업을 진행해야 한다. 여기서 주의해야 할 것은 실무 스태프측이 제출한 예산이 기획단계에서 제시한 추정예산을 초과할 수도 있다(이 같은 경우가 자주 있다).

추정예산의 삭감에 냉정하지 못한 것이 최대 원인이지만 양자가 잘 협의하여 최상의 방법을 검토하여 해결해야 한다. 동시에 관련법규의 체크도 필요하다. 경우에 따라서는 관계관청에 상담, 허가를 받아야만 한다(〈표 4-2〉 참조).

〈표 4-2〉 **주요 관청과 역할**

주 요 관 청	역 할
소방서	행사장 안전관리, 화재예방 체크
보건소	식품 등을 판매하는 경우 체크
세무서	주류 등을 판매하는 경우 체크
경찰서	도로 사용, 교통통제하는 경우 체크
공정거래위원회	경품 규정 체크 등

③ 완성

각 실무 스태프로부터 의뢰한 자료가 취합되면 이것을 점검 · 보완하고 일정한 포맷으로 정리하여 실행계획안을 완성시킨다. 그 외 상황에 따라 여러 관청을 방문하여 협조를 요청해야 한다.

실행계획안 포맷의 예를 들면 다음과 같다.

- 실시개요: 명칭, 일시, 시간, 장소, 대상 등을 명기
- 실행조직도 및 업무분담
- 실시 내용: 구체적 내용(연출계획 포함) 설명(전시의 경우 각 코너, 주제 코너), 평면조닝 그리고 전체 각 코너의 투시도

- 이벤트 계획: 내용, 스케줄 명기
- 운영계획: 기획내용의 실행계획화에서 언급한 내용이 포함되었는가를 체크한다.
- 광고, 홍보 계획: 활용매체와 일시, 기자설명회 스케줄 등을 명기한다.
- 실시스케줄: 실시까지의 스케줄을 가능한 세밀하게 명기한다.
- 실시예산: 이벤트에 소요되는 비용을 항목별로 제시한다.

이상 포맷의 예를 들었지만 이것은 극히 일부에 지나지 않기 때문에 경우에 따라 최상의 포맷을 생각할 필요가 있다. 경우에 따라서는 실시 운영매뉴얼이 실행계획안이 되는 경우도 있다.

(2) 행사장 디자인

행사장 디자인은 기본적으로 스페이스 디자이너와 아트디렉터의 업무지만, 경우에 따라 그래픽 디자이너에게 의뢰하는 경우도 가끔 있다. 기본 콘셉트를 그들에게 정확히 이해시키고, 동시에 그들이 지닌 크리에이티브 능력을 최대한으로 끌어내야 한다.

프로듀서는 단순한 조정역할이 아닌, 자신이 크리에이티브한 감각을 지닐 필요가 있다. 그들과 대등하게 의견을 교환하고 공감하지 않는다면 좋은 계획이 나올 수 없다. 행사장 디자인을 할 때의 주요사항을 제시한다면 다음과 같다.

① 행사장 디자인의 주요사항

- 컬러링: 기업 및 자치단체의 이미지를 손상시키는 것은 아닌지, CI 컬러를 사용해야만 하는지, 행사장 이미지와 조화를 이루고 있는지 등을 점검한다.
- 동선: 입장객의 예상인원을 고려하여 관람객이 행사장 내를 편리하게 이동하도록 동선계획을 수립한다.
- 각 코너의 디자인: 출전 참가자의 전시물의 성격을 잘 이해하고 디자인한다.

[그림 4-2] 2013 오송화장품뷰티세계박람회 동선계획

[그림 4-3] 2013 산청세계전통의약엑스포 게이트 디자인

(3) 장식, 전시계획

행사장의 장식이나 전시는 이벤트 중 관람객에게 시각적으로 어필하는 분야이기 때문에 매우 중요하다. 신뢰할 수 있는 전시회사 또는 전문디자이너에게 의뢰하는 것이 바람직하다. 계획을 수립할 경우의 주요사항은 다음과 같다([그림 4-4] 참조).

첫째, 컬러링, 동선 등 각각의 전시계획을 충분히 검토하여 추진해 나간다. 특히 동선관계는 여유를 가지고 확보해야 한다.

둘째, 행사장 조건을 충분히 조사한다. 반 · 출입경로 그리고 순서, 중량제한, 천정높이, 작업시간, 스프링클러의 위치, 화재방지 유무(실내이벤트의 경우는 불가결하다) 등의 확인이 중요하다. 확인이 충분치 않았던 이유로 전시물, 제작물이 당일 엘리베이터에 들어가지 못하는 웃지 못할 상황이 생길 수도 있다.

셋째, 장식의 완성은 계획을 시작하는 단계에서 충분한 검토를 요한다. '보이는 부분은 최대한 아름답게, 보이지 않는 부분은 좋은 의미에서의 생략을'이 장식의 철칙이다. 예산관계를 고려하면서 마감재를 결정해 계획을 수립한다. 또한, 행사장의 전기용량 확인도 중요하다. 전기용량이 부족하여 계획대로 전시연출이 불가능한 경우가 있기 때문에 주의해야 한다.

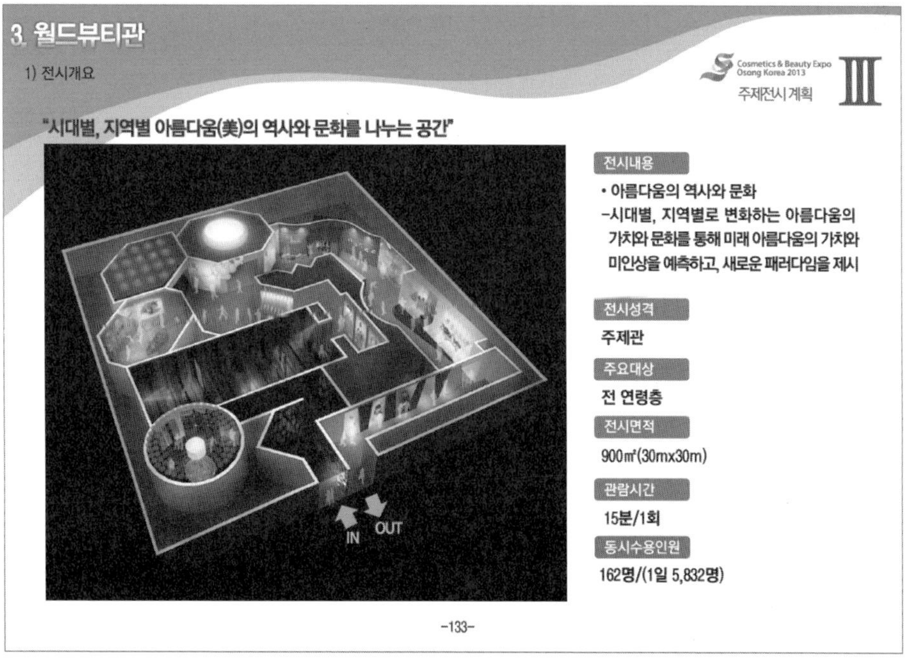

[그림 4-4] 2013 오송화장품뷰티세계박람회 주제관 전시계획

(4) 장비시스템 계획

이벤트 연출 · 제작 중에서 가장 일렉트로닉스 기술이 요구되는 분야가 음향과 조명, 영상, 특수효과이다. 그러나 배선착오에 의한 화재의 발생이나 전기사고도 많아 전문기술을 지닌 유자격자에게 관리를 의뢰해야 한다. 또한 전문분야이기 때문에 주최자는 전문회사에 일괄적으로 업무를 맡길 필요가 있다([그림 4-5] 참조).

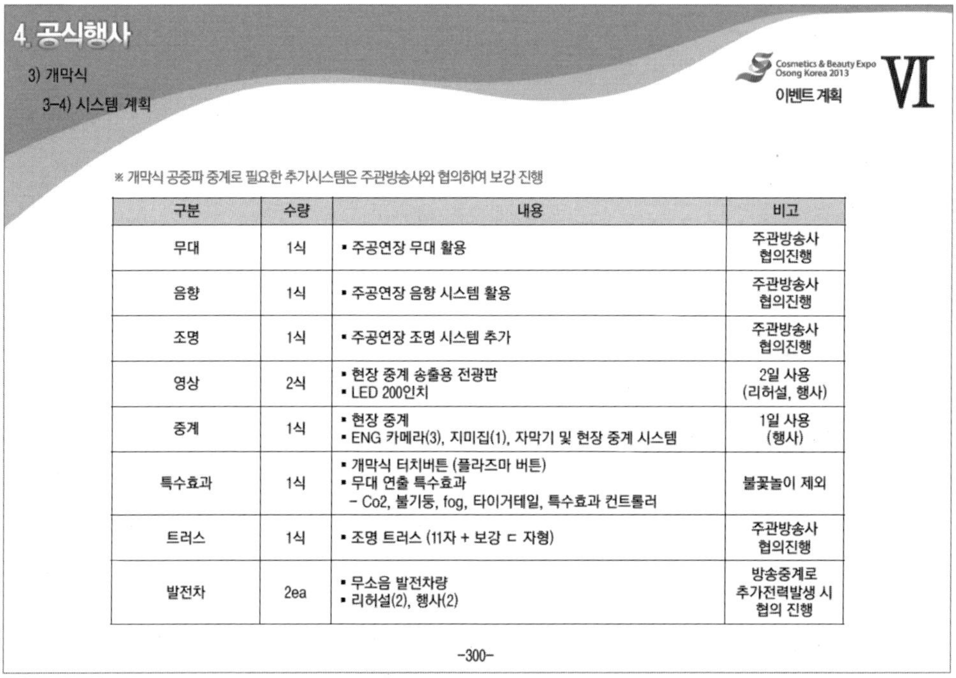
4. 공식행사
3) 개막식
3-4) 시스템 계획
Cosmetics & Beauty Expo Osong Korea 2013
이벤트 계획
VI

※ 개막식 공중파 중계로 필요한 추가시스템은 주관방송사와 협의하여 보강 진행

구분	수량	내용	비고
무대	1식	▪ 주공연장 무대 활용	주관방송사 협의진행
음향	1식	▪ 주공연장 음향 시스템 활용	주관방송사 협의진행
조명	1식	▪ 주공연장 조명 시스템 추가	주관방송사 협의진행
영상	2식	▪ 현장 중계 송출용 전광판 ▪ LED 200인치	2일 사용 (리허설, 행사)
중계	1식	▪ 현장 중계 ▪ ENG 카메라(3), 지미집(1), 자막기 및 현장 중계 시스템	1일 사용 (행사)
특수효과	1식	▪ 개막식 터치버튼 (플라즈마 버튼) ▪ 무대 연출 특수효과 - Co2, 불기둥, fog, 타이거테일, 특수효과 컨트롤러	불꽃놀이 제외
트러스	1식	▪ 조명 트러스 (11자 + 보강 ㄷ 자형)	주관방송사 협의진행
발전차	2ea	▪ 무소음 발전차량 ▪ 리허설(2), 행사(2)	방송중계로 추가전력발생 시 협의 진행

-300-

[그림 4-5] 2013 오송화장품뷰티세계박람회 개막식 장비시스템 계획

5) 실행예산 작성

예산수립에서 가장 중요한 것은 비용 대비 효과이다. 예를 들면, 참가자 1명 유치 시에 얼마의 경비가 소요되는가이다. 이같이 이벤트에서는 참가자 유치계획이 예산수립과 밀접한 관계가 있다. 또한 리스크 부담을 어디까지 안느냐에 따라 예산규모가 변한다. 즉, 중점항목을 결정한 다음에 예산을 수립해야 한다.

(1) 추정예산 수립

추정예산은 상세한 견적을 계산하지 않고 '어디에 얼마나 들까'라는 발상에서 작성된 예산이다. 당연히 이벤트 프로듀서가 과거의 경험에서 추출한 것이기 때문에 천만 원 단위라든가 백만 원 단위이다.

그와 관련하여 박람회라면 최근 사례의 평균치는 총액의 45%가 시설비, 16%가 전시비, 18%가 행사비, 8%가 광고홍보비, 13%가 운영비로 편성되어 있다. 그러나 박람회의 경우 전시중심, 영상중심, 행사중심 또는 복합형 등의 제작방식에 따라 비용내역이 다르기 때문에 세심한 주의가 필요하다. 추정예산을 수립할 때 통상 입장객 예측 수에 10,000원을 곱한 숫자 이내에서 총액을 설정한다.

(2) 실행예산 수립

실행예산은 실행계획을 세우는 과정에서 각 부문의 견적을 취합한 비용과 주최자의 전체예산을 포함한 것이기 때문에 주최자의 의견이 반영되어 산출된다. 〈표 4-3〉에서 2013 산청세계전통의약엑스포의 실행예산을 사례로 제시하였다.

〈표 4-3〉 2013 산청세계전통의약엑스포 실행예산

① 총예산

(단위: 천 원 / 부가세 포함)

구 분	항 목	세부 내용	총 소요예산	비고(%)
행사비	회장기반 조성 및 회장조성 부문	기반시설 조성, 게이트, 상징물, 펜스, 푸드코트	9,360,000	14
	전시부문	전시관 연출비 (상설, 비상설, 유치), 전시관 조성비 (상설, 비상설, 유치)	29,641,833	44
	컨벤션부문	연사초청, 영접 · 영송, 인건비, 기타 제작물 제작 등	4,800,000	7
	행사부문	사전붐업행사, 시설, 공연, 전야제, 개막식, 폐막식 등	7,937,000	12
	홍보부문	언론홍보, 홍보제작물, 사전홍보이벤트 등	4,000,000	6
	유치부문	유치전담반운영비, 유치활동비, 해외참가자 유치	1,650,000	2
	운영부문	인건비, 관리비, 물자비, 셔틀버스 등	5,132,500	8
	행사경비	행사 준비 기간 중 지출경비	1,900,000	3

	조직위 운영비	조직위 구성비, 기획, 설계, 사후관리 비용	3,570,000	5
1. 행사비 합계			67,991,333	
2. 예비비		행사비 합계의 약 7%	4,735,940	
총 계		사업수행비 합계	72,727,273	91
3. VAT		사업비 총계×10%	7,272,727	9
총 계		합계 + VAT	80,000,000	100

※170만 명 / 40일 기준 전시관 면적 및 관련 운영경비 산출

※행정안전부 예규 제 182호「지방자치단체 원가계산 및 예정가격 작성요령」에 의거 산출되는 일반관리비 및 이윤부문 포함되어 있지 않음.

-전체 행사비에 일반관리비 5~6%, 이윤 10~15% 계상

※예비비 7%는 행사 진행 시 돌발상황 및 일부 부족할 수 있는 행사비용을 대비하기 위해 책정한 것이며, 이에 관한 기준은 상황에 따라 변동될 수 있음.

② 세부예산

(단위: 천 원)

구분	항목	내역	예상 소요금액	비고
1. 회장 기반 조성 부문	기반시설 조성비	조경 및 부대시설 조성(주행사장)	2,300,000	
	주차장	임시(절성토, 석분깔기 등) 10만㎡ * 6,000원 = 600,000,000원	600,000	
		장애인 및 VIP(아스콘) 5만㎡ *10,000원 = 500,000,000원	500,000	
	기타 기반 조성	전기 및 조명공사 1식(주·부 행사장)	400,000	
		통신공사(인터넷 및 전화) 1식(주·부 행사장)	100,000	
		주 행사장 광장시설공사(휴게, 분수, 바닥, 구조물 등) 1식	900,000	
		부 행사장 광장시설공사(휴게, 분수, 바닥, 구조물 등) 1식	600,000	
소계 ①			5,400,000	
2. 회장 조성 및 관리	게이트(주 출입구, 부 출입구)	주·부 행사장 입구아치 보강 및 게이트 조성비용	300,000	
	사인 및 환경장식	현수막, 배너기 등 제작물 일체	400,000	

상징물 및 조경공사		정원수 및 잔디식재, 회장 내 광장(2개소) 조성, 꽃조형물 설치 등	1,500,000	
전관방송시스템		행사장 전관방송 시스템 설치비용	200,000	
펜스비용		행사장 지역펜스 설치비용(2.7km 기준)	150,000	
서비스/편의시설		매표소 및 종합운영본부, 각종 편의시설 설치비용(알루홀 텐트 및 MQ 텐트 설치)	400,000	
이동식 화장실		모바일 이동식 화장실(30개×700만원 / 40일 기준)	210,000	오폐수 처리 지방자치단체 협조
푸드코트		TFS 텐트(2,000m^2 + 1,500m^2) / 2군데 조성 및 기반공사(전기, 급배수 등)	200,000	주방시설 및 집기류 내용 별도(식음사업자 부담)
관리비	경비관리	경비인력 및 운영비 등	100,000	지방자치단체 협조
	환경관리	청소인력, 쓰레기 처리, 운영비 등	100,000	지방자치단체 협조
	보건/위생관리	방재 및 위생관리 운영비	50,000	
	주차관리	주차관리 인력 및 운영비	150,000	
	관람객 서비스	서비스 물자(유모차, 휠체어, 의자, 테이블 등)	200,000	
소계 ②			3,960,000	

(3) 수정예산 수립

이벤트는 기획에서 실시까지 변경의 연속이다. 특히 협찬이 예정대로 유치되지 않아 예산을 줄여야 할 경우도 있으며, 내용보완에 의한 추가나 실행견적에 의한 추가요인도 있다. 그로 인한 예산의 수정은 불가피하다. 최악의 경우 주최 측의 내부사정에 의한 예산의 대폭삭감은 기획을 근본부터 수정해야 하기 때문에 여기서는 다룰 수 없다. 우선, 전체예산을 파악하고, 수정해야 할 예산항목과 실행예산의 차이를 조정하는 작업이 필요하다. 최소한의 비용은 인정하고, 여유 있는 예산항목의 비용을 조정하는 순서로 작업하여 전체적으로 균형 있는 예산서를 만든다.

6) 일정 작성

실행계획안을 실행하기 위해서는 일정이 필요하다. 즉, 이벤트 실행프로그램까지의 공정이 필요하다. 이벤트 프로듀서의 실력을 보여 줄 만한 업무의 하나가 이 공정관리이다. 아무리 훌륭한 기획이라 하더라도 제시간에 맞추지 않으면 소용이 없다. 납기도 품질인 까닭이다.

(1) 각 단계별 일정

실무 스태프가 각 업무를 추진하면서 '기본구상 → 기본계획 → 실행계획 → 실행매뉴얼 → 제작 → 운영 → 철거' 순으로 공정표를 작성한다. 각 업무의 일정 작성에서 주의할 점은 다음과 같다.

- 무리한 공정은 다른 관련 업무에 부담을 주기 때문에 충분히 고려할 것
- 무엇을 우선적으로 할 것인가 결정할 것
- 사후공정은 있는지 검토할 것(사후공정을 생각해서 작업을 진행할 것)
- 관련 업무와의 상호연락을 긴밀히 할 것
- 프로듀서의 사고방식을 반영할 것

(2) 전체 일정

각 섹션의 일정을 모아 전체 공정으로서 이벤트 실시까지의 과정을 전원이 알기 쉽게 하고 일일 작업에 반영하는 일정이 전체 일정이다. 다른 섹션과의 관계와 자신의 위치도 한눈에 들어올 것이다. 특히 다른 섹션과 조정이 필요한 시점을 알 수 있는 일정이 바람직하다. 참고로 지방박람회 일정을 사례로 제시하였다(〈표 4-4〉 참조).

〈표 4-4〉 **지방박람회 일정 사례**

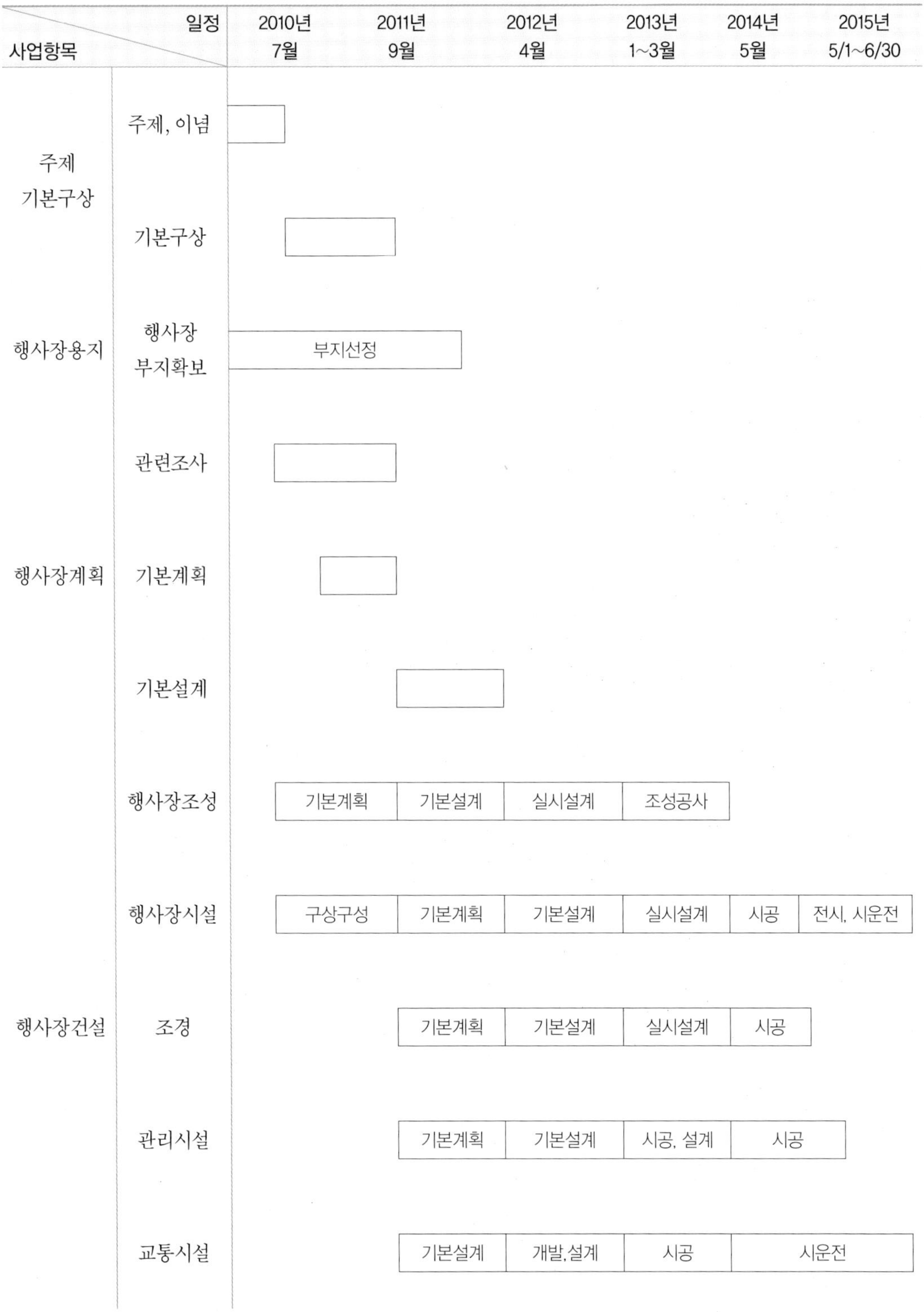

출전유치	주제출전	기본구성	기본계획	기본설계	실시설계	시공	전시	
	민간출전	조사	기본계획 (참가초청)	기본설계, 실시설계, 시공 (참가계약, 조정)	전시			
	외국출전	조사	기본 계획	참가 초청	기본 설계	실시설계	시공 (참가예약, 조정)	전시
	영업출전							
행사	행사	조사	기본계획	참가섭외, 계약	실시계획	준비	리허설	
운영	행사장운영	기본계획(운영설비)	실시계획	실시요령	요원채용, 훈련			
관람객유치 대책	관객수예측	제1차	제2차	제3차				
	운송대책	문제점 기본계획정리요강	계획 조정	계획조정				
	숙박대책	조정	기본계획	실시계획추진	계획조정, 실시	부족설비대책		
	유치대책	조사 기본설계	계획실시 추진	예약활동, 단체스케줄 조달 안내서비스 준비				
광고 · 홍보	광보	기본계획	실시계획	캠페인	캠페인	캠페인	직전 캠페인	프레스 센터
예산확보	자금대책	제1차 자금계획	조달	조달, 제2차계획	조달	조달		

2. 실무 기본지식과 준비

이벤트 실무의 기본지식을 습득하지 않고 이벤트를 실시할 경우, 주최자로서의 역할을 완수할 수 없다. 따라서 이벤트를 실시함에 있어 최소한의 기본지식은 습득해야 한다. '훌륭한 기획 + 주의 깊은 실시 = 효과적인 성공'이라는 것이 이벤트이다.

이벤트 실시는 현장측면에서 아이디어가 나온다는 시각이 필요하다는 것을 재인식할 필요가 있다. 아무리 훌륭한 기획으로 탁월한 실행계획서를 작성해도, 기획의도를 전달해 줄 미디어로서의 연출력과 뛰어난 행사장운영을 하지 못한 이벤트는 성공했다고 할 수 없다.

이 절에서는 이벤트 실무에 필요한 기본지식에 관하여 학습하고, 이벤트 실무의 핵심 포인트를 제시하여 행사장 연출과 실시운영에서 어떻게 입장객을 즐겁게 할 것인가, 기획한 이벤트의 주제를 어떻게 전달할 것인가, 의도한 목적을 어떻게 달성할 것인가 등 이벤트를 실시하는 데 체크해야 할 사항을 중점적으로 살펴본다.

1) 이벤트 실무의 기본사항

성공적인 이벤트를 실시하기 위해서는 다음 세 가지 요소를 확실히 인식하는 것이 중요하다. 첫째, 이벤트 실무의 기본지식을 습득할 것, 둘째, 이벤트 기획의도를 충분히 파악할 것, 셋째, 이벤트 실시에 따른 판단력, 결단력, 행동력, 유연성을 지닌 전문스태프들의 협력을 받을 것을 명심한다.

(1) 실무자 측면의 이벤트

기업의 이벤트 실무자는 우선 이벤트가 종합 커뮤니케이션 계획 중 하나의 방법이라는 것을 인식해야 한다. 이벤트는 마케팅력을 배경으로 한 기업의 광고와 홍보, 판촉수단으로 실시되고 있다. 따라서 전체의 종합 커뮤니케이션 계획을 파악하고, 왜 이벤트를 개최하는가를 충분히 이해할 필요가 있다. 우선 '개최목적'을 정확히 인식하는 것이 필요하다. 기업이 주최하는 이벤트의 '개최목적'은 소비자와의 양방향 커뮤니케이션에 의한 판매 촉진, 기업의 인지도 향상, 사회환원 등 사내 임직원 및 유통망의 인센티브 확대로 구분할 수 있다.

이벤트 현장에서 소비자를 직접 상대하고 상품을 판매하는 것뿐만 아니라, 기업의 콘셉트(기업의 사고방식)를 이벤트를 통해 소비자에게 전달해야 한다. 즉, 기업의 이미지를 구축할 필요가 있다. 이 점을 잊어버리면 단순한 판매나 단순한 이벤트가 되기 쉬우므로 기업 커뮤니케이션 측면에서 이벤트를 실시해야만 한다.

또한 실시내용만 보면 아무리 아이디어와 기획이 탁월하다 하더라도 실시단계에서 제대로 실행되지 않는다면 일명 '돼지 목의 진주목걸이'가 되어 버린다. 그 반대의 경우는 진부한 내용의 기획이라도 그 이벤트만의 독특한 매력과 효과적인 연출, 유치대책 등이 조합되면, 의외로 성과를 거둘 수 있기 때문에 실시단계에서의 이벤트효율성이 의문시되는 경우가 많다.

(2) 이벤트의 특성

흔히 "전쟁에서 잃은 것은 회의석상에서 되돌릴 수 없다."라고 하지만, 이벤트에서는 날씨 하나만 해도 불확실한 요소를 내포하고 있기 때문에 유연하게 대응할 수 있을 정도의 판단력과 협력이 다각도로 요구된다.

물론 실시단계 측면에서 본 이벤트의 특성은 많겠지만, 중요한 것은 이벤트가 도상계획의 단계를 떠난 때부터 확실한 '형태'가 되어 움직이기 때문에 많은 인력이 '하나의 것을 향해 많은 노하우와 시간을 투입한다'는 사실관계를 파악하는 것이다.

또한, 이벤트는 종료 후에 확실히 그 성과가 나타날 것이라는 '기대감'이 존재한다. 이벤트는 인재(모든 분야의 개성있고 유능한 사람), 조건(장소, 환경, 연출, 장비 등), 자금(예산), 시간(적시성, 개최까지의 시간), 정보(마케팅, 날씨, 개최장소)를 조합하여 기업의 메시지(기업 이미지, 상품 등)를 전달하고, 직접적으로 참가자에게 감동적인 연출로 체감시키는 미디어라고 할 수 있다.

하나의 이벤트를 실시하는 것은 하나의 회사를 경영하는 것과 같다. 사장(프로듀서)을 중심으로, 부장(디렉터)과 과장(치프), 담당(스태프)이 회사의 목적(이벤트의 목적)을 달성하기 위해 기획안을 수립하여 참가자(대상)에 대해 업무(이벤트의 내용)를 수행(연출)한다.

(3) 이벤트 실시의 유의점

기업이벤트에 관해서는 통상업무와 겸하며, 광고, 기획, 판촉 등의 부서가 중심이 되어 업무를 추진하는 경우가 많기 때문에 다음에 제시하는 유의사항을 체크포인트로 검토해야 한다(〈표 4-5〉 참조).

〈표 4-5〉 이벤트 실시를 위한 체크포인트

- 이벤트로서 해결할 과제를 명확히 한다.
  (홍보, 광고, 마케팅, 판촉 등 모든 계획 중에서 이벤트의 위치 설정)
- 과제해결의 포인트를 명확히 정립한다.
- 누가 리더가 되고 어느 업무를 담당할 것인가를 명확히 한다.
- 각 부서와의 연계를 긴밀히 한다.
- 사내 담당과 외부 브레인의 업무를 명확히 분담한다.
- 외부 브레인에게 충분한 오리엔테이션을 한다.
- 효과목표를 설정한다.
- 우수한 스태프로 구성한다.
- 이벤트 내용이 주제를 잘 표현하고 있는가를 사전에 검증한다.
- 전체 계획을 잘 이해한다.
- 조직내부의 공감대를 얻는다.
- 함부로 아는 척 하지 않는다.
- 연예인과의 교류에는 일정한 선을 긋는다.
- 예산규모 내에서 해결할 수 있는가를 검증한다.
- 예산을 충분히 확보한다.
- 관계기관에 허가 및 신고는 여유를 가지고 사전에 신청한다.

(4) 마이너스 효과와 리스크 흡수 대비

이벤트가 반드시 성공한다고만은 볼 수 없다. '예측대로 동원이 되지 않았다.' '우천 때문에 중지가 됐다.' '연예인이 비행기 연착으로 제 시간에 오지 않았다.' '예측할 수 없는 상황이 발생하여 개최할 수 없었다.' '개최했지만 기획과 전혀 다른 내용이라서 하지 않는 게 오히려 나았다.' '연출상의 문제로 참가자에게 기획내용이 어필되지 않았을 뿐만 아니라, 기업 이미지를 실추시켰다.' '사고가 발생해서 소송사태가 발생했다.' '언론의 혹평을 받았다.' 등 마이너스 측면이 부각된 이벤트는 이벤트를 포함해 전체 계획에서 상응한 성과를 거두어도 실패했다는 평가를 받는 경우가 많다. 그래서 실패를 되돌릴 수 없는 것이 이벤트이다.

따라서 리스크를 최소화하기 위한 대책을 고려할 필요가 있다. 상해보험, 중지보험 등의 보험에 드는 것도 한 방법이지만, 그보다는 사전에 여유 있는 일정과 전문 스태프로 구성하여 창의적인 계획을 세우는 것과 그것을 실무경험이 풍부한 전문가들이 시뮬레이션을 반복하여 실행계획대로 실시하는 것이 리스크를 최소화하는 최선의 방법이다.

2) 기업이벤트의 분류

앞에서는 이벤트 실시에 있어 알아 두지 않으면 안 되는 기본사항에 관하여 서술했다. 여기서는 기업이 주최하는 이벤트를 실무차원에서 분류한 사례를 검토해 보자. 〈표 4-6〉은 기업의 내 · 외부를 막론하고 관련 있는 이벤트 종류를 제시한 것이다.

〈표 4-6〉 **기업이벤트의 종류**

- 문화행사: 강연회, 심포지엄, 세미나, 포럼
- 전시회: 신기술전시, 해외 전문전시, 특별 주제전시 등
- 스포츠이벤트: 골프, 테니스, 마라톤, 농구, 축구, 길거리 농구 등
- 음악이벤트: 콘서트, 페스티벌, 뮤지컬, 노래자랑
- 문화강좌: 대상별 강좌(지역별, 성별, 연령별, 속성별, 프로그램별)
- 콘테스트: 사진, 아이디어, 그림, 수기공모, 소장품 등
- 국제문화 교류: 심포지엄, 교류회, 장비 전시, 사진전 등
- 각종 공모: 관련 논문, 사가(社歌), 심벌캐릭터, 제품명, 디자인, 작품 등
- 사회 캠페인: 환경운동, 교통안전, 불우이웃돕기, 재활용품 수집 등
- 박람회 참가전시: 세계박람회, 지방박람회 등
- 판촉에 가까운 행사: 요리 · 컴퓨터 · 음악 등의 강좌 개설, 토크콘서트, 파티 등
- 판촉행사: 신제품 발표회(캠페인과 병행), 오피니언 그룹초대(호텔디너, 주제공원 특정장소, 오픈하우스 등)
- 일반행사: 공식행사(세리머니, 파티)

(1) 사내 및 사외 이벤트 구분

〈표 4-6〉의 기업이벤트 종류를 보면, 사내이벤트로 할 것인가 사외이벤트로 할 것인가는 참가대상을 사내로 할 것인가 사외로 할 것인가에 따라 결정된다. 물론 목적은 다르다. 사내를 대상으로 한 이벤트는 '사원의 활성화' '사원 및 가족에 대한 보상' '사원 자긍심 고취' 등이 중요한 목적이다. 담당부서는 총무 및 기획 부서가 대부분이다.

사외이벤트는 '기업홍보' '기업 이미지 제고' '판매 촉진' '협력기업에의 인센티브 효과' '유통의 활성화' 등이 중요한 목적이 된다. 담당부서는 상황에 따라 광고, 홍보, 기획, 판촉, 영업, 개발 등의 부서가 주관이 되어 타 부서와 협력해서 진행하는 경우가 많다.

(2) 사내이벤트와 사외이벤트 사례

① 사내이벤트

- 업무 유공자의 표창 등 사내 세리머니
- 사원 위로를 위한 운동회
- 사원기숙사나 연수원의 오프닝 이벤트, 기념파티 등
- 사원과 그 가족을 대상으로 한 사은세일과 사은행사
- 사가(社歌) 및 제안공모
- 기타 사내 심포지엄, 기념식수, 보상여행 등

② 사외이벤트

- 비즈니스 숍과 모터쇼 등 시제품전시, 전시회, 설명회
- 뮤지컬과 축구 등의 이벤트가 많은 공연, 스포츠
- 기념식전, 파티 등의 세리머니, 리셉션
- CF, 이미지걸 모집을 위한 모델 콘테스트 등
- 판촉 이벤트

(3) 상설이벤트와 단발이벤트의 주요 포인트

이벤트에서는 정기적으로 실시하는 '상설이벤트'와 필요에 따라 실시하는 '단발이벤트'가 있다. 각 이벤트의 주요 포인트를 다음에 제시하였다.

① 상설이벤트의 중요 포인트

- 회를 거듭할 때마다 이전 회 실시결과에 대해 반성한다.
- 지난 회에 참여한 스태프 몇 명을 실행위원회에 포함한다.
- 똑같은 실수를 반복하지 않는다.
- 지난 회보다 내용을 충실하게 한다(매너리즘 탈피).
- 핵심이벤트의 체크를 놓치지 않는다(미니이벤트를 너무 늘리지 않는다).

② 단발이벤트의 중요 포인트

- 실패는 돌이킬 수 없다는 것을 스태프 전원이 인식한다.
- 사전홍보와 프레이벤트를 충분히 한다.

- 실시된 이벤트를 계기로 무엇을 할 것인가라는 목적의식을 갖는다.
- 한 번뿐이라고 해서 너무 여러 가지를 기대하지 않는다.
- 한 번뿐이라고 해서 인력, 조건, 예산, 시간, 정보를 낭비하지 않는다.

3) 이벤트 프로듀스

하나의 이벤트를 실시하는 것을 '이벤트를 프로듀스한다'고 말한다. 단순히 이벤트의 현장만을 한정해서 프로듀스라고 하지는 않는다. 이벤트를 프로듀스한다는 것은 이벤트의 기획 구상부터 기획, 실시에 이르기까지, 관련된 업무 전체를 관리하는 것이다. 그러면 이벤트 프로듀스가 어떤 것인지 살펴보자.

(1) 프로듀스 업무

이벤트 프로듀스 업무는 인재, 시스템, 예산, 시간, 정보를 구사하여, 이벤트의 전반적인 진행과정을 종합적으로 관리하는 것이다. 그래서 '이벤트 프로듀스' 시스템은 영화제작 시스템과 유사하며, 오늘날 이벤트 분야에도 정착되었다.

이벤트 프로듀스 업무와 관련하여 [그림 4-6] 이벤트 프로듀스 프로세스를 참조하기 바란다.

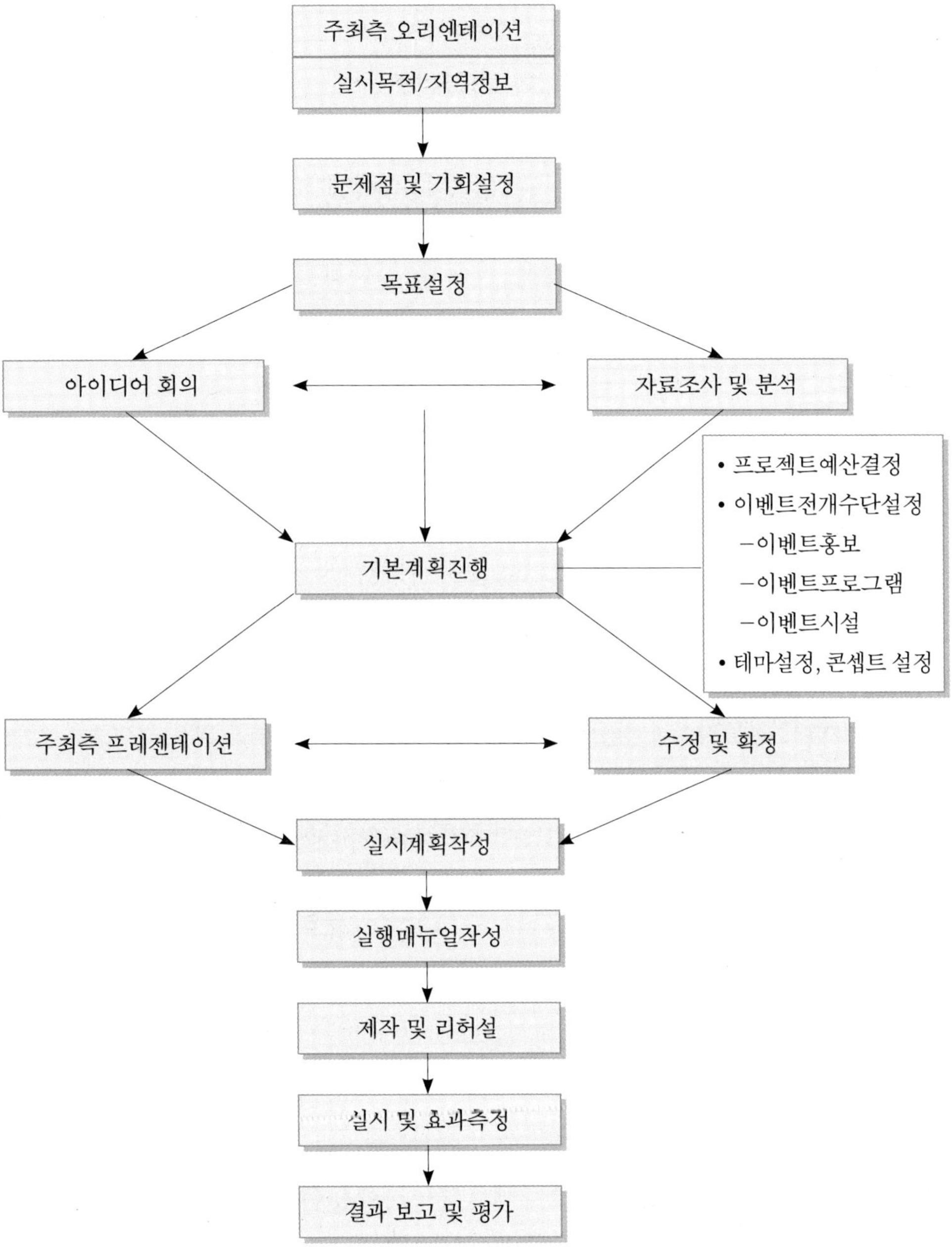

[그림 4-6] 이벤트 프로듀스 프로세스

(2) 주최 측 담당과 외부 전문스태프의 관계 설정

주최(기업) 측 담당과 외부 전문스태프는 기획의 프레젠테이션 때부터 얼굴을 익히는 경우가 많다. 외부 전문스태프는 기업 측에서 이벤트와 관련해 다음과 같은 항목에 대해 오리엔테이션을 받는다.

- 이벤트의 성격, 방향성
- 행사장, 공간, 일정
- 연출 콘셉트
- 개최행사의 운영, 전개의 방향성
- 예산

그다음 곧바로 전문 스태프진을 구성하고, 기획상황에 따라 밤을 새워 검토하기 때문에 마음은 하나가 되기 쉽지만, 기획이 확정되고 나서 기업 측 담당과 외부 스태프가 하나의 이벤트를 실시하기 위해 공동협력으로 진행하는 데에는 어려움이 많다. 의식구조에 있어 주최자와 제작자의 관계가 존재하기 때문이다.

기획을 결정하고 외부 전문스태프 구성이 확정되면, 기업 측 담당은 외부 스태프도 '한솥밥을 먹는 식구'라는 인식을 가질 필요가 있다. 게다가 외부 전문스태프는 해당 분야의 프로이다. 전문지식과 경험이 적은 기업 측 담당자는 노련한 외부 스태프를 활용하는 것이 이득이다. 의뢰하는 기업 측면에서도 2배, 3배 도움이 된다. 또한 외부 전문스태프도 주최측 담당과 잘 조화하려는 마음가짐을 가져야 한다. 조직운영에서 인간관계를 잘 유지하는 이벤트는 80% 정도 성공했다고 해도 과언이 아니다. 결국 파트너로서의 인간관계 형성이 성공의 열쇠가 된다.

(3) 주최 측 팀장과 이벤트 프로듀서의 업무

이벤트 프로듀서에게 협력, 의뢰하는 주최 측 팀장의 주요 업무는 다음과 같다.

첫째, 주최 측의 해당 이벤트에 관한 추진 콘셉트를 이벤트 프로듀서에 정확히 전달한다. 둘째, 이벤트 프로듀서와 외부 스태프가 업무하기 쉬운 환경을 조성한다. 특히, 이벤트 프로듀서에게는 상당한 권한을 위임한다. 셋째, 이벤트 프로듀서를 포함한 이벤트 프로젝트팀이 결정한 사항의 사내 공감대를 형성한다. 넷째, 결정사항의 사내홍보를 책임진다. 다섯째, 관계기관에 허가신청 작업과 섭외를 책임진다.

다음으로 이벤트 프로듀서의 주요 업무는 다음과 같다.

첫째, 주최측의 이벤트 개최목적, 개최의도를 이해하고 목적달성을 위한 방안을 제시한다. 둘째, 전문 스태프를 선정, 프로젝트팀을 구성한다. 셋째, 프로젝트팀이 기획한 내용이 개최목적 및 의도와 부합되는가를 검증한다. 넷째, 적절한 예산계획으로 실행되고 있는가를 검증한다. 다섯째, 기획수정 등 작업 도중의 진행관리를 한다.

이벤트 프로듀서에게 의뢰하지 않은 주최측 팀장은 당연히 이벤트 프로듀서의 업무를 해야만 한다.

(4) 절대적 권한자로서의 역할

이미 이벤트 프로듀서의 역할을 다시 한 번 요약하면 다음과 같다.

- 이벤트 총괄책임자로서의 임무수행
- 주최자와 동일이념에 입각한 임무수행
- 수지계획, 운영계획에 대한 명확한 판단과 실행
- 작업진행 도중에 체크 및 수정

이벤트 프로듀서는 기업으로 치면 경영자이다. 임무를 수행하기 위해 스태프(사원)의 개성과 창조성을 노련하게 끌어내고, 각자의 능력을 발휘시켜 방향성을 끊임없이 체크하고, 창조적이며, 실천적이고, 거기에다 비즈니스 감각을 지니고 있는 것이 중요하다. 이처럼 경영의 모든 책임을 지고 있다는 것은 절대적인 권한을 가지고 있다는 것을 의미한다.

(5) 주최, 후원, 협력, 협찬 의뢰

이 장에서는 기업이 주최하는 이벤트에 대해 배우고 있기 때문에 주최자는 기업을 가리킨다. 그러나 기업이 해당 이벤트의 비중을 높이기 위해 매스컴이나 공공기관에 주최를 의뢰하는 경우도 있다. 주최료를 지불하고 간단하게 주최자가 되는 스폰서십과 기업과 함께 행사를 추진하는 공동개최가 있다. 또한 실행위원회를 기업의 영향력이 미치지 않는 주최단체로 구성하는 경우도 있다.

어찌됐든 이벤트 프로듀서와 기업의 대표자(이벤트 담당책임자)가 주최를 의뢰할 필요가 있는 후원, 협력에 관해서는 행정기관, 상공회의소, 각종 단체, 매스컴이 주요 의뢰처이다. 주최자나 후원, 협력도 이벤트의 우위성 어필, 입장객 유치 협력, 협찬사 확보를 목적으로 하기 때문에, 기업 단독으로 모든 것을 추진할 수 있다면 기업단독 주최도 무방하다.

협찬에 관해서 기업단독 주최는 고려할 필요가 없지만, 매스컴이나 행정기관이 주최에 관여하거나 한 회사에서 전체 예산을 감당할 수 없는 경우에는 협찬을 의뢰한다. 주최, 후원, 협력, 협찬의 의뢰는 개최취지를 작성하여, 그 취지를 잘 이해시키고, 협력범위를 구축할 필요가 있다.

(6) 고지 및 홍보

이벤트는 대내적으로 스태프를 모아 실시를 향해 준비하는 것뿐만 아니라 대외적으로 이러한 이벤트를 실시할 예정이라는 고지가 필요하다. 앞서 설명한 대로 홍보가 매우 중요하다. 당일 유치로 연결하기 위해 다음과 같은 사전홍보가 필요하다.

- 포스터 게시
- 전단 배포
- TV, 라디오, 신문, 잡지, 온라인매체에 광고 게재
- 매스컴에 사전취지에 대한 기사, 보도 노출
- 사전 미니이벤트 개최 고려

고지를 위한 도구(포스터, 전단, 기념품 등) 제작에 관해서는 생략하지만 이것도 이벤트 프로듀서의 관리항목이라는 것을 인식해야 한다. 여기서는 사전 미니이벤트의 개최에 관하여 서술하고 사전 이벤트의 필요성을 생각해 보자. 매스컴의 취재는 통상 본 이벤트 위주이기 때문에 TV나 신문에서 보도될 때에는 결과에 관한 고지이며, 이벤트 당일 유치수단은 되지 않는 것이 현실이다. 이 때문에 고지를 포함, 본 이벤트를 향해 고조되어 가는 분위기를 사전에 취재하여 이벤트 당일의 관객유치를 겨냥하는 것이 중요하다. 사전 미니이벤트의 사례는 다음과 같다.

- ○○공모
- 사전 심포지엄
- 콘테스트
- 퀴즈게임
- 대리점 대상 세일 콘테스트
- 기념품의 예약접수 등

본 이벤트의 방향과 일치하는 미니이벤트를 실시해야 한다. 홍보에 필요한 중요한 자료로서 '보도자료(프레스 키트)'가 있는데, 보도소재로서 '이런 멋진 내용이 있다.'라고 어필할 필요성에서 작성한 것이다. 작성하는 내용은, 첫째, 이벤트 개요, 둘째, 화제성, 의외성, 감동성, 현실성을 어필하는 내용 등이다. 보도자료를 매스컴에 배포하는 것이 가장 좋은 방법이지만 시간제약이 있는 경우, 기자클럽에 제출한다든지, 담당 데스크로 발송(이 경우, 직접 담당자가 받을 수 있도록 담당자를 명기할 것)해야 한다.

(7) 예산관리

앞서 작성한 실행예산을 바탕으로 작업진행에 맞춰서 예산명세서와 견적서를 체크, 지출을 관리해야 한다. 원가관리라고 하면 이해될 것이다. 월별관리표를 작성하여, 발생한 비용과 향후 발생할 비용을 파악하여, 공정표와 작업의 진행상황에 따라 판단하는 능력이 필요하다. 당연히 수입예산에 변경이 생긴다든지, 지출예정 외의 항목 추가 등 전 스태프의 움직임을 파악하면서 계속 관리해야 한다. 그리고 최종적으로 실행예산서대로 흑자를 내야 한다. 〈표 4-7〉은 예산관리표의 사례이다.

〈표 4-7〉 **예산관리표 사례**

항목	실행예산 (A)	확정상황		지불내역			분석		대책
		진행상황(%)	금액(B)	선급금(C)	잔금(D)	합계(E)	A~E	B~E	

(8) 일정관리

이벤트 실시가 결정되면 기획단계부터 평가회까지 전체 일정을 관리해야 한다. 각 업무별로 상세한 일정을 작성하여 매일 작업 진행상황을 일정표에 그려 가며, 지연되는 업무를 담당하고 있는 스태프와 원인분석을 하고 대책을 수립하여 다음 공정과의 균형을 생각하면서 일정을 조정해야 한다. 이벤트는 개최일정이 결정되면 포스터, 초대장,

메일, 홈페이지, SNS 등으로 고지한다. 이벤트를 연기한다는 것은 천재지변 이외에는 생각할 수 없다. 또한 개최 당일까지 모든 것이 준비되지 않으면 실시할 수 없는 것이 이벤트이다. '사전 준비작업'에 모든 것이 결정되기 때문이다. 〈표 4-8〉 〈표 4-9〉는 이벤트 관련 일정표 사례이다. 실제 이벤트 상황에 맞게 작성하여 활용하기 바란다.

〈표 4-8〉 **이벤트프로젝트 전체 일정표**

구분	4월 중	5월 중	6월 중	7월	실시기간	8월
총괄기획	실행계획	→	실행매뉴얼 (1차)	실행매뉴얼 (2차)		평가회
인쇄물	디자인시안 확정	국내인쇄물 제작	배포	→		
홍보활동	실행계획	준비	실시	→		
이벤트	실행계획	섭외	실행매뉴얼	준비	실시	
관광객유치	실행계획		캠프유치	→	운영	
전시제작	실행계획		최종시안 확정	제작설치	운영	철거
운영	실행계획		실행매뉴얼	인원선발교육	실시	
재원확보	실행계획	협찬유치	→	입장권발매	→	결산

〈표 4-9〉 **특별전시 일정표 사례**

일자	세부업무	비고
8/11	전시 추진일정 및 추가자료 입수, 판넬시안 확정	
8/16~9/5	전시판넬 원고 디자인작업 및 완료	
8/23~9/16	전시판넬 및 부분설치물 제작 완료	
9/4~5	대여유물 보험가입 계약체결	
9/5	전시장 운영요원 교육 및 전시장 공간 확보	
9/6~7	전시자재 운송 및 반입	
9/14~19	전시장 공사 및 설치 완료	
9/20~21	전시유물 반입 및 진열	
9/22	전시 최종점검 및 운영 시뮬레이션	
9/23	전시장 오픈	
9/23~10/12	전시장 운영	
10/13~14	전시장 철거 및 전시물 반납	

(9) 현장 스태프 관리

사전준비 작업 시는 각 계획을 근거로 하여 담당 스태프가 작업하므로 야근 및 철야 등에 대비한 건강관리가 필요하다. 또한 각 부문의 횡적연결을 배려하면, 자연스럽게 팀워크가 이루어진다. 이벤트에 익숙한 스태프는 자신의 일도 이벤트화하기 때문이다. 또한 이벤트 당일 현장 스태프 관리 역시 중요한 문제이다. 현장에서는 MC, 도우미, 아르바이트 등 여성 스태프가 많이 참가하게 된다. 당연히 사전 교육연수는 실시하지만, 충분한 연수를 하더라도 현장에서는 예상치 않은 상황이 발생하므로, 순발력 있는 대응이 필요하다. 이는 이벤트 프로듀서가 충분히 고려해야 할 사항이기도 하다. 〈표 4-10〉은 지방박람회의 도우미의 연수 커리큘럼 사례이다.

〈표 4-10〉 **지방박람회 도우미 연수 커리큘럼(4일간 연수할 경우)**

<table>
<tr><th>시간</th><th>1일차</th><th>2일차</th><th>3일차</th><th>4일차</th></tr>
<tr><td>09:00</td><td></td><td>• 집합: 접대훈련의 주지와 진행방법에 관하여
• 자기소개: 자신을 알리기 위해(목소리 크기, 자세)</td><td rowspan="3">• 집합
• 발성훈련(야외)
• 도우미기본동작
–바른 자세
–인사법(목례)
–걷는 법
–앉는 법
–정렬
–사진의 경우 동일한 포즈</td><td rowspan="3">• 집합
• 발성훈련(야외)
• 관내용어 의뢰, 금지사항
• 마이크에 의한 어나운스 요령과 실습
• 접수대응요령과 실습
• VIP 안내요령</td></tr>
<tr><td>10:00</td><td></td><td>• 발성훈련: 큰 목소리, 구강체조, 빠른 말투(야외)</td></tr>
<tr><td>11:00</td><td></td><td>• 도우미업무: 마음가짐, 접대, 일반소양, 단정한 몸가짐, 에티켓
• ○○박람회 개요와 안내서비스 요령</td></tr>
<tr><td>12:00</td><td></td><td>점심 및 휴식</td><td>점심 및 휴식</td><td>점심 및 휴식</td></tr>
<tr><td>13:00</td><td rowspan="2">• 집합
• 박람회의 개요 설명</td><td rowspan="2">• 언어사용법 1
존댓말에 관해서, 존댓말의 종류, 존댓말의 사용분류, 틀리기 쉬운 존댓말</td><td>이동</td><td rowspan="4">• 박람회도우미로서 본연의 자세, 이상적인 도우미상, 무엇이 도우미에게 요구되는가
• 그룹토의
• 결의문 작성
• 결의문 발표</td></tr>
<tr><td>14:00</td><td>• 미용강습
유니폼에 적합한 화장과 머리형</td></tr>
<tr><td>15:00</td><td>• 주최측의 도우미에 대한 요망</td><td rowspan="2">• 언어의 사용법 2
–응대용어
–인토네이션(어조)
–완곡어법</td><td rowspan="2">• 애로사항 처리법
관람객이 갖는 공통심리, 예상되는 애로사항과 대응</td></tr>
<tr><td>16:00</td><td>• 참가취지 설명 (기업 측면)</td></tr>
<tr><td>17:00</td><td></td><td></td><td></td><td>업무 연락</td></tr>
</table>

Tip 행사 중 배려해야 할 유의사항

- 행사장에 탈의실과 휴게실은 별도로 설치한다.
- 행사장에서의 점심은 전체 스태프가 먹을 도시락을 미리 주문하여 준비한다.
- 도우미의 대기실(휴게실)에는 누울 수 있는 공간이 필요하다. 모포나 베개가 있으면 더욱 좋다.
- 스태프용 커피나 음료 등을 준비한다.
- 장기간 이벤트의 경우는 유니폼 세탁, 숙소, 식사, 통근방법이 문제이다. 각 지역마다의 차이점에 주의해야 한다.

4) 이벤트업계의 특징

현재 이벤트 산업은 업종분류표에는 정확히 명시되어 있지 않다. 기본적으로는 서비스업으로 분류되고 있지만, 대규모 이벤트는 건설업이나 제조업도 제작에 참여하고 있다.

기업이 주최하는 이벤트를 실시하는 경우, 대부분 기획, 제작, 운영의 3단계를 거친다. 이벤트의 유통경로는 예산의 흐름을 보면 어떠한 구조로 되어 있는가를 이해할 수 있다. 전시회를 예로 들면 각 단계의 참여회사와 유통경로는 대개 〈표 4-11〉과 같다.

〈표 4-11〉 이벤트의 유통경로(전시회의 예)

이벤트의 흐름	유통경로 = 담당회사
오리엔테이션	주최자 = 기업 광고대행사, 이벤트전문회사
	광고대행사, 이벤트전문회사, 조사회사, 전시회사, 그래픽 디자이너, 카피라이터, 홍보대행사
기획안 작성	광고대행사, 이벤트전문회사, 전시회사, 언론사, 영상, 음향, 조명회사 등
준비작업	광고대행사, 이벤트전문회사, 전시회사, 언론사, 디자이너, 카피라이터, 사진가, 일러스트레이터, 홍보물제작 회사, 운송회사
실시 운영	광고대행사, 이벤트전문회사, 전시회사, 인력파견회사, 손해보험회사
결과 보고	광고대행사, 기획회사

(1) 이벤트 관련 업종

이벤트의 대표적인 예로서 박람회를 들 수 있다. 기업이 박람회에 출전하는 경우 〈표 4-12〉의 업종이 관련하게 된다.

〈표 4-12〉 박람회에 직접 관련 있는 업종

구분	기획조정 기본구상	실시계획 설계	행사장 계획	유치계획 실행	교통계획 실행	전시계획 실행	운영계획 실행	광고 · 홍보계획 실행	행사계획 실행
종합건설업 (건축, 토목, 조경 등)		○							
설비공사업 (전기, 급배수)	○	○							
출판인쇄업			○			○		○	○
철도업					○				
여객운송업					○				
화물운송업					○				
선박운송업					○				
항공업					○				
창고업					○				
여행업				○					
통신업							○		
상품소매업							○		
일반음식점							○		
손해보험업							○		
물품대여업						○	○	○	
영상제작						○			○
영상장비렌탈						○			○
놀이시설				○					
방송업	○					○		○	○
정보서비스업			○						
광고업	○					○		○	○
건물관리업							○		
경비업							○		
전시제작업						○		○	○
이벤트대행업						○		○	○
인력파견업							○		
디자인업						○		○	○
토목건설업						○			
폐기물처리업							○		

(2) 이벤트 관련 기업

업종 분류에서 알 수 있듯이, 이벤트 제작에 참가하는 업종은 상당히 다양하다. 구체적으로 파악하면 다음과 같이 약 20개 업종의 기업을 들 수 있다.

- 광고대행사
- 신문사, 방송국, 잡지사, 인터넷신문사 및 방송사 등 매스컴 계열
- 이벤트전문회사
- 정보서비스회사, 조사회사
- 디자이너, 카피라이터, 카메라맨, 일러스트레이터 등
- 인쇄관련 회사(CG, 제판, 제본, 인쇄 등)
- 인력파견회사(도우미, 나레이터, MC, 아르바이트 등)
- 영상제작회사(비디오, 슬라이드 등)
- 음향 · 조명회사(사운드 엔지니어, 라이팅 엔지니어 등)
- 흥행회사(프로모터, 연예인 프로덕션 등)
- 경비회사
- 손해보험회사(이벤트 종합보험)
- 운송 관련회사(철도, 자동차 운송, 항공, 선박, 창고 등)
- 여행사
- 렌탈회사
- 설계사무소
- 건설회사, 전시회사
- 통신회사(한국통신, 기타 통신회사 등)
- 기타 사인물, 판촉물 제작회사 등

(3) 연예계의 특징

밤에 만나더라도 "좋은 아침입니다."라는 인사가 일반적인 것이 연예계이다. 얼굴이 명함이라고 말하는 연예인은 돈을 지불해 주는 스폰서에게는 언제나 생글생글 웃는 얼굴이다. 그러나 이 웃는 얼굴에 주의해야 한다. '영업상 얼굴'이지 본심은 아니다. 접객업이 아닌 능력을 파는 전문직이기 때문이다. 따라서 계약에 없는 사인용지를 몇 장이고 요구한다든지, 콘서트 종료 후 식사를 제의하는 등 연예인 입장을 생각하면서 행동

에 신중을 기할 사항이 많이 있다. 다음에 열거한 사항은 흔히 실수할 수 있는 사항이니 참고했으면 한다.

- 계약서를 작성하지 않는다: 구두로 약속을 하면 행사장에 나타나지 않고 다른 이벤트 및 공연에 출연할 수 있다.
- 계약이 애매모호하다: 계약서는 있지만 출연료, 세금부담, 식사, 교통비, 숙박비의 부담자가 확실치 않기 때문에 지불할 때 문제가 된다. 특히 세금 관련 마찰도 많다.
  - 출연료만 드는 경우: 출연료 + 식사비
  - 교통비, 숙박비가 드는 경우: PA시스템(마이크 및 음향장비 등)과 조명을 포함한 금액으로 하는 경우도 있다.
- 계약조건을 변경한다: 계약할 때 50%, 출연 개시 전 50%를 지불한다는 계약조건이었지만, 공연이 끝나고 나서 지불하겠다고 통보했기 때문에 연예인은 계약위반이라고 하며 돌아가 버렸다.
- 지불조건을 발주자의 통상 인수조건과 똑같이 한다: 연예계의 지불조건은 통상 선금은 물론 현금지불이다.
- 지불확인증(〈표 4-13〉 참조)을 발행하지 않는다: 원천징수세를 주최자가 세무서에 지불했다는 증명서가 있어야 한다. 연예인은 소득세 신고 때 지불확인증이 필요하며, 반드시 발행해야 한다.
- 주최자 사정으로 PA 및 조명을 직접 준비할 경우: 출연 연예인과 관련된 오퍼레이터를 써 달라는 요구도 받고, 비용도 청구당한다.
- 현지 조달, 현지 음향의 경우 필요한 기재가 준비되지 않았다: 연예인 프로덕션에 미리 연락해서 서울에서 공급받는다. 당일에 준비되지 않으면 사정을 하더라도 연예인은 무대에 오를 수 없다.
- 악기의 운송비용을 예산에 넣지 않는다: 필히 감안해야 한다.
- 연예계의 공연회수 계산은 회당이다: 동일 행사장에서 밤 2회 스테이지 = 2회 공연 / 동일 행사장에서 낮 1회, 밤 1회 스테이지 = 2회 공연

그 밖에도 많은 경우의 수가 있는데, 그때마다 연예기획사 측과 성의를 가지고 교섭하는 것이 바람직하다. 계약조건은 설정하기에 따라 앵콜과 사인회 등 모든 것을 주최자의 마음에 들도록 해 주는 연예인도 있다는 점을 덧붙이고 싶다.

〈표 4-13〉 **지불확인증**

<table>
<tr><td>건 명</td><td colspan="3"></td></tr>
<tr><td rowspan="2">영수인</td><td colspan="3">주소 또는 소재지 :</td></tr>
<tr><td colspan="3">성명 또는 상호 : (인)</td></tr>
<tr><td>항 목</td><td>내 역</td><td>지 급 액</td><td>원천징수액</td></tr>
<tr><td></td><td></td><td></td><td></td></tr>
<tr><td></td><td></td><td></td><td></td></tr>
<tr><td></td><td></td><td></td><td></td></tr>
<tr><td></td><td></td><td></td><td></td></tr>
<tr><td colspan="4">(적요)</td></tr>
<tr><td rowspan="2">지불인</td><td colspan="3">주소 또는 소재지 :</td></tr>
<tr><td colspan="3">성명 또는 상호 : (인)</td></tr>
</table>

주: 이 지불확인증은 2부를 제출하여 주십시오.

5) 이벤트 실무자의 기본지식

여기서는 이벤트 실무자로서 최소한 알아야 할 사항을 다루고자 한다. 이벤트를 실시하는 데 반드시 도움이 될 기본지식이 될 것이다.

(1) 자주 사용되는 이벤트 용어

일반적인 업계용어는 여기서 다루지 않고, 특히 이벤트 기획과 실시과정에서 일반적으로 사용하는 용어만을 설명하겠다(〈표 4-14〉 참조). 음향이나 조명, 영상 등 이벤트 장비를 전문적으로 연구하는 분들은 관련된 전문서적이 있으므로 서점에서 찾아보기를 권한다.

〈표 4-14〉 **이벤트 용어 사례**

용어	세부 내용
콘셉트	개념, 정의 부여, 기업이나 상품의 본질을 명확히 나타낸 것 기업이나 상품에 새로운 가치관을 부여하는 것
PA	Public Address System의 약자. 대중 전달장치, 음향장치를 통칭함
디렉터	현장 책임자, 전시 디렉터, 음향 디렉터, 조명 디렉터, 영상 디렉터, 운영 디렉터 등이 필요
MC	Message Commentator의 약자. 사회자 또는 진행자 TV나 라디오에서 실황방송 시 전문 해설자
내레이터	내레이션을 하는 여성. 남성은 보통 캐스터라고 함. 내레이터는 도우미와는 다르다는 자존심이 있기 때문에 대하는 방법을 조심할 것
도우미	이벤트 행사장에서 안내, 접수, 의전, 영접을 하는 여성
오퍼레이터	① 전시회 등에서 OA기기를 조작하는 담당자 ② 음향, 조명, 영상장비 등을 큐시트에 따라 조작하는 사람
큐시트	각 장면마다의 세부적인 연출 내용
진행표	이벤트 전체의 스케줄을 한눈에 알 수 있도록 작성된 타임 스케줄
시나리오	이벤트에서 출연자나 MC의 대사가 기록되어 있는 서류
인토레	조립식 철재 트라스 1.8M ×높이 1.5M로 유니트화되어 있음 건축에 사용되고 있는 비티(높이 1.8M)와는 용도가 다름

(2) 각종 계약서 사례

이벤트를 실시함에 있어 계약서는 상호 간에 조건을 명확히하는 의미에서 필요한 서류이다. 여기서는 주최측이 직접 계약할 가능성이 있는 2개의 계약 사례를 제시한다. 본 계약을 증명하기 위해 본서 2통을 작성, 갑과 을이 서명날인하여 각 1통씩 보관한다. 〈표 4-15〉의 공연계약서와 〈표 4-16〉의 출연계약서를 참고하기 바란다.

〈표 4-15〉 **공연계약서**

○○○○(이하 갑이라고 명칭함)는 ○○○○(이하 을이라고 명칭함)와의 사이에 다음과 같이 공연계약을 체결한다.

<table>
<tr><td>목적과 명칭</td><td></td><td></td></tr>
<tr><td>출연자</td><td></td><td></td></tr>
<tr><td rowspan="4">일시 장소</td><td>년 월 일( ) 시 분</td><td></td></tr>
<tr><td>년 월 일( ) 시 분</td><td></td></tr>
<tr><td>년 월 일( ) 시 분</td><td></td></tr>
<tr><td>년 월 일( ) 시 분</td><td></td></tr>
<tr><td>연주곡목</td><td></td><td></td></tr>
<tr><td rowspan="5">출연료 및
기타경비</td><td>(1) 출연료
악기 운반비, 난방비, 지휘자 출연료</td><td>(5) 출연자에 대한 원천징수세에 관해서는 (갑 , 을)이 부담한다.</td></tr>
<tr><td>(2) 숙박비 (명) 총액</td><td rowspan="3">(6) 현지 교통비는 (갑 , 을)이 부담한다.
계</td></tr>
<tr><td>(3) 여비 (명) 총액</td></tr>
<tr><td>(4) 기타</td></tr>
<tr><td colspan="2">상기 금액 중 갑은 을에게 다음과 같이 일금 을 지불한다.</td></tr>
<tr><td rowspan="3">지불방법</td><td colspan="2">상기금액 을 갑은 을에게 다음과 같이 지불한다.</td></tr>
<tr><td>제 1회 년 월 일( )
제 2회 년 월 일( )
제 3회 년 월 일( )</td><td></td></tr>
<tr><td colspan="2">적요 : 은행송금의 경우는, ○○은행, ○○지점, [ ]의 보통예금 계좌
NO. 에 불입할 것</td></tr>
<tr><td>특기사항</td><td colspan="2"></td></tr>
</table>

상기 계약이 갑, 을 어느 쪽이든 일방적인 이유에 의해 이행되지 않을 때, 쌍방은 즉시 본 계약 해제시 위약금으로서 계약금에 상당하는 금액을 청구할 수 있다.

그러나 갑 또는 을이 불가항력(천재지변 등의 자연재해, 행사장의 재해, 전염병의 유행, 전쟁, 동란, 행정기관의 명령에 의한 행사장의 폐쇄, 교통의 금지 등의 상황 때문에 부득이하게 본 계약 실시가 불가능하게 됐을 경우는 갑, 을이 협의하여 계약을 개정 혹은 또는 연장할 수 있다.

본 계약은 갑과 을이 서명 날인했을 때 그 효력이 발생되며, 연주 및 출연을 완료하고 이것에 관한 경비 정산 완료 후 그 효력이 소멸된다.

〈표 4-16〉 **출연계약서**

○○○○(이하 갑이라 명칭함)과 ○○○○(이하 을이라 명칭함)는 갑이 주최하는 행사에 을이 지정한 연예인이 출연하는 건에 따른 계약을 다음과 같이 체결한다.

제1조 : 갑이 주최하는 행사의 내용과 을이 지정한 출연자는 다음과 같다.
1. 행사의 명칭 :
2. 출연자 :
3. 출연 일시 :
4. 행사장명 :

제2조 : 갑은 제1조 규정의 출연이 이루어진 경우 아래 금액을 을에게 지불한다.
[출연료 : ₩ # , 기타 제작비 :₩ # , 합계 :₩ # (부가세포함)]
*내역은 첨부한 지불명세서 참고

제3조 : 전조 규정의 금액에 관해 갑은 을에게 다음과 같은 방법에 의해 지불한다.
1. 제2조 규정 합계액의 ○% 상당액을 출연일 2주일 전까지 현금으로 지불한다.
2. 잔금은 출연 당일 현금으로 지불한다.
3. 은행입금은 다음 계좌로 보내는 것으로 한다.
○○은행 보통예금 계좌번호○○ 계좌 명의○○

제4조 : 본 계약 체결 후 별도 이유에 의한 계약 또는 계약내용을 변경하는 경우는 다음과 같이 처리한다.
1. 갑의 사유에 의한 해약
① 출연일 2주 전까지 갑에 요청에 의해 해약할 경우 을은 해약시점에서 입은 손해를 갑에게 청구할 수 있으며, 갑은 이것을 즉시 지불해야 한다. 또한 전조 제1항의 지불이 이루어지지 않는 경우에는 본 조항에 해당하는 해약사유로 간주한다.
② 출연일 13일 이전까지 갑에 의한 요청이 있을 경우 을은 갑에 대하여, 제3조 제1항에 근거, 지불된 금액 또는 해약 시점에서 손해의 어느 쪽이든 높은 쪽을 청구할 수 있으며, 갑은 즉시 이것을 지불해야 한다.

2. 을의 사유에 의한 해약
① 출연일 2개월 전까지 을에 의해 해약할 경우 갑은 을에 대해 행사장의 예약취소를 청구할 수 있으며, 을은 이것을 즉시 지불해야 한다.
② 출연일 1개월 전까지 을에 의한 요청이 있을 경우, 갑은 을에 대해 행사장의 예약 취소료 그리고 홍보를 위한 포스터, 팸플릿 인쇄비를 청구할 수 있으며, 을은 이것을 즉시 지불해야 한다.
③ 출연일 29일까지 을에 의한 해약이 된 경우 ②에 덧붙여 업무비로 제2조 규정 합계액의 ○%를 청구할 수 있으며, 을은 이것을 즉시 지불해야 한다.

3. 갑 또는 을은 을의 사유에 의해 일시를 변경할 경우에는 대체일을 제시하여 쌍방이 성의를 가지고 협의결정을 하는 것으로 하며 변경으로 인한 손해와 관련하여 변경한 측이 부담하기로 한다.

제5조 : 천재지변 등의 불가항력으로 인해 본 계약의 이행이 불가능하게 된 경우는 갑과 을이 협의하여 사태의 해결을 도모한다.

제6조 : 본 계약에 정하지 않은 사항에 관해서는 그때마다 갑, 을이 성의를 가지고 협의하여 결정하기로 한다.

이상의 내용을 증명하기 위해 계약서 2통을 작성해 갑, 을이 서명 날인하여, 각 1통씩 보관한다.

년 월 일

갑 :

을 :

(3) 각종 신청서류 작성

이벤트를 실시함에 있어, 법적인 허가를 받지 않으면 실시할 수 없는 경우도 많이 있다. 예를 들면, 경찰 관련의 도로사용 허가신청, 수면사용 허가신청, 통행금지도로 통행허가신청, 한국음악저작권협회 음악저작물 사용허가신청 등이 있지만 상황에 따라 다르므로 관계기관에 직접 상담할 것을 권장한다.

(4) 각종 의뢰서 작성

주최자가 외부에 의뢰하는 사항은 광고 및 홍보, 개최, 운영에 관련된 사항이 주된 요소이다. 광고 및 홍보와 관련해서는 기사게재의뢰, 취재의뢰, 캠페인 협력의뢰 등이 있으며, 개최 관련해서는 테이프 커팅의뢰, 오프닝파티 참가의뢰 등이 있으며, 운영 관련해서는 협찬의뢰, 개막식 참석의뢰 등이 있다.

6) 사전 체크포인트

이벤트의 성패는 '사전 준비작업'에 있다. 당일에는 행사장 운영, 전시물 진열, 행사

운영체제 등이 완료된 상태에서 입장객을 맞이한다. 모든 것이 개막 전에 완료되어 입장객에게 즐거운 장소로 제공되어야 한다.

(1) 실시까지의 각 프로세스 체크

〈표 4-17〉의 '2000 이천도자기축제'의 기획 구상에서 보고회까지의 프로세스를 참고로 체크하여 남겨져 있는 항목, 잊어버리고 있던 항목을 찾아내어, 보다 나은 이벤트를 제작하는 것이 이벤트 프로듀서의 임무이다.

(2) 실시 세부항목 체크

각 이벤트마다 체크리스트를 작성하여 '빠진 것'이 없도록 체크하고, 또한 각각의 세부항목을 결정하여 준비해야 한다. 이벤트 상황에 따라 체크리스트 내용이 다르므로 그때마다 체크리스트를 작성할 필요가 있다. 필자가 총괄 프로듀스한 '충주세계무술축제'의 실행 체크리스트를 참고로 제시하였다(〈표 4-18〉 참조).

〈표 4-17〉 **'2000이천도자기축제' 기획 구상에서 개최까지의 플로 차트**

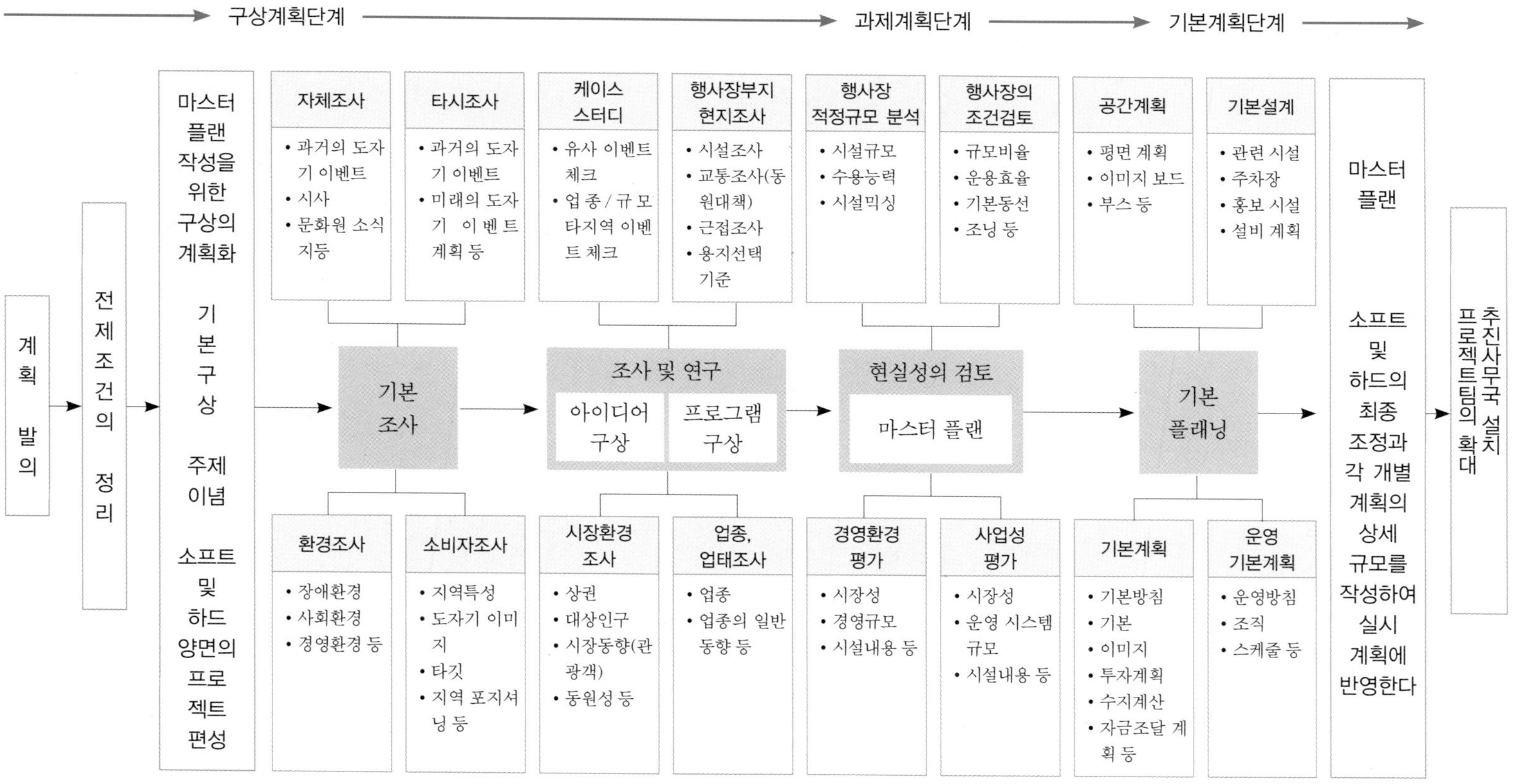

* 이 차트는 단계별로 계획입안 프로세스를 제시한 것으로서, 실행에 해당하는 지역, 일정, 예산 등에 따라 조정할 필요가 있음.

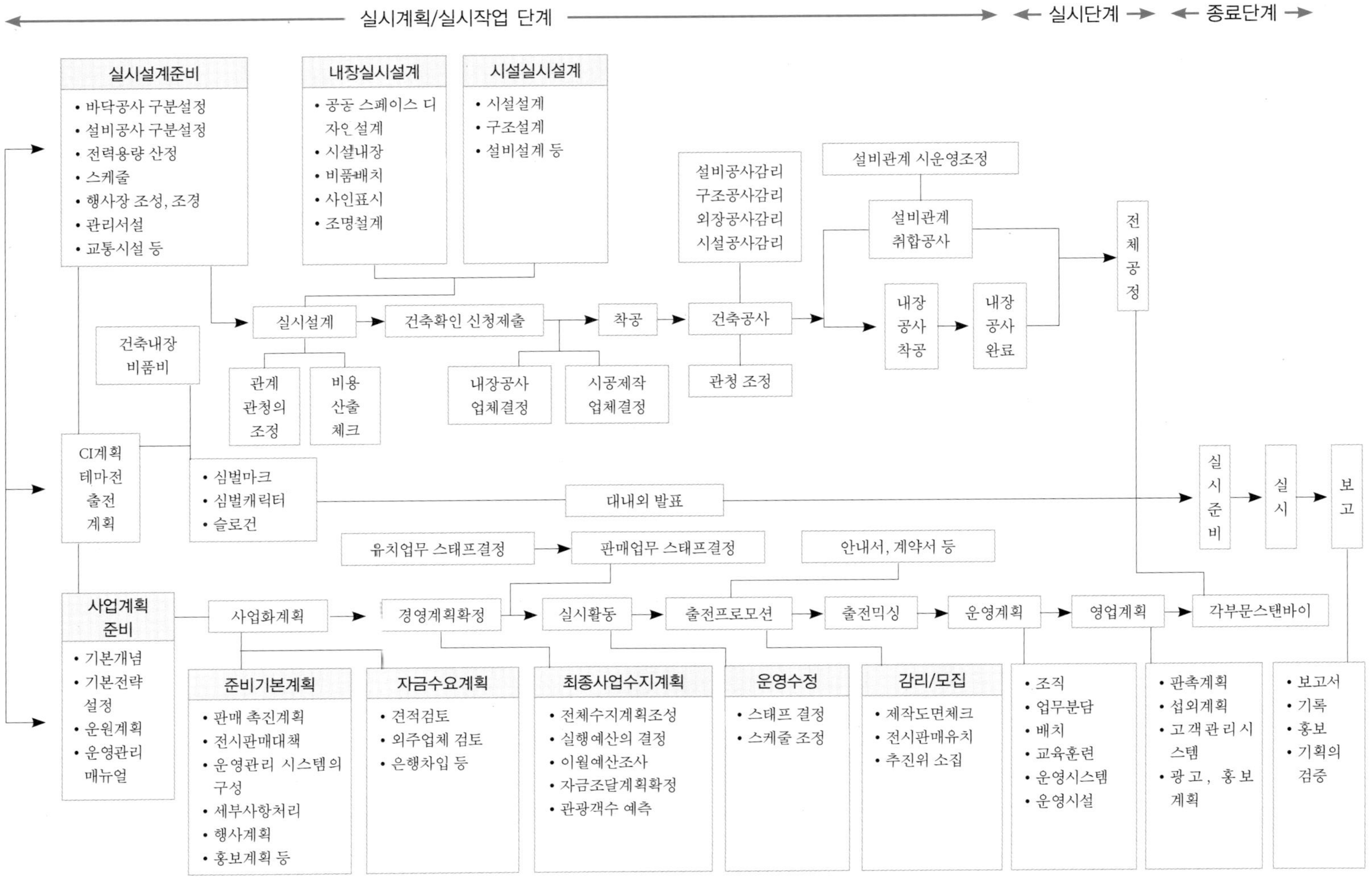
실시계획/실시작업 단계
실시단계
종료단계
실시설계준비
• 바닥공사 구분설정
• 설비공사 구분설정
• 전력용량 산정
• 스케줄
• 행사장 조성, 조경
• 관리시설
• 교통시설 등
내장실시설계
• 공공 스페이스 디자인 설계
• 시설내장
• 비품배치
• 사인표시
• 조명설계
시설실시설계
• 시설설계
• 구조설계
• 설비설계 등
설비공사감리
구조공사감리
외장공사감리
시설공사감리
설비관계 시운영조정
설비관계 취합공사
전체공정
실시설계
건축확인 신청제출
착공
건축공사
내장공사 착공
내장공사 완료
건축내장 비품비
관계 관청의 조정
비용 산출 체크
내장공사 업체결정
시공제작 업체결정
관청 조정
CI계획 테마전 출전 계획
• 심벌마크
• 심벌캐릭터
• 슬로건
대내외 발표
실시준비
실시
보고
유치업무 스태프결정
판매업무 스태프결정
안내서, 계약서 등
사업계획 준비
• 기본개념
• 기본전략 설정
• 운원계획
• 운영관리 매뉴얼
사업화계획
경영계획확정
실시활동
출전프로모션
출전믹싱
운영계획
영업계획
각부문스탠바이
준비기본계획
• 판매 촉진계획
• 전시판매대책
• 운영관리 시스템의 구성
• 세부사항처리
• 행사계획
• 홍보계획 등
자금수요계획
• 견적검토
• 외주업체 검토
• 은행차입 등
최종사업수지계획
• 전체수지계획조성
• 실행예산의 결정
• 이월예산조사
• 자금조달계획확정
• 관광객수 예측
운영수정
• 스태프 결정
• 스케줄 조정
감리/모집
• 제작도면체크
• 전시판매유치
• 추진위 소집
• 조직
• 업무분담
• 배치
• 교육훈련
• 운영시스템
• 운영시설
• 판촉계획
• 섭외계획
• 고객관리시스템
• 광고, 홍보 계획
• 보고서
• 기록
• 홍보
• 기획의 검증

〈표 4-18〉 **'2000 충주세계무술축제' 실행 체크리스트**

출연진						
구분	항목	내용	인원수	담당		비고
				충주시청	연구소	
퍼레이드	충주농고 밴드	퍼레이드 밴드	40	○		충주농고
	축제피켓단	축제명(1), 축제 슬로건(1), 축제주제(1)	3	○		충주여상
	천년의 소리단	고수(1), 7선녀(1), 김윤후(1), 피켓(1)	10	○		충주농고 / 충주여상 / 고수
	만장단	신 · 심 · 기 · 체 (4명)	4	○		충주농고
	화랑무사	무사(2), 만장(1)	3	○		"
	을지문덕장군	만장(1), 장군(1), 무사(1)	3	○		"
	김유신장군	장군(1), 무사(1), 만장(1)	3	○		"
	계백장군	장군(1), 장군부인(1), 만장(1)	3	○		충주농고 / 충주여상
	임경엽장군	장군(1), 무사(1), 만장(1)	3	○		충주농고
	참가국기수단	피켓(1), 참가국기수(50)	51	○		충주농고 / 충주여상
	국내무술단체	피켓(1), 참가단체(36)	37	○		충주여상 / 참가무술단체
	길놀이패	충주국악협회(다수)		○		
개막식	사회자	개막식 공식 MC	1		○	
	성화봉송 최종주자	성화봉송 최종주자(남, 녀 각 1명)	2	○		
	사물놀이패	식전행사 사물놀이	5	○		놀이패 몰개
	도우미	VIP 의전 및 영접: 동선 안내 및 유도	5	○		충주여상
	밴 드	식전행사 밴드 카니발	40	○		충주농고 / 충주여상
	대북입장자	공식행사 대북 입장 시	20,000	○		한국전통택견회

제작 및 설치물						
구분	항목	세부 내용	인원수	담당		비고
				충주 시청	연구소	
퍼레이드	피 켓	축제명(1), 슬로건(1), 주제(1), 천년의 소리(1), 참가국기수단(1), 국대무술단체(1)	6		○	80×120, 60×120, 100×120
	대형용고	대형용고(1), 북채(1), 받침대(1식)	3	○		2.7×2.4
	퍼레이드카	퍼레이드카(외장설치 및 도색) : 2.5톤 화물차	1	○		
	만 장	김윤후, 신 · 심 · 기 · 체, 화랑무사, 을지문덕, 김유신, 계백, 임경엽	10		○	고유의 색 (오방색) 사용
	마차 / 말	마차(1대), 말(2필)	3	○		
	칼	김유신, 계백, 임경엽, 무사(1)	4	○		
	창	김윤후, 을지문덕, 무사(2)	4	○		
	활 / 화살	화랑무사(2식)	2	○		
	시대의상	장군복: 삼국시대(3), 조선시대(2) 무사복: 삼국시대(2), 청나라 무사복(1) 화랑도복: 2벌 백제귀족 부인복: 1벌 7선녀복: 7벌 의병복(만장단): 10벌	28	○	○	축제피켓단(6명):한복 이용 참가국기수단 (50명): 한복 이용

(3) 총괄 체크

세부항목 체크가 모두 완료되면, 또 다시 전체적인 수정이 필요하다. 세부항목의 체크로 수정되었던 부분을 조정할 필요가 있다. 이때 가장 우선해야 할 것은 이벤트 개최 당일 입장객을 어떠한 연출로 즐겁게 하느냐는 것이다. 각 부문의 의견 충돌은 자신의 담당업무만을 강조하다 보니 일어나지만, 입장객을 고려하여 수정할 수 있는 상황을 솔직히 수용하는 자세가 중요하다. 예를 들면, 후원이 예정된 기업과 기관이 후원 마감일까지 확답이 지연될 경우, 다음과 같은 수정 및 변경 사항이 발생한다.

- 포스터의 인쇄필름 제작 수정
- 사인보드의 디자인 수정
- 보도자료의 후원명 결정 불가
- TV-CF의 자막 수정, SNS의 후원 내용 등

그러나 담당 스태프는 냉철하게 생각하여 이벤트 프로듀서의 판단에 따를 필요가 있다. 이벤트 프로듀서는 비용과 공정에 모든 책임을 지고 관리 · 진행하고 있기 때문이다. 다음 6개 항목을 전체 체크포인트로 제시한다.

- 여러 가지 계획이 실행계획으로 확정되어 서로 관련이 있기 때문에 역할 분담한 업무뿐만 아니라, 현재의 진행사항을 종합적으로 이해해야 한다. 특히 매우 바쁜 팀은 적극적으로 지원할 필요가 있다.
- 실행 운영체제가 실제 현장운영에는 중요하다. '사람'이 가장 중요한 과제가 된다. 지휘, 명령, 전달계통의 확립과 스태프의 배치, 인원수가 이벤트 성공의 열쇠라고 해도 과언은 아니다. 특히 지휘하는 사람이 많으면, 지휘내용이 다르거나 오해가 발생하는 등 현장이 혼란해질 가능성이 많다.
- 주최 측면에서 스태프(도우미, 아르바이트 등)의 교육연수 및 실시훈련이 철저히 되어 있으면 입장객에게 만족감과 아울러 좋은 인상의 서비스를 제공할 수 있다. 정성을 다한다는 마음으로 입장객을 대하는 것이 이벤트 성공의 첫 번째 비결이다.
- 실행운영의 업무내용으로서는 안내, 설명, 홍보, 광고, 행사협력, VIP접대, 정리기록, 청소, 서무 등이 있지만 이벤트 규모에 따라 혼자서 겸임해야 할 업무도 있다.
- 도우미를 쓸 경우는 접대의 마음가짐뿐만 아니라 근무자세, 업무규칙, 몸가짐, 팀워크 등에 관해서 지도할 필요가 있다.
- 입장객은 즐거운 시간과 쾌적한 공간을 기대하며 이벤트에 찾아온다. 또한 돈으로 살 수없는 '일탈감'을 기대하면서 찾아온다. 이벤트는 영접하는 측의 서비스에 따라 고액상품을 산 것과 똑같은 효과를 갖고 있다. 당연히 재방문으로 연결되고 오피니언 리더로서 이웃이나 친한 사람에게 소개하기 때문이다.

(4) 효과목표의 달성

제3장에서 배운 '이벤트의 효과'를 기억했으면 한다. 이벤트는 처음부터 효과목표를

설정한다는 것을 배웠다. 따라서 기획단계에서 세운 효과목표가 사전 준비작업 단계에서 어느 정도 달성되었는가를 체크할 필요가 있다. 예를 들면, 다이렉트 효과, 특히 입장객의 동원 수를 목표로 한 경우 준비단계에서는 다음 항목을 검토해서 어느 정도 유치할 수 있는가를 계산한다.

- 예매 입장권의 매출상황
- 사전홍보의 매스컴 노출빈도
- 사전 미니이벤트의 동원과 홍보 효과
- 매스컴의 취재반응
- 오피니언 리더의 반응

이 시점에서 이벤트 프로듀서는 성공할 것 같다든지 무리라고 판단할 수 있다. 목표를 달성하지 못할 경우에는 즉시 대책을 검토, 조치를 취할 필요가 있다.

모든 수단을 동원하여 목표달성에 주력해야 한다.

7) 행사장 세팅과 준비

여기서는 실제 이벤트 행사장에서 세팅할 때의 주의사항에 관해 다루고자 한다.

(1) 각 섹션의 책임 분담과 확인

통상 행사장 세팅의 스태프 구성과 역할은 다음과 같다.

- **프로듀서**: 전제의 관리, 진행에 관한 권한을 가진다.
- **전시디렉터**: 전시제작에 관한 권한을 가진다. 전체시공의 흐름을 잘 파악하여 스태프에게 적절한 지시를 한다. 또한 긴급사태에도 유연하게 대처한다.
- **연출디렉터**: 연출스태프에게 연출지시를 한다. 연출의 권한을 가지며, 이벤트의 시각적 연출에 관한 중요한 전문가이기 때문에, 프로듀서도 현장에서는 무시할 수 없는 존재이다.
- **음향 · 조명디렉터**: 음향 · 조명디렉터는 별개이지만, 경우에 따라 겸할 수도 있다. (담당디렉터의 능력에 따라) 음향, 조명관계의 현장책임자로서 음향 · 조명스태프에

게 지시를 한다.

- 영상디렉터: 영상에 관한 현장책임자이다. 영상 관련 스태프에게 지시를 한다.
- 운영디렉터: 이벤트운영 관리에 관한 권한을 가진다. 또한, 운영 스태프(운영요원, 도우미 등)의 교육도 담당한다. 운영전체를 파악하는 능력은 물론 친화력도 요구된다.

이상 주요 스태프의 역할을 설명하였다. 이벤트 현장 세팅 때는 많은 인원이 출입하여 마치 시장터 같은 분위기인데다가 마찰도 일어나기 쉽다. 프로듀서는 그와 같은 일이 일어나지 않도록 전체 흐름을 잘 파악하여 각 스태프들이 쾌적하고 원활하게 일할 수 있도록 세심히 배려해야 하며 사고가 일어날 경우 적절한 대응을 해야 한다. 또한, 각 디렉터는 자신의 분야에서 전문가이기 때문에 전문분야는 그들에게 맡겨 불필요한 참견은 삼가는 것이 좋다. 이상과 같이 주의하여 효율적으로 일할 수 있도록 했으면 한다. 또한 상황에 따라 휴식을 취하게 하는 것도 중요하다. 피곤하면 집중력이 떨어진다. 자신도 모르게 사고가 날 수도 있기 때문에 특히 주의해야 한다.

(2) 스태프 회의

행사장 세팅 때 시간 여유를 갖고 결정하기 위해 각 디렉터(또는 스태프 전원)에게 회의를 공지하여, 스태프 회의를 필히 해야 한다. 협의내용을 다음에 제시하였으니 참고하기 바란다.

- 세팅 진행상황 확인: 세팅이 일정대로 진행되고 있는가, 늦지는 않았나, 문제점은 없는가 등 상황을 서로 확인하고 협의한다. 각 디렉터(또는 스태프 전원)에게 전체의 진행상황을 인식시켜 자신의 담당섹션이 언제까지 무엇을 해야 하는지를 주지시킨다.
- 스태프의 의식고양: 현장 스태프는 과로나 스트레스에 초조해 하는 경우가 많다. 프로듀서는 스태프의 의견을 잘 듣고 최상의 해결방법을 제시함과 동시에, 그들을 격려하고 남은 시간도 열심히 하자는 의식을 전원에게 심어 줘야 한다.
- 향후 일정 확인: 각 섹션의 종료시간을 확인하고 파악한다.

(3) 리허설

전체 세팅이 대략 완성에 가까운 시점에서 본 프로그램을 상정한 리허설을 실시한다. 리허설에는 두 종류가 있다.

첫째, 테크니컬 리허설('테크리허'라고 약칭함)이다. 영상, 음향, 조명 등 하드웨어 세팅이 종료된 시점에서 실시한다. 장비가 정상으로 작동하는가, 오퍼레이션상 문제점은 없는가 등을 체크한다. 테크리허는 전체가 완료되지 않아도 가능하다. 여유를 두고 할 필요가 있다(트러블에 대응하는 시간이 필요함).

둘째, 전체 리허설이다. 전체가 셋업된 후 실시하며, 본 프로그램과 동일한 조건에서 진행한다. 소프트(출연자, 내레이터, 그 밖의 스태프)와 하드(음향, 조명, 영상, 특수효과, 소품 등의 장비)가 잘 조합되어 있는가, 진행상의 문제점은 없는가 등을 유념해서 체크한다. 리허설 때는 프로듀서 그리고 연출디렉터의 권한이 막대하고 또한 이 부분이 실력을 보여 줄 수 있는 부분이다. 상황에 따라 리허설 때에는 진행 시나리오(일단 전체의 진행을 이해할 수 있는 시나리오를 작성한다)의 내용을 변경하는 경우도 있다. 리허설이 완벽하다면, 다음은 본 프로그램을 위해 기다리면서 마음의 자세를 가다듬는 것이 중요하다.

8) 법적 규제와 협력 요청

(1) 관련 관청에 신고

이벤트 개요가 결정되면 우선 행정적인 법적 규제에 관련되는 각 부서와 상의해야 한다. 어떤 이벤트라 하더라도 관계기관의 협력 없이는 성공할 수 없으며, 상황에 따라서는 각종 신고가 필요하다. 그중에서도 경찰서, 소방서, 보건소에 대한 신고는 3대 필수 포인트이다.

① 경찰서

도로교통 및 도로점유 규제와 음란물 진열 등으로 인한 이벤트 내용의 규제가 있다. 후자에 관해서는 표현의 자유와 관

② 소방서

「소방법」의 화재예방조례에 근거한 건축 규제와 위험물 규제가 있다. 이벤트 연출에서 불꽃이나 스모그 효과 등 특수효과를 사용하는 경우가 많기 때문에 소방서에 협조

요청이 기본적으로 필요하다.

③ 보건소

식품을 다룰 경우(판매 외에도 시식, 시음, 무료배포 포함)에, 행사장의 설비 및 위생 기준에 관한 규제이다.

(2) 사전협의에 의한 조정

실행계획 단계에서는 신고 이외에 지역의 관계기관에 공문으로 협력을 요청해야 한다. 지역단체의 관계자가 전혀 모르고 있는 상황에서 계속 진행할 경우 큰 문제가 될 수도 있다. 자치회, 상가, 청년회, 부인회, 토지소유자, 농협, 어협, 의료기관, 교통기관, 학교, 기업 등에는 미리 협의나 조정을 해 두어야 한다.

(3) 관계 법령 일람표

이벤트의 종류는 매우 다양하며, 그것에 관계된 법률, 법령은 여러 갈래로 복잡하여 주의가 필요하다. 여기서는 중요한 것만 참고하도록 발췌하였다(〈표 4-19〉 참조).

〈표 4-19〉 **관계 법령 일람표**

법률 및 법령	관계법
저작권에 관한 법령	저작권법
의장권에 관한 법령	의장권, 상표법, 실용신안법, 특허법
문화재에 관한 법령	문화재 보호법, 박물관법
환경보전에 관한 법령	자연환경보전법, 국립공원법, 하천법, 항만법
계약에 관한 법령	민법, 상법, 건설업법
수출입, 관세에 관한 법령	무역진흥법, 수출입단속법
건설에 관한 법령	건설기준법, 건축안전조례, 도시계획법
공해 방지에 관한 법령	소음규제법, 진동규제법, 대기오염방지법
화재예방에 관한 법령	소방법, 화재예방조례, 화약단속법, 위험물규제에 관한 법령
위생에 관한 법령	식품위생법, 보건소법, 악취방지법
설비, 장치에 관한 법령	전기용품단속법, 전기설비기술기준, 전기사업법
기타, 관계법령	도로법, 도로교통법, 흥행장법, 옥외광고물조례

EVENT

제5장
이벤트 연출

1. 연출의 개념

1) 연출

연출(演出, directing)이란 기획의 정리된 구상(what to say)을 실현시키는 작업, 만들어 가는 작업이라 할 수 있다. 즉, 연출의 목적은 프로젝트가 지니고 있는 정신과 의미를 훼손 없이 관객들에게 전달(how to say)하는 데 있다. 이제 이벤트 연출의 제반 측면에 관하여 알아보도록 한다.

마케팅이나 산업적 측면에서 볼 때 영향력은 지대하나 퍼포먼스 관점에서 보면 그 역사가 짧은 이벤트 분야는 산학의 체계와 이론정립이 아직 일천하여 이벤트 본연의 연출이나 제작의 기법을 저술함에 있어 한계를 많이 느낀다. 이벤트 연출과 제작에 관한 선행연구나 관련 도서도 미미한 실정이다.

2) 연출의 탄생과 진화

두산백과사전 두피디아에서는 연출을 다음과 같이 기술하고 있다.

> 연출이 독립된 하나의 직능으로서, 또는 예술로서 사회적으로 공인되기 시작한 것은 서구에서도 19세기 중엽에 이르러서였으나, 무대예술이나 제전(祭典)은 집단에 의한 하나의 표현이었으므로, 거기에 통일성을 부여하는 작업은 항상 존재하였다. 즉, BC 5세기의 그리스 연극에는 이미 디다스칼로스[didascalos, 코러스를 지도한 극시인(劇詩人)]라는 일종의 연출자가 있었고, 중세 유럽의 종교극에도 '극의 리더'가 있어서 오늘날의 연출가와 비슷한 역할을 맡았다. 당시 연극이란 국가 차원의 제전으로 참가하는 인원도 많았을 뿐만 아니라 표현방법 또한 다종다양하였으므로 그것을 통일하여 순조롭게 진행하는 역할을 맡을 사람이 필요하였다. 그러나 이와 같은 제전이 르네상스에서 바로크기(期)에 걸쳐 궁정의 축제로 흡수됨과 아울러, '축전 담당자'가 연출을 맡게 되었다.
>
> 한편, 민중을 위한 거리의 극장에서는 극단의 규모가 작았기 때문에 그 극단의 우두머리가 연출을 맡는 것으로 충분하였다. 이것은 한국의 전통극인 탈춤놀이나 꼭두각시놀음의

경우에도 비슷하였다. 즉, 탈춤놀이에서 풍물잡이(악사)가 연출가의 역할을 맡았는가 하면, 꼭두각시놀음에서도 산발이(악사)가 바로 그와 같은 역할을 맡았다는 주장이 있기 때문이다.

영국과 프랑스에서 셰익스피어나 몰리에르의 작품이 초연되었을 때 배우인 버비지, 또는 작자인 몰리에르가 직접 연출을 맡은 경우도 있었다. 다만, 무대장치라든지 갖가지 복잡한 기구(器具)가 사용된 오페라는 그 방면의 전문가가 이탈리아를 중심으로 출현하여 연출의 발달에 기여하였다. 또 18세기에는 볼테르, 괴테, 보마르셰 등의 극작가가 연출을 겸하는 수도 많았다.

19세기에 들어와 특히 스펙터클극의 유행과 함께 무대기구나 조명기술이 발달하면서 그것을 충분히 구사할 수 있는 기술자가 필요하게 되자 마침내 연출가는 전문적인 직업인으로 독립하였다. 뿐만 아니라 사실주의의 대두는 연극에도 파급되어 충실한 역사적 고증과 고전에 대한 새로운 해석이 요청되었다. 이에 따라 연극 공연에서 모든 책임을 지고 가장 큰 권한을 가지며 예술가로서의 개성이 존중되는 현대적인 의미의 연출가가 탄생하였다.

이후 20세기에 들어와 자연주의 연극을 지향하며 '자유극장'의 명성을 확립한 프랑스의 A. 앙투안, 건축적 무대장치와 근대적 조명을 도입한 E. 크레이그와 A. 아피아, 모스크바 예술극장의 설립자로서 배우 교육을 체계화한 스타니슬랍스키, 서커스적인 행동성의 도입을 주창한 '바이오메커닉스(biomechanics)' 연기이론의 메이예르홀트, 웅대한 표현주의 연극을 시도하여 연출가의 '독재'를 실현한 라인하르트, 상업적인 연극의 타락에 항변하며 무대의 순수시(純粹詩)를 지향한 J. 코포 등 위대한 연출가들이 활동하였다(두산백과사전, www.doopedia.co.kr).

이렇듯 연출은 고도화, 복잡화, 전문화됨에 따라 고유의 영역으로 자리매김되었고 향후 정보화, 디지털화, 테크놀로지의 발전으로 인본(人本)에 전문성이 겸비된 세분화된 특수직능으로 더욱 진화할 것이다.

3) 이벤트 연출과 공연 연출의 특성비교

이벤트와 공연은 성격과 목적, 출발은 상이하나 라이브 현장행위(live performance)라는 점에서, 또 종합예술이라는 측면에서 유사하다. 아울러 접근방법, 과정관리, 제반 시스템요소들의 디자인 및 제작기법도 유사하다. 하지만 장르의 형태와 산업의 생태계는 또 다르다. 이벤트 연출과 일반 공연 연출의 제 특성을 비교해 보자.

〈표 5-1〉 **이벤트 연출과 공연 연출의 비교**

구분	이벤트 연출	공연 연출
목적	클라이언트 의뢰사항의 성공적 수행	흥행의 성공, 좋은 평가
성격	의뢰자 요청사항의 대행개념(agentship)이 강함	작품을 만들어 관객에게 심판받는 흥행적 개념이 강함
수입원	수주 계약에 따른 대행료 및 이윤	티켓 판매, 지원금, 협찬 및 기타 수입
산업의 역사	약 30년(1980년대 이후)	그리스 · 로마시대 이전 기원전부터(약 5천년)
관객	즐기러, 의미를 새기러 오는 사람	아름다움(beauty)을 감상하러 오는 사람
주안점	여러 꼭지 프로그램(사회자, 스피치, 주제공연, 메시지 프레젠테이션 등)의 통합성, 조화성 중시	작품성, 미학적 예술성 중시
형태	갈라 등의 조합적 프로그램 형태	시종을 관통하는 단위 작품의 공연 형태
종류	세레모니, 리셉션, 콘서트, 발표회, 전시회, 컨벤션, 견본시, 축제, 엑스포, 트레이드쇼 등	연극, 무용, 인형극, 탈춤가면극, 음악회, 성악/기악 연주회, 오페라, 뮤지컬, 창극, 마임 등
캐릭터	배우/배역의 행위영역보다 사회자, VIP, 주제전달의 영역이 중요하다.	예술가, 연예인, 유명인사(celebrity) 등 배우/배역의 연기영역이 지대하다.
상연(上演)	일회 또는 단기간	여러 번 또는 장기간

4) 정의분석을 통한 명제

첫째, 연출자는 스태프의 열정과 제작의 제반 분야(aspects)를 일체화하여 일련의 상연(上演)[1]작업을 감독하고 조정하는 사람이다. 연출의 기능은 제작의 완성도와 품질을 보증하고 창작진이 그들의 예술적 비전을 실현해 내도록 인도한다. 그래서 연출자는 리서치, 각색, 의상/소품디자인, 조명 디자인, 연기, 무대디자인, 시스템 정리, 음향디자인 등 작업을 조화롭게 통합하면서 전문제작 스태프들과 공동작업을 한다(위키피디아, http://ko.wikipedia.org).

1) 연극 따위를 무대에서 하여 관객에게 보이는 일.

둘째, 하나의 공연을 전체적으로 설계하고 연기, 장치, 의상, 분장, 소도구, 조명, 음악, 효과 등의 여러 요소를 종합하여 공연의 총체적인 효과를 창출(創出)하는 활동(두산백과사전, www.doopedia.co.kr).

셋째, 연출가란 연극에 참여하는 모든 언어, 즉 희곡, 배우, 조명, 의상, 미술 등을 매개로 하나의 종합예술을 이루어 내는 지휘자인 동시에 자신의 의식세계를 예술화하는 창조자(김숙현, 2007).

넷째, 우리가 알고 있는 거의 모든 공연은 각 분야 전문가와의 작업을 통해 이루어지기 때문에 그러한 작업의 확실한 방향을 제시하고, 실제로 작업을 진행해 나갈 역할자로서 연출가가 공연예술에서 가장 중요한 존재임은 의심할 여지가 없다(석현수, 2012).

다섯째, 연출자에게 요구되는 또 한 가지의 역할은 조정자로서의 역할이다. 이는 대부분의 공연예술이 개인이 아닌 집단이 주체가 되는 작업이기 때문이다. 각자의 작업에서 서로가 가지는 가치기준이 다르기 때문에 그러한 것들을 조정하고, 타협을 유도할 수 있는 조정자가 필요하다(석현수, 2012).

여섯째, 연출가는 작품의 부분들을 만들어 가는 데 그 역할이 있는 것이 아니라 작품의 전체적인 융화와 완성도에 초점을 두는 역할로 발전되었다고 할 수 있다(양기찬, 2004).

이상 기술한 여러 정의의 공통적인 핵심 키워드를 다음과 같이 도출할 수 있다.

연출행위의 대상

- 제반 분야들을
- 여러 작업을
- 전문제작스태프들과 함께 여러 요소를
- 각 분야 전문가와의 작업
- 집단이 주체

→

작업 방향성

- 비전을 실현한다.
- 일체화한다.
- 통합한다.
- 공동작업을 한다.
- 전체적으로 설계한다.
- 종합한다.
- 총체적 효과를 창출한다.
- 종합예술의 지휘자
- 예술화하는 창조자
- 방향을 제시하고 작업을 진행할 역할자
- 조정하고 타협을 유도한다.
- 융화와 완성도에 초점을 둔다.

이 도출을 통해 우리는 다음과 같은 명제로 연출을 일반화하여 정의할 수 있다.

> 연출은 제작의 제반 분야, 여러 작업, 여러 요소, 여러 전문가 집단 등을 작업대상으로 하여 이들 각자의 특성을 파악해 총체적으로 종합하고, 조정하여, 예술화하는 사람이다.

그러면 연출 작업대상인 분야, 작업, 요소, 전문가들이 각자 제몫을 하고 정상적으로 기능한다면 그 결과로 성공하는 이벤트 연출이라는 등식이 성립된다.

2. 연출의 작업대상

1) 분야

연출이 고려해야 할 작업대상의 분야는 다음과 같이 도출한다.

〈표 5-2〉 **분야별 연출대상**

분야	내용
대본 (script)	• 시놉시스(synopsis), 시나리오(scenario), 각색(adaptation) • 사회자대본(MC script), 영상콘티, 큐시트, 안내방송용 원고, 무감대본(prompt book) 등
공간연출 (space directing)	• 이벤트 공간의 전체 구성, 배치(layout), 동선, 구획화(zonig), 장소별 콘셉트 부여작업 • 등 · 퇴장로, 귀빈석, 사회자석, VIP 대기룸, 출연자 대기공간, 메인무대, 이동무대, 보조무대, 성화대, 기 게양대, 연출통제석, 특수장치 연출공간, 연습공간, 객석 • 3D시뮬레이션 솔루션, 모형(model) 제작 등으로 사전 모의검증
요소별 디자인 (design elements)	• 무대, 의상/소품, 조명, 음향시스템, 영상시스템, 특수효과 및 특수장비 디자인 등 • POP: 현판, 플래카드, 아치, 홍보탑, 배너, 행거 및 각종 사인물 등 • GD/ID: EI(event identity), 마스코트, 심볼, 포스터, 리플릿, 프로그램, 초청장, 등록카드, 비표, 승차 입장, 주차권, 식권, 기념품 교환권 등

콘텐츠 (contents)	• 영상물: 홍보영상, 타이틀영상, 주제영상, 축하메시지, VJ영상, 브릿지영상, 특수영상 등 • 음악물: 팡파레, 등 · 퇴장 음악, BGM, 애국가, 묵념, 사가, 오프닝/클로징, MR/AR 등 • 기타: 조명기 고보(Gobos) 등
현장 퍼포먼스 (live performances)	• 배역연기(acting) • 귀빈/유명인사: 스피치, 개회선언, 테이프/케익 커팅, 발파세레모니 • 예술인/예능인: 축가, 축주, 축하공연 • 퍼포머: 주제 퍼포먼스, 관중/관객 퍼포먼스 • 사회자: 아나운서 안내멘트(announcement)
시스템 운용 (systems)	• 무대: 경사무대, 이동무대, 회전무대, 오케스트라 피트 • 음향: 유 · 무선 마이크, 모니터스피커, 믹서, 서라운드 • 조명: 무빙라이트, 팔로우스포트조명, 디지털콘솔, 트러스 • 영상: LED전광판, 영사프로젝터, 홀로그램, 미디어 파사드 • 특수효과: 기체주입 풍선류, 타상/장치 연화류, 이탈/개폐/회전장치 등 • 기타: 발전차, 통번역 부스, 프롬프터 등

2) 작업요소

연출작업의 요소는 다음과 같이 열거할 수 있다.

- 프로젝트 분석
- 시의성(time) 및 공간성(space) 검토
- 제작 및 연습 일정 계획 수립
- 연출의도 구상
- 캐스팅
- 스태프 구성 및 회의
- 예산안 검토
- 각종 디자인개념에 관한 협의/확정
- 각종 리허설 진행
- 본 공연 올리기
- 철거/철수작업
- 사후 평가 및 리뷰

3) 전문가 구성

'무대 위 탁자에는 스탠드가 놓여 있다.'라고 대본에 기술돼 있다고 가정한다.

무대 디자이너는 연출자와 상의하여 연출의도와 콘셉트에 맞게 스탠드 디자인을 구상할 것이다. 디자인이 완성되어 연출자가 오케이하면 소품팀장은 유사한 제품을 시중에서 구해 오거나 임대해 오거나, 마땅한 것이 없으면 아예 만들어 버릴 것이다. 이렇게 확보된 스탠드를 현장에 가져오면 조명기사는 작동되도록 전원과 연결할 것이고, 조명 디자이너는 연출자와 점등시기와 밝기를 결정할 것이다. 이러면 무대감독은 조명 오퍼레이터와 큐 시기와 방법을 협의할 것이다. 만일 이 스탠드가 행사 중에 등장 또는 퇴장한다면 이는 무대 진행팀장의 책임이 될 것이다.

이렇듯 간단한 소품스탠드 하나의 일에도 8명의 스태프가 관련되어 있다. 연출작업은 협업체계이다. 프로젝트의 성공적 수행을 위해서는 분야별 전문가들이 투입된 조직적 제작시스템이 가동되어야 한다. 화가, 시인, 작곡가처럼 혼자 하는 작업이 아니다. 유능한 연출은 '사람을 잘 부리는 사람'이고, 합리적으로 판단하여 한 목소리를 내는 지휘자인 것이다. 자기 세계에 빠져 혼자 다하려 하는 연출은 무모한 사람이다. 그렇다면 분야별 전문가들은 어떤 직능과 역할이 있는지 알아본다.

3. 분야별 제작진 구성 및 역할

한 편의 공연을 만드는 데에는 극예술을 비롯해서 배우예술, 무대미술, 조명, 음향, 의상 등 각기 독립된 다양한 예술분야와 여러 가지 기술적인 작업, 그리고 기획, 행정분야까지 참여한다. 그 어느 것도 독자적으로 두드러지지 않고 하나의 목표 아래 유기적으로 공헌하여 조화를 이룰 때만이 비로소 생동감 넘치는 공연예술이 창조되는 것이다. 이것이 바로 종합예술로서 공연의 진정한 면모라고 할 수 있다.

다양한 조직이 모여 함께하는 공동작업이기에 참가 인력의 효율적인 조직 및 운용은 공연의 성패를 좌우하는 결정적인 역할을 한다. 공연단체의 성격과 특성에 따라 공연조직도 달라지게 마련이지만 구성원의 조직과 역할은 대동소이하다(양정현, 2016).

1) 분야별 주요 구성원

〈표 5-3〉 **분야별 주요 구성원**

분야	주요 구성원
제작본부	제작자, 연출가, 제작감독, 무대감독
창작/디자이너진	예술감독, 극작가, 드라마투르그, 무대디자이너, 조명디자이너, 의상디자이너, 분장디자이너, 음향디자이너, 음악감독, 작곡가, 안무가, 영상감독, 특수효과 감독
기술진	기술감독, 무대제작감독, 무대제작크루, 전환수
무대와 소품팀	작화감독, 작화크루, 소품감독, 소품크루
조명팀	조명감독, 조명프로그래머, 조명크루
의상팀	의상제작감독, 의상크루
분장팀	분장팀장, 분장크루
음향팀	음향감독, 음향크루
영상팀	영상감독, 카메라감독, 오퍼레이터

2) 주요 구성원의 직무

(1) 제작자(프로듀서, producer)

기획 · 제작에 종사하는 사람으로, PD라고 줄여서 부르기도 한다. 프로듀서가 연출을 겸하는 형태도 많으나, 최근에는 업무내용이 복잡하여 점차 연출과 분화되고 있다. 프로듀서는 대본의 선정, 배역, 연출자 기용, 예산의 수립 등에 관한 업무뿐만 아니라, 자금의 염출, 클라이언트와의 계약, 섭외 등 일체의 책임을 진다(두산백과사전, www.doopedia.co.kr).

(2) 연출가(director)

하나의 작품을 토대로 전체적으로 설계하고 연기 · 장치 · 의상 · 분장 · 소도구 · 조명 · 음악 · 효과 등의 여러 요소를 종합하여 공연의 총체적인 효과를 창출(創出)하는 사람이며, 작품 선정에서부터 배우 선정과 연기에 이르기까지 작품이 완성되는 전 과정을 총지휘하고 감독하는 일을 한다. 연출이라는 용어는 서구적인 개념의 연극이 동양에 도입된 신극(新劇) 초기에 일본에서 번역 · 창안된 조어(造語)로서, 중국에서는 이것을 '도연(導演)'이라고 한다.

원래는 연극에서 희곡을 상연 목적에 따라서 해석하고 구체적인 현상(現象)으로 표현하기 위한 예술적이고도 기술적인 조작(操作)을 의미하였다(두산백과사전, www.doopedia.co.kr).

(3) 제작감독(production manager)

프로젝트의 제작팀과 디자인팀 사이에서 소통을 조율하여 제작팀을 책임지고 운영하는 사람이며, 정해진 일정과 인력, 예산에 맞추어 작품을 무리 없이 제작할 책임이 있다(어경준, 2014).

(4) 무대감독(stage manager)

무대를 창조하는 연출자를 도와 연출자의 의도를 무대에서 실현하기 위해 예술 · 기술 · 실무 등 모든 면에서 실제적인 관리와 연락을 책임지는 사람이다. 스태프 기술진과의 연락, 공연 중의 프롬프트(prompt), 장면전환 감독, 대도구 · 소도구 점검 등이 주임무이다. 연출자가 연극의 기본요소인 희곡 · 연기를 중심으로 무대장치 · 조명 · 음악 · 음향효과 등을 예술적으로 통일하는 최고의 책임자라면, 무대감독은 연출의 창조과정에 참가하여 사무적인 면의 진행이나 조정의 책임을 진다(두산백과사전, www.doopedia.co.kr).

(5) 예술감독(artistic director)

작품을 무대 위에 형상화하는 데 있어서 제작상의 예술 분야의 조화와 예술성을 기하고 격을 높이는 데 총체적 책임을 맡는 사람이다. 대규모 프로젝트 또는 단체에서 채용하며 실질적으로 조직의 예술담당 중 최고의 정책결정 책임자이다(양정현, 2016).

(6) 극작가(playwright)

아이디어를 만들고 발전시켜 최종적으로 대본을 만드는 사람이다. 극작가는 연출과 긴밀히 작업하여 이야기의 구조와 인물에 대한 자신의 해석을 제시한다. 이 과정에서 장면의 일부 혹은 장면 자체를 다시 쓰기도 한다(어경준, 2014).

(7) 드라마투르그(dramaturge)

작품 선정, 희곡 각색 또는 작품을 쓰기도 하는 등 전체적인 문학적 조언을 하는 사람이다. 주된 작업내용은 작품을 찾아 추천을 하고 연출가들이 능력과 시간이 모자라는 경우 작품에 대해 충분히 연구하고 조사하여 연출자에게 제공하기도 한다(양정현, 2016).

(8) 무대디자이너(scenic designer)

무대디자이너는 작품에서 사용하게 될 무대장치의 시각적인 개념을 도출하여 형태와 기능 등 공간상의 형상화를 계획, 디자인하는 사람이다(양정현, 2016)

(9) 조명디자이너(lighting designer)

빛을 이용해서 인위적으로 색깔을 입히고 생동감을 불어넣는 등 빛을 조절하여 공간을 표현하는 일을 한다. 또한 조명의 계획 및 설계, 시공, 감리, 감독 등의 일을 하는 사람이다. 조명디자인은 무대조명과 건축조명으로 나눌 수 있다. 또한 인공적인 실내조명과 건축조명뿐만 아니라 주광도 적절하게 조절하는 것이 조명디자이너의 역할이다(두산백과사전, www.doopedia.co.kr).

(10) 의상디자이너(costume designer)

개념 도출에서 출연까지 작품의 의상을 연기자가 착용하고 공연에 임할 때까지 전 과정을 책임지는 사람이다. 장면의 배역을 창조해 내고 옷감의 질감과 색상 등을 고려 조화를 기한다. 연출자, 조명, 음향 등의 디자이너들과 보조를 맞추어 창조작업을 한다. 의상디자이너는 헤어, 가발, 분장 전문가들과 협업을 하기도 한다(양정현, 2016)

(11) 분장디자이너(makeup designer)

작품 배역에 따른 연기자의 외모와 성격을 분석하고 분장을 통해 어떻게 보이는지 디자인한다. 의상디자이너와 가까이 작업하며 배우의 외모를 만들어 작품의 역할을 시각적으로 보조한다. 배우가 직접 분장디자이너와 협의하여 자신의 분장을 하는 경우도 있다(어경준, 2014).

(12) 음향디자이너(sound designer)

공연에 사용되는 음향의 디자인, 녹음, 장비설치, 음향재생 및 음향보정에 전반적인 책임을 지는 사람이다. 그 영역은 인터미션에 사용되는 간단한 음악에서부터 장면 배경음악에 섬세하게 디자인된 특수음향효과까지 다양하다.

(13) 음악감독(music director)

대본 또는 시나리오를 보고 연출가, 음향감독 등과 함께 프로그램 또는 공연의 성격 및 진행 흐름에 대해서 협의하며, 음악이 삽입될 장면 및 상황에 들어갈 음악을 선정한다. 선정한 곡을 편곡하거나 새로운 곡을 작곡한다. 앨범을 제작할 경우 가수나 세션맨 등을 선정하기도 하며, 앨범제작 업무에 참여하기도 한다(한국직업사전, www.work.go.kr).

(14) 작곡가(composer)

각종 음악작품의 창작을 위해 곡을 작곡한다. 음악의 장르를 구분하여 작곡의 전체적인 흐름을 계획한다. 음악의 가사를 파악한 후 가사와 적합한 곡을 구상한다. 멜로디, 리듬, 화음, 음악이론 등의 기초지식을 이용하여 자신의 감정을 표현하도록 악보에 그리거나 컴퓨터의 음악프로그램을 이용해 직접 작곡한다. 작사가, 편곡가 등과 곡에 대하여 논의하고, 작곡한 곡을 녹음할 때 녹음방향에 대하여 조언한다(한국직업사전, www.work.go.kr).

(15) 안무가(choreographer)

안무가는 무대, 영화, 텔레비전 등의 공연을 위해 공연의 주제에 맞춰 춤을 고안하고, 무용수들에게 춤을 가르치는 일을 담당한다. 리듬과 액센트가 담긴 동작으로 표현하려고 하는 이미지를 감정을 곁들어 춤으로 구성한다. 춤이 효과를 나타낼 수 있도록 무용가나 백댄서를 연습시키고 지도한다. 자신이 직접 춤을 추기도 한다(한국직업능력개발원, www.career.go.kr).

(16) 영상감독(video director)

의뢰자의 의도와 목적에 따라 영상물을 제작한다. 영상물을 형태(동영상, 정지화상)와 목적에 맞게 제작하기 위하여 연출콘티를 작성한다. 스태프와 협의하여 촬영스케줄을 잡고, 촬영감독과 협의하여 촬영하고 그 결과물을 평가하여 완성한다. 현상 및 텔레시네(telecine, 필름으로 제작된 영상물을 비디오용 포맷으로 변환하는 작업)작업 의뢰를 지시한다. 음향효과와 컴퓨터그래픽 작업을 의뢰하여 최종 영상물을 완성한다. 최종 영상물이 만들어지면 시사회를 갖고 추가사항이나 변경사항 등에 대해 협의한다(한국직업사전, www.work.go.kr).

(17) 특수효과감독(special effect supervisor)

영화, 방송드라마 등의 제작에 요구되는 각종 특수효과를 연출하기 위해 특수장비 및 혼합물을 조작 및 제조한다.

전기효과, 무대효과, 영상효과, 특수효과 등 입체감과 현실감을 살리는 효과를 내기 위하여 각종 화합물을 혼합하고 수동공구를 이용하여 나무, 금속, 플라스틱, 점토 등의 재료를 조립하고 설치한다. 특수효과를 연출하기 위하여 관련 장비를 이용하여 폭발, 비, 눈, 바람 등을 연출한다(한국직업사전, www.work.go.kr).

(18) 기술감독(technical director)

기술감독은 TD라 부르기도 하며, 무대제작에 필요한 재료 구입, 무대제작의 관리감독, 제작소에서 공연장으로 무대장치 이동, 무대장치의 무대 위 설치, 연습이나 공연기간 중 작화팀의 작업지시, 무대제작소의 시설과 재료의 관리 등에 관여한다. 무대 디자이너가 작성한 도면에 근거하여 세부사항과 제작기술 상세도면 내용이 들어 있는 별도의 제작도면을 작성한다(어경준, 2014).

(19) 무대제작감독(scene-shop foreman)

기술감독의 시시에 따라 무대장치 제작, 설치, 매달기 작업 등에 관여한다. 제작현장에서 무대목수들을 지휘하며 무대제작소의 시설과 재료를 관리한다(어경준, 2014).

(20) 조명감독(lighting director)

조명감독은 조명 디자이너의 지시에 따라 조명계획을 실행하는 책임자이다. 장비를 구입하고, 설치하며, 조명기를 유지보수하고 조명크루를 구성한다. 공연 중에는 조명큐를 운용한다(어경준, 2014).

(21) 의상제작감독(costume shop supervisor)

의상디자이너의 지시에 따라 의상을 제작하거나 제작과정을 관리감독하는 사람이다. 의상디자이너의 스케치를 이해하고 실제의상으로 변환할 수 있어야 하며, 의상제작 과정 전반에 전문성을 가지고 의상실 제작인력뿐만 아니라 디자이너, 배우들과도 무리 없이 소통해야 한다(어경준, 2014).

(22) 음향감독(sound director)

공연장에서의 모든 음향장비의 설치를 관장한다. 음향디자이너와 상의하여 정해진 예산 내에서 작품에 필요한 음향장비를 구비한다. 공연이 무대에 오르면 음향의 상태가 최적을 유지할 수 있도록 음향팀을 교육하고 그에 대한 책임을 진다(석현수, 2012).

4. 무감대본 및 리허설의 종류

1) 무감대본의 준비

무감대본(prompt book)이란 공연 연습 때의 동작선이나 몸동작, 큐 등을 적어 놓는 노트를 말한다. 특히 대본이나 악보의 마스터카피로, 이는 배우의 모든 동작과 기술상의 큐를 담고 있어 무대 관리부에서 공연 관리를 위해 사용한다(무대예술전문인 자격검정위원회, www.staff.or.kr).

무감대본이란 사전 준비단계부터 공연제작 과정이 진행되는 동안의 모든 제반사항들이 정리되어 있는 공책을 말한다. 무감대본은 무대감독이 작성하며 무대감독에게는 없어서는 안 될 필수적인 것이다. 무감대본은 작성자에 따라 형태나 방법이 다르지만 무엇보다 중요한 것은 반드시 누구나 알아볼 수 있도록 깨끗하게 정리해야 한다는 것이다. 그 이유는 불가피한 사유로 무대감독이 공연을 진행할 수 없는 경우에 다른 사람이 인계받아 무감대본을 보는 것만으로도 공연을 진행할 수 있어야 하기 때문이다. 또한 무감대본은 중요한 공연자료로서의 가치를 지니므로 항상 최신 자료로 정리해 두어야 한다. 무감대본은 다음과 같은 방법으로 준비할 수 있다.

먼저 무감대본의 추가 및 제거가 용이한 3공 또는 2공 바인더를 준비한다. 바인더가 준비되면 대본을 복사하여 좌측에 끼워 넣는다. 우측에 빈 A4용지를 한 장 더 끼워 넣어 무대동선 및 큐나 공연진행에 필요한 준비사항을 적어놓는 용도로 활용한다. 만약 우측에 빈 A4용지를 더 끼워 넣지 않았다면 대본이 수정되었을 때 작성해 놓았던 무대동선 등의 자료를 재작성해야 하는 번거로움이 있을 수 있다. 무감대본을 이와 같은 방법으로 구성하면 무감대본 좌측에는 대본, 우측에는 동작선이나 큐와 관련된 사항을 적을 수 있는 빈 종이가 존재하며 두 장을 넘겨야 다음 장 대본이 나타난다. 앞서 언급했듯이 무감대본이란 공연의 전 과정에 대한 진행사항을 기록해 놓는 것이므로 무감대본을 종합참고서, 공연의 두뇌, 공연의 바이블이라고 하기도 한다. 작품 성격에 따라 무감대본이 어떻게 구성되는가는 달라지겠지만 기본적으로 다음 표와 같은 내용을 포함한다(석현수, 2012).

〈표 5-4〉 **무감대본에 포함되어야 할 기본사항**

- 작품의 기본 정보(작품명, 작가, 연출 등)
- 배우 리스트
- 배우 및 제작스태프진의 연락처
- 전체 제작 일정표
- 연습 일정표
- 대본 및 동작선의 정리
- 공연 진행과 관련된 모든 분야의 큐
- 장치목록, 소품목록, 의상목록, 조명배치도 등의 모든 자료
- 등장인물 분석표
- 제작회의 관련 자료
- 연습일지 및 공연일지
- 기타

2) 시기별 리허설의 종류와 성격

일단 리허설이 시작되면 연출은 연습을 주관하고 무대감독은 리허설을 진행한다. 제반 리허설의 종류와 특성을 알아보자. 다음 기술하는 리허설의 종류는 배우연기를 기초로 하는 연극이나 뮤지컬의 시기별 · 단계별 종류를 교과서적으로 열거한 것이다. 이 책이 교재나 개론서의 성격임을 감안하여 리허설에는 어떤 것이 있는지 도움이 되고자 망라하였다. 물론 배역이 없는 일부 이벤트의 경우 배역 관련 리허설은 생략될 수 있다.

(1) 첫 리딩(대본 전체 읽기) 연습(first read-through)

처음으로 배역 전체가 모이는 미팅이다. 처음부터 끝까지 대본 전체를 읽어 내려간다. 필요인력은 연출, 출연진, 무대감독과 무대조감독, 의상제작실 대표(의상 디자이너), 다른 디자이너들(선택사항)이다.

(2) 탁상 연습(table work)

배우들과 테이블에서 난상토론을 하면서 작품해석과 예술적 토론을 나누는 시간이다. 필요인력은 연출, 출연진, 무대감독(시작과 끝나는 시점에만)이다.

(3) 동선 연습(blocking rehearsal)

장면리허설(scenework), 다듬기(polishing), 춤 리허설(dance rehearsal), 음악 리허설(music rehearsal), 부분별 리허설(partial run-throughs) 등의 리허설이 있는데 연출 성향과 스타일에 따라 차이가 있다. 일단 배우들이 무대본 연습(off book)에 돌입하면 무대감독은 막혔을 경우 대본 읽어 주기(on book)를 한다.

(4) 첫 전체 연습(first run-through)

첫 전체 연습은 배역들이 처음으로 시작부터 끝까지 장면을 끊지 않고 작품 전체를 연기한다. 조명 디자이너에게도 첫 번째 리허설은 매우 중요한데, 배우들이 장면별로 어디에 위치하는지 알아야 조명을 디자인할 수 있기 때문이다. 필요인력은 연출, 배역, 무대감독 및 조감독, 조명디자이너이다.

(5) 페이퍼 테크(paper tech, 도상테크회의)

현장연습이 시작되기 전에 연출과 디자이너들은 함께 모여 도상으로 장면 전환, 조명큐, 사운드큐, 특수효과 등을 상의한다. 페이퍼 테크에서 합의된 결정사항은 전달되어 무감대본에 명시되도록 한다. 필요인력은 연출, 무대감독, 조명디자이너, 무대디자이너(장면 전환이 발생하는 경우), 사운드디자이너, 특수효과 담당이다.

(6) 무대 설치(load-in)

무대세트를 반입하고 설치하는 일정이다. 기술감독과 협의하여 예상 소요시간을 점검한다. 필요인력은 기술감독, 무대 작업자, 소품팀장, 소품 작업자이다.

(7) 조명 설치(lighting load-in)

조명과 무대설치 작업은 무대상에서 같이 병행하여 이루어지는 경우도 있지만 각자의 작업시간을 할애하는 것이 좋다. 종종 무대팀이 무대 위에서 설치작업을 할 때 조명팀은 객석 위치부터 작업을 시작하고 무대팀이 퇴장하면 본격적으로 설치작업을 한다. 조명 초점 맞추기 작업은 정숙하고 어두운 상태에서 수행한다. 필요인력은 조명 디자이너, 조명 작업자, 디머보드 오퍼레이터이다.

(8) 조명 리허설(lighting rehearsal)

일단 조명기를 모두 매달고 초점 맞추기 작업이 끝나면 연출과 조명 디자이너는 어두운 현장에서 모든 조명큐를 입력한다. 필요할 경우 대역을 세워 조명의 범위, 밝기, 형태 등을 점검한다. 무대감독은 조명큐들이 제대로 구현되는지 점검한다. 만일 팔로우 스포트 조명기(follow spot)가 사용된다면 이를 운용할 오퍼레이터 대표도 참석한다. 필요인력은 연출, 무대감독(또는 무대조감독), 조명디자이너, 디머보드 오퍼레이터, 팔로우 스포트 조명기 오퍼레이터, 무대 대역(stage walker)이다.

(9) 음향 리허설(sound rehearsal)

조명 리허설과 유사하다. 극장이 관객들로 가득 차면 소리는 흡수되어 더욱 부드러워진다는 사실을 고려하여 볼륨수위를 설정한다. 마이크는 직접 테스트해 보아야 하며 효과음(소음, 천둥소리 등)을 라이브로 사용 시 이 또한 시험해 보아야 한다. 필요인력은 감독, 무대감독(또는 조감독), 사운드디자이너, 음향콘솔 오퍼레이터, 라이브 효과 내는 사람, 마이크에 대고 얘기할 사람(microphone talker)이다.

(10) 특수 리허설(special rehearsal)

복잡하거나 잠재적으로 위험한 특수효과 장면이 있을 경우 특수 리허설을 실시한다. 마술이나 동물 묘기, 무기, 폭발, 비밀의 문, 참호, 무대격투 등이 해당하는데, 이는 깜짝쇼를 위해 관계자 외 대외비로 진행하는 것이 좋다. 필요시 대역요원을 대기시킨다. 필요인력은 연출, 무대감독, 특수효과장면 연기 배역이다.

(11) 드라이 테크 리허설(dry tech)

출연자만 제외하고 모든 큐의 전체연습을 진행해 보는 기술 리허설이다. 필요인력은 연출, 무대감독 및 무대조감독, 조명디자이너, 무대디자이너, 사운드디자이너, 모든 진행요원(의상 및 분장요원 제외)이다.

(12) 큐 리허설(cue to cue, 종종 'Q2Q'로 줄여서 씀)

이때부터 배우들이 투입된다. 스태프들과 배우들이 실제로 합동으로 해 보는 리허설이다. 전체 연습을 하지는 않고 테크니컬 큐 전후 상황을 연기해 본다. 배우들에게는 지루하고 고된 작업이나 공연 전반을 훑어보는 데 필요하며 다가올 전체 연습에 도움이 된다. 필요인력은 드라이 테크에 필요한 모든 스태프와 출연진이다.

(13) 첫 번째 테크 리허설(first tech)

테크 리허설은 쉬지 않고 진행되는 전체 연습이다. 만약 중요한 무대장치세트, 조명효과, 또는 사운드 큐를 놓쳐 버렸다면 그 부분을 다시 해 볼 수 있다. 필요인력은 큐리허설과 같다.

(14) 두 번째 테크 리허설(second tech)

첫 번째 테크 리허설의 연장이지만 비중은 약간 높다. 배우들이 연기해야 하는 기술적 효과 중에 미완성된 것이 있다면 과감히 포기한다. 포기도 미덕이고, 할 수 있는 것만 한다. 아직 무대의상은 입지 않고 리허설에 임한다. 단, 거동이 힘든 의상이나 의상교체가 연기의 일부가 되는 경우, 단시간에 신속하게 경의해야 하는 경우 등은 예외로 연습해 본다. 필요인력은 최초 테크 리허설과 같다.

(15) 첫 번째 드레스 리허설(first dress)

공연 의상을 착용하고 연습하는 첫 리허설이다. 의상의 문제가 있는 경우를 제외하곤 중단없이 진행한다. 첫 드레스 리허설은 때로는 의상 퍼레이드로 진행되는 경우도 있는데 연출과 의상디자이너가 객석에 앉아 전체 의상, 헤어, 분장이 조명에 어떻게 보이는지 점검하기 위해서이다. 필요인력은 테크 리허설과 동일인, 의상디자이너, 메이크업 디자이너, 가발 디자이너, 의상과 메이크업 진행요원이다.

(16) 두 번째 드레스 리허설(second dress)

아직 의상 제작은 계속되고 있으므로 일부 출연자는 청바지 차림일 수도 있다. 이때까지 깜짝쇼 의상 효과나 신속한 갈아입기가 잘 이루어지지 않으면 변경하거나 생략한다. 필요인력은 첫 번째 드레스 리허설과 같다.

(17) 최종 드레스 리허설(final dress)

관객이 없는 것 말고 최종 리허설은 실제 상연과 동일하게 진행한다. 가능하면 같은 시각에 시작하고, 공연 규칙을 따르도록 한다. 공연 의상을 입은 채 극장 안을 배회하면 안 되며, 심각한 안전 문제 외에는 중단 없이 진행한다. 필요인력은 모든 공연 관계자이다.

(18) 첫 공연과 상연(opening night and the run)

최종 드레스 리허설을 성공적으로 마쳤다면 이미 실제 공연을 경험한 거나 마찬가지이다. 대부분의 경우 시연회(preview)를 실시하는데, 관객이 있는 가운데 실제 공연을 하는 것이다. 하지만 아직은 불완전하고 일부 수정이 불가피하다. 이런 경우 기자나 비평가들과 첫 본 공연 전까지 보도, 평론을 유보하기로 합의한다.

이와 같은 리허설 과정을 거쳐 드디어 첫 공연을 상연하게 된다.

(19) 사진촬영(photo calls)

공연 사진을 찍기에 좋은 시간은 좀처럼 없다. 대부분 사진 촬영은 첫 공연 후로 잡는 경우가 많지만 홍보 목적의 프레스콜(press call)도 겸한다면 드레스 리허설 전후로 시간을 잡는 게 좋다. 무대감독은 사진으로 담아야 할 장면들을 미리 정리해 촬영에 반영한다. 필요인력은 연출, 무대감독 및 조감독, 배역, 조명 스태프, 무대요원, 의상요원이다.

(20) 복습 연습(brush-up)

공연이 일주일 정도 상연되었으면 둘째 주 돌입 전에, 특히 아마추어 배역들이 참가하는 복습 연습 일정을 잡는다. 연출도 참석한다. 가능하면 복습 연습은 무대에서 하는 게 좋지만 테크 리허설까지는 필요하지 않다. 필요인력은 연출, 무대감독 및 조감독, 배역이다.

(21) 대역 리허설(understudy rehearsals)

무대감독은 첫 공연이 끝나면 별도 일정을 잡아 유사시를 대비하여 대역배우들을 훈련시켜야 한다. 유비무환이다. 필요인력은 연출(가능하다면), 무대감독, 임시 대역과 함께하는 장면 배역들이다.

이같이 열거한 리허설은 프로젝트의 규모와 성격에 따라 축소 생략될 수 있다. 하지만 교과서적으로 어떤 리허설이 있는지 알아 둘 필요는 있다.

Tip

할 필요가 없는, 소용없는 리허설이 있다. 비둘기, 폭죽/화약, 이탈장치, 합수(合水) 등의 예처럼 1회 소진성, 또는 다시 새로 설치해야 하는 사항 등의 특수효과 리허설은 매번 새롭기 때문에 해도 도움이 안 된다.

5. 이벤트 연출 실무가이드

1) 조건과 변인 파악

연출을 위하여 프로젝트의 제반조건과 변수를 파악하는 것은 꼭 필요하다.

(1) 어떤 유형의 이벤트인가

이벤트 형태에 따라 연출기법은 달라진다. 한 예로 지방의 세레모니형 이벤트에서는 내빈 소개가 가장 중요하다. 이벤트 유형에는 세리머니(ceremony), 연회행사(reception), 콘서트(concert), 컨벤션(convention), 회의(conference), 축제(festival), 스포츠이벤트(sports event), 박람회(exposition), 전시회(exhibition), 벼룩시장(flea market), 무역박람회(trade show), 갈라쇼(gala show), 패션쇼(fashion show), 토크쇼(talk show), 관/군/기업/민간행사 등이 있다.

(2) 표적관객은 누구인가

수준에 따라 눈높이를 맞춘다. 축가 출연자로 성악가가 좋을지 대중가수를 선호할지 판단한다. 임기응변으로 노래방기기나 댄스곡을 준비하는 경우도 있다. 표적관객 파악 시에는 연령, 소득수준, 직업, 학력, 남녀성비, 직위/직급, 외국인, 초청대상, 미성년자 등의 요소를 점검한다.

(3) 이벤트 공간은 어떠한가

공간의 형태에 따라 무대, 영접라인, 주차장 등의 위치가 달라진다. 실내/실외, 교통 접근성, 방위, 프로시니엄(proscenium)극장, 원형경기장(arena), 창고형(box theater), 실험극장(experimental), 맞춤형극장, 나대지, 매립지 등의 요소를 파악한다.

(4) 시간대와 절기는 언제인가

야외행사일 경우 직사광선을 등지는지 바라보는지 점검한다. 바라본다면 태양모를 준비해야 한다. 일회용 우비, 담요, 손난로 등이 필요할 때도 있다. 주간/야간, 이벤트 시간대의 태양 위치, 일조량, 혹한/혹서/우천/태풍, 명절/연휴 인접 등의 요소를 파악한다.

(5) 톤 & 매너는 어떠한가

톤 & 매너에 따라 각종 디자인, BGM, 아르바이트 운영요원 의상까지 달라진다. 이때 격조, 고품격, 발랄, 보수적, 개방적, 고급, 고풍, 복고, 화려, 검소, 원시, 자연친화, 힐링, 사실적, 은유적, Jazzy, 포스트모던, 아방가르드, 클래식 등의 요소를 파악한다.

(6) 실행예산은 얼마인가

예산에 따라 연출 아이디어는 바뀔 것이다. 하지만 저예산으로도 관객감동을 실현하는 것은 연출의 역량이다. 인건비, 물자 확보, 콘텐츠 제작, 시스템 예산, 진행성 경비, 부가세 여부, 사후정산 등의 요소를 파악한다.

(7) 기타 체크사항

오찬/만찬 포함 여부, 통/번역 필요 여부, 동시통역시 부스/이어폰, R-vip 참석, 국민의례/국기설치 여부, 현장전원(電源) 활용 가능 여부, 라이브 악기공연 유무, 화약 등 사전 인허가사항, 방염처리, 주/예비시스템 필요 여부 등을 파악한다.

2) 성공하는 연출 포인트

- 조직과 시스템이 일을 하게 하라.
- 입체적(立體的)으로 사고하라.
- 통시적(通時的)으로 사고하라.
- 직접 확인하고 발품을 팔아라.
- 실제상황 시 수평체계는 없다. 보고 하달 수직소통체계만 있을 뿐이다.
- 상연 진행 시 스태프가 상상하여 행동하지 않게 한다.
- 약속한 대로, 연습한 대로, 매뉴얼 대로 행동한다.
- 리허설은 반드시 실시하라. 하면 착오가 없고 안 하면 사고가 난다.
- 전 스태프가 전체 흐름을 이해하도록 숙지시켜라.
- 전체 또는 부분적인 미팅, 교육 등을 통해 정보를 공유한다.
- 운영매뉴얼은 필히 제작하여 전 스태프가 소지토록 한다.
- 미숙련 운영요원은 1인 1과업만 시킨다.
- 실전행사 수행 시 큐는 남용하지 않는다.
- 단계별로 조직은 진화한다. 이에 대처하라.
- 큐시트는 큐를 날릴 사람, 즉 연출 또는 무대감독이 직접 작성하라. 작성하면서 정리가 될 것이다.
- 디자이너의 상상력을 최대한 극대화시켜라. 구체적 가이드라인은 오히려 상상력을 제한한다.
- 여러 의견이 상충할 때 외로운 결정을 신속히 내려야 한다. 단, 독선은 안 된다.
- 누구나 관객 앞에 서면 출연하는 것이다. 스태프의 간단한 무대등단도 완전 퇴장까지 동선을 연출하라. 작품이 깔끔해진다.
- 연출은 당일에 할 일이 없어야 한다. 시스템이 가동되면 조직이 일한다.
- 우발사고의 대부분은 전기 관련 사항이다. 신속히 전원의 연결상태부터 체크하라.

EVENT

제6장

이벤트 제작

1. 개괄

공연이나 행사가 상연되기 위해서는 반드시 제작(production)되어야 한다. 즉, 기획된 지면상의 계획, 연출 의도, 그리고 창작진의 디자인 등의 여러 요소를 전개하고 가시화시켜 관객 앞에서 선보이는 일련의 종합화 과정을 이벤트 제작이라 할 수 있다.

1) 제작의 조건과 구성요소

이벤트는 속성으로 보면 라이브 퍼포먼스에 속한다. 이벤트는 창조의 순간과 더불어 과거로 소멸해 다시는 같은 모습을 볼 수 없는 순간의 예술이다. 이 라이브 퍼포먼스는 실 제작시점과 관객에게 선보이는 시점이 다른 영화, 문학, 미술, 음반, CF, 녹화방송 등과는 체질적으로 다르다. 한 번의 실수가 영원한 실수이며, NG는 허용이 안 된다. 처음 실제로 해 보는 것이 딱 한 번의 기회이다. 따라서 성공적 수행을 위해서는 시공간에서 준비가 철저해야 하며, 기획이 탄탄해야 하고, 도상연습을 많이 해 보아야 함이 당연한 일이다.

그렇다면 다음과 같은 필요충분조건이 성립될 것이다.

> 하고자 하는 이벤트가 무엇으로 이루어지는지, 이벤트 제작에 투입되는 모든 구성요소들을 하나도 빠짐없이 원천적으로 파악해 내어 각각의 구성요소들을 잘 관리한다면 이벤트 제작은 성공할 것이다.

이벤트를 구성하고 있는 모든 원천 구성요소를 파악하고 도출하면, 이벤트 원천구성요소의 체계를 나타낸 그림은 다음과 같다([그림 6-1] 참조).

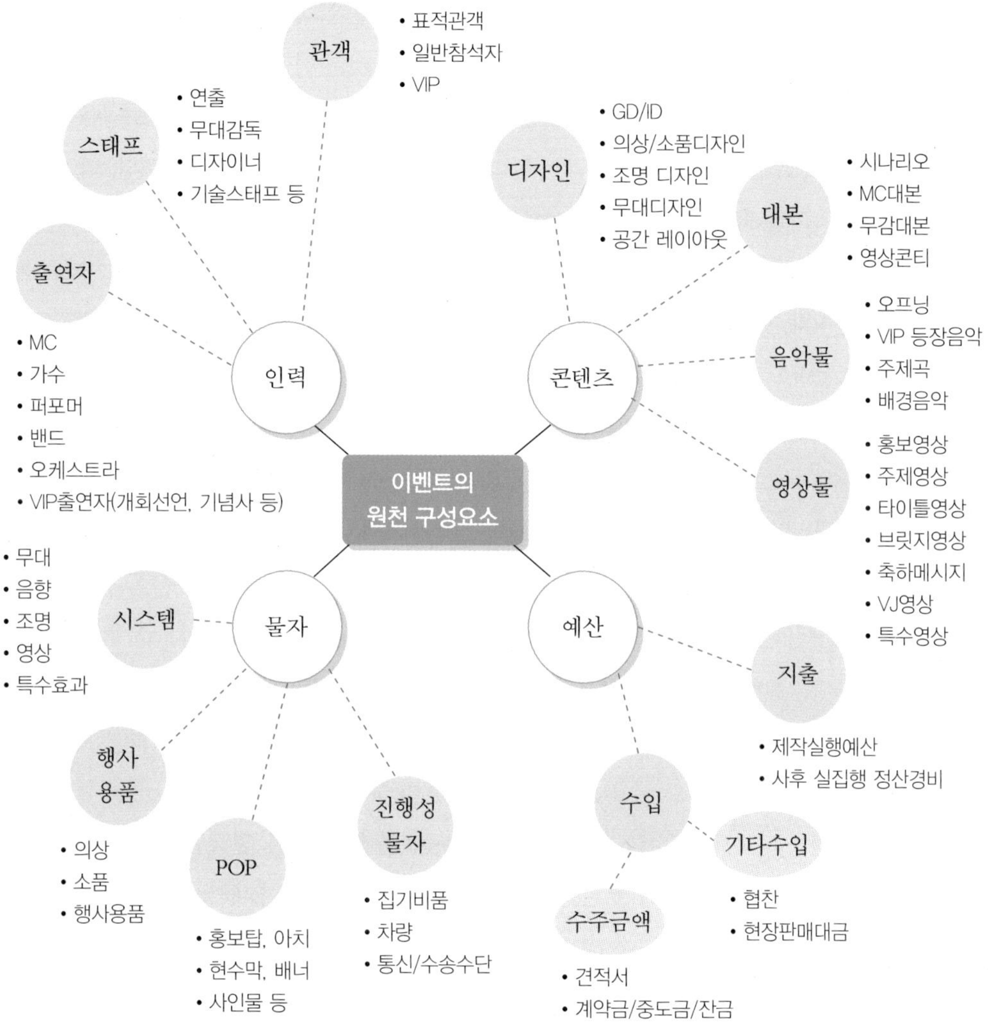

[그림 6-1] 이벤트의 원천구성요소 체계

- 콘텐츠를 만들어 넘겨 주는 요소: 음악물, 영상물, 디자인
- 제작하여 설치납품하면 끝나는 요소: 무대, 의상/소품, POP 물자,
- 현장설치하여 연출큐에 따라 조작을 해 주어야 하는 요소: 조명시스템, 음향시스템, 영상시스템, 특수효과, 이동장치
- 구매, 임차 또는 보유물자를 연계 활용하는 요소: 행사용품 등

■ 제작관리의 양대 기준 축: 시간과 공간

네이버 지식인에서는 시간과 공간의 관계를 다음과 같이 기술하고 있다.

시간과 공간은 합쳐서 시공간이라 부른다. 그 둘은 아주 밀접한 관계에 있기 때문이다. 공간이 없다면 시간 역시 존재하지 않다고 하는 것이 여기서 나온 말이다. 시간을 정의해 보자면 '어떠한 공간에서 일어나는 사건을 일렬로 배열해 주는 것'이라고 할 수 있다. 즉, 시간이 없다면 공간에서 일어나는 일련의 사건들은 뒤죽박죽이 되어 버린다. 따라서 이벤트는 시간과 공간의 양대 축에서 성립되고 존재한다.

공간관리는 이벤트공간을 이해하고, 행사장의 특성을 파악하여 공간을 연출하기 위한 일이다. 행사장이 대관시설일 경우에는 시설구조를 답사하고 점검하여 행사목적에 맞게 활용하고 미비점을 보완하고 해결하는 일이다.

시간관리는 사전제작단계부터 무대에서 본 행사가 상연되기까지 시간의 흐름에 따른 제작의 모든 과정에 구체성을 부여하고 각 세부단계마다의 공정을 수행하고 실현시키는 과정관리이다. 세부공정의 작은 마침표들을 잘 찍어 나가면, 프로젝트의 성공적 수행이라는 큰 마침표가 찍어지는 것이다.

2. 시간관리

전술했듯이 시간관리는 사전제작단계부터 본 행사가 상연되기까지 시간의 흐름에 따른 제작의 모든 과정에 구체성을 부여하고 각 세부과정마다의 작업을 수행하고 실현시키는 과정관리이다. 건설이나 플랜트 프로젝트의 공정관리에 해당된다.

1) 창조단계

창조단계는 실행제작의 초기단계로서 크리에이티브, 디자인 등 창작작업을 중시하는 단계이다. 크리에이티브 팀과의 격의 없는 토론과 논의가 이루어지며 콘셉트가 도출되는 단계이다.

창조단계는 콘셉트회의와 디자인회의를 거쳐 이루어진다. 콘셉트회의는 연출과 디자이너들이 참석하여 격의없이 구름을 잡는 브레인스토밍 미팅이다. 여기서 작품에 대한 합의된 콘셉트가 도출된다. 일단 콘셉트가 도출되면 무대 디자이너와 의상 디자이너는 각자의 작업실에서 무대평면도와 의상 스케치를 구상한다(Campbell, 2004).

다음으로 디자이너들이 각자 창작의 시간(적어도 몇 주)을 가진 뒤에 디자인 회의

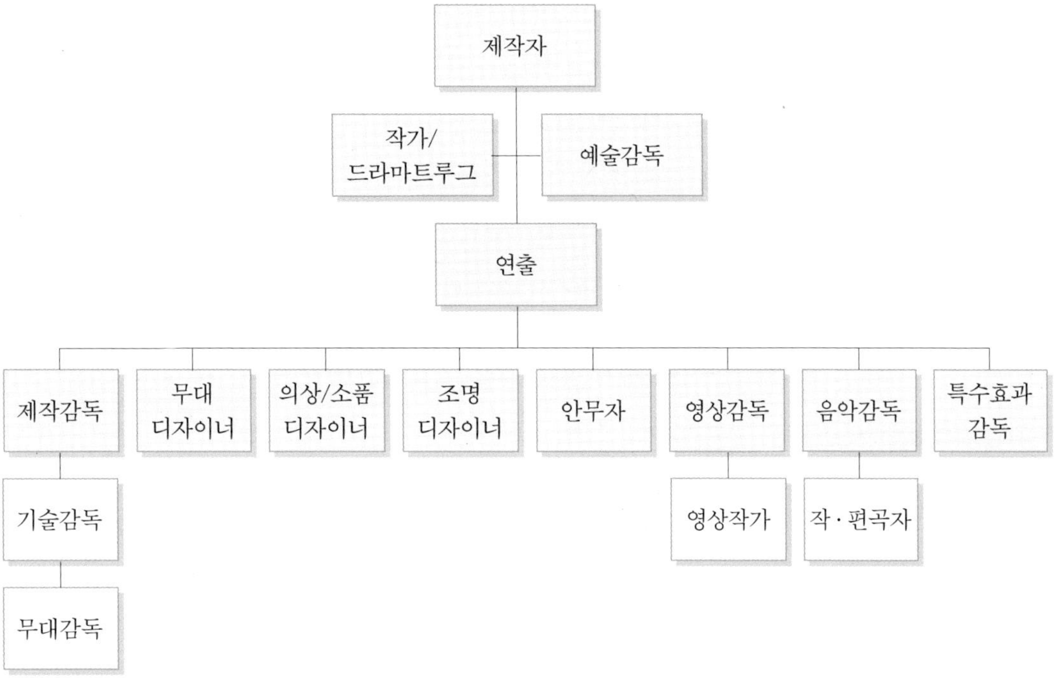

[그림 6-2] 창조단계 조직도

(design conference)를 갖는다. 그간의 작업물을 각자 발표하고 연출과 기타 스태프들의 질문에 전문성을 발휘하여 대답한다. 조명과 사운드 디자이너들은 스케치나 도면이 아직은 크게 필요 없으므로 각자의 아이디어를 구두로 표현한다.

참여인력은 크리에이티브 팀으로서 연출/제작자/예술감독/제작감독/무대감독, 작가/드라마트루그, 무대디자이너/조명디자이너/의상디자이너/소품디자이너, 안무가/무용감독, 영상감독/영상작가, 음악감독/작 · 편곡자, 특수효과감독이 포함된다.

2) 제작단계

각 부문별 · 요소별로 제작에 착수하는 단계이다. 디자인, 시안, 도면, 스케치, 설계, 렌더링 등으로 이벤트 콘셉트가 구체화 · 가시화되고 정기/부정기, 전체/부분 제작회의를 통하여 발전된다.

제작단계는 제작회의를 거쳐 이루어진다. 제작조직 내 다른 팀 간의 이견을 조율하는 가장 중요하면서도 유일한 창구가 제작회의이다. 참석률 제고를 위해 시간을 정하

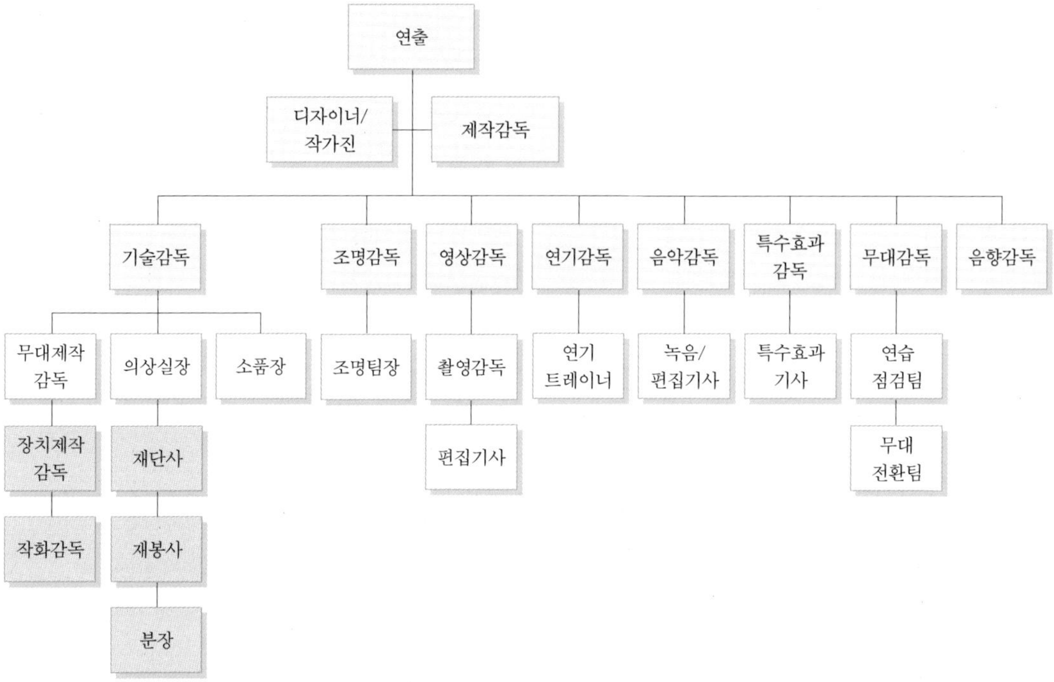

[그림 6-3] 제작과 연마단계 조직도

여 정기적으로 소집하는 것도 방법이다. 제작회의는 소요인력과 물자를 공유하고 시간, 공간, 예산에 관한 문제를 해결하기 위한 미팅이다. 각 감독들은 교대로 진척사항을 보고하고 문제점 및 건의사항을 전체와 공유한다(Campbell, 2004).

최근에는 인터넷과 SNS의 등장으로 직접 오프라인에서 만나지 않아도 원격회의, 화상회의, 이메일, 카카오톡 채팅방, 밴드 등 소통의 통로가 진화하고 있다.

참여인력은 제작기술팀으로 연출/제작감독/무대감독, 무대-장치제작감독, 조명-조명감독, 조명팀장, 영상-영상감독, 촬영감독, 편집기사, 음악-녹음·편집기사, 음향-음향감독, 의상-의상실장, 소품-소품장, 특수효과-특효팀장이 포함된다.

3) 연마단계

일차 제작된 분야와 요소의 완성도를 높이는 단계이다. 수정·보완작업, 다듬기, 맛내기, 광내기작업이 이루어지며 분야별로 결합하고 상호 조화를 기하는 단계이다.

이 단계에서는 제작회의를 계속하고, 제작기술팀과 동일한 참여인력이 동원된다.

연마단계 조직도 역시 제작단계 조직과 동일하다.

4) 현장 연습단계

실제 이벤트가 행해질 현장에서 리허설, 점검, 가상연습을 해 보는 단계이다. 실제상황과 유사한 경험을 습득하는 게 목적이며, 전체/부분 합동 리허설을 실시하고, 출연자 대기, 등 · 퇴장 동선 등 운영 관련 사항도 리허설을 실시한다. 테크니컬 리허설, 드레스 리허설, 시연회의 절차를 거쳐 이루어진다.

참여인력은 연습진행팀으로 연출/무대감독, 조명감독/오퍼레이터/무빙라이트오퍼, 영상오퍼레이터, 음향오퍼레이터, 장치제작감독, 연습진행팀: MC담당, VIP담당, 출연자담당, 등 · 퇴장담당, 장치전환수가 포함된다.

Tip 시연회(preview) 실시

- 처음으로 관객이 입장한 상태에서 실제와 동일하게 상연한다.
- 전 출연자와 스태프들의 숙지 체득이 목적이다.
- 불꽃, 비둘기, 풍선 등의 일회 소진성 특수효과는 경험 축적이 안 되고, 예산이 추가로 소요되므로 대부분의 경우 생략한다.
- 올림픽 개막식 등의 경우 출연자 스태프의 가족 또는 유공단체 관계자들을 초청하여 실시한다.
- 비평가, 기자 등에게는 그야말로 시연회이므로 평론을 유보하기로 합의한다.
- VIP 출연자도 등 · 퇴장 및 연기를 해 보도록 유도한다.

[그림 6-4] **현장연습단계 조직도**

5) 실연

실연(實演, 本行事, The Run)은 리허설, 연습, 시연회 등을 거치고 실제로 상연하는 행위이다. '실전은 연습처럼, 연습은 실전처럼'을 인식시키고, 연습대로 하기, 약속대로 하기, 틀리지 않기, 큐시트대로 하기, 매뉴얼대로 하기, 마음대로 상상하기 않기를 주지시킨다. 실연조직은 등 · 퇴장과 오퍼레이션 위주의 단출한 조직으로 구성된다.

참여인력은 실연진행팀으로 무대감독, 등 · 퇴장 진행팀, 음향오퍼레이터, 조명오퍼레이터, 영상오퍼레이터, 특수효과오퍼레이터, 기타 특수장치 오퍼레이터가 포함된다.

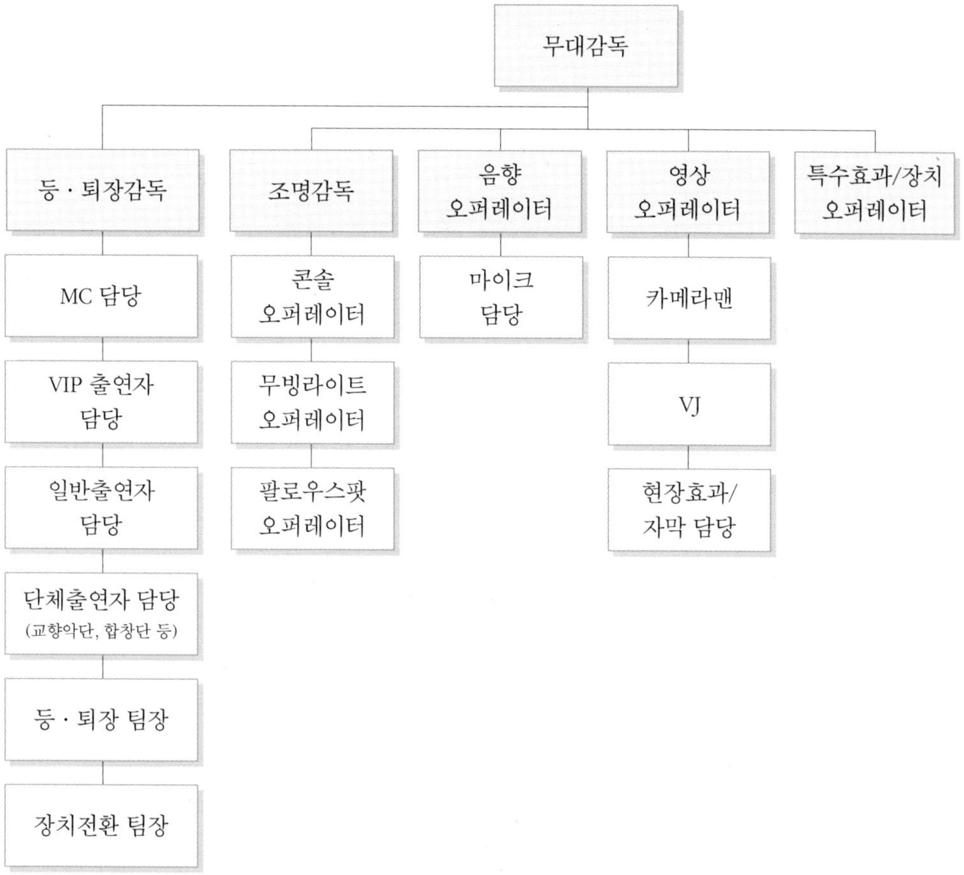

[그림 6-5] **실연 조직도**

3. 공간관리

1) 이벤트 공간의 종류

> 극장은 공연을 위해 공연자와 관객을 동시에 수용할 수 있도록 만든 모든 구조물을 총칭한다.
>
> –『문학비평 용어사전』

주최자가 메시지를 전달하고 표현하면, 대상자는 수용하고 반응하는 이벤트 공간, 다시 말해 퍼포먼스 공간과 관객이 관람하는 공간이 공존(共存)하고 있는 곳을 행사장이라 할 수 있다. 이 두 가지 관계와 상호소통이 잘 이루어지는 공간이 좋은 행사장이라고 할 수 있는데, 이러한 행사장의 종류는 어떤 것들이 있는지 다음 표에서 제시하였다.

〈표 6-1〉 **이벤트 공간의 종류**

구분	형태	종류	비고
실내	극장형	프로시니엄아치, 돌출무대(양면/삼면), 원형무대, 상자형극장, 복합무대, 개조한 극장, 다변형무대/가변무대, 창고극장	
	비극장형	컨벤션홀, 호텔연회룸, 강의실, 로비, 미술관/박물관, 모델하우스, 건물복도, 파빌리온, 돔경기장 등	
실외	극장형	원형극장(amphitheater), 야외극장/노천극장, 가부끼극장, 노무대, 다방극장, 놀이마당 등	
	비극장형	스타디움, 경기장, 거리, 장터, 광장, 고궁, 수상무대, 고수부지, 나대지 식당, 정원가든, 놀이터, 산비탈, 정자 등	테마파크, 축제장 등

(1) 실내공간

① 프로시니엄 스테이지(proscenium stage)

프로시니엄 아치[1]로 무대 전면(前面)의 개구부(開口部)를 구획하고 그 안쪽으로 전개된 무대형식이다. 액자무대(額子舞臺)라고도 한다. 오늘날 거의 대부분의 극장에서 채택하고 있는 형식으로 17세기에 처음 출현하였다. 관객석에 의하여 원형 또는 반원형으로 둘러싸인 둥그런 무대공간, 또는 엘리자베스 왕조시대의 에이프런 스테이지(前面舞臺)와 같이 관객석 쪽으로 네모나게 돌출한 공간이 흡수되고 커다란 프로시니엄 아치로 관객석과 무대가 확연하게 구획된 구조이다. 아치에 부착한 커튼을 내려 장치를 충분히 준비할 수 있게 되었기 때문에 프로시니엄 스테이지의 출현은 무대장치에 획기적인 진보를 가져오게 하였지만, 관객과 무대 사이의 친근감은 희박해지는 결과를 초래하였다(두산백과사전, www.doopedia.co.kr).

1) proscenium arch, 무대와 객석을 구분하는 액자모양의 건축구조.

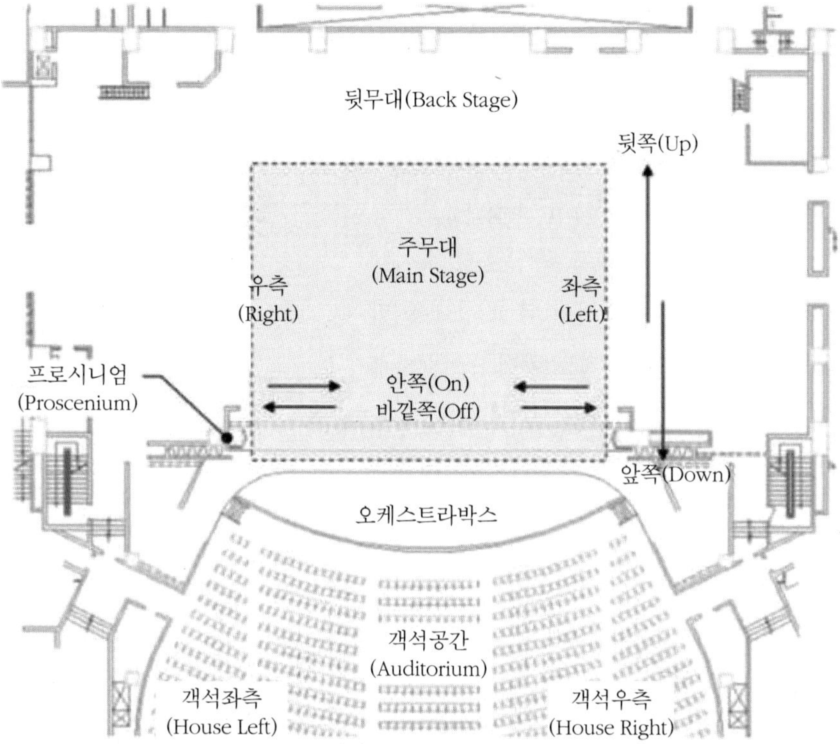

[그림 6-6] 프로시니엄 스테이지

② 돌출무대(thrust stage)

돌출무대는 무대 주위에 관객이 둘러앉아 볼 수 있도록 무대가 관객석 사이로 돌출되어 있는 무대를 말한다. 돌출무대는 프로시니엄무대와 원형무대의 장점을 결합하여 극적 효과를 얻기 위해 고안된 무대 형태이다. 장방형(직사각형) 또는 반원형으로 돌출된 무대의 3면이나 반원 전면에서 관람할 수 있어 관객과의 친밀감을 얻을 수 있을 뿐만 아니라 아늑함과 안정성을 부여해 준다. 뿐만 아니라 연기 장소 뒷편에는 배우의 등·퇴장과 무대장치를 설치할 공간이 있기 때문에 극작의 효과를 충분히 발휘할 수 있는 장점을 가지고 있다.

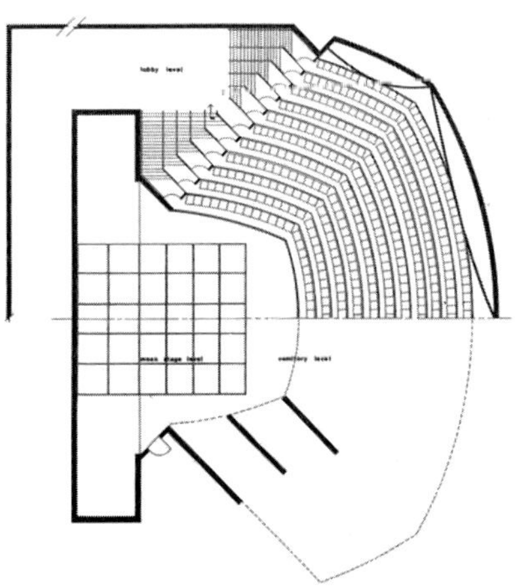

[그림 6-7] 돌출무대

동서고금을 막론하고 돌출무대를 활용한 수많은 명작이 공연되었는데, 그 이유는 돌출무대가 관객과 배우가 친밀감, 공감대를 형성하기에 좋다는 장점을 가지고 있기 때문이다(네이버 지식백과, terms.naver.com).

③ 원형무대(arena stage/open stage)

말 그대로 연기하는 무대를 중심으로 객석이 부채꼴이거나 사방으로 둘러싼 극장 형태를 말하며, 아레나무대라고 불리기도 한다. 무대 자체는 사각형이거나 원형으로 객석 중심부에 있다. 일반적으로 서양의 고대극이나 한국의 고전극은 원형 노천극장의 원형무대에서 이루어졌다. 더 러 자연적인 위치를 이용하여 산비탈이나 마을 공터에서 관객에게 둘러싸여 공연되었던 것이다. 서양의 경우는 디오니소스 축제나 제의를 거치면서 희랍극장의 전형이 되었다. 인디언들의 출전무(the war dance), 멕시코의 오토미제(otomi ritual), 한국의 가면극과 마당극 등의 무대는 모두 원형이었다(네이버 지식백과).

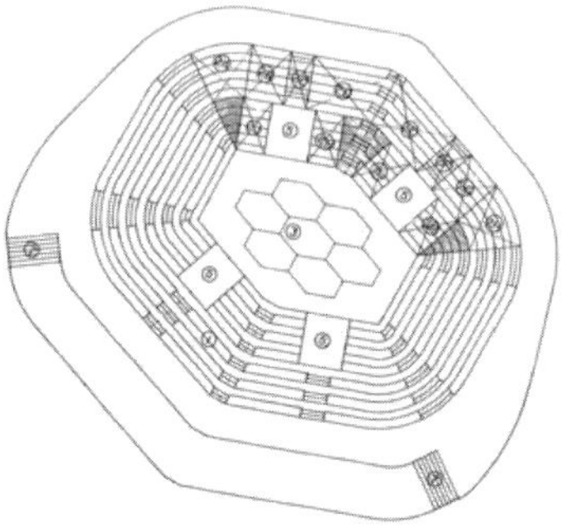

[그림 6-8] 원형무대

④ 상자형극장(black box theatre)

객석이나 무대의 형태를 공연에 따라 바꿀 수 있는 구조의 무대이다. 가변형무대(flexible stage)의 일종으로, 일반적으로 소극장이나 스튜디오극장 등에서 활용된다. 상자형 공연장 혹은 상자형 무대로 불린다(예: 문예회관 소극장, 예술의전당 자유소극장).

⑤ 복합무대

2개 이상의 무대를 합친 것을 일컬으며 보통 프로시니엄 무대와 돌출무대를 합친 형태이다. 회화적 무대장치에 적합한 프로시니엄 아치무대와 관객에 근접한 돌출무대 작품에 적합한 경우 등 두루 쓰일 수 있다(예: 드라마센터 극장)(양정현, 2016).

⑥ 개조한 극장

개조한 극장은 "공연장은 콘솔 두 개와 열정 하나면 된다."라는 말에 딱 어울린다. 이런 형태의 극장은 본래 다른 목적으로 만들어진 건물을 개조해서 만들어진다. 생각할 수 있는 모든 공간은 극장으로 개조할 수 있고 또 그렇게 해 왔다. 애리조나주의 투싼 시에서는 1970~1985년 사이에 슈퍼마켓, 영화관, 목재소, 사료공장, 사무실, 식당 등이 극장으로 변했다. 또 뉴욕시의 라파예트 스퀘어 시어터(The Lafayette Square Theatre)는 도서관이었던 곳에 극장 5개가 들어섰는데, 무대와 객석을 놓을 만한 충분한 면적을 가졌고 주차와 대중교통도 편리하다(어경준, 2014).

⑦ 다변형무대/가변무대

극장의 외형은 변하지 않고 무대와 객석이 만나는 형태를 융통성 있게 변화시킬 수 있는 무대이다(예: 창원 KBS홀, 부산 KBS홀)(양정현, 2016).

⑧ 창고극장

못 쓰는 창고건물을 개조하여 만든 극장이다. 1960년대 미국에서 유행하던 극장 형태로 소극장의 한 유형이다(양정현, 2016).

⑨ 컨벤션 시설

여러 가지 행사와 회의를 주최하는 데 필요한 시설을 갖춘 대형건물이다. 회의장 크기, 좌석배치, 조명설비 등을 자동으로 조절할 수 있도록 설계되어 행사의 규모와 성격에 따라 대규모 국제회의는 물론 연회, 리셉션, 패션쇼 등에 이르기까지 자유로운 공간

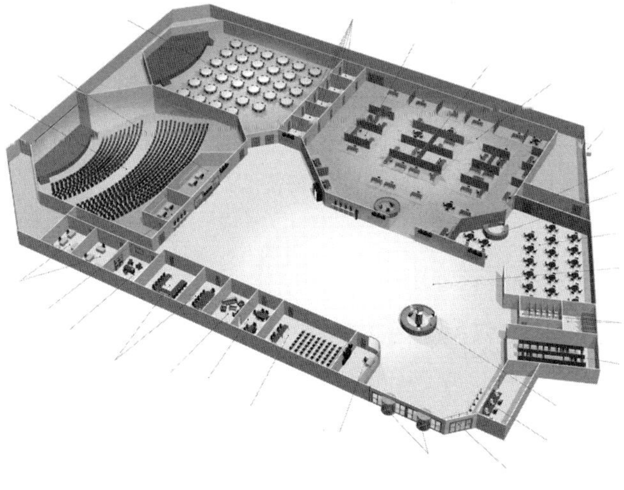

[그림 6-9] 컨벤션센터

연출이 가능하다.

(2) 실외공간

① 원형극장(amphitheater, 圓形劇場)

고대 로마에서 스포츠나 검투시합 등을 위하여 지은 원형건축물, 또는 연극에서 무대의 사면을 관객석으로 두른 극장 및 상연형식이다.

첫 번째 의미의 원형극장으로는 기원 전 80년경 건조된 로마의 콜로세움(colosseum), 즉 플라비우스극장이 유명하다. 두 번째 의미의 원형극장은 1932년 미국 워싱턴대학교 교수인 그렌 휴즈가 최초로 연극에 시도했으며, 이 무대가 정식으로 연극에 사용된 것은 1940년 워싱턴대학교가 펜트하우스(Penthaus Theatre)를 개관했을 때이다. 이 무대의 원형은 원시인들의 제식(祭式)·축제장소·서커스나 투우장 등에서 찾아볼 수 있다(두산백과, www.doopedia.co.kr).

[그림 6-10] 원형극장

② 야외극장/노천극장(open-air theater)

호수, 강, 바닷가, 산속 등 경치 좋은 곳에 무대와 객석을 꾸며서 만든다. 대체로 여름 피서지, 관광지, 대학캠퍼스 등에 만든다. 1960년대 서울에도 남산에 야외음악당이 있었다. 외국에는 야외극장이 많이 발달하였다. 북유럽의 핀란드에는 동굴 속에 만든 동굴극장도 있다(예: 연세대 노천극장, 예술의전당 야외극장)(양정현, 2016).

③ 가부끼(歌舞伎)극장

가부끼의 무대는 막이 있는 액자무대로, 초창기에는 바닥에 앉아서 보았으나 현재는 의자가 있는 관객석으로 이루어져 있다. 가부끼무대는 본 무대 외에 보조무대 격인 화도(花道, 하나미찌)가 있는데, 초기에는 무대좌우에 있다가 현재는 좌측에만 있다. 관객석을 질러 길게 뻗은 화도는 본 무대와 같은 공간으로 사용되는 경우도 있으나 대개 다른 공간으로 사용된다. 그러므로 배우들이 화도와 본 무대에 각각 서서 대각선으로 대화를 할 경우도 있고 아니면 동시무대의 형태로 각각 다른 장면이 전개되기도 한다.

가부끼무대에는 회전무대가 도입되어 빠른 장면 전환과 스펙터클한 효과를 연출할 수 있게 되어 있고 무대 밑 공간도 활용할 수 있다. 다양한 무대기능에 병행하여 지붕이나 벽이 순식간에 제거되어 내부가 드러난다거나 하는 무대장치도 발달하였다(양정현, 2016).

④ 노(能)무대

일본의 대표적인 가면극인 노(能)는 원래 사원에서 연희되었기 때문에 여전히 그 흔적이 남아 있다. 무대와 객석 사이에는 흰 자갈을 깔아 사원의 분위기를 내고 아무 장치 없는 마루무대, 무대 뒤 벽 포장에 그려진 소나무, 공연 중의 엄숙한 분위기가 그것이다. 노무대는 많은 무대 약속에 호응하여 기능하므로 장소 하나하나가 매우 중요한 역할을 한다. 연희자의 입장 순서와 등·퇴장 위치, 무대 위 자리가 모두 정해져 있다. 무대장치는 거의 없으며 필요에 따라 최소한의 소품이 비사실적인 모양으로 사용되고 있을 뿐이다. 배우 역시 무대 약속에 호응하여 기하학적인 동선으로 움직인다(양정현, 2016).

⑤ 다방극장

중국 전통극 극장으로서 초창기에는 야외에 대를 만들어 관객이 3면에 둘러서 관극하도록 하였다. 다음에는 식당 겸 찻집인 건물에서 실내공연을 하게 되었는데, 이 무대는 매우 간단한 것으로 무대 후면에 대장자(大帳子)라고 불리는 수를 놓은 큰 커튼이 드리워지고 그 양쪽에 출입문이 있다. 이것 역시 헝겊으로 오른쪽에는 상장문(上場門), 왼쪽에는 하장문(下場門)이라고 쓰여 있다. 상장문은 배우들이 들어오는 문이고, 하장문은 그들이 퇴장하는 문이다. 무대 중앙에는 술이 달린 등이 드리워져 있고 큰 탁자와 2개의 의자가 다양하게 소품으로 쓰일 뿐 무대장치는 거의 없는 셈이다. 따라서 몇 가지 소품을 적절히 이용해 빈 무대의 취약점을 보완하고 있다. 객석에는 차를 마실 수 있는 특별석과 긴 의자가 있는 일반석으로 나뉜다(양정현, 2016).

⑥ 스타디움(stadium)

주로 옥외에서의 스포츠나 콘서트 등을 행하기 위한 건축물을 가리킨다. 경기장을 가리키는 경우가 많다. 경기를 행하는 필드나 스테이지와 그것을 둘러싸는 관객석으로 구성되어 있다. 관객석은 사방을 둘러싸기도 하고, 일부만을 둘러싸는 경우도 있다(위키피디아, http://ko.wikipedia.org).

⑦ 돔구장

돔구장은 돔 형태를 가진 경기장을 의미한다. 현재 일본 프로야구팀인 요미우리 자이언츠가 홈 구장으로 사용하고 있는 도쿄돔이 그 예이다. 이 구장은 야구 외에도 축구 등 기타 스포츠나 대형콘서트, 전시회 등의 용도로 사용되고 있다. 최대관객 5만 5천 명을 수용할 수 있다.

2) 극장의 기본장치와 설비

극장에는 광범위하고 다양한 여러 장치들이 있다. 시설의 고정성에 역동성을 주기 위해 여러 가지 움직임을 부여한다. 앞/뒤, 좌/우, 위/아래에서 등·퇴장하고, 회전하며 나타나거나 없어지고, 가렸다 나타나고 등의 의외성을 부여한다. 이러한 목적을 수행하는 극장의 기본설비는 다양하다.

여러 형태의 공간이 있겠으나 가장 전형적이고 보편적인 프로시니엄 극장의 예를 들어 설비나 장치를 소개하면 다음과 같다.

- 기본설비: 주무대, 곁무대, 앞무대, 후무대, 무대상부, 무대하부
- 상승하강효과: 승강무대, 오케스트라 피트, 달기 기구/장치걸이 시스템, 트랩, 리프트, 맞춤형 엘리베이터
- 좌우이동효과: 수평이동무대, 웨건무대, 슬라이딩무대
- 전후이동효과: 이동무대, 웨건무대, 슬라이딩무대
- 회전운동효과: 회전무대, 턴테이블
- 은폐출현효과: 극장막, 가림막

• 비행효과: 비행장치

(1) 기본설비

① 무대(stage)

프로시니엄아치 뒤쪽으로 연기를 위한 공간을 무대라고 부른다. 무대바닥은 다양한 기능과 작업을 위해 사용한다. 단단하면서도 약간의 탄성이 있고 미끄럽지 않으면서 너무 끈적이지 않아 배우의 다양한 움직임에 적절해야 한다. 무대장치를 위해서는 무대바닥에 작화를 할 수 있어야 한다. 무거운 수레장치나 다른 무대장치 이동시 무대바닥이 갈라지거나 파이지 않아야 하며, 발걸음이나 무대전환 시에 발생하는 소음을 어느 정도 흡수해야 한다.

② 곁무대(wings)

무대 양옆의 공간을 가리켜 곁무대라 한다. 곁무대는 주로 공연에 필요한 물건을 보관하는 용도로 사용한다. 장면이 많은 작품에서 다양한 무대장치나 소품, 기타 시설들을 곁무대에 보관했다가 필요하면 무대로 가지고 나온다(어경준, 2014).

배우나 장면, 장치 등이 무대로 들어가기 직전에 출연장치를 준비하거나 출연자들의 대기 장소로 활용하며, 간이 탈의 공간이나 배경 등의 조정 공간으로도 활용된다.

③ 앞무대(apron)

세팅 라인에서 무대 앞쪽 끝까지의 부분이다. 경우에 따라서는 객석 쪽에 크게 돌출된 앞무대를 별도로 구별하여 에이프런 스테이지(apron stage)라고 부르기도 하며 일반적으로 모두 앞무대로 통일하여 칭한다.

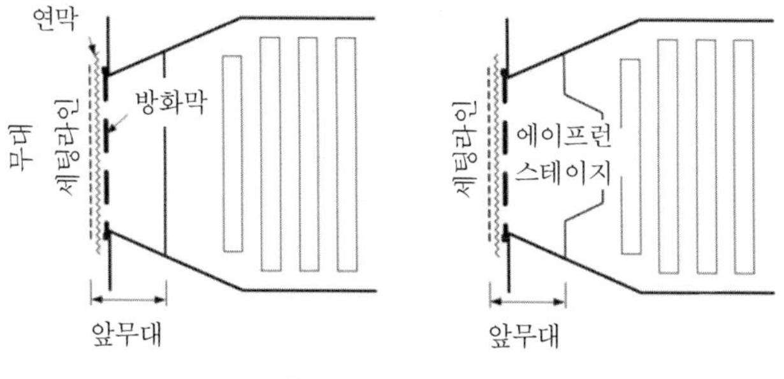

[그림 6-11] 앞무대

④ 무대 뒤/무대 뒷공간(back stage/back stage area)

무대공간 중 관객에게 보이지 않는 극장 안의 공연 준비공간이다. 배우와 그 외의 스태프들이 사용하는 공간으로 분장실, 의상실, 휴게실을 모두 포함하여 공연 준비나 대기 공간과 기술적인 작업 공간을 총칭하는 것으로, 무대 후면의 보조지역을 말한다. 백스테이지라고도 하며 경우에 따라 '뒷무대'라고도 부르지만 후무대(rear stage)와 혼동되기 쉽기 때문에 '무대 뒤'로 통일해 사용한다. 무대 뒷벽의 우묵한 구석을 지칭하기도 하는데, 이곳에 무대장치를 설치하거나 보관한다. 관객에게 보이지 않는 곳, 즉 연기 공간으로서의 무대 뒤의 보조무대로서 하늘막에 의해서 분리된다([그림 6-6] 참조).

⑤ 후무대/뒷무대(rear stage)

주무대 뒤쪽에 위치한 무대 공간으로, 원활한 장치 전환을 위해 주로 이동무대나 이동형 회전무대가 설치되어 있는 무대이다. 뒷무대라고도 부르나 무대 뒤 등과 혼돈되기 때문에 '후무대'로 통일하여 사용한다.

⑥ 무대 천장, 무대 상부(fly loft)

매달기 기구, 무대기계, 구동장치 등을 설치하고 작업자가 쉽게 접근하여 안전하게 유지, 보수할 수 있도록 만든 주무대 위쪽의 천장과 그리드 사이의 공간이다. 배경막을 중심으로 한 장치 전환과 조명을 위한 공간으로, 장치봉(fly batten)과 조명봉(light batten) 등을 매다는 장치(rigging system)가 설치되어 있다. 공연장이 별도의 기계실을 갖추고 있지 않은 경우, 상부무대시설과 무대기구를 구동시키는 무대기계 구동부와 연결장치 등이 위치하며 작업 공간으로 활용된다.

⑦ 무대 하부(under stage)

무대 바닥을 기준으로 한 바닥 아래의 공간이다. 주로 트랩(trap: 제거가 가능한 무대 바닥 부분)과 연결되며 공연자의 등·퇴장이나 무대장치 설치 및 승강장치와 회전무대에 필요한 기계장치들을 두는 무대 아래쪽 공간이다.

(2) 상승하강운동

① 승강무대(stage lift)

공연 중 장면 전환을 위하여 무대 바닥의 일부분이 수직으로 승강할 수 있도록 만든 무대로, 공연 중 연출 효과를 위하여 수직으로 승강하는 형식의 무대이다. 규모에 따라 주 승강무대 · 보조승강무대 · 소형승강무대 등이 있으며, 용도에 따라 2중면 승강무대 · 트랩 · 보상무대 등이 활용된다. 승강무대의 승강 깊이는 무대에 설치되는 배경장치가 모두 하강하여 가릴 정도로 확보되어야 하며, 바닥에 1~2m 정도의 피트를 확보하여 유지보수 작업이 쉽게 배려되어야 한다.

② 오케스트라 피트(orchestra pit)

무대와 객석 사이, 앞무대 앞쪽 아래쪽에 관현악 연주를 위하여 별도로 제공하는 공간을 말한다. 무대 전체를 공연에 사용하기 때문에 별도의 연주공간을 확보하는 방법으로서 지휘자가 연주자와 무대 전체의 공연 진행을 모두 볼 수 있도록 무대와 객석 사이의 하부공간을 활용하여 연주공간을 둔다. 오케스트라 피트의 위치는 공연자 측에서는 매우 좋으나 객석과 무대의 거리를 멀게 하여 친밀감을 줄이는 단점이 있다.

이 단점을 해결하기 위해 어떤 극장에서는 오케스트라 피트가 앞무대 하부에 만들어져 무대덮개로 덮었다가 필요할 때 덮개를 걷어 내고 사용한다. 다른 극장에서는 객석의 맨 앞줄 바닥 아래에 있다. 사용하지 않을 때에는 덮개를 덮어 두고 객석을 그 위에 설치한다(어경준, 2014).

③ 트랩(trap)

무대배우나 소규모장치가 무대 밑에서 나오거나 들어갈 수 있도록 하기 위하여 무대바닥을 여러 개로 분할하고 개별적으로 여닫을 수 있도록 제작한 전환장치이다.

[그림 6-12] 트랩

④ 달기 기구/장치걸이 시스템(rigging system)

무대 상부에서 장치나 배경 막을 매달아 수직, 수평으로 이동하면서 장면을 전환하는 데 사용하는 기구이다. 달기 기구는 매달기 기구라고도 하며, 구동방식에 따라 수동식과 전동식이 있다. 수동식의 기본적인 두 가지 방법은 로프 전환과 평형추 전환방식이고, 전동식 달기 기구에는 세부적으로 윈치식과 평형추방식으로 크게 양분되며, 최근에는 전동기의 발달과 매다는 장치가 점점 커짐에 따라 윈치-평형추방식도 사용되고 있다.

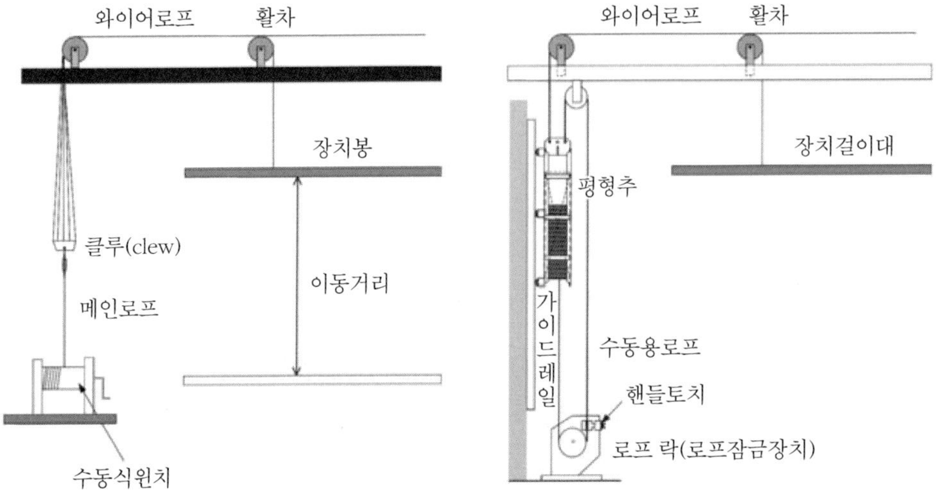

[그림 6-13] **장치걸이 시스템**

⑤ **막 보관 승강기**(act-cloth elevator)

막 보관 승강기는 막 보관 및 무대장치 높이를 조정하는 승강기이며, 주무대와 뒷무대 사이에 위치한다.

(3) 좌우/전후 운동

① **수평이동무대**(stage wagon)

공연 중 수평으로 이동하면서 장면을 전환할 수 있도록 만든 무대이다. 무대 바닥의 일부 혹은 전체를 수평으로 이동시켜 장면 전환 시 사용하는 무대설비를 말한다. 이동무대의 내부에 구동부와 바퀴가 설치되어 자체적으로 구동할 수 있는 형식을 웨건무대(wagon stage)라고 하며, 무대 외부에 설치된 구동부나 바퀴 위를 미끄러지듯 이동시키면서 사용하는 무대를 슬라이딩무대(sliding stage) 또는 슬립무대(slip stage)라고 한다.

② **웨건무대**(wagon stage)

덧마루 형태의 무대 안쪽 하단에 설치한, 자주식 구동장치에 의해 이동하는 무대이다. 무대장치를 설치하여 장면 전환에 이용하는 바퀴 달린 무대로 무대기계 장치가 된 무대는 좌, 우, 뒷무대도 이동무대가 될 수 있다.

③ 슬라이딩 무대(sliding stage, slip stage)

바퀴가 부착된 낮은 덧마루이며, 무대 양쪽에 슬라이딩 무대가 있으면, 2개의 슬라이딩 무대 가운데 하나는 공연에 사용하고 나머지 하나에는 공연 장치물을 세울 수 있다. 이동무대 또는 슬립무대라고도 한다.

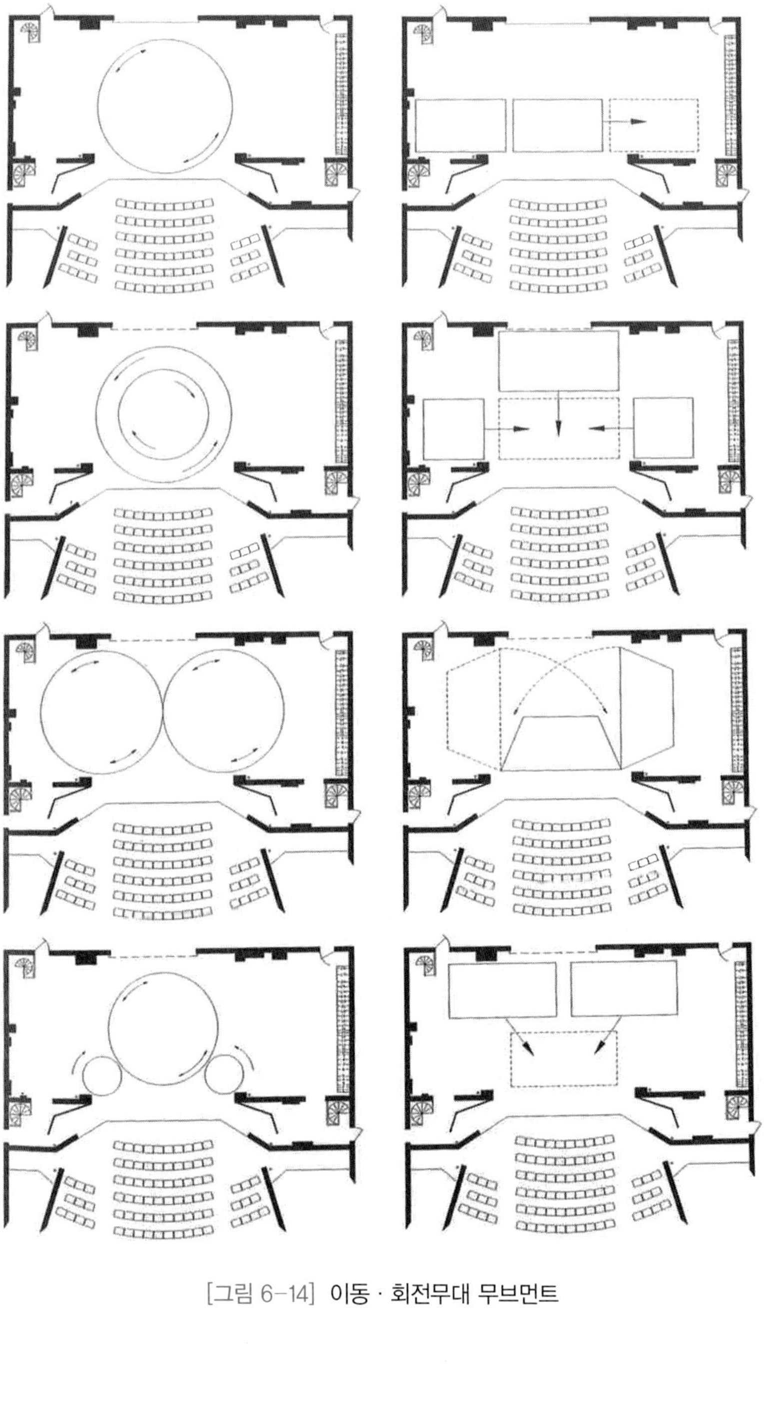

[그림 6-14] 이동 · 회전무대 무브먼트

(4) 회전운동

① **원통형 회전무대**(revolving stage)

원통형의 대형 구조물로 제작된 회전무대이며, 일반적으로 주무대 중앙에 설치되며 내부에 승강무대를 배치한 형태가 많이 사용된다.

② **원판형 회전무대**(turntable)

원판형의 얇은 구조로 제작한 회전무대이며, 일반적으로 이동무대 가운데 추가로 설치되어 이동과 회전을 병행할 수 있는 무대이다.

③ **이동식 회전무대**

순회공연과 같이 같은 장면 효과를 위해 이동식으로 가지고 다닐 수 있도록 만든 회전무대이다. 원판형 회전무대와 같이 두께가 얇고, 분해 및 조립이 쉽게 만들며, 일반적으로 바퀴를 바닥에 단다.

(5) 은폐출현 효과

① 극장막

- 방화막(fire curtain): 방화막은 무대 위 화재로부터 객석을 보호하기 위해 프로시니엄 바로 뒤에 떨어지는 막이다. 과거에는 석면재질의 석면막이 쓰였으나 최근에는 유해성 때문에 철제구조물이 주종을 이루고 있다. 외국의 극장에서는 방화막이 떨어지는 자리에 어떠한 고정적인 무대장치도 설치할 수 없도록 규정하는 경우가 많다(김상헌 외, 2005).

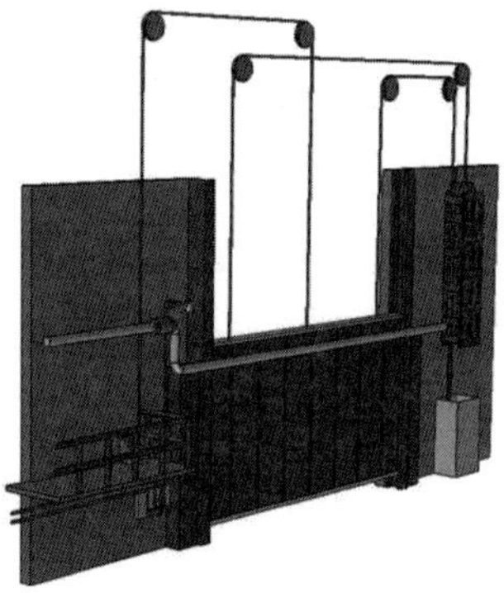

[그림 6-15] 방화막

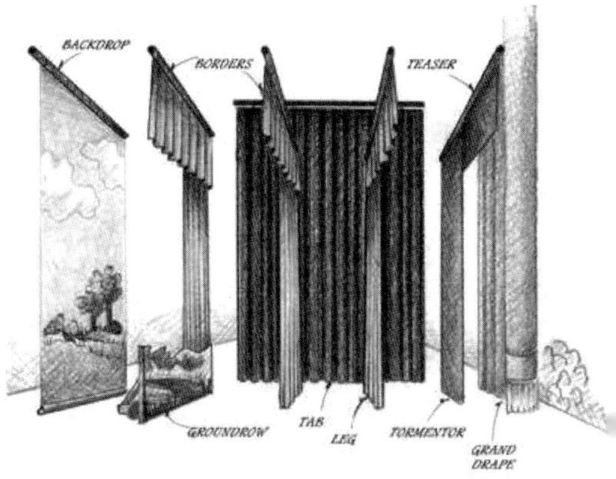

[그림 6-16] 극장막과 가림막

- 본막/면막(grand drape, main curtain): 본막은 무대와 객석을 분리하는 극장막이다. 장면막이라고도 한다. 전환 소음과 작업불빛이 새어나가지 못하게 두껍고 무거운 재질로 만든다. 여러 가지 개폐방식이 있다. 본막에는 종종 같은 소재로 상부 끝 전체를 가로지르는 작고 짧은 장식용 커튼인 조리개(valance)[2]가 덧붙여지기도 한다. 때때로 특별공연의 경우 고유 로고가 있는 본막을 별도로 디자인하기도 하는데, 이것을 쇼드롭(show drop)이라 부르고 기존의 본막을 교체하여 사용한다(Campbell, 2011).
- 조리개(teaser and tormentor): 조리개는 프로시니엄 개구부의 크기를 조절하기 위한 설비이다. 건축구조물로서의 프로시니엄 아치는 크기가 고정적이므로 공연 규모나 작품의 성격에 따라 프로시니엄 개구부의 크기를 조절하기 위해서 프로시니엄 뒤의 첫 번째 머리막과 다리막을 조합하여 사용한다.
- 윗조리개(teaser): 프로시니엄 뒤의 첫 번째 머리막 혹은 머리판으로, 대개 영구적이다. 이것을 상하로 움직여 수직시각선과 개구부의 높이를 조절한다. 가변 프로시니엄의 역할을 하며, 'grand valance'라고도 한다.
- 옆조리개(tormentor): 프로시니엄 뒤의 첫 번째 다리막 혹은 다리판이다. 대개 영구적이며 이것을 좌우로 움직여 수평시각선과 개구부의 너비를 조절한다(김상헌 외, 2005).

② 가림막(masking curtain)

가림막은 연기공간의 수위에서 사용되는데, 연기공간의 윤곽을 제공하며 극의 집중을 방해하는 다른 모든 시각적 · 기술적 요소들을 가리는 기능을 한다. 가리기는 장치의 가장 기본적인 목적 중 하나이다. 극장은 대개 여러 조의 가림막을 갖고 있다. 이중 가장 일반적인 형태는 배경이 되는 한 장의 뒷막 그리고 옆과 위를 가려 주는 여러 쌍의 다리막과 머리막들이다. 이것은 일반적으로 장치가 없거나 극히 단순한 장치를 쓰는 경우 흑막장치의 배경이 되는 기능을 가진다.

2) 밸런스커튼. 커튼의 봉이나 고리 따위를 가리기 위하여 다는 짧은 장막.

- 머리막(borders): 무대상부에 가로로 길게 걸려 수직시각선을 가려 주는 극장막으로 주로 검정색이다. 머리막은 주름을 주지 않고 평면으로 길며, 깨끗한 시각선 개구부를 위해 아랫단에 파이프 주머니를 만들고 파이프나 체인을 넣는 것이 이상적이다. 머리막은 주로 조명봉 앞에서 조명기의 광원이 객석으로 노출되지 않도록 가리는 기능을 한다.
- 다리막(legs): 주무대 양옆에 세로로 길게 걸어 수평시각선을 가려 주는 막이다. 가림막 역할을 하며, 곁 무대 등의 대기자나 장치류를 관객의 시야로부터 가려 주는 역할을 한다. 일반적으로 중소형 공연장에서는 끌막을 다리막으로 활용하고 있으나, 원칙적으로는 다리막과 끌막은 다른 것으로 구분하고 있다.
- 흑막(black curtain): 무대 개구부 전체 면을 가릴 수 있는 크기의 검정막이며, 다리막과 같은 재질의 천으로 만들어 공연에 따라 필요한 위치에 매단다(김상헌 외, 2005).
- 탭(tabs): 대부분의 극장에는 프로시니엄 면과 직각이 되게 무대 양 윙(wings) 앞에 매달려 곁무대를 가려 주는 별도의 커튼 세트가 있다. 이것들을 탭이라 부른다.
- 하늘막(cyclorama/sky cyc): 하늘막은 흔히 조명투사를 통해 하늘을 표현하거나 분위기를 표현한다. 그래서 하늘막은 대개 흰색에 가까운 회색을 쓰며, 밤하늘이나 아무것도 없는 중립적인 배경을 위해서는 검정색 하늘막을 쓴다. 둥근 하늘막은 주무대 전체를 둥글게 감싸고 있는 하늘막인데, 국내에서는 찾아보기 어려우며, 대개 직선형이거나 끝부분이 약간 둥글게 휜 정도이다(김상헌 외, 2005).
- 그라운드로우(ground row): 하늘막은 종종 아랫부분을 비추기 위해 무대 바닥에 한 줄로 스트립라이트를 각광(footlight)으로 배치하는데, 이 조명기를 은폐하는 하늘막 바닥을 가로지르는 평평하고 낮은 가림장치이다. 완벽한 검정이 될 수 있고 (무용공연에서는 흔한 일이다) 혹은 멀리 떨어져 있는 언덕, 관목 숲, 담장 같이 무대의 일부인 것처럼 디자인될 수 있다(Campbell, 2011).

(6) 비행장치(flying machine/wire flying system)

배우나 장치를 매달고 승하강 또는 전후좌우의 수평이동을 통하여 비행하는 효과를 내도록 만든 무대기구이다. 비행장치를 사용할 때, 배우는 비행용 안전조끼(harness)를 착용하고 안전하게 조작해야 한다.

[그림 6-17] 비행장치

3) 대관시설 답사 시 점검사항

어떤 이벤트 프로젝트를 검토하고 개최를 추진하고자 할 때 제일 먼저 고려하는 것이 이벤트 공간이다. 가장 중요한 것이 주최자와 관객이 직접 만나는 만남의 장소이다. 만일 경기장, 연회장, 컨벤션센터 등 시설을 대관하여 행사를 하고자 한다면 대상장소를 답사하여 적합한 공간인지 여부를 파악하여야 할 것이다. 시설 답사 시 점검사항에 대하여 알아보자. 다음 내용은 필자의 지도교수였던 캠벨(Drew Capbell) 교수의 저서 『비전문가를 위한 공연기술(Technical Theater for Nontechnical People)』의 2장에 기초하여 발췌 요약하였음을 밝힌다.

Tip 대관시설 답사 시 준비물

준비물: 노트/필기도구, 15m 이상 줄자(tape measure, 레이저 측정기도 좋음), 행사장 뒷 공간, 상/하부 등 구석구석을 비춰 볼 손전등, 디지털 카메라(휴대전화 카메라도 무방)

(1) 개괄적 확인

① 무대 크기

- 출연진 소요를 소화할 수 있는가

- 각종 물자, 장치 등을 적재하고 보관할 여유공간이 있는가
- 객석은 예상 참석인원을 소화할 수 있는가

② 음향구조

- 외부의 자동차 소리, 에어콘 실외기 소리, 아이들 뛰노는 소리 등 외부 소음이 들리지 않는가
- 소리전달구조는 어떠하며 잔향[3]은 어떠한가. 스피치 위주의 행사는 잔향이 거의 없어야 하지만, 노래나 합창 같은 음악회 행사는 잔향이 많아야 좋다. 카펫, 낮은 천고, 두꺼운 천 등은 소리를 흡수하여 에코를 줄이는 데 도움을 주고, 대리석, 타일, 유리소재, 판넬벽 등은 소리를 반사하여 에코를 늘리는 소재들이다.

③ 대관 전후 스케줄의 여유

- 행사용 시스템 물자의 반입 및 설치, 조명기 등을 세팅할 시간이 있는가
- 당일 몇 시간 전에 이전 행사가 끝나는 시설은 대관을 피하는 것이 좋다.

(2) 물자 측면에서의 점검사항

① 무대측량

무대의 연기 구역을 어림잡지 말고 반드시 측량한다. 수평(무대의 넓이/깊이)과 수직(천고, 높이)을 동시에 수행한다. 수직측량은 무대장치의 높이와 상부의 조명공간을 결정하는 데 도움을 준다.

② 무대좌우 곁무대의 공간 여유 유무

소품테이블(prop table), 의상갱의부스(changing booth), 프롬프터박스(prompter box) 등 무대에 등장할 대・소도구, 소품, 장치물 등은 곁무대에 소재한다. 등・퇴장하지 않는 물자의 보관장소로 이용해서는 안 된다.

③ 물자들을 임시로 보관할 복도 상태

---

3) 잔향(殘響, reverberation/echo): 실내의 발음체에서 내는 소리가 울리다가 그친 후에도 남아서 들리는 소리. 실내 음향 효과를 내는 데 중요한 현상으로, 음악은 1.5~2.5초, 강연에서는 1~1.5초가 적당하다.

Tip 물자의 반입을 위한 고려사항

- 장치물이 통과할 시설 내 가장 적은 출입문의 폭, 넓이, 대각선을 측정한다.
- 급격히 꺾인 복도 모퉁이가 있다면 가장 큰 장치물이 모퉁이를 돌 수 있는지 점검한다.
- 화물용 엘리베이터가 있다면 크기, 수용인원, 적재하중, 문 크기를 점검한다.
- 화물용 엘리베이터가 없고 계단을 이용해 반입하는 경우 총 계단 수가 얼마나 되는지 점검한다.
- 차량이 접안하여 카트로 수평이동할 수 있는 하역장(loading dock) 시설이 있는지 점검한다.

(3) 사람 측면에서의 점검사항

① 출연자 수에 맞는 분장실(dressing room)의 개수 파악

- 주연 배우, 지휘자, VIP 출연자를 위한 별도의 방이 있는가
- 의상을 보관하고, 봉제, 수선 등 의상스태프가 작업할 수 있는 공간은 있는가
- 화장실은 달려 있는가
- 공연 중에 변기 물 내리는 소리는 들리지 않는가
- 뒷무대 출입문은 있는가

② 그린룸(green room)[4]의 유무

출연을 위해 대기하고 있는 배우들을 윙 공간에서 배회하게 하는 것은 지극히 안 좋은 발상이다. 그들은 늘 대기하면서 소음을 유발하고 공연 중인 동료들의 집중력을 떨어뜨릴 수 있다.

③ 크로스오버(crossover) 유무

크로스오버란 객석에서 보이지 않게 무대 상하수 간 이동을 위해 배우들이 이용하는 통로 또는 행위를 말한다. 가장 용이한 크로스오버 공간은 무대세트 바로 뒤겠지만 세트와 뒷벽 사이에 편안하게 통과할 수 있는 충분한 공간이 언제나 확보되지는 않는다. 어떤 극장은 무대 밖 복도를 크로스오버로 이용하기도 하고, 또 다른 어떤 극장은 무대의 하부통로를 이용하기도 한다. 심지어는 크로스오버를 위해 극장 빌딩 밖으로 나가서 돌아 들어와야 하는 극장도 있으니 답사 시 반드시 체크하여야 한다. 하필 이럴 때

---

4) 그린룸(green room, 휴게실): 공연 전후에 휴식을 취하는 곳. 서양 중세시대 유랑극단이 마을의 풀밭에서 공연한 뒤 배우들이 옷을 바꿔 입거나 쉬게 하려고 텐트를 세운 데에서 유래하였다.

밖에는 폭우가 내릴 수도 있고, 뒷무대 출입문이 잠겨 들어오지 못하는 경우도 생길 수 있음을 예상하여야 한다. 이런 경우 출입문 도어록에 테이프를 붙여 잠금이 안 되도록 방지한다. 신속한 크로스오버는 관객에게 또 하나의 재미를 선사한다.

(4) 장치걸이 시스템(the rigging system) 여부

① 장치걸이 시스템이 없는 경우

장치걸이 시스템이 없는 시설은 걸이대를 별도로 독립적(freestanding)으로 세워야 하며, 조명을 위해서 조명트리(light tree: 조명등을 매달기 위한 스탠드) 또는 트러스(truss)를 별도로 가져와야 한다.

[그림 6-18] **트러스**

② 장치걸이 시스템이 있는 경우

이런 경우 무대 앞까지 이르는 일련의 평행파이프가 있다. 이 파이프 봉을 배튼(batten)이라 한다. 이 봉들은 상승하강이 가능한지 아니면 붙박이 고정걸이(dead-hung)인지 체크한다.

상승하강 이동이 가능한 경우라면 다음 사항을 점검한다.

- 라인 세트(line set)의 개수: 한 벌의 도르래장치선, 평형추, 케이블, 그리고 배튼을 합하여 라인 세트라고 한다. 일반적으로 매달 각 장치별로 라인 세트가 배정된다.
- 어떤 배튼이 조명용인가? 조명을 위해 사용되는 배튼은 조명봉(electric)이라 하는데, 이들 중 조명회로가 기시설된 파이프인 고정배선 조명봉(hard-wired electric)과 임시조명봉이 있다. 고정배선 조명봉은 작업시간을 많이 절약할 수 있다. 프로시니엄에서 가장 가까운 첫 번째 조명봉(the first electric)이 고정배선형이고 나머지는 임시형인 경우가 일반적이다.
- 그 외의 장치물: 배튼에는 조명장비 외에도 가림막 등 다른 장치물도 함께 걸린다. 곡면형의 거대한 벽체인 음향반사판(acoustical shells)이 그 예이다. 공중에 위치해 많은 공간을 차지하기로 악명 높다.

[그림 6-19] 음향반사판

- 그리드(grid)의 높이: 이론적으로 만일 무대장치의 높이가 6미터이면 관객 시야에 안 보이게 하기 위해서는 그 위로 또 다른 6미터의 공간이 필요하다. 실제로 관객의 시야에서 완전히 벗어나도록 충분히 들어 올리려면, 통상 프로시니엄 높이의 2.5~3배에 달하는 그리드 높이가 필요하다.

(5) 가림막(masking) 여부

대관하고자 하는 시설은 어떤 종류의 가림막이 있는지 알아본다. 곁무대 공간을 숨기기 위한 다리막(legs)이 있는지, 조명등을 가리기 위한 무대 상부의 머리막(boarders)은 있는지, 시작 때 올리고 종료 후에 내리는 본막(granddrape)이 있는지 확인한다. 만약 호텔 연회장 같은 임시 대관장소에서 상연 시, 본막 대신 파이프 포장막(pipe-and-drape) 형태의 약식 무대막을 임대하여야 한다.

(6) 조명 관련 점검사항

시설 답사 후에 조명감독(master electrician)과 조명디자이너(lighting designer)는 다음과 같은 사항을 점검할 것이다.

① 조명기별 설치 위치(lighting positions)

만약 조명봉이 고정시설(hard-wired) 형태가 아니라면, 조명디자이너와 무대디자이너는 누가 어떤 배튼을 사용할지 결정해야 한다. 하지만 조명기가 기설치된 조명봉은 조명디자이너가 활용하고 무대디자이너는 조명에서 요청하는 배튼을 제외한 나머지를 활용하는 것을 모색할 것이다. 관객석의 조명등을 객석등(front-of-house)이라 부르

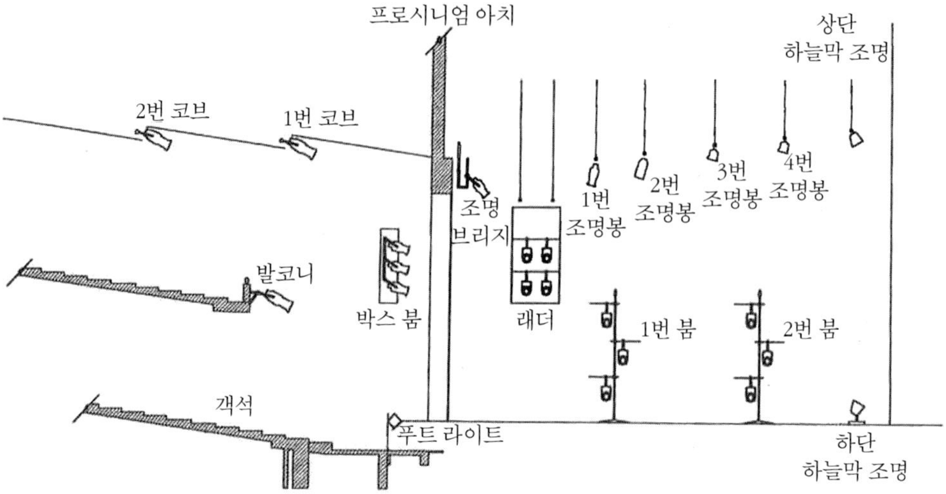

[그림 6-20] **극장의 조명 위치**

는데, 종종 'FOH'로 줄여 쓰기도 한다. 조명기가 수평으로 정렬된 것을 빔(beams) 또는 코브(cove)라 부르고, 수직형 조명위치는 붐(booms)이라 한다. 아울러 팔로우 스포트 조명기를 위한 별도공간(follow spot booth)이 있는지 점검해 보아야 한다.

② 조명장비목록(lighting inventory)

조명장비목록은 대관시설이 보유하고 있는 모든 조명기구의 리스트이다. 이 목록을 통해 종류별로 몇 대씩 있는지, 몇 와트(wattage)인지, 또 부속품(accessories)은 어떤 것들을 보유하고 있는지 파악한다. 행사에 필요한 장비들이 없다면, 외부에서 임차하거나 아예 해당 조명기구 없이 진행해야 할 것이다. 호텔의 트랙 조명(track light)[6]은 공연 조명용으로는 적당하지 않다. 따라서 트랙 조명기는 장비목록에 포함되어서는 안 된다.

③ 사용 가능 전기를 볼 수 있는 회로구성도(circuit plot) 파악

이 회로구성도면은 조명기를 어디에 꽂을 수 있는지 보여 준다. 통상적으로 조명기는 호텔 벽의 콘센트에 꽂을 수 없다. 그 작은 콘센트가 제공하는 전력보다 훨씬 강력한 전기가 필요하기 때문이다. 아주 소량의 조명등만 콘센트에 사용할 수 있다.

6) 조명기구를 이동시킬 수 있도록 연속적인 고정밴드나 트랙에 의해 조명하는 시스템의 일종.

④ 콘솔(control console)은 어떤 기종인지 파악, 디머(dimmer) 개수 파악

답사 시 컨트롤 콘솔은 컴퓨터 제어인지 아니면 수동작동(manual)인지 파악해야 한다. 컴퓨터 제어형이라면 제품브랜드의 모델명을 파악한다. 조명디자이너는 콘솔 기종을 알고 싶어 할 것이다. 사용 가능한 디머의 채널은 얼마인지 물어본 후 그에 따라 사용 가능한 조명기의 수량이 결정될 것이다.

⑤ 조명 시스템에 사용되는 플러그 종류 파악

현재 무대조명에 사용되는 플러그는 공연용 세발 플러그(stage plug)와 돌려잠금 트위스트(twist-lock) 플러그 두 종류가 있다. 만약 돌려잠금 플러그 방식의 회로가 있는 행사장에 세발플러그 방식의 조명을 임차하여 온다면, 그 장비들은 쓸모가 없게 될 것이다. 에디슨 플러그(Edison plug)로 알려진 가정용 플러그는 무대에서는 거의 사용되지 않는다.

[그림 6-21] 트위스트 커넥터

(7) 음향 관련 점검사항

① 행사에 필요한 음향장비의 목록 만들기

마이크는 몇 대가 필요한지, 테이프나 CD를 재생해야 하는지, 무선마이크는 필요한지, 라이브 밴드 공연이 있는지, 이러한 사항을 점검하여 필요한 음향 시스템의 목록이 작성되었으면, 대관시설의 음향 담당자와 일차 상의한다. 시스템을 잘 아는 사람이라면 웬만한 사항은 해결해 줄 것이다. 하지만 잘 아는 사람이 없다면, 적어도 나름 질문들의 답을 얻고자 시도해 보아야 한다.

② 음향 장비 보유목록 제공받기

조명의 점검처럼 대관시설이 갖추고 있는 모든 음향장비의 목록을 제공받는 것은 매

우 유용한 일이다. 이 목록은 음향계획 수립에 많은 도움이 된다.

③ 믹서(mixer)가 있다면, 채널(channel) 개수 파악

모든 음향장치들은 이 믹서에 플러그를 꽂아야 하고, 그들 고유의 채널을 갖게 된다. 테이프 데크와 CD플레이어는 일반적으로 좌우 플러그를 가진 스테레오(stereo) 타입이므로 각기 2개의 채널을 필요로 한다.

(8) 모니터와 헤드셋(monitors and headsets) 점검사항

① 모니터 시스템

출연자들이 등장을 대기할 때 무대에서 일어나는 행위의 청취가 모니터 시스템의 목적이다. 이 모니터 시스템은 무대 상공에 마이크가 매달려 있어 무대에서 일어나는 소리를 무대 뒤(backstage)에 들려준다. 대관장 답사 시 모니터 시스템에 관해서는 다음과 같은 질문들을 한다.

- 모니터가 되는 방 파악: 출연자를 대기시킬 때 화장실에서는 큐(cue) 신호를 들을 수 없는 경우도 있다.
- 무대에서 일어나는 소리를 잡아내는 마이크의 위치 파악: 이 마이크의 위치는 조명과 무대장치에 방해가 되어서는 안 된다. 무대에서 험담하는 대화 내용 등이 분장실로 전달되는 것을 피하려면 위치 파악은 중요하다.
- 모니터 시스템을 통하여 호출 가능 여부, 분장실에서 호출에 대한 응답 가능여부: 몇몇 시스템은 배우들이 호출될 때 분장실에서 회답할 수 있게 한다. 배우들이 무대감독의 이야기를 잘 듣고 있음을 확인하게 해 주는 것은 소통에 좋은 일이다.

② 헤드셋 시스템

헤드셋 시스템(headset system, 인터컴 시스템이라고도 함)은 스태프들끼리 서로 이야기할 때 사용되는 시스템이다. 마치 단자에 꽂으면 연결되는 전화 시스템과 같다. 헤드셋 시스템은 기지국, 허리팩(belt packs), 헤드셋(headsets), 그리고 케이블 네 부분으로 이루어진다. 기지국은 전기를 제공하고 시스템을 작동하게 한다. 대부분 극장은 빌트인으로 기설비되어 있어 벽 단자에 꼽기만 하면 연결되도록 되어 있다. 허리팩은 음성을 잡아내어 헤드셋에 보내 주는 역할을 하며, 헤드셋은 전화 교환원처럼 머리에 쓰는

부품이다. 케이블들은 모든 것을 하나로 연결한다. 다음은 헤드셋 시스템에 관해 점검해야 하는 사항이다.

- 시스템은 영구시설로 빌트인되어 있는지, 플러그 위치 파악: 헤드셋 시스템이 붙박이로 되어 있는 극장에는 허리팩을 꽂을 수 있는 플러그가 도처에 있어야 한다.
- 헤드셋과 허리팩 개수 파악: 관련 스태프들은 수에 따라 각자 하나의 허리팩과 헤드셋을 지녀야 한다.
- 하나 이상의 채널 유무: 어떤 헤드셋 시스템은 하나 이상의 채널을 가지고 있다. 따라서 상호 방해하지 않고 2개의 다른 대화가 동시에 이루어질 수 있다.
- 헤드셋 시스템과 모니터 시스템의 상호연결: 이는 무대감독이 헤드셋을 통하여 스태프들을 호출할 수 있을 뿐만 아니라 무대에서 일어나는 소리를 헤드셋으로 들을 수 있도록 해 준다. 또한 배우들이 분장실에서도 대화 내용을 들을 수 있게 해 준다.

4. 공간디자인

1) 가정: 철수와 선영의 나들이

"철수와 선영은 잠실 올림픽 주경기장에서 열리는 K-POP 콘서트 이벤트를 관람하기로 하고 어렵사리 2달 전에 인터넷에서 티켓 예매를 하였다. 철수는 공연 당일이 집을 나와 지하철 2호선을 타고 종합운동장역 6번 출구에서 선영을 만나, 잠실 종합운동장 정문을 지나 호돌이광장에서 열리는 협찬사의 프로모션 경품행사를 참관하고 2층 데크로 올라, 2~15번 게이트에서 티켓을 검표하고, 2층 20번 블록 C열 15, 16번 자리에 앉았다. 아직 공연 전이라 용변을 보기 위해 2층 복도의 화장실을 다녀왔고, 흡연구역에서 담배를 한 대 피고, 팝콘과 콜라를 매점에서 구입한 뒤 자리에 앉아 본격적으로 콘서트를 즐겼다. 철수와 선영은 '소리 질러'에 맞추어 환호성을 지르고, 마지막 노래 후렴부에 다 같이 합창했다. 공연이 끝난 후 야구장 1층 외부편익시설인 KFC에 들러 후라이드 치킨을 먹으며 공연 후기 대화를 나누었다. 철수는 건대입구 근처에 사는 선영이를 데려다 주고 2호선을 타고 귀가했다."

2) 디자인 대상: 행위와 장소

'철수와 선영의 나들이' 이벤트가 진행되면서 발생한 행위와 행위별 장소를 구체적으로 열거해 보았다.

① 행위

집에서 외출, 지하철 이용, 이벤트공간 진입, 경품이벤트 참관, 행사장 입장, 공연관람, 용변, 주전부리 구입, 환호, 합창, 저녁과 함께 대화, 선영이 데려다 줌, 귀가

② 장소

집, 종합운동장역 6번 출구, 잠실 종합운동장 정문, 호돌이광장, 2~15번 게이트, 20번 블록, C열 15~16번 좌석, 복도 화장실, 매점, 흡연구역, 편익시설, 건대입구역, 선영이네 집

3) 공간디자인

> 공간디자인은 인간과 공간의 '관계성' 위에서 경계를 설정하고 한정하는 일을 말한다. 공간디자인의 중심개념은 '형태'이며 인간을 에워싼 모든 요소들과 유일하게 독립변수인 인간과의 조화로운 관계를 꾀함으로써 새로운 가치를 부여해 나가는 활동이다.
>
> –네이버블로그 투도스

'철수와 선영의 나들이'라는 이벤트가 시간의 흐름에 따라 진행되면서 이루어진 여러 행위와 그 행위가 발생된 공간을 대상으로 하여, 행위별 특성과 목적에 맞게 각각의 공간을 잘 설계하여 행위가 자연스럽게 이루어지도록 하는 일련의 작업을 공간디자인이라 할 수 있다.

기존 시설물을 대관하여 실시하는 경우도 있지만, 지역축제나 엑스포, 기공식 등과 같은 이벤트는 아무 시설이 없는 나대지에서 열리는 경우도 있다. 그야말로 무에서 유를 창조하여야 한다. 행사장 부지를 정하고, 조닝을 하고, 접근 인프라를 구축하고, 전기와 상하수도를 검토하고, 광장과 메인 행사장을 배치하고, 이동화장실, 미아보호, 응급처치, 물품보관, 안전관리 등 운영기능을 규정하고, 참가자 동선에 따라 먹거리부스

텐트 배치를 구상하고, 청소는 어떻게 할지 계획하고, 안내표지판을 만들고, 개・폐회 식장을 꾸미는 것 등과 관련된 모든 일련의 작업이 공간디자인에 포함될 것이다.

4) 공간디자인의 구성

공간디자인의 계획은 추상적인 아이디어를 구체화하는 과정이며, 기능적으로 해결하는 과정이다. 공간디자인은 인간 행위에 대한 분석이 중요하며, 크게 네 가지 계획으로 구성된다.

(1) 조닝계획

구성연출 계획에 따라 참가자의 움직임과 동선을 계획하고 구역을 배치한다.

(2) 동선계획

조닝계획과 동시에 하는 것으로 참가자가 쾌적하고 유연하게 공간을 연출의도에 따라 순회할 수 있도록 배려한다.

(3) 규모의 계획

예상되는 참가자 수에 의해 공간의 설비규모를 계산한다. 진행시간, 이동시간, 수요인원, 이동인원 등을 추정하여 계획의 기준으로 정한다.

(4) 색채, 형태의 계획

파티 이미지에 맞는 색채와 조형물 등의 결정과 조명계획 등이 포함된다(민정윤, 2006).

5) 공간의 이미지

민정윤(2006)은 석사학위논문「기업파티공간연출에 관한 연구」62쪽에서 공간의 이미지는 다음 여덟 가지로 크게 분류할 수 있다고 했다.

(1) CLASSIC

영국의 양식미를 떠올리게 하는 격조 높은 이미지로 진품의 우수한 품질을 추구하여 성숙된 느낌을 준다. 벨벳과 실크섬유, 금색을 배합한 좋은 품질의 소재를 사용한 격조 높은 화려한 분위기가 특징이다. 버건디, 와인레드, 네이비블루 등 다크톤, 딥톤을 중심으로 다색상을 배합시켜 중후한 이미지로 연출한다.

(2) ELEGANT

프랑스 양식미의 이미지로 기품 있는 우아미로 그레이시한 컬러의 미묘한 그라데이션을 기조로 하며, 아름다운 곡선과 섬세한 자수, 레이스 등을 중심으로 우아하고 고급스러운 이미지를 연출한다.

(3) CASUAL

밝고 활기 넘치는 이미지로 양식과 형태에 얽매이지 않고 자연 소재와 인공소재를 조합하는 등 자유로운 발상으로 동심을 표현한다. 컬러는 투명감이 있는 빨강, 노랑, 녹색 등 비비드 컬러를 중심으로 한 다색상 배색으로 발랄한 즐거움을 연출한다.

(4) ROMANTIC

소프트하고 부드러운 꿈과 같은 이미지로 'elegant'가 성숙한 여성의 이미지라면 로맨틱은 소녀 분위기의 이미지이다. 컬러는 서정적이고 감미로운 무드의 베이비핑크, 베이비옐로, 베이비블루 등 파스텔 컬러를 기조로 색상을 배합하여 정돈된 느낌을 연출한다.

(5) NATURAL

편안한 이미지로, 샤프하고 도회적인 모던 감각과는 대조적으로 평온함이 있는 온화한 분위기로 마무리한다. 컬러는 베이지, 아이보리, 그린 계통을 중심으로 한 그라데이션이나 톤 배합으로 정리하여 자연을 느끼게 하는 상쾌한 이미지를 연출한다.

(6) SIMPLE

상쾌하고 신선한 이미지로 깨끗한 질감이나 심플한 형상의 것을 조합해 연출한다. 컬러는 블루와 화이트를 기조로 쿨 계열의 색상을 중심으로 균형감 있게 연출한다.

(7) HARD CASUAL

야외적이며 풍성한 이미지로 핸드메이드 풍의 거칠고 온기가 있는 소재감을 조합, 정취 있는 분위기를 연출한다. 컬러는 머론(밤색), 올리브그린, 벽돌색 등의 스트롱톤이나 딥톤의 난색 계열을 중심으로 가을 색상을 떠올리게 하는 다색상 배색으로 연출한다.

(8) MODERN

'현대의'라는 의미로 그 시대의 선구적인 스타일을 말한다. 모던은 항상 변화하며 시대를 파악한 새로운 스타일이다. 무채색을 기조로 하여 인공 소재나 모던하면서 샤프한 터치나 라인을 조합해 연출한다.

5. 이벤트 디자인

지금까지 공간디자인의 거시적 관점에서 이벤트공간을 분석하고, 디자인 구성과 이미지를 분류해 보았다. 숲을 보았다면 이번에는 나무를 볼 차례이다. 이제는 이벤트 디자인의 각론에 들어가 보도록 한다.

교수이자 디자이너인 앨리슨 포드(Alison Ford)는 "좋은 디자인이란 감성과 지성의 교차로이다."라고 말했다. 디자인은 작품의 정신과 분위기를 드러내야 한다.

여기에서 분위기란 보통 작품의 주된 감성적 분위기를 말하고, 정신은 일반적으로 작품의 지성적 제작방향을 말한다. 디자인이란, 즉 한 작품의 제작팀(제작자, 연출, 무대 · 의상 · 음향 · 조명 디자이너 및 영상감독)이 결정한 것으로 작품을 표현할 방향을 말한다(어경준, 2014).

1) 이벤트 디자인 기본원칙

첫째, 개인적 주관에 빠지지 않아야 한다. 내가 디자인하지만 남을 위한 것이다. 개인적 선호, 취향, 디자인 의지가 제3자 입장에서 보았을 때도 타당한지 객관적 검증이 필요하다. 이벤트 디자인은 작가의 개인 작품발표가 아니다.

둘째, 디자인 가이드에 충실해야 한다. 연출의도, 행사 콘셉트, 제작 방향, 톤 앤 매너 등 주어진 기본 지침에 충실히 임한다. 보다 세부적이고 전문적인 시안이나 테크닉을 창의적으로 발전시키는 것은 디자이너의 임무이다. 콘셉트 지향적이고 주제전달적이어야 한다.

셋째, 보이는 모든 것은 디자인되고 고려되어야 한다. 타이틀 현수막, 배너, 무대도 중요하지만, 작고 간단한 냅킨도 중요하다. 모든 것이 디자인 대상이다. 검토대상이 수백 종이 될 수도 있다. 다 디자인할 수 없어 기제작된 제품을 임차하는 경우에도 가급적 조화를 이룰 수 있는 물품을 찾아야 한다. 비표, 기념품 교환권, 포장백 등의 소품도 전체적 통일감에 영향을 끼친다.

넷째, 표적관객은 누구인가를 생각해야 한다. VIP, 기자 등 프레스요원, 지역유지 또는 유명인사, 오피니언 리더, 관련 인사, 일반 시민 등 누가 참석하고 누가 이벤트 소비자인지 파악하라. 그들의 연령, 학력, 수준, 성비, 신분을 고려해야 한다. 그들이 보기에 좋고, 멋있고, 인상적이면 된 것이다. 그들의 눈높이를 고려해야 한다.

다섯째, 디자인 대상의 용도, 기능, 목적에 합당해야 한다. 예를 들어, 햇볕 따가운 해변축제장 가로등에 걸려 있는 파스텔톤 색조의 배너를 생각해 본다면, 색의 품격이나 미적 완성도는 있을지 모르나 눈길을 끌 수 없다. 경험상 야외는 원색적이어야 한다.

현수막은 멀리서도 잘 보이게 가독성, 선명성, 부각성이 목적이며, 포스터는 정보의 알림기능이 주목적이다. 포스터에 깨알 같이 많은 정보를 담으면 산만해서 아무것도 제대로 알려 주지 못한다. 무대는 행사장에 들어섰을 때의 첫 만남이다. 첫인상이 좋으면 끝까지 좋다. 선택과 집중, 강조와 절제, 채움과 비움의 조화가 중요하다. 심미적 접근보다 합목적적으로 사고한다.

여섯째, 디자인 과정을 즐긴다. 디자인은 완성물이 아니고 최선을 향해, 때로는 차선에 만족하며 작품을 만들어 가는 과정이다. 여러 변수에 따라 충분히 바뀔 수 있으며, 여러 질문에 대한 답을 찾아가는 과정이다. 상연 전날, 심지어 당일까지도 바뀔 수 있음을 늘 대비해야 한다. 과정을 힘들어 하지 말고 긍정적으로 받아들이고 즐긴다면 결과가 좋을 것이다.

2) 디자인의 대상

무대는 디자인 과제인데 비표는 대상이 아니라고 생각한다. 의상은 해야 할 디자인 작업인데 테이블보는 간과된다. 보이는 모든 것은 디자인되고 기획되어야 한다. 더 중요하고 덜 중요한 것은 없으며, 다 중요하다. 자동차는 퓨즈 하나만 끊어져도 운행이 안 된다. 관객은 종합된 토탈 이미지로 인식한다.

(1) 장르별 디자인 대상

① **시스템 디자인**

무대디자인, 의상/소품디자인, 조명디자인, 음향디자인, 특수효과 및 특수장비 디자인 등

② **POP 디자인**

현판, 플래카드, 아치, 홍보탑, 배너, 행거 및 각종 사인물 등

③ GD(graphic design)/ID(interior design)

- EI(event identity), 마스코트, 심볼, 마크, 로고, 패턴[7)]
- 포스터, 리플릿, 프로그램, 초청장, 등록카드, 비표, 승차입장권, 주차권, 식권, 기념품 교환권 등

④ **데코레이션**

테이블 데코, 꽃장식[8)], 오브제, 소품 등

(2) 선형적 디자인 대상

공연이나 행사에 참석하는 VIP 입장에서 시간의 흐름에 따른 선형적 이미지들을 가상하여 모든 비주얼 요소를 도출해 보았다.

- 사전 첫 접촉: 초청장, 승차입장권, 행사안내지
- 외부에서 행사장에 접근할 때: 홍보탑, 현수막, 배너, 안내사인

---

7) 패턴은 일종의 연속문양 형태의 시각요소(visual elements)로 무대, 장치장식, 배너류의 여백 처리 등의 디자인에 활용된다. 주로 파티의 상징 색채를 활용하여 파티 전체 분위기를 조성하는 역할을 한다(민정윤, 58쪽).

8) 꽃을 포함한 식물재료를 사용한 프로럴디자인은 인간의 심리적 긴장감을 완화시키며 정서적인 안정감을 갖게 하며, 자연 식물 특유의 미적 감각으로 공간을 아름답게 연출할 수 있다(민정윤, 61쪽).

- 행사장에 진입할 때: 아치, 타이틀 현판, 통천 배너, 애드벌룬, 등록데스크, 데코, 오브제, 영접요원 의상
- VIP 대기룸에서: 의자/테이블, 다과세팅, 커피잔, 냅킨, 행동요령 안내지, 도우미 의상
- 행사장 입장할 때: 무대, 입장게이트, 동선장식, 조명 분위기
- 자리에 착석하면: 테이블보, 물컵, 식순 리플릿
- 행사 진행 중: 사회자 의상, 연단, 마이크, 장치장식물, 영상, 조명, 음악, 특수효과
- 행사장 밖으로 나올 때: 기념촬영, 현수막, 사후 오브제
- 귀가할 때: 기념품, 포장백, 포장지
- 사후관리: 감사의 글, 기념사진첩

추가 이벤트

- 테이프커팅이 있을 때: 테이프, 흰 장갑, 가위, 쟁반, 쟁반보, 장치장식
- 오찬/만찬이 포함될 때: 오찬장 장식, 미니무대, 메뉴 안내지, 꽃장식, 테이블보, 와인 글라스, 운전기사 식권
- 기념식수가 있을 때: 현수막, 삽, 장갑, 코사지 등

3) 디자인 요소

디자이너들이 만들어 내는 그림이나 도면은 디자인 요소에 따라 달라진다. 각 디자인 요소들의 특징을 알아보도록 한다.

- 선(line)

선은 두 점을 연결하는 경로라 정의한다. 그 연결된 궤적의 특징을 설명하는 요소들에는 치수, 품질, 성격이 있다. **치수**는 그 길이와 두께를 말한다. **품질**은 선의 형태, 값, 그리고 주변과의 대비 등을 지칭한다. 직선, 살짝 구부러진 선, 기울어진 선, 톱니 같은 선, 뱀처럼 구불구불한 선, 여러 특징을 섞어 놓은 선 등 다양하다. **성격**은 감성을 유발하는 특징을 말한다.

선은 복잡할수록 시선을 끌고, 긴 직선은 짧은 직선보다 눈에 더 잘 띄며, 곡선은 같은 길이의 직선보다 더 뚜렷해 보인다.

• 모양(shape)

선으로 닫힌 도형을 만들면 모양이 생긴다. 모양을 만들어 내는 선의 상태는 그 모양에 부수적인 의미를 만들어 낸다. 모양은 벽, 바닥 등과 같은 큰 무대요소의 형태를 규정하고 창, 문, 가구와 같은 디테일의 외형을 결정하기도 한다.

• 양감(mass)

양감은 모양이 입체적으로 두드러지는 것을 말한다. 이것으로 깊이감과 공간감을 느끼게 된다. 양감은 덧마루, 벽, 가구와 같은 무대장치를 표현한 그림에 깊이감을 준다.

• 크기(measure)

넓은 범위에서 이야기하자면 비례감과 밀접한 직관적인 능력이다. 크기는 측정도구를 이용하지 않고 물체의 크기와 물체 간의 거리를 판단하는 능력과 연관이 있다.

• 위치(position)

위치란 인접한 형태와 물체의 상대적인 위치를 말한다. 이것은 사물 간의 거리와 그것을 둘러싼 형태에서의 위치 모두를 포함하는 의미이다.

• 색(color)

색은 디자인 요소에서 가장 중요하고 미묘한 것 중 하나이다. 색은 관객에게 심리적이고 문화적으로 복잡하고 다양한 반응을 이끌어 낸다.

• 질감(texture)

질감은 사물의 표면에서 보이거나 만져지는 느낌을 말한다. 의상에서 가장 중요한 시각적 요소는 옷감이다. 옷감 표면의 질감은 의상을 입고 있는 인물의 성격이나 신분을 관객이 이해하도록 하는 역할을 한다. 일반적으로 거친 질감은 투박하고 광이 없는 느낌이지만 부드러운 표면은 마감이 잘 되고 정돈된 느낌을 준다(어경준, p. 77).

4) 색에 관하여

(1) 색의 요소

• 색상(hue)

색상이란 빨강, 파랑, 녹색과 어떤 색을 다른 색과 구분 짓는 기본적인 특징을 말한다.

• 명도(value)

색의 밝고 어두운 정도를 말한다.

• 채도(saturation/chroma)

어떤 색에서 색상이 차지하는 비율의 정도를 말한다. 색상이 차지하는 비율이 높을수록 채도가 높다고 할 수 있는데, 예를 들어 파란색은 하늘색에 비해 훨씬 채도가 높다고 할 수 있다(고희선, 2000).

• 연조(tint)

명도가 높은 색을 연조라 한다. 원래의 색상에 흰색 물감이나 백색광이 합쳐져 나타난다.

• 음영(shade)

명도가 낮은 색을 음영이라 한다. 하나 이상의 색상에 검은색이 합쳐져 나타난다.

• 중간색(tone)

중간색은 특정 색상에 검은색과 흰색을 혼합한 것이다. 보색을 섞으면 중간색이 된다(어경준 pp. 89-90).

(2) 색의 혼합

• 원색(primary color)

다른 색을 혼합하거나 농도 등을 변경해서도 만들어 낼 수 없는 색을 말한다.

• 이차색(secondary color)

이차색은 두 가지 원색을 섞어 만든 색을 말한다.

• 보색(complementary color)

보색이란 섞으면 빛에서는 하얀색이 되고 물감에서는 검은색이 되는 마주하는 두 색을 말한다.

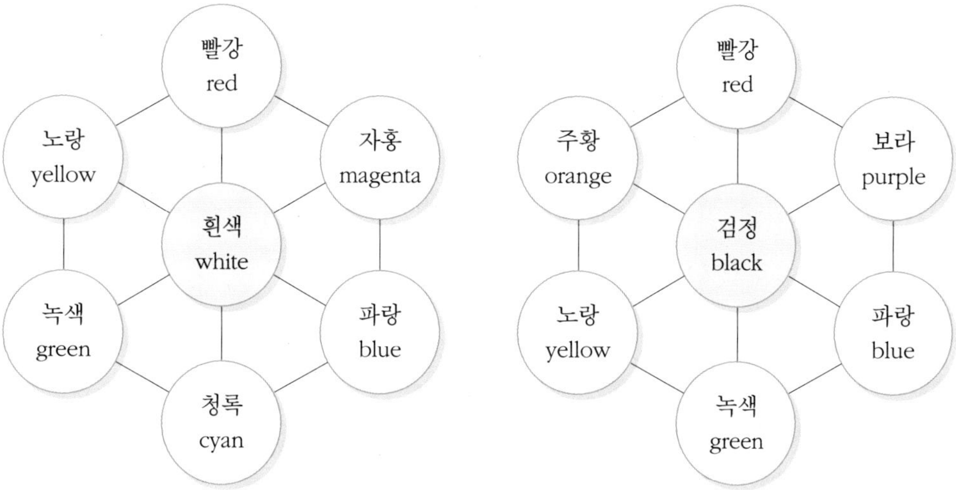

[그림 6-22] 빛과 물감의 색상환

(3) 색상별 의미

사람들은 색에 일정한 반응을 한다. 색의 의미는 여러 변수에 영향을 받고, 항상 변한다. 반드시 옳은 것은 아니지만 보편적이고 일반적인 색상별 관념과 의미를 정리해 본다(어경준, 2014).

• 노란색(yellow)

자극적이며, 홍분되고, 활달하고, 즐겁고, 명쾌하고, 불쾌하기도 하며, 공격적이거나 적대적이다.

• 주황색(orange)

따뜻하고, 행복하고, 즐겁고, 홍분되며, 자극적이고, 뜨겁고, 불편하고, 오래되어 보이고, 불쾌한 느낌을 준다.

• 빨간색(red)

행복하고, 매력적이며, 사랑스럽고, 흥분되고, 충격적이며, 활동적이고, 강렬하고, 반항적이기도 하고, 힘차고, 권위 있으며, 강하고, 공격적이거나 적대적이다.

• 초록색(green)

젊고, 신선하며, 여유롭고, 안전하고, 차분하고, 평화롭고, 감정적으로 안정되면서, 병원이 연상된다.

• 파란색(blue)

즐겁고, 시원하며, 편안하고, 부드럽고, 위로가 되며, 우호적이고, 우아하고, 슬프기도 하고, 강하고, 충만하면서 위대한 느낌이 든다.

• 보라색(violet)

우아하고, 권위 있고, 정력적이며, 부정적이기도 하고, 슬프고, 절망적이고, 우울하고, 불행하고, 침울하다.

• 검은색(black)

슬프고, 우울하고, 모호하고, 불행하면서, 우아하고, 권위 있고, 강하며, 힘차고, 적대적이고, 오래된 느낌이면서, 두렵고, 늙어 보인다.

• 하얀색(white)

순수하고, 부드럽고, 편안하며, 진지하고, 공허하다.

• 갈색(brown)

안전하고, 편안하며, 충만하고, 슬프기도 하고, 부정적이기도 하다.

6. 사례

1) 사례 1. 파라다이스시티 기공식

(1) 행사개요

구 분	내 용	비고
행사명	파라다이스시티 기공식	
일 시	2014년 11월 20일(목) 10:00~13:30	
장 소	파라다이스시티 기공식 행사장 일원 하얏트호텔 그랜드볼룸	
대 상	국내외 주요인사 500여 명: 문화체육관광부, 인천광역시/시의회/국회의원, 언론사, 채널별 유관기관 등	
프로그램 구성	기자회견, 공식행사, 오찬	
주최/주관	(주) 파아다이스세가사미	

(2) 전체 행사장 레이아웃

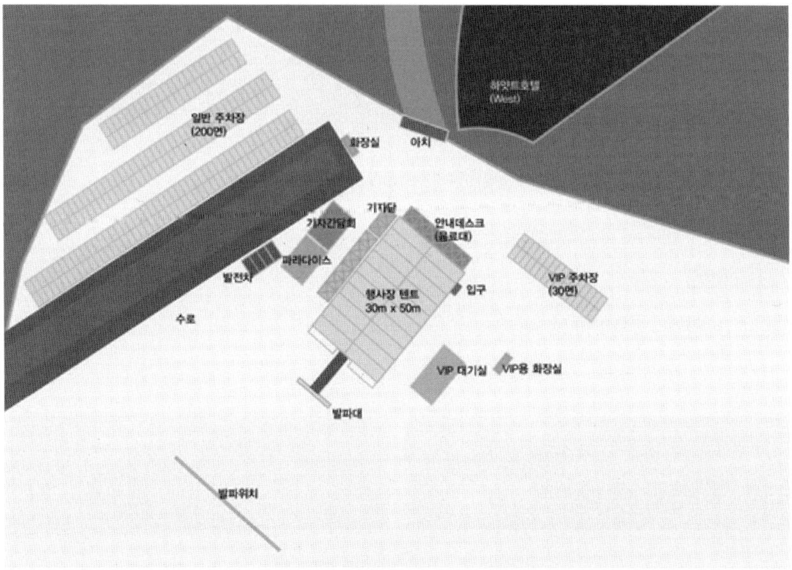

[그림 6-23] 파라다이스시티 기공식 전체 행사장 레이아웃

(3) 메인 행사장 배치도 및 무대

- 30×50m 대형 텐트(450석 배치)
- 무대 좌우 세트화
- 주요 오브제
- 아트 갤러리, 포토라인, 난방시스템 운영

[그림 6-24] 행사장 조감도

(4) 영상디자인

① 경과보고 영상: 일반영상 제작

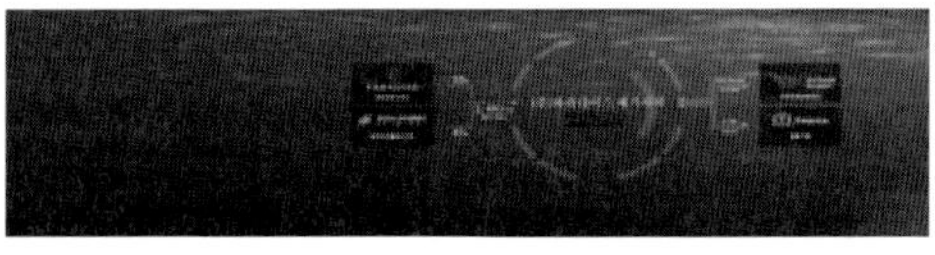

[그림 6-25] 경과보고 영상

② 환영사: 흑백 일러스트에서 컬러 애니메이션으로 전환

[그림 6-26] 환영사

③ 축사: 유화를 활용한 영상 이미지 표출

[그림 6-27] 축사

④ 레인보우 합창단 축하공연 배경

[그림 6-28] 축하공연 배경

⑤ 축하인터뷰 영상

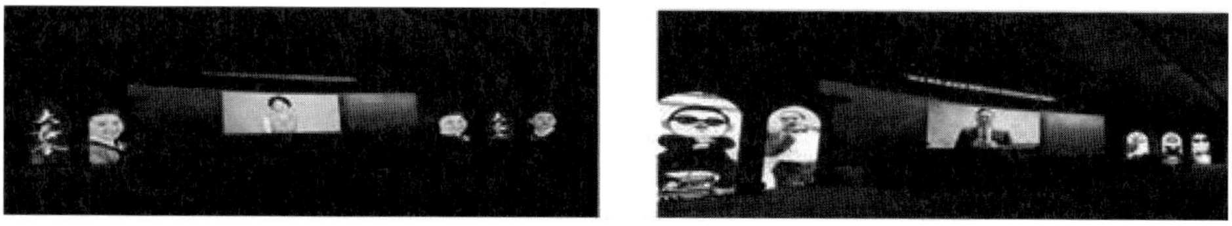

배우 이영애 가수 싸이

[그림 6-29] 축하인터뷰 영상

(5) 주요 제작물

대형텐트 외관

대형텐트 Gate

대형텐트 내부

터치버튼 발파 배경

행사장 Gate 후면

행사장 Gate 전면

VIP 대기실 전경

프로젝트 모형

[그림 6-30] 사례 1. 파라다이스시티 기공식

기자간담회 전경

기자간담회 전경

외부 자이언트 배너

가로등 배너

유도사인물

각종 현수막

[그림 6-31] 사례 2. 파라다이스시티 기공식

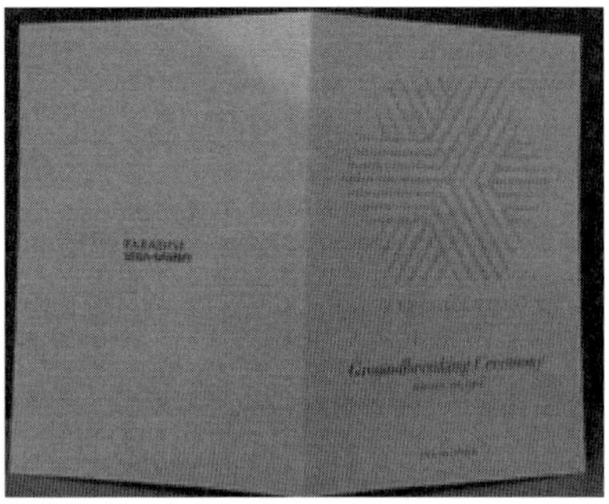

초청장 겉지

초청장 속지

초청장 봉투

VIP 비표

쇼핑백 대/소

기자단 비표

스티커

테이블 택

[그림 6-32] 사례 3. 파라다이스시티 기공식

2) 사례 2. IFEZ 아트센터 기공식

(1) 행사 개요

〈표 6-2〉 IFEZ 아트센터 기공식 행사 개요

구 분	내 용	비고
행사명	IFEZ 아트센터 기공식	
일 시	2008년 9월 11(목) 11:00~14:00	
장 소	IFEZ 아트센터 부지(공식행사)/NSIC홍보관(오찬) * IFEZ: 인천경제자유구역	
대 상	국내외 주요인사 350여 명 : 문화체육관광부, 인천광역시/시의회, 인천경제자유구역청, 아트센터개발회사, 언론사/유관기관 등	
프로그램 구성	기자회견, 공식행사, 오찬	
주최/주관	인천광역시, 송도국제도시개발유한회사(NSIC)	

(2) 무대 도면

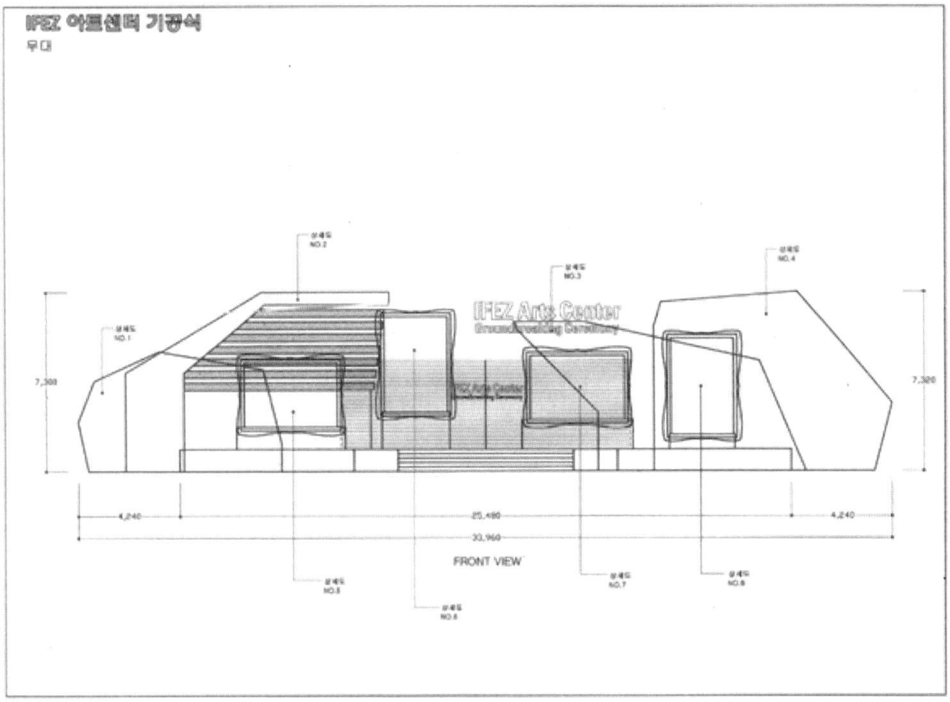

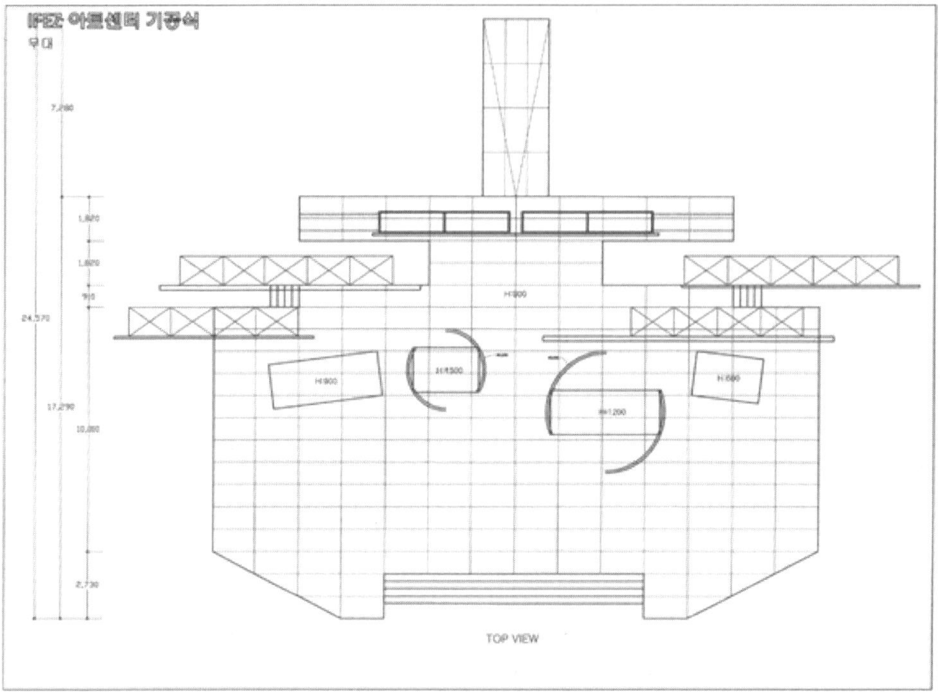

[그림 6-33] 사례 4. IFEZ 아트센터 기공식 무대도면

(3) 무대 이미지 및 현장 연출

[그림 6-34] 사례 4. IFEZ 아트센터 기공식

(4) 주요 제작물

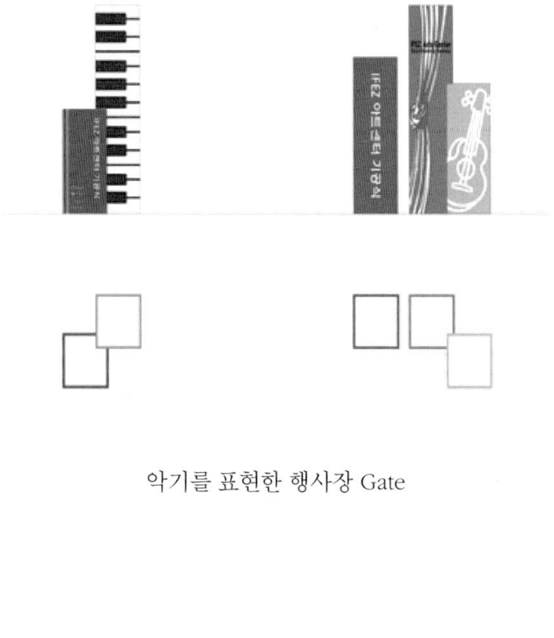

악기를 표현한 행사장 Gate

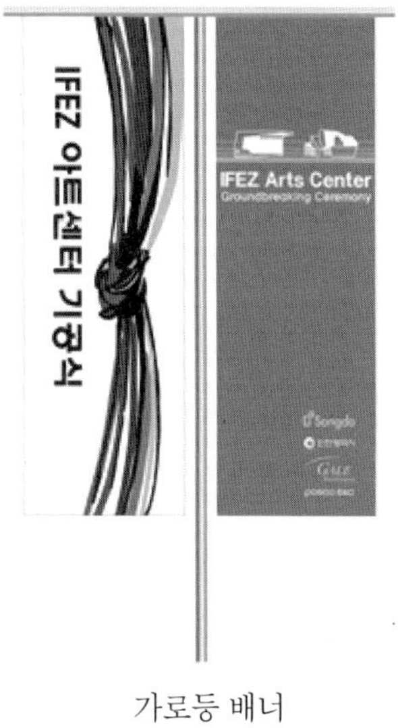

가로등 배너

피아노 터치버튼

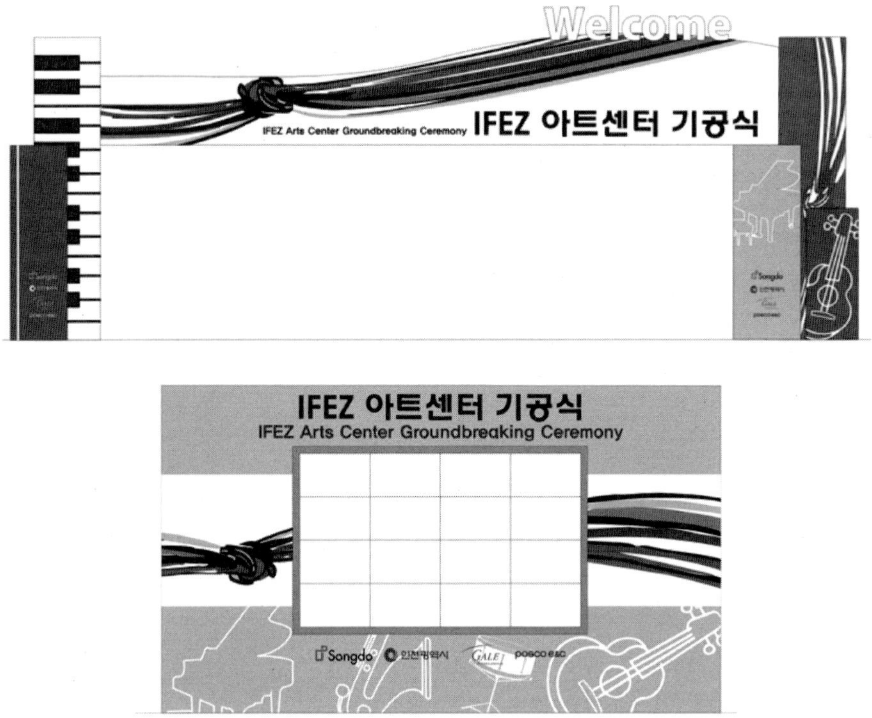

오찬장 Gate 및 백월

각종 유도사인

각종 텐트 현수막

[그림 6-35] 사례 5. IFEZ 아트센터 기공식

EVENT

제7장

이벤트 시스템(I):

무대, 음향

1. 개괄

불과 이삼십 년 전에는 생각도 못했던 일들이 이루어지고 있다. 1/100초로 영상컷을 제어하고, 수백 개의 조명큐를 일제히 작동시키며, 이메일도 귀찮아 카카오톡으로 파일을 주고받고, 익명의 제3자와 실시간으로 인터랙티브 게임을 즐기는 현상이 도래하였다. 인류의 역사에서 전기를 상업적으로 사용한 지는 불과 130년밖에 안 된다. 그전에는 암흑시기였다.

분야별로 근대적 이벤트 시스템의 태동 과정을 살펴보면, 20세기 초반만 해도 대부분의 디자인 영역은 무대 디자이너가 주도했었다. 그 당시 조명 분야는 아직 초기 단계였고, 의상 디자인은 여전히 배우들이 해결했고, 음향(sound) 분야는 아직 발명되지도 않았던 시절이었다. 이러한 상황이 지속되다가 제2차 세계대전 이후 브로드웨이 뮤지컬이 인기를 끌면서 의상디자이너(costume designer)들이 두각을 나타내기 시작하였다. 이후 1960년대 로큰롤(rock-and-roll) 뮤지컬이 출현함에 따라 조명디자이너가 조명감독과는 별도의 존재로 인정되면서 조명디자인이 중요한 요소로 부각되었다. 그 후 1980년대부터 영화에 익숙해진 관객들로 인해 사운드디자이너(sound designer)가 점차 중시되었다(Campbell, 2011).

영상 분야는 2000년대에 들어서면서 초보적인 단계로 등장하더니 이제는 공연이나 행사에 없어서는 안 될 필수요소가 되었다.

반도체, 디지털, IT/CT 등의 발전으로 라이브 엔터테인먼트 산업은 점점 규모화, 다변화, 융복합화, 전문화되고 있다. 이에 발맞추어 조명, 음향, 영상 등의 시스템 요소들도 괄목할 만한 성장을 해 가고 있다. 과거 전통적 관점에서는 생각조차 할 수 없는, 배우 한 명 없이 시스템이 주인공이 되는 대규모 스펙터클 멀티미디어 쇼, 불꽃축제, 미디어 파사드, 어트랙션 쇼 등이 각광을 받고 있다.

이벤트 연출이나 기획 및 제작에 있어 이러한 시스템요소의 이해는 이젠 필수 과제가 되었다. 이 장에서는 이벤트 시스템의 기본 이해를 도모하고자 한다. 세부사항이나 테크닉은 전문가에게 맡기더라도, 이벤트 관계자나 종사자라면 알아 두어야 할 사항들을 정리했다.

눈과 귀에 빛과 소리로 최종 표현되기까지 각 시스템의 원리나 작동과정, 구조를 소개함으로써 비전문가도 알기 쉽게 기본사항 위주로 서술하였다.

무대에서는 무대의 기능은 무엇이며, 무대디자인의 요소인 콘셉트, 공간, 재질을 항목별로 기술하였으며, 도면을 보는 요령도 포함되어 있다.

음향은 음원을 분류하고 이를 가공해서 증폭하고 스피커를 통해 소리가 나기까지의 과정을 서술하고 단계별로 알아 두어야 할 사항들을 정리하였다.

조명에서는 조명의 기본원리에서 시작하여, 조명 연출 방법과 주요 유형별 조명기법을 정리하였다. 덧붙여 각종 조명기를 소개하고 이를 조절하는 디머, 통신경로인 채널, 최종적으로 조명큐를 총괄제어하는 콘솔에 이르기까지를 경로별로 기술하였다.

영상은 영상 연출의 유의점에서 출발하여 콘텐츠 만들기, 저장하기, 재생하기, 스크린에 표출하기 등 제작과정별 숙지사항을 언급하였고, 아울러 유행하고 있는 최신 영상기법도 일부 소개하였다.

통합제어 쇼컨트롤은 국내에 아직 정착이 안 된 분야이지만 선진국에서는 필수 솔루션인 쇼컨트롤 시스템을 소개하고 왜 좋은지 장점과 사례를 기술하였다.

아울러 가급적 전문용어는 영어 표기를 병기하였는데, 이는 국제적으로 통용되는 글로벌 표준용어로서 향후 외국 스태프와 협동 작업 시 원활한 소통에 도움을 주기 위해서이다.

2. 무대

연극, 무용, 연주 같은 것을 공연하고, 동시에 관객에게 잘 보이도록 관람장의 일정 부분을 비워 놓은 공간(장소)을 무대(舞臺)라고 한다. 원시적인 무대는 관람장의 흙이나 돌을 일정한 부피로 쌓아올려 그 위에서 공연할 수 있게 만든 공간이었다. 그리스시대 야외극장의 무대로부터 인공적인 구조와 공간이 만들어지기 시작했다. 한국에서는 1902년 8월부터 실내극장 무대공연이 시작되었지만, 현재까지도 야외무대와 가설무대가 널리 이용된다.

신라 진흥왕 때의 연등회(燃燈會)부터 야외에 산대(山臺)를 설치하고 연행했다는 기록이 전해진다. 가설무대의 일종인 산대는 산과 같이 높은 무대, 산처럼 아름다운 무대라는 한자 조어(造語)였다. 무대를 높게 만들어 관중에게 어디에서나 잘 보이게 하고, 후면에 장죽(長竹)과 채색한 천(布)으로 아름다운 산 모양을 만든 까닭은 '신선(神仙)들이 유희하는 장소'

에 비유한 것이다. 산대를 일명 채붕(彩棚, 綵棚) · 산붕(山棚) · 오산(鰲山)이라고 한 것은 이런 연유였다. 꼭두각시놀음의 무대는 야외에 포장(布帳)을 친 형태였다.

–『문학비평용어사전』, 국학자료원

관객이 행사장이나 공연장에 진입하여 처음으로 접하는 것이 무대(stage)이다. 무대 디자이너가 자신의 디자인 포인트를 관객에게 이해시키기 위한 시간은 단 5초라고 한다. 왜냐하면 그들이 무대를 직관으로 보는 시간의 전부이기 때문이다. 영화도 5분 이내에 승부를 보아야 하듯이 이 5초의 첫인상(first impression)이 호감을 좌우한다. 무대가 멋있으면 시종 즐겁고 감동적일 것이고, 느낌이 별로이면 출연자도 달갑지 않고 진행도 시큰둥하고 행사 결과도 인상적이지 않을 것이다.

그래서 무대의 디자인이 중요하다. 세부적인 무대제작 기법이나 공구 소개, 전동장치 등 전문적인 내용은 유보하고, 디자인 관점으로 한정하여 무대를 기술하고자 한다. 이 장은 캠벨(Drew Campbell) 교수의 저서 『비전문가를 위한 공연기술(Technical Theater for Nontechnical People)』의 3장에 기초하여 발췌 · 요약하였음을 밝힌다.

1) 무대의 기능

실용적 기능적 관점에서 보면 무대(무대장치)는 다음과 같은 특징을 가진다.

첫째, 각종 퍼포먼스의 지지 기반을 제공한다.

둘째, 연기구역 후방의 물리적 배경세트로 기능한다.

셋째, 대문이나 창문처럼 연기의 실제 동선의 활용요소들을 포함한다.

넷째, 다중세트 공연일 경우 이전에서 다음으로 장면(scene)이 전환됨을 알려 준다.

다섯째, 때로는 관객에게 무언가가 실제로 일어난 것처럼 착각하게 하는 속임수의 은닉 매설 장치이기도 하다.

2) 무대 디자인의 3요소

무대 디자인을 하고자 할 때 스스로에게 물어야 하는 가장 중요한 질문은 '이 공연은 무엇에 관한 것인가(What is the show about)?'이다. 그렇다면 무엇이 필요하며, 관객에게 이해시키기 위한 것은 무엇일지 의문을 가져 보자. 이는 디자인의 출발이 될 것이다. 무대디자인은 콘셉트(concept), 공간(space), 그리고 재질(texture)의 세 가지 사항을 다루는 기술이라고 한다.

(1) 콘셉트(concept, statement)

무대가 콘셉트하에 표현되지 않는다면 목적이나 성격과는 어울리지 않는 작업물이 될지도 모른다. 공간과 재질이 무대 환경을 생성하는 현실에 기초한 실용적인 방법론에 관한 사항이라면, 콘셉트는 무대 디자이너 또는 연출자가 스스로에게 제기하는 '이 작품은 무엇에 관한 것인가'라는 자문의 궁극적인 답이다. 그것은 모든 디자인 작업의 출발점이자 도착점이 된다.

이 콘셉트는 시각뿐만 아니라 청각적으로, 때로는 글로써, 추상적 혹은 구체적으로, 간단하게 또는 복잡하게, 작품 안팎에서 표현된다. 한 폭의 그림, 쓰레기 조각, 대중비평 혹은 신문 기사가 콘셉트가 될 수도 있다. 어떠한 형태든 콘셉트는 디자이너가 영감을 필요로 할 때 시작할 장소와 돌아올 터전을 마련해 준다.

(2) 공간(space)

무대 디자이너가 대본에서 찾아야 하는 가장 중요한 사항은 작품이 요구하는 장면의 수와 종류이다. 무대디자인의 기본 목적은 배우와 대본에게 서비스를 제공하는 것이다. 시각적으로 강한 인상을 주는 무언가를 만들려는 시도 대신에 '어떤 종류의 공간을 나는 디자인할 것인가?'라는 질문에서부터 일을 풀어 나간다. 우선 장소에 대한 목록을 만들기 시작한다. 그 장소는 한 군데 이상인지, 어디인지, 실내인지 옥외인지, 출입문이나 창문이 있어야 하는지, 특정 물건이 필요한지, 동시에 여러 장면이 보이길 원하는지, 특별히 대본에서 언급된 것은 없는지, 작가가 특별히 제안한 사항은 없는지 등의 목록이다.

무대세트적 관점에서 쇼는 다음 세 가지 범주로 분류된다.

- 단일세트 쇼(The One-Set Show): 이것은 침실, 사무실 혹은 뒷마당처럼 단일 장소에서 일어나는 공연을 말한다. 비록 가구나 소품들은 그 안에서 일부 옮겨지더라도 무대세트는 고정으로 바뀌지 않는다. 이 단일세트 공연은 좀 더 사실적이어서 세밀한 표현이 요구되는 작품에 적합하다. 특히 3면의 내부 벽으로 둘러쌓여 만들어

진 일체형 세트를 상자형 세트(box sets)라 부른다.

- 다중세트 쇼(The Multi-Set Show): 한 장소에서 다른 장소로 장면이 이동하는 작품은 각 장소마다의 무대세트를 요구한다. 다중세트 공연에서는 무대전환의 시간이 필요하기 때문에 통상 중간휴식시간(intermission)에 무대를 전환한다. 한 장소에서 다른 장소로 극이 빠르게 전환해야 할 경우에는 관객 앞에서 시각적으로 세트 전환을 보여 주는 경우도 있다.
- 결합세트 쇼(The Unit Set): 다중 장소 설정을 가진 대본의 또 다른 해결책 중 하나인 결합세트는 기본무대의 토대에 각기 다른 장면과 장소마다의 특색을 전달하기 위한 소품들을 가감하여 분위기를 연출한다. 벽과 같은 중요한 무대 요소는 고정시킨 채 가구, 깃발, 창틀, 금고, 배의 조종간 등의 소품 요소들이 등장하고 퇴장한다. 이 쇼는 창작하기에 부담이 가는 까다로운 공간일 수 있지만, 종종 간결함과 저비용으로 공연의 분위기를 유지할 수 있는 가장 보람 있는 해결책이기도 하다.

(3) 재질(texture)

① 질감

대본을 읽으면서 어떤 종류의 재질이 무대에 적절한지 상상하는 것은 유익한 일이다. 재질(texture)은 대본(script)과 배역(character)의 기분(mood)과 분위기(atmosphere)에서 도출되며, 이는 작품의 외양(look)을 부여한다.

재질 고려사항 중 하나는 거리감이다. 관객에게 어떻게 보이는지 확인한다. 무대세트 앞에서는 거칠고 조잡해 보이는 주방조리대가 객석 중간에서는 마치 고급가구처럼 보일 수 있다.

색은 재질을 표현하는 또 다른 방법이다. 감성적 반응을 위하여 감성적인 형용사로 표현한다. 즉, '밝은'과 '어두운'색과 같은 일반 형용사를 탈피하고 '불꽃연기를 내뿜는 듯한(belching)' '창백한 얼굴 같은(pasty)' 혹은 '공격적일 정도로 호전적인(aggressive)' 등 색이 연상이 되는 형용사를 시도하여 디자인에 반영해 보면 좋다.

② 무대 재질과 조명 조화시키기

재질은 조명에 따라 멋있게 드러나기도, 좋지 않게 보이기도 한다. 재질 종류에 따라 조명기법이 달라질 수 있다. 정면 전방 조명은 질감을 밋밋하게 하며 측광이나 빗각 상하부 조명이 입체적으로 도드라지게 한다.

질감이 있는 표면은 빛을 흡수하고, 매끄럽고 반지르르한 표면은 빛을 반사시킨다. 매끄러운 재질에 조명을 하는 것은 글레어와 바운스와 같은 반사 문제를 야기할 수 있다. 글레어(glare: 눈부심)는 역광 조명이 매끄러운 무대바닥을 치고 반사되어 관객의 눈을 부시게 하는 현상이고, 바운스(bounce: 튀어오름)는 전방 조명이 매끄러운 무대바닥에 반사되어 튀어 올라 후면의 무대세트에 번지는 현상이다. 바운스를 제어하려면 무대바닥색을 은은하게 누그러뜨려야 하며, 글레어를 해결하려면 반짝임을 누그러뜨려야 한다. 밝고 빛나는 무대세트는 암전이나 고립 조명효과 등을 연출하기 힘들다. 영화관 암전상태에서 비상구(exit) 작은 상시등 불빛 하나가 얼마나 영화감상을 저해하는지 경험해 보았을 것이다.

아울러 조잡한 색 조합은 좋지 않은 결과를 가져올 수 있다. 초록색 세트에 빨강 조명을 하면 무대는 검정이 된다. 빨간색과 녹색, 파란색과 호박색(amber), 그리고 노란색과 연보라색(lavender: 라벤더) 등은 역겨운 색조합이 될 수 있다.

③ 무대 재질과 의상 조화시키기

무대와 의상도 역시 긴밀하게 연관되어 있다. 무대와 조명의 코디보다 무대와 의상의 코디가 더욱 중요하다. 조명색은 어색하면 바꾸면 되지만 현장에서 무대와 의상을 바꾸는 것은 힘들기 때문이다.

무대세트와 의상은 유사한 색조군을 가져야 하는 것이 중요하다. 하지만 대부분 무대세트의 색상이 배우의 의상보다 어두워야 한다. 무대는 고정이고 배우는 움직이기 때문에 배우의상은 관객들이 쉽게 알아볼 수 있도록 더 밝은 색을 가져야 한다.

세트의 색과 배우의상을 정확히 같은 색으로 하는 것은 배우가 묻히기 때문에 무엇보다도 피해야 한다.

3) 제작도면의 이해

공간을 이해하는 중요한 수단 중 하나가 도면이다. 이벤트 종사자는 도면을 그리는 것은 힘들어도 볼 줄은 알아야 한다.

(1) 디자인도면(designer's drawing)

디자인도면이란 무대세트의 모든 것, 즉 무대상의 전반적 위치에서부터 아주 작은 부분의 세밀한 마감방법까지 묘사하는 조직화된 일련의 축척된 평면도면 세트이다(Ionazzi, 1996).

채색된 스케치나 입체모형(model)은 보기에 멋지고 디자인 의도를 보여 주고 있지만, 기술감독이나 무대목수에게 제작에 필요한 정보까지 모두 담고 있는 것은 아니다. 따라서 무대장치 각 요소들의 정확한 치수와 세부사항을 포함하는 일련의 제작도면이 필요하다. 이 도면은 무대 디자이너가 직접 작성하며 여기에는 평면도, 입면도, 상세도, 일대일 상세도, 시각선도면, 작화를 위한 작화도면 등이 포함된다(어경준, 2014).

① 평면도(ground plans, floor plans)

무대를 바닥에서 약 1m 정도 높이에서 좌우로 절단하여 위에서 아래로 본 그림이다. 평면도가 갖추어야 할 요건으로 중앙선, 본무대선, 테두리선 그리고 표제란이 있다(신일수, 2005).

이 표제란은 각 도면의 이름표와 같은 기능을 하며 도면의 모서리 부분에 위치한다. 프로젝트명, 극장명, 연출자, 디자이너, 도면작성자명, 도면의 종류, 도면작성일자, 척도, 도면번호 등이 들어간다.

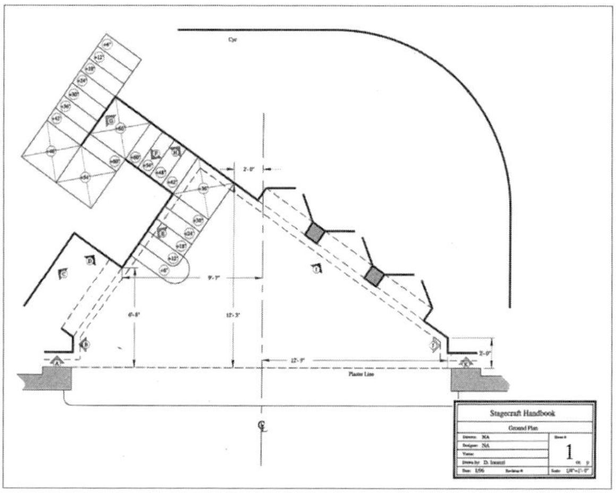

[그림 7-1] **평면도**

② 단면도(section)

무대중앙선을 기준으로 절단하여 좌측에서 우측으로 바라보는 도면이다. 평면도에서는 알기 어려운 장치의 높이를 알 수 있고, 조명디자이너는 단면도를 참조하여 조명기의 위치를 정한다.

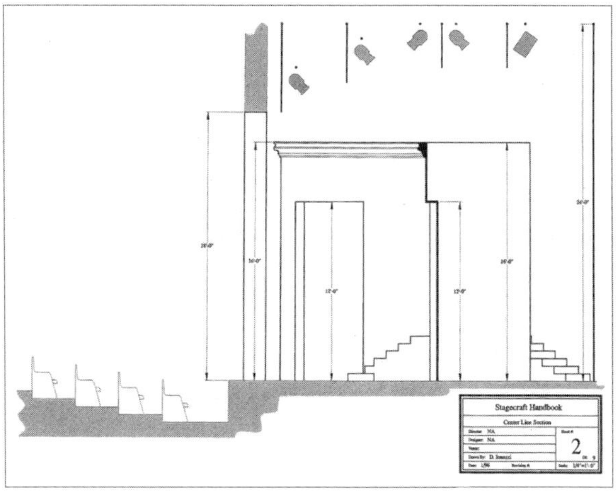

[그림 7-2] 단면도

③ 정면도(elevation)

무대를 실제로 제작하기 위해 장치제작자에게 필요한 도면으로 평면도를 기준으로 무대 각각의 세부적인 도면을 그리고 도면에 실제 크기와 세부적인 치수를 기입해 넣는다.

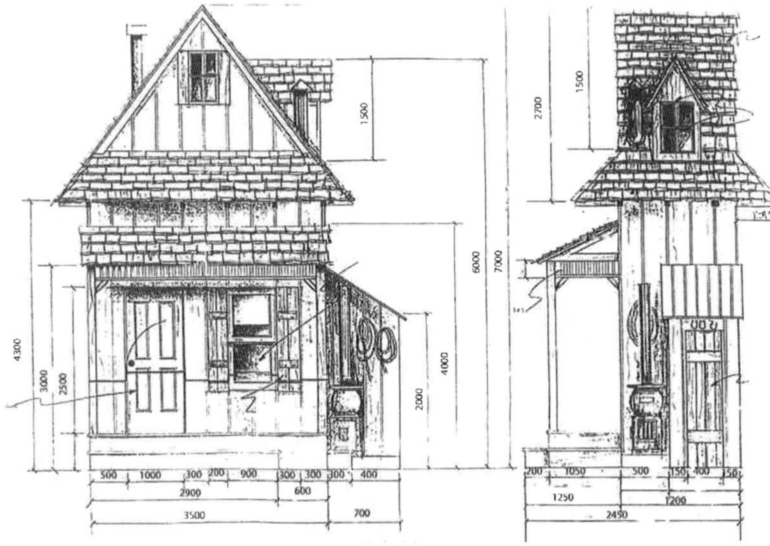

[그림 7-3] 정면도

④ 제작도면(construction drawing)

기술감독이 무대 디자이너에게서 평면도와 입면도를 받은 후 장치를 어떻게 제작할 것인가를 자세하게 그려 놓은 도면이다.

⑤ 작화도(painter's elevation)

디자이너는 디자인을 끝낸 후 무대 미술가에게 자신이 원하는 디자인을 그려 주는데, 이것을 작화도라고 한다. 작화도에는 색상이나 페인트의 혼합비율, 그리고 특별한 기법을 사용할 경우 이에 대한 자세한 설명이 첨부된다. 무대 미술가는 이 작화도를 받아 무대 세트에 직접 작업한다.

(2) 평면도 보는 요령

공연에서 가장 중요한 하나의 도면이 평면도이고, 모든 관계자들은 이 도면을 반드시 숙지하고 이해해야 한다. 상호 소통의 도구이기 때문이다. 평면도는 누군가가 거대한 톱으로 극장의 지붕 부분을 사람의 머리 높이 정도로 잘라낸 뒤 높은 데서 내려다보는 전경 그림이다. 이 잘린 면 아래의 보이는 모든 물체는 실선으로 표시되며, 잘린 면 위에 있는 보이지 않는 물체들은 점선으로 표시한다. 프로시니엄 아치처럼 실제로 잘라낸 벽과 같은 물체는 격자무늬가 내부에 채워진 굵은 선으로 표시된다(Campbell, 2011).

① 고정시설 찾아보기

무대세트가 없더라도 고정형 극장의 영구시설물을 찾아본다. 가급적 격자무늬로 이루어진 두껍고 어둡게 칠해진 형상을 찾아보는 것이 좋다. 프로시니엄 극장(proscenium theater)에서는 우선 프로시니엄을 찾아보고, 돌출무대(thrust)나 원형극장(arena)에서는 관객석 혹은 또 다른 주요 지형지물(landmark)을 찾아본다. 호텔 연회룸(hotel ballroom) 같은 비공연장(nontheatrical)에서는 벽과 출입구를 찾아본다. 총체적으로 시설 전체를 볼 수 있는 눈을 키워야 한다.

② 무대중앙선 찾기

무대중앙선은 모든 측정의 시작이다. 뒤무대에서 앞무대 쪽으로 정중앙을 내려지르는 C/L(center line) 표기가 되어 있는 일점쇄선이 무대중앙선이다. 본무대선(본막선,

plaster line)은 2개의 프로시니엄 아치(proscenium arch)를 이어 주며 횡으로 가로지르는 선이다. 화재 시 방화막이 내려와 무대와 객석을 분리하는 선 위에는 어떠한 장치나 대도구도 위치할 수 없으며 점선으로 그린다. 무대 설치 기술자들은 정확한 장소에 세트를 놓기 위해 본무대선과 무대중앙선을 기준으로 잡는다. 따라서 평면도상에서 무엇보다도 우선으로 이 2개 라인을 찾아본다.

③ 무대요소 찾기

도면에서 무대세트의 주요 벽과 덧마루 등 주요 요소의 위치를 찾아낸다. 만약 횡단면 위에 있으면 점선으로 표시될 것이요, 단면 아래에 있는 물체라면 실선으로 그려져 있다는 점을 명심한다.

④ 높이 찾기

무대세트의 높이는 무대바닥으로부터의 길이가 아니라 극장 시설의 바닥으로부터의 높이로 측정된다. 높이는 동그라미 원 내부에 '+' 혹은 '−' 기호로 표시되며, '+100'이라 표시된 덧마루는 실 무대바닥에서 10cm 높다는 것을 의미한다.

⑤ 이동경로 찾기

출연자는 어느 경로로 다니는가? 통행을 위하여 좁은 통로가 존재하는가? 길게 무대를 가로지르는 통로는 있는가? 무대 건너편으로 갈 이유가 있는가? 그렇다면 크로스오버(crossover: 관객의 시각선 밖에서 무대 좌우 한쪽 윙에서 다른 윙으로 통행하기 위한 복도)는 있는가? 등의 이동경로를 파악한다.

⑤ 출입문과 창문 찾기

평면도에서 출입문과 창문은 실제 사용 가능 여부, 가능 시 어느 방향으로 열리는지를 나타내 주어야 한다.

⑥ 가림장치 찾기

관객들이 무대 뒤를 볼 수 없도록 벽이나 가림막 등이 충분히 배치되었는지를 확인한다. 좋은 평면도는 무대 앞 객석 양쪽 맨 끝에 최종시각선(extreme sightline)을 표시하는 작은 '+' 기호가 표시되어 있다. 이 자리는 관람하기엔 최악이지만 무대 뒷공간이 가장 잘 보이는 위치이다. 따라서 무대 뒷공간을 볼 수 없도록 가림막를 배치하였다면 다른 모든 관객도 무대 뒤를 볼 수 없게 된다.

⑦ 이동 무대세트 찾기

이동하는 무대장치는 대부분 무대상의 위치와 무대 밖 대기 위치가 평면도에 표기된다. 수직 상부에 매달리는 장치는 위치는 동일하므로 매달기 세트라고 표기한다.

⑧ 기타 장치 찾기

지금까지 찾아본 것 외에 다른 장치는 없는지 찾아본다. 무언가 파악되지 않은 이상한 것이 있을 수 있다. 리허설 연습에서 예상치 못한 일로 놀라지 않으려면 반드시 도면상의 모든 라인을 점검하고 각각이 의미하는 것을 완전히 이해하였는지 점검해 볼 필요가 있다.

Tip 유의사항! 모형을 제작하라

훌륭한 평면도라 하더라도, 무대 디자이너에게 입체모형(a three-dimensional model) 제작을 요청하는 것은 필요하다. 평면도가 어떻게 현장에서 실물로 완성될지를 상상하는 것은 쉽지 않기 때문이다. 모형은 사전에 무대장치들이 실제로 무대 위에서 어떻게 존재하는가를 입체적으로 볼 수 있는 유일한 방법이다. 평면도를 보면서 대조 점검하는 것 또한 필요하다.

3. 음향

좋은 사운드 품질은 원활한 소통이나 메시지 전달의 필수요소임에도 불구하고 많은 경우에서 간과되고 있다. 관객의 감동을 이끌어 내는 데 있어 음향은 무대나 조명 등 다른 어떤 분야보다 우선한다. 소리가 소통의 기본이기 때문이다. 고품질 사운드를 관객에게 선사하기 위해서는 음원을 다스려 이를 여러 기법으로 잘 가공하고 증폭시켜 스피커를 통해 좋은 소리를 내야 할 것이다. 이 장에서는 사운드시스템의 구조를 이해해본다. 이 장은 캠벨 교수의 『비전문가를 위한 공연기술』 9장에 기초하여 일부 발췌 요약하였음을 밝힌다.

1) 신호체인 시스템

사운드는 관객이 듣는 소리이다. 그것은 입으로 말한 것을 귀로 듣는 과정이라 할 수 있다. 소리가 마이크를 따라 음향 시스템으로 들어가면, 이는 전기에너지로 변환되고, 이 에너지의 증감에 의해 결국 소리가 커지거나 약해진다. 이 전기에너지를 신호(signal)라 부른다. 이는 스피커를 통해 다시 귀로 들을 수 있는 음파로 바뀌어 대기로 빠져나올 때까지 음향시스템 안에 존재하는 들리지는 않는 전기적 힘을 의미한다. 즉, 음향시스템이란 이 신호가 이동하는 연결 장비들의 조합세트이다. 신호체인 시스템(the signal system)은 다음 네 가지 주요한 분야로 이루어진다.

(1) 소스(source)

목소리, 악기소리, 바람소리 등 자연음을 관객에게 들리게 하려면 소스는 그 소리를 담아내는 마이크이다. 반면에 녹음되어 저장된 소리는 이를 재생시키는 테이프덱이나 CD 플레이어, 컴퓨터 등이 소스가 될 것이다. 어떤 형태든 소리는 음향소스를 통해 시스템으로 보내진다.

(2) 라우팅(routing)

이 신호는 적당한 볼륨으로 믹서(mixer)로 보내지고, 이 믹서에 의해 더 좋게 가공된다. 믹서는 여러 기능 옵션을 가지고 있는데, 한 예를 들자면 여러 음향소스를 동시다발적으로 입력하거나 각 소스별 볼륨을 달리 세팅할 수 있다.

(3) 증폭(amplification)

마이크나 재생기에서 나오는 신호의 파워는 최종적으로 소리를 들려주는 스피커로 보내기에는 아직 미약하다. 충분한 신호 파워를 위해서는 증폭작업이 필요하다. 대부분의 공연용 음향 시스템에서는 믹서로부터 출력된 신호를 스피커에 맞는 수준으로 강화시키는 장치인 앰프가 독립적으로 운용된다.

(4) 출력(output)

소리를 귀로 들을 수 있게 신호가 시스템으로부터 빠져나오는 최종 통로는 반드시 필요하다. 그것이 바로 스피커이다.

2) 신호 레벨

신호가 체인시스템을 통해 이동을 거치다 보면 몇 가지 변화가 발생하는데, 무엇보다도 중요한 것은 신호의 레벨(signal level)이 변한다는 것이다. 이 신호의 각 레벨에서 나타나는 모습을 살펴보면 다음과 같다.

(1) 마이크 레벨(mic level)

마이크로폰을 대고 소리를 내면, 소리의 공기압은 마이크 내부에 있는 작은 자석을 움직여 소량의 전하가 생성된다. 이 전기에너지가 마이크 레벨(mic level)이다. 마이크 신호가 이동하기 위해서는 프리앰프(pre-amp)로 사전에 승압시켜 주어야 한다. 믹서에 '마이크(mic)'라고 표시된 입력단자가 있는 경우에는 프리앰프 장치가 되어 신호를 높은 단계로 증가시켜 준다.

(2) 라인 레벨(line level)

라인 레벨은 마이크를 제외한 모든 음향장비가 상호 소통하는 데 사용되는 레벨이다. 음향장비 간의 신호는 라인 레벨로 이동한다. 믹서에는 일반적으로 마이크 레벨 또는 라인 레벨을 선택 입력할 수 있는 스위치나 회전식 손잡이 등이 있다. 마이크를 라인 레벨 입력단자에 연결하면 들을 수 없게 되며, 라인 레벨 신호를 마이크 입력단자에 연결하면 소리가 너무 크고 왜곡되어 시스템을 손상시킬 우려가 있으므로 주의하여야 한다.

(3) 스피커 레벨(speaker level)

믹서에서 나온 신호는 앰프(amplifier)로 보내지며 스피커를 작동시킬 수 있는 단계로 더욱 증폭된다. 이 스피커 레벨은 라인 레벨 또는 마이크 레벨보다 압력이 높으므로 앰프에서 출력된 신호를 스피커가 아닌 다른 장비에 절대 연결해서는 안 된다.

3) 음향소스

이상 신호체인 시스템에 대하여 개괄적으로 이해하였다. 그러면 지금부터 과정별로 하나씩 알아보기로 한다. 신호 체인에서 첫 번째 요소는 음향소스이다. 먼저 마이크에 대해 알아본다.

(1) 마이크로폰(microphones)

마이크는 기계적인 귀이다. 소리가 외부로부터 마이크에 도달하면 진동판(diaphragm)이라 불리는 민감한 막이 움직인다. 자석에 연결된 진동판이 움직이면 자석은 진동을 전기자극으로 변환시켜 믹서에 전송한다.

마이크는 아주 저렴한 제품부터 수천만 원짜리까지 종류가 천차만별이다. 기타, 드럼 또는 색소폰 등 악기소리를 증폭하기 위해 특별히 디자인된 것도 있으며, 몸이나 의상 또는 머릿결에 부착하는 것도 있다. 심지어는 쥐처럼 생긴 마이크도 있다. 이제 용도별로 나누어 알아본다.

① 다이내믹 대 컨덴서(dynamic vs. condenser mics)

다이내믹 마이크는 간단하고 튼튼하다. 이 마이크는 소리파장을 만나면 진동하는 가벼운 진동판을 가지고 있다. 라이브 음악공연이나 연설회에 주로 사용되며, 실제 거의 모든 콘서트에 독점적으로 사용된다.

컨덴서 마이크는 보다 예민하고 정확한 사운드를 생산하지만 내구성과 편의성이 떨어진다. 컨덴서 마이크는 복잡한 메커니즘을 통하여 내부의 전기장을 생성하며, 전원이 필요해 일반적으로 전기코드가 달려 있다. 일부 컨덴서 마이크는 팬텀 파워(phantom power)라고 하는 전력을 오디오 라인을 통해 공급 받기도 하는데, 이 경우 파워를 보내줄 믹서가 함께 구비되어야 한다. 컨덴서 마이크는 외부 전원이 필요한 점과 예민한 특성으로 인해 행사장에서는 쉽게 찾아보기 힘들다.

② 로우 임피던스 대 하이 임피던스(low Impedance vs. high impedance)

간단히 말하면 임피던스는 입력되고 있는 신호에 대해 전기회로가 대항하는 저항의 양이라고 보면 된다. 임피던스가 중요한 이유는 잡음(noise) 때문이다.

현장의 케이블, 조명장비, 벽면의 소켓과 같은 많은 장치는 전기 노이즈를 생산해 낸다. 비디오 모니터 또한 악명이 높다. 전기가 있는 곳에는 늘 전기 노이즈가 있다고 보면 된다. 이러한 전기 노이즈는 일상에서는 들리지 않지만 마이크 회로를 거치면 소음이 될 수 있다. 앞서 말했듯이 마이크는 프리 앰프로 일차 증폭되므로 들리지 않았던 전기 노이즈라도 프리 앰프를 통과한 후에는 우리 귀에 들리는 소음이 된다. 전기 노이즈의 주범은 소리를 집음하는 마이크가 아니라 연결하는 안테나처럼 작용하는 케이블이다.

잡음은 평형선(balanced lines)을 이용하여 차단한다. 평형선은 동시에 신호를 주고

[그림 7-4] XLR 커넥터

받을 수 있는 2개의 케이블로서 한 선은 믹서에서 마이크로, 또 다른 선은 마이크에서 믹서로 동시에 쌍방향으로 보내지면서 잡음이 효과적으로 제거되는 것이다. 불평형선(unbalanced lines)은 노이즈를 믹서 쪽으로만 보내어 음향 시스템에 타고 들어간다.

따라서 양쪽 방향 하나씩 그리고 접지선의 세 발로 구성되어 있는 XLR 플러그가 달린 케이블의 로우 임피던스 마이크를 사용한다.

임피던스와 평형선과 관련된 문제는 오직 마이크 라인에만 해당되며 라인 레벨에서 작동되는 장비들은 스스로 노이즈를 제거하는 경향이 있어 해당되지 않는다.

(2) 마이크 선택의 기준

첫째, 마이크의 용도는 무엇인가. 어떤 마이크는 목소리에, 어떤 마이크는 악기에, 어떤 마이크는 오케스트라나 코러스와 같은 대규모 집단의 사운드를 픽업하는 데 보다 유용하다. 일부 마이크는 특수 용도를 위해 제작되기도 하는데, 의상에 부착하여 사용하는 핀 마이크가 있고, 혹은 특정 악기만을 위하여 디자인된 것도 있다.

둘째, 얼마의 비용을 지불할 것인가. 엄청난 비용을 지불할 필요는 없지만 너무 지나치게 아낀다면 여러 문제가 계속 야기될 수 있다. 가능하면 로우 임피던스 마이크를 추천한다.

셋째, 무선 마이크가 필요한가. 무선 마이크가 지저분하지 않고 편하다. 하지만 그 자체가 여러 문제점을 안고 있기 때문에 결정하기 전에 제품사양을 숙독해야 한다.

넷째, 어떤 마이크를 선호하는가. 어떤 것은 사운드를 훨씬 정확히 잡아내고, 초저음 또는 베이스 사운드를 잘 생산해 낸다. 또 어떤 마이크는 초고음 또는 최고 음역의 소리를 잘 표현해 낸다. 마음에 드는 마이크의 모델명을 알아내어 확보한다.

다섯째, 다른 사람은 어느 마이크를 사용하는가. 그들이 하는 대로 똑같이 해 보는 것도 좋고, 음향의 대가들은 어떤 마이크를 사용하는지 물어보는 것도 좋다. 그들의 경험을 최대한 활용하는 것이다.

(3) 마이크의 종류

① 전통적 일반 마이크

일반적으로 지지대에 꽂고, 코드가 길게 늘어진 채 들고 다니도록 설계된 아이스크림 콘 모양의 마이크이다. 스피치용, 사회자용, 가수용 등 다 통용된다.

② 무선 마이크(wireless mics)

모든 무선 마이크는 각각 별도의 수신기와 고유의 라디오 주파수 대역을 필요로 하며, 수신기는 무선 마이크로부터 송신된 라디오 신호를 믹서로 보내질 전기신호로 변환 생성한다. 손잡이형, 헤드셋형, 바디부착형으로 분류되며, 무선 마이크는 배터리 전원으로 작동하기 때문에 항상 점검하고 새것으로 바꿔 주어야 한다. 라디오 주파수는 외부로부터의 간섭으로 혼선이 있을 수 있음을 주의해야 한다.

③ 피지엠 마이크(PZM mics)

피지엠은 'pressure zone modulation(압력 지역 변조)'의 약자이다. 정교한 이 마이크는 음원소리를 직접 집음(集音)하고, 바닥에서 튕겨 반사되는 소리까지 모두 잡아 냄으로써 무대바닥용으로 특별히 고안되었다. 음향 관계자들은 마치 쥐처럼 생겨 '마이스마이크(mice mike)'라고 은유하여 부르기도 한다. 발로 차지 않도록 조심해야 한다.

[그림 7-5] PZM 마이크

④ 핀 마이크(lavaliere)

방송 대담프로 등에서 출연자의 양복 깃에 부착된 공깃돌 만한 크기의 검정색 마이크를 볼 수 있는데, 이것이 라발리에 또는 약칭하여 라브(lav)라 불리는 핀 마이크이다. 이 유/무선 핀마이크는 음성을 매우 잘 잡아낼 뿐만 아니라, 단상의 마이크가 거추장스럽거나 고정된 마이크에 묶이는 것을 원치 않을 때 사용한다. 걸어 다니며 양손으로 제스처 등을 할 수 있어 스피치용으로 유용하다.

[그림 7-6] 핀(라발리에) 마이크

⑤ 숏건 마이크(shotgun)

[그림 7-7] 숏건 마이크

간혹 음원에 가까이 가지 못해 멀리 떨어져서 마이크

를 설치할 수밖에 없는 경우, 여러 소리 중 집음하고픈 목표 소리는 잘 잡아내고 측면의 불필요한 소리는 거부해 버리는 마이크이다. 종종 TV에서 보듯이 카메라맨이 촬영하고자 하는 대상에 가까이 접근할 수 없을 때 극장에서는 무대 상공에 설치하여 사용한다. 이는 비록 측면 사운드가 목표 사운드보다 가까이 있어도 측면의 소리는 차단하여 불필요한 소음을 최소화한다.

Tip 마이크 최적상태 유지 요령

- 마이크 사용 시에 스위치를 켜라. 흔히 유선 마이크는 측면에, 무선 마이크는 몸통 밑에 스위치가 있다.
- 평형선을 갖춘 로우 임피던스 마이크를 사용하라. 잡음 제거에 효과적이다.
- 마이크 연결선은 전원 코드, 비디오 케이블, 조명 기구 옆에 같이 두지 말라.
- 마이크에 대고 불지 말라. 진동판을 손상시킬 우려가 있다. 작동 중인지 확인하려면 부드럽게 두드려 보면 된다.
- 마이크 사용 시 입술과 마이크의 최적거리는 자기 손바닥 폭만큼이며 항상 이 거리를 유지하라.
- 스피커에 마이크를 겨누지 말라. 하울링(howlround) 또는 피드백(feedback)의 곤혹 현상이 생긴다.

Tip 피드백 현상

소리가 스피커로부터 나오자마자 마이크를 통해 음향 시스템으로 다시 되돌아가면서 발생하는 일종의 오디오 합선 현상이다. 순식간에 벌어지는 이 왕복 순환여행으로 음압 레벨이 급격하게 상승하면 피드백이 생긴다. 이는 장비와 스피커들에 타격을 입힐 수 있다. 응급처치법은 마이크를 가장 가까이 있는 스피커로부터 멀리 돌려놓고(마이크 위에 손을 얹는 것은 도움이 안 된다), 볼륨레버를 내리고 문제의 마이크가 어떤 것인지 파악하고, 계속해서 문제가 발생한다면 마이크를 끄거나 볼륨을 끝까지 줄여 상황을 종료시킨다. 최선의 해결책은 좋은 이퀄라이저(equalizer)를 보강하거나 경험 있는 전문 오퍼레이터를 확보하는 것이다.

(4) 기타 음향소스들

마이크는 라이브 사운드를 집음하는 데 유용하다. 그렇지만 이미 녹음된 사운드를 재생할 때도 많다. 컴팩트 디스크, 시중에는 사라졌지만 카세트, DAT나 미니디스크 같은 전문가용 테이프 포맷도 아직 애용되고 있다. MP3, 샘플러, 오디오파일 플레이어 등의 새로운 형태가 부상하고 있다.

① 컴팩트 디스크(Compact Discs)

CD는 음악 감상의 주역이 되었다. 가격도 저렴하고 품질이 좋으며 상대적으로 튼튼하고 또 컴퓨터로 굽기도 쉽다. 기존 아날로그 테이프, DAT(Digital Audio Tape), 미니디스크 시장을 평정하고 잘 버티고 있다.

② 카세트테이프(cassette tapes), 미니디스크(MiniDisc)[1], DAT(Digital Audio tape)

약어인 DAT로 더 잘 알려진 디지털 오디오테이프는 사운드를 고성능 디지털 포맷으로 저장하는 것을 제외하곤 카세트테이프와 작동방식이 동일하다. 정확한 시작 포인트가 테이프에 전자적으로 표시되기 때문에 정밀 큐가 가능하다.

③ PC 기반 재생 시스템(PC-based playback system)

PC 기반 시스템을 이용하여 우리는 여러 형태의 오디오 파일(일반적으로 WAV파일)을 저장했다가 명령에 따라 재생할 수 있게 되었고, 이 시스템의 출현 이후 유사한 다른 방식들은 거의 사장되었다. PC 기반 시스템은 독립형(stand-alone)과 소프트웨어 기반형(software-based)의 두 영역으로 분리할 수 있다.

④ 샘플러(sampler)[2]

독립형 시스템의 특별한 종류로 아날로그 오디오를 녹음 혹은 표본 추출하여 디지털 파일로 변환하도록 디자인되었다.

나이트클럽 DJ들은 이 샘플러를 표본 비트의 음악과 효과음을 환상적으로 혼합하는 데 이용하며, 키보드 플레이어는 샘플러를 키보드에 연결하여 모든 종류의 악기 샘플을 저장시킨다. 이렇게 하면 스위치 전환 하나로 그랜드 피아노에서 색소폰으로 또 현악 합주단으로 소리를 바꿀 수 있다.

이 샘플러는 공연 스태프들에게 매우 유용하다. 그 이유는 프로툴스(ProTools) 시스템만큼 탄력적이지는 않아도 원하는 음향 효과를 창조해 내는 데 효과적이기 때문이며, 특히 특별한 효과음이 중요하게 요구되는 공연에 버튼 하나로 현장에서 잘 소화해

1) 디지털 코드로 된 정보를 반복 · 기록 · 재생할 수 있게 만든 아주 작은 기록장치(네이버 국어사전). CD에 비해 크기가 작으며 별도의 플레이어가 필요하다.

2) 다양한 음원 녹음물을 기반으로 하여 음을 디지털화하거나 저장하며, 그 음을 소리 신호로 다시 바꾸는 부품(브리태니커 비주얼사전).

낼 수 있기 때문이다. 아울러 PC 기반 시스템의 또 다른 장점은 타 시스템과의 연계성이다. 쇼 컨트롤이라는 프로토콜을 사용하여 음향 시스템이 조명시스템과 소통케 할 수 있다.

(5) 오디오 소프트웨어 및 선택

쿨에디트(Cool Edit)나 **사운드 퍼지**(Sound Forge)는 오디오를 잘라내고 붙여넣기에 편리하고, 새로운 사운드 큐를 작성할 수 있으며, **뮤직 매치**(MusicMatch)나 **아이튠스**(iTunes)는 목록을 작성해 CD로 굽기 편하다. **잼**(Jam)과 **토스트**(Toast)는 단순히 CD를 굽기 위한 프로그램이다.

전문가용 제품은 디지디자인(Digidesign)사 제품인 **프로툴스**(ProTools)인데, 이는 맥 OS와 윈도우 환경 모두에서 널리 쓰이는 녹음 및 편집용 디지털 오디오 워크스테이션이다.

① 맥킨토시 또는 마이크로소프트 PC

구입하고 싶은 소프트웨어 프로그램이 자신이 보유하고 있는 컴퓨터에 적합한지 확인한다. 대부분 전문 사운드 기사들은 골수 맥매니아들이다. 거의 모든 전문가용 또는 준전문가용 소프트웨어들은 맥에서 잘 구동된다.

② 쥬크박스(jukebox) 또는 오디오 믹싱 프로그램

아이튠스나 뮤직매치와 같은 쥬크박스 프로그램들은 방대한 노래들을 수집하여 다시 CD에 재결합할 수 있도록 디자인되었으며, 오디오 믹싱 프로그램은 실제로 음향을 직접 섞을 수 있도록 해 준다.

③ 트랙의 수

트랙 수가 많다는 것은 소리 위에 다른 소리를 덧씌울 수 있다는 뜻이다. 어떤 노래를 플레이하면서 귀뚜라미 소리와 수탉 소리를 함께 재생코자 하면 적어도 3개의 트랙이 필요하다. 스테레오 작업을 위해서는 소리별로 두 배의 트랙이 필요하다는 것을 명심해야 한다.

④ CD를 구울 수 있는 프로그램인가

어떤 프로그램들은 자체적으로 CD를 구워 낼 수 있다. 그러나 프로툴스는 불가능하다. 디스크를 제작하려면 별도의 애플리케이션이 필요하다.

⑤ 가공작업을 할 수 있는가

볼륨을 변경할 수 있는가? 오려 내고 붙여 넣는 부분 편집이 상호 가능한가? 이퀄라이제이션(EQ), 압축, 잔향 효과, 템포, 스피드 등의 가공작업이 가능한가?

이러한 작업에는 프로툴스가 최적이다.

Tip

캠벨 교수는 CD에서 음악과 효과음을 불러올 때는 아이튠즈(iTunes)를 사용하며, 인터넷에서 사운드와 음악을 다운 받을 때는 애플의 사파리 웹 브라우저(Apple's Safari Web browser)를, 오디오를 믹스하거나 큐사운드를 제작할 때는 프로툴스를, 그리고 이런 큐들을 CD에 구울 때는 잼(Jam)을 사용한다고 한다.

(6) 오디오 파일 형식

사운드 작업을 위해 컴퓨터를 사용할 경우 여러 파일 형식을 발견하게 되는데, 다음과 같이 요약해 볼 수 있다.

① AIFF(Audio Interchange File Format)

이 포맷은 맥킨토시 컴퓨터에서 다루기에 좋은 형식이다. 모노와 스테레오 다 가능하며 레졸루션과 비트레이트 모두 원하는 대로 변경할 수 있다. 사운드 편집 프로그램에 불러올 수 있는 파일 형식이다.

② WAV(Waveform Audio Format)

이 포맷은 MS 윈도우 PC용 파일이지만 맥킨토시에도 사용할 수 있다. AIFF와 마찬가지로 레졸루션과 비트레이트는 변경 가능하며 모노와 스테레오 파일 다 가능하다. 사운드 편집 프로그램에 유용한 파일이다.

③ MP3

고도의 압축 파일 포맷으로 오디오 품질은 약간 떨어지나 주로 노래를 듣기 위해 사용된다. 요즘 컴퓨터들은 대부분 MP3플레이어가 내장되어 출시된다. MP3 자체는 편집이 불가능하다.

④ SDII(사운드 디자이너 II: Sound Designer II)

이는 프로툴스 소프트웨어와 맥 오퍼레이팅 시스템을 구동할 수 있는 파일이다. 고품질의 파일로서 CD로 구울 수 있으며, 맥 이외의 제품에는 잘 사용되지 않는다.

Tip 미디(MIDI)

Musical Instrument Digital Interface의 약어로서 키보드와 같은 전자음악 장비들과 컴퓨터와의 상호 간 소통을 위하여 1980년대 초 개발된 시스템이다. 미디가 장착된 키보드상에서 연주자가 음표를 연주하면 동일한 음표를 연주하도록 다른 장비에 메시지를 내보낸다. 그러면 다른 장비는 같은 음표라도 전혀 다른 소리로 연주하게 된다. 미디 메시지는 음표 자체가 아니라 그 신호를 연주하라는 명령을 의미하기 때문이다. 연주자는 이런 방법으로 동시에 여러 장비를 연주할 수 있으며, 음표값을 전달할 수 있다. 이 음표값을 벨로시티(velocity)라고 칭한다. 미디 탄생 이후 작곡가들은 수천 개의 음표를 별도 트랙에 녹음하여 다량의 키보드나 사운드 모듈에서 재생할 수 있는 시퀀서(sequencer) 프로그램을 사용하기 시작했다. 오늘날 라디오 방송국에서 흘러나오는 대부분의 음악은 물론이고, 상당량의 영화와 TV용 음악(scoring) 또한 이 방식으로 제작되었다. 이벤트 음악을 작곡했다면 십중팔구는 미디 장치에서 작업한 것이다.

미디 시스템은 변동사항이 생겨도 쉽게 수정 가능하므로 이벤트 제작에 매우 편리하다. 한 예로 가수가 감기에 걸렸으면 마우스를 클릭하여 곡 전체를 세 음정 아래로 설정하기만 하면 된다.

라이브 공연에서 미디의 사용은 전자 드럼세트를 연주할 때이다. 각각의 드럼 패드를 치면 명령을 내보낸다. 드럼의 작동신호로부터 음표를 연주하라는 명령어가 도착하면, 사운드 모듈은 그 음표에 할당된 소리를 내보낸다. 사운드는 컴퓨터 프로그래밍에 의해 스내어(snare) 북소리에서 색스폰 소리로 또는 어린 양 소리 등 온갖 종류의 원하는 소리로 바꿀 수 있다.

미디의 최대 한계점은 거리이다. 하나의 미디 신호는 약 25피트 거리 이내에서 작동하도록 설계되어 그 이상 떨어진 곳에서 사용하면 실용성이 떨어진다.

4) 믹서

믹서(mixers)는 여러 방향에서 소리들이 들어오고 방향을 바꾸어 새로운 방향으로 다시 빠져나가는 하나의 커다란 고속도로 나들목과 같은 곳이다. 즉, 소리를 받아들여서 재구성한 뒤 다른 곳으로 내보내는 장비이다. 대부분의 믹서는 입력 모듈(input), 외부 보조기능 송신과 회귀(auxiliary send and return), 이퀄라이제이션(equalization), 출력 채널(output)의 네 가지 부분으로 구성되어 있다. 소리를 가공하고 조각하는 라우팅의 여러 기법을 알아본다.

(1) 입력 모듈

지금까지 언급되었던 모든 음향소스는 모두 이 믹서로 입력된다. 믹서에는 입력 모듈별로 여러 개의 플러그 단자가 배열되어 있다. 스테레오 신호는 좌우 하나씩 2개의 입력단자가 필요하다.

소리 신호가 모듈에 입력되면 처음 작업은 입력 트리밍(input trim)으로 알려진 입력 레벨 조정이다. 마이크 신호 레벨을 믹서에서 사용이 가능한 수준으로 끌어올리는 것이다. 두 번째 작업은 EQ 컨트롤이다. 소리의 스펙트럼이 갖는 각각의 부분을 조절하기 위해 특정 주파수를 줄이거나 증폭하는 이퀄라이제이션 작업이다. EQ 다음 작업은 외부송신이다. 사운드 엔지니어는 소리 신호를 외부로 보낼 때가 있다. 가령 연결되어 있는 이펙트 프로세서로 보내거나 무대의 모니터 시스템에 전송할 수 있다. 다음 절차는 일종의 선별작업으로 출력의 목적지가 어디인지, 즉 소리가 어떤 통로를 향해서 믹서를 빠져 나가는지를 알려 주는 것이다. 믹서에서 살펴봐야 할 작업 중 또 다른 2개의 기능은 뮤트(mute)와 솔로(solo)이다. 뮤트는 단순히 지정 채널 하나를 끄는 것이고 솔로는 지정 채널 하나만 남겨 놓고 다른 모든 채널을 끄는 것이다.

(2) 외부보조 기능

외부보조 기능 활용의 한 예는 다음과 같다. '송신/send' 표시된 단자를 통해 외부 이펙트 프로세서에 신호를 공급하고, 프로세서에서 나온 케이블을 믹서의 '회귀/return' 표시 단자에 꽂아 연결하면 효과순환(effects loop)이 형성된다. 효과순환이란 소리가 입력 모듈의 여러 작업을 거쳐 송신단자를 빠져 나와 프로세서를 통과한 다음 회귀단자를 통해 믹서로 다시 돌아오는 것이다. 외부에서 작업할 수 있는 기능에 대하여 알아본다.

① 이펙트 프로세싱(effect processing): 소리 다듬기

음향장비는 단순히 소리를 증폭시키거나 녹음하는 것 외에도 여러 현란한 기교를 부릴 수 있는 특수 장비들이 많다.

② 잔향(reverb)

잔향이란 소리가 딱딱한 표면에 부딪혀 튀어나오면서 귀로 되돌아오는 반향음을 지칭한다. 공간이 클수록 그리고 실내에 흡수 면적이 적을수록 반사된 소리는 더 길게 울려 퍼진다. 소리가 반사하여 울려 퍼지는 시간의 길이를 잔향시간(reverberation time)이라고 부르는데, 특정 공간에서 소리가 완전히 사라지기까지 걸리는 시간이다. 대사 전달의 명확성이 중요하게 요구되는 극장은 상대적으로 잔향이 1~2초로 비교적 짧다. 스피치의 명료함보다 풍부한 소리가 더 관건인 콘서트홀 같은 공간은 잔향이 2.5초 또는 그 이상으로 길어야 한다. 대형 성당은 잔향이 4~5초 심지어는 10초까지도 간다. 이 장비는 반드시 보유하여야 할 품목이다.

하지만 어떠한 인공의 프로세서도 대형 콘서트홀 또는 중세 대성당에서 발생하는 웅장한 자연 건축음향을 흉내 낼 수는 없다.

③ 이퀄라이제이션(equalization)

믹서 자체에도 EQ 기능이 있지만 프로들은 별도로 이퀄라이저를 준비한다. 긴 열로 늘어선 슬라이더나 손잡이노브가 각 주파수 대역마다 음량을 증가 또는 감소시키는 장비가 이퀄라이저이다.

EQ는 소리가 대역별 색깔을 갖도록 하는 작업 외에 피드백을 제거하는 역할도 한다. 특정 대역의 주파수만 줄여 줌으로써 전반적 볼륨은 더 높여도 피드백 현상은 발생하지 않게 된다. 이런 이유로 라이브 음악 이벤트에서는 필수 장비이다.

④ 압축(compression), 리미팅(limiting), 그리고 게이트(gates)

압축기(compressor)와 리미터(limiter)는 동일한 작업의 다른 형태이다. 볼륨이 일정 한계 이상 올라가면 이를 끌어 내리는 것이다. 압축기는 소리를 얼마만큼 감소시킬지 비율을 결정한다. 만일 4:1로 설정했다면 한계볼륨을 초과했을 경우 볼륨을 4데시벨(decibel)마다 1데시벨씩 낮추어 버린다. 리미터는 좀 더 간단하다. 볼륨 한계 레벨을 부여하고 소리가 그 설정 이상 커지는 것을 방지한다. 압축기와 리미터는 한계치를 벗어

난 높은 사운드 레벨을 낮춰 주기 때문에 과부하로부터 음향 시스템을 보호하여 스피커 손상 없이 전반적인 볼륨 올림을 가능케 하는 것이다. **게이트**(gate)는 이와 반대 개념이다. 이 장비는 볼륨이 특정 레벨 아래로 떨어지면 회로를 꺼 버린다.

5) 증폭(앰프, amplification)

지금까지 소리신호는 오직 마이크 레벨이나 라인 레벨 상태로만 존재했다. 이 레벨들은 시스템 내에서 전자장비들 간 소통에는 충분하지만 실제로 들을 수 있는 소리를 만들어 낼 만큼 강력하지는 못하다. 그래서 최종적으로 관객이 듣도록 하기 위해 소리신호는 증폭기를 통과해야 한다.

대부분 공연장에서의 사운드는 스테레오가 아닌 모노이다. 좌우 정중앙이 아니면 여러 객석에 스테레오 사운드 품질을 보장하기 힘들기 때문이다. 하지만 연출을 위해서 스테레오를 선택하는 경우가 있다. 이 경우, 차 출발 소리, 개 짖는 소리, 총소리 등 효과음을 한쪽 스피커에만 보내고 다른 스피커에는 보내지 않는 것을 가능케 한다.

Tip

시스템 작동 시 앰프는 반드시 마지막에 켜고 끌 때는 제일 먼저 꺼야 한다. 그렇지 않으면 스피커, 믹서, 테이프덱, 프로세서와 같은 연결된 다른 전자장비의 손상을 유발할 수 있기 때문이다. 기억하자 "앰프를 켤 때는 마지막에, 끌 때는 제일 먼저."

6) 스피커

소리의 품질은 다른 무엇보다도 스피커에 달려 있으므로 가장 중요한 핵심장비이다. 마이크에서 자석이 전기를 움직였다면 스피커에서는 전기가 자석을 움직인다. 대부분의 스피커에는 고음용 트위터(tweeter)와 저음용 우퍼(woofer) 2개의 스피커 요소가 있다.

스피커는 저항(resistance)이라고 하는 통계수치를 갖고 있는데, 소리신호가 스피커에 들어갈 때 만나게 되는 대항값을 기술하는 것으로 옴(ohms) 단위로 측정된다. 중요한 사실은 스피커의 저항이 앰프 저항과 일치해야 한다는 것이다. 일반적으로 앰프는 제품 뒷면에 어떤 종류의 스피커와 맞는지 사양이 표기되어 있다. 'watt into 8 ohms'

내지 비슷한 방식으로 쓰인 것을 찾으면 된다.

스피커를 연결할 때는 반드시 위상(phase)을 일치시켜야 한다. 앰프의 양극은 스피커의 양극에 연결해야 하고 음극은 음극에 연결해야 한다. 어디가 양극이고 음극인지 잘 모르겠다면 바꿔서 시도해 보면 된다. 스피커가 위상이 맞지 않게 연결되었다고 해서 장비에 손상을 주지는 않지만 저음 부족으로 음질이 나빠진다.

스피커는 소리를 특정 방향으로만 보내는 지향성이 있으므로 공간 안에서 적절한 위치 선정이 중요하다. 플루트(flutes), 심벌즈(cymbals), 바이올린(violins)과 같은 고음 신호는 저음 신호보다 더 지향적이다. 최고음 신호는 어느 방향이건 스피커가 지시한 방향으로 진행하다가 벽에 부딪히면 멈춘다. 최저음 신호는 스피커가 지시한 방향에 관계없이 모든 방향으로 진행한다. 벽을 통과하기도 한다.

일부 극장은 최저음 소리를 위해 서브우퍼(sub-woofer)라 불리는 특별히 설계된 스피커를 보유하고 있다. 이는 풍부하고 완성된 사운드를 구현하는 데 탁월하다. 최저음 소리는 비지향성이기 때문에 서브 우퍼를 극장의 어떤 곳에 놓아도 모두가 들을 수 있다. 나이트클럽은 대부분 서브 우퍼를 가지고 강렬한 리듬을 선사한다.

EVENT

제8장

이벤트 시스템(II):

조명, 영상, 특수효과, 불꽃놀이, 통합제어 쇼컨트롤

1. 조명

이벤트 공간에서 빛으로 연출의 기능을 수행하는 것이 조명이다. 기본적으로 조명은 피사체를 비추는 것이다. 멀리서도 편안하게 잘 보이도록 충분한 빛으로 비추는 것이 조명의 주요한 역할이다. 아울러 새벽, 낮, 황혼, 밤 등 때와 시간의 변화 그리고 계절시기를 알려 주고, 무대와 연기 공간을 부각시키며. 시작과 끝을 알리고, 특정 장면, 공간 장치들을 빛으로 강조하고, 의상과 분장 등을 돋보이게 하는 것 또한 조명의 역할이다. 이 장은 캠벨(Campbell) 교수의 저서『비전문가를 위한 공연기술』의 제5장, 제6장을 일부 발췌 요약하였음을 밝힌다.

1) 조명 연출

(1) 조명의 속성

원하는 조명 연출을 위하여는 먼저 빛을 다루는 방법을 알아야 한다. 다루는 방법을 알기 위해서는 인간이 만들어 낸 인공의 빛은 어떠한 속성을 가지고 있는지 이해하여야 한다. 따라서 조명 디자인은 다음 네 가지 빛의 속성에 대한 이해 정도에 따라 좌우될 것이다.

① 외양(distribution)

조명이 비추는 방향, 빛이 만들어 내는 모양과 크기, 분산과 명료함의 정도 등 포괄적 외양을 조작함으로써 디자인은 달라진다.

② 세기(intensity)

세기는 빛의 밝은 정도이다. 세기를 조절함으로써 느낌이 달라진다. 세기는 완전한 어두움에서 눈이 부실 정도의 밝음까지의 범위를 갖는다.

③ 움직임(movement)

움직임 또한 조절 가능한 조명 디자인의 대상이다. 움직임은 다음 세 가지로 분류할 수 있다.

- 조명 변화의 시간
- 소지하고 움직이는 손전등이나 촛불 등 무대 위에서의 움직임
- 팔로우 스포트 조명이나 무빙 라이트 등 무대 밖에서의 움직임

④ 색(color)

색은 조명 디자인의 강력한 도구이다. 색을 부여함으로써 관객의 반응은 달라질 것이다. 색조 조명의 현명한 사용은 관객이 작품을 이해하고 반응하는 데 지대한 도움을 줄 수 있다(어경준, 2014).

(2) 비추기 기법

다음 열거하는 조명의 기본기법을 통하여 빛으로 잘 연출하는 것은 관객이 작품을 감상하고 이해하는 데 많은 도움을 준다.

① 가시성(visibility)

"보이지 않으면 들리지 않는다." 따라서 보이려면 비추어야 한다. 조명은 배우, 의상, 무대장치 등 무대상의 모든 사물이 관객에게 분명하게 보이도록 해야 한다. 조명에서 어려운 과제 중 하나는 관객의 시선을 끌 수 있는 대상을 선택하여 보이게 하는 가시성을 창조해 내는 일이다. 조명기가 장면을 비추고, 색, 방향, 세기가 가시성에 영향을 끼친다.

② 선택적 집중(selective focus)

집중이라는 말은 관객의 시선을 특정한 곳으로 이끈다는 말이다. 조명디자이너는 여러 방법으로 시선을 끌어올 수 있다. 하지만 가장 주요한 방법은 빛에 대한 관객의 본능적인 반응을 조정하는 것이다. 모든 사람은 밝은 곳이나 아무것도 없는 곳에서 움직임이 생기면 쳐다보게 된다. 단순히 다른 곳보다 무대의 어느 한 부분을 밝히면 사람들은 쳐다본다. 집중을 통해 강조하는 기술은 지금까지 많이 사용되어 왔고, 그 예로 뮤지컬에서 팔로우 스포트 조명을 사용한다.

③ 입체감(modeling)

입체감이란 사물에 비치는 빛과 그늘을 통해 사물의 형태를 드러내는 것이다. 빛의 위치와 세기에 따라 사물에 대한 이해가 달라진다. 입체감에는 빛의 위치가 가장 영향력이 크고 빛의 세기, 움직임, 색은 비교적 영향이 적다. 이런 변수를 이용하면 빛을 받는 사물의 형태와 느낌을 크게 변화시킬 수 있다.

④ 분위기(mood)

빛으로 분위기를 만들어 내는 것은 쉬우면서 어려운 일이다. 멋진 황혼을 만들어 내거나 음울한 공포로 두려움을 조장하는 것은 그나마 쉬운 일이다. 어려운 것은 이런 효과를 작품의 다른 요소들과 부드럽게 섞는(조화를 이루는) 것이다. 무대조명이 효과적이려면 섬세하면서도 튀지 않아야 한다. 작품의 콘셉트 안에서 무대조명은 그 분위기를 강조하도록 디자인해야 하고 가능한 튀지 않아야 한다(어경준, 2014).

(3) 입체감 내기

피사체는 적어도 3군데의 다른 방향에서 비추어져야 한다. 여러 방향에서 빛을 줄수록 입체감을 주는 효과가 커진다. 관객의 관심을 유도하려면 최소 세 각도에서의 조명은 필수이다. 첫 번째 방향은 관객이 무대에서의 행위를 볼 수 있도록 전방에서 비추기이다. 45도[1]를 꼭 지키지 않더라도 전방의 빗각 조명은 필요하다. 사실적인 조명 묘사를 위하여 각도를 달리해서 두 번째 전방조명을 도입한다. 세 번째 방향은 후방조명, 즉 역광이다. 피사체를 배경세트와 구분시키고 입체적 윤곽 조명을 위해서는 측면각 역조명이 있어야 밋밋하고 평면적인 느낌을 벗어날 수 있다.

① 주광과 보조광

주광(key light)과 보조광(fill light)이라는 말은 빛의 방향과 세기와의 관계를 설명하는 말이다. 주광은 만들어 낸 장면에서 가장 강한 빛을 말하며, 보조광은 주광으로 만들어진 그림자를 보완하기 위한 빛을 말한다(어경준, 2014).

---

1) 『무대조명 시스템(A System of Stage Lighting)』의 저자 스탠리 맥켄들레스(Stanley McCandless)는 인간의 얼굴을 가장 매력적으로 보이게 하는 각도는 수평에서 전방 45도 높이이고 좌우 양쪽 45도 빗각에서 비추는 것이 최적이라는 사실을 주장했다. 아울러 이 2개의 45도 조명은 어느 것이 주광이냐에 따라 따뜻한(warm) 색과 차가운(cool) 색으로 색상의 대조를 주어 얼굴의 입체 효과를 제공하였다.

② 워시조명(wash light)

모든 조명기를 같은 방향으로 비치면서 무대 공간 전역을 부드럽고 광범위하게 색의 너울을 제공하는 조명의 조합을 지칭한다. 이는 특정 장면의 전반적 색상을 규정하고, 구획화한 각 연기 구역 사이의 간격을 메우면서 여러 연기 구역이 서로 섞이도록 한다.

(4) 위치와 방향에 의한 조명의 분류

전광(front light)이란 피사체의 전방에서 비추는 빛이다. 비추기의 가장 훌륭한 빛이자 자연스러운 조명이다. 전술했듯이 45도 빗각 상공에서 비출 때 최적이다.

측광(side light)이란 피사체를 측면에서 비추는 빛이다. 연기자의 바디라인을 살리고 명확한 윤곽을 주기 위한 조명이다.

역광(back light)이란 피사체를 뒤에서 비추는 빛이다. 객석에서 볼 때 출연자와 배경 무대를 구분 독립시키기 위해 필수적이다. 역광 연출의 또 다른 효과는 전광 없이 뒤에서만 비추는 실루엣(silhouette)이다.

상부광(down light)이란 빛이 상부에서 낙하하여 피사체의 윤곽과 돌출 부분을 강조할 때 사용한다.

하부광(각광, up light)이란 밑에서 위로 치는 조명이다. 출연자의 발아래에서 비추는 각광(脚光, foot light)은 기이하고, 환상적이며, 비현실적인, 불길한 장면 등을 연출하는 데 효과적이다.

(5) 장르별 조명 연출

① 무용 조명

배우를 비춘다는 것은 그 배우의 얼굴을 조명하는 것이다. 하지만 무용수를 조명할 때는 춤사위를 조명한다. 이 춤사위를 돋보이게 하기 위해 무대 양 측면에서의 측광기법이 탄생하였다. 곁무대 공간에 붐(boom)[2] 위에 위아래 선반식으로 포개져 쌓인 조명기로 여러 위치에서 측광조명이 이루어진다.

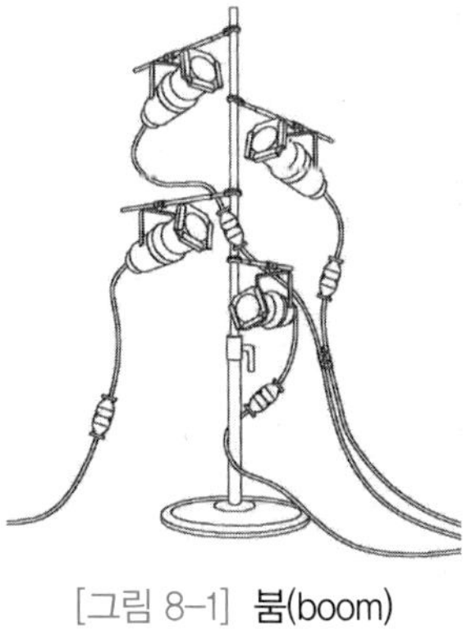
[그림 8-1] 붐(boom)

2) 관람석에 있건 무대 뒤에 있건 위아래 수직으로 조명기가 달린 구조를 붐(boom)이라고 하고, 가로 방향은 빔(beam)이라고 통칭한다.

측광조명의 부위별 명칭은 발끝에서 정강이를 비추는 쉰버스터(shinbuster), 정강이 위 사타구니 부위를 비추는 크로치라이트(crotch light), 허리 가슴 부위를 비추는 미드(mids), 머리 부위를 비추는 헤드(heads) 등으로 나뉜다.

② 뮤지컬 조명

뮤지컬은 연극처럼 대사가 있고 줄거리를 발전시켜 결말을 이끌어 내지만, 일어난 내용 또는 상황을 묘사하는 노래를 부르기도 한다. 기존 전통극의 대체 형태라 할 수 있는 뮤지컬의 탄생은 조명기법에도 영향을 주었다. 배우가 노래를 부를 때에는 공연의 사실성이 깨지기 때문에 비사실적인 조명이 가능해진다. 비트가 강한 댄스곡에서는 무대 전체가 갑자기 밝아질 수 있고, 발라드풍 노래에는 보다 감각적인 짙은 빛으로 분위기를 내기도 한다. 뮤지컬 조명은 전통적 조명기법의 틀을 깨고 더 감각적으로, 현실과 비현실을 넘나들며 표현된다. 배우가 노래를 부를 때 집중시키기 위해서 팔로우 스포트 조명을 사용하기도 한다. 여러 명이 동시에 노래 부를 때에는 스포트 조명은 생략되며, 아이리스(iris)를 사용하여 조명 범위를 넓게 또는 좁게 조절한다.

대부분 비트가 강한 노래 종료 시에는 좀 더 과장하기 위해 마지막 음표에서 밝기를 극대화하는데, 이를 범프 큐(bump cue)[3]라고 한다. 조용한 노래는 부드럽게 페이드아웃시킨다.

대규모 합창단과 무용수가 출연할 때는 이를 강조하기 위해 측광이 도입된다. 무용수의 몸짓을 비추고, 반짝이가 많이 달린 의상에는 측광조명 기법이 효과적이다.

③ 패션쇼 조명

패션쇼를 조명하는 것은 의상을 조명하는 것이며, 그것은 디자인 의상이 주인공이 되는 런웨이(runway)를 조명하는 것이기도 하다. 패션쇼 조명은 전광(front), 탑 조명(top), 그리고 역광(back)의 세 가지 기법을 채택하며, 강렬한 전광으로 시작된다. 이 전광조명은 셔터(shutter)[4]를 이용하여 재단된 조명 영역의 테두리가 런웨이 가장자리 끝선에 일치하도록 작업한다. 그리고 최대의 탑 조명으로 런웨이를 빛으로 도배한다. 탑

3) 조명 레벨을 순간적으로 플래시하는 것. 공연에서는 주로 범프 버튼을 사용하고 큐 메모리에서는 페이드 시간을 0으로 하여 만든다.

4) 프로파일 스포트라이트에 들어가는 빛 재단용 액세서리. 조명기에서 나오는 빛을 자르고, 가리고, 바꿀 수 있는 금속판. 보통 셔터 4개가 조명기 중심에 있는 게이트에 있다.

조명도 마찬가지로 런웨이 끝과 일치하게 커팅작업을 한다. 이어서 역광으로 맨 앞줄 관객이 눈부시지 않도록 런웨이 끝선에 일치시켜 세팅한다. 이러한 탑과 역광조명을 배치하는 이유는 런웨이가 독립적으로 돌출되게 하여 모델이 착용한 디자인 의상에 관심이 집중되도록 하기 위함이다. 발표하는 의상 고유의 색상군(palette)을 잘 드러내기 위해 패션쇼 조명은 원칙적으로 색 조명은 하지 않는다. 색 조명은 무빙 라이트를 이용하여 패션쇼의 브리지타임에 세트의 색상 변화를 주는 데 활용한다.

④ 촬영 조명

육안으로 보는 것과 카메라가 보는 것은 다르다. 즉, 눈에 보이는 것과 촬영 영상의 산물은 다를 수 있다. 촬영 조명에 대해 알아보면 다음과 같다.

첫째, 카메라는 많은 광량을 요구한다. 비디오 카메라는 인간의 육안보다 3배나 많은 광량이 필요하다. 촬영 조명은 육안으로 보기엔 너무 밝게 보일 것이다. 상연 중 짙은 색의 어두운 조명은 육안으로 보면 분위기를 자아내지만, 기본적으로 카메라에게는 검고 뿌옇기만 하다.

둘째, 화이트밸런스(white balance)작업이 선행되어야 한다. 육안으로는 백색이라 할지라도 모니터로 확인해 보면 흰색이 아니라 핑크, 오렌지, 또는 푸른색으로 나타난다. 순진한 카메라에게 "진정한 흰색은 이거야."라고 알려 주는 작업, 즉 순백색 기준 색상을 설정해 주는 작업을 화이트밸런스 세팅이라고 한다. 이 기준에 맞추어 카메라는 나머지 색상들을 배열하여 적용시킨다. 일반적으로 카메라맨이 흰색 카드를 카메라 앞에 놓고 화이트밸런스 버튼을 누르는 작업이다.

셋째, 색온도(color temperature)를 맞추어야 한다. 색온도라는 용어는 화학에서 금속을 태울 때 온도에 따라 색상이 달라지는 것에서 유래하였다. 일반 가정의 백열등은 캘빈(kalvin) 2,500도이며 태양광은 약 5,300(6,000)도이다. 촬영 조명의 색온도는 3,500도 이상이 되어야 한다. 촬영 전에 담청색 색지를 조명기 앞에 끼우고 있는 작업을 볼 수 있을 것이다. 이는 모든 촬영용 조명기를 같은 색온도로 맞추는 것이다.

⑤ 콘서트 조명

콘서트 조명은 매우 역동적인 조명 디자인을 필요로 한다. 가수가 노래하는 음악의 특정 부분을 부각시키고, 이미지를 변환시키고, 극적인 대목을 강조하며, 음악의 비트에 따라 리듬감 있는 조명 연출을 디자인한다. 로큰롤, 컨트리, 재즈, 팝, 펑크, 랩, 국악, 퓨전 등 모든 장르의 콘서트를 망라한다.

2) 조명 장비 및 장치

조명기 및 관련 장치들의 연결은 다음과 같다. 조명기(instrument)는 회로(circuit)와 연결된다. 회로는 디머(dimmer)와 연결된다. 디머는 통신경로(channel)와 연결된다. 통신경로는 마스터 조절장치(master fader)에 연결된다.

이를 장치별로 알아보도록 한다.

(1) 조명기

조명기 내부는 유리와 실제로 빛을 내는 금속 부품으로 이루어져 있다. 이것은 전구(bulb)라고 불리지 않고 램프(lamp)라고 한다. 금속 물질의 필라멘트를 제외한 유리 부분이 전구이며, 전체적으로 이 모든 것을 합쳐서 부를 때 램프라고 한다.

조명기는 대개 파이프에 고정된다. 조명기 고정 시 조이는 표준 공구를 C자 형으로 생겼다 해서 씨클램프(c-clamp)라고 한다. 이 씨클램프는 다리를 벌리고 조명기의 양 끝에 붙어 있는 u자 모양의 요크(yoke)에 부착된다.

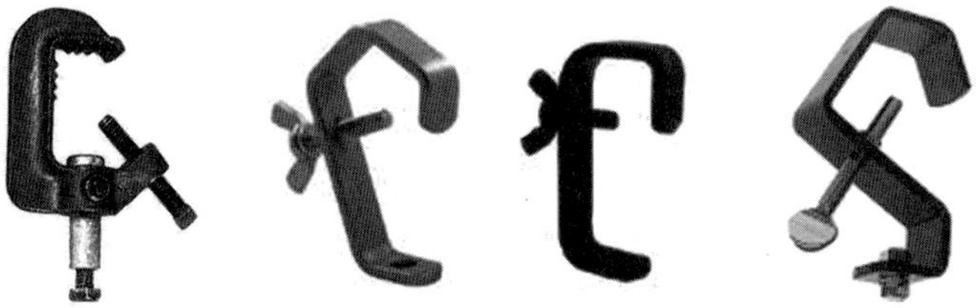

C형 G형 S형

[그림 8-2] 클램프(clamp)

① 테두리가 은은한 조명기(soft-edged lights)

조명광 가장자리의 윤곽이 명료하고 깔끔한 조명만 필요한 것은 아니다. 대부분 조명 빛이 부드럽게 분위기를 내면서 서로 은은하게 함께 섞이기를 원할 것이다. 이를 해결하기 위해 테두리가 뚜렷하지 않은 은은한 조명기의 선택이 필요한데 가장 널리 쓰이는 기종은 단연코 퍼넬(fresnel)이라는 조명기이다.

• 퍼넬 스팟조명기(fresnel spotlight): 램프에서 나오는 빛이 구형 반사경에 의해 퍼넬 렌즈[5]를 통과할 때 나타나는 확산 현상을 이용하여 밝기가 고르고 테두리가 부드러운 빛을 얻을 수 있는 조명기이다. 램프/반사경 몸체와 렌즈 사이의 거리를 조절하여 빛의 각도를 조정할 수 있으며, 종류가 다양하다.

이 조명기는 프랑스의 물리학자 어거스틴 퍼넬이 발명한 울퉁불퉁한 렌즈의 이름을 따서 명명되었다. 손으로 렌즈를 만져 보면 표면에 여러 돌기가 있어 퍼넬 조명기임을 금방 알 수 있다. 퍼넬은 등대(lighthouse)용 렌즈를 발명하였다.

[그림 8-3] 퍼넬 조명기

퍼넬 스팟조명기는 여러 장점을 가지고 있다. 저렴한 가격으로 여러 대를 구매할 수 있고, 은은한 빛은 다른 조명과 잘 혼합되면서 멋지고 부드러운 효과를 낸다. 또 램프를 렌즈에서 가깝게 또는 멀리 함으로써 큰 원에서부터 작은 원까지 다양하게 크기를 조절할 수 있다. 크기를 최대로 만드는 것을 플러딩(flooding)이라 하고, 최소로 만드는 것은 스포팅(spotting)이라고 한다. 무대 전체를 조명하고자 할 때 한 대의 퍼넬만으로도 위력을 발휘한다.

• 스트립라이트(striplight): 다양한 길이의 금속 칸막이 상자에 규격이 같은 램프 여러 개를 일렬로 구성한 조명기이다. 넓은 무대를 골고루 비추거나 하늘막이나 작화막을 비추는 데 사용하는 보더 라이트의 한 종류이다.

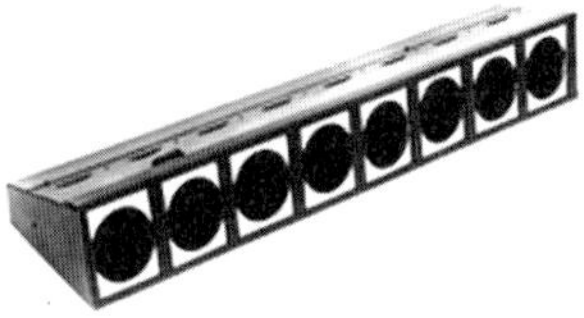
[그림 8-4] 스트립라이트

때때로 배경막(drop)이나 하늘막(cyc) 같은 광활한 공간을 조명하고자 할 때에는 널리 세척하는(wash) 부드러운 빛의 효과가 필요하다. 이러한 경우 가장 적합한 기종은 보더라이트(border light)라고 불리기도 하는 스트립라이트 조명기이다. 스트립라이트는 좁고 긴 금속 울타리 용기 속에 램프들이 정렬되어 있는 조명기인데, 보통 여러 색상으로 초점이 없는 많은 양의 빛을 발산한다.

5) 퍼넬 스팟조명기에 장착한 렌즈. 플라노 컨벡스 렌즈의 곡면 부분을 깎아서 만들었다. 렌즈 전면은 동심원의 스태프를 이루고 후면은 조약돌을 깔아 놓은 것처럼 결을 거칠게 처리한다. 프랑스 발명가 오귀스텡 장 퍼넬(Augustin Jean Fresnel, 1788~1827)의 이름을 따서 명명하였다.

• 파 라이트(PAR light): PAR 램프와 베이스 그리고 원통형 몸체로 구성되는 parabolic aluminized reflector light의 준말이다. 2~8인치의 파 램프를 사용하며 PAR16, PAR46, PAR56, PAR64 등으로 불린다. 무대에서 가장 많이 쓰이는 것은 8인치 램프를 사용하는 PAR64이다. PAR64에는 주로 1,000W 램프를 사용하며, 파 라이트, 파캔(can), 간단하게 PAR라고도 한다.

기본적으로 금속 깡통 안에 자동차용 전조등을 부착한 파 라이트 조명은 밝고, 강렬하며, 튼튼하다. 하지만 섬세한 조명기는 아니다. 초점을 맞출 수 없고, 윤곽이 뚜렷한 효과를 낼 수도 없다. 그렇지만 많은 디자이너들은 그 빛줄기의 강렬함에 매력을 느껴 왔다. 다른 조명에서도 엄청난 태양광 효과를 낸다.

명칭	외경 (inch)	외경 (mm)
PAR64	8	200
PAR56	7	175
PAR46	5.75	145
PAR38	4.75	120
PAR36	4.5	115
PAR30	3.75	95
PAR20	2.5	65
PAR16	2	50

[그림 8-5] 파 라이트

② 테두리가 선명한 조명기(hard-edged instruments)

조명광을 보다 잘 통제할 필요가 있을 때 통상 선택하는 기종은 엘립소이드라 부르는 타원반사경 스포트 조명기이다.

• 엘립소이드 리플렉터 스포트라이트(ellipsoidal reflector spotlight: ERS): 램프에서 나오는 빛을 타원형 반사경으로 모으고, 반사경에서 나오는 빛이 렌즈를 통과할 때 나타나는 확산 현상을 이용한 무대 조명기이다. 밝기가 고르고 테두리가 선명한 빛을 얻을 수 있다. 조명기 규격은 렌즈 지름과 초점거리를 인치(6"×9", 6"×12", 6"×16")로 표기하거나 빛이 퍼지는 각도(5°, 12°, 36°, 42°)로 표기한다. 줄여서 엘립소이드 또는 엘립이라고 한다. 때때로 이 조명기의 제조사명 레코(LEKO)라고 불리기도 한다.

엘립소이드로 빛을 조작하는 방법 중 하나는 조명기 몸통의 옆구리에서 안으로 밀어 넣으면서 광선을 부분적으로 차단시키는 셔터(shutter)라고 하는 작은 금속 날을 사용하는 것이다. 셔터를 사용하여 재단한 빛의 테두리를 휘장막 라인, 무대 바닥 끝선, 강단의 모서리 등에 일치시켜 깔끔하게 재단된 조명 효과를 낼 수 있다. 또한 이 조명기는 템플리트(template), 패턴(pattern), 고보(gobo) 등으로 불리는 차광금속형판을 몸체에 삽입시켜 빛을 도려낸 것처럼 보이도록 고안되었다. 아울러 뒤쪽에 손잡이를 달아 사용하면 저급하지만 일종의 팔로우 스포트 조명기가 되기도 한다.

[그림 8-6] 엘립소이드 조명기

[그림 8-7] 고보 패턴

• **팔로우 스포트라이드(follow spotlight)**: 움식이는 공연자나 이동 물체에 조명을 주기 위해 수동으로 작동하는 조명기구이다. 팔로우 스포트라이트는 컬러 부메랑뿐 아니라 조리개, 셔터, 다우저를 수동으로 제어하는 기능이 있다. 크세논램프와 같은 방전램프를 사용하는 팔로우 스포트라이트에는 기계적 조광 셔터가 장착된다. 줄여서 팔로우 스포트라고도 한다.

전술한 엘립소이드처럼 이 조명기는 밝으면서도 선명한 원을 만들어 낸다. 원의 크기는 조리개(iris)에 의해서 결정되는데 조리개는 윗부분이나 옆면에 있는 손잡이로 작동된다. 스포트라이트에도 역시 위에서 아래까지 밀어 넣음으로써 빛을 차단하는 금속판인 셔터가 있으며, 또한 양끝에는 여닫이 식으로 닫히면서 빛을 점진적으로 차단하는 2개의 금속판인 다우저(douser)[6]도 있다. 팔로우스포트 조명기의 제어장치들인 이러한 조리개, 셔터 그리고 다우저는 조명기의 상부에 서로 인접하여 위치한다.

팔로우 스포트 조명기 앞에는 색지(color filter)를 하나씩 또는 여러 개 끼워 넣을 수 있는 다양한 종류의 컬러틀(color frame)이 있다. 이러한 컬러틀은 측면에 있는 레버로 조종되는데 하나의 컬러틀을 밀어 넣으면 이전의 틀은 나온다.

초점거리를 맞추기 위해 앞뒤로 밀었다 당겼다 하는 레버를 가지는데 그것은 트롬본(trombone)이라 불린다.

[그림 8-8] **팔로우 스포트라이트**

③ 지능형 조명기(intelligent lighting instruments)

• **바리라이트의 탄생**: 1980년 따뜻한 봄날 저녁이었다. 쇼코 프러덕션(Showco Production)의 디자이너들은 잉글랜드 시골의 한 헛간에서 영국 출신의 유명한 록그룹 제네시스(Genesis)에게 한 제품을 시연했다. 최초로 실용적이고, 투어 공연에 적합하며, 비용도 절감되는 지능형 스포트라이트의 시제품을 선보인 것이다. 밴드 매니저인 토니 스미스(Tony Smith)는 바리라이트(VARI*LITE)라는 신조어를 만들어 냈고, 이 바리라이트의 탄생은 록 공연의 역사를 새로 쓰는 계기가 되었다. 하나의 조명기가 수백의 색을 순식간에 바꾸고, 자동으로 알아서 초점을 맞추며, 회전운동(360°)과 수직운동

6) 다우저(dowser/douser) 팔로우 스포트라이트나 영상장비에 사용하는 차광 금속판. 딤 조절이 가능하지 않은 방전등을 껐다가 다시 켜는 경우 램프가 식을 시간이 필요하므로 바로 다시 사용하기 위해서 램프를 끄지 않고, 빛줄기를 차단하여 암전을 하는 데 사용한다.

(270°)을 자유롭게 하면서 원하는 대상을 척척 조명해 내는 일당백의 꿈의 조명기였던 것이다.

초기 바리라이트 제품은 베일에 싸여 판매하지는 않고 단지 제조사의 기술자가 조작하는 대여 형태로만 유지되었다. 하지만 기밀유지 전략은 모피어스(Morpheus), 하이엔드 시스템(High End Systems), 마틴(Martin), 그리고 클레이 패키(Clay Paky) 등과 같은 타사의 경쟁 제품이 출시되어 오래가지 못하였다. 이후 경쟁적 출시로 인하여 지능형 조명기는 록콘서트 공연뿐만 아니라 라이브 퍼포먼스, 기업이벤트, 패션쇼, 시상식, 심지어 건축조명까지 파급되었고, 오늘날에는 수없이 많은 지능형 조명기들이 출시되어 있다.

• 무빙 라이트(moving light): 조명기에서 나오는 빛의 크기, 각도, 질감, 색깔 등을 원격으로 조정할 수 있는 자동화된 조명기이다. 헤드가 상하좌우로 움직이는 무빙헤드 방식과 렌즈 앞에 장착된 미러가 회전하는 무빙 미러방식으로 나뉘며, 주로 DMX512 신호로 제어한다. 자동화 조명기 또는 인텔리전트 조명기라고도 하며, 용도에 따라 고보를 사용하는 무빙 프로파일 라이트와 세척광에 주로 사용하는 무빙 워시 라이트로 구분하여 사용한다.

여러 지능형 무빙 라이트는 가격대와 기능에 따라 각기 형태가 다르지만 몇 가지 공통적 특성이 있다. 그 내용을 살펴보면 다음과 같다.

– 컬러 필터(color filter): 지능형 조명기는 몸체 안에 컬러 필터가 있어 보다 빠르고 쉽게 색 전환을 할 수 있다. 열을 견디도록 이중유리(dichroic)로 만들어진 컬러 필터는 원하지 않는 주파수는 반사시키고 필요한 것은 흡수해 색상을 선택한다.

[그림 8–9] 지능형 무빙 라이트

- 고보(gobos): 지능형 스포트조명기에는 선택한 디자인을 삽입하는 고보들이 장착되어 있다. 고가의 조명기는 회전이 가능한 고보들을 가지고 있으며, 깜박이는 불(flickering fire), 물결의 파문(water ripple), 기이한 도취(psycho-spacey) 등과 같은 조명효과를 낼 수 있다. 원하는 글자나 로고, 또는 다른 디자인을 주문제작할 수도 있다.
- 초점, 줌(focus, zoom): 렌즈통을 앞뒤로 움직여 초점을 뚜렷하게 또는 은은하게 맞추기가 가능하며, 광원 자체를 앞뒤로 움직여 광역을 크게 또는 작게 조정하는 줌 기능도 있다.
- 셔터(shutters): 셔터로 테두리를 은은하게 또는 예리하게 만들어 준다.
- 효과(other effects): 섬광 효과(strobe effect), 이미지를 몇 배로 증가시키는 프리즘(prism), 윤곽의 크기를 바꿔 주는 조리개(iris) 기능도 있다.
- 딤(dimming): 일반적으로 광원과 렌즈 사이에 기계적으로 광선을 차단하는 별도의 금속 문으로 전체 빛의 방출량을 줄여 딤 효과를 낸다.
- 통제 시스템(control system): 오늘날의 지능형 조명은 모두 DMX 조명 통신규약을 사용한다.

또한 이들의 단점으로는 청소나 수리를 위해서는 전문성이 필요하다는 점, 표준전압보다 높은 전압이 요구된다는 점, 내부 환풍기(fan) 소리는 조용한 장면에서 소음이 된다는 점이 있다.

(2) 회로(circuit)

회로는 조명기가 디머나 패치패널에 연결되는 경로이다. 회로의 구성방법에 대하여 살펴보자.

① 붙박이회로(permanent wiring)

조명기와 디머를 붙박이로 연결하는 방식이다. 가장 쉬운 방식이지만 변형이 어렵고 조명기를 창의적으로 사용해 볼 여지가 없다. 학교 강당, 음악홀 등 크게 조명 디자인이 필요 없는 시설의 회로 구성이다.

② 거미줄회로(spidering)

직접회로라고도 하는데, 각 조명기와 디머를 바로 연결하는 방식이다. 회로를 구성하는 것이 얽힌 거미줄과 닮아 만들어진 이름이다. 조명기를 원하는 곳에 달 수 있어 유연한 방법이나 거미줄회로를 위해 엄청나게 많은 전기배선을 갖고 있어야 하는 단점이 있다. 시간이 많이 걸리고 사전에 회로 기획이 철저해야 한다.

③ 조명배선과 패치패널(parch panels)

대부분의 극장은 디머 채널 수보다 회로 수가 많기 때문에 어떤 디머로 어느 회로를 통해 전기를 보낼지 결정하는 데 패치패널을 사용한다. 디머와 회로를 임시로 연결할 수 있는 전기패널을 패치패널이라한다. 디머회로와 영구적으로 고정된 각각의 회로를 임의로 연결하여 공연장의 회로 가동률을 높인다. 투어 조명 시스템은 핀 패치(pin patch) 시스템을 사용해서 멀티케이블 등에서 남는 회로를 재패치해 활용한다.

④ 일대일 연결(dimmer per circuit)

몇몇 극장은 행복하게도 각각의 모든 회로가 디머에 영구적으로 연결되어 있는 상태, 즉 회로당 디머가 일대일로 연결되어 있다. 일대일 연결은 패치패널이 필요 없고 전류가 각 무대 회로 접속구로 바로 흐른다. 컴퓨터 보드와 연계할 경우 현재 가장 유연한 시스템을 제동한다(어경준, 제2권, p. 84).

(3) 디머/조광기(dimmers)

디머는 조명기에 전달되는 전기의 양을 조절하여 빛의 강도를 제어하는 장치이다. 초기의 조광장치는 전기저항을 발생시켜 광량을 조절하는 저항식 조광장치(residence dimmcr)라고 불렀다. 이제는 디지털이 표준이 되었다.

디지털 디머(digital dimmer)는 조명 콘솔의 디지털 복합신호 출력에 직접 반응할 수 있는 디머이다. 디머상태에 관한 정보를 조명 콘솔에 보고하는 기능이 이 기술로 가능해졌다.

(4) 채널(channel)

조명장비의 신호를 전달하기 위한 컨트롤 경로를 채널이라 한다. 큰 규모의 극장 또는 공연장에는 심지어 수백 개라 하더라도 모든 회로는 디머와 일대일로 연결되어 있다. 이러한 이유로 대부분의 컴퓨터 조명 콘솔은 채널이라는 또 다른 조직화 수단을 가지게 된다. 이 컴퓨터 콘솔에서는 여러 그룹의 디머들을 하나의 채널에 할당하여 모든 디머를 동시에 통제하는 것이 가능하다.

(5) 마스터 조절장치(master fader)

조명장비의 연결과정에서 마지막 단계는 마스터 조절장치이다. 조명콘솔에는 모든 디머와 채널을 컨트롤하는 마스터 조절장치가 있다. 이 마스터 페이더를 내리면 모든 조명기는 페이드아웃된다. 무대 공연에서 암전을 만들어 내는 가장 좋은 방법이다.

① 수동콘솔(manual control console)

조명콘솔은 케이블을 통해서 디머와 연결된다. 전기는 결코 콘솔을 통과하지는 않는다. 콘솔은 전기를 통제하는 장비가 아니라 디머를 제어하며, 디머가 전기를 통제하는 것이다. 매 순간마다의 조명작업은 큐 작업으로 체계화된다. 매번 새로운 큐가 나타나는 것은 이에 맞추어 수십 개의 디머가 동시에 작동하고 있음을 의미한다. 수동콘솔에는 각각의 디머를 다루는 슬라이더가 있지만, 손가락이 수십 개가 아니어서 그것들을 모두 동시에 움직일 수는 없다. 그래서 수동콘솔에서는 프리셋(presets)이라는 별도의 슬라이더를 사용한다.

② 컴퓨터콘솔(computerized control consoles)

컴퓨터에 큐를 기록하고 저장한 후에 저장된 큐를 다시 불러와서 실행할 수 있는 조명콘솔을 말한다. 편집, 수정, 응용 기능이 있어 큐를 쉽고 빠르게 작성할 수 있다. 한번 입력 저장되었으면 컴퓨터는 매번 공연마다 같은 방식으로 오퍼레이터 없이도 큐를 반복할 것이다. 인간이 하기에는 어렵거나 불가능한 다음 몇몇 속임수 작업을 수행하기도 한다. 컴퓨터 콘솔의 기능 몇 가지를 소개하면 다음과 같다.

첫째, 스플릿 페이드(split fades)이다. 페이드아웃 되고 있는 큐가 페이드인 되고 있는 다른 큐와 각기 속도가 다르게 작동된다. 무대 한쪽 구역의 조명이 페이드아웃되기 전에 다른 구역에서는 페이드인 효과를 동시에 낼 수 있다.

둘째, 여러 페이드 작업의 **동시 실행**(run multiple fades at once)이다. "저녁노을이 일어날 때 실내등 스위치를 켜고, 창밖에는 자동차가 전조등을 키면서 나타난다." 등의 여러 작업을 동시에 실행할 수 있다.

셋째, **추적 효과**(chase effects)이다. 아스라이 사라져 가는 벽난로의 불꽃조명 효과와 같은 것이다. 추적 큐는 지정한 속도에 맞추어 한 큐씩 연쇄적으로 실행시키는 큐 묶음을 지칭한다.

넷째, **빠른 큐 실행**(run cues really fast)이다. 콘서트나 템포가 빠른 뮤지컬에서처럼 큐를 전광석화처럼 빠르게 실행시킨다.

(6) 조명의 디지털화

조명의 디지털화는 다음과 같은 변화를 가져왔다.

첫째, 컴퓨터콘솔은 조명 디자이너가 수없이 복잡한 대량의 조명큐를 생산할 수 있게 하였다.

둘째, 인공지능 무빙 라이트는 조명디자이너가 기존 색상의 한계를 확장하여 전혀 새로운 형태의 조명 이미지를 창출할 수 있게 하였다.

셋째, LED 조명장비는 조명 엔지니어가 조명과 영상을 동시에 표출하는 보다 효율적이고 항구적인 장비를 개발할 수 있게 하였다.

넷째, DMX는 시스템 디자이너가 전 세계 어디서나 호환 가능한 신제품을 개발할 수 있게 하였다(Campbell, 2011).

① DMX

1986년 조명 엔지니어들은 미국공연기술연구소(United States Institute of Theatrical Technology: USITT) 시원하에 조명콘솔이 디머와 소통하는 디지털화된 새로운 표준방식을 합동으로 개발하였다. 이전의 아날로그콘솔은 전압을 컨트롤하는 방식으로 디머를 제어하였으나 기능성이 제한되는 단점이 있었다. 엔지니어들은 정보를 다중화(multiplexing)함으로써 조명콘솔이 동시에 512개의 채널을 통제하는 방법을 고안해 냈다. 이것이 Digital Multiplexing의 약어인 DMX이다.

DMX512는 무대조명 및 특수효과 등을 제어하는 데 두루 사용되는 디지털 커뮤니케이션 네트워크의 국제표준규약이다. 조명을 제어하는 데 있어 이전에는 각 사마다 서로 호환되지 않는 여러 프로토콜(protocol)[7]을 사용하였기 때문에 이를 통일하여 표준하는 대체수단으로 등장한 후 단시일 내에 조명콘솔 같은 컨트롤러와 디머, 무빙 라이트, 그리고 특수효과 장치들을 연결시키는 제어 분야의 선두주자로 급부상하였다. 그 인기와 호평을 반영하듯 극장이나 행사장 외에서도 웬만한 장치는 무엇이든 제어용으로 사용되고 있다(위키피디아, http://ko.wikipedia.org).

DMX의 장점으로는, 첫째, 512채널 각자의 하부체계를 만들어 기하급수적으로 여러 조합의 DMX 세계를 구축할 수 있다. 둘째, 조명뿐만 아닌 다른 장비에도 유용하게 적용할 수 있다. 셋째, 인터넷(Internet) 네트워크와 결합하고 전환하여 사용 가능하다. 넷째, PC에서도 조작 가능하다. 다섯째, 무선 제어가 가능하다(예: 테마파크 이동퍼레이드 차량 제어). 여섯째, 정확하고 지속적으로 견고하게 작동이 잘 된다.

DMX의 한계는 일방향으로만 소통되기 때문에 자동 오류 체크 및 수정이 불가능하다는 점이다. 따라서 사람에게 위험한 안전 관련 분야에 적용하기에 적절한 제어수단은 아니다.

이러한 단점에도 불구하고 여러 장점으로 인해 DMX512는 제어 프로토콜 분야의 선두주자가 되었다. 최근에는 일방향만 소통되는 단점을 개선하여 쌍방소통(two-way communication)이 가능한 RDM(Remote Device Management)이 등장하였다.

Tip

참조: RDM홈페이지(http://www.rdmprotocol.org/)
(The lighting controls industry has evolved. DMX512, the control standard across entertainment lighting controls, now offers two-way communications for configuration, monitoring and system setup……)

7) 컴퓨터와 컴퓨터 사이, 또는 한 장치와 다른 장치 사이에서 데이터를 원활히 주고받기 위하여 약속한 여러 가지 규약(規約). 이 규약에는 신호 송신의 순서, 데이터의 표현법, 오류 검출법 따위가 있다. [비슷한 말] 통신 규약. 네이버국어사전, http://krdic.naver.com/detail.nhn?docid=41018500.

2. 영상

현대는 영상의 시대라고 해도 과언이 아니다. 하지만 불과 이삼십 년 전만 해도 이벤트 공간에서 영상의 역할은 미미하였다. IT, CT, 디지털 기술의 획기적인 발전으로 우리의 삶 자체가 영상 없이는 성립되지 않게 되었다. TV나 영화는 물론 휴대전화에도, 길거리 전광판에도, 버스나 지하철에서도 우리는 영상의 파도 속에 살고 있다. 이 장에서는 이벤트 영상을 다루고자 한다. 하지만 그 방대한 영상의 장르나 분야를 언급하기는 힘들다. 이 장은 이벤트 공간에서 관객에게 메시지를 전달하고, 프로그램 진행을 풍성하게 하는 효과적인 매체로서 이벤트 영상을 기술하고자 한다. 이벤트 영상은 영화나 방송, 다큐멘터리처럼 한 편의 제작물이 아니다. 이벤트 식순에 맞추어 프로그램 진행의 주역 또는 보조 역할로서 현장카메라영상, 자막, PPT원고, VJ영상, 타이틀영상, 홍보영상, 브릿지영상, 사전촬영영상, 실시간 인터넷영상 등 여러 소스들의 선형적 모듬요리이다. 그래서 접근법도 달라야 한다.

이 장의 일부 원고는 캠벨 교수의『알기 쉬운 디지컬(털) 공연기술』3부 내용을 일부 발췌 요약하였음을 밝힌다.

1) 이벤트 영상 연출의 유의점

이벤트에서 영상의 요소는 중요하다. 아울러 효과는 지대하다. 하지만 유의할 점이 있다.

첫째, 다른 빛과의 조화를 고려해야 한다. 현장에는 조명이 있다. 야외라면 태양광이나 달빛이 있고, 실내는 예술조명이건 하우스조명이건 무대와 객석을 비추는 인공의 빛이 있다. 조명도 빛이고, 영상도 빛으로 표출된다. 하지만 이 조명과 영상의 빛은 서로 상충된다. 프로젝터 영상은 빛에 취약하고 LED 전광은 너무 강할 수 있다. 한쪽이 밝으면 한쪽은 상대적으로 어두워진다. 조명의 빛이 영상을 침범하지 않고 영상의 빛이 연출의 극적 효과를 저해하지 않도록 빛을 잘 다스려야 한다.

둘째, 사람이 왜소하게 보이는 우를 범하지 말아야 한다. 예를 들어 K-pop 한류콘서트 공연 중인 월드컵경기장에서 대규모 LED전광판 세트의 현란한 영상 앞에서 춤추고 노래하는 아이돌 가수들을 생각해 보자. 어떤 경우에 영상은 배우를, 즉 사람을 왜소하고 초라하게 만든다. 관객에게 거대하게 다가가 출연자를 압도해 버려 영상을 가미하여 스토리텔링을 보강하고자 했던 연출의도가 왜곡될 수 있다. 배우도 살고 영상도 사는 상생의 묘수를 잘 두어야 한다. 아직도 예술성으로 승부하는 오페라나 정통 음악콘서트에는 영상을 채택하지 않거나 일부 보조기능으로만 제한하는데, 이는 쓸 줄 몰라서가 아니다. '사람을 감동시키는 것은 사람'임을 명심해야한다. 궁극적으로 사람이 살아야 한다.

셋째, 영상의 남용을 절제해야 한다. 일부 연출자는 프로그램 아이디어가 떠오르지 않거나 전체 흐름의 콘셉트 전달이 막힐 경우 고민하지 않고 "영상으로 처리하지, 뭐." 라고 포기하거나 우회하는 경우가 있다. 영상이 주제를 전달하는 가장 일차적이고 초보적인 쉬운 방법인 것은 사실이다. 하지만 영상이 만능 해결사는 아니다. 어떤 행사를 가면 오프닝부터 영상으로 시작해서 영상으로 끝나는 경우가 있다. 영상으로 도배하지 말고 남용하지 말아야 한다. 연출력으로 정면 대결해야 한다. 사회자 대사로, 음악으로, 조명으로, 퍼포먼스로 얼마든지 처리할 수 있다. 암전이나 침묵도 연출기법이 될 수 있다. '사람을 감동시키는 것은 사람'임은 여기에도 해당된다.

넷째, 매체의 특성을 잘 활용해야 한다. 행사장에서 영상은 결국 스크린이라는 무대장치에 표출된다. 이벤트 영상은 VJ 영상을 통해 무대세트로도 기능한다. 아울러 이 스크린을 통해 다양한 영상소스가 실시간으로 변화무쌍하게 작동한다. 영상은 라이브 퍼포먼스이면서, 무대세트처럼 고정형의 설비이기도 하다. 두 가지 기능을 다 가지고 있는 고유하고도 특이한 매체이다. 이 특성을 잘 살려 우리는 셰익스피어의 고전적인 3막 4장 연극을 300막 400장 이벤트로 재해석할 수 있게 되었다.

2) 과정별 이벤트 영상

이벤트 영상은 기본적으로 콘텐츠(content)를 만들어, 저장(storage)하고 이를 재생(play)하고 스크린에 상영(presentation/display)하는 시스템 과정으로 구성된다.

이러한 과정을 단계마다 충실히 알아보도록 한다.

(1) 영상 콘텐츠 만들기

① 이벤트 영상을 통하여 관객에게 무엇을 이야기할지, 어떤 종류의 영상으로 보여줄지 결정한다. 대본 분석에서 출발하여, 러닝타임, 해당 프로그램 성격 등을 검

토하여 정보수집, 실험, 상상, 숙고 등 인고의 과정을 거친다.

② 어떤 장비로 상영될지 파악한다. 스크린의 위치, 크기, 상태, 기종, 장비의 사양, 화면 비율, 해상도, HD 여부 등을 파악한다.

③ 편집프로그램을 결정한다. 영상이미지를 편집하고 효과를 입히는 프로그램은 저가에서 고가, 아마추어용에서 프로용까지 다양하다. 무엇을 이용할 것인가 결정한다.

④ 비디오 파일을 색인화하여 정리한다. 효율적으로 정리가 잘 되어 있으면 시간과 노고를 훨씬 줄일 수 있다.

⑤ 필요할 경우 영상마스크(mask)를 만든다. 스크린과 무대세트 등의 환경과 여건을 고려해 볼 때 영상마스크 작업이 편집하는 데 유리할 수 있다.

⑥ 영상 자료를 수집한다. 수집할 때에는 해상도(resolution)와 저작권(copyright)을 고려한다. 먼저, 원하는 이미지의 정밀도를 나타내는 지표인 해상도가 충분한지 확인한다. 현장의 스크린은 1080픽셀인데 원고 자료가 80픽셀이라면 쓸 수 없을 것이다. 또한 저작권을 고려하여 괜찮은 이미지는 라이선스 계약을 하거나 구매하여야 한다. iStock과 같은 이미지 사이트 서비스를 이용하는 것도 하나의 방법이다.

⑦ 이미지를 편집한다. 여러 이미지를 하나로 결합하고, 배열하고, 텍스트를 삽입하고, 효과를 가미하는 편집기법은 수없이 많다. 편집프로그램은 Adobe Premiere, Final Cut Pro, Avid Suite 등 프로용과 윈도우의 Microsoft Movie Maker, 애플의 iMovie 등 내장 소프트웨어, Avid Free DV 등이 있다. 영상효과를 위해서는 Adobe After Effects나 Boris Continuum 등이 보완재이다.

⑧ 영상왜곡을 처리한다. 스크린이 평면이 아닐 경우, 일부가 튀어나오거나 들어간 경우, 곡면으로 휜 경우, 프로젝터를 사각에서 투사할 경우 화면왜곡 현상(keystoning)이 발생한다. 이를 처리하는 방법은 편집소프트웨어 프로그램에서, 미디어 서버에서, 필터를 적용시켜 프로젝터 기기에서 보정하는 여러 기법이 있다.

⑨ 완성파일을 송출한다. 영상을 보관 재생할 장비 또는 포맷하드웨어로 파일을 보낸다.

(2) 저장하기: 미디어서버(media server)

영상의 콘텐츠가 완성되었으면 다음은 이를 보관하고 재생하는 작업이다. 미디어서버는 디지털 콘텐츠를 저장하고 케이블을 통하여 재생기에 전달하는 장비이다. 부연하면, 이 서비스는 저장장치에서 원하는 일련의 이미지를 추출하여 정해진 순서대로 집합 정렬시키고 이를 재생장치에 전달하는 작업이다. 폭발적인 디지털 매체의 성장으로 미디어 서버는 필수영상 장비가 되었다.

통상 미디어서버는 입력, 저장, 재생, 출력의 네 가지 기능요소로 구성되어있다.

- 입력(input): 영상디지털파일이 외부로부터 오디오 · 비디오 단자로 입력된다. 또는 통합제어정보, 타임코드 등의 신호가 외부로부터 유입되기도 한다.
- 저장(storage): 미디어 서버는 일반적으로 저장의 크기와 속도에 의해 구별된다. 드라이브가 대용량일수록 더 많은 파일을 저장하므로 최근 기가바이트(gigabytes)를 넘어 테라바이트(terabytes) 제품이 출시되고 있다. 아울러 비디오서버는 실시간으로 미디어파일을 구동시켜야 하므로 속도가 중요하다. 통상 노트북의 하드드라이브속도는 5400rpm인 반면 고사양의 데스크탑 컴퓨터의 드라이브는 7200rpm이다.
- 재생(playback): 미디어파일의 재생기능은 저가에서 고사양까지 천차만별이다. 단순하게 하나의 파일을 재생하는 것은 물론 다수의 파일을 재생하고, 다수의 디스플레이 장비에게 여러 과업을 동시에 수행할 수 있으며, 그리고 다음 파일로의 자연스러운 오버랩 기능이 가능하다.
- 출력(output): 일단 서버가 파일을 재생하면, 외부 상영장비(display device)에 콘텐츠를 보내는 통로, 즉 출력단자가 필요하다. 외부출력은 아날로그/디지털, 컴포지트(composite)/컴포넌트(component)[8], 지점 간 전송(point-to-point)/네트워크, 그 외에도 제어정보나 타임코드를 내보낼 수 있다.

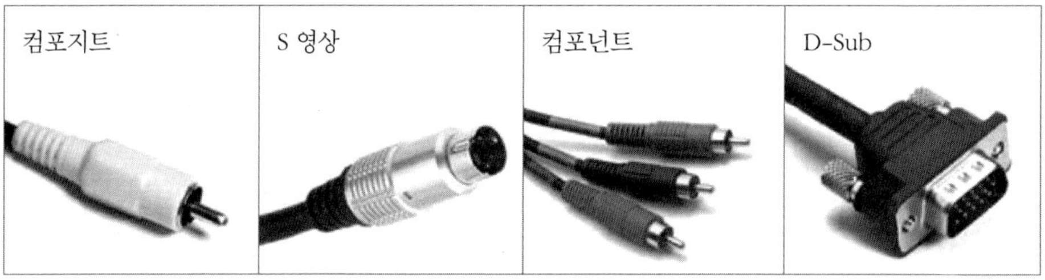

[그림 8-10] 컴포지트 컴포넌트

8) RCA케이블 한 가닥(노란색)으로 영상신호를 전송하는 것을 컴포지트, 세 가닥 다 영상신호를 전송하는 것을 컴포넌트라고 한다.

이처럼 파일을 전송하여 영상을 상영시키는 미디어서버는 몇 가지 종류가 있는데, 각각의 특성과 장단점을 비교해 보면 다음과 같다.

- DVD재생기(player): 버튼을 누르면 파일을 디스크로부터 추출하여 재생시키는 가장 보편적인 미디어서버이다.

장점	단점
• 컴퓨터나 프로그램도 필요 없고, 상영장비와 연결하는 가장 쉬운 방식이다. • 일반상업용 또는 자신이 직접 구워 만든 DVD를 이용한다.	• 편집이 안 된다. 바꾸려면 새로 편집해서 구워야 한다.

- 표준소프트웨어가 탑재된 일반 PC: 윈도우의 파워포인트(PowerPoint)나 맥킨토시의 키노트(Keynote)와 같은 소프트웨어를 이용하여 파일 변환, 텍스트 추가, 제한적이지만 스크린상에서 파일 혼합, 리허설 시에 현장에서 즉석 교환 등의 작업이 가능하며 내장드라이버에 업로드할 수 있다.

- DVI나 HDMI[9] 영상출력 케이블이 짧을 경우 기존 컴퓨터 모니터로는 편집작업을

〈표 8-1〉 **DVI-D와 HDMI의 비교**

	DVI-D		HDMI		
형태					
전송신호	디지털 영상만 전송		디지털영상 · 음성 동시 전송		
특징	PC연결 호환성 좋음		TV, 카메라, 블루레이 등 활용성 높음		
부가기능	적다		많다		
최대해상도	싱글: 1920×1080	듀얼: 2560×1600	1.2버전: 1920×1200	1.3버전: 2560×1600	1.4버전: 4096×2160

9) DVI(Digital Visual Interface)는 디지털 방식의 영상신호만을 전달할 수 있는 컴퓨터에 주로 쓰이는 인터페이스를 뜻한다. HDMI(High Definition Multimedia Interface)는 디지털방식의 영상과 음향신호를 하나의 케이블로 동시에 전달하는 방식으로 TV나 A/V기기에 주로 쓰인다.

하고, 별도의 비디오카드를 추가하여 표출기기에 상영할 파일을 공급하는 작업을 동시에 수행할 수 있다. 보편적 비디오카드를 VIVO(video in, video out)라 한다.

장점	단점
• 공통적으로 호환 가능하다. • 파일 추가, 삭제, 녹화, 텍스트 추가 등 작업이 즉시 가능하다. • 동영상 장면에 정지화면의 혼합이 용이하다. • 큐작업이나 편집 전환이 가능하다.	• 오로지 PC상에서만 이루어진다. • 다중 스트리밍 영상은 스크린에서 혼합 불가능하다. • 일반 보급형 PC로는 쇼컨트롤 제어가 용이하지 않을 수 있다.

• **판매용 미디어서버를 장착한 PC:** 많은 사람이 인터넷상에서 소비자용 미디어서버를 구매하여 거실에서 컴퓨터 대신에 TV로 콘텐츠를 시청하고 있다. Apple TV 서버가 대표 상품인데, 경쟁적으로 뜨거운 시장이다. 이는 극장에서도 사용할 수 있는 저비용 고효율의 좋은 솔루션이다. 저렴하면서 다양한 형태의 파일을 재생하며 HDMI와 컴포넌트 같은 영상상영기기와 잘 맞는 출력단자를 갖고 있다.

장점	단점
• 여러 형태의 파일 재생이 가능하다. • 조작이 단순해서 파일을 선택해 재생 클릭하면 된다. • 영상출력기기와 궁합이 잘 맞는다. • 순서를 바꾸어도 신속하게 파일을 업데이트하여 재생시킬 수 있다.	• 스크린상에서만 선택, 재생 버튼을 클릭할 수 있다. • 믹싱, 효과편집, 리모트콘트롤 및 여타 정교한 작업 등이 불가하다.

• **극장상영용 소프트웨어를 장착한 PC:** 큐리스트 작성, 보다 세밀한 시간 큐 작업, 한 번에 여러 파일 재생하기, 조명 음향 특수효과 등 다른 시스템과의 동기화 등 좀 더 많은 기능의 작업이 필요할 때 이 극장상영용 프로그램이 충족시켜 줄 수 있다. Stage Research SFX와 QLab은 오디오 재생용이지만 비디오 파일도 처리하고 수행하는 대표적인 제품이다. 하지만 생방송 영상과의 합성, 다중 스트리밍, 트릭기법들이 제한적이다. 이를 보완한 것이 Dataton의 워치아웃(Watchout) 제품이다. 실시간 생방송 영상을 포함하여 다중재생이 가능하고, 여러 대의 영상표출장비와

스크린에 다양한 비디오 파일을 띄울 수 있고, 엣지블랜딩(edge blending)[10], 곡면 또는 돌출표면 보정투사, 비사각형 스크린 영사 등의 과업이 워치아웃에서 가능하다.

장점	단점
• 다중 파일에 각각 시간대별 큐리스트, 연관 큐 등의 동시 수행이 가능하다. • 쇼컨트롤과 연계해 외부에서 큐 실행이 가능하다. • 현장에서 신속한 업데이트가 가능하다.	• 추가비용이 발생한다. • 제품의 사전학습이 필요하다. • 여러 영사장비를 쓸 경우 각기 컴퓨터와 이더넷(Ethernet) 동축케이블 네트워킹 작업이 수반된다.

• 독립장비형 미디어서버: 고난도의 영상 효과, 대량 이미지의 대량 제어, 대량 비디오파일의 동시 재생, 늘 안정적인 과업수행, 고화질 보상 등을 위해서는 독립형(stand-alone) 비디오서버 장비를 사용한다. 복합상영관의 디지털영화 영사를 위한 시네마서버, TV 생방송용서버, 스포츠 중계 시 정밀 슬로우모션을 재현하는 슬로모(slo-mo)서버 등이 이에 해당한다. 물론 행사나 공연용 서버도 있다.

장점	단점
• 최상의 고화질 이미지 • 다양한 종류의 영상 효과 • 다른 공연요소들과의 뛰어난 통합능력 • 가장 안정적인 플랫폼	• 고가의 비용 • 훈련된 전문 프로그래머 투입이 필요

(3) 비디오 압축방식

영상을 인터넷 같은 제한된 네트워크 대역을 통해 전송하고, DVD나 내·외장하드 등 한정된 공간에 저장하기 위해서는 압축이라는 과정이 필요하다.

① 코덱(codec)

음성 또는 영상의 신호를 디지털 신호로 변환하는 코더와 그 반대로 변환시켜 주는 디코더의 기능을 함께 갖춘 기술이다. 코더(coder)와 디코더(decoder), 또는 컴프레서

10) 화면과 화면이 중첩되는 오버랩구간에 영상처리를 통하여 자연스럽게 하나의 화면처럼 표현해 주는 기능이다.

(compressor)와 디컴프레서(decompressor)의 합성어로, 음성이나 비디오 데이터를 컴퓨터가 처리할 수 있게 디지털로 바꿔 주고, 그 데이터를 컴퓨터 사용자가 알 수 있게 모니터에 본래대로 재생시켜 주기도 하는 소프트웨어이다. 파일을 작게 해 주는 것을 인코딩(encoding), 본래대로 재생하는 것을 디코딩(decoding)이라고 한다(두산백과사전, www.doopedia.co.kr).

종류는 매우 다양하다. 동영상 코덱으로는 가장 많이 사용되는 MPEG를 비롯하여 Indeo, DivX, Xvid, H.264, WMV, RM, Cinepak, MOV, ASF, RA, XDM, RLE 등이 있다. 오디오 코덱으로는 가장 잘 알려진 MP3를 비롯하여 AC3, AAC, OGG, WMA, FLAC, DTS 등이 있다. 압축 소프트웨어로는 알집, 반디집, FilZip, 7-Zip, WinRAR, WinZip 등이 있다. 이들 각 코덱은 표준화가 이루어지지 않아서 압축방법이나 화질, 압축률 등이 서로 다르고 호환성이 없기 때문에 필요한 코덱을 개별적으로 설치하여야 한다. 이러한 번거로움을 피하기 위하여 여러 종류의 코덱을 한꺼번에 설치해 주는 것을 통합코덱이라 한다. 주로 사용되는 멀티미디어용 코덱의 종류와 특징은 〈표 8-2〉를 참고하도록 한다.

〈표 8-2〉 **멀티미디어용 코덱의 종류와 특징**

분류	명칭	특징
정지화상	GIF	최대 256색으로 구성된 사진을 품질 저하 없이 압축 가능하다.
	JPEG	가장 널리 사용되는 정지화상압축규격. 압축 시 품질저하가 발생하지만 용량 대비 화질은 우수하다.
	PNG	24비트까지 표현 가능한 것이 특징이며, 주로 컴퓨터 네트워크 전송용으로 사용된다.
음성	MP3	본래 MPEG-1 동영상의 음성 부분으로 개발되었으나, 높은 압축률이 호평을 받아 음성 전용 코덱으로 발전하였다.
	WMA	마이크로소프트(MS)에서 개발한 음성코덱. MS의 소프트웨어 및 하드웨어에서 주로 사용한다.
	AAC	MP3를 대체할 목적으로 개발된 음성코덱. 용량대비 음질이 향상되었다.
	AC-3	돌비연구소에서 개발한 음성코덱. 입체음향 구현에 최적화되어 DVD 및 블루레이 등에 주로 쓰인다.
동영상	MPEG-1	비디오CD 등에 주로 쓰인 동영상 코덱. 압축률이 낮은 편이라 90년대 이후에는 잘 쓰지 않는다.
	MPEG-2	MPEG-1의 발전형으로 DVD 및 지상파 디지털 방송용으로 주로 쓰인다.

MPEG-4	네트워크 전송 및 휴대기기용으로 개발된 동영상 코덱이다.
DivX	MPEG-4 코덱에 기반하여 개발된 동영상 코덱. 용량 대비 화질이 높아 2000년을 전후하여 큰 인기를 끌었다.
Xvid	DivX와 유사한 MPEG-4 기반의 동영상 코덱. 오픈소스 방식이라 사용이나 개발이 자유롭다는 점이 특징이다.
WMV	MS에서 개발한 동영상 코덱. 실시간 동영상 재생에 최적화되어 있는 것이 특징이다.

- MPEG(Moving Picture Experts Group): 정식 명칭은 동화상 전문가 그룹이다. 1988년 설립되었다. 정지된 화상을 압축하는 방법을 고안한 JPEG(joint photographic coding experts group)과는 달리, 시간에 따라 연속적으로 변화하는 동영상 압축과 코드 표현을 통해 정보의 전송이 이루어질 수 있는 방법을 연구하고 있다. 미국의 AT&T, 영국의 BT, 일본의 NTT 등의 통신업체 및 후지쯔, 미쓰비시, 픽처텔, 비디오텔리컴 등 화상회의 장비업체들이 소속되어 있다.
- MPEG-1: 1991년 ISO(국제표준화기구) 11172로 규격화한 영상압축 기술이다. CD-ROM과 같은 디지털 저장매체에 VHS 테이프 수준의 동영상과 음향을 최대 1.5Mbps로 압축 · 저장할 수 있다. 이 규격으로 상품화된 것이 비디오 CD와 CD-I/FMV이다.
- MPEG-2: 1994년 ISO 13818로 규격화한 영상압축 기술이다. 디지털 TV, 대화형 TV, DVD 등은 높은 화질과 음질을 필요로 하는 분야로 높은 전송 속도 처리가 필요한데, 영상 및 음향을 압축하기 위해 MPEG-1을 개선한 것이다. 현재 DVD 등의 컴퓨터 멀티미디어 서비스, 직접위성방송 · 유선방송 · 고화질 TV 등의 방송서비스, 영화나 광고 편집 등에서 널리 쓰인다.
- MPEG-3: MPEG-2를 완성한 후 후속작업으로 고화질 TV 품질에 해당하는 고선명도의 화질을 얻기 위해 개발한 기술이다. 그러나 이후에 MPEG-2에 흡수 · 통합되어 영상규격으로는 존재하지 않는다.
- MPEG-4: 멀티미디어 통신을 전제로 만들고 있는 영상압축 기술로 1998년 완성되었다. 낮은 전송률로 동화상을 보내고자 개발된 데이터 압축과 복원기술에 대한 새로운 표준을 말한다. 매초 64Kbps, 192Kbps의 저속 전송으로 동화상을 구현할 수 있다. 인터넷 유선망과 이동통신망 등 무선망에서 멀티미디어 통신, 화상회의 시스템, 컴퓨터, 방송, 영화, 교육, 오락, 원격감시 등의 분야에 널리 쓰인다.

- MPEG-7: 동영상 데이터 검색과 전자상거래 등에 적합하도록 개발된 차세대 동영상 압축 재생기술이다. 원하는 그림이나 영화의 한 장면 또는 특정 음악의 일부 등을 검색할 용도로 1996년부터 표준화작업이 시작되었다. 색상이나 물체의 모양에 관한 정보를 입력하는 것만으로 웹에서 필요로 하는 멀티미디어 자료를 찾을 수 있는 기술이다.
- MPEG-21: MPEG-1과 MPEG-2, MPEG-4 등 MPEG 관련 기술을 통합하여 디지털 콘텐츠의 제작 및 유통, 보안 등의 모든 과정을 관리할 수 있게 하는 기술이다. 콘텐츠 제작자와 유통업자, 최종 사용자가 편리하게 국제적 호환성을 가지고 콘텐츠를 식별하고 관리하며 보호할 수 있도록 하는 멀티미디어 프레임워크 핵심기술의 표준화를 목표로 한다(두산백과사전, www.doopedia.co.kr).

② 미디어 컨테이너 파일(media container files)

오디오나 비디오를 함께 재생하거나 저장하기 위해서는 여러 다른 A/V 정보를 수용하여 정보들이 공존 상생하는, 결합된 하나의 형태가 필요할 것이다. 이를 컨테이너 파일이라 한다. 여러 다른 파일을 수용하고 있는 파일, 즉 메타 파일 형태이다. 이 중에서 가장 널리 쓰이는 컨테이너는 윈도우용 AVI와 애플의 QuickTime인데 이들은 다양한 여러 포맷을 수용한다. AVI파일은 언제나 뒤에 '.avi', Quicktime은 '.mov'의 확장자명을 가지고 있다.

대중적인 A/V 미디어 컨테이너 파일에는 다음과 같은 것들이 있다.

- 3GP: ISO 기반 멀티미디어 파일 포맷. 휴대전화에서 많이 사용
- ASF: 마이크로소프트의 WMA와 WMV의 컨테이너 포맷. 현재는 사양된 형태
- AVI: 마이크로소프트 윈도우의 표준 컨테이너
- DVR-MS: Microsoft Digital Video Recording의 약칭 MS가 ASF에 기반하여 개발
- Flash Video: 어도비시스템사가 개발한 컨테이너 포맷
- IFF: 최초의 독립적인 컨테이너 포맷
- Matroska(마트료시카, MKV): 코덱 형태 제약 없이 어떠한 데이터라도 수용하는 개방형 표준 컨테이너 포맷
- MJ2: ISO 인증된 motion JPEG 컨테이너 파일
- QuickTime: 애플사의 컨테이너

- MPEG program stream: MPEG−1과 MPEG−2 스트리밍의 표준 컨테이너
- MPEG-2 transport stream: 디지털 방송 및 전송의 표준 컨테이너 포맷
- MP4: MPEG−4 멀티미디어 포트폴리오용 표준 컨테이너 포맷
- Ogg: Xiph재단이 개발한 표준 컨테이너
- RM: RealMedia의 표준 컨테이너

③ 비트 전송율(bit rate)

데이터 전송 등에서 초당 전송 비트 수를 말하며, bps로 나타낸다. 이것을 매초당의 자수로 나타내면 문자 속도가 된다.

디지털 비디오는 하드드라이브를 읽어 내고, 인터넷으로 다운받아 다른 장치에 전송하고, 컴퓨터 또는 미디어플레이어로 재생이 가능하다. 몇몇 표본 전송속도는 다음과 같다.

- 128–384 kbit/s: 화상회의
- 3.5 Mbit/s: 표준화질(SDTV, 720 X 480)
- 9.2 Mbit/s: DVD화질
- 8–15 Mbit/s: 고정밀도화질(HDTV, 1280 X 720)
- 40 Mbit/s: 블루레이화질(Blu-ray)[11]
- 2.9 Gbit/s: 비압축고화질 Full HD(uncompressed full HD video, 1920 X 1080)

④ 영상물 저장매체

- 테이프형: VHS/Betamax ⇒ DV
- 니스크형: LD ⇒ VCD ⇒ DVD ⇒ HD−DVD ⇒ Blue-ray Disc

(4) 상영하기(video displays)

이상 콘텐츠를 만들어 저장하고 이를 재생시키는 사항에 대하여 알아보았다. 이번에는 모니터나 스크린에 이벤트 영상 표출하기를 알아보려 한다.

---

11) 2000년 10월에 일본에서 프로토타입을 발표한 후 2003년 4월부터 시판되어 DVD의 뒤를 잇는 차세대 고용량 광미디어를 지칭한다. 이 이름은 디스크 제작에 이용되는 청색 레이저에서 유래되었다. https://namu.wiki/w/Blu-ray%20Disc

이벤트가 대형화, 고급화, 규모화됨에 따라 많은 관객이 멀리서도 잘 볼 수 있는 고품질 대형영상의 수요는 날로 증가하고 있다. 이를 해결하기 위한 영상표현의 방법은 다음의 세 가지 방식으로 발전하여 왔다고 할 수 있다.

① 영상표출의 방식

- 전광판방식(video board system): 모자이크 형태로 여러 개의 타일을 쌓아 대형 스크린을 만들어 나가는 방식이다. LED 소재 전광판이 이에 속한다.

장점	단점
• 강력한 밝기 • 주간에 옥외에서도 가능 • 작업시간이 상대적으로 짧음	• 가격이 많이 낮아졌으나 아직 상대적으로 고가 • 선명한 고화질이 가능하나 차가운 느낌

- 모니터결합방식(multi monitor system): TV 또는 컴퓨터 모니터를 가로 세로로 쌓아 대형화면을 만드는 방식이다. 과거 멀티큐브 등 조립식 비디오월(video wall)이 이에 속한다.

장점	단점
• 설치 및 철거 작업이 용이	• 모니터 프레임의 실선(베젤)이 남음 • 상대적으로 고가

- 영상투사방식(video projection system): 영화관처럼 광원으로부터 영상을 투사하여 대형스크린에 화상을 표출하는 방식이다. 비디오 프로젝터(video projector), 영사기(film projector), 환등기(slide projector), OHP(Over Head Projector) 등이 이에 속한다.

장점	단점
• 거대영상 구축 용이(이론적으로 무한대) • 상대적으로 저렴 • 화질이 따뜻함	• 빛(조명)에 약함 • 투사거리 확보 필수 • 투사기 거치 또는 매달기 작업이 필요

앞에서 제시한 장점 이외에도 다음과 같은 이유로 거대영상 구현에는 비디오 프로젝터를 선호하는 경향이 있다.

- 아무 곳이나 쉽게 투사할 수 있다. 검정스크린에도 화상이 맺힌다.
- 밝기기술의 진보로 어느 정도의 조명에도 영사가 가능하다.
- 키스톤, 보정기술의 진보로 곡면, 구, 돌출, 들어간 면 등 영상 왜곡도 해결이 가능하다.
- 프로젝션 매핑, 미디어 파사드, 홀로그램 등의 기법 구사가 가능하다.

② 영상투사 시스템 세팅 순서

[1] 상영장치의 위치를 정한다: 행사장 공간 어느 곳에 스크린이 있는 게 좋을지, 관객에게 어떻게 보일지, 조명의 간섭은 괜찮은지, 그림자는 생기지 않는지를 검토한다.

[2] 프로젝터의 위치를 정한다: 여러 변수를 고려하여 프로젝터의 위치를 정한다.

[3] 투사방식을 정한다: 전면투사(front projection) 방식을 검토할 경우 그림자 현상, 관객에게 노출, 송풍 팬의 소음 정도 등을 고려한다. 배면투사(rear projection) 방식을 검토할 경우에는 스크린 배면의 절대 투사거리 확보, 여유 공간 여부, 투사 시 뒷공간의 소품이나 장치 설치 여부 등의 요인을 검토한다. 아울러 객석에서 광원이 보이지 않도록 위치를 고려해야 하며, 배면투사 전용 반투명 스크린을 준비하여야 한다. 이물질이 묻으면 바로 그림자로 나타나기 때문에 보관관리에 주의하여야 한다. 욕실용 샤워커튼도 저렴하고 훌륭한 배면투사용 스크린이다.

배면투사의 절대거리 확보가 불가할 경우에는 투사기 앞에 거울(mirror)을 덮아 수직거리를 늘려 수평거리를 줄이는 방법도 있다. 단, 거울 크기가 빔(beam) 면적 지름보다는 커야 한다.

[4] 적합기종을 선정한다: 스크린사이즈, 투사거리, 밝기, 렌즈의 크기 등을 살펴 적합기종을 선택한다. 밝기 변수는 거리의 역제곱에 비례한다. 즉, 거리가 3배 멀어지면 광량은 1/9로 떨어진다.

[5] 키스톤 작업량을 파악한다: 왜곡 현상을 보정하는 데 걸리는 키스톤 작업의 난이도와 소요시간을 파악한다.

[6] 송풍팬 소음 정도를 파악한다: 록 콘서트인지 차분한 토크쇼 형태인지 등 이벤트

유형에 따라 대처방법이 달라진다. 소음 방지를 위해 별도로 하우징(housing)[12]을 하는 경우도 있다. 과열되면 램프작동이 중지되니 공기 순환, 케이블 처리 등을 잘 고려하여야 한다.

7 조명의 간섭 정도를 파악한다: 오픈되어 있는 공간에서 투사영상과 조명의 빛은 상극이다. 조명 디자이너와 상의해서 합일점을 찾는다.

8 반사광 간섭도 고려한다: 스크린이 순백색일수록 밝기는 밝아지나 명암의 정도가 커져 오히려 영상이미지의 색상대비(contrast)를 감소시킨다. 이는 대다수의 스크린이 약간 탁한 백색이거나 옅은 회색인 이유이다.
직광이 아닌 반사광이라도 무시해서는 안 된다. 최대광량 대비 발광의 퍼센트를 낮추고, 각도를 조정하고, 반사재질을 파악하고, 소재별 특성을 조사하는 것도 도움이 된다. 무대바닥을 어두운 색상으로 선택하는 것도 하나의 방법이다.

9 프로젝터 설치 조건은 어떠한가 파악한다: 기본적으로 외부 흔들림 요인과 관계없이 독립적으로 정숙성을 유지할 수 있는 곳이어야 하고, 과열되지 않게 서늘한 위치에 매달아야 한다. 견고하고 안전하게 유지되도록 설치해야 한다.

10 재생기 위치를 선정한다: 위치는 어디든 상관없지만 사람이 조종한다면 접근하기 쉬운 곳이 좋다.

11 임시 콘텐츠로 테스트한다: 콘텐츠는 아직 미완성이라도 현장에서 시험용 콘텐츠로 모의테스트를 해 본다. 어떤 효과가 먹히는지, 이미지 크기는 적당한지, 자막은 가독성이 괜찮은지, 영상왜곡 현상은 없는지 등을 사전 점검한다.

12 도상시험을 해 본다: 가급적 실제상황과 근접한 도상연습이 좋다. 실제 투사 위치에서 실제 투사면에 영사해 본다.

13 연결상태를 컴퓨터에서 진단한다: 프로젝터와의 연결작업이 완료되면 세팅상태를 컴퓨터에서 확인해 보는 방법은 컴퓨터 모니터상의 이미지를 전체화면 모드로 하여 스크린에 영사된 이미지와 비교 확인하는 미러링(mirroring) 방식과 윈도우상에 모든 메뉴, 스크롤바, 다른 인터페이스 연결 등을 볼 수 있도록 별도 모니터를 추가로 설치하여 2대의 모니터로 확인하는 두 가지 방식이 있다.

14 프로젝터를 세팅한다: 원고파일의 해상도와 프로젝터의 해상도(resolution) 일치

12) 4계절 반영구시설인 경우 폭염, 한파, 강풍, 폭우, 손 타는 것 등 외부요인 방지용으로 하우징을 한다. 냉난방시설을 하기도 한다.

시키기, 초점(focus) 맞추기, 화면크기(size) 조정, 키스톤 보정(keystone correction) 등의 작업을 한다.

⑮ 최종 설치작업을 한다: 일단 설치작업을 마쳤는데 문제점이 발견되면 심각해지므로 사전 기술점검은 가급적 조기에 실시하여 문제해결을 한 후에 최종 설치는 늦게 하는 게 좋다.

⑯ 보완작업/리허설/상연을 한다: 미진한 부분이 있으면 마무리하고 리허설을 거쳐 이벤트를 수행한다.

(5) 최신 CT 영상 기법 소개

① 미디어 파사드[13)]

건축물 외면의 가장 중심을 가리키는 '파사드(Facade)'와 '미디어(Media)'의 합성어로, 건물 외벽 등에 LED 조명을 설치해 미디어 기능을 구현하는 것을 말한다. 도시의 건축물을 시각적 아름다움뿐 아니라 정보를 전달하는 매개물로 사용하므로 디지털 사이니지(digital signage)의 한 형태이다.

[그림 8-11] 미디어 파사드

13) 미디어(Media)와 건물의 외벽을 뜻하는 파사드(Facade)가 합성된 용어로 건물의 외벽에 다양한 콘텐츠 영상을 투사하는 것이다. 건물 벽에 LED 등의 디스플레이를 부착하여 영상을 구현하는 방식에서 한층 더 나아가 아예 건물의 벽면을 디스플레이용으로 사용한다.
건물 외벽뿐만 아니라 입체적인 대상물이나 공간 등 모든 것을 스크린으로 활용하는 프로젝션 맵핑 역시 미디어 파사드가 포함되는 개념이라고 이해할 수 있다.

② 프로젝션 맵핑(projection mapping)

프로젝션 맵핑은 대상물의 표면에 빛으로 이루어진 영상을 투사하여 변화를 줌으로써 현실에 존재하는 대상이 다른 성격을 가진 것처럼 보이도록 하는 기술이다. 기본적으로 프로젝션 맵핑을 구현하기 위해서는 2D, 3D의 디지털 이미지 혹은 영상을 제작하거나, 사물의 실제 크기를 변환하는 소프트웨어와 프로젝터, 컴퓨터 등의 하드웨어가 필요하다(위키피디아, http://ko.wikipedia.org).

프로젝션 맵핑을 포함한 문화 콘텐츠 분야가 다양한 센서를 활용한 IoT 분야로 나아가고 있기 때문에 향후 미디어를 통한 상호작용에 초점이 맞춰질 전망이다. 구현하는 그림이나 영상 그리고 오브젝트들이 대중과 교감하는 것이 중요하다. 대중은 좀 더 다가가기 쉬운 예술 작품을 찾기 때문에 체험하는 예술의 영역이 커질 것이다(LGCNS 블로그, http://blog.lgcns.com/).

[그림 8-12] 프로젝션 맵핑

③ 홀로그램(hologram)

홀로그램이란 2개의 레이저광이 서로 만나 일으키는 빛의 간섭 효과를 이용해 3차원 입체 영상을 기록한 결과물이라고 할 수 있는데, 이 결과물을 제작하기 위한 모든 기술적 과정과 원리를 홀로그래피(holography)라고 한다. 그 뜻은 '전체를 기록하는 것', 즉 피사체에 대한 모든 정보를 기록하는 기술이라고 볼 수 있다. 홀로그램은 완전하다는 'holos'와 그림이라는 'gram'의 합성어다. 1948년 영국 물리학자 데니스 가보르(Dennis Gabor)가 홀로그램의 원리를 발견해 명명한 이후 1960년대 이후 광선의 간섭 효과를 극대화할 수 있는 레이저 광선의 발견으로 홀로그램이 비로소 본격적인 관심을 받기 시작했다(정회경 외, 2014).

최근 홀로그램과 같은 효과를 보여 준 공연이 등장하여 주목을 받고 있다. 그러나 엄밀하게 따지면 이 공연은 홀로그램이라는 이름에 맞게 꾸민 영상과 빠른 화면 전환, 특수 무대장치가 평면 영상을 홀로그램처럼 만든 것이다. 현재 공연이나 전시에 사용되고 있는 홀로그램 기술은 고해상도 프로젝터로 영상을 쏘아 2차원의 대형 투명 막에 투사하는 플로팅(floating) 방식으로 진짜(real) 홀로그램이라고 볼 수는 없다(정회경 외, 2014).

[그림 8-13] 홀로그램

④ 가상현실과 증강현실

먼저, 가상현실(virtual reality: VR)은 인공기술을 도대로 현실과 유사하지만 현실이 아닌 환경이나 상황을 컴퓨터로 만들어, 그것을 사용하는 사람이 마치 실제 주변환경과 상호작용하고 있는 것처럼 만들어 주는 기술이다. 보통 VR 기기를 착용하고 체험하는 게임 등을 예로 들 수 있다. 증강현실(augmented reality: AR)은 실제 세계에 3차원 가상 물체를 겹쳐 보여 주는 기술로 현실 세계에 실시간으로 부가정보를 갖는 가상 세계를 합쳐 하나의 영상으로 보여 주어 혼합현실(mixed reality: MR)이라고도 한다. 즉, 가상현실과 증강현실의 차이점은 주체가 '실체'냐 '허상'이냐에 있다(과학기술정보통신부 블로그. http://blog.naver.com/with-msip).

[그림 8-14] 가상현실

[그림 8-15] 증강현실

〈표 8-3〉 **프로젝션 맵핑과 미디어 파사드 비교**

구분	프로젝션 맵핑	미디어 파사드
정의	대상물의 표면에 빛으로 영상을 입히는 기술 (맵핑하다=3D모델에 텍스처를 입히다)	미디어+파사드(건물의 정면을 뜻함) ≒ 미디어월(media wall)
공통점	어떤 대상물의 표면에 미디어를 이용하여 새로운 대상물처럼 보이게 하는 예술	
차이점	스크린의 다양화 (건물 외벽, 인테리어 공간, 오브제 등 프로젝터에 의해 영사시킬 수 있는 모든 것)	한정된 공간 (Façade: 건물의 외벽)
표현	빔 프로젝터 (2D, 3D 영상 활용)	추가건축물, 조명, LED, 레이저, 빔프로젝터

예시	 맵핑을 만드는 과정 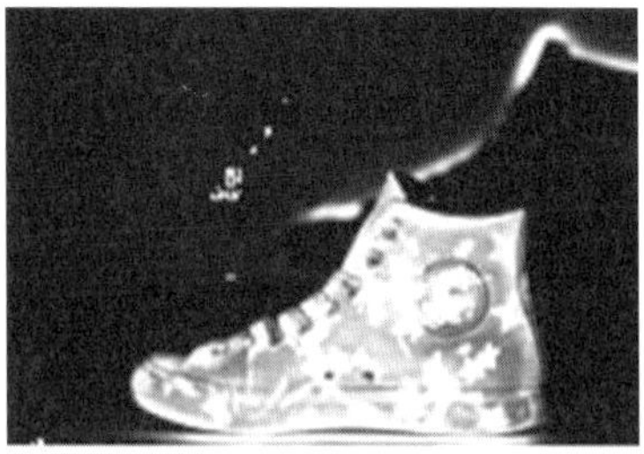 컨버스화 맵핑  포드 맵핑	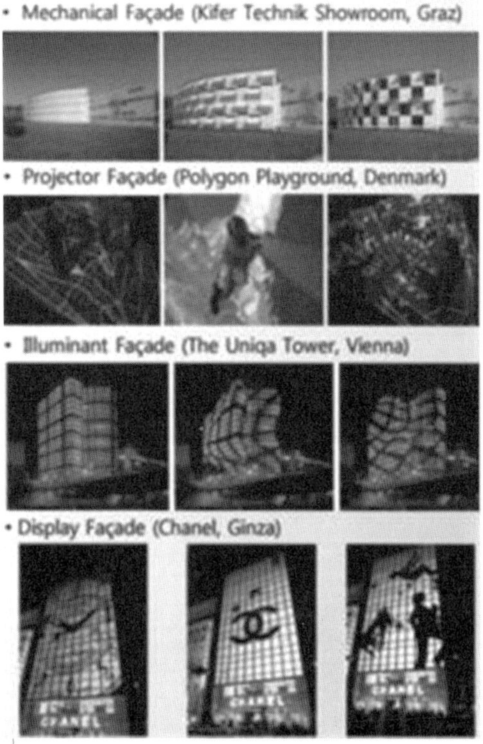

출처: Google, 위키백과(프로젝션맵핑), Make processing, 네이버 이미지 검색, 갤럭시아 일렉트로닉스 '서울 스퀘어 사례분석을 통한 LED 미디어 파사드에 대한 고찰'.

3. 특수효과

1) 특수효과의 정의

특수효과란 영화, 공연행사와 기타의 현장에서 유·무형의 도구를 이용하여 얻는 일체의 특수한 효과를 말한다고 할 수 있다. 따라서 특수효과의 종류는 그 수를 측정할 수 없을 만큼 다양하고, 시간이 지남에 따라서 종류와 중요성이 증대되고 있다. 영화에서는 과거에 실사적인 특수효과 연출이 주를 이루었으나, 컴퓨터 그래픽(CG)을 활용하는 빈도가 점점 증가하고 있다. 공연행사 등에서는 과거에는 주로 연화류(무대 분수류, 마인류 등)를 사용하여 연출하는 흐름에서 장비 활용이 증가하고 있다. 특수효과에 사용되는 장비도 점점 대형화되고 첨단기능이 결합되는 방식으로 발전하고 있으며, 이에 따라 전문 인력의 필요성도 점차 증대되는 동시에 안전과 관련하여 세밀한 점검의 필요성도 증가하고 있다.

2) 특수효과 장비의 종류와 특징

(1) 무대연출 장비류

① CO_2 연출기

CO_2가스와 공기의 온도차를 이용하여 흰색 기둥을 뿜어 주는 효과를 나타내는 장비로, 무대공연에서 가장 많이 사용되는 종류이다.

[그림 8-16] CO_2 연출 장면

② (칼라)불기둥 연출기

LPG 가스와 알코올 등을 이용하여 다양한 높이와 색상의 불기둥을 연출해 주는 장비이다. 파워플레임, 디아블로(조명과 천을 하여 불기둥 효과연출), 허리케인, 멀티허리케인 등 여러 종류의 불기둥 연출장치들이 있다.

[그림 8-17] 일반 불기둥, 멀티허리케인, 파워플레임 연출 장면

③ 드라이아이스 연출기

고체의 드라이아이스에 뜨거운 물을 분사하거나 잠수시켜서 물과 드라이아이스의 온도차를 이용하여 안개를 무대바닥에 뿜어 주는 장비이다.

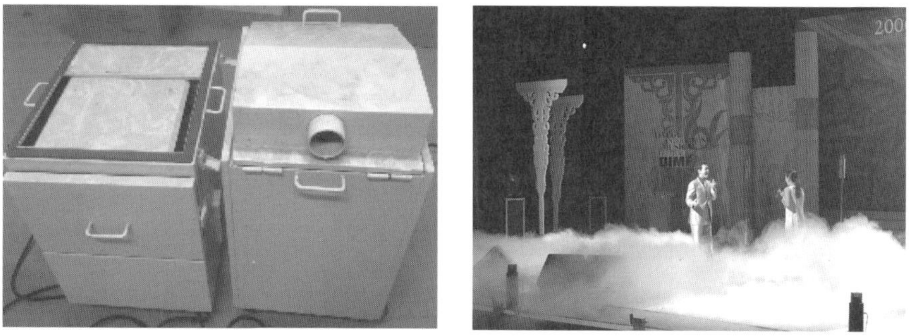

[그림 8-18] 드라이아이스 연출기와 연출 장면

④ 비누방울 연출기

비누방울액을 모터와 팬 등이 장착된 장비를 이용하여 대량으로 날려 보내는 장비이다.

[그림 8-19] 비누방울 연출기와 연출 장면

⑤ 스모그 연출기

포그머신이라고도 불리는 장비로 인공적으로 연기를 만들어 내는 장비이다.

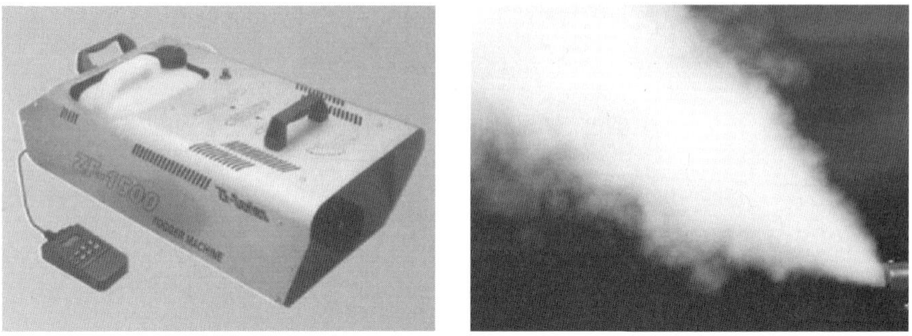

[그림 8-20] 스모그 연출기와 연출 장면

⑥ 드라이 포그

드라이아이스의 효과를 표현할 수 있는 포그 머신이다. 사용되는 스모그액도 일반액과 다르고 드라이아이스를 첨가하여 연무의 온도를 낮추면 드라이아이스 연출기처럼 바닥에 연무가 깔리는 연출을 한다.

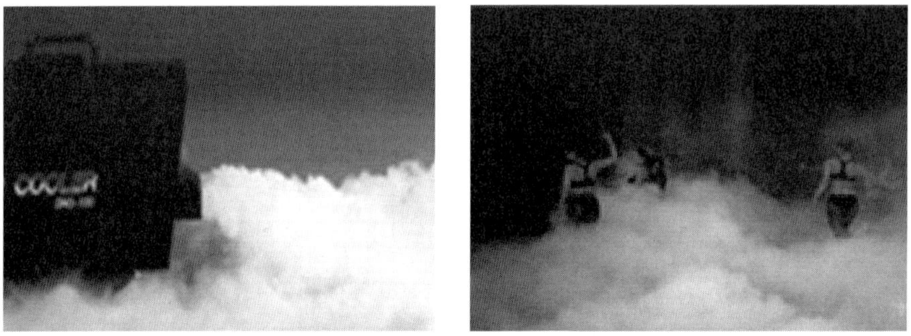

[그림 8-21] 드라이 포그 연출기와 연출 장면

⑦ 에어샷, 에어건

공기 또는 질소가스나 CO_2가스의 압력으로 꽃가루, 릴 테이프, 물 등을 순간적으로 분사시키는 장비이다. 대형화된 빅샷, 물대포 등의 장비도 있다.

[그림 8-22] 에어샷 연출 장면

⑧ 스노우 머신

스노우액을 상공에서 분사시켜 눈이 오는 효과를 표현하는 장비이다.

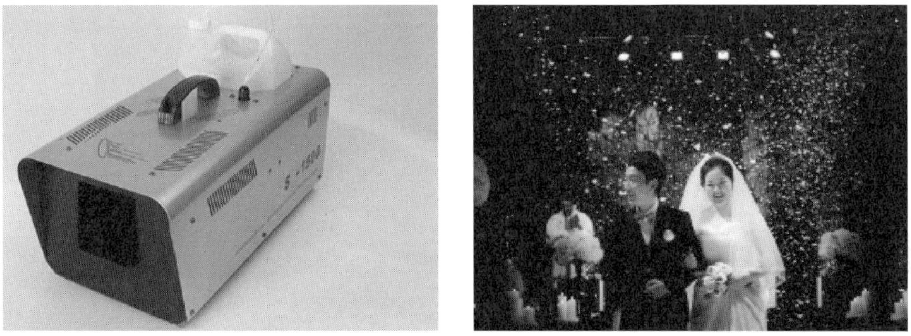

[그림 8-23] 스노우 머신 연출 장면

⑨ 현수막 이탈기

솔레로이드 벨브의 자성을 이용해서 현수막을 표출하는 데 사용되는 장비이다

⑩ 모형대포

다양한 재질로 만들 수 있다. 다만 포신은 마그네슘과 화약을 발사하므로 금속재질로 만들어야 한다.

⑪ 꽃가루 연출기

강풍기와 CO_2가스 분사기(빅블러스트) 등으로 꽃가루를 날리는 장비를 말한다.

[그림 8-24] 꽃가루 연출 장면

(2) 대형 특수장비류

① 슬라이딩(영상 등의 개 · 폐에 사용)

[그림 8-25] 슬라이딩

② 리프트(사람이나 물체를 들어 올리는 장비)

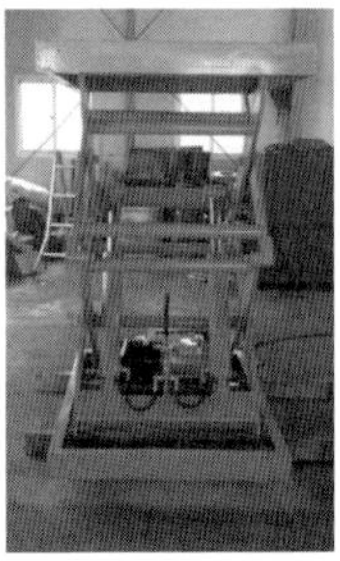

[그림 8-26] 리프트

③ 턴테이블(사람이나 물체를 회전시키는 장비)

[그림 8-27] 원형턴테이블

출처: (주)케이와이지. http://www.ky3309.com

④ 스타게이트(사람이나 물체를 등·퇴장시키는 장비)

[그림 8-28] 스타게이트

⑤ 플라잉 장비(사람이나 물체가 공중에서 움직이도록 돕는 장비)

[그림 8-29] 플라잉장비

⑥ 워터스크린(물을 분사하여 영상이 표출되도록 하는 장비)

[그림 8-30] 워터스크린

3) 특수효과 화약류의 종류와 특징

특수효과에 쓰이는 화약류, 특히 무대에서 사용되는 종류들은 무엇보다 안전을 기본으로 해야 한다. 그 효과의 크기는 이를 바탕으로 하되, 상황에 적절하게 사용하고 타이밍을 맞추어 사용하여야 효과를 극대화할 수 있다.

(1) 분수류 특수화약

종류: 무연분수, 순간분수, 3초분수, 5초분수, 10초분수, 터보믹스, 2time 순간분수, 3time 순간분수, 플레임분수, 트레이, 라인로켓, 베인

[그림 8-31] 분수류 특수화약

(2) 마인류 특수화약

종류: 1.5인치 마인, 3인치 마인, 5인치 마인, 스파클, 팅커벨, 스몰스타, 에어버스트, 플레임

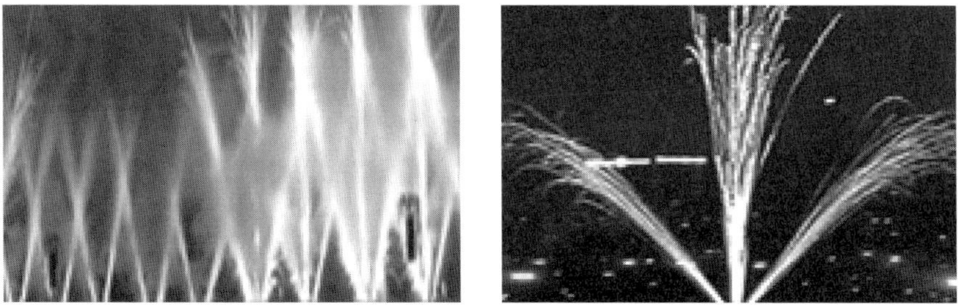

[그림 8-32] 마인류 특수화약

(3) 기타 특수화약

코멧, 홍염, 연막류, 화니스타(블랙볼), 스트로브 등

[그림 8-33] 기타 특수화약

4) 안전한 사용방법

장비를 사용할 때는 누전이나 합선 등 전기적인 문제를 점검하고, 장비의 고정상태, 관객이나 배우들과의 안전거리 등을 고려하여야 한다. 불기둥이나 포그머신 등은 화재의 위험이 상존하기 때문에 인화성물질과 접촉하지 않도록 하여야 한다. 특수장비와 같이 대형장비를 이용하여 연출하고자 할 때는 무대장치가 하중을 견딜 수 있는지 등을 살피고, 장비 운용과 관련하여 연출자 및 배우들이 사전에 충분한 정보교환과 리허설을 통해 사고를 방지해야 한다.

특수화약을 사용할 때는 사용하고자 하는 화약의 특성을 반드시 이해한 상태에서 사용하여야 하며, 무엇보다 안전거리가 확보된 상태에서 사용하여야 한다. 또한 화재가 발생하지 않도록 잘 살펴서 사용하고, 화재에 대비하여 소화기와 분무기 등 소화장비를 갖춘 상태에서 사용하여야 하며, 반드시 화약류 보안 관련 책임자의 지시에 따라 사용하여야 한다.

4. 불꽃놀이

1) 불꽃놀이의 정의

사전적 정의는 화약으로 만들어진 불꽃이 연소, 폭발할 때 발생하는 빛, 불꽃, 불티, 소리, 연기 등의 현상을 예술적으로 관상하는 놀이이다.

좀 더 자세히 살펴보면 다양한 화약으로 만들어진 불꽃들을 이용하여 공간의 크기와 관객의 규모와 수준, 연출시간 등을 고려하여, 다양한 연출기법을 활용하여 지면과 상공에서 불꽃을 관상하는 것으로 볼 수 있다.

2) 불꽃놀이 화약(연화)의 종류

(1) 타상연화와 장치연화

타상연화와 장치연화의 구분은 통상 2.5인치 이상의 지관을 이용하여 공중에서 터지는 종류는 타상연화로 그 이하의 연화는 장치연화로 구분한다.

타상연화는 발사포에서 일정 지점까지 연화를 쏘아 올리는 역할을 하는 추진약, 옥피, 도화선, 모양과 색상을 결정하는 별, 중심부의 할약 등으로 구성되어 있다.

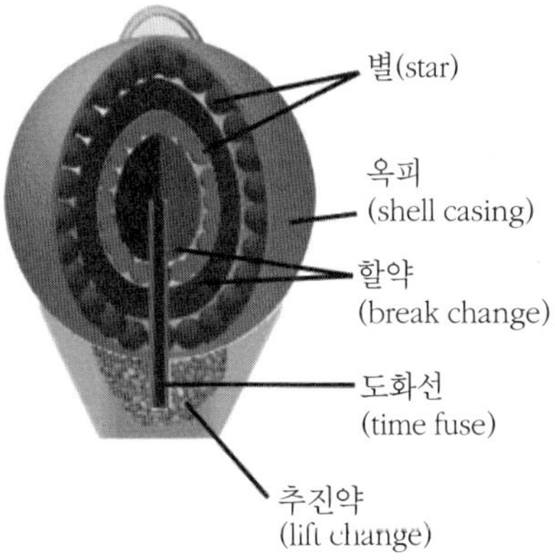

[그림 8-34] 타상연화구조

타상연화를 제외한 모든 연출용 연화가 장치연화에 속한다고 볼 수 있다. 그 종류도 홍염, 코멧, 휘슬로켓 등 로켓류, 워터쉘, 나이아가라, 란스(불글씨), 분수류, 마인류 등 다양하다. 따라서 각각의 쓰임새를 정확히 알고 적재적소에 사용하여야 효과를 극대화할 수 있다.

(2) 점화옥의 특징과 사용방법

화약류의 자동 점화에 사용되는 일종의 뇌관 역할을 하는 화약이다. 시차가 거의 없어서 화약의 연출 정확도를 획기적으로 높일 수 있다. 연화의 추진제 부분에 장치하여 사용한다.

3) 화약류의 결선방법 및 장 · 단점

(1) 직렬결선

각각의 저항의 크기가 조금씩 달라도 저항값의 합이 전압보다 낮으면 모든 화약을 터뜨릴 수 있어서 가장 많이 사용된다. 불발 결선을 찾기가 용이하고 불발이 거의 발생하지 않는 장점이 있다.

(2) 병렬결선

직렬결선보다 많은 전압이 필요하다. 여러 개의 화약 중 1개 이상은 반드시 터지는 장점이 있으나, 불발을 찾기가 어렵고 저항이 커서 소요전압이 많이 사용되는 등의 단점으로 인해 실제로는 거의 쓰이지 않는다.

(3) 직 · 병렬결선

대량의 화약을 발파할 때 사용하는 발파법이다. 직렬결선상에 병렬분로를 만들어 사용하는 것으로써 산업화약에서 간혹 쓰이나, 불꽃놀이 화약에서는 점화옥의 저항이 일정하지 않아 거의 사용하지 않는다(각 분로의 저항이 다르면 점화되지 않는다).

직렬결선일 때 V = I(R1 + nR2 + R3)
병렬결선일 때 V = nI(R1 + R2/n + R3)
직 · 병렬결선일 때 V = bI(R1 + a/bR2 + R3)

* V = 전압(볼트), I = 소요전류, R1 = 모선의 저항, R2 = 뇌관의 저항, R3 = 발파기 내부저항,
n = 뇌관 수, a = 직렬 뇌관 수, b = 병렬 뇌관 수

4) 불꽃놀이 연출기법

(1) 불꽃의 높이 차이를 이용한 연출

연화는 그 종류와 크기에 따라서 높낮이가 다양하다. 이러한 높낮이를 이용하여 연출효과를 높일 수 있다.

[그림 8-35] 높은 곳에서의 불꽃

(2) 모양과 색상의 차이를 이용한 연출

연화는 고유의 색상과 모양을 가지고 있다. 이러한 각 연화의 특징을 연출에 반영하면 효과를 높일 수 있다.

[그림 8-36] 다양한 색의 연출

(3) 점화옥의 시차를 이용한 연출

점화옥의 점화시간을 초 단위나 그 이하(통상 1/100초)까지 세분화해서 연출하면 새로운 모양의 연출을 얻을 수 있다. 도화선의 경우 도화선의 점화속도가 일정할 때 이와 같은 연출이 가능하나 초 단위 이하의 정밀한 연출은 불가능하다.

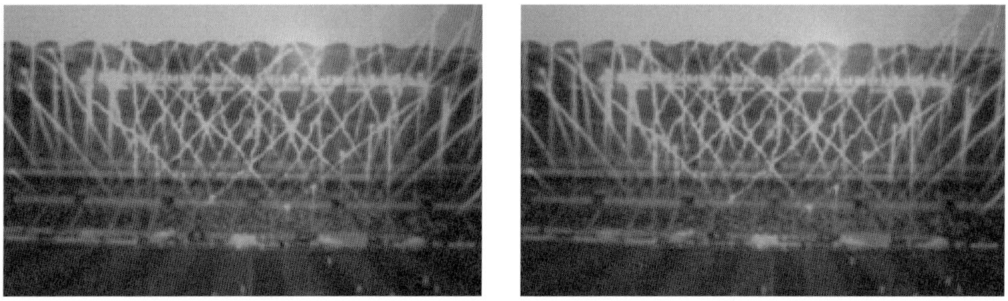

[그림 8-37] 시차를 이용한 연출

(4) 발사각의 차이를 이용한 연출

연화를 발사할 때 각도를 주면 각각의 연화를 또렷이 조망할 수 있을 뿐 아니라 그 자체로도 연출이 가능하다.

(5) 집중과 분산을 이용한 연출

연화를 한 발씩 쏠 때와 같은 종류를 여러 발 쏠 때, 여러 종류의 화약을 섞어서 쏠 때, 그 느낌이 다르다. 이러한 차이를 적절히 이용하면 효과를 높일 수 있다.

[그림 8-38] 발사각에 따라 다른 연출

[그림 8-39] 집중과 분산을 이용한 연출

(6) 상 · 하단 동시연출

서로 다른 높이에서 연출되는 연화들을 한정된 공간에서 최대화시켜 연출하는 기법이다. 각각 개화 높이가 다른 화약을 동시에 연출되게 하여 웅장하고 화려한 느낌을 줄 수 있다.

[그림 8-40] 상 · 하단 동시 연출

5) 안전조치 요령과 주의사항

불꽃놀이에 쓰이는 화약은 화재의 위험성과 폭발 시의 안전사고의 위험이 상존하고 있다. 이러한 위험성은 종종 현실이 되어 돌이킬 수 없는 결과를 초래하기도 한다. 위해상황으로부터 벗어나기 위해서는 다음과 같은 안전조치를 반드시 지켜야 한다.

첫째, 화약을 사용할 때는 반드시 안전거리를 확보한다(연화의 종류와 현장상황에 따라 그 거리는 달라진다).

둘째, 소화기, 물통 등 화재예방 장비를 반드시 갖춘다.

셋째, 사용한 후 20분 이내에는 사용 장소에 접근하지 않는다.

넷째, 사용 장소 주변에 인화물질을 절대로 두지 않는다.

다섯째, 안전선 이내로 사람의 접근을 통제한다.

여섯째, 화약이 쓰러지지 않도록 확실히 고정한다.

일곱째, 점화옥과 연화는 항상 분리해서 보관한다.

여덟째, 사용자는 반드시 안전장구(안전모, 안전화, 랜턴 등)를 착용한다.

5. 통합제어 쇼컨트롤

1) 쇼컨트롤

조명콘솔은 오디오재생기(playback)가 보내 주는 타임코드(time code)에 맞춰 따라가면서, 화약점화큐를 날리기 위해 비디오서버(video server)에 미디(MIDI)신호를 보내고 있다.

조명이 오디오장비에서 신호를 받는다? 화약큐를 비디오서버에 보낸다? 뚱딴지 같은 소리로 들릴지 모른다. 하지만 사실이고 현실이다. 쇼콘트롤은 관련된 모든 장비와 시스템을 하나로 묶어 통합 제어하는 시스템이다. 예를 들어, 음악의 흐름에 맞추어 조명큐를 동기화하고, 이동무대를 작동시키고, 전동스크린 하강을 명령하는 시스템이다. 물론 유능한 무대감독의 지휘에 따라 여러 분야별 오퍼레이터가 협동하여 할 수는 있지만 짧은 시간에 많은 일을 수행해야 할 경우 인간의 능력으로는 벅찰 것이다.

테마파크의 스턴트맨쇼를 상상해 본다면, 총포, 화약, 화산 등의 폭발, 무너져내리는 무대장치, 빠른 템포의 배경음악, 타오르는 화염, 스턴트맨의 묘기, 급변하는 조명, 음향효과음, 그리고 장면마다의 영상이미지들……. 매일 몇 번씩 정확하게 똑같이 구현돼야 하는 18분짜리 어트랙션쇼에 이 모든 것이 녹아들어야 한다. 사람의 손은 2개뿐이다(Campbell, 2011)

쇼컨트롤은 다양한 콘트롤 시스템을 결합시켜 통합된 방식으로 작동하는 자동화

기술을 사용한다. 쇼컨트롤은 조명, 영상, 매달기장치, 불꽃발사시스템처럼 각자 분야에서 구성요소를 제어하는 엔터테인먼트 컨트롤과는 구별된다. 쇼컨트롤은 이 각자의 하부 시스템들이 독립적으로 기능하도록 도움을 주는 상위 시스템이다. 예로서 쇼컨트롤은 영상장비를 다수의 조명큐와 연결시키고, 사운드트랙이 애니마트로닉스(animatronics)[14]를 작동시키게 한다. 또는 이 모두를 결합한다.

쇼컨트롤에서 어느 정도의 사전기획과 프로그래밍 작업은 필수이기 때문에 일회성 또는 소수 공연에는 필요치 않다고 여겨질 수 있다. 하지만 기술의 진화로 프로그래밍하고 조종하는 작업이 편하고 쉬워져 적용 범위의 변화를 가져왔다(위키피디아, http://ko.wikipedia.org).

2) 시스템 형태

쇼컨트롤 시스템은 일반적으로 PC기반형과 시스템내장형(embedded) 두 종류로 나눌 수 있다. 시스템내장형 제조사들은 하드웨어와 소프트웨어를 개발하여 그들 나름의 소형콘트롤러 제품을 출시하는 반면, PC기반 쇼컨트롤은 RS232/422 ports, Ethernet, USB 등과 같은 표준접속(standard interfaces)에 의하여 향상된 컴퓨터를 활용한다.

내장형은 저 전력의 견고한 소형장비로 컴퓨터 디스크 등이 필요 없지만, 동일 제조사 제품끼리만 확장 가능하고 고가인 단점이 있다. PC기반형은 저렴하고 독립적인 하드웨어 플랫폼으로 어디서나 어떤 컴퓨터와도 확장 가능한 반면에 대부분 윈도우 기반에서만 구동된다는 단점이 있다.

3) 쇼컨트롤의 장점

- 합동화(coordination): 하나 또는 그 이상의 시스템을 결합 · 일치시켜 지정시간 또는 정해진 순서대로 원하는 작업을 발생시킨다.
- 동기화(synchronization): 다른 관련 시스템들을 동시에 총괄 제어할 수 있다.
- 항상성(consistency): 퍼포먼스를 언제나 똑같이 반복하여 표현할 수 있다.
- 용이성(ease): 소프트웨어와 시스템의 조작, 프로그래밍이 간편하다.

---

14) 영화 등을 위해 사람이나 동물을 닮은 로봇을 만들고 조작하는 과정(네이버사전).

- 범접속성(interface): 전원 조작되는 모든 설비와 장치를 접속 제어할 수 있다.
- 정밀성(accuracy): 수동으로는 불가능한 1/100초까지 정밀제어가 가능하다.
- 다과제 수행(complicated multitask): 프로그래밍작업에 의한 복잡한 수백 개의 과제를 신속하고 정확하게 수행해 낸다.
- 모의 검증성(simulation): 오퍼레이터가 없어도 현장 또는 특정 공간에서 모의 검증을 해 볼 수 있다.

4) SMPTE(Society of Motion Picture and Television Engineers) 신호

타임코드 신호로, 원래는 비디오 테이프 레코더끼리의 동기화나 오디오 레코더와의 동기용으로 사용되었는데, 음악 제작에도 사용하게 되었다. 이 타임코드 신호는 테이프에 표준으로 기능하여, 시간 · 분 · 초의 정보를 포함하여 더욱 세밀한 프레임(1/30초 단위)을 테이프 위에 기록한다. 이것을 MTR끼리의 동기화, 비디오와 전자악기의 동기화, 컴퓨터믹스의 동기화 등에 사용한다. MIDI와 타임코드 신호를 동시에 다루는 싱크박스나 오토 로케이터도 시판되어 MTR이나 비디오 등의 기기와 MIDI 시퀀서의 중개자가 되었다(네이버 지식백과, 파퓰러음악용어사전 & 클래식음악용어사전, 2002. 1. 28., 삼호뮤직).

EVENT

제9장

운영서비스 관리

'운영은 성공의 절반이다'라는 말이 있다. 운영이 제대로 이루어지지 않는다면 개최 이벤트가 실패할 수 있다는 의미이다. 이벤트가 시작되는 순간부터 운영은 모든 이벤트의 중심이 된다. 이벤트 계획과 준비 단계에서 프로그램 위주로 진행되지만, 이벤트 실행 단계에서는 운영이 전부라 해도 과언이 아니다. 간혹 운영에 대한 중요성을 간과하는 경우가 있으나, 운영은 이벤트의 성패를 좌우하는 매우 중요한 부분이다. 이벤트 운영은 이벤트 프로그램을 실행하는 데 있어 사전 계획대로 원활하게 진행되도록 윤활유 역할을 하기 때문이다. 이벤트는 일회성이며 반복성이 없기 때문에 현장에서 운영의 실수나 부족은 치명적인 결과로 나타난다. 또한 운영의 범위는 매우 방대하다. 이벤트 전체적인 측면은 물론 관람객을 위한 세심한 부분까지 운영의 영역이다. 운영은 작은 부분까지도 섬세하게 작용해야 관람객의 만족도가 올라가고, 성공적인 이벤트 개최가 된다. 이벤트를 개최하기 위한 준비 단계로 기본계획의 수립이 선행되고 이후 세부적이고 실행 가능한 구체적인 실행계획이 마련된다. 실행계획을 토대로 최종적으로 운영매뉴얼(manual)이 완성된다. 이 운영매뉴얼은 현장에서의 지침서이자 안내서이다. 원활한 운영 및 성공적 개최를 위해서 모든 운영 인력은 운영매뉴얼을 기준으로 하여 일사불란하게 움직여야 한다. 간혹 현장에서 운영매뉴얼의 지침을 무시하고 상급자가 하급자에게 일방적으로 명령과 지시를 하는 경우가 있다. 이런 현상이 발생하게 되면 운영 원칙이 무너지기 때문에 전체 운영에 문제와 혼란을 야기할 수 있다. 지위고하를 막론하고 운영매뉴얼의 기준을 준수하고, 하급자는 기준에 어긋난 명령과 지시에 대해 정당하게 거부하고 이행하지 않도록 교육과 훈련을 받아야 한다.

운영의 범위는 크게 행사장 운영과 프로그램 운영으로 나눌 수 있다(〈표 9-1〉 참조).

첫째, 행사장 운영은 이벤트 행사장 전체와 관련하여 원활하게 이벤트가 진행되고 다양한 관람객 편의 서비스를 제공하는 데 있다. 행사장 운영은 운영의 통제와 관리를 주관하는 종합상황실, 관람객의 입장 및 퇴장을 관리하는 출입관리, 관람객의 편의를 제공하는 관람객 서비스, 적절한 인력을 배치 및 운영하는 인력관리, 운영에 필요한 다양한 물자를 조달하는 물자관리, 행사장의 안전 및 질서를 유지하기 위한 경비관리, 행사장의 안전 및 비상사태를 대비하기 위한 안전관리, 쾌적한 환경을 조성하기 위한 환경・청소관리, 질병으로부터 관람객을 보호하는 보건・위생관리, 만일의 사고발생 시 보상을 위한 보험관리, 행사장으로 접근하는 차량과 주차를 위한 교통・주차관리, 운영 관련 직원들의 원활한 근무를 위한 복리후생, 해외 참가자가 있는 경우, 통관 서비스의 편리를 도모하는 보세구역관리 등 매우 다양하다.

둘째, 프로그램 운영은 관람객에게 제공되는 전시 프로그램, 공연 프로그램, 체험 프로그램, 특별 프로그램 등이 해당된다. 전시 프로그램은 주로 전시관(pavilion)에 배치되며, 관람객에게 지식 전달과 관람 편의를 위한 섬세한 운영이 필요하다. 공연 프로그램은 주로 무대(stage)에서 실연되며, 무대, 출연자, 시스템에 대한 운영이 필요하다. 체험 프로그램은 관람객이 직접 프로그램에 참여하는 형태로 체험 안내 및 편리성을 도모하며 안전한 운영이 필요하다. 특별 프로그램은 행사장 현장에서 실시하는 공모전이나 대회(예: 그림 그리기 대회), 공식 행사(예: 개막식, 퍼레이드), 관련 단체의 행사 등이 있으며 이들의 원활한 진행을 위해서 운영의 역할이 필요하다(〈표 9-1〉 참조).

이벤트의 원활한 진행을 위해서 이벤트 개최 직전에 전반적인 리허설(rehearsal)을 진행한다. 무대에서 공연이벤트만 진행된다면 무대 중심의 리허설이 진행되지만, 넓은 행사장을 활용하는 경우에는 전체 운영 리허설이 필요하다. 리허설을 진행하기 위해

〈표 9-1〉 **운영의 범위**

구분	내용
운영본부/종합상황실	행사장 운영의 총괄 지휘와 통제
의전관리	주요 인사를 대상으로 방문 편의 제공
출입관리	관람객 및 차량의 입장과 퇴장의 원활한 관리
관람객 서비스	행사장을 방문하는 관람객을 위해 제공되는 안내 및 편의 서비스
인력관리	행사장을 운영하는 모든 인력에 대한 관리
물자관리	행사장 운영에 필요한 물건이나 재료관리
안전관리	사람과 시설에 대한 보호와 질서 유지
소방방재	화재 및 자연재난에 대비하여 사전 방지 및 피해의 최소화
의료관리	행사장에서 발생하는 환자 및 질병관리
청소환경	청결하고 쾌적한 행사장 환경을 조성하는 관리
식품위생	식품 및 음료의 안전한 제공을 위한 관리
비상대비계획	행사장에서 발생하는 모든 비상상황에 대한 대응체계 확립
보험계획	다양한 안전사고에 따른 피해보상책 마련
방송계획	관람객의 편의제공을 위한 안내 및 긴급상황 전파

서는 담당인력을 선발하여 배치하고 해당 업무에 대한 사전 훈련을 충분히 실시하여야 한다. 본인의 업무와 역할을 완전히 숙지할 수 있도록 수차례의 부분 리허설을 진행해야 한다. 리허설은 부문별 리허설과 전체 리허설로 구분된다. 부문별 리허설은 해당 전시관, 무대 프로그램, 체험 프로그램 등 각각의 공간에서 운영인력을 배치하고 실제와 같은 형식으로 리허설을 진행한다. 부문별 리허설은 각 프로그램 차원에서 독자적으로 원활하게 진행될 수 있도록 확인한다. 반면 전체 리허설은 행사장 전체를 대상으로 관람객의 동선(動線)을 중심으로 편리하게 이동하며 관람 및 체험을 할 수 있는지 확인한다. 특히 지방 박람회와 같은 대형행사는 리허설에 일정 규모의 관람객을 행사장에 직접 투입하여 운영에 대한 문제점이나 개선점을 파악하기도 한다.

1. 운영체계

행사장 운영체계를 갖추기 위해서는 기본적인 이벤트 운영에 대한 계획과 지침이 결정되어야 한다. 운영계획에 따라 필요 인력, 물자, 시설 등의 규모나 수량이 결정되기 때문이다.

1) 기준지표의 설정

이벤트를 계획할 때 예상 관람객 수를 기준으로 장소를 설정하는 것이 맞는 것일까? 아니면 장소를 설정하고 예상 관람객 수를 설정하는 것이 맞는 것일까? 둘 다 가능하다. 통상 이벤트의 목적과 성격에 따라 우선순위를 정할 수 있기 때문이다. 원칙적으로는 이벤트를 개최할 때 예상 관람객 수를 추정하고, 이를 충분히 수용 가능한 장소를 선정해야 한다. 하지만 장소 선택의 융통성이 없는 경우도 있다. 이때는 장소를 기준으로 수용 가능 인원수를 추정할 수 있는데, 행사장 면적을 기준으로 산정할 수 있다.

운영계획을 수립하기 위해서는 운영에 대한 기준지표가 선행되어야 한다. 기준지표는 행사장을 찾아오는 관람객 수에 대한 기준으로 모든 운영시설은 물론 관람객 서비스를 제공하기 위한 운영인력, 물자, 주차대수, 보험가입 규모 등 운영 전반에 직접적인 영향을 미친다. 또한 기준지표는 운영예산에도 직접적인 영향을 미치기 때문에 가장 경제적인 예산집행을 위해서라도 적정한 기준지표를 설정해야 한다. 기준지표는 관

〈표 9-2〉 **기준지표 산정방식**

구 분	인원수(명) - 예시	산출 근거	비 고
목표 관람객 수(A)	850,000	목표, 개최기간을 고려	
1일 평균 관람객 수(B)	42,500	A / 개최기간	20일 기준
계획기준일 관람객 수(C)	63,750	B x 150%	E의 75% 수준
동시체류 인원(D)	44,625	C x 70%	
최대 관람객 수(E)	85,000	B x 200%	
1인당 점유면적	5.9m^2	행사장 면적 / B	면적: 252,370m^2

람객이 행사장에서 불편하지 않고 쾌적한 상태에서 안전하게 관람할 수 있도록 최적의 계획으로 마련되어야 한다.

행사장 기준지표를 산정하는 방법은 다음과 같다(〈표 9-2〉 참조).

첫째, 기준지표를 설정하기 위해 목표 관람객 수를 설정하여야 한다. 목표 관람객 수는 이벤트의 목표, 수지분석, 개최기간, 기존 또는 유사 이벤트의 관람객 수 등을 고려하여 설정하는 것이 바람직하다.

둘째, 목표 관람객 수를 개최기간으로 나누어 1일 평균 관람객 수를 산정한다. 이는 개최기간 중에 하루에 몇 명이나 관람객이 방문하느냐의 산술 평균이다.

셋째, 1일 평균 관람객 수의 150%에 해당하는 인원수를 계획기준일 관람객 수로 설정한다. 이는 관람객의 행사장 방문이 평일과 주말/공휴일에 따라 인원수가 다르기 때문이다. 이 계획기준일 관람객 수가 운영계획의 기준지표가 된다. 평일을 기준으로 운영을 하게 되면 주말이나 공휴일의 관람객 수를 감당하기에 부족하다. 또한 주말이나 휴일을 기준으로 운영을 하게 되면 평일의 관람객 수를 충분히 수용할 수 있지만, 불필요한 비용이 낭비될 수 있어 비효율적이다. 따라서 평일과 주말/공휴일을 모두 고려하여 평균 관람객 수의 150%를 책정하는 것이다.

넷째, 동시체류 인원은 계획기준일 관람객 수의 70% 수준으로 책정한다. 동시체류 인원은 특정 시간에 행사장에 있는 관람객의 수를 말한다. 관람객의 입장은 하루를 기준으로 개장시간부터 서서히 증가하다가 통상 12시부터 15시 사이에 가장 많은 관람객이 입장하는 양상을 나타낸다. 즉, 관람객으로 인해 행사장이 가장 북적거리는 시간으로 피크 타임(peak time) 인원수라고도 한다. 이 시간대는 운영의 집중이 필요하며, 관람객의 불만이나 민원이 가장 많이 나타나는 시점이다.

다섯째, 최대 관람객 수는 계획기준일의 2배 정도로 산정한다. 이는 행사 기간 중 가장 많은 관람객이 입장하는 날로 주로 주말이나 연휴에 나타난다.

여섯째, 1인당 점유면적은 행사장 면적을 1일 평균 관람객 수로 나누어 산정한다. 1인당 점유면적은 관람객이 이동 및 관람하는 데 있어 필요한 공간으로서 $2m^2$ 이상이면 충분하다.

2) 운영시간

(1) 개장 및 폐장 시간

운영시간은 행사장의 개장과 폐장 시간을 의미한다. 컨벤션시설과 같이 옥내에서 개최되는 이벤트는 일반적으로 10:00~18:00로 운영한다. 야외에서 개최되는 지역축제나 박람회의 경우에는 보통 개장시간은 09:00 또는 10:00이며, 폐장시간은 18:00 또는 19:00로 한다. 야외행사의 운영시간이 유동적인 것은 교통편 및 주차장 사용으로 인한 이동시간이 실내 이벤트보다 더 많이 소요되는 것과 계절에 따라 일출 및 일몰 시간의 차이가 있기 때문이다. 또한 평일과 주말에 따라 운영시간을 이원화해서 운영하는 경우도 있다. 평일보다 주말 및 공휴일에는 더 많은 관람객이 방문하므로 폐장시간을 연장하여 운영시간이 길어진다. 주5일 근무제의 정착으로 보통 주말은 금~일요일을 지칭한다.

운영시간과 관련하여 고려할 것이 있는데 바로 입장 마감시간이다. 입장 마감시간을 정하는 이유는 폐장시간이 임박해서 관람객이 입장할 경우 민원이나 불만이 발생할 수 있기 때문이다. 통상 폐장 1시간 전에는 입장 마감을 해야 한다. 폐장시간이 얼마 남지 않았을 경우에 입장을 요구하는 관람객에게는 폐장시간 안내와 함께 입장을 허용해야 추후 문제의 소지가 없다. 특히 유료 이벤트의 경우에는 관람객이 비용을 부담하기 때문에 더욱 주의해야 한다. 만일 폐장이 1시간도 남지 않은 경우 관람객이 입장을 고집한다면 원칙대로 1시간 미만이므로 입장을 허용하지 않는 것이 바람직한 것일까? 이런 경우에는 폐장시간 안내와 함께 제대로 관람을 하지 못한다는 전제에 대한 관람객의 수용을 확인하고 입장시키면 된다. 또한 유료 이벤트의 경우에도 입장료를 징수하지 않고 들여보내는 것이 낫다. 어차피 제대로 관람을 할 수 없는 상황이기 때문이다. 이처럼 운영에는 여러 가지 돌발상황이 발생하기 때문에 판단에 많은 고민이 따른다. 원활한 운영을 위해 운영매뉴얼을 수립하고 지침을 따라야 하지만, 현장에서는 관람객 입장에서 편의성과 배려 차원으로 융통성 있게 대응하는 것이 바람직하다.

한편 지역축제나 박람회의 경우 야간개장을 하는 경우가 있다. 야간에는 전시관 또는 전시부스, 홍보부스 등이 대부분 문을 닫아 운영하는 프로그램이 줄어들게 마련이다. 따라서 야간개장 시에 운영되는 프로그램과 운영되지 않는 프로그램을 관람객에게 정확히 안내해야 관람객의 민원을 방지할 수 있다. 특히 유료 이벤트의 경우에는 야간 입장 시 관람 프로그램이 축소되므로 입장료 할인 또는 야간 입장료를 별도로 책정하고 고지하여야 한다.

(2) 차량 출입시간

이벤트 운영시간에는 원칙적으로 행사장의 차량 출입이 금지된다. 단, 비상용 차량인 소방차, 구급차, 경찰차 등은 예외이다. 행사장의 관람객 안전과 편의를 위해서는 당연히 차량의 이동은 차단되어야 한다. 차량 출입은 행사장 운영시간 이외의 시간에 사전 허가된 차량에 한해서 허용되어야 한다. 행사장 내의 물자 반입, 시설 보수, 식음시설의 식자재 및 물품 공급, 청소차량의 폐기물 수거 등을 위한 차량은 출입이 가능하다. 운영시간 외에 차량 출입이 가능하므로 주로 폐장시간 이후부터 개장시간 이전까지 차량의 출입을 허용할 수 있다. 행사장 내 차량출입의 관리를 위해 사전에 신청한 차량이나 임시 출입을 위해서는 사전에 '차량출입계획서'를 제출하도록 해야 한다. 특히 임시출입을 요청하는 차량의 경우에는 출입관리를 철저히 해야 하는데, 행사장 물품의 도난이나 분실을 방지하기 위해서이다.

3) 구역별 운영 및 관람동선

행사장이 규모가 작은 경우에는 구역 구분이 없이 전체적으로 운영계획을 수립해도 가능하다. 하지만 행사장 규모가 큰 경우에는 최대한 관리 및 통제가 가능하도록 구역을 구분하는 것이 운영에 효율적이다. 즉, 구역을 구분하는 목적은 행사장 전체의 효율적인 운영과 관리, 다양하게 나타나는 상황에 대한 신속한 연락망과 체계적인 보고, 구역별로 책임 있는 업무 수행 등을 위해서이다. 특히 운영을 위한 구역을 배분할 경우에 관람객의 입장 및 퇴장 관리, 관람객의 집중 프로그램, 구역별 면적, 시설 배분 등을 최대한 고려하여야 한다. [그림 9-1]은 2010 제천한방바이오박람회 운영을 위한 구역 배분의 사례이다. 행사장 면적이 10만m^2에 이르기 때문에 물리적인 이동거리, 시설 및 프로그램 등을 고려하여 행사장 전체를 3개의 운영구역으로 나누었다.

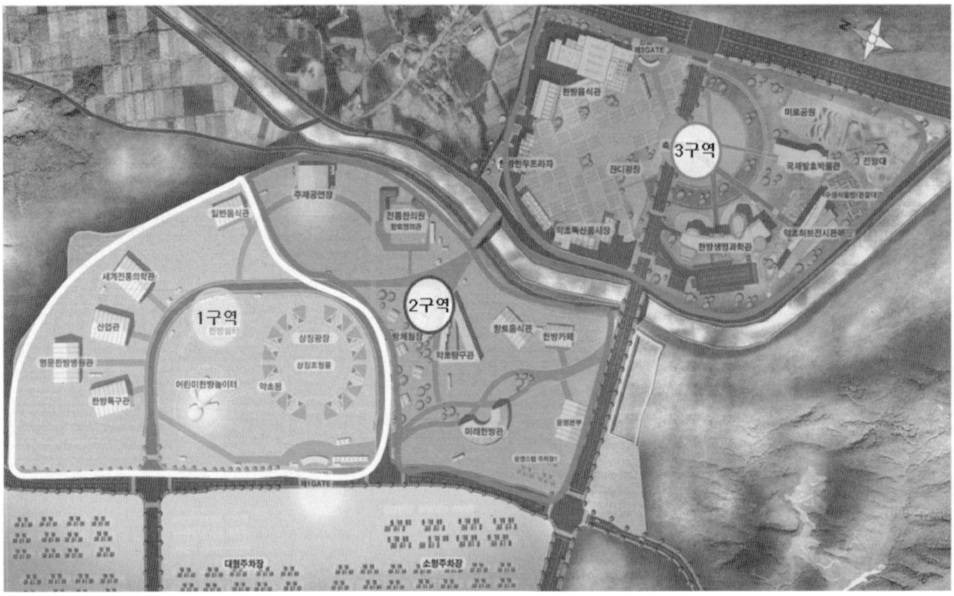

[그림 9-1] **행사장 구역 배분(예시)**

또한 운영구역을 구분할 때는 관람객의 주요 동선이 중요하다. 행사장은 보통 자율동선으로 관람객의 의지대로 취향대로 관람을 선택하고 이동하기도 한다. 하지만 기본적으로 행사장 배치를 계획할 때 자연스럽게 관람객이 이동할 수 있도록 동선을 고려하며, 자연스러운 유도동선과 약간의 강제동선을 고려하여 배치한다. 따라서 관람동선을 따라 관람객이 방문하는 프로그램을 예측하고 중간에 쉼터 공간과 식음 공간을 예측하여 배치하는 것이다. 관람동선에 따라 운영 구역을 나누고 이에 적합한 운영계획을 수립하는 것이 효율적이다. [그림 9-2]는 2010 제천한방바이오박람회의 행사장 관람동선의 사례이다. 보통 행사장 출입구가 1곳인 경우가 일반적이지만, 장소의 지형 및 주변 도로의 위치에 따라서 출입구를 2곳으로 배치하는 것도 효율적이다. 그렇게 하는 경우 관람객의 출입을 분산시켜 혼잡도를 줄일 수 있으며, 관람객의 접근 편의성을 제공할 수 있는 장점이 있다. 반면 관람객 편의 서비스를 위한 시설이 주로 출입구에 설치되므로 일부 서비스 시설은 출입구 양쪽에 배치되어 비용 부담이 가중될 수 있는 단점도 있다.

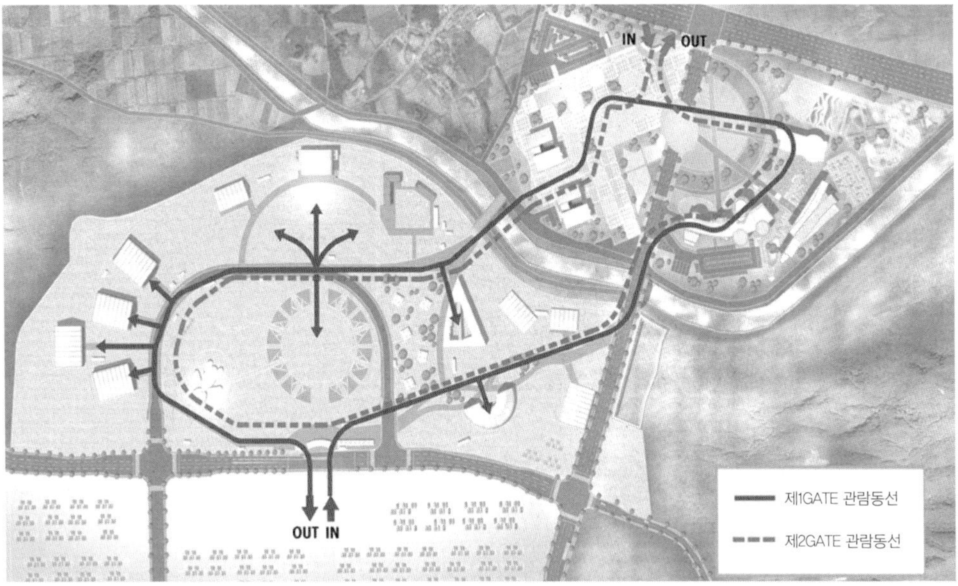

[그림 9-2] 행사장 관람동선(예시)

4) 운영본부

운영본부는 행사장 운영을 총괄 지휘하고 통제하는 곳이다. 이벤트가 시작되면 모든 운영에 대한 권한과 책임은 운영본부로 귀속되며 모든 사안에 대해 최종 의사결정을 하게 된다. 다음은 운영본부 업무에 대한 기본 방침이다.

- 모든 이벤트 관련 스태프의 업무 장소로 성공적인 행사장 운영을 도모
- 모든 상황을 대비하는 효과적인 운영을 위한 회의 및 업무 진행
- 각 분야별 업무 공유 및 지시에 대한 전반적인 의사결정
- 모든 운영 인력의 대기 및 준비 공간으로 활용

운영본부의 기능은 행사장 운영상황의 총괄관리 및 회의 주관, 방문 VIP 접견, 프레스 대상의 퍼블리시티, 비상사태 발생 시 신속한 대처 및 처리, 관계자 및 스태프의 준비 공간 등으로 활용된다. 이러한 기능을 발휘하기 위해서는 운영본부에는 여러 종류의 기능 공간이 배치된다. 종합상황실, 주최자 사무실, 대행사 사무실, 접견실, 브리핑룸(briefing room), 프레스센터, 보안, 방송 및 통신실, 회의실, 운영인력 대기실, 휴게실,

자원봉사 대기실 등으로 구성된다. 이 모든 기능은 필요할 수도 있지만, 이벤트의 성격과 규모에 따라 선택적으로 구성하면 된다.

(1) 종합상황실

종합상황실은 운영본부에서도 가장 중요한 역할과 기능을 담당한다. 이벤트 현장에서 발생하는 모든 사안에 대한 관리 및 통제를 담당하고 있기 때문이다. 종합상황실의 주요 기능과 역할은 다음과 같다.

첫째, 행사장 운영상황의 수시 집계 및 관리 등 자료를 확보하여 상시 대응체계를 확립한다. 둘째, 행사장 운영상황의 일일보고 체계를 확립 및 시행한다. 셋째, 대외 협력 및 주요 인사 방문 시 행사 브리핑을 한다. 넷째, 종합 상황 실무회의 구성 및 운영으로 신속한 대처기능을 강화한다. 다섯째, 일일 상황회의 개최로 당일 운영상황을 점검하고 익일 주요 지침을 전달한다. 여섯째, 비상상황 발생 시 대책본부를 구성하고 조직을 운영한다.

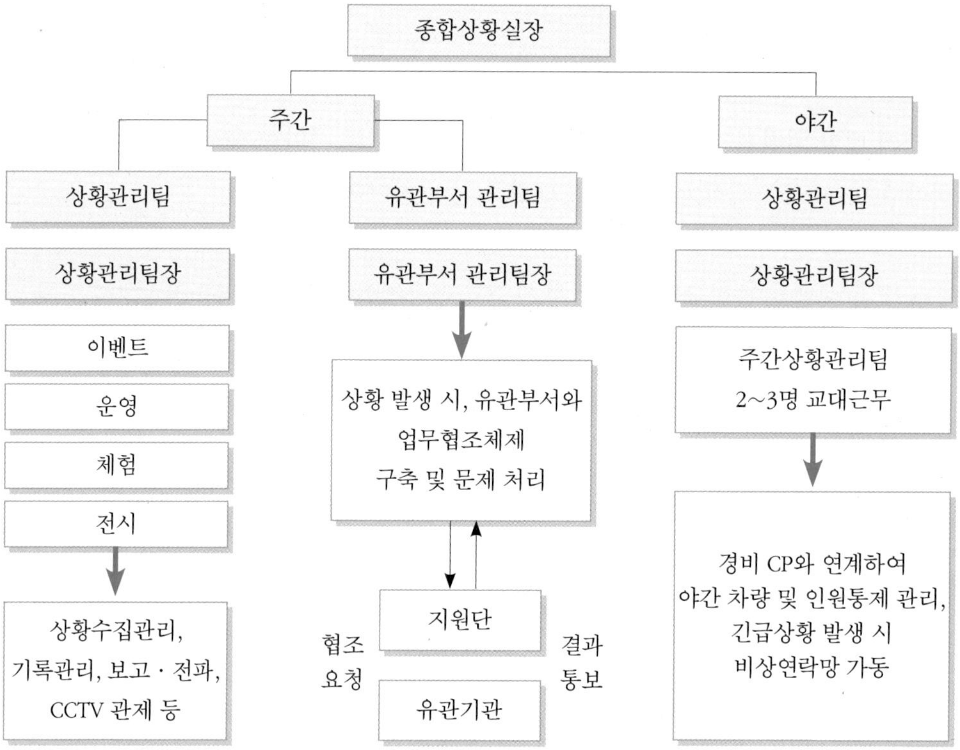

[그림 9-3] 종합상황실 조직도(예시)

종합상황실은 행사장 운영상황에 대한 수시 파악 및 상시 자료를 관리해야 하므로 주최자, 대행사, 유관기관 등이 참여하는 조직형태를 구성한다([그림 9-3] 참조).

종합상황실은 행사장 전체를 총괄하기 때문에 24시간 운영체제로 진행한다. 따라서 근무시간은 2교대 각 12시간씩 순환하는 형태로 운영된다. 통상 평상시 종합상황실 상황관리팀의 주요 업무는 다음과 같다(〈표 9-3〉 참조).

〈표 9-3〉 **종합상황실 주요 업무**

구분		업무 내용	근무 및 교대 방법
상황관리팀장		• 종합상황 관리 및 상황실장 보좌	• 12시간 근무 • 12시간 휴무 • 교대시간: 30분 • 교대인력: 합동근무
상황관리팀원	상황수집	• 행사장 내외 모든 일반상황의 수집 및 관리 • 긴급상황 및 조정이 필요한 상황의 수집 · 관리 • 각종 상황 분석, 일일 종합상황조정회의 구성 운영 • 방송실 관련 업무 및 일일 종합상황보고서 작성 보고 • 유관기관 협조 요청 및 연락	
	기록관리	• 상황실 운영 및 장비관리 • 주요 보고서 작성 및 주간업무계획 취합 · 배포 • 회의 서류 준비, 회의결과 내용의 전파	
	보고, 전파	• 일일 종합상황 대내외 전파 및 보고 • 비상상황보고서 작성 보고, 대책회의 운영	
	상황관리	• 상황실 운영, 출입관리, 장비관리 • 일일 종합상황회의 운영	

종합상황실에는 행사장의 전반적인 운영상황을 수시로 파악할 수 있는 분야별 상황판을 설치하여 관리하는 것이 필요하다. 항시 운영상황의 전반을 확인하고 관리해야 하며 가장 최근의 내용으로 지속적인 관리가 되어야 한다. 상황판은 총괄현황판과 분야별 추진상황판으로 구분된다.

먼저 총괄현황판은 전체 현황판으로서 주로 이벤트 개요, 행사장 조감도, 시설배치도, 주요시설 현황, 전시관 현황, 주요행사 현황 등으로 이벤트의 기본적인 정보를 담은 내용이다. 따라서 그 내용은 사전에 확정된 것으로 고정 상황판이라고 지칭하기도 한다.

다음은 분야별 추진 상황판으로 현장에서 운영되고 있는 모든 운영 분야에 대하여 진행되고 있는 상황을 기록한다. 예를 들면, 주차장 이용 현황, 시설별 운영인력 배치 현황, 진입로 현황, 관람객 입장 및 퇴장 현황, 교통상황, 기상상황, 주요인사 방문계획, 분실물 현황, 미아 · 노인 · 장애인 현황, 물품대여 현황, 의료조치 현황, 공지 및 지시사항, 상황발생 및 처리 현황, 셔틀버스 운행 현황 등이다. 이러한 분야별 추진상황에 대해서는 그 내용을 지속적으로 최신 정보로 기록 및 관리해야 한다. 분야별 상황판의 최신 정보를 유지하기 위해 다음과 같은 기준으로 정리 및 관리한다.

- **1일 단위 기준**: 당일 행사장 개장 전에 내용을 정리하는 것이다. 예를 들면, 기상상황, 주요인사 방문계획, 운영인력 근무 현황, 주요행사 및 프로그램 등을 기록한다.
- **정시 단위 기준**: 1~3시간 단위를 기준으로 내용을 정리하는 것이다. 예를 들면, 관람객 입장 현황, 차량 유입 현황, 주차장 이용 현황, 물품대여 현황 등이 해당된다.
- **변동 상황 기준**: 해당 운영 항목에 대한 변동이 발생할 때마다 수시로 내용을 정리하는 것이다. 예를 들면, 분실물 처리 현황, 미아발생 및 조치 현황, 의료 진료 및 조치 현황, 공지 및 전파사항, 상황 발생 및 처리 현황, 이벤트 일정 현황 등이다.

(2) 비상상황 시 운영체계

종합상황실의 중요한 기능 중 하나는 비상상황 발생 시 신속히 대처하는 것이다. 사전에 다양한 시뮬레이션(simulation)을 거쳐 운영계획 및 운영매뉴얼을 수립하지만 많은 관람객이 방문하는 현장에서는 예측하지 못한 비상상황이 언제든지 발생할 수 있다. 비상상황은 행사장 운영에 중대한 지장을 초래할 우려가 있거나 이벤트의 대내 · 외적인 이미지가 손상되어 심각한 파급 효과가 판단되는 상황을 의미한다. 비상상황은 심각성 정도에 따라 구분하기도 한다. 보통 A급 비상상황은 행사장 운영에 중대한 지장을 초래하고, 행사 이미지에 심각한 손상이 발생하는 상황이며, B급 비상상황은 행사에 일시적인 지장을 줄 수는 있지만 즉시 조치와 해소가 가능한 비교적 경미한 상황이다.

비상상황의 유형은 인명피해, 시설물자, 안전사고, 천재지변 등 다양한 형태로 나타날 수 있다. 이에 따라 비상상황이 발생할 경우에는 다음과 같은 운영체계를 가동한다([그림 9-4] 참조).

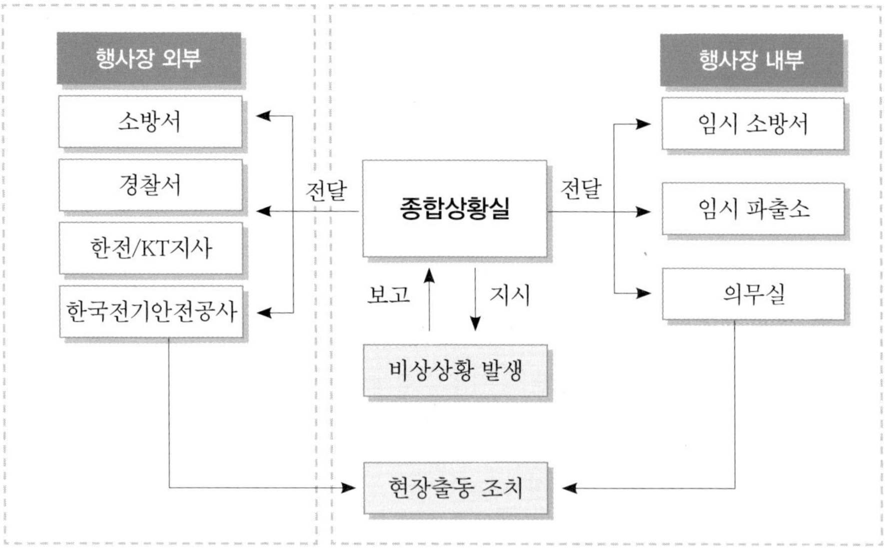

[그림 9-4] 비상상황 시 운영체계

2. 의전 및 인력 · 물자 관리

1) 의전관리

의전은 행사장을 방문한 사회지도층 인사를 포함하여 정부기관, 지방자치단체 등 주요 인사를 대상으로 방문 편의를 제공하고 이벤트의 주요 내용을 브리핑하는 것이다. 행사장을 방문한 주요 내방객을 대상으로 도착, 환영, 입장, 브리핑, 행사장 관람, 환송의 순서로 일원화된 서비스를 제공한다. 내방객의 방문일정과 방문목적에 따라 접견실, 브리핑 룸의 사전 준비, 주최자의 접견 대상자(브리핑 및 회장 관람 동행)를 사전에 선별하여 탄력적으로 운영하는 것이 바람직하다. 의전을 위한 진행절차는 다음과 같다.

① 의전 접수: 사전에 행사장 방문 신청 및 접수
② 내방객 일정 확인 및 통보: 일정 중복을 검토한 후 내방 일정을 통보
③ 의전 준비: 등급별 예우기준의 적용(접견실, 기념품, 안내 도우미, VIP 주차 등)
④ 영접 및 안내: 의전관 및 도우미의 영접, 방명록 작성, 브리핑, 관람, 환송

⑤ 일지 작성: 의전내용 기록(결과 보고서 및 백서에 반영)

의전에 해당하는 내방객이 행사장을 방문하게 되면 다음과 같은 절차에 의해 순서적으로 영접절차를 수행한다.

① 도착: VIP 주차장을 이용하여 하차 및 차량 대기
② 환영: 하차 장소에서 내방객을 맞이함(의전관, 도우미 대기)
③ 입장: 내방객에게 귀빈 비표를 교부하고 행사장으로 입장 동행
④ 브리핑: 필요에 따라 브리핑 룸에서 이벤트에 대한 브리핑 실시(홍보영상물 상영, 이벤트 현황, 관람동선, 주요 행사 등)
⑤ 행사장 관람: 의전관 및 도우미가 동행하여 내방객의 행사장 관람을 안내
⑥ 기념품 증정: 방문에 대한 감사 표시로 기념품을 증정
⑦ 환송: 주차장 또는 지정된 장소에서 환송

내방객이 복수로 의전 대상이 될 경우에는 예우기준을 적용해야 한다. 예우기준에 대하여『정부의전편람』(2004)에는 다음과 같이 기술하고 있다.

주요 인사에 대한 의전예우는 국가에 따라 차이는 있으나 거의 모든 나라가 국가 주요인사에 대해 법령이나 관행으로 의전기준을 정해 놓고 정부 의전행사나 연회의 좌석배치 등에 활용하고 있다. 우리나라의 경우 국가 주요인사에 대한 의전예우 기준을 공식적으로 정한 명문규정은 없으나, 국경일 · 대통령 취임식 · 국회 개회식 등의 국가 주요행사를 통하여 관행으로 어느 정도 확립되어 있다.

정부의전행사에 적용하고 있는 주요 참석인사에 대한 예우기준은 다음과 같다. 먼저 직위에 의한 서열기준은 직급(계급)순위, 헌법 및 정부조직법상의 기관 순위, 기관장 순위, 상급기관 선순위, 국가기관 선순위로 한다. 또한 공적 직위가 없는 인사의 서열기준은 전직, 연령, 행사 관련성, 정부산하단체, 공익단체 협회장, 관련 민간단체장의 순서로 한다. 하지만 실제 공식행사의 적용에는 그 행사의 성격과 역할을 감안하여 결정한다.

행사장을 방문한 내방객을 안내하기 위해서 의전 예우를 갖추어야 하는데 다음의 의전 순위로 예우가 필요하다.

(1) 보행 순위

2명 이상이 걸을 때의 서열은 중앙을 상위로 하고 있으며, 2명이 걸을 때는 걷는 방향의 오른쪽이 높은 순위이다.

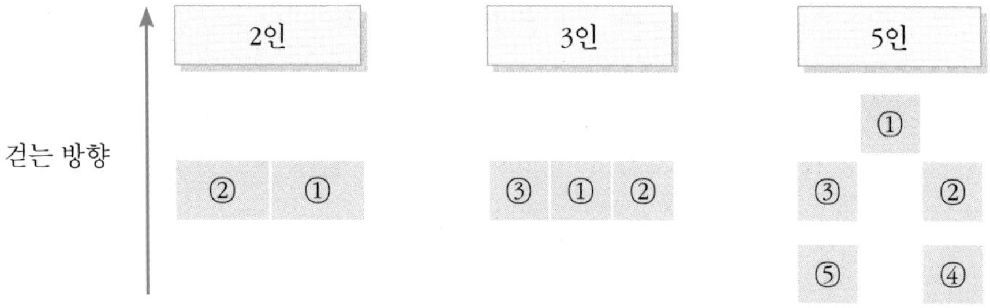

[그림 9-5] **보행 순위**

(2) 자동차 좌석의 순위

일반 승용차는 운전자가 있는 경우에는 뒷좌석의 오른쪽, 손수 운전의 경우에는 운전자 옆 좌석이 높은 순위이다. 일반적으로 우측 운행으로 상위자가 마지막에 타고 먼저 내리게 하는 것이다.

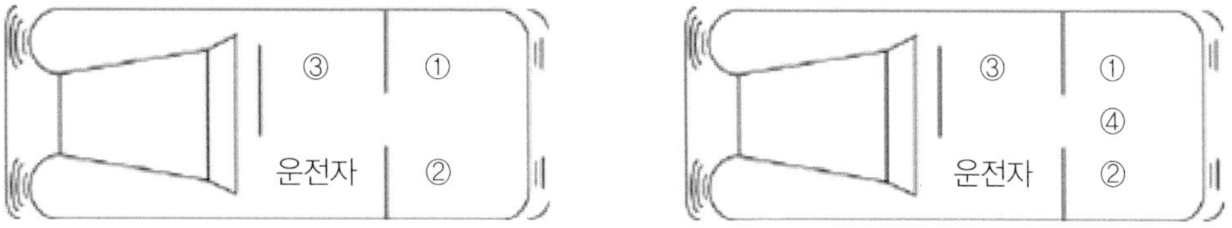

운전기사가 있는 경우

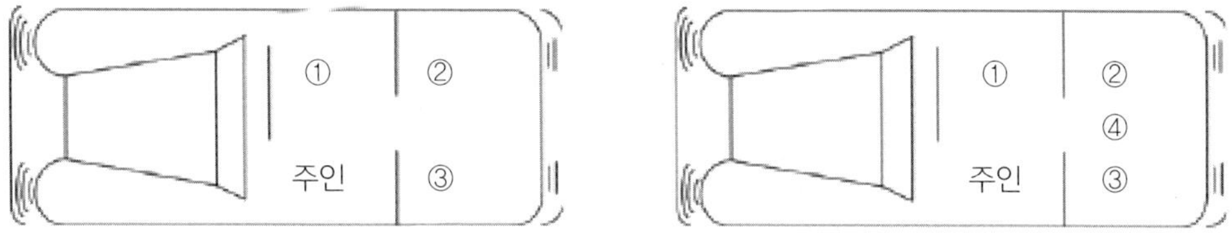

상급자가 손수 운전하는 경우

[그림 9-6] **승용차 좌석 순위**

(3) 엘리베이터

엘리베이터 내에서의 상위자는 들어가서 앞쪽(안쪽에서 보면 우측) 자리이다. 타고 내리는 순서는 상급자가 나중에 타고 먼저 내리는 것이 원칙이다.

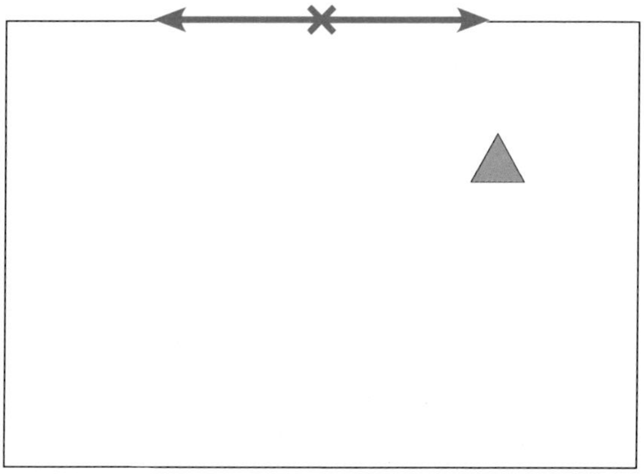

[그림 9-7] 엘리베이터 우선순위

(4) 실내에서의 윗자리

첫째, 출입문 쪽이 아랫자리로 하고 그 정반대 쪽을 윗자리로 한다.

둘째, 출입문의 반대쪽을 윗자리로 하는 것이 부적당한 경우에는 정원을 바라볼 수 있는 벽 쪽을 윗자리로 하고 아랫자리는 정원을 등지게 한다.

셋째, 응접세트에 앉는 경우의 윗자리는 긴 소파의 오른쪽이 된다.

2) 인력관리

인력은 행사장을 운영하는 데 핵심요소이다. 투입 인력의 역량과 전문성은 행사 운영을 매끄럽고 원활하게 돌아가게 하는 윤활제의 역할을 한다.

인력관리를 위한 기본 방침은 다음과 같다.

첫째, 최적의 인원 구성으로 관리체계를 구축하고 업무효율을 극대화한다. 행사장 운영을 위한 인원 구성은 최적화해야 한다. 운영인력이 여유가 있는 경우에는 충분한 휴식을 제공하여 운영인력의 복리후생에는 좋지만 비용이 과다하게 책정될 수 있다. 반면 운영인력의 여유가 없는 경우에는 충분한 휴식이 제공되지 않아 운영인력의 피로도가 쉽게 쌓여 양질의 서비스를 제공할 수 없다. 운영인력별 일원화된 관리체계를 구축하여 효율적으로 운영해야만 업무 효율이 극대화될 수 있다.

둘째, 업무기준에 따른 인력 구성과 철저한 관리로 최상의 관람객 서비스를 유도한다. 행사장 운영을 위해 선발되는 운영인력은 사전 심사를 통한 선발과 해당 업무에 대한 사전교육 및 리허설이 철저하게 실시되어야 한다. 운영인력 중 별도의 전문기술이 필요한 분야는 유관기관의 지원인력이나 전문업체의 인력으로 구성하는 것이 바람직하다. 또한 적절한 근무교대, 피로를 해소할 수 있는 휴무 보장, 휴게실 마련 등 쾌적한 환경조성 및 복리후생이 필요하다.

셋째, 지역주민의 자긍심 고취와 홍보 효과를 고려한 시민의 자발적 참여를 유도한다. 지역주민은 주로 자원봉사자로 참여하는 경우가 많다. 자원봉사자의 모집과 활용을 통해 이벤트에 대한 홍보 효과를 제고하고 예산 절감을 도모해야 한다. 자원봉사자와 유관기관의 지원인력은 운영의 보조 역할을 담당한다. 지역의 자원봉사센터는 자원봉사자를 선발 및 관리하며, 대행사는 담당 업무에 대한 교육 및 배치를 담당한다.

(1) 인력관리 범위 및 체계

인력관리의 범위는 주최자 인력, 대행사 인력, 운영 인력, 방송 인력, 유관기관 인력, 용역업체 인력, 참가자 인력 등으로 구분할 수 있으며 구체적인 내용은 다음과 같다.

주최자 인력은 이벤트 주최자로서 단체 또는 기관의 조직위원회 및 사무국에 소속된 인원을 의미한다. 또한 지방자치단체에서 개최하는 경우에는 지방자치단체 소속의 공무원이 포함된다.

대행사 인력은 이벤트의 전반적인 운영을 위해 계약을 체결한 대행사의 직원이다. 이 인력은 전문성과 높은 숙련도를 지녔으며, 업무 수행을 위해 현장에 상주한다.

운영 인력은 행사장 전반에 걸쳐 관람객의 대응은 물론 서비스를 제공하며 안내 역할을 담당한다. 운영인력은 구역별 운영인력을 관리 및 통제하는 매니저(manager), 관람객 대응 및 각종 안내와 편의 서비스를 제공하는 도우미(통역 도우미 포함), 해당 구역에서 관람객을 유도하고 안내를 지원하는 진행요원(또는 운영요원), 관람객 서비스나 안내 업무를 지원하는 자원봉사자 등으로 나누어진다.

방송 인력은 행사장 내에서 관람객에게 행사 정보를 고지하거나 운영에 관한 내용을 방송하는 역할로서 방송에 대한 전문성이 필요하다.

유관기관 인력은 해당 분야에 전문성을 지닌 인력으로서 관람객의 안전과 보건을 담당하기 위해 직접 투입되는 인원이다. 소방, 경찰, 의료, 전기, 가스 등 공공서비스와 시

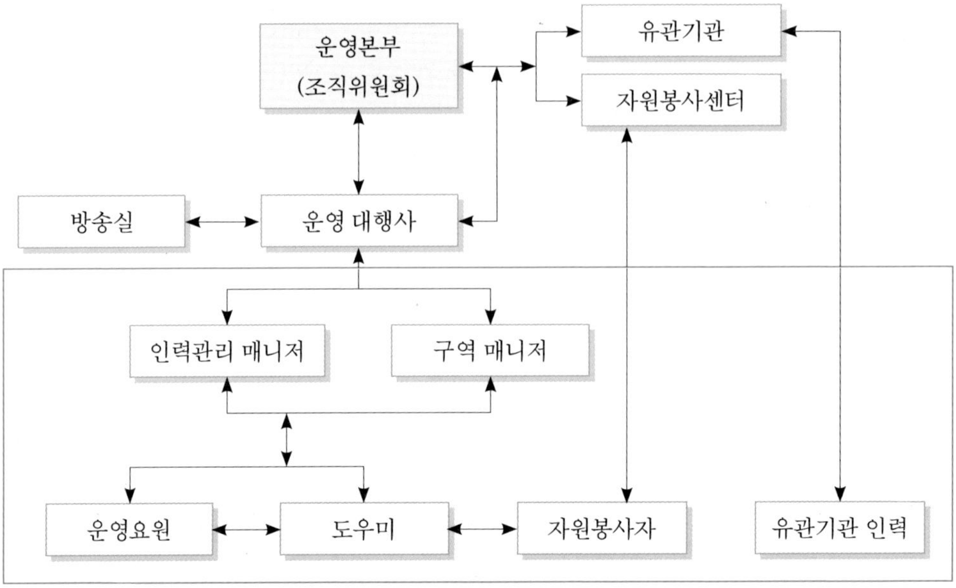

[그림 9-8] 행사장 운영인력 업무체계

설에 대한 업무를 담당한다.

용역업체 인력은 어느 정도의 전문성을 필요로 하는 특정 업무를 수행하기 위해 용역 업무를 위탁한 업체를 말한다. 주로 행사장의 청소, 경비, 방역 등의 업무를 담당한다.

참가자 인력은 이벤트에 직접적으로 참여하는 기관, 단체, 기업, 사업자 등에 소속된 인원이다. 이 인력은 주최자의 관리나 통제적인 측면이 아닌 협조 측면에서 지원해 줘야 한다.

행사장 운영 인력의 업무체계는 운영본부를 중심으로 운영대행사, 자원봉사센터, 유관기관의 협력으로 이루어진다. 운영대행사는 현장의 운영요원, 도우미, 방송요원 등을 관리 및 통제한다. 자원봉사자는 자원봉사센터의 관리를 받지만, 각자의 업무에 대한 교육이나 배치는 운영대행사가 담당한다. 유관기관의 경우 독립적으로 업무를 담당하며 조직위원회와 운영대행사와 협력적인 체계를 구축한다([그림 9-8] 참조).

(2) 운영인력 계획 및 배치

운영인력 계획은 필요한 인력을 산출하는 것이다. 인력 산출은 행사장을 구성하는 운영시설 및 배치에 따라 원활한 운영을 진행하기 위하여 기능별 인력을 적절하게 산정하는 것이 중요하다. 필요 인력 수를 산출할 때는 항상 근무시간 중 교대 인력에 대한 인력을 염두에 두어야 한다. 사람은 기계와 다르기 때문에 오랜 근무시간에 따른 피로감을 느끼며, 휴식이 보장되지 않으면 서비스의 질이 현격히 낮아진다. 따라서 운영인력의 산출에는 2교대 운영을 기준으로 해서 산출하는 것이 바람직하다(〈표 9-4〉 참조).

〈표 9-4〉 **인력구성 총괄표(예시)**

항목	인력 구분	현장근무 인원		총 인원	업무 내용
		근무	대기		
운영인력 (2교대 운영)	도우미	32	30	62	게이트, 전시관, 안내소
	통역도우미	5	5	10	통역센터, 안내소
	진행요원	127	24	151	전시관 운영, 안내 서비스 시설, 출입구
	전시관 통역	5	5	10	전시관 내 통역
	전문 인력	2	2	4	방송실, 출입증 관리소
소계		171	66	237	
자원봉사자 (2교대 운영)	일반 자원봉사	157	179	336	행사 각 파트별 전방위적인 운영
	전시관 자원봉사	65	65	130	산업관, 테마관 등 전시관 내부 지원
	통역 자원봉사	16	16	32	통역 관련 자원봉사
소계		238	238	498	
합계				735	

이벤트 기간이 단기간인 경우에는 휴무일을 감안하지 않고 진행해도 무방하지만, 최소한 15일 이상 지속되는 이벤트는 매주 하루의 휴무를 보장할 필요가 있다. 휴무일은 관람객이 상대적으로 적은 평일을 활용하고, 관람객이 많은 주말 및 휴일은 전원 근무체제로 운영하는 것이 효율적이다.

〈표 9-5〉는 도우미의 구역별 배치 현황의 사례이다. 요일별로 필요 인원수가 산정되어 있으며, 주중과 주말에는 근무 인원수가 다른 것을 확인할 수 있다.

〈표 9-5〉 **도우미의 구역별 배치 현황(예시)**

배치 인력(명)	월	화	수	목	금	토	일
일반도우미 합계	24	24	24	24	24	30	30
제1게이트 입구	18	18	18	18	18	24	24
종합안내소 1	4	4	4	4	4	4	4
회장안내소 1	2	2	2	2	2	2	2
통역도우미 합계	4	4	4	4	4	6	6
제1게이트	2	2	2	2	2	2	2
종합안내소 1	2	2	2	2	2	2	2
회장안내소 1	0	0	0	0	0	2	2

(3) 운영인력 모집 및 선발

운영인력의 모집은 도우미와 진행요원이 대상이 된다. 개최기간이 단기간의 경우에는 모집기준이 까다롭지 않을 수 있지만, 장기간일 경우에는 신체의 건강과 합숙에 따른 조건에 적합한 사람을 선발해야 한다.

① 도우미

도우미의 유형은 일반, 전문, 통역 도우미로 구분할 수 있으며, 필요에 따라 도우미 전체를 관리하는 도우미 매니저를 선발한다. 도우미의 선발기준은 다음과 같다.

- 일반 도우미: 무경험자도 가능하지만 관련 업무 1~2년 이상의 유경험자를 대상으로 한다. 기본적으로 인성과 서비스 마인드를 갖추어야 한다. 지역개최 이벤트는 가능한 지역 인력을 최소 50% 정도 선발하는 것이 바람직하다.
- 전문 도우미: 최소한 관련 업무 3년 이상의 유경험자가 대상이 된다. 해당 이벤트에 대한 참여 의지가 확고하고 프로정신이 투철해야 한다. 또한 장기간 합숙하는 경우를 감안하여 인성, 재능, 서비스 등의 자질을 갖추어야 한다.
- 통역 도우미: 외국인 관람객이나 외국인 내방객의 커뮤니케이션을 담당하므로 가능한 원어민 수준의 실력을 갖추어야 한다. 국제적인 매너와 소양을 갖추고 용모가 단정해야 한다. 외적인 아름다움보다 언어능력을 중심으로 선발한다. 통역 도우미의 영역은 주로 영어, 일본어, 중국어 등으로 구분해서 선발하며, 추가 언어는 자원봉사자를 활용하는 것도 하나의 방법이다.

- **도우미 매니저:** 도우미 매니저는 전체 도우미를 통솔 및 관리하는 역할을 한다. 따라서 통솔력과 리더십을 겸비하고 성실성과 좋은 평판을 가진 유경험자를 선발해야 한다. 도우미들의 배치, 휴식, 건의사항 접수 및 처리, 생활관리, 지도관리 및 규율업무 등을 수행하는 데 적합하여야 한다.

도우미 업무는 관람객 편의를 제공하는 부문으로 주로 행사장 출입관리, 안내 서비스, 전시관 및 행사 안내 등이 해당된다.

- **출입관리:** 행사장의 출입구에 배치되며 입장권 확인 및 절취, 입장객 수 파악, 혼잡방지 및 입장 통제, 출입구의 질서 유지, 환영인사, 퇴장 동선관리, 재입장 관리, 외국인 관람객의 편의 및 안내정보 제공 등의 업무를 담당한다.
- **안내 서비스:** 안내 서비스는 종합안내소, 회장안내소, 간이안내소에서 관람객에게 제공된다. 관람객 안내 및 동선 안내, 팸플릿 배포, 전시 및 행사 안내, 긴급 안내방송 접수 및 방송실 통보, 지역 관광 · 숙박 · 교통 안내, 미아 보호 및 분실물 처리 업무, 긴급 상황 보고 및 조치 지원 등의 업무를 담당한다.
- **전시관 및 행사 안내:** 행사장에 배치되어 있는 전시관의 입장 및 관람동선 안내, 전시관 대기동선 유지, 전시관의 전시 내용 및 행사 프로그램 안내, 관람객 문의사항 응대 등이 주요 업무이다.

도우미의 모집 및 선발절차는 일반적으로 다음과 같은 절차로 진행된다.

모집 공고: 심사기준, 응모방법 등
▼
서류 접수: 지원신청서 접수(이메일 접수)
▼
1차 서류전형: 자기소개서, 이력 및 경력 등
▼
2차 면접심사: 면접 및 실기 테스트(지원동기, 자세, 품성, 자질, 외모 등)
▼
합격자 발표: 최종 선발 및 통보

② 진행요원

진행요원의 유형은 일반 진행요원과 진행요원 매니저로 구분하여 선발한다. 진행요원의 선발기준은 다음과 같다.

- **진행요원:** 관련 업무 1~2년의 유경험자를 대상으로 해야 한다. 이벤트의 참여 의지가 확고하고 프로정신이 투철한 사람이어야 한다. 또한 장기간 합숙의 경우에는 인성, 재능, 서비스 마인드의 자질을 갖추어야 한다. 지방에서 이벤트를 개최하는 경우에는 지역인력을 50% 이상 선발하는 것이 바람직하다. 해당 지역에 거주하는 대학생 및 일반인을 대상으로 선발한다.
- **진행요원 매니저:** 관련 업무 3년 이상의 유경험자를 대상으로 해야 한다. 최소한 해당 이벤트나 유사한 규모의 이벤트에서 진행요원 매니저로서 참여 경력이 있어야 한다. 또한 진행요원들을 통솔하고 관리해야 하므로 통솔력과 리더십을 겸비하고 진행요원에게 모범이 될 수 있는 조건을 갖추어야 한다.

진행요원의 업무는 관람객 서비스로 출입, 안내, 편의 등에 있어 서비스를 제공하는 것이다. 주로 행사장 출입관리, 안내 서비스, 편의 서비스, 행사장 및 전시장 업무로 구성된다. 도우미가 배치되는 장소에서는 업무 역할을 분담하여 원활한 운영이 될 수 있도록 상호 협조하여야 한다.

- **출입관리 서비스:** 출입구 동선 및 질서 유지, 운영업무 연락 보조, 단체 관람객 계수, 무료 관람객 및 재입장객 관리, 사전예매 입장권 관리 등의 업무를 담당한다.
- **안내 서비스:** 종합안내소 운영 및 책임관리, 안내소 업무 관련 서류 작성, 홍보물 수량 체크 및 확보, 안내(전시, 행사, 편의시설, 동선, 관람 소요시간 등), 냉난방 시설 및 물자 상태 점검 및 관리 등의 업무를 담당한다.
- **편의 서비스:** 서비스 물품 설치 및 운영, 관련 일지 통계 및 보고, 시설 · 물품의 상황 점검 및 관리, 미아 보호 및 분실물 처리, 물품보관소 운영 등의 업무를 담당한다.
- **행사장 및 전시장 업무:** 관람객 대기 · 입장 · 퇴장의 동선관리, 관람객 동선 안내 및 관리, 관람객의 질의응답, 행사장/전시관 주변의 청결 유지, 환영 인사, 관람시간 안내, 전시관 물자 및 시설관리, 업무 관련 일지 작성 및 보고 등이 주요 업무이다.

진행요원의 모집 및 선발절차는 일반적으로 다음과 같은 절차로 진행된다.

모집 공고: 심사기준, 응모방법 등

▼

서류 접수: 지원신청서 접수(이메일 접수)

▼

1차 서류전형: 자기소개서, 이력 및 경력 등

▼

2차 면접심사: 면접 및 실기 테스트(지원동기, 자세, 품성, 자질 등)

▼

합격자 발표: 최종 선발 및 통보

(4) 인력교육

인력교육은 도우미, 진행요원, 자원봉사자 등을 대상으로 실시한다. 교육의 유형은 사전교육, 이론교육, 현장실습 등으로 나뉜다. 이벤트의 성격과 규모에 따라 교육의 유형을 일부만 실시하거나 모두 실시할 수 있다.

사전교육은 인력선발을 완료한 후 처음 실시되는 교육이다. 신규 인력에게 개최 이벤트에 대한 기본적인 지식을 사전에 숙지하도록 실시하며, 필요한 내용은 주로 이메일을 통해서 전송한다. 교육 내용은 이벤트에 대한 개요, 개최 의의, 내용, 매뉴얼 등으로 구성된다. 교육대상은 도우미와 진행요원이며, 자원봉사자는 생략하는 것이 일반적이다.

이론교육은 운영인력을 특정한 시간에 특정한 장소에서 실시하는 교육이다. 교육 내용은 운영매뉴얼 교육, 소양 및 매너 교육, 매니저 소개, 업무 분장 및 임무 부여 등이다. 도우미의 경우 유니폼을 별도로 제작하므로 교육 후 신체치수를 측정하기도 한다. 주로 도우미와 진행요원을 대상으로 실시하며, 자원봉사자는 자원봉사센터와 협력하여 별도로 실시한다.

현장실습은 행사장에 배치되어 본인의 근무 위치에서 임무와 역할을 실제로 연습하는 것이다. 전체 운영인력은 행사장 전체를 투어하면서 시설물 및 프로그램 배치와 내용에 대하여 설명을 듣고 공유한다. 개인은 운영매뉴얼에 따라 기본 임무 및 본인의 임무를 숙지하고 리허설을 실시하는데, 익숙해질 때까지 수차례 반복하며 연습한다. 소방안전과 같은 공통임무에 대해서는 실제 소화기 또는 소화전을 직접 사용해 보는 실연 교육을 실시한다. 소방교육은 인근 지역 소방서의 협력으로 진행할 수 있다.

(5) 근무관리

운영인력은 행사장에서 관람객을 맞이하고 프로그램을 직접 운영하는 현장의 담당자이다. 따라서 운영인력은 행사장 개장 전까지 근무 복장을 착용하며, 전달사항 또는 지시사항을 숙지하고 본인의 위치에 배치되어야 한다. 일반적으로 근무관리에 대한 기본 방침은 다음과 같다(〈표 9-6〉 참조).

〈표 9-6〉 운영인력 근무방침

구분	기본방침
출근	• 운영인력은 개장 1시간 전 출근이 원칙 • 출근과 동시에 출근부에 서명 후, 매니저가 보고
퇴근	• 행사종료 시 정리정돈 실시 • 구역담당 매니저 주재의 간단한 종례 실시
조회/종례	• 조회: 구역 담당 매니저가 관람시간 30분 전 실시 • 종례: 구역 담당 매니저가 관람시간 종료 후 실시
지각/결근	• 사전 매니저에게 당사자가 보고(질병 등 부득이한 사안 발생 시) • 비상인력으로 대체
조퇴/외출	• 원칙적으로 조퇴/외출은 불가 • 부득이한 경우 매니저에 보고 및 대처방안 강구
휴식시간	• 근무일정표를 준수하되, 휴식은 지정된 공간을 이용
교대근무	• 사전 계획된 업무일정표를 준수하되, 유사시 매니저가 탄력적으로 운영 • 교대시간 10분 전에 도착하여 업무 인수인계 실시 • 도우미는 매니저의 인솔로 일괄 실시

인력관리는 기본적으로 근태관리가 가장 중요하며, 많은 운영인력이 행사장에 투입되어 다양한 상황이 발생한다. 따라서 발생 가능한 상황별로 관리계획을 수립해야 한다(〈표 9-7〉 참조).

〈표 9-7〉 **상황별 인력관리**

구 분	내 용
근태관리	• 근무복장, 건강 확인, 지시사항 전달 등
근무사고	• 결근, 지각자, 조퇴자 보고 및 예비인력 대처
전달/지시사항	• 조회, 종례, 수시 회의 실시
근무 확인	• 일일 근무표에 따른 배치 및 근무상태 확인
고충 상담	• 원활한 행사장 운영을 위한 고충 상담 및 보고
공지사항 전달	• 휴게실 게시판 게시 또는 조회, 종례 활용
결원/근무지 이탈	• 지정 근무일자의 근무 불가 시 신고서 및 증빙서류 제출 • 일시적 근무지 이탈의 경우 매니저에게 사전 보고 • 질병, 사고 등으로 일정기간 근무 불가 시에는 휴무자로 대체 근무
도중 퇴직	• 우선적으로 휴무자로 대체, 선발 시 확보한 예비 인원으로 충원
집단사고 발생	• 식중독, 교통사고 등 집단사고의 경우 휴무자로 대체 • 각 포스트(post)의 배치인원 조정 및 휴식시간의 축소

인력관리에 중요한 요소 중의 하나는 바로 운영인력의 건강상태 유지이다. 단기간 행사는 큰 문제가 되지 않지만, 장기간 행사 시 운영인력의 건강상태는 매우 중요하다. 건강상의 이유로 많은 인원이 이탈되는 경우 신규인력이 숙련된 운영인력을 대체하는 데 많은 불편함과 어려움이 따르기 때문이다. 운영인력의 양호한 건강상태를 유지하기 위해서는 충분한 휴식이 필요하다. 일반적으로 운영인력은 1일 2교대를 기준으로 한다. 운영인력은 1:1 맞교대를 원칙으로 하되, 2~3시간 근무 후 30분~1시간 정도의 휴식시간을 제공한다. 휴식시간은 업무의 강도, 관람객의 밀집 정도에 따라 탄력적으로 운영한다.

(6) 복리후생

표준화된 근무기준에 맞춘 관리와 적정 수준의 대우를 통해 운영인력의 업무능력 향상과 관리의 효율성을 제공하기 위해서 복리후생이 필요하다. 또한 다양한 인센티브를 제공하여 운영인력들의 근무의욕과 사기를 고취하여 관람객이 만족하는 성공적인 이벤트를 만들어 가는 데 기여할 수 있다.

① 인건비 산출

인건비는「근로기준법」(55조, 56조)을 적용하여 산출하여야 한다. 1일 근무는 8시간 기준을 적용하여 1일 인건비를 책정한다.「근로기준법」에 따라 토요일은 평일 인건비의 1.5배를 지급하여야 한다. 일요일은 평일 인건비의 1.5배와 주휴수당을 지급하여야 한다. 주휴수당의 지급기준은 주당 40시간 기준으로 15시간 이상 근무자에게 근무시간에 비례하여 산출한다. 또한 초과근무수당에 대해서도「근로기준법」이 적용된다. 평일은 1일 인건비를 기준으로 1시간당 금액의 1.5배를 지급해야 한다. 토요일과 일요일은 해당 요일의 하루 기준 단가를 기준으로 1시간당 금액의 1.5배를 적용해서 지급해야 한다.

② 근무 관련 지원

운영인력의 근무와 관련된 지원항목은 식사, 숙박, 교통 등이 해당된다. 먼저, 식사 지원은 행사장 내의 음식점을 이용하거나 단체 도시락을 이용할 수 있다. 대규모 장기간 이벤트의 경우에는 주로 음식점과 협의하여 식사 쿠폰을 발행하여 사용한다. 식사 쿠폰 정산은 이벤트 폐막 후 일괄적으로 사용액을 해당 음식점에 지급한다. 숙박은 주로 장기간 이벤트에 필요하다. 운영인력이 숙박시설을 공동으로 사용하기 때문에 규칙이나 기준을 사전에 공지하여야 한다. 특히 운영인력의 건강상태와 음주로 인한 문제를 고려하여 숙박시설의 출입시간을 제한하여야 한다. 교통지원은 숙소와 행사장의 거리가 있는 경우 필요하다. 주로 행사장 셔틀버스를 활용하며, 일시에 많은 인력을 수송해야 하므로 탑승시간 준수가 무엇보다 중요하다.

③ 인센티브(incentive) 제도

인센티브는 운영인력의 근무의욕을 고취하기 위한 장려정책이다. 인센티브는 참가확인증, 우수근무자 포상, 생일자 격려, 회식 등으로 운영인력에 대한 관심과 배려를 제공해야 한다. 참가확인증은 해당 이벤트에 운영인력으로 참가했다는 것을 증명하는 것으로 주최자의 대표자 또는 조직위원장 명의로 제공하는 것이 더욱 의미가 있다. 우수근무자 포상은 운영인력의 근무 의욕을 고취하는 측면에서 효과가 있다. 생일자 격려는 당일 조회시간에 생일자의 명단 발표와 함께 방송실을 통한 축하 노래를 들려주는 방법이 있다. 회식은 운영인력의 노고에 대한 격려와 사기 진작에도 좋은 효과를 발휘하며, 서로 간의 친목도모와 인적교류에 필요하다.

3) 물자관리

물자는 행사장 운영에 필요한 물건이나 재료를 말하며, 일반적으로 운영물자, 공통물자, 개인물자, 식음료 등으로 구분한다.

물자계획을 수립하는 데 있어 다음과 같은 사항을 고려하여야 한다.

첫째, 원활한 물자 공급을 통해 행사장 근무인력에게 최적의 근무환경을 조성한다.

둘째, 효율적인 물자 공급 및 관리로 낭비요소를 제거한다.

셋째, 물자의 원활한 확보 및 철저한 관리로 비용을 최소화한다.

넷째, 손해배상에 따른 경제적 손실을 최소화하고 사후 법률상 문제가 발생하지 않도록 방지한다.

물자관리는 물자수급, 물자반출, 사후처리로 구분하여 취급하여야 한다.

첫째, 물자수급은 운영에 필요한 다양한 물자를 조달하는 것이다. 먼저, 물자의 적정한 조달을 위해 각 시설별 소요량을 산출하여야 한다. 또한 예산절감을 위해 기존의 보관물자 중 활용 가능한 물자는 최대한 확보해서 활용한다. 필요물자는 구매 및 임대 계획에 따라 사전에 계약을 완료해야 한다. 물자의 수급방법은 무상임대 물자, 구매물자, 임대물자, 공식공급권자의 물자로 구분할 수 있다. 무상임대 물자는 주최자의 보유 물자 또는 무상지원이 가능한 물자로 제일 먼저 목록과 수량을 파악해야 한다. 물자의 성격과 용도에 따라 직접 해당 물자를 구입하는 구매물자와 일정기간 사용 후 돌려주는 임대물로 구분하여 계획을 수립하여야 한다. 공식공급권자의 물자는 주최자와 계약을 맺은 공식공급권자의 제공물자로서 무엇보다도 우선 사용해야 한다.

둘째, 물자반출은 물자 수요처에 필요한 물자를 제공하는 것이다. 물자반출은 정기반출과 수시반출로 구분하여 지급한다. 정기반출은 각 운영 구역(post)에서 재고 파악 후 필요 예상뷰에 대해 물자 신청서를 작성 및 제출하면 요청 수량을 지정된 시기에 지급하는 것이다. 수시반출은 각 운영 구역에서 시기에 관계없이 필요물자를 신청하면 재고수량을 파악 후 적정량을 지급하는 것이다. 반출시기도 특정 시점을 정하는 것이 관리에 효율적이다. 정기반출은 식음료, 사무용품 및 문구류로 구분하여 주 1~2회 지급하는 것이 좋다. 또한 반출 요일과 시간을 지정하는 것이 좋다. 수시반출은 요일에 관계없이 매일 근무시간 중에 물자관리 인력을 통해 지급해야 한다. 명확한 물자관리를 위해서는 반출방법을 규정하는 것이 필요하다. 일반적으로 물자 신청서에 따라 반출물자대장 및 관리 프로그램에 기록하고 지급한다. 또한 물자반출의 과정을 명확하게 확인할 수 있도록 물자창고 담당자, 물자이동 담당자, 각 구역별 물자담당자가 물자 인수인계 양식에 서명을 한다.

셋째, 물자관리의 마지막 단계는 사후처리이다. 사후처리는 행사 종료 후 최단 시간 내에 배치되어 있는 물자를 전량 회수하고 처분하는 절차이다. 반납물자는 물자수급 시 작성한 물자 인수인계 양식을 토대로 인수자와 인계자가 서명을 한 후 인계하여야 한다. 사후처리는 물자의 성격과 필요에 따라 반납, 매각, 기증, 폐기 등으로 나눌 수 있다(〈표 9-8〉 참조).

〈표 9-8〉 **물자 사후처리 유형**

유형		내용
반납	소모품	활용이 가능한 소모성 물자
	성과품	보존 가치가 있는 물자
	임대품	주최자 및 협찬사의 제공물자
매각		보관이 어렵거나 불필요하여 판매하는 물자
기증		사회단체 또는 수요처가 있어 무상 제공하는 물자
폐기		잔존가치가 없거나 보관이 불필요한 물자

3. 관람객 서비스

관람객에게 서비스를 제공하는 것은 관람 만족도와 깊은 관계가 있다. 안내 서비스 시설은 쉽게 눈에 띄는 출입구 주변에 배치하고, 휴식 및 편의 시설은 행사장 전역에 관람객 규모를 산정하여 주요 동선에 배치하여야 한다. 관람 편리성을 제공하기 위하여 다양한 수단을 활용한 서비스를 제공하여야 한다. 입장 및 퇴장에 대한 안내에서부터 관람객 질서 유지, 안내서 배포 및 정보 제공, 문의사항 대응, 청결상태 유지, 미아 보호, 비상상태 대처 등에 이르기까지 세심하게 준비하여야 한다. 관람객의 신체적 특성에 따른 서비스의 세분화와 행사장의 관람객 혼잡을 방지하고 편리한 이동을 지원해야 한다.

관람객 서비스를 계획할 때는 다음과 같은 기본방침을 고려해야 한다.

첫째, 시설 및 서비스 이용 안내 등의 정보를 제공하여 원활한 관람을 지원한다.

둘째, 미아, 분실물, 구급 업무 등 관람객 직접 대응 서비스로 관람 편익을 도모한다.

셋째, 안전, 청결 등 간접 서비스로 쾌적하고 편안한 회장 분위기를 조성한다.

넷째, 운영요원의 서비스 자세, 언어, 복장 등의 무형적 서비스를 통한 행사 이미지를 제고한다.

관람객 서비스는 안내 서비스, 편의 서비스, 공공 서비스로 구분할 수 있다. 행사장 상황에 따라서 일부 안내 서비스와 편의 서비스를 통합하여 한 곳에서 종합적으로 제공하는 종합안내센터를 운영하기도 한다([그림 9-9] 참조).

- **안내 서비스**: 종합안내소, 구역안내소, 콜센터, 통역 등
- **편의 서비스**: 물품보관소, 물품대여소, 유실물센터, 유아휴게실, 장애인/노약자센터, 미아보호소, 반려동물보호소, 인터넷 서비스(충전서비스 포함), 휴게 서비스, 음수대 서비스, 흡연부스 등
- **공공 서비스**: 의무실, 소방서, 파출소, 우체국, 은행, 공중전화 등

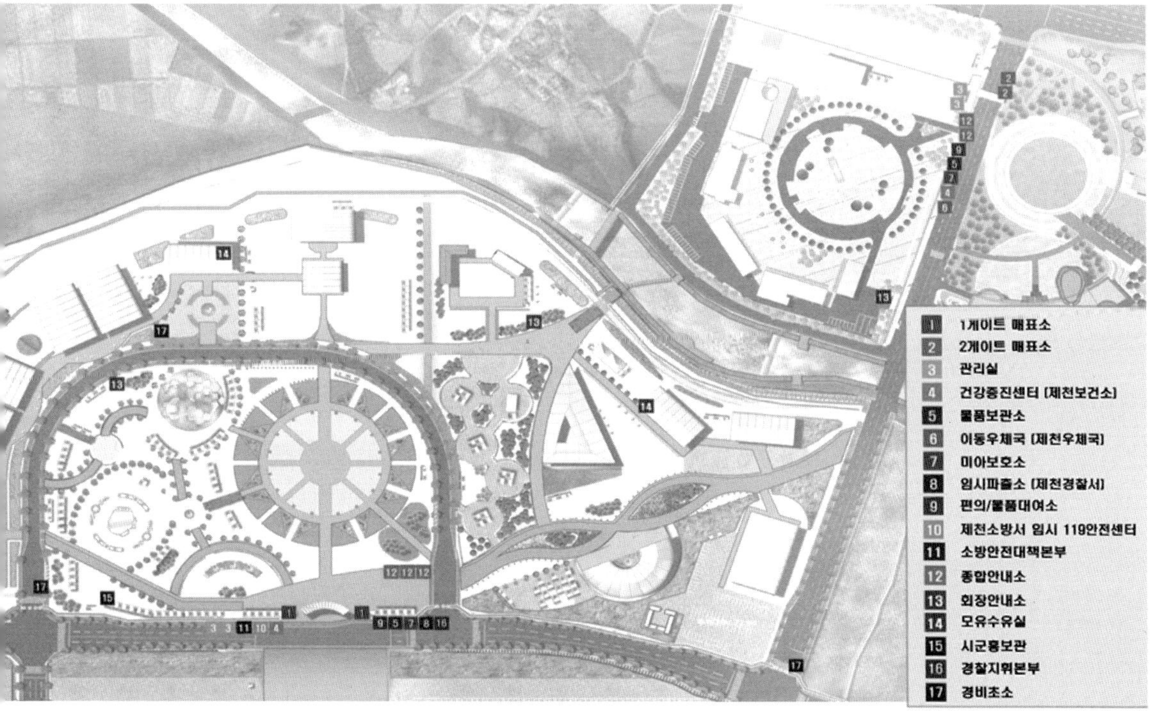

[그림 9-9] 관람객 서비스 시설 배치도(2010 제천한방바이오엑스포)

1) 안내 서비스

안내서비스는 신속하고 정확한 행사 정보를 제공하여 관람객의 불편을 최소화시키며, 통역 인력을 배치하여 외국인의 관람 편의를 제공하는 데 목적이 있다. 안내 서비스는 일반적으로 종합안내소, 구역안내소가 설치되며, 필요에 따라 순회안내, 단체관람객을 위한 안내 서비스 등을 제공한다. 안내소의 기본 임무는 행사 리플릿(leaflet) 배포, 회장 안내, 전시관 안내, 통역, 교통 및 숙박 안내, 타 행사 안내 등 관람객에게 필요한 정보를 제공하고 문의사항에 응답하는 것이다.

종합안내소는 주로 출입구 인근에 설치되며, 모든 정보를 제공하는 서비스의 중추적인 역할을 한다. 관람객이 방문 시 친절하게 응대하고 요청사항을 처리하며 안내소 운영일지에 안내상황을 기록하는 과정으로 운영을 하게 된다. 주요 업무는 행사 리플릿 및 안내책자 배포, 행사장 내 시설 위치 및 기능 안내, 문화행사 안내, 관람정보 제공, 지역 문화 및 관광 안내 서비스 제공, 외국인 관람객의 통역 지원 등이다. 종합안내소 안내를 위해서 리플릿(외국어 포함), 관광 및 숙박 안내책자, 기타 홍보물을 비치하고, 안내소의 업무를 기록하는 운영일지도 작성한다. 종합안내소는 중요한 시설로서 가장 많은 운영인력이 배치된다. 운영인력의 주요 업무는 다음과 같다(〈표 9-9〉 참조).

〈표 9-9〉 **종합안내소 인력별 업무 내용(예시)**

구분	업무 내용
매니저(팀장)	• 종합안내소 총괄운영 및 책임관리 • 관람객 애로사항 수렴 및 해결 • 문제 발생 시 1차 처리 및 종합상황실 보고 • 안내소 업무 기록 내용 취합 및 보고
도우미	• 안내 서비스 제공(행사장, 전시장, 편의시설, 이동 동선 등) • 안내 제작물(리플릿, 홍보제작물 등) 배포 • 지역 내 관광, 교통, 숙박정보 제공 • 외국인 관람객 통역 서비스(영어, 일어, 중국어 등)
진행요원/자원봉사자	• 안내소 업무 내용 기록 및 작성 • 안내 제작물 수량 체크 및 부족분 확보 • 물자상태 점검 및 관리 • 외국인 관람객 통역 안내

구역안내소는 행사장 정보가 필요한 관람객을 위해 행사장의 주요 위치에 간이 안내시설로 배치된다. 구역안내소의 주요 업무는 종합안내소와 동일하나 규모 및 인력이 적은 편이다.

콜센터(call center)는 이벤트 개최 전부터 운영하기 시작하여 행사 종료 시까지 이어진다. 주요 업무는 이벤트 기본정보 안내, 프로그램 안내, 티켓 구매 안내, 지역 관광·숙박·교통 등 종합 안내, 각종 민원 접수 및 처리결과에 대한 안내 등이다. 콜센터의 운영인력은 사전에 철저한 고객만족 교육을 이수하고 이벤트 내용을 완벽히 숙지하여 고객 만족도를 제고해야 한다.

2) 편의 서비스

편의 서비스는, 첫째, 장애인과 노약자, 영유아와 여성, 단체관람객 등 대상에 맞는 공간을 제공하고 서비스를 운영해야 한다. 둘째, 미아, 미노인, 분실물 발생 시 신속한 보호와 인계 및 처리를 위한 서비스를 운영해야 한다. 셋째, 관람객들의 원활한 관람을 위한 물품 대여 및 보관 공간을 제공해야 한다. 편의 서비스 시설은 물품보관소, 물품대여소, 유실물센터, 유아휴게실, 장애인/노약자센터, 미아보호소, 반려동물보호소, 인터넷 서비스(충전 서비스 포함), 휴게 서비스, 음수대 서비스, 흡연부스 등이 있다.

물품보관소는 관람객 소유의 물품을 보관하여 관람객의 편안한 관람 환경을 제공해주는 서비스 시설이다. 일반적으로 무료 형태로 운영되나 코인 로커(coin locker)와 같은 유료 형태로 운영하기도 한다. 물품 보관 시 주의사항은 고가제품, 혐오성, 위험성, 냄새가 나는 물품 등은 보관에 적절치 못하므로 양해를 구해야 한다. 주요 업무는 물품 보관 신청접수, 번호표 배부(신분증 보관), 물품의 안전관리, 미회수 물품의 종합상황실 인계, 보관소 청결관리 등이다.

물품대여소는 주로 유모차, 휠체어 등을 필요로 하는 관람객에게 무상으로 대여해주는 서비스 시설이다. 주요 업무는 물품대여 신청접수, 사용요령 및 반납에 대한 설명, 보유 수량 확인 및 미반납 물품에 대한 조치, 관리대장 기록 및 환경정리 등이 있다.

유실물센터는 관람객이 행사장에서 분실했거나 또는 습득 물건을 관리하며 주인에게 반환해 주는 서비스 시설이다. 유실물 접수 및 인도 업무가 원활하게 처리되도록 유실물의 보관과 소유주의 명확한 확인 및 인계가 중요하다([그림 9-10] 참조).

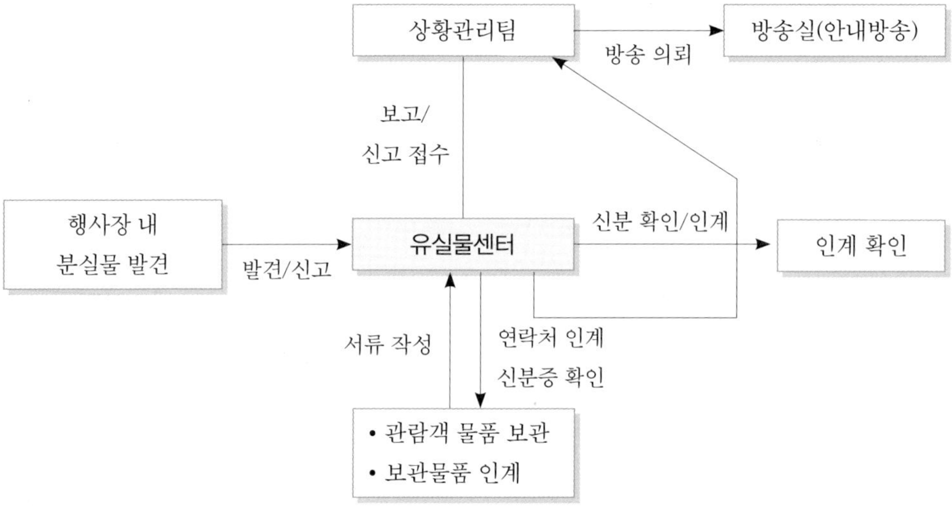

[그림 9-10] 유실물 처리체계

유아휴게실은 영아 또는 유아 자녀를 동반한 여성들의 편의 공간을 구성하여 휴식과 수유를 지원하는 시설로 수유실로 부르기도 한다. 영·유아 휴식 및 수유 서비스를 제공하는 공간이므로 항상 청결한 환경을 유지해야 하며, 가능한 유아교육 유경험자나 전문지식을 보유한 인력을 배치하여 서비스의 질을 높여야 한다.

미아보호소는 행사장 및 주변에서 발생한 미아 및 미노인을 보호자에게 인도하기까지 편안하고 안전하게 보호하는 시설이다. 미아보호소의 주요 업무는 미아가 발생하는 경우 신고서를 접수하고, 방송실에 미아발생 방송을 의뢰하며, 미아를 안전하게 보호하여야 한다. 만일 폐장까지도 보호자를 찾지 못하는 경우에는 인근 파출소에 인

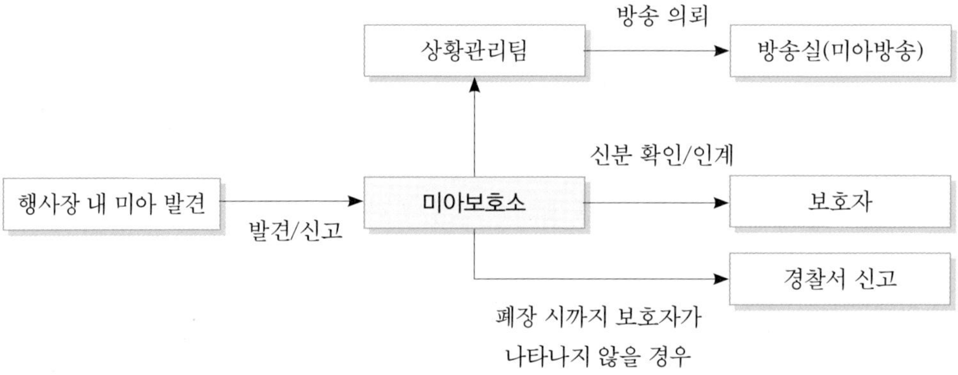

[그림 9-11] 미아발생 시 대응체계

수인계하여야 한다. 미아발생에 따른 신속한 보호자 인계를 위해서 입장 시 아동 확인을 위한 명찰을 배포하는 것이 바람직하다. 미아발생 시 대응체계는 다음과 같다([그림 9-11] 참조).

최근 행사장에 등장하는 편의 서비스는 반려동물보호소, 인터넷 서비스(충전 서비스 포함), 흡연부스 등이다. 반려동물과 함께 행사장을 찾는 관람객이 늘어나는 추세이며, 대부분 휴대전화를 소지하므로 관람객에게 충전 서비스를 제공할 필요가 있다. 간단한 업무를 볼 수 있도록 인터넷 서비스도 필요하며, 행사장의 금연 지정으로 인한 별도의 흡연 부스(폐쇄형)도 흡연자를 위한 서비스 시설이다.

단체관람객 서비스는 사전에 단체로 행사장을 방문하는 고객을 대상으로 현장 안내 및 편의 서비스를 제공하는 것이다. 행사장 입장부터 시작해서 행사장 관람, 단체 식사 장소 제공, 동반 투어 및 설명 등의 서비스를 제공하여 단체고객들의 만족도를 높이는 역할을 한다.

3) 공공 서비스

관람객의 안전과 편의를 위한 공공 서비스 시설은 의무실, 소방차, 파출소, 우체국, 은행, 공중전화 등이 있다.

의무실은 치료가 간단한 외상이나 질병에 대해 응급 처치할 수 있도록 의사나 간호사가 배치되고 응급상황에 대비하여 구급차를 행사장 내에 상주시킨다.

소방차는 행사장의 화재 및 안전 관리를 위해 신속한 처리를 위해 현장에 상주시킨다.

파출소는 행사장에서 발생하는 질서 유지, 절도, 다툼 등의 사고를 미연에 방지하기 위하여 설치된다.

우체국은 행사장에서 구입한 물건을 보내는 택배 서비스, 우편 및 소포 배달 서비스 등의 업무를 지원한다.

은행은 행사장에 있는 모든 사람에게 필요한 금융 서비스를 제공하기 위한 서비스 시설이다. 주로 현금인출기(ATM) 기기가 설치되고 추가 금융서비스를 지원하기 위한 이동식 은행(버스 형태)이 배치되기도 한다.

4. 출입관리

출입관리는 관람객에게 첫인상을 주는 게이트를 통해 원활한 입장 및 퇴장이 가능하도록 질서 유지 및 신속한 검색 관리를 하는 것이다. 또한 행사기간 중 출입하는 인원 및 차량에 대한 출입관리 계획을 수립하고 업무 성격, 대상에 따른 출입증 구분과 발급을 통해 효율적인 출입관리를 한다([그림 9-12] 참조).

[그림 9-12] 출입구 및 차량 출입구 위치

1) 유형별 출입관리

인력 출입관리는 효율적인 입 · 퇴장 관리를 위해 기존 출입구를 세분화하여 운영하고 분야별 적정 근무인력을 배치한다. 입장객이 많을 경우에는 관람대상자별(일반, 단체, 관계자, 무료, 외국인, 장애인 등)로 구분하여 전용입구를 지정해서 운영하는 것이 효율적이다. 행사장의 보안을 위해 종합상황실 및 경비인력을 제외한 모든 인력은 폐장 후 퇴장시켜야 한다.

차량 출입관리는 관람객의 안전을 고려하여 행사장 운영시간에는 동선 진입이나 주차를 금지시킨다. 행사장 차량 출입은 폐장 이후부터 개장 전까지 허용하며, 사전 차량 출입증을 발부하여 관리하여야 한다. 차량 출입증이 없는 차량은 작업 신청서를 제출한 후 종합상황실의 승인을 받아 출입시키도록 한다.

효율적인 출입관리를 위해 다음과 같이 유형별로 관리한다.

- **출입증 패용자**: 행사 관계자 입구를 이용하여 입장하며 퇴장은 전용출구를 이용한다. 입장 허용 대상은 주최자가 발급한 출입증 패용자와 출입 허용 증빙 제시자에 한한다. VIP의 경우 의전을 위해 행사 관계자 입구를 사용하기도 한다.
- **단체 관람객**: 일시에 많은 인원이 입장하는 단체 관람객을 위해 전용 입구를 설치하며, 퇴장은 전용출구를 이용한다. 짧은 시간에 많은 인원이 입장하므로 게이트를 통과할 때 실제 인원과 입장권 수의 일치 여부를 확인하는 것이 중요하다.
- **장애인**: 신체적 약자를 위해 장애인 전용 입구를 설치한다. 장애인등록증 소지자와 외관상 장애가 있는 사람을 대상으로 입장시킨다. 또한 장애인은 주로 동반자가 있으므로 함께 입장시킨다. 필요에 따라서는 운영인력을 활용하여 휠체어를 제공하고, 수화지원을 한다.
- **외국인**: 외국인 관람객을 위한 전용입구를 설치하며, 통역 도우미가 입장 안내를 지원한다.
- **차량**: 개장 전 및 폐장 후에 전용 출입구를 이용하여 통과한다. 차량 출입증을 부착한 차량이나 작업 신청서의 승인을 발급받은 차량에 한하여 출입을 허용한다. 개장 중 출입이 가능한 차량은 비상상황에 대비한 구급차, 소방차, 경찰차와 긴급 시설 보수 또는 긴급 물품을 수송하는 차량이다.

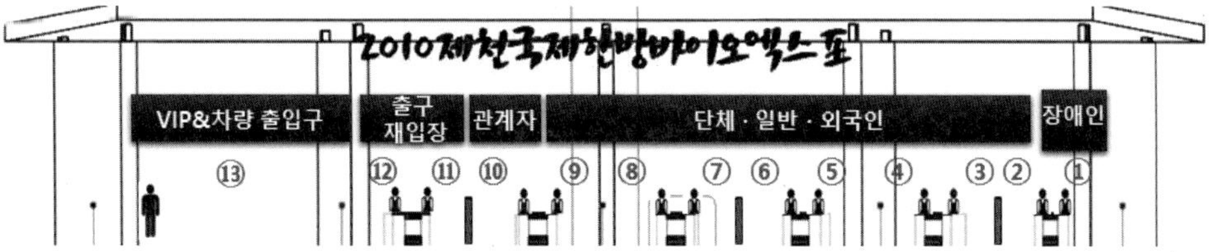

[그림 9-13] 출입구(대상자별 전용입구)

2) 출입시설 규모

출입시설의 규모는 관람객에 대한 계획기준일 지표를 기준으로 산정한다. 먼저 관람객의 입장 소요시간은 도우미의 검표 및 절취시간과 관람객이 입장권을 수령 후 입장하는 데 걸리는 시간으로 평균 1인당 3초로 추정한다. 1시간당 1개 출입구를 통과할 수 있는 관람객은 1,200명(3,600초÷3초)이다. 만일 계획기준일 지표가 50,000명이라면, 피크 타임(3시간, 계획기준일의 70% 입장)은 35,000명이 된다. 따라서 필요한 출입구 수는 10개(35,000명÷3시간÷1,200명=9.7개)로 산출한다.

출입시설의 규모가 산출되면 용도별 출입구의 수량을 결정한다. 즉, 입구로서 일반, 단체, 장애인(신체적 약자 포함), 외국인, 관계자, VIP, 재입장 등으로 구분한다. 출구는 퇴장 전용으로 사용한다. 용도별 구분은 입장객 상황에 따라 다른 대상으로 변경하거나 겸용으로 사용하는 등 탄력적으로 운용한다. 차량 출입구는 관람객 출입구와 떨어진 위치에 설치하는 것이 바람직하다. 차량의 입장은 행사 관계 차량과 방송/통신차량, VIP 및 초청자 차량이 대상이 된다.

3) 관람객의 입장 및 퇴장

개장시간에 맞춰 관람객의 입장을 허용한다. 관람객의 입장에 앞서 개장 및 입장과 관련된 안내방송을 실시한다. 일반적으로 개장 준비 안내, 개장 안내, 개장시점 안내를 방송을 통해 실시한다. 필요에 따라서는 외국어 안내방송도 실시하여야 한다. 안내방송과 함께 개장 시간대(08:00~09:30)에는 BGM(back ground music)을 틀어 개장과 함께 행사 분위기를 띄운다.

출입구는 관람객을 구분하여 입장시켜 혼잡을 사전에 방지하며, 입장 시 관람객 안전에 문제가 예상될 경우에는 모든 출입구의 입장을 일시 중단해야 한다. 행사 운영에 방해를 주거나 우려가 있는 관람객은 입장을 거부하거나 퇴장 조치할 필요가 있다. 또한 당일 입장객의 경우 중간에 퇴장하는 관람객에게 재입장 스탬프를 발부하여 재입장 시 확인하고 입장을 허용한다.

관람객의 퇴장은 폐장시간에 맞춰 모두 나갈 수 있도록 안내해야 한다. 먼저 폐장시간에 대한 안내방송을 폐장 1시간 전에 실시하여 남은 관람시간을 알게 한다. 폐장 30분 전에는 귀가 안내방송을 실시하고, 폐장 시점에는 행사 종료에 대한 안내방송을 한다.

외국인 관람객을 위한 외국어 안내 서비스도 실시한다. 폐장 30분 전부터는 BGM을 틀어서 곧 폐장한다는 분위기를 전달하는 것이 바람직하다. 퇴장시간대에는 모든 게이트를 출구로 활용해서 신속하고 편리하게 퇴장할 수 있도록 한다.

4) 주요 업무

관람객의 입장은 매표, 검표, 절취, 수거의 과정을 거친다. 관람객이 입장권을 구입해서 출입구로 들어서면 운영인력은 입장권을 확인하는 검표를 거쳐 회수용 부분을 절취하고 관람객용 부분을 전달한다. 회수된 입장권의 일부는 전용 수거함에 보관하며 폐장 후 운영본부에 전달한다. 입장 및 퇴장 인원수에 대해서 시간대별로 집계해서 상황실에 보고한다. 집계 내용은 행사장 내의 체류인원을 파악하여 질서 유지 및 관람객 분산에 활용한다. 또한 안내방송을 통해 관람객에게 혼잡 상황을 알려주고 출입구의 입장 속도를 조절한다.

출입관리의 주요 업무는 입장권 관리, 일시적 퇴장 및 재입장 관리, 암표단속 지원, 입장객 카운팅 이벤트(counting event)가 있다.

- **입장권 관리**: 입장권의 판매를 위한 매표소의 판매 인력을 배치하고 관리한다. 입장권 판매는 직접 운영할 수도 있지만, 티켓 전문업체에게 외주 용역을 의뢰하기도 한다. 입장권은 관람객 집객 수를 확인하는 데도 사용하지만, 수익사업의 가장 큰 부분이기 때문에 관리에 많은 신경을 써야 한다.
- **일시적 퇴장 및 재입장 관리**: 관람객의 개인 사정으로 일시적으로 행사장을 퇴장하는 경우가 발생한다. 이러한 경우 다른 사람이 부정 입장을 할 수도 있이 재입장에 대한 기준이 필요하다. 일반적으로 당일에 한하여 재입장을 허용한다. 그 절차는 일시적 퇴장 및 재입장을 원하는 관람객의 손등에 적외선 스탬프를 날인하고 재입장할 때 확인한 후 입장을 허용하는 방법이다.
- **암표단속 지원**: 사전에 저렴하게 구입한 입장권을 관람객에게 판매하는 경우가 발생할 수 있다. 암표단속을 위해 출입구 광장 및 판매소 주변에 경비 인력을 배치하고 감시한다. 불법 판매자가 암표 판매를 하지 못하도록 계도하고 필요에 따라 암표 판매자를 단속하여 경찰에 인계한다.
- **입장객 카운팅 이벤트**: 입장객에 대한 특정 인원수를 돌파할 경우 퍼블리시티를 위

해 축하 기념품과 함께 사진촬영을 한다. 카운팅 이벤트는 첫 번째 관람객, 1만 번째 관람객 등 사전에 계획하며 홍보 이슈로 취급한다. 일일 관람객 수를 지속적으로 집계하여 익일 카운팅 이벤트를 할 수 있도록 준비한다.

5) 출입증 관리

출입증의 적용범위는 주최자(또는 조직위원회), 관계기관 직원, 참가자, 운영인력, 공연자, 미디어 관계자, VIP 등과 관계 차량에 적용한다. 출입증은 주최자가 발급하는 행사장 출입 증명으로 등록출입증과 임시출입증, 행사용출입증, VIP출입증, 차량출입증 등을 포함한다.

- **등록출입증**: 종사자(주최자, 유관기관, 공공기관, 대행사, 운영인력 등)와 참가자(전시, 공연, 영업시설, 미디어 등)에게 발급되는 출입증
- **임시출입증**: 1일 또는 일정기간 행사장에 출입이 필요한 인원 및 차량에 발급되는 출입증
- **행사용출입증**: 특정 행사나 공연을 위해 출입하는 참가자, 공연단을 식별하기 위해 발급되는 출입증
- **VIP출입증**: 행사장을 방문하는 유명인사, 정 · 관 · 재계 등 유명인사에 발급되는 출입증
- **차량출입증**: 관련 차량을 대상으로 발급되는 출입증으로, 상시 · 임시 · VIP차량 출입증으로 표기함

출입증은 행사장을 출입하는 모든 관계자 및 차량에 대해 일괄 제작해서 배부한다. 출입증 발급은 사진, 인적사항, 발급사유 등을 제출하여 필요 없이 남발하지 않고 꼭 필요한 수량만큼 발급하는 것이 바람직하다. 공연 참가자, 영업시설 참가자, 전시 참가자는 단체명으로 발급하되 사전에 제출된 인원수에 한해서 사용하도록 한다. 단발성 공연이나 전시 등의 행사 관계자는 대상별 발급기준에 따라 임시출입증을 발급하여 사용하도록 한다.

출입증은 전체적으로 동일한 포맷 및 디자인을 사용하며 유형별로 색깔을 다르게 하여 멀리서도 육안으로 확인할 수 있도록 하는 것이 유용하다.

조직위원회
Organizer
소 속 : 운영본부
성 명 : 홍길동
Gil-Dong Hong
발급번호 AA-000-0000
대행사
Agency
운영대행
소 속 : OOOO
성 명 : 홍길동
Gil-Dong Hong
발급번호 AA-000-0000
임시출입증
Temporary
용 도 : 공 연
발급번호 AA-000-0000
운영
Staff
소 속 : 운영본부
성 명 : 홍길동
Gil-Dong Hong
발급번호 AA-000-0000
운영
Staff
Interpreter-English
소 속 : 운영본부
성 명 : 홍길동
Gil-Dong Hong
발급번호 AA-000-0000
자원봉사
Volunteer
홍 길 동
Gil –Dong Hong
발급번호 AA-000-0000

[그림 9–14] 출입증 예시

제10장

운영 환경 및 리스크 관리

1. 보건 및 환경 관리

행사장은 일시에 많은 사람이 모이기 때문에 응급환자, 질병, 부상, 전염병 등에 취약할 수 있다. 이를 위해 보건위생 계획을 철저히 수립하여야 하며, 다음과 같은 기본 방침을 고려해야 한다.

첫째, 관람객의 질병 또는 인명사고 시 신속한 진료 및 응급체계의 확립으로 안전을 도모한다.

둘째, 신속하고 체계적인 의료 서비스를 제공하기 위한 119 구급대, 보건소, 병원과의 의료지원체계를 구축한다.

셋째, 전염병 감시 및 관리 체계를 확립하여 환자 발생 시 확산 방지를 위해 신속하게 대처한다.

넷째, 행사장 주변의 취약 지역, 화장실, 해충서식지 등 비위생 지역에 대해 철저하게 방역소독한다.

다섯째, 식음시설과 유통식품에 대해 철저히 위생 관리를 하고 종사자에 대한 위생 교육을 실시한다.

보건위생의 주요 업무는 이동 의무실 운영, 응급처치에 관련된 약품 및 의료기기의 확보, 응급환자 후송병원 지정 및 조치, 전염병 관리, 행사장 방역소독 실시, 식중독 등 각종 질병 예방 · 관리, 식음시설의 위생 지도 및 점검, 식품위생업소 종사자에 대한 교육 강화, 관계기관과의 유기적인 협조관계 구축 등이 있다.

1) 의료관리

의료관리는 행사장에서 사고로 인한 부상자와 질병 등으로 인한 환자 발생 시, 신속한 진료와 치료 및 후속조치를 취함으로써 관람객, 참가자, 운영인력의 건강과 생명을 보호하는 것이다. 운영본부는 의료지원 체계를 구축하기 위하여 행사장에 의무실을 설치하고 인근 지역에 후송 병원을 지정해야 한다. 의무실은 행사장 내에 최소 1곳 이상을 배치하여야 한다. 의무실을 이용하는 관람객에게는 무료 진료 및 투약을 실시하며, 응급환자 처치 및 환자 중증도에 따라 이송 조치를 해야 한다. 또한 119 구급차 및 민간

구급차를 행사장에 상주시켜 신속한 응급이송 체계를 구축해야 한다.

(1) 환자 진료

행사장의 의무실 진료는 무료로 운영된다. 진료 서비스는 1차 진료 및 응급처치에 한하여 실시하고, 진료는 의사가 담당한다. 진료를 원하는 모든 사람은 사전 접수를 하고, 진료의사만이 약을 제공할 수 있다. 응급환자 발생 시 의사의 판단에 따라 응급조치를 시행하거나 병원 이송 여부를 판단 후 조치한다.

특히 응급환자 이송을 위해서는 다음과 같은 일반적인 원칙을 숙지하고 있어야 한다.

- 구조자의 안전을 확인한다.
- 조금이라도 위험성이 있으면 의사를 호출하여 도움을 받아야 한다.
- 고압선 감전현장에서 일반적 절연방식을 사용하여 고압선을 걷어내려고 시도하는 것은 매우 위험하다.
- 고압전기는 가정용 전기와 달리 나무를 통해서도 전류가 흐른다.
- 구급차가 도착할 때까지 환자 옆을 지키는 것이 좋다.
- 다친 환자의 자세를 바꾸거나 위치를 옮길 때는 환자에게 추가 손상을 주지 않도록 주의해야 한다.
- 특히 경추 보호가 가장 중요하며, 환자의 자세를 바꾸거나 움직일 때 목이 꺾이거나 회전하지 않도록 주의해야 한다.

(2) 환자 이송

이송대상은 1차 진료 및 응급처치 후 이송이 필요한 환자이다. 환자 이송의 판단은 진료의사가 결정하여야 한다. 이송병원 중 적절한 병원을 진료의사가 지정하여 119 구급차나 민간구급차로 이송하면 된다. 만일 환자가 원하는 병원이 있을 경우 해당 병원으로 이송하여도 무방하다. 일반적으로 지정병원까지 이송은 무료로 제공하며, 제3자 포괄배상책임보험으로 보험처리가 된다.

일반적으로 환자 이송 절차는 다음과 같다.

① 이송이 필요한 경우 의무실에 통보하고 진료의사가 판단한다.

② 이송 여부를 즉시 결정한 후 이송지정병원으로 환자를 이송한다.

③ 이송 시 진료의사는 이송의뢰서 2부를 작성한다(1부는 환자와 함께 이송병원에 송부).

④ 이송요원은 지정병원에 이송 후 담당의사의 확인 서명을 받아 복귀한다.

(3) 이송지정병원

이송지정병원은 신속한 환자 치료, 병상 수 확보 등을 위해 행사장 인근 종합병원 또는 민간대형병원을 이송병원으로 지정하는 것이다. 이송지정병원은 개최 이벤트의 지정병원으로 지정되어 이송환자를 위한 병상을 확보하고 응급상황 발생 시 구급차량을 지원한다.

(4) 근무인력

의무실은 전문인력으로 의사, 간호사가 상주하며 환자의 응급처치, 환자 이송 여부의 결정, 의료 업무를 수행한다. 응급환자를 대비하여 119 구급차 또는 민간구급차와 응급환자 이송요원이 필요하다. 행사장에서 응급의료카트를 배치하여 행사장 순회 및 환자 접수 신고 시 즉각 출동할 수 있도록 한다. 자원봉사자는 업무지원을 수행하는 일반 자원봉사자와 외국인 환자의 통역지원을 위한 통역 자원봉사자로 구성한다.

(5) 자동제세동기

자동제세동기(Automated External Defibrillator: AED)는 급성심장정지 환자 또는 심장박동 기능을 잃어버린 사람에게 전기충격을 주어 심장을 정상상태로 회복시키는 기기를 말한다. 응급환자 발생 시 자동제세동기로 4분 이내에 응급처치를 시행하면 환자의 생존율을 80%까지 높일 수 있다. 예산의 여유가 있으면 주요 시설물에 고정 배치하고, 최소한 의무실에 휴대용으로 비치해야 한다.

2) 방역관리

방역은 행사장의 주요 전시시설에 대한 방역소독과 감염병 발생요인을 사전에 차단하여 쾌적한 환경을 조성하고 관람객의 건강을 보호하기 위한 조치이다. 특히 야외에서 개최되는 이벤트는 방역을 위한 환경 분석을 실시하고 행사장 특성에 맞는 방역활동을 전개해야 한다. 위생취약 지역에 대한 점검활동으로 감염병 발생을 예방하고, 보건위생 관리를 통한 환경 위생 취약지역을 순회 점검해야 한다. 환경오염 방지를 위해

약품 사용을 통한 친환경 방역소독을 실시하는데, 행사기간이 긴 경우에는 정기적인 방역을 통해 해충 및 감염병 발생을 예방해야 한다. 관람객과 참가자, 운영인력을 대상으로 손 씻기 생활습관 및 유행성 질병예방에 대한 홍보활동도 병행해야 한다. 방역업무를 수행하기 위해서는 전문방역업체를 선정하여야 하며 방역감독 및 소독기사로 인력을 구성해야 한다.

(1) 방역소독 대상

방역소독은 주로 야외 행사장에 해당하며 다음과 같은 대상에 방역소독을 실시한다.

- 쥐: 시궁쥐, 들쥐 등
- 해충: 바퀴벌레, 개미, 파리, 모기, 독나방 등
- 병원균: 식중독균 등 감염성 병원균

행사를 시작하기 전에 살균 및 살충 작업을 실시하며 행사 중 필요에 따라서 수시로 실시하는 것이 좋다. 작업 시점은 관람객이 모두 퇴장하고 난 뒤에 실시한다.

(2) 방역 운영

방역은 회장 내 면적과 취약요인 등을 고려하여 관리계획을 수립한다. 또한 방역대상 지역을 다른 관리 주체(참가부스, 영업시설 등)와 중복 관리하지 않도록 사전에 협의한다.

방역 운영에 대한 기본방침은 다음과 같다.

- 행사장의 위생취약 지역인 쓰레기 집하장, 음식물 쓰레기 배출장소 등에 대한 수시 순회 및 방역활동을 실시한다.
- 취약지역에 대해서는 매일 1회 이상 실시한다.
- 상시 모니터링을 통해 폐장 후 신속히 작업을 실시한다(폐장 후 23:00~익일 02:00).
- 방역소독약품의 '환경호르몬 추정물질' 함유 여부를 검토하여 친환경제품을 선정한다.
- 사전에 식음시설 및 전시관 등 참가자에게 방역소독 사전예고제를 시행하여 피해가 없도록 협조를 구해야 한다.

• 감염병 예방용 허가를 받은 살균 · 살충제 허가에 관한 규정에 의거 식품의약품안전처장의 허가를 득한 살균 · 살충제를 선정 및 구입한다.

살균소독은 세균번식이 용이하여 오염이 쉬운 장소를 집중적으로 실시한다. 주로 화장실, 변기, 오물통(음식물쓰레기), 쓰레기통 주변 등이 대상이다. 살충(해충구제)은 방역전문업체와 협의한 후 적합한 방법을 선택하여 실시하며 소독주기는 기온, 습도에 따라 가변적으로 운영한다. 구서소독은 쥐 서식실태 조사를 통해 계획을 수립한 후 장소에 적합한 방법으로 실시한다.

방역 종류 및 방법은 다음과 같다(〈표 10-1〉 참조).

〈표 10-1〉 **방역 종류 및 방법**

<table>
<tr><th>종류</th><th colspan="2">내용</th><th>해당 구역</th></tr>
<tr><td rowspan="5">살균/
살충
(해충구제)</td><td>초미립자
분사기</td><td>• 세균이나 바이러스 번식 예방을 위한 살균제 소독
–처리대상: 세균, 바이러스</td><td rowspan="2">사무공간</td></tr>
<tr><td>휴대용
초미립자
살포기</td><td>• 차량 이용이 불가한 지역에 살포
–처리대상: 세균, 바이러스</td></tr>
<tr><td>잔류분무</td><td>• 곤충의 휴식장소, 서식장소 또는 활동장소에 살충제 잔류기간이 긴 살충제 입자를 놓아두어 대상해충이 접촉할 때마다 죽게 하는 방법
–처리대상: 모기, 파리 등</td><td>쓰레기 집하장,
음식물 처리장소,
배수로</td></tr>
<tr><td>분제살포</td><td>• 대상 해충이 자주 앉거나 휴식하는 장소에 잔효성 살충제를 살포하여 장시간 살충 효과를 내게 하는 방법
–처리대상: 벼룩, 진드기, 바퀴, 모기유충</td><td>내 · 외부
(공연장 및 광장)</td></tr>
<tr><td>포충등</td><td>• 주광성 벌레를 유인하여 램프에 고압전류를 흐르게 하여 죽게 하는 방법
–처리대상: 나방, 하루살이, 날벌레 등</td><td>외부</td></tr>
<tr><td rowspan="2">구서</td><td>트랩</td><td>• 쥐틀, 쥐덫, 접착식 트랩 등을 설치하여 쥐를 포획</td><td rowspan="2">식음시설,
쓰레기 집하장,
음식물 배출장소</td></tr>
<tr><td>살서제
(독먹이)</td><td>• 미끼먹이와 화학약제를 사용하여 쥐를 잡음</td></tr>
</table>

출처: 질병관리본부(2007). 살충 · 살균 · 구서를 위한 방역소독지침.

(3) 감염병 관리

감염병은 원충, 진균, 세균, 스피로헤타(spirochaeta), 리케치아(rickettsia), 바이러스 등의 병원체가 인간이나 동물에 침입하여 증식해 발생하는 질병을 통칭한다. 감염병을 관리하기 위해서는 정보수집, 관리 및 홍보를 통하여 예방대책을 수립한다. 감염병의 신고 및 보고의 신속성과 정확도를 제고하여 효율적으로 감염병을 관리해야 한다. 행사장 내·외부환경에서 발생할 수 있는 법정 감염병에 대해 관심을 두어 초기 확산을 최소화하고, 최근 5년 이내 국내에서 발생한 국가비상 감염병에 대한 정보는 미리 입수하여 대응계획을 세워야 한다. 또한 관람객 서비스 시설을 대상으로 감염병 예방 홍보 및 위생 관련 자료를 배포하는 것도 좋은 방법이다.

행사장의 운영인력과 청소인력을 대상으로 감염병 예방교육을 강화해야 한다. 운영인력은 사전 교육프로그램 일정에 감염병 예방교육을 포함하는 것이 좋으며, 청소인력은 위생 및 청결과 가장 밀접한 대상이므로 사전교육은 물론 수시교육을 실시한다.

감염병 예방을 위해서는 필요한 물자를 평상시에 비치하는 것이 바람직하다. 신종플루 및 식중독 예방을 위해 자동 손 소독기를 설치하여 운영한다. 설치장소는 식음시설, 게이트, 전시관 입구, 화장실 등이며, 리필 세정액도 충분히 준비하는 것이 좋다. 또한 공간 살균기를 설치하여 운영한다. 주로 의무실, 반려동물보호실, 특수 공간 등에 설치하여 감염병 예방에 대비한다.

행사장에서 급성감염병 환자가 발생할 경우에는 1차 조치사항으로 환자를 격리하고 역학조사를 의뢰해야 한다. 또한 환자 및 인근 주변을 소독하고 환자 발생 보고와 더불어 보건교육과 주위 홍보를 해야 한다. 보건소나 질병관리본부에서 병원균에 대한 역학조사를 실시하며 급성감염병 확산 방지를 위한 조치를 실시한다. 감염병 방지를 위해 환자 또는 보균자는 완치될 때까지 타인과 신체적 접촉을 일체 금지하고 철지한 위생관리를 해야 한다. 또한 접촉한 물건은 살균제로 소독 처리해야 한다.

(4) 국가비상 감염병 발생 시 운영체계

국가 차원에서 비상 감염병 발생을 경고하면 행사장에는 추가로 감염병 관리를 위한 물자를 설치해야 한다. 입장하는 관람객 중 발열로 인하여 감염병이 의심되는 관람객을 수시로 체크하기 위해 자동발열 감시카메라를 게이트에 설치해야 한다. 또한 자율발열 측정소를 운영하여 발열이 의심스러운 관람객은 누구나 수시로 측정할 수 있게 한다. 행사장의 운영인력은 수동발열 체크기를 준비하여 출퇴근 시에 검사하고 매일 순회 모니터링을 실시한다. 관람객 입장 시 접촉이 많은 공간에 방역 카페트를 설치하여 운영하는 것이 바람직하다.

주요 감염병의 종류는 다음과 같다(〈표 10-2〉 참조).

〈표 10-2〉 **주요 감염병 종류**

구 분	내 용
사스(SARS)	• 정의: 사스 · 코로나 바이러스가 인간의 호흡기를 침범하여 발생하는 질병 • 원인: 대기 중에 떠다니는 고체나 액체의 미세한 입자에 의해 전파 • 증상: 2~7일 잠복기가 지나면 발열, 무력감, 두통, 근육통의 증상이 나타남
신종인플루엔자A (H1N1)	• 정의: A형 인플루엔자 바이러스가 변이를 일으켜 생긴 새로운 바이러스로 2009년 전 세계적으로 감염을 일으키고 있는 호흡기질환 • 원인: 돼지에서 기원한 인플루엔자 A 바이러스가 원인으로 감염된 환자의 기침, 재채기에 의해 외부로 방출된 입자가 다른 사람의 호흡기로 전염 • 증상: 갑작스러운 고열, 근육통, 두통, 오한, 인후통, 구토, 설사 등
중동호흡기증후군 (MERS)	• 정의: 새로운 유형의 코로나바이러스 감염으로 인한 중증 급성호흡기 질환 • 원인: 중동지역의 낙타와 접촉을 통해 감염 가능성이 높고 사람 간 밀접접촉에 의해 전파 가능 • 증상: 발열을 동반한 기침, 호흡곤란, 가래, 두통, 오한, 근육통, 복통, 설사 등
유행성 각결막염	• 정의: 아데노 바이러스에 의해 결막에 생긴 염증성 질환 • 원인: 아데노 바이러스 제8형과 제19형에 의한 결막의 감염으로 발생 • 증상: 충혈, 중등도의 통증, 이물감, 눈곱, 충혈, 결막부종 등

3) 식품위생 관리

식품위생 관리는 식음시설에 대한 철저한 위생관리를 통해 관람객 및 운영인력이 안심하고 섭취할 수 있는 식품 및 음료를 공급하는 데 있다.

행사장의 식음시설은 전문식당, 푸드코트, 카페테리아 등으로 구성된다. 식품위생관리에서 가장 중요한 것은 식중독을 관리하는 것이다. 식중독의 원인은 병원성 미생물이 다량 오염된 식품을 섭취하였거나 또는 섭취한 미생물이 체내에서 다시 증식하여 발생하는 세균성 식중독과 인체에 유해한 물질이 식품에 오염되었거나 첨가물이 들어 있는 식품을 섭취하여 발생하는 화학성 식중독이 있다. 식중독을 예방하기 위해서는 기상정보에 기초하여 업소 종사자와 관람객에게 주의를 촉구하는 식중독 경보를 발령해야 한다. 식중독 예방관리 지침서를 배포하고 식중독 예방을 위한 계몽표어, 포스터,

전단을 제작해서 배포하기도 한다. 환자 발생 시 신속한 신고와 조기에 발견체제를 확립하는 것이 중요하다.

특히 집단 급식소와 식품위생업소에 대하여 다음과 같이 위생 점검을 강화하여 식중독을 미연에 방지해야 한다.

- 원료 구입 및 보관관리: 무허가 및 제조일자 미표시 제품의 사용금지
- 제조장 및 조리장의 위생관리 철저: 주방시설 및 행주, 도마 등 기구류의 소독 철저
- 식자재 및 기구 · 용기에 대한 사전검사 의무화
- 종사자 위생관리 강화: 개인위생관리 강화 및 위생교육 실시
- 위생 점검 강화: 급식시설의 위생 점검, 식품취급자의 보균검사, 영양사 및 조리사 교육
- 관람객의 도시락에 대한 안전관리 홍보

또한 도시락은 운영인력의 급식용으로 자주 사용되기 때문에 도시락 제조업체의 지도 및 점검을 강화할 필요가 있다. 환자가 발생할 경우에는 식중독을 일으킨 환자 또는 의심이 있는 자의 신상명세와 원인 등을 보고해야 한다. 환자는 행사장 내 의무실 또는 인근병원으로 이송조치를 한다. 또한 보건소와 협조하여 식중독 환자 발생지역의 접촉자에 대한 보균 여부 검사와 음식점 종사자 전원에 대하여 채변검사를 실시한다. 식중독균 보균 여부를 확인하여 보균자에 대하여는 투약과 동시에 균 음성 전환 시까지 업무를 중지시켜야 한다.

4) 청소관리

청소관리는 행사장은 물론 그 주변까지 항상 청결하게 유지하여 관람객에게 쾌적한 환경을 제공하는 것이다. 따라서 행사장의 청소는 개장 전은 물론 개장 중에도 실시해야 한다. 각 영업시설은 영업 참가자가 자체적으로 청결을 유지해야 하며, 청소 구역별 책임제로 철저한 분리수거와 효율적인 청소가 되어야 한다. 청소는 청소용역업체를 선정하여 운영하는 경우가 대부분이다. 신속하고 안전한 쓰레기 수거 및 운반, 화장실 청소관리를 위해 청소실명제를 도입해서 운영하는 것도 좋은 방법이다. 청소관리에서 중요한 것 중 하나는 청소에 대한 기준을 설정하여 책임을 명확히 하는 것이다. 일반적으

로 다음과 같은 기준을 적용한다.

첫째, 행사장과 주변, 개별 전시관의 내부 공간은 환경관리원이 담당한다. 둘째, 개별 전시관의 경우, 내부는 참가자가 자체적으로 청소를 하고 쓰레기는 비닐봉투에 담아 지정된 장소에 버려야 한다. 셋째, 공동 전시관의 경우, 각각의 부스 내부는 참가자가 청소 및 관리의 주체가 된다. 넷째, 행사 준비 및 철거 시 발생하는 대형 및 산업폐기물은 운영 주체가 책임을 진다.

일반적으로 청소에 대한 업무 분장은 다음 〈표 10-3〉과 같다.

〈표 10-3〉 **청소업무 분장**

구분	내용
주최자	• 청소계획 수립 및 총괄 업무 • 청소 관련 시설 설치 업무 • 유관기관 협조 및 지원 업무
영업시설 참가자	• 시설 구역 및 주변 청소 • 시설 폐기물의 반출 책임 • 전용봉투 및 용기의 구입 사용 • 음식물 쓰레기 및 폐기물 처리
전시 참가자	• 전시관 내부 청소 • 전시관 내 폐기물 반출
청소용역업체	• 행사장 내 및 공용 시설의 청소 • 청소인력 및 장비관리 • 일일 청소 운영일지 작성 및 제출 • 전시관 공동구역 청소 및 반출 쓰레기 수거 • 화장실 전담반 선임 및 청소 • 쓰레기 집하장 이동 및 분리 수거 작업 • 각 장소별 담당제 운영 및 순회 청소
운영요원/ 자원봉사자	• 근위 위치별 주변 청소 및 쓰레기 수거 • 행사장의 휴지, 담배꽁초 등 발견 즉시 수거 • 쓰레기 분리 수거 유도 및 수거 시점 통보

청소계획은 행사 개막 전, 기간 중, 폐막 후로 나누어 진행한다(〈표 10-4〉 참조).

〈표 10-4〉 **단계별 청소계획**

구분		완료 시점	내용
개막 전		개막 1~3일	• 개장 대비 마무리 청소 • 청소체계 운영 점검
기간 중	개장 전	개장 30분 전	• 행사장 청소 • 행사장 주변 도로, 주차장 등
	개장 중	수시 진행	• 폐기물 수거 및 순회청소 • 화장실 청소
	폐장 후	폐장 2시간 이내	• 쓰레기 수거 및 운반 • 도로, 광장 등의 물청소
폐막 후		철거 완료	• 행사장 정리 청소 • 폐기물 및 쓰레기 수거 • 행사장 쓰레기 반출 처리

청소는 일상적인 청소 이외에 특별청소와 긴급청소가 있다. 특별청소는 매일 청소할 필요는 없으나 일상청소로 처리되지 않는 부분을 청소하는 것을 말한다. 특별청소의 대상은 안내판, 개찰구, 쉼터, 벤치, 녹지시설 잡초 제거, 관람객 서비스 시설의 유리창 및 바닥 청소, 기타 매일 청소가 필요하지 않은 장소가 된다.

긴급청소는 행사장의 사고나 천재지변 등 특수상황이 발생한 구역의 청소를 말한다. 긴급청소 시에는 종합상황실에서 별도의 청소 지시로 업무를 처리한다. 긴급청소의 대상은 바닥의 쓰레기, 나뭇잎 등이나 제반시설의 파손 복구, 우천 시 빗물 제거 등이다.

(1) 화장실

화장실은 지속적인 청소로 항상 청결상태를 유지해야 한다. 개장 중에는 화장지, 종이휴지, 비누, 휴지통 등이 기본적으로 비치되어야 한다. 특히 소모성 비품인 화장지, 종이휴지, 비누 등은 떨어지지 않도록 수시로 보충하는 것이 중요하다. 관람객의 불만은 특정 시점에 부족한 부분이 있으면 발생하기 때문이다. 청소 점검자는 화장실의 청소상태를 수시로 확인하여 중점적으로 관리해야 한다. 변기 및 세면기 기능이 제대로 작동할 수 있도록 점검하며 고장 발생 시에는 구역별 책임자에게 통보하여 신속하게 수리할 수 있도록 한다.

화장실은 관람객도 사용하지만 운영인력도 함께 사용한다. 운영인력의 깨끗한 화장실 사용을 교육시키고, 화장실에 청결 안내문을 부착하여 깨끗한 화장실이 되도록 노력해야 한다.

화장실 청소 점검은 개장 30분 전에 정기 점검을 실시하고, 개장 중에는 수시 점검을 실시한다. 점검 사항은 화장실 주변의 청소상태, 대소변기의 작동상태, 출입구 · 벽면 · 유리 · 거울 · 장식품 등의 청결 여부를 확인한다. 또한 일일 점검표를 비치하여 체계적인 화장실을 관리하도록 한다. 점검사항에 대한 조치는 현장 확인에 따라 즉각적으로 이루어져야 한다.

일반적으로 화장실 청소 요령은 다음과 같다.

- 매일 개장 전과 폐장 후에 일제 청소를 실시한다.
- 개장 중에는 수시 청소 및 소모품을 보충한다.
- 화장실 주변 청소, 화장실의 악취 제거 및 장식품을 관리한다.
- 변기 및 세면기의 기능을 점검하고 문제 발생 시 신속한 보고와 조치를 요구한다.
- 실명 책임제를 도입하여 청소상태 점검 및 청결을 유지한다.
- 화장실 청소 매뉴얼을 배포하고 필요한 교육을 실시한다.
- 이동화장실의 경우, 시설 관리자의 상주로 문제 발생 시 즉각적인 조치를 한다.

청소관리에 있어 개장 전후 및 개장 중에 중점적으로 처리해야 하는 내용은 다음과 같다(〈표 10-5〉 참조).

〈표 10-5〉 **화장실 중점 작업 내용**

개장 전	개장 중	폐장 후
• 시설의 안전 확인 • 기능 작동 점검 • 부족물품 확인 및 보충 • 바닥 및 벽면의 청소 • 변기 청소 • 거울 및 세면대 청소 • 금속 부문의 마무리 • 쓰레기통 청소	• 부족물품 확인 및 보충 • 변기 청소 • 바닥, 벽면 청소 • 거울 및 세면대 청소 • 오물 회수 • 쓰레기통 청소 • 화장실 주변 청소	• 부족물품 확인 및 보충 • 바닥, 벽면 청소 및 소독 • 변기 청소 및 소독 • 거울 및 세면대 청소 • 금속 부문 청소 • 오물 회수 • 쓰레기통 청소

「공중화장실에 관한 법률 시행령」(2015.1.1)에 따르면 여자 대변기 수는 남자 대·소변기 수의 1.5배 이상으로 설치하는 경우 대변기 10개(남자용 2개, 여자용 8개) 이상, 소변기 3개 이상을 설치하여야 한다. 대변기(서양식 기준) 칸막이 규격은 짧은 변이 0.85m 이상, 긴 변이 1.3m 이상으로 하여야 한다. 소변기는 1인 점용 폭을 0.75m 이상으로 한다.

필요한 변기 수량 산정은 '동시체류인원 × 사용비율 × 시간당 사용률 ÷ 시간당 회전율'로 계산한다. 통상 사용비율은 남자좌변기 5%, 소변기 40%, 여자좌변기 50%, 미사용자 5%를 적용하며, 시간당 사용률은 3시간당 1회 사용을 가정하여 0.33으로 산정한다. 사용시간은 남자좌변기 300초, 소변기 60초, 여자좌변기 120초를 기준으로 하며, 시간당 회전율은 1시간 ÷ 사용시간으로 산출한다. 이렇게 산출된 수량은 최소량이며, 장애인용은 화장실 설치장소에 각 1개소씩 설치한다.

조사에 따르면, 화장실에 갈 때 여성은 평균적으로 5분이 소요되며, 남성은 3분이 소요된다. 그리고 여성은 공중화장실에서 남성이 기다리는 것보다 55~65%를 더 오래 기다릴 가능성이 있다. 따라서 여성에게 더 많은 위생시설을 제공해야 하며 관람객의 구성비율에 따라 남성과 여성으로 분리된 시설은 다시 설계될 수도 있다. 이런 점을 고려하여 가변 화장실을 운영하는 것도 좋은 방법이다. 일시적으로 여성용 화장실의 부족 현상을 해소하기 위하여 남성 화장실 일부를 여성 화장실로 대체 운영하는 것이다. 기존 남자 화장실 사인물을 여자 화장실로 변경하고 화장실 입구 및 벽 공간을 활용하여 가변 화장실로 사용된다는 것을 알리는 안내문을 부착한다. 별도의 여자 화장실의 증설 없이 추가로 확보할 수 있어 여성 관람객의 대기열 감소 효과를 가져온다.

야외 이벤트의 경우 이동식 위생시설을 행사장으로 가져와 배치하여야 하며, 세면시설도 항상 함께 제공되어야 한다. 이동식 화장실은 우연적이나 의도적으로 기울어지지 않도록 적절하게 위치하여 바닥에 잘 고정되어야 한다. 화장실은 밝아야 하고, 눈에 잘 띄어야 하며, 가능한 식음시설이나 보관구역과는 떨어져 있는 것이 좋다. 이동식 화장실 설치를 위한 행사장 진입, 청결 유지, 철수는 장소 및 운영계획에 필히 포함되어야 한다. 또한 위생시설이 불법적인 행위에 악용되지 않도록 모니터해야 한다.

(2) 쓰레기

행사장에서 배출되는 쓰레기는 생활 쓰레기, 재활용 쓰레기, 음식물 쓰레기, 건설 폐기물로 분류하여 처리해야 한다(〈표 10-6〉 참조).

〈표 10-6〉 **쓰레기 분류**

구분	내용	처리방법
생활 쓰레기	행사장에서 발생하는 모든 생활 쓰레기는 집하장으로 수거하여 배출	집하장 수거 후 배출
재활용 쓰레기	종이, 알루미늄 캔, 병, 플라스틱 등 재활용 가능한 쓰레기는 생활 쓰레기와 분리 배출하여 집하장으로 수거하여 반출 처리	
음식물 쓰레기	음식물 쓰레기통에 수거한 후 개장 전 또는 폐장 후에 음식물 쓰레기 업체에서 수거	음식물 쓰레기 업체 (운영 주체가 비용 부담)
건설 폐기물	개막 전에 발생하는 모든 건설 폐기물은 운영 주체가 직접 책임 처리	주체자 직접 처리 (운영 주체가 비용 부담)

① 생활 쓰레기 및 재활용 쓰레기의 처리

청소 담당은 주최자가 행사장에 설치한 생활 쓰레기와 재활용 쓰레기를 수거하여 쓰레기 집하장으로 이동시킨다. 각 전시관 및 영업시설의 운영 주체는 내부에서 발생한 쓰레기를 지정된 구역 및 시간(폐장 후)에 쓰레기를 배출하거나 집하장에 직접 배출한다. 집하장에 집적된 생활 쓰레기와 재활용 쓰레기는 쓰레기 처리업체에 위탁하여 야간 및 새벽에 배출한다. 쓰레기 처리업체는 매립장 반출 쓰레기의 일일 배출량을 기록하여 운영담당자에게 보고토록 하여 관리해야 한다.

② 음식물 쓰레기 처리

이벤트 주최자는 음식물 쓰레기 처리업체를 선정하고, 업체와 식음업자 간의 사전 조율을 통해 원활한 음식물 쓰레기 배출이 가능하도록 지원해야 한다. 음식물 쓰레기 수거는 폐장 후 진행하는 것을 원칙으로 하며, 식음업체는 행사 중 음식물 쓰레기를 청결하게 보관하여야 한다. 식음업자는 식음시설 내에서 발생하는 모든 음식물 쓰레기를 지정된 장소, 지정된 시간(폐장 후)에 음식물 쓰레기통에 담아 집적하고 수거업체에서 외부로 배출한다. 음식물 쓰레기 처리업체는 일일 음식물 쓰레기 배출량을 기록하여 운영담당자에게 보고토록 하여 관리해야 한다.

③ 건설 폐기물 처리

주최자는 건설 폐기물 처리업체 목록을 부스 참가자에게 제공하여 건설 폐기물 처리가 신속하게 이루어지도록 지원해야 한다. 부스 참가자는 행사 전후 설치와 철거로 발생하는 건설 폐기물을 직접 폐기처리할 의무가 있다. 무단투기되어 주체 발견이 어려운 폐기물이 발생하는 경우에는 주최자가 우선 처리한다.

쓰레기 집하장은 관람객의 시선에 잘 띄지 않는 곳으로 외부 도로와 바로 연결되는 위치로 선정한다. 행사장 규모가 큰 경우에는 임시 집하장을 추가로 배치하여 쓰레기 수거의 효율성을 도모해야 한다. 쓰레기 집하장은 생활 쓰레기와 재활용 쓰레기 집하시설로 구분하여 설치 · 운영하는 것이 효율적이다. 집하장 내 상주 담당자를 배치하고, 상하수 시설 설치로 수시 청소가 가능토록 하여 쾌적한 집하장 환경을 조성한다. 또한 집하장에 수거차량의 회차 공간을 조성하고, 차량 주정차 및 카트 충전 공간을 확보하여 전동카트나 전동수레 충전이 가능하도록 한다.

(3) 청소인력 및 물자

행사장의 청소인력은 청소반장, 구역팀장, 청소요원 등으로 구분할 수 있다. 청소반장은 청소를 총괄하며 인력을 지휘 · 감독하는 역할을 한다. 행사장 규모가 클 경우에는 행사장을 몇 개의 구역으로 나누어 구역팀장을 임명한다. 구역팀장은 해당 구역의 청소인력을 관리한다. 청소요원은 수거반, 순회반, 화장실전담반, 신속대응반 등으로 구성하되, 특별청소나 긴급청소 시 각 반별 지원팀을 편성하여 구역별로 투입한다.

청소인력은 구역팀장이 담당 구역 청소인력을 관리하고 특이사항 또는 문제 발생 시에는 구역팀장에게 보고토록 한다. 근무 교대는 1일 2교대 근무를 기준으로 운영한다. 업무특성상 근무시간에 별도의 휴식시간 배정이 어려우므로 관람객 및 쓰레기 증감을 감안하여 자체적으로 휴식을 취하도록 한다.

청소요원의 임무별 주요 업무는 다음과 같다(〈표 10-7〉 참조).

〈표 10-7〉 **청소요원 임무별 주요 업무**

구분	일제 청소	개장 중	폐장 후
순회	• 관람객 주요동선 청소 : 광장, 도로, 휴게시설 • 편의시설 청소 : 흡연구역, 음수대 등	• 시설물 주변 • 관람객 투기 쓰레기	• 행사장 전체

수거	• 행사장 쓰레기 수거 및 집하장 배출 • 쓰레기통 비닐 보충	• 쓰레기 수거 및 집하장 배출 • 집하장 쓰레기 용량 파악	• 집하장 쓰레기 매립장으로 배출 요청 • 전동카트 및 전동수레 관리
신속 대응반	• 특별/긴급청소 투입 • 화장실 및 청소시설물 물자 보급	• 특별청소 • 물자 파악 및 수급	

청소인력은 청소용역업체에 하도급을 주며 가능한 지역경제 및 고용창출을 위해 지역에 소재한 업체를 선정하는 것이 바람직하다.

청소물자는 소모품, 청소용품, 청소장비로 구분할 수 있다. 소모품은 청소용 소모품과 관람객용 소모품이 있다. 청소용 소모품은 마포걸레, 고무장갑, 락스, 화장실세척제, 수세미, 방향제, 쓰레기봉투, 박스테이프, 곰팡이 제거제 등이 있다. 관람객용 소모품은 화장지, 물비누, 종이타월 등이 있다. 청소용품은 마포대, 고무 양동이, 장화, 만능집게, 컵변기솔, 쓰레받기세트, 삽, 사다리, 핸드드라이기, 쓰레기통, 자루 등이 있다. 청소장비는 청소차, 트럭, 집하기, 무빙워크 청소기, 진공청소기, 손수레 등이 있으며 청소물자는 현장상황을 고려하여 변경하거나 추가할 수 있다.

청소장비는 사전에 미리 확보하고, 충분한 사전 점검으로 결함을 확인하고 수리하여 준비해야 한다. 신기자재는 시운전 실시 후에 사용을 검토한다. 청소물자 관리 매뉴얼을 작성하여 불필요한 낭비를 방지하고 물자수급 체계를 구축해야 한다. 청소물자 목록을 작성해서 비치하면 일목요연하게 청소물자의 현황을 파악할 수 있다. 청소장비나 청소용품은 고장사고에 대비하여 청소용역업체의 자체 수리반을 운영하고, 구입 및 임차일 경우에는 애프터서비스(A/S) 요원을 전담으로 배치한다.

2. 안전 및 위기 관리

행사장에서의 안전과 위기관리는 아무리 강조해도 지나치지 않다. 이벤트 현장에서의 크고 작은 사고는 지속적으로 발생하고 있으며, 항상 잠재적인 위험을 안고 있다. 이러한 리스크를 효과적으로 관리하기 위해서는 사전에 철저한 시뮬레이션을 해야 하며, 대비책을 마련해 두어야 한다.

1) 안전관리

안전관리는 관람객과 참가자, 운영자의 신변보호와 행사장 내 시설보호 및 질서 유지를 위해 안전대책을 수립하여 편안하고 사고 없는 행사를 치르는 것을 목적으로 한다. 행사장 내 안전사고 예방과 질서 유지로 쾌적하고 편안한 관람환경을 제공해야 한다. 이를 위해 주야간의 경비 및 순찰활동을 통해 시설물의 훼손이나 도난을 방지하고, 유관기관과 긴밀한 협조체제를 구축하여 긴급상황 발생 시 신속히 대응해야 한다. 특히 유관기관과의 업무 분담으로 안전, 보안, 경비체계를 구축하는 것이 바람직하다.

안전관리를 위해서는 24시간 경비체계를 확립하는 것이 중요하다. 행사장의 출입관리, 순찰, 감시, 질서 유지 등 24시간 행사장 안전관리 체계를 유지해야 한다. 행사장 내부 및 외부의 치안활동은 물론 경비체계를 운영하여야 한다.

(1) 업무 범위

① 시기별 업무 범위

시기별 업무의 구분은 사전 행사장 출입관리를 위한 행사 전, 행사 중, 행사장 철수의 출입관리를 위한 행사 후로 구분한다.

〈표 10-8〉 **시기별 보안업무**

시기별	내용
행사장 공사	• 공사현장 24시간 안전경비 업무 실시로 인원 및 차량출입관리 • 이동형 펜스 설치를 통한 안전관리 • 통제 시설물 설치 및 운영: 안전CP, 경비초소
행사 전	• 안전인력의 직무별 업무 숙지 • 행사에 대한 일반교육, 직무교육, 소양교육 실시 • 운영 예행연습을 통한 비상상황 대처 및 유관기관과의 협업체계 구축 • 행사 개막 전까지 안전 및 출입관리
행사 중	• 안전관리를 위한 질서 유지, 순찰, 초소관리 등 전반적인 안전업무 • 출입구 관리업무: 혼잡 및 질서 유지 • 행사장 내 순찰업무: 관람객 안전, 위험요소 사전 차단 • 대테러 지원 업무: 유관기관과 업무 협조체계 구축
행사 후	• 전시관, 시설물, 물자 등의 철수작업을 위한 안전업무 • 출입구 관리: 등록차량, 철수인력 출입관리 • 철수와 관련된 제반 안전활동

② 공간적 업무 범위

안전관리의 공간적 범위는 관리주체에 따라 1선, 2선, 3선 관리로 구분되며, 각 운영 주체가 담당한다.

〈표 10-9〉 **행사장 3선 범위**

구분	범위	관리주체	내용
1선	• 전시관 • 영업시설 • 문화공연시설	운영 주체자	• 전시관 및 시설 운영 주체가 안전업무 담당 • 사고발생 시 종합상황실 협조 요청 및 신속 대처
2선	• 행사장 전반	운영 대행사	• 운영 대행사가 안전업무 담당 • 행사장 내 · 외 순찰관리 • 비상상황 시 대응관리
3선	• 행사장 외부	유관기관	• 경찰의 범죄예방, 치안관리 • 행사장 인근 관람객 안전관리

③ 업무별 범위

관람객의 안전, 질서 유지를 위한 안전업무와 행사장 내 시설 등의 관리, 치안을 위한 순찰업무로 구분할 수 있다.

〈표 10-10〉 **업무분야별 주요 임무**

구분	주요 임무	비고
안전업무	• 관람객 혼잡 시 질서 유지 • 관람객 응대 및 행사장 안내 • 행사장 전반의 경비체계 유지 • 비상상황 발생 시 관람객 대피 유도	24시간 경비
순찰업무	• 행사장 내 · 외 순찰 –행사장 내 · 외 시설 이상 유무 확인 –관람객 위험지역 접근 감시 –행동이상자 감시 등	24시간 순찰

(2) 경비운영체계

경비운영은 행사장을 방문한 관람객의 안정성을 유지하는 것이 가장 중요하다. 경비본부와 각 초소와의 긴밀한 보고체제를 유지하고, 좀도둑이나 잡상인 등 부적적한 출입자를 최대한 예방하여야 한다. 관람객들의 무질서가 예상되는 지역과 위험요소가 내재된 지역에 경비를 집중해야 한다. 또한 CCTV 시스템을 최대한 활용하여 행사장 전 지역에 대해 지속적으로 감시하고 사고 발생에 대비토록 한다.

다음은 경비운영체계에 대한 예시([그림 10-1] 참조)와 전체 경비업무(〈표 10-11〉 참조)이다.

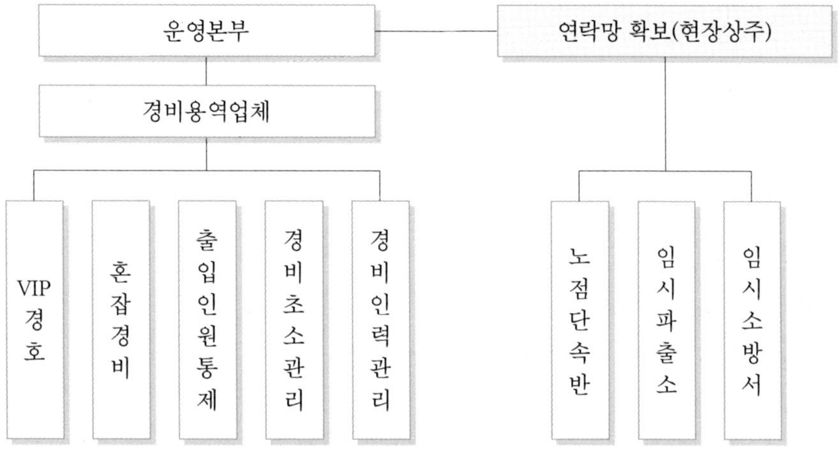

[그림 10-1] 경비운영체계도(예시)

〈표 10-11〉 **전체 경비업무**

구분	내용
행사장 질서 유지	• 입장 및 퇴장 질서 문란행위 예방, 단속 • 각 출입구, 주요 동선에서 관람객의 질서유도 안내 • 행사장 내 안전사고 방지 업무 수행 • 행사장 내 잡상인 상행위 및 질서 유지
범죄 및 사고 예방	• 관람색 보호 및 방범활동 • 화재 및 혼잡사고 예방활동 • 행사장 내 규칙위반자 경고, 제지, 퇴거 등 현장 조치
관리시설 경비	• 기계, 전기, 통신시설 등 주요 시설 경비 및 출입금지구역 통제 • 일반관람객의 출입 통제
유관기관 지원	• 경찰, 소방, 구급활동에 대한 지원 • 참가기관과의 협조체제 유지 및 경비지원

행사장 경비	• 개폐막식 경비 • 일자별 대규모 이벤트 개최 시 특별 경비 수행 • 관람객 집중 시 혼잡 방지 • 퍼레이드 등 관람객 동선 행사의 혼잡 방지
순회 경비	• 출입구, 전시관 등 주요지역 • 관람객 밀집지역, 행사장 주변지역

(3) 경비인력 및 배치

경비인력은 경비대장, 경비반장, 경비요원으로 구분한다. 경비대장은 경비업무의 총괄로서 행사장 안전관리 전반을 책임지고 경비인력을 지휘 감독한다. 또한 안전관리와 관련하여 주최자 및 운영대행사와 의견을 조율하며, 안전관리 인력의 업무수행 상황을 점검하고 관리해야 한다. 경비반장은 경비대장의 지시사항을 수행하고 순찰활동 후 순찰일지를 작성한다. 안전관리 인력배치 및 교대관리를 관장하며 안전관리를 위한 지원 및 상황을 전파한다. 경비요원은 경비반장의 지시사항을 수행하며 관람객 안전보호 및 안내를 담당한다. 관람객의 안전, 질서 유지, 화재예방 등 주야간 안전관리 업무를 수행한다. 또한 순찰, 초소 등 담당 위치에서 안전관리 업무를 수행하면서 관리상황

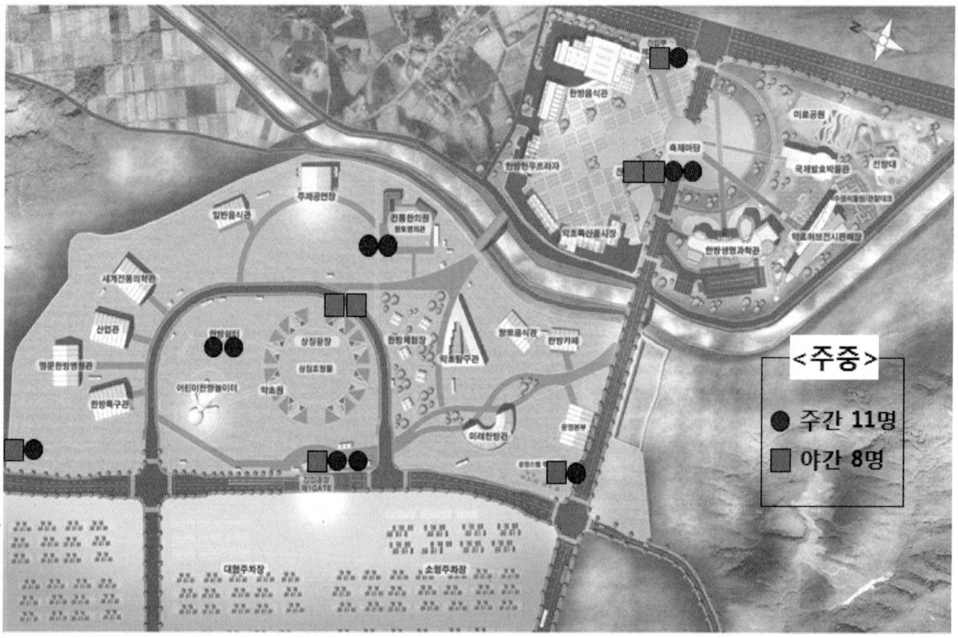

[그림 10-2] 경비인력 배치도(예시)

에 대해 정기적으로 보고한다.

경비인력은 24시간 체제로 근무하기 때문에 오전반, 오후반, 야간반으로 3교대 근무를 실시한다. 경비인력의 근무배치는 근무위치(CP, 게이트, 경비초소, 주차장 등)와 순찰 업무로 구분하여 업무의 효율성을 높여야 한다. 또한 경비인력 배치는 주간과 야간으로 나누는데, 야간에는 주로 게이트와 주요시설을 중심으로 배치한다([그림 10-2] 참조).

경비요원이 사용하는 장비는 안전장비, 통제장비, 순찰차량 등이 있다. 순찰차량은 이벤트 규모와 행사장 상황에 따라 활용한다.

안전장비는 경비 근무 및 순찰 시에 행사장 안전관리를 위해 근무자에게 지급되는 장비이다. 안전장비의 종류는 근무자 간의 통신수단인 TRS/무전기, 치안 및 행사장 저해요인 제압용의 가스분사기, 야간 순찰 시 주변시설 감시용으로 사용하는 랜턴, 비상상황 시 관람객을 안내하기 위한 확성기, 화재 발생 시 초기 진압을 위한 휴대소화기, 야간 근무지의 관람객 및 차량을 유도하기 위한 경광봉 등이 있다.

통제장비는 행사장 내외의 출입 및 사고현장의 통제를 위한 관리장비를 말한다. 관람객 및 차량을 통제하기 위한 바리케이드(barricade)와 사고지역 및 통제지역 등 접근금지 표시용으로 사용하는 폴리스라인(police line) 등이 있다. 순찰차량은 야간 순찰 시

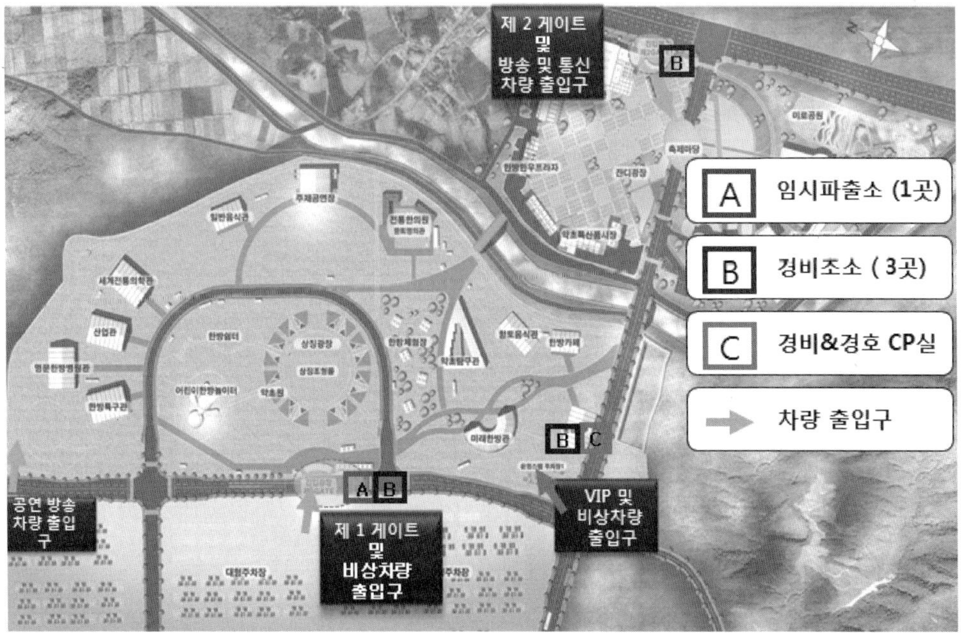

[그림 10-3] 경비 관련 시설물 위치도(예시)

행사장 내 이동수단으로 활용하며, 비상상황 발생 시에는 주간에 사용한다.

경비업무를 수행하기 위한 경비 관련 시설물은 게이트 및 차량출입구 등에 설치한다([그림 10-3] 참조).

경비인력에 대한 다양한 교육을 진행하여 행사장 현장에서의 빠른 적응과 현장 대처 능력을 함양하는 것은 매우 중요하다. 경비인력의 교육은 사전 온라인교육, 소양교육, 직무교육, 사전예행연습 등을 실시한다.

사전 온라인교육은 개별적으로 교육 내용을 이메일로 발송하거나 온라인 커뮤니티에 접속하여 교육교재를 다운로드 후 자가 학습으로 진행한다. 주 교육 내용은 행사 개요, 행사장 안내, 안전관리 업무, 운영 원칙 등으로 주어진 시간 내에 교육을 수료하도록 한다.

현장교육은 직무교육과 소양교육이 있다. 직무교육은 안전 및 경비 관련 업무에 대하여 전문적인 현장교육으로 실시되며 행사장에서의 실질적인 배치 및 안전 업무의 시뮬레이션 교육이 이루어진다.

소양교육은 행사에 대한 전반적인 내용과 경비요원으로서의 사명감을 심어 준다. 특히 경비요원으로서 지녀야 할 안전관리 정신과 봉사정신 그리고 책임감을 집중적으로 교육시킨다.

(4) 업무별 안전관리

① 순찰업무

행사장 순찰업무는 행사장 내 안전관리 업무를 위하여 경비요원이 24시간 행사장을 순회하는 근무의 형태를 말하며, 경비요원은 행사장 내 시설 및 관람객의 안전관리에 만전을 기해야 한다.

순찰방법은 정기순찰과 비상순찰이 있다. 정기순찰은 안전관리 근무지침에 따라 운영되는 순찰이다. 비상순찰은 정기순찰 이외 필요상황에 의한 순찰로 관람객 혼잡 시, 행사 저해요인 발생 시 시설물 안전관리의 재확인 등 비상상황이라 판단되었을 시 경비대장의 지도하에 운영한다. 또한 순찰은 구역별 순찰동선을 지정하여 시간대별 이동구간을 설정하고 정기 및 수시 순찰을 실시해 범죄 및 안전사각지대를 해소해야 한다(〈표 10-12〉 참조).

〈표 10-12〉 **순찰 방법 및 주기(예시)**

구분		순찰주기	순찰동선
정기순찰	개장 중 (오전/오후)	60분간 구역별 1명	구역별 주요동선
	폐장 후 (야간)	90분간 구역별 1명	구역별 주요동선
비상순찰		비상상황 발생 시	비상상황 발생지역

순찰 중 주요점검 사항은 다음과 같다(〈표 10-13〉 참조).

〈표 10-13〉 **순찰 중 주요 점검사항**

공통사항	오전/오후(09:00~23:00)	야간(23:00~09:00)
• 경비반장과 경비요원과 연락체계 유지 • 이상 유무 확인 후 경비반장에게 즉시 보고 • 침입 가능한 위치 필수 확인 • 이전 순찰과 변동 여부 확인	• 관람객 집중지역 확인 • 주요 시설 및 장비, 물품 이상 유무 확인 • 화장실, 건물 뒤편 등 은폐가 용이한 장소 확인 • 흡연장소 확인 • 소화장비, 경보설비, 방화설비, 피난설비 등 확인 • 잡상인 영업행위 단속 • 불법광고물 적발 시 조치	• 각 전시관 잠금장치 및 소등 여부 확인 • 침입 우려가 있는 장소 확인 • 울타리 파손 여부 확인 • 도난, 화재 등의 발견 • 행사장 주변 배회자 및 주차 차량 확인 • 내부 침입 흔적 확인 • 인접 건물 등으로부터 위험성 발견과 조치

② 초소업무

초소업무는 행사장 출입구 주변 및 주요 지점에 위치한 초소에 근무하며 출입자 및 차량 관리, 안전관리 등 초소 주변에서 발생하는 상황을 보고하고 조치를 담당한다.

③ 시설물 안전점검

시설물 안전점검은 매일 실시한다. 매일 근무교대를 전후하여 시설물에 대한 안전점검을 실시한 후 결과를 점검카드에 기록하고 유지한다. 근무자 간 인수인계는 필수적이다.

④ 지원업무

먼저 VIP 및 주요인사가 방문할 경우 경비인력을 지원한다. 사전에 방문의사를 전달한 방문 인사를 위한 경비인력을 확보하여 의전계획에 따라 경호업무를 지원한다. 경비인력의 경호 참여 시 방문인사의 이동 동선을 확보하며, 근접경호는 의전부서 및 방문인사의 자체 경호팀에서 담당한다. VVIP(국가원수급) 방문 시에는 청와대 의전부서와 협의를 통해 업무를 수행한다.

다음은 대규모 공연이나 행사와 관련하여 행사장 주변의 안전관리 계획을 수립하고 시행한다. 관람객의 입장 및 퇴장 시 질서를 유지하고 관람객 밀집지역을 분산시킨다. 소매치기, 폭행 등에 대비한 안전관리를 강화하고 우발사태를 대비하여 유관기관과 협조체제를 유지한다.

⑤ 불법영업자 및 광고물 관리업무

행사장 순찰 중 불법 잡상인을 발견 시에는 현장에서 즉시 퇴장조치한다. 퇴장조치 이후 2차 발견 시에는 행사장 내 임시파출소에 인계한다. 또한 불법 조형물, 홍보물, 광고물을 적발할 시에는 현장에서 즉시 제거한 후 종합상황실에 보고한다.

(5) 상황별 대응방안

행사장의 안전사고가 발생할 경우에는 경미상황과 긴급상황의 판단에 따라 인력지원 여부를 결정한다. 필요시에는 유관기관(경찰서, 소방서 등)에 지원을 요청해야 한다. 국가적 비상상황(대테러 등)이 발생할 경우에는 종합상황실의 지시에 따라 업무를 진행한다(〈표 10-14〉 참조).

〈표 10-14〉 상황별 대응방안

상황	대응방안
소매치기 발생 시	• 목격자로부터 인상착의 확인 후 각 구역 순찰인원 및 근무자에게 전달 • 행사장 밀집 시 행사장 내 경비 강화
잡상인 발생 시	• 파출소에서 행사장 외부 순찰을 통한 관리 및 발견 시 경고 조치 • 각 출입구에서 검색을 통한 관리, 발견 시 출입통제 • 행사장 내부 순찰을 통한 관리, 발견 시 출입통제 • 행사장 내에서 퇴장 조치 이후 2차 발견 시 파출소로 인계

단체 간 충돌	• 근거리 안전요원의 지원 요청 • 단체 대표자에게 상황 전달 및 관계자 인계 • 추가 사고 발생 여부에 따라 수시 확인 • 사고자 발생 시 의료기관 및 파출소 인계
돌발상황 발생 시	• 주변 근무자의 1차 상황 정리 • 관련 담당자에게 즉각 연락하고 2차 통제 및 질서 유지
사상자 발생 시	• 사상자 수습 및 근무자 증원을 통한 주변상황 정리 • 가해자 경찰 인계
테러 발생 시	• 관람객의 피난 유도 • 관련 정보 수집 및 주변상황 정리 • 사고 대비사항 강화 • 상황발생 시 신속한 현장 초동 조치 및 상황 보고

2) 소방방재

소방방재 관리의 목적은 화재와 각종 자연재난(태풍, 집중호우, 지진 등)으로 인한 재해를 사전에 방지하거나 피해를 최소화하기 위해 소방방재 관리체계를 구성함으로써 행사장 및 관람객의 안전을 도모하는 데 있다. 따라서 정밀 소방안전 점검으로 화재 취약요인을 제거하고, 예측 가능한 재난에 대한 정보를 수집하고 상황에 대비하여야 한다. 소방교육 및 훈련을 통해 유사시의 대응력을 높이고 상황발생 시에는 단계별, 분야별로 신속하게 대응해야 한다. 소방활동을 위한 소요장비를 사전에 점검 및 확보하고 소방서, 파출소 등 유관기관과의 상호 협조체제를 구축하여 비상상황에 대한 신속한 대응활동을 전개하여야 한다.

소방방재의 주요 업무는 화재 및 재난 발생을 사전에 방지하기 위한 예방관리 업무, 상황 발생 시 신속한 대처를 위한 방호업무, 화재 및 재난 대응을 위한 소방교육 및 훈련이 있다(〈표 10-15〉 참조).

〈표 10-15〉 **소방방재의 주요 업무**

구분	내용
예방관리 업무	• 전시관, 시설물, 영업시설, 화기취급 시설 등 행사장 정기 순찰 • 소방시설물, 화기사용 물자 등에 대한 안전점검 • 시설물별 운영 주체자의 주관으로 자체 점검 및 시설 보완
방호업무	• 화재 발생 시 화재 진압 및 수습 복구 • 화재 발생 시 소방CP의 화재 초동진압 활동 • 119안전센터 설치 운영
소방교육	• 화재, 재난 발생에 대비한 소방훈련 • 화재, 재난 발생에 대비한 교육계획 수립

(1) 소방관리

① 소방안전관리 체계

소방안전관리의 체계는 행사장 내 관리체계와 전시관 및 시설물의 관리체계로 구분할 수 있다. 먼저, 행사장 내 관리체계는 다음과 같다.

- 관람객 서비스시설, 종합상황실, 행사장 내 주차장 등 소화기 비치
- 경비요원 순찰 시 소방장비, 화기시설, 유류시설 등의 장소는 예방 순찰활동을 강화
- 화재 발생 확인 시 경비요원에게 지급된 휴대용 소화기 또는 소화시설(소화기, 소화전 등)을 이용하여 1차 대처
- 종합상황실에 지원을 요청하고 소방CP, 소방서 등과 함께 2차 대처

전시관 및 시설물의 관리체계는 다음과 같다.

- 1차 관리는 관련 부서 및 담당자가 관리
- 소화장비(소화기, 소화전) 설치 및 전시관 안전관리책임자 선정
- 화재사고 발생 시 각 전시관별 자위소방대에서 1차 대처
- 종합상황실에 지원을 요청하고 소방CP, 소방서 등과 함께 2차 대처

② 대응방안 및 보고체계

화재가 발생한 경우에는 다음의 단계로 대응해야 한다.

1단계: 최초발견자는 소화기로 초기 진압하고, 종합상황실에 보고

▼

2단계: 안전지대로 관람객을 대피 유도

▼

3단계: 경비요원을 통해 혼잡 정리 및 소방차 진입동선 확보

▼

4단계: 가스, 유류 등의 시설관리로 2차 화재 방지

화재 발생에 따른 대응과 함께 보고 및 처리 절차는 다음과 같다([그림 10-4] 참조).

최초발견자는 1차 진화활동 및 종합상황실에 보고

▼

종합상황실은 초기 진화 확인과 함께 필요시 방송으로 대피 유도

▼

필요시 소방CP, 소방서, 파출소 등 유관기관에 협조 요청

▼

사고 해결 시에는 종합상황실에 보고 및 상황 종료

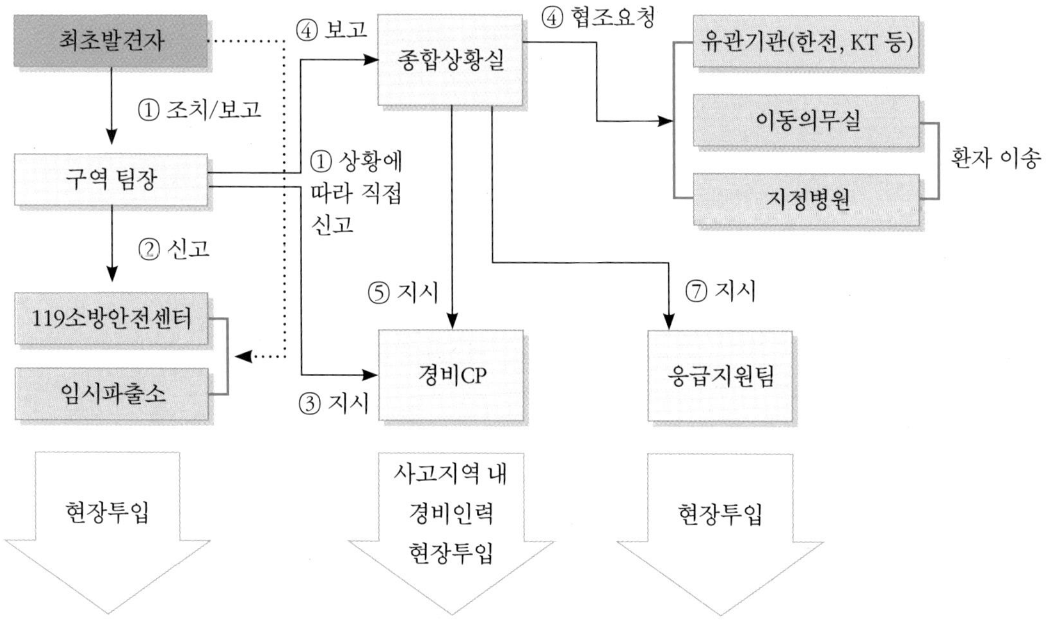

[그림 10-4] **화재 발생 시 보고 및 처리절차**

(2) 대피계획

대피계획은 화재 및 재난 등의 사고 발생 시 관람객을 신속하게 사고 현장에서 안전한 장소 및 행사장 외곽으로 유도하기 위한 것이다. 관람객의 신속한 대피를 위해서는 동선을 우선적으로 확보하고 질서를 유지해야 한다.

대피 시 행동요령으로서 전시관에서는 각 전시관의 자위소방대 및 운영자가 관람객을 전시관 밖으로 유도한다. 자위소방대 및 경비요원이 가장 가까운 광장으로 관람객의 1차 대피를 유도하며, 광장이 없고 행사장 출입구가 가까운 경우에는 출입구로 1차 대피를 유도한다.

대피운영체계와 관련하여 화재 발생 시 행동요령은 다음과 같다(〈표 10-16〉 참조).

〈표 10-16〉 **화재 발생 시 행동요령**

구분		내 용
자위소방대 (조직위, 전시관)		• 종합상황실에 화재 발생 신고 • 화재 발생 지역으로부터 안전한 장소로 관람객 유도 • 화재 발생 지역의 1차 초동 대처
유관기관 (소방CP, 119센터)		• 화재 진압 및 인명 구조 • 화재 피해조사 및 복구 지원
운영 담당	출입구 경비요원	• 행사장 안전지역(광장, 외부 등)으로 관람객 유도
	차량 경비요원	• 소방차량 진입을 위한 게이트 전면 개방 • 차량게이트 부근의 차량 질서 유지
	경비요원	• 화재 발생 지역까지 소방차량 진입을 위한 차량동선 확보 • 관람객 안전지역으로 유도 • 화재 발생 지역 통제 및 경찰/소방관 지원

(3) 자연재난 관리

자연재난 관리는 기상, 지변, 생물 등에 급격히 나타나는 자연현상의 재해로부터 인명, 재산의 손실을 최소화하기 위한 사전관리를 말한다. 재해대책 체계를 사전에 구축하고 사태 발생 시 즉각 대처하며, 자연재해에 대한 정보수집 및 대비체제를 점검해야 한다. 자연재난 발생 시 인명을 우선적으로 구호하고 유관기관의 활동을 적극적으로 지원해야 한다. 또한 최단 시간 내에 회장 운영의 정상화를 추진한다. 행사 관계자를 대상으로 비상근무 형태의 방재체제를 구축하며, 전체 비상연락망을 작성하고 비상 시

행동요령을 숙지하도록 한다.

재난관리체계는 준비단계, 경계단계, 비상단계로 구분된다. 먼저 준비단계는 기상 예비특보 발령 시점으로 취약시설 점검 및 정비와 비상근무를 편성하여 운영한다. 경계단계는 기상특보(호우 및 태풍 경보)의 발령 시점으로 취약시설 점검 및 정비를 강화하고 비상근무조를 확대 개편한다. 비상단계는 호우 및 태풍, 기타 자연재해(강풍, 풍랑 등)로 재난 발생이 예상되거나 발생한 경우이다. 종합상황실을 중심으로 상황반, 복구반의 2개 반으로 재난상황반을 구성하고 전 직원을 비상근무 체제로 전환한다.

① 자연재난 등급 설정

자연재난의 등급을 설정하여 대응한다. 자연재난의 등급기준은 주의보와 경보로 나누어진다(〈표 10-17〉 참조).

〈표 10-17〉 **자연재난 등급기준**

구분	주의보	경보
강풍	• 육상: 풍속 14m/s 이상, 순간풍속 20m/s 이상이 예상될 때 • 산지: 풍속 17m/s 이상, 순간풍속 25m/s 이상이 예상될 때	• 육상: 풍속 21m/s 이상, 순간풍속 26m/s 이상이 예상될 때 • 산지: 풍속 24m/s 이상, 순간풍속 30m/s 이상이 예상될 때
호우	• 12시간 강우량이 80mm 이상이 예상될 때	• 12시간 강우량이 150mm 이상이 예상될 때
풍랑	• 해상에서 풍속 14m/s 이상이 3시간 이상 지속되거나 유의파고가 3m 이상이 예상될 때	• 해상에서 풍속 21m/s 이상이 3시간 이상 지속되거나 유의파고가 5m 이상이 예상될 때
태풍	• 태풍으로 인하여 강풍, 풍랑, 호우현상 등이 주의보 기준에 도달할 것으로 예상될 때	• 태풍으로 인하여 풍속 17m/s 이상 또는 강우량이 100mm 이상 예상될 때 −1급: 바람(33m/s 이상), 강수(400mm 이상) −2급: 바람(25~32m/s), 강수(250~399mm) −3급: 바람(17~24m/s), 강수(100~249mm)
폭염	• 일 최고기온이 33℃ 이상이고, 일 최열지수가 32℃ 이상인 상태가 2일 이상 지속될 것으로 예상될 때	• 일 최고기온이 35℃ 이상이고, 일 최열지수가 41℃ 이상인 상태가 2일 이상 지속될 것으로 예상될 때

출처: 국가정보재난센터(2014). 기상특보의 발표기준.

② 등급별 단계

자연재난의 발생이나 예상에 따라 재난발령 등급을 구분하여 대비한다(〈표 10-18〉 참조).

〈표 10-18〉 **재난 발령기준 등급**

구분	내용	비고
주의보	• 기상특보로 인하여 재난발생이 예상될 때 • 기상청의 주의보가 발령되어 재난발생 우려가 예상될 때 • 종합상황실의 재난대책상황반 운영이 필요하다고 판단한 경우	준비체계
경보	• 각종 재난경보가 발령되어 재난발생이 예상되는 경우 • 태풍접근에 의한 경보 발령으로 대규모 피해가 우려되는 경우	경계체계
	• 행사장 전체에 걸쳐 재난이 발생한 경우 및 막대한 재난이 발생한 경우 • 지진 및 호우가 발생하여 큰 피해가 우려되는 경우 • 기상청의 홍수 및 호우 경보 발령으로 관람객 대피가 우려되는 경우	비상체계

③ 등급별 대응방안

자연재난의 등급에 따라 각 체계별로 기본적인 대응방안은 다음과 같다(〈표 10-19〉 참조).

〈표 10-19〉 **체계별 기본 대응방안**

구분		내용
준비체계	주의보 발령 시	• 종합상황실에서 정보수집 및 지속적인 상황 파악(상황근무반 운영) • 전관방송, 전광판 등으로 관람객에게 상황 고지 • 주의보 해제 시 단계를 해제하고 관람객에게 상황 고지
경계체계	경보 발령 시	• 전 직원 1/2이상 비상근무 체제 돌입(상황근무반 운영) • 비상대책회의 소집 • 시설물의 안전관리 및 유관기관 협조로 관련 시설의 안전점검 실시 • 잠재적 재난위험 지역에 예방적 긴급재난 조치
비상체계		• 전 직원 비상근무체제 돌입(상황반, 복구반 운영) • 정보수집 및 상황 파악에 따라 관람객 대피 유도 • 건물침수 및 출입구, 시설물 피해 등의 상황발생 시 응급복구 및 방재활동으로 추가재난 예방 • 유관기관 인력 및 물자 지원 요청

(4) 교육 및 훈련

화재 및 재난은 그 성격상 급속히 확대되는 특성이 있기 때문에 행사장에서 화재 발생 시에는 대규모의 인명 피해가 발생할 수 있다. 따라서 이벤트 주최자, 종사자, 운영인력 등은 모두 사전 소방교육 및 실제 훈련을 통해서 비상상황 발생 시 즉각적인 조치로 인명 피해를 최소화하여야 한다.

① 이론 및 실습교육

이론 및 실습교육에는 응급구조사, 간호사, 화재조사관 등 전문가가 직접 강사로 참여하여 교육을 실시해야 한다. 이론교육은 자위소방대 구성 및 업무 내용, 화재연소 이론, 화재진압 및 인명 구조/피난요령, 관람객 안전대피 유도방법, 돌발상황 발생 시 조치요령, 응급의료 처치법 등의 내용을 학습한다. 실습교육은 심폐소생술(CPR), 소화기 · 소화전 사용법, 화재진압 적응훈련(소화기, 소화전 활용)을 통해 현장에서 활용할 수 있도록 직접 몸으로 경험해 본다.

② 소방훈련

소방훈련은 실제 행사장 일대에서 종합상황실 및 운영인력, 소방서 및 유관기관(소방, 경찰, KT, 가스공사 등)을 대상으로 소방훈련을 실시한다. 소방훈련은 먼저 종합상황실, 유관기관이 자체 소방훈련을 실시하여 인명구조 등 대처능력을 배양하고 관람객 대피훈련을 한다. 또한 도상훈련 및 현지적응훈련을 통해서 대피 유도 및 초동 대응능력을 강화한다. 소방, 경찰, KT, 가스공사 등 유관기관들과 긴급구조 종합훈련을 실시한다. 유관기관별 역할 분담과 협조체계를 구축하고 실전 모의훈련을 실행해 본다.

3) 비상대비 계획

비상대비 계획은 행사장에서 발생할 수 있는 자연재난, 혼잡상황, 안전사고 등 발생 가능한 모든 비상상황을 예상하여 대응체계를 확립하는 것이다. 위험상황 발생 시 종합상황실, 경비요원, 진행요원, 도우미, 자원봉사자의 역할을 체계적으로 수립하여 행사장 비상상황에 효율적으로 대처하는 데 그 목적이 있다.

(1) 비상상황의 범위

비상상황은 등급별, 유형별로 분류하여 상황에 따라 효율적으로 조치한다.

① 비상상황 등급

비상상황의 등급은 A등급, B등급, C등급의 3개 등급으로 나누어 관리한다(〈표 10-20〉 참조). 이벤트의 규모 및 상황에 따라서 A등급, B등급의 2개 등급으로 나누어 관리하기도 한다.

〈표 10-20〉 **비상상황 등급**

구분	내용
A등급	• 운영본부의 종합적인 대응이 필요한 상황 • 외부 유관기관의 도움이 필요한 상황 • 예상되는 피해나 피해 규모가 중대한 상황
B등급	• 부서 간 유기적인 대응이 필요한 상황 • 행사장 내에서 업무 공조를 통해 처리가 가능한 상황
C등급	• 현장 및 담당부서에서 자체 처리가 가능한 상황 (선조치 후보고 상황)

② 비상상황의 유형

비상대비를 위해서는 다양한 비상상황의 유형을 예상하고 조치하여야 한다(〈표 10-21〉 참조).

〈표 10-21〉 **비상상황 유형**

구분	내용
혼잡상황	• 관람객 폭증으로 인한 심각한 혼잡상황 발생 • 단체관람객의 일시적 집중 • 행사장 내 특정 지역의 혼잡도 증가 • 특별 이벤트로서 대형으로 개최 시
시설사고	• 전기사고: 시설고장, 단전 등 • 상하수도 사고: 시설고장, 단수 등 • 가스사고: 가스누출, 가스공급 중단 등 • 통신사고: 시설 고장, 단순 두절 등 • 기타 주요 시설물의 고장

안전사고	• 응급환자 발생 –식중독 사고 –일반 안전사고 등
범죄사고	• 중범죄 행위 –테러, 폭력, 집단 시위 등 –불법침입, 도난, 절도 등 • 경범죄 행위 –질서문란, 행사 방해, 단순 시위 등
천재지변	• 호우, 태풍, 강풍, 폭염, 지진, 산사태 등
화재	• 실화, 방화
감염병(전염병)	• 구제역, 사스, 신종플루, 메르스 등

(2) 비상상황 관리

비상상황을 관리하기 위해서는 종합상황실, 담당부서, 유관기관과의 유기적인 업무 협조체계를 구축하여야 한다. 유관기관이 투입되기 전까지 행사장 현장은 초동 대처를 수행한다. 비상상황별 운영체계는 다음과 같다.

① 혼잡상황 발생 시

관람객이 폭증하는 경우에는 대응원칙에 따라 관람객 입장을 우선적으로 통제한다. 행사장 내 관람객에게는 장내방송을 통해 혼잡지역에 대한 안내를 한다. 또한 운영인력의 배치, 안내 사인물 배치, 이벤트 계획 조정, 비혼잡지역 안내 유도, 혼잡분산을 위한 이벤트 진행 등 운영업무를 조정한다.

단체관람객이 집중되는 경우에는 매표소, 개찰구, 종합안내소의 운영인력을 배치 조정한다. 관람객 분산을 위한 이벤트 계획을 조정한다.

행사장의 특정지역에 혼잡도가 증가하는 경우에는 장내방송을 통해 혼잡지역에 대한 충분한 안내와 함께 운영인력 배치의 조정, 안내 사인물의 배치 조정, 공연행사의 조정, 비혼잡지역의 안내 유도 등으로 조치한다.

행사장의 혼잡상황이 발생하는 경우에는 접수, 조정, 대응 및 처리 단계로 구분하여 진행한다(〈표 10-22〉 참조).

〈표 10-22〉 **혼잡상황 시 단계별 조치**

단계	담당	내용
접수	종합상황실	• 입장 및 퇴장현황, 혼잡도 정보를 통해 상황 모니터링 • 행사장 현장 혼잡정보 접수 • 행사장 내 모든 부서에 혼잡정보 전파
	현장	• 혼잡상황 발생을 종합상황실에 보고
조정	종합상황실	• 주무부서 및 유관부서에 상황 전파 • A등급 혼잡상황 발생 시 상황조정대책회의 개최
	현장	• 관람객들을 비혼잡지역으로 강제 동선으로 유도 • 안전지역으로 관람객 이동 유도
대응 및 처리	종합상황실	• 행사장 내 모든 정보채널을 통해 혼잡상황 조정안 전파 -주관부서 및 유관부서에 전파 -유관기관 협조체계 가동
	현장	• 가용 운영인력을 모두 투입하며, 종합상황실의 비상상황 대처계획에 따라 대응 -행사장 입장통제 -혼잡지역에 대한 출입통제 -사고발생 지역 관람객 대피 및 상황 조치

또한 혼잡상황에 따른 단계별 조치는 혼잡상황 등급에 따라 차별적으로 적용한다(〈표 10-23〉 참조).

〈표 10-23〉 **혼잡상황 등급**

구분	판단기준	비고
A등급	• 장내 혼잡수준의 한계상황 • 행사장 최대 수용인원의 초과(동시체류 기준) • 모든 시설의 초과 이용 • 화장실 및 편의시설 이용 폭증으로 시설 부족 • 행사장 인근 교통 마비상태	1인당 면적 $1.2m^2$ 미만
B등급	• 장내 혼잡밀도가 높은 지역이 늘어나기 시작 • 주요 전시관의 대기열이 공유 공간 점유 • 식음시설 및 화장실의 대기인원 발생	1인당 면적 $1.2 \sim 2.0m^2$
C등급	• 일부 보행로나 광장을 제외하고 보행이 자유로운 상태 • 각 전시관의 대기열이 공용 공간을 점유하지 않은 상태	1인당 면적 $2.0m^2$ 이상

② 주요 시설물 이상 발생 시

시설물 관리시스템 또는 현장 운영인력을 통해 시설물의 이상을 감지하면 시설담당부서에서 이상 정보를 확인하고 조치한다. 관람객에게 불편을 야기하는 경우에는 안내방송 및 전광판을 통해 시설물 고장에 따른 불편사항에 대해 안내와 양해를 구해야 한다.

주요 시설물의 이상상황이 발생하는 경우에는 접수 및 조정, 대응 및 처리단계로 구분하여 진행한다(〈표 10-24〉 참조).

〈표 10-24〉 **시설물 이상상황 시 단계별 조치**

단계	담당	내용
접수 및 조정	종합상황실	• 시설물 이상 상황 접수 –주관부서 조치 지시 –유관기관 협조 요청
	현장	• 시설물 이상 상황발생 시 종합상황실에 보고
	종합상황실	• 주관부서의 상황처리 방안 확인 • 주관부서 및 유관기관에 사고지역 복구 지시
대응 및 처리	현장	• 관람객 안전을 위한 안내방송 –야외 안전구역으로 관람객 유도
	현장	• 시설물 이상 상황 해제 및 완료상황 보고 • 관람객에게 사과방송 송출

주요 시설물에 대한 상황등급에 따라 차별적으로 적용한다(〈표 10-25〉 참조).

〈표 10-25〉 **혼잡상황 등급**

구분	판단기준
A등급	• 5분을 초과하는 상황발생이 지속
B등급	• 관람객의 시설물 이상 감지 후, 5분 이내 조치 완료
C등급	• 관람객의 시설물 이상을 감지 못하고 조치 완료

③ 안전사고 발생 시

CCTV를 통해 행사장의 주요 지역을 상시 확인하고, 현장의 운영인력을 통해 안전사고에 대한 보고를 받고 대응 및 조치한다. 안전사고가 발생할 경우에는 경비요원 배치조정, 응급환자 조치 등 대응업무를 수행하고 필요시 안전사고에 대한 방송 안내를 실시한다.

안전사고가 발생하는 경우에는 접수 및 조정, 대응 및 처리 단계로 구분하여 진행한다(〈표 10-26〉 참조).

〈표 10-26〉 **안전사고 발생 시 단계별 조치**

단계	담당	내용
접수 및 조정	현장	• 환자발생 발견 −종합상황실(또는 의무실)에 상황보고 −의료전동카트 요청
	종합상황실	• 종합상황실의 사고 접수 −의무실, 경비CP에 상황 전파
	의무실	• 환자발생 사고 접수 −환자발생 지역으로 전동카트 이동 • 응급치료 및 후송 여부 판단 −후송 필요시 구급차로 환자 이송 −지정병원 연락으로 응급치료 요청
	종합상황실	• 처리상황 및 완료상황 보고

안전사고에 대한 상황등급에 따라 차별적으로 적용한다(〈표 10-27〉 참조).

〈표 10-27〉 **안전사고 상황 등급**

구분	판단기준
A등급	• 즉각적으로 조치하지 않으면 생명이 위급하거나 주요한 장애를 남기는 경우
B등급	• 외부 지정병원으로 후송상황 발생 −일정 기간 치료가 필요하나 조치에 시간 여유가 있는 경우
C등급	• 현장에서 응급 조치가 가능한 상황 −처치가 지연되어도 생명에 지장이 없고 장애를 남길 가능성이 없는 경우

④ 범죄발생 시

중범죄발생상황이 감지되면 우선 관람객을 안전하게 대피시키고, 종합상황실의 지휘 아래 유관기관과 공조하여 상황에 대처한다. 경비요원의 주변 순찰강화 및 감시업무를 강화한다. 필요에 따라 안내방송을 실시하고 운영자에게 피의자의 신상정보를 배포하여 재발을 방지하도록 한다.

경범죄발생의 경우에는 장내방송과 전광판을 통해 관련 사고에 대한 주의 안내방송을 진행한다. 또한 경비요원의 사고예방 순찰과 CCTV에 의한 감시업무를 강화한다. 범죄사고가 발생하는 경우에는 접수 및 조정, 대응 및 처리 단계로 구분하여 진행한다(〈표 10-28〉 참조).

〈표 10-28〉 **범죄발생 시 단계별 조치**

단계	담당	내용
접수 및 조정	현장	• 범죄현장 목격 –종합상황실에 상황보고 –범법자 초동 대처
	종합상황실	• 범죄현장 접수 –경찰CP에 상황 전파 및 처리 조치
대응 및 처리	종합상황실	• 범죄현장 상황 해결 접수 –경찰인력 출동으로 상황 해결 및 보고
	현장	• 관람객 통제 –범죄현장 주변의 관람객 접근 통제
	종합상황실	• 처리상황 및 완료상황 보고

⑤ 천재지변 시

천재지변이 발생하면 장내 방송과 전광판을 통해 기상악화에 대해 충분한 사전 고지를 하고 수변지역 경비요원의 인력 배치와 대응시설(우수시설, 공조시설 등)을 점검한다.

천재지변이 발생하는 경우에는 접수 및 조정, 대응 및 처리 단계로 구분하여 진행한다(〈표 10-29〉 참조).

〈표 10-29〉 **천재지변 발생 시 단계별 조치**

단계	담당	내용
접수 및 조정	종합상황실	• 기상청의 기상특보(주의보/경보) 발령 –종합상황실의 상황 대기 –재난대책용 방재용품 장비 대기 –행사장 임시폐장 여부 협의
	현장	• 종합상황실 기상특보(주의보/경보) 접수 –주요 시설물 점검 지시 –관람객 통제 및 안전장소로 이동 –수변지역 출입통제
대응 및 처리	종합상황실	• 비상체제 발령 –재난대책용 방재용품 분출 –행사장 임시 폐장
	현장	• 비상체제 접수 –관람객 안전지역으로 이동 –전시관 내 관람객 대피 및 안전지역으로 이동
	종합상황실	• 상황해제 및 완료상황 보고
	현장	• 상황해제 –피해상황 점검 및 보고 –피해지역, 위험지역의 관람객 접근 차단

천재지변에 대한 상황등급에 따라 차별적으로 적용한다(〈표 10-30〉 참조).

〈표 10-30〉 **천재지변 상황 등급**

구분	판단기준
A등급	• 경보(심각단계) 발령 시 –자연재해가 발생하여 피해 축소를 위해 적극적인 대처가 필요한 상황 발생
B등급	• 주의보(주의 및 경계단계) 발령 시 –자연재해 발생 우려가 높아 피해예방에 적극적인 대처가 필요한 상황 발생
C등급	• 기상예비 특보(관심단계) 발령 시 –자연재해 발생 우려가 예상되거나 예고하기 위한 상황 발생 시

⑥ 화재 발생 시

소방설비 감시시스템을 통해 화재 발생 상황을 상시 확인하고, 화재가 발생하면 소방서 신고, 현장 초동 조치, 소방요원 현장통제 지원, 응급환자 조치 등 대응업무를 수행한다. 필요에 따라 화재 발생 지역의 대피방송을 실시한다.

화재가 발생하는 경우에는 접수 및 조정, 대응 및 처리 단계로 구분하여 진행한다(〈표 10-31〉 참조).

〈표 10-31〉 **화재 발생 시 단계별 조치**

단계	담당	내용
접수 및 조정	종합상황실	• 소방설비 감시시스템의 작동, 화재 발생 보고 접수 • 장내 방송을 통한 관람객 대피 유도 –화재 발생 지역 확인 –의무실, 소방서, 경찰서 등 유관기관 출동 요청 –화재진압장비 분출
대응 및 처리	현장	• 화재 발견자는 초동 진압 및 보고 –정확한 위치, 발생상황, 요청상황 보고 • 관람객 대피 –행사장(또는 전시관) 관람객의 안전장소 대피 –소방차량 진입동선 확보 –소방, 경찰, 의료차량, 인력 도착 시까지 화재지역 출입 통제
	종합상황실	• 화재 진압 –유관기관과의 협조체제 유지 –상황 대응
	현장	• 관람객 통제 –관람객 접근 통제 –내응상황 보고
	종합상황실	• 상황해제 및 완료상황 보고 –행사장 임시폐장 협의 –사고피해 조사 및 조치
	현장	• 관람객 통제 –사고현장 접근 통제

화재사고에 대한 상황등급에 따라 차별적으로 적용한다(〈표 10-32〉 참조).

〈표 10-32〉 **화재사고 상황 등급**

구분	판단기준
A등급	• 행사장 외부 유관기관이 출동해야 종료되는 상황
B등급	• 행사장 내 유관기관이 출동해야 종료되는 상황
C등급	• 화재발견자와 현장요원의 초동 대처로 종료되는 상황

⑦ 감염병 발생 시

정부기관의 감염병에 대한 위기경보가 발령되는 상황에 따라 접수 및 조정, 대응 및 처리 단계로 구분하여 진행한다(〈표 10-33〉 참조).

〈표 10-33〉 **감염병 발생 시 단계별 조치**

단계	담당	내용
접수 및 조정	종합상황실	• 재난안전대책본부의 상황 발령 • 검역소 및 보건소의 역학조사 실시
대응 및 처리	종합상황실	• 위급성 감염병일 경우 행사장 통제 여부 협의 • 감염병 예방활동을 위한 위생시설물 및 안내문 설치 및 배포 –손 소독기, 예방활동 안내문 등 • 행사장 내·외부 방역활동 강화 –연막방역, 살균기 설치, 손 소독기 광역화 설치 등
	현장	• 관람객을 대상으로 운영인력 전원의 위생활동 전개 –관람객 위생활동 안내(손 소독, 장내 청결 유지 등) –안내 리플릿 배포
	종합상황실	• 상황해제 및 완료상황 보고 –유관기관의 협조체제 유지 –사고피해 조사 및 조치
	현장	• 관련 장비 철수 및 보관

감염병 발생에 대한 상황등급에 따라 차별적으로 적용한다(〈표 10-34〉 참조).

〈표 10-34〉 **감염병 상황등급**

구분	판단기준
A등급	• 국가위기경보 심각단계 발령 –즉각 대응태세를 갖춰야 하는 상황

B등급	• 국가위기경보 주의 또는 경계 단계 발령 –행사장 대비체제 가동 및 외부 유관기관 협조체제 가동
C등급	• 국가위기경보 관심단계 발령 –행사장 내 징후 감시활동 강화

4) 보험계획

보험계획은 행사장을 운영하는 데 발생할 수 있는 다양한 안전사고에 대비하여 보험가입으로 피해에 대한 보상책을 마련하는 것이다. 행사장에서 예상치 못한 각종 재해, 사고 발생에 대비한 위험요소를 효율적으로 관리하기 위한 방법이다. 보험은 사고에 따른 주최자와 참가자 및 관람객의 분쟁 원인을 사전에 차단할 수 있다. 또한 손해배상에 따른 경제적 손실을 최소화하고 사후 법률상 문제 발생을 방지하는 효과도 있다.

보험가입 대상은 행사장을 찾아오는 관람객(불특정다수), 행사인력, 주요 시설물, 각종 고가장비 등이다. 행사장의 전시시설에 참여하는 기관 또는 업체들은 자체 전시물 및 장비에 대한 별도의 보험을 가입하도록 유도하여야 한다. 예산의 여유가 있다면 화재보험, 주차보험까지 가입하는 것이 좋다.

보험가입 기간은 행사장에 투입되는 시공 및 리허설 단계부터 행사 완료 후 철거기간까지 포함하여야 한다.

보험의 종류는 매우 다양하며 최소한의 보험을 가입하는 것은 의무적이다(〈표 10–35〉 참조). 또한 보험보장 금액은 보험료에 따라 다르게 책정된다. 통상 보장 내용은 1인당 최고금액, 사고당 최고금액, 사고당 공제금액 등으로 명기되어 있어 보장금액이 적정한지 판단해야 한다.

〈표 10–35〉 **보험의 종류와 내용**

구분	보상 내용
단체상해보험	• 적용범위: 가입기간 중 상해사고 및 이후 후유장애, 통원치료 등 • 대상자: 운영인력
포괄배상책임보험	• 적용범위: 행사장에서 발생하는 상해사고 및 이후 후유장애, 통원치료 등 • 대상자: 관람객(불특정 다수)
재산종합보험	• 적용범위: 행사장 내의 시설물, 동산 등 화재, 파손, 자연재해 • 대상시설: 건물, 시설, 임시가설물 등

음식물 사고보험	• 적용범위: 행사장에서 판매되는 음식물로 인한 식중독 등 사고 • 대상자: 음식물 섭취자

보험처리 절차는 다음과 같다([그림 10-5] 참조).

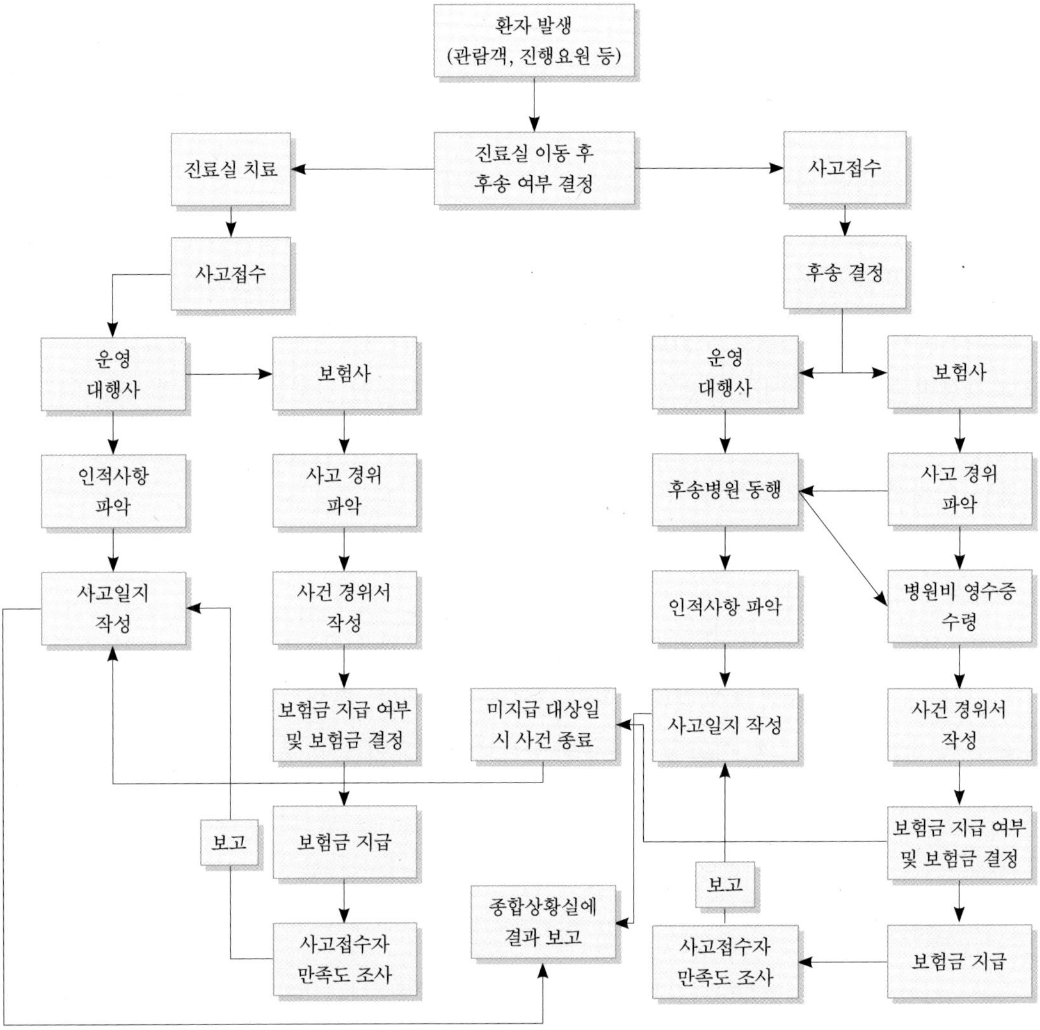

[그림 10-5] 보험처리 절차

3. 안내방송

방송은 행사장 내에서 중요한 커뮤니케이션 수단으로 활용된다. 평소에는 관람객에게 관람 편의를 제공하고 원활한 운영에 필요하지만, 비상상황 시에는 안전 대피를 위하여 관람객과 운영인력에게 실시간 정보를 제공하는 데 필요하다. 또한 안내 제작물과 사인물은 관람객에게 낯선 행사장을 보다 편리하고 유용하게 안내해 주는 가이드 역할을 한다.

1) 방송관리

방송은 관람객의 편의 제공을 위한 관람정보 안내와 원활한 행사장 운영을 위한 안내에 필요하다. 방송담당자에게 행사장 운영에 필요한 지침과 일일 주요 업무에 대한 방송교육을 실시해야 한다. 주제별 · 성격별로 배경음악을 방송을 보내서 행사장의 분위기를 연출하는 데 활용한다. 특히 미아찾기 방송, 긴급상황 발생 시 상황을 전파하는 데 방송을 실시한다.

방송은 행사장 개장 전부터 폐장까지 운영하며, 필요에 따라 사전 녹음방송을 활용하거나 직접 육성방송으로 운영한다. 방송 언어는 국내 행사는 한국어만 필요하지만, 국제행사인 경우에는 영어, 일어, 중국어 등을 추가해서 방송한다. 방송은 중요도에 따

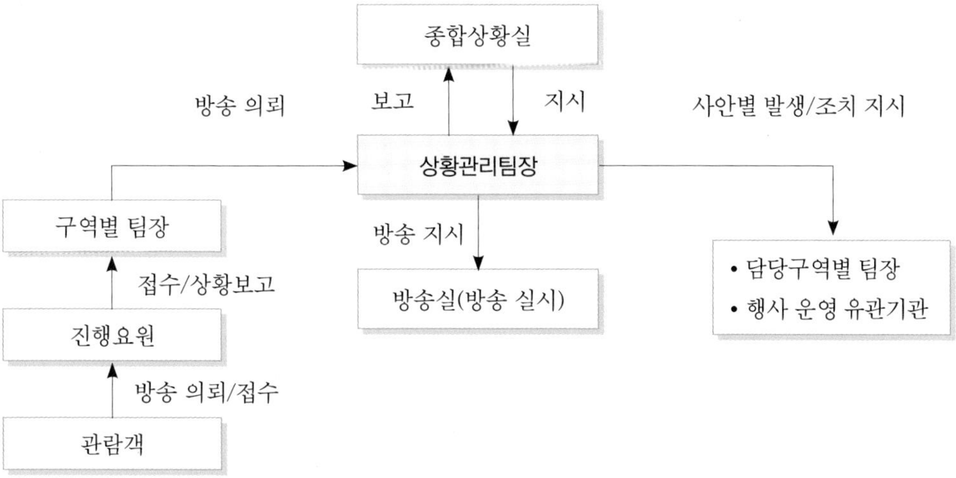

[그림 10-6] 방송운영체계

라 우선순위를 지정하는 것이 필요하다. 그 우선순위는 긴급방송(비상상황 또는 천재지변), 정규방송(개 · 폐장 안내, 행사 안내, 홍보 등), 수시방송(미아 발생, 주차장 관리, 동선 유도 등), 음악방송(분위기 조성, 행사 홍보용 등)의 순으로 한다.

다음은 방송운영체계에 대한 방법이다([그림 10-6] 참조).

(1) 방송인력

방송인력은 방송전문요원과 통역요원으로 구성한다. 방송요원은 매일 방송장비를 점검하고 방송을 직접 운영한다. 기본적으로 정규방송과 음악방송을 계획된 시간에 맞춰 운영하여야 한다. 항상 방송실에 대기하여 종합상황실 지시에 따라 긴급방송이나 수시방송 등을 실시한다. 국제행사는 영어, 일본어, 중국어 등의 서비스를 위한 외국어 가능 방송요원을 배치하여야 한다. 통역요원은 방송요원의 업무를 지원하기 위하여 방송실에 상주시킨다.

방송요원은 전문지식과 경험이 필요하므로 유경험자를 선발하여야 한다. 일반적으로 외국어 가능자를 선발하며 업무경력 3~5년 이상의 숙련된 유경험자를 기본조건으로 한다. 방송요원은 선발된 후 기본 소양교육은 물론 업무 실행교육을 진행하여 행사에 대하여 숙지하도록 훈련시켜야 한다.

(2) 안내방송의 종류

안내방송의 종류는 방송편성표에 의한 정기 방송인 정규방송, 각종 긴급상황 발생 시에 상황 전파와 관람 안내 · 권고사항 · 행사 취소 및 변경 등의 안내방송을 하는 수시방송, 회장 분위기 조성을 위한 배경음악을 송출하는 음악방송으로 구분한다.

① 정규방송

정규방송은 방송편성표에 의한 정기방송으로 다음과 같은 내용을 송출한다.

- 개장방송: 개장준비 안내, 개장 안내, 입장 안내
- 종합안내방송: 행사 안내, 전시관 안내, 편의시설 안내, 미아 보호 및 분실물 주의 안내
- 폐장방송: 셔틀버스 운영 안내, 전시관 폐관 안내, 폐장시간 안내, 종료 안내

다음은 정규방송 편성표에 대한 예시이다(〈표 10-36〉 참조).

〈표 10-36〉 **정규방송 편성표(예시)**

구분	방송 시점	방송 언어	비고
개장준비 안내	08:20, 08:40	한국어, 영어	사전녹음, 현장방송
개장 안내	08:30, 08:50		
입장 안내	09:00~09:10		
전시관 폐관시간 안내	전시관 마감 30분전		
귀가 안내	폐장 30분전		
종료 안내	폐장시점		
행사장 종합 안내	개장, 피크타임		
미아보호/분실물 주의 안내	오전/오후		
환경보호/편의시설 이용 안내			

② 수시방송

수시방송은 각종 안내사항, 권고사항 및 비상상황 발생 시 상황 전파를 위한 방송을 말한다.

- 미아 및 미노인 찾기 안내, 행사 변경 안내 등 각종 공지 안내
- 관람객 밀집 시 질서 유도 및 관람 유도 안내
- 비상상황(화재, 사고 등) 안내방송
- 특별초청공연, 공식행사 등 주요 행사 안내

다음은 수시방송 편성표에 대한 예시이다(〈표 10-37〉 참조).

〈표 10-37〉 **수시방송 편성표(예시)**

구 분	방송 시점	방송 언어	비고
미아 및 미노인 찾기 안내	해당 사항 발생 시 (필요시 수시)	한국어, 영어	현장방송
분실물 및 습득물 안내			
관람객 밀집 시 질서유도 안내			
관람유도 안내			
비상상황(화재, 사고 등) 발생 안내			
스페셜 공연 및 행사 변경 안내			
셔틀버스 운행 안내 등			

③ 음악방송

음악방송은 회장 분위기 조성을 위한 것으로 배경음악을 송출한다.

- 개장 배경음악, 행사 주제가, 관람객 입장 배경음악, 날씨별 배경음악, 계절별 배경음악, 폐장 배경음악
- 개최 이벤트 주제와 어울리는 테마 음악으로 구성

다음은 시간대별 배경음악 연출에 대한 예시이다(〈표 10-38〉 참조).

〈표 10-38〉 **시간대별 배경음악 연출(예시)**

시간대	운영 방향	선곡 기준
개장 전	• 개장 전 입장 대기시간 -활기찬 아침 이미지의 음악 연출	행진곡, 세미클래식
입장시각	• 개장 및 입장 개시시간 -하루의 출발을 알리는 역동적인 개장 분위기 연출 -클래식, 팝 음악과 자연의 소리	행진곡, 팝, 자연음악
오전시각	• 관람객 입장시간 -템포감 있는 곡, 생동감 있는 분위기 연출	경쾌한 재즈, 댄스음악
정오시각	• 관람시간 -모든 대상이 좋아하는 경쾌한 음악으로 분위기 연출	경쾌한 재즈, 댄스음악
오후시각	• 관람 피로도 증가 시간 -행사장 분위기를 바꿀 수 있도록 흥미 있는 음악으로 분위기 연출	바다테마음악
퇴장시각	• 폐장 준비 및 퇴장 진행시간 -자연스럽게 퇴장을 유도할 수 있는 차분하고 친근감 있는 음악 연출	사랑테마음악 클래식

2) 안내 제작물

(1) 행사장 안내 리플릿

행사장 안내 리플릿은 행사장 내의 모든 정보 및 교통편 등의 내용을 담아 관람객에게 제공되어 편리하고 유용한 안내서로 활용된다. 기본적으로 국문으로 제작하며, 국제행사인 경우에는 영어, 일어, 중국어 등 필요한 외국어로 별도 제작한다. 리플릿의 제작 수량은 예상 관람객 수의 70~80% 수준으로 제작하고, 관람객의 입장 추이에 따

라 추가 제작하는 것이 경제적이다.

행사장 안내 리플릿은 관람객이 한눈에 찾아보기 쉽게 제작하여야 한다.

또한 리플릿에 포함되는 내용은 다음과 같은 내용을 중심으로 작성한다.

• 행사장 운영 정보
 –행사장 전체 지도(map)와 전시관 및 주요 안내 · 편의시설 표기
 –출입구 인근 광장 및 주요 진입도로 표시
 –편의서비스 위치 표시: 미아보호소, 유실물센터, 물품보관소 등
 –공공서비스 위치 표시: 의무실, 은행, 우체국, 흡연구역 등

• 전시정보 안내
 –주요 전시관의 세부 배치도

• 공연 · 문화행사 안내
 –매일 고정된 시간 및 공간에서 개최되는 공연 및 행사의 정보 표기
 –특별행사(지방자치단체의 날, 특별공연 등) 일정 표시

• 교통편 안내
 –셔틀버스, 환승주차장 정보
 –주요 교통수단(자가운전, 대중교통) 안내
 –행사장 인근의 주요 관광지 표기 등

리플릿은 행사에 대한 안내서이자 이미지를 전달하기 때문에 디자인의 고급화는 물론 접면부의 손상이 적은 지질로 제작하여 보관이 용이하고 휴대가 편리해야 한다. 전면부에는 전체 조감도를 배치하고 전시시설 및 다양한 안내 · 편의시설을 세부적으로 표기한다. 후면부에는 주요 전시관의 세부배치도, 문화예술 행사 정보, 인근의 교통 및 관광정보 등을 게재한다([그림 10-7] 참조).

[그림 10-7] 행사장 안내 리플릿(예시)

(2) 사인물

사인(sign)물은 행사장 내부 사인물과 외부 사인물로 구분한다. 내부 사인물은 행사장에 설치하는 것으로 행사장 배치도, 안내 표지판, 가로등 배너 등의 고정 사인물과 이동 안내, 대기예상시간 안내, 물통배너, X배너 등의 이동 사인물로 나뉜다. 외부 사인물은 행사장 인근 및 외곽에서 행사장으로 안내 및 유도하는 현수막, 교통안내, 주차 안내, 위치 표시 등의 사인물을 말한다.

보통 사인물을 제작하는 경우에는 디자인의 통일성과 일관성을 유지하기 위하여 EI(event identity)를 개발하여 적용한다. 캐릭터 또는 마스코트가 개발되는 경우에는 사인물에 반영해 안내 역할은 물론 환경 장식물로서의 효과를 증대시키도록 한다.

사인물의 설치 및 유지관리를 위해서는 다음 사항을 고려해야 한다.

- 엠블럼 및 콘텐츠에 대한 주목도를 높이는 디자인으로 시각적 효과를 제고
- 관람객의 동선상 주요 포스트(post)에 설치하여 관람객의 편의성을 강화
- 설치 장소별 환경 및 특이점을 고려하여 적정한 유형의 사인물을 선택 및 설치

- 사인물의 위치와 소재는 관람객의 안전과 사인물의 훼손을 고려
- 장기간 사용을 감안하여 1일 1회 정기적인 확인과 보수로 청결상태 유지
- 사인물의 파손 또는 분실 발생 시 신속하게 보수 및 재제작하여 설치

행사장 사인물은 안내 사인물, 유도 사인물, 대기시간 사인물, 어린이 눈높이 사인물 등이 있다. 또한 제작형태에 따라 X배너, Y배너, T자형 사인, 화살표 사인, 부착물 등이 있다(〈표 10-39〉 참조).

〈표 10-39〉 **사인물 유형(예시)**

구분	사양	배치 위치
X배너	• 규격: 0.6×1.8m • PET 실사출력 • 외부용 물통 거치대 • 타공 및 후가공	• post별 배치 • 입구, 출구 배치(시설명 안내)
Y배너	• 규격: 0.6×1.8m • PET 실사출력 • 외부용 물통 거치대 • 타공 및 후가공	• 입장금지 안내 –출입금지, 관계자 외 출입금지 등 • 일부 시설 안내 –시설명, 운영시간, 외국어 표기
T자형 안내사인	• 규격: 0.4×0.4×1.1m • 철재 제작 • 아크릴 거치대/시트지 마감 • 유포지 실사출력(양면)	• post별 배치 • 입구 배치(시설안내, 관람안내 등) • 세부시설에 배치 • 화장실 배치
화살표 안내사인	• 규격: 0.4×0.4×1.2m • 철재 제작 • 디자인 스카시/시트지 마감	• post별 배치 • 주요 동선을 따라 배치
부착물	• 유포지 출력 • 스티커 등 다양한 형태	• 관람객 이용 안내 • 주의사항, 관람객 에티켓 안내

3) 평가 및 결산

이벤트 평가는 이벤트 개최를 통해 얻은 성과를 확인하는 것이다. 이벤트 계획부터 종료까지의 전 과정을 분석하고, 그 결과를 통해 과정상의 성과를 개선하기 위한 활동이다. 따라서 이벤트 평가는 이벤트 주최자에게 개선점을 제공하고, 이해관계자에게는

이벤트의 성과를 확인할 수 있는 정보를 제공한다.

이벤트를 평가하는 목적은 내부적인 목적과 외부적인 목적으로 나뉜다. 내부적인 목적은 이벤트 관리과정에 있어 개선점을 발견하고, 이벤트의 투입 자원과 성과를 비교하며, 수지 분석이나 비용 대비 효과를 확인하는 데 있다. 외부적인 목적으로는 관람객의 만족도 조사, 사회·경제·문화적인 편익을 확인하며, 스폰서십이나 이해관계자에게 개최 성과에 관한 자료를 제공하는 데 있다.

(1) 평가 시기

이벤트 평가는 이벤트가 종료되는 시점에서만 실시되는 것이 아니다. 이벤트의 구상단계부터 준비단계 그리고 실행단계까지 관리과정에서 지속적으로 이루어진다. 그중 중요하게 평가가 실시되는 시점은 이벤트 개최 전, 개최 중, 개최 후의 시기이다.

이벤트 개최 전 평가는 이벤트 개최에 대한 타당성 조사를 통해 개최 여부를 판단하는 데 있다. 개최 중 평가는 이벤트 계획이 제대로 실행되고 있는지 상황을 점검하는 평가이다. 개최 후 평가는 가장 일반적으로 실시하는 평가로서 이벤트 개최 목적의 달성 여부와 관람객의 만족도 조사를 실시한다(〈표 10-40〉 참조).

〈표 10-40〉 **이벤트 평가 시기 및 내용**

평가시기	내용
개최 전	• 이벤트 개최에 대한 타당성 평가 –타당성 조사 또는 이벤트 계획 수립 시 수행 –전략적 계획 수립과정의 일부 –개최 필요성 평가, 방문객 및 지역시장 자료조사
개최 중	• 이벤트 실행과정의 평가 –효과적인 운영 개선을 위한 개최 중의 평가 –실행계획대로 수행하는지 여부 –수정 또는 보완할 사항이 있는지 여부
개최 후	• 이벤트 종료에 따른 종합평가 –이벤트 성과 및 관람객 만족도 조사 –이벤트의 효과 및 지역의 경제적 파급 효과 –차기 이벤트에 반영해야 할 자료의 수집

(2) 평가 유형

이벤트의 평가는 크게 정량적 평가와 정성적 평가로 구분한다. 정량적 평가는 유형의 효과를 측정하는 것으로 이벤트의 결과 및 성과를 측정한다. 주로 경제적 효과, 수지 분석 등이다. 정성적 평가는 무형의 효과를 측정하는 것으로 이벤트 개최과정을 평가하는 것이다. 주로 지역의 이미지 향상, 지역주민의 단결심 고취, 관람객의 만족도 등이다.

(3) 평가방법

이벤트를 평가하는 방법은 이벤트의 성격과 특성에 따라 다르며, 필요한 정보의 유형에 따라 다양하게 실시될 수 있다. 이벤트 평가로 사용할 수 있는 방법은 다음과 같다.

- 현장 설문조사: 행사장에 참여하는 참가자, 관람객을 대상으로 하는 방식
- 모니터링: 훈련된 모니터 요원이 점검목록에 평가 내용을 기입하는 방식
- 사후 설문조사: 이벤트가 종료된 후 전화나 우편을 이용하여 관람객을 대상으로 하는 방식
- 전후 설문조사: 이벤트 개최를 전후하여 조사를 실시하는 방법으로, 참가 전 방문객의 기대치와 참가 후 실제 경험치를 비교하는 방식

또한 이벤트 평가는 비공식적으로 일상 업무 중에 수행할 수 있는 평가방법도 있다. 운영조직구성원 간의 토의와 같은 평가는 평가의 범위가 좁지만 자주 시행할 수 있다. 공식적인 설문조사는 소요시간과 비용 부담으로 자주 시행하기는 어렵지만, 객관적이고 평가의 범위가 넓어 외부 전문가에게 의뢰한다.

외부 전문가에게 설문조사 및 평가를 의뢰할 경우에는 다음 사항을 유의하여야 한다.

첫째, 효과 측정의 목적을 명확히 한다. 둘째, 이벤트의 목적과 내용에 관한 조건을 설정한다. 셋째, 평가의 판단기준을 명확히 한다. 넷째, 기획에서 실시까지의 모든 자료를 제공한다. 다섯째, 측정 작업 내용의 조건을 설정한다.

(4) 결산 및 정산

이벤트가 종료되면 수입과 지출, 계획예산 대비 실행예산의 비교, 예산항목의 변경 등에 대해서 분석하고 평가해야 한다. 기획단계에서 수립한 추정예산과 실행예산에 대

한 확인이 필요하다. 이는 실행예산이 어떤 과정에 따라 항목예산이 변경되었는가를 조사하기 위함이다. 사전 계획된 추정예산에서 세부항목의 예산 변경은 이벤트의 실행에 많은 영향을 주기 때문이다. 또한 실행예산(또는 수정예산)과 결산에는 차이가 발생한다. 실행에 따른 진행관리가 원활하고 정확하게 이루어졌는지를 검증한다.

결산 및 정산에서 가장 중요한 것은 증빙자료이다. 증빙자료는 전표, 영수증, 청구서, 납품서, 계산서, 견적서 등으로 빠짐없이 체크하여야 한다. 기업의 경우 대부분은 사전 계획된 실행예산과 실행과정에서 인정받은 추가비용을 포함하여 결산 및 정산이 종료된다. 반면 지방자치단체 및 공공기관의 경우에는 공식적으로 인가받은 원가정산기관의 검증을 거쳐야만 결산 및 정산을 종료할 수 있다.

(5) 결과 보고서 작성

이벤트가 종료되면 기획단계부터 실행단계에 이르는 전 과정을 결과 보고서로 기록한다. 결과 보고서는 이벤트의 특성이나 규모에 따라서 수록 내용과 페이지 수가 결정된다. 보고서의 기본요소로 기록해야 할 항목은 다음과 같다.

- 이벤트 개요
- 행사장 전체 구성도
- 이벤트의 콘셉트 및 주제
- 운영 전반: 조직도, 운영관리, 사전준비활동, 일정 등
- 행사장 평면도
- 이벤트 프로그램 및 콘텐츠
- 주요 인사 방문
- 관람객 수
- 광고물 및 집행 내역
- 홍보 및 기사 스크랩
- 설문조사 결과
- 기록 사진
- 기록 영상
- 참가자 소감 등

(6) 평가회 개최

결과 보고서 작성과 함께 별도의 평가회를 개최한다. 평가회는 외부 전문가의 이벤트 평가보고회와 주최자 내부 평가회가 있다. 외부 전문가의 평가보고는 주로 설문조사 결과를 중심으로 이벤트에 대한 정량적인 평가와 향후 개선방안을 중심으로 보고와 논의를 한다. 내부 평가회는 이벤트 주최자와 대행사의 실제 참여인력으로 실시한다. 현장에서 활약한 직원의 의견을 많이 듣고 개선점을 찾는 것이 좋다. 평가회에서 간혹 다른 의견이 대립될 수도 있는데 이는 각자의 사고방식과 견해가 다르기 때문이다. 각자의 의견에 대해 반박이나 평가를 하지 않고, 각자의 생각을 브레인스토밍과 같은 방식으로 논의하면서 녹음을 하는 것이 좋다. 회의 이후 자세한 회의록을 작성하고 기록으로 남긴다. 이벤트에 직접 참여했던 생생한 목소리는 차기 이벤트 준비에 많은 도움이 된다.

EVENT

제11장

이벤트 홍보 전략

1. 홍보 개요

이벤트의 홍보활동을 전개하기 위해서 먼저 홍보에 대한 본질과 개념을 이해하는 것이 필요하다. 또한 현업에서 혼용해서 사용하고 있는 PR, 광고, 선전과의 차이를 인식하는 것도 필요하다. 홍보는 어떠한 단계별 과정을 거쳐 진행되며, 홍보의 기본요소인 커뮤니케이션의 구성요소를 이해하여야만 보다 효율적이고 성공적인 홍보 마케팅을 전개할 수 있다.

1) 홍보의 개념과 정의

현업에서 홍보는 PR과 혼용해서 사용하고 있다. 협의의 개념에서는 주로 '언론에 기사를 싣거나 언론과 좋은 관계를 유지하는 것'으로 퍼블리시티(publicity)나 언론관계를 의미한다. 반면 광의의 개념에서는 '조직과 공중 간의 모든 관계 혹은 공중의 관리'를 의미하는 공중관계(public relations: PR)로 사용한다. PR도 결국 퍼블리시티나 언론관계가 차지하는 비중이 높다는 점을 고려한다면 PR을 홍보로 사용해도 큰 무리가 없다.

한편 홍보나 PR이 광고 또는 선전과 동일한 용어로 인식되는 경향이 있다. 또한 광고나 마케팅 기능으로 보거나 언론관계를 위한 단순한 퍼블리시티 활동으로 인식하는 경향이 강하다. 이는 일본의 영향에 연유한다. 일본에서는 'PR한다.'는 표현이 '알린다.'라는 의미로 이 표현이 홍보를 의미하기 때문이다.

퍼블리시티는 이벤트 주최자가 광고의 형식을 취하지 않고 조직이나 이벤트에 관한 뉴스를 언론기관에 기사로 제공하여 무료로 보도케 하려는 활동이다. 이때 제공하는 기사나 뉴스를 뉴스 릴리즈(news release) 또는 퍼블리시티 릴리즈(publicity release)라고 한다. 공중(公衆, public)은 특정한 이슈에 대하여 관심을 표명하고 자신의 관심이 정책 결정의 고려대상이 되는 다수의 사람을 말한다. 공중은 지속적인 집단이 아니며 특정한 이슈가 발생할 때 형성된다. 대중(大衆, mass)은 현대사회를 구성하고 있는 대다수의 사람들로서 계층 · 직업 · 학력 등의 사회적 구분을 따지지 않고 구성되는 불특정 다수를 총칭하는 말이다.

(1) 홍보의 정의

홍보는 조직체와 공중 사이의 상호 커뮤니케이션 활동이다. 이 상호 커뮤니케이션 활동은 상호 이해와 협력을 도모하고 유지하기 위해 행하는 커뮤니케이션 활동의 관리 및 경영활동이다. 홍보는 커뮤니케이션의 관리 혹은 경영 기능이라는 의미로 조직과 공중 간의 관계를 관리한다는 관점에서 '공중 관계의 관리'라고 할 수 있다.

하지만 여기서 홍보를 공중 관계의 관리로만 해석하면 조직체가 공중을 일방적으로 관리한다는 의미로 쌍방향적인 커뮤니케이션을 강조하는 홍보의 개념과 거리가 멀어진다. 따라서 조직과 공중 간의 '관계성(relationship)'을 강조하는 공중 관계성이 필요하다. 공중 관계성이란 조직체가 공중에서도 특히 중요한 이해당사자(利害當事者, stakeholder)들과의 관계를 중시한다는 의미다. 여기에는 신뢰, 옹호, 상호작용, 접근가능성 등의 개념이 포함된다. 홍보의 본질은 '관계성의 관리'이다. 홍보는 조직체가 공중에 대해 일시적, 일방적인 커뮤니케이션의 활동이 아니라 장기적, 쌍방적인 커뮤니케이션 활동이다. 이로써 조직체와 공중 간의 신뢰성 구축은 물론 상호 호혜적인 관계를 창출하고 발전시키기 위한 전략적인 커뮤니케이션 활동이 된다.

결국 홍보란 '조직체와 공중 간의 상호 호혜적인 관계 확립이나 관계성의 증진을 통해 상호 이해와 협력, 참여, 지지, 용인 등을 이끌어 내는 쌍방적이고 경영전략적인 커뮤니케이션 활동'이라고 정의할 수 있다.

(2) 홍보, 광고, 선전의 개념

보통 사람들은 일상에서 홍보와 광고, 선전을 동일하거나 유사한 개념으로 인식하고 있다. 하지만 이들 간에는 명확한 개념의 차이가 있다.

홍보(弘報)는 'PR'이라고 사용하며 주로 조직체의 이미지나 여론을 관리하기 위해서 공중 관계에 초점을 두고 있다. 따라서 직접적인 상품이나 서비스의 판매보다는 간접적인 조직체의 이미지 관리에 비중을 둔다.

광고(廣告)는 'advertising'으로 주로 상품이나 서비스의 판매를 촉진하는 데 목적을 두고 있으며, 유료의 비용을 수반하는 상업활동이다.

선전(宣傳)은 'propaganda'로, 중세 가톨릭 선교단이 복음을 전파하던 선교활동의 수단에서 유래했다. 주로 종교의 교리 전파나 정치적 신념, 이데올로기(ideology)를 주입하는 데 목적이 있다.

이와 같이 홍보, 광고, 선전은 목적에 따라 확연히 구분되나 그 수단이나 방법에서는

〈표 11-1〉 **홍보, 광고, 선전의 차이**

구분	홍보	광고	선전
목적	이해, 협조, 참여	판매 촉진	이념 주입
방법	쌍방적	일방적	일방적
표현방식	love me	buy me	follow me
효과	일정 기간 경과 후	즉시	단기간 내
내용	기업, 단체	상품 위주	정치, 종교
수용자	공중	대중	국민, 신도
통제 정도	비통제적	통제적	통제적
메시지 강제성	자유 선택	강함	아주 강함
진실성 정도	강함	약함	약함
자유도 정도	높음	높음	낮음

큰 차이가 없다. 하지만 형태 측면에서는 공익성, 진실성 그리고 자유도의 정도에 따라 그 차이를 구분할 수 있다. 공익성 관점에서 보면, 광고는 공익성이 약한 반면 홍보는 공익성이 강하다는 특징이 있다. 진실성 관점에서도 광고는 진실성을 강조하지 않는 반면, 홍보는 진실성을 강조한다. 메시지의 수신 측면에서 보면, 홍보는 메시지를 수용하는 데 자유로운 반면, 선전은 강제성을 띠고 있다. 따라서 홍보와 광고는 공익성과 진실성의 정도에 따라 구별되고, 홍보와 선전은 자유도 정도에 따라 구별된다고 볼 수 있다(〈표 11-1〉 참조).

이 책에서는 이벤트의 마케팅 측면을 다루고 있어서 홍보는 물론 광고를 포함하여 보다 포괄적인 차원에서 접근하고자 한다.

2) 홍보과정

일반적으로 홍보의 과정은 문제의 확인 및 조사 연구, 홍보 프로그램의 계획, 홍보 프로그램의 실행, 홍보 평가의 4단계로 나누어 볼 수 있다.

(1) 문제의 확인 및 조사 연구 단계

통상적으로 조직체가 당면한 문제나 상황을 분석하고 목표와 홍보대상을 설정해 문제를 관찰하고 조사 및 연구하는 단계이다. 조직의 상황에 대해 사람들의 의견이나 태도, 반응 등을 관찰하고 분석하는 것으로 문제가 무엇인지를 규정하고 홍보의 필요성에 대해 판단하는 것이다. 통상 조직체의 문제를 파악하기 위해서 조사가 필요하며, 조사와 연구를 위해서는 다양한 정보를 수집해야 한다.

하지만 이벤트 주최자는 해당 이벤트를 대상으로 홍보를 해야 하므로 문제 확인이나 조사 연구가 필요에 따라 생략될 수 있다. 다만 연례적으로 개최하는 이벤트의 경우는 기존의 홍보 마케팅의 결과에 따른 문제점이나 개선점을 중심으로 홍보계획에 반영하는 것이 중요하다. 처음 개최하는 이벤트는 홍보대상에게 이벤트의 인지도 및 이해도를 높이기 위한 방안으로 홍보 전략을 수립하게 된다.

(2) 홍보 프로그램의 계획단계

이벤트 홍보에 필요한 구체적인 활동 목표나 내용, 업무 분담, 일정 및 예산 등을 수립하는 단계이다. 홍보 프로그램의 계획 수립에는, 첫째, 홍보 목표를 설정하고, 둘째, 홍보대상의 특성을 파악하며, 셋째, 홍보 콘셉트(concept)를 정하고, 넷째, 홍보 프로그램의 내용과 범위를 확정하며, 다섯째, 홍보 프로그램의 수행 방법과 세부 내용을 정하고, 여섯째, 홍보 프로그램의 일정과 예산을 확정하는 과정으로 진행된다.

(3) 홍보 프로그램의 실행단계

홍보 목표를 달성하기 위하여 홍보대상과의 커뮤니케이션을 수행할 다양한 홍보 프로그램을 집행하고 실시하는 단계이다. 홍보 전략에 따라 홍보 프로그램을 계획한 다음 이러한 홍보 프로그램을 수행하는 것이다. 홍보 프로그램 및 홍보 커뮤니케이션은 보도자료, 뉴스레터, 기자회견/간담회/투어, 팸투어(Familiarization Tour, 사전답사여행), 홈페이지, SNS(Social Network Service), 4대 매체 광고, 인터넷 광고, 옥외광고, 홍보인쇄물, 홍보성 이벤트 등 다양한 형태와 방법으로 수행된다.

(4) 홍보 평가단계

홍보 목표 및 계획에 따라 수행된 홍보 프로그램이 어떻게 실시되었고, 어떤 결과로 나타났는지를 평가하는 단계이다. 이는 객관적이고 과학적인 방법으로 분석되고 평가되어야 한다. 특히 평가는 홍보 프로그램의 목표와 부합해야 한다. 만일 홍보 프로그램의 목표가 이벤트의 인지도를 향상시키는 것이라면 인지도 향상에 대한 평가 결과가 나와야 한다. 홍보 목표가 이벤트의 티켓 판매를 늘리는 마케팅에 있었다면 홍보에 의한 티켓 판매량의 증가를 평가해야 하며, 사전 이벤트의 참여도를 높이기 위한 것이라면 사전 이벤트 참여율의 달성도를 평가해야 한다.

이러한 평가는 인지적 효과, 태도적 효과, 행동적 효과로 나누어 평가할 수 있다. 예를 들어, 해당 이벤트 인지도 조사 결과, 언론보도의 호의적인 보도 건수, 유료 티켓의 판매량 증가 등 목표별로 나타난 구체적인 수치를 통해 평가할 수 있다.

3) 홍보 커뮤니케이션의 구성요소

홍보 마케팅 활동은 기본적으로 커뮤니케이션(communication)을 기초로 활용되는 영역이다. 커뮤니케이션은 신호(signal) 또는 기호(sign)를 보내는 발신자와 이를 받는 수신자 간의 신호 또는 기호의 공유를 의미한다. 이는 서로가 공유하는 신호나 기호가 있어야 커뮤니케이션이 이루어진다는 것이다. 예를 들면, 낯선 국가에서 외국인에게 손짓 또는 몸짓으로 길을 물어보고 안내받는 커뮤니케이션을 했다면, 그 외국인과의 손짓 및 몸짓은 공유된 신호나 기호로써 서로가 원하는 의미를 잘 커뮤니케이션했다는 것을 뜻한다.

일반적으로 커뮤니케이션은 대인(inter-personal) 커뮤니케이션과 매스(mass) 커뮤니케이션으로 나눌 수 있다. 또한 정보전달을 목적으로 하는 뉴스나 해설 커뮤니케이션과 설득을 목적으로 하는 광고 또는 홍보 커뮤니케이션으로 나눌 수 있다. 이러한 커뮤니케이션을 구성하는 요소는 발신자, 매체(또는 채널), 메시지(message), 수신자, 반응이다. 말하자면 홍보에는 홍보를 하는 주체가 있고, 홍보하는 매체가 있으며, 홍보 메시지와 이것을 받아들이는 수신자가 있다. 결국 이러한 홍보 메시지를 수용하는 수신자는 메시지를 받고 어떠한 반응을 나타나게 되는데 이러한 반응을 홍보 효과라고 할 수 있다([그림 11-1] 참조).

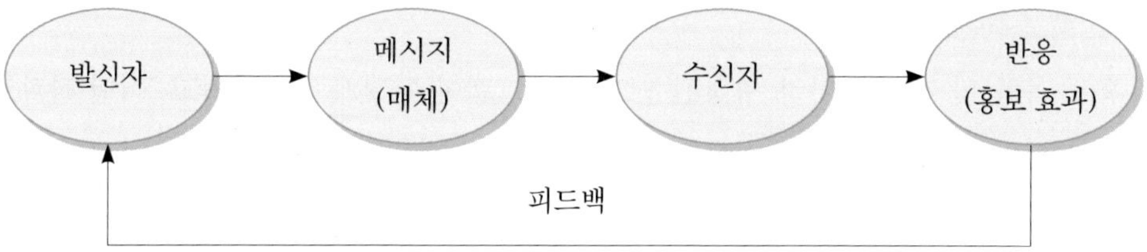

[그림 11-1] 홍보 커뮤니케이션의 구성요소

한편 커뮤니케이션은 발신자가 일방적으로 메시지를 보내는 일방적 커뮤니케이션과 발신자와 수신자의 쌍방이 메시지를 주고받는 쌍방적 커뮤니케이션으로 나눌 수 있다. 통상적으로 광고는 광고주가 소비자에게 일방적으로 메시지를 보내는 형태이므로 일방적 커뮤니케이션이라 할 수 있다. 반면 홍보기관의 정책이나 사업에 대해 공중에게 이해와 협조를 구하는 홍보는 쌍방적 커뮤니케이션이라고 할 수 있다.

(1) 발신자

발신자(sender)는 홍보의 주체로서 일반적으로 기업, 정부, 시민단체, 개인 등으로 구분할 수 있으며 이벤트 주최자도 해당된다. 이들이 수행하는 홍보는 기업이 홍보의 주체가 되는 기업홍보, 정부가 주체가 되는 정부홍보, 각종 사회단체가 주체가 되는 NGO 홍보, 사회 저명인사나 연예인이 수행하는 홍보 및 스타커뮤니케이션 등이 있다. 이벤트 주최자가 홍보의 주체가 되는 경우는 이벤트 홍보이다.

(2) 매체

매체(media)는 메시지를 수신자에게 전달할 수 있게 하는 방법으로, 메시지를 담아서 옮겨 주는 수단을 말한다. 홍보매체는 홍보기관이 홍보를 위해 선택하는 다양한 커뮤니케이션 채널이다. 홍보매체는 전통적인 4대 매체(TV, 라디오, 신문, 잡지), 케이블 TV, 인터넷, 모바일, 홍보영화, 사보, 전시, 이벤트 등 다양하다. 또한 홍보매체는 직접매체와 간접매체로 나눌 수 있다. 직접매체는 직접 홍보대상에게 메시지를 만들어 전달하는 매체로서 사보, 전시, 이벤트 등의 매체가 해당한다. 간접매체는 방송이나 신문기사와 같이 제3자를 통한 메시지의 작성이나 이를 이용하는 홍보매체이다.

홍보매체를 선택하는 기준은 여러 가지 속성에 따라 결정하여야 하며, 구체적인 내용은 나음과 같다.

- 도달성: 전달범위로서 얼마나 많은 홍보대상에 전달할 수 있는가?
- 선별성: 홍보 주최자가 원하는 홍보대상에 전달할 수 있는가?
- 융통성: 홍보 메시지를 얼마나 용이하게 변경할 수 있는가?
- 시의성: 적절한 시기에 전달할 수 있는가?
- 효과성: 비용 대비 홍보 효과는 얼마나 되는가?
- 경제성: 홍보물의 제작비, 매체 사용료는 얼마나 되는가?

매체의 속성에 따라 홍보 효과의 차이를 평가할 수 있다. 신문이나 잡지와 같은 지면매체는 주로 텍스트(text)로 구성되어 수신자가 읽는 과정에서 메시지의 의미가 감소되어 설득효과가 적은 반면, TV나 라디오와 같은 방송매체는 신속하게 움직이는 속도로 인해 수신자에게 압력을 느끼게 하고 반박할 수 있는 여유를 주지 않아 더 큰 효과가 있는 것으로 평가되고 있다. 또한 방송매체는 인지적인 측면에서, 지면매체는 태도적인 측면에서, 인터넷이나 모바일 매체는 행동적인 면에서 더욱 효과적인 것으로 평가되고 있다. 하지만 매체 간의 상대적인 효과는 메시지의 공신력에 의해 좌우된다는 것은 중요한 사실이다. 매체들의 홍보 효과는 각 매체가 현재까지 공중에게 보여 준 매체의 공신력에 의해 좌우된다는 것이다.

(3) 메시지

홍보 메시지는 의미를 전달하는 커뮤니케이션의 내용물로서 매체를 통해 전달되는 각종 기호로 구성되어 있다. 즉, 홍보 메시지는 텍스트, 그림, 음성, 영상 등으로 구성된 실제 홍보 콘텐츠를 말한다. 예를 들면, 퍼블리시티의 경우 신문에는 텍스트 기호로 구성된 내용이 전달되지만, 방송에서는 영상과 음성으로 구성되고 인터넷에서는 디지털 기호로 구성된 다양한 콘텐츠로 전달될 것이다.

홍보 메시지는 발신자의 주장이나 의견, 감정, 경험, 지식, 정보, 사상 등을 의미하는데, 가장 많은 내용을 차지하는 것은 주장이다. 이러한 주장은 사실적 주장, 가치적 주장, 정책적 주장으로 나눌 수 있다. 사실적 주장은 역사적인 사실처럼 있는 그대로에 근거한 주장이며, 가치적 주장은 '~은 좋다, ~을 하는 것은 나쁘다'처럼 가치판단적인 주장을 말한다. 정책적 주장은 사실적 주장이나 가치판단에 입각하여 결정된 사항을 정책적 관점에서 전달하는 것을 말한다.

한편 메시지의 소구방법(appeal method)은 이성적 소구와 감정적 소구, 위협적 소구와 타협적 소구로 구분할 수 있다. 이성적 소구는 인간의 이성이나 지능적 요소에 호소하는 방법이고, 감정적 소구는 인간의 욕구, 공포, 기쁨, 연민 등을 수반하는 감정적 요소에 호소하는 방법이다. 위협적 소구는 메시지의 수신자가 걱정이나 위협을 느끼게 하는 요소를 가미한 소구방법이며, 타협적 소구는 메시지의 수신자에게 부탁이나 권유를 하는 소구방법이다. 위협적 소구는 위협의 강도가 높아지면 효과가 상승하지만, 어느 한계를 넘으면 오히려 효과가 감소하거나 역효과가 나타나는 특성이 있다.

(4) 수신자

수신자는 이벤트의 홍보대상으로서 공중(公衆, public)을 의미한다. 공중은 방송의 시청자나 청취자, 신문의 독자, 인터넷의 사용자와 같이 사회적 이슈에 직접 노출되어 있는 다양한 사람을 말한다. 따라서 이벤트 주최자와 직접 또는 간접적으로 관계된 사람들의 집단이다.

공중은 군중이나 대중과 구분된다. 군중(群衆, crowd)은 공유하는 감정상태에 따라 집합된 비이성적인 집단이다. 군중은 다른 사람의 감정이나 행동을 쉽게 받아들이고 흉내 내며 전염성이 강한 특징을 가진다. 따라서 군중 속의 개인은 무의식적으로 설득에 무방비한 상태이기 때문에 쉽게 설득을 당한다. 대중(大衆, mass)은 공유하는 관심에 독립된 개인들의 익명적인 집단이다. 서로 커뮤니케이션을 하지 않지만, 사회라는 전체적인 공통성을 지니고 있어 사회적으로 동원되는 힘이 있다. 반면 공중은 어떠한 이슈(issue)를 중심으로 이성적인 토론을 통해 형성된 집단이다. 즉, 대중은 주부, 학생, 직장인, 노인 등 사회의 인구통계학적인 모든 사람의 집단을 의미하지만, 공중은 이러한 집단 중에서 특정 이슈에 관심이 있는 집단 혹은 해당 조직체와 관련된 이슈에 관심을 두는 집단을 말한다. 이벤트 주최자 입장에서 보면 정부, 언론기관, 소비자, 잠재고객 등이 중요한 공중이 된다.

(5) 홍보 효과

홍보 효과는 홍보활동의 결과로서 나타난 결과물이나 성과라고 할 수 있다. 이벤트 주최자가 이벤트에 대한 홍보를 하고 나서 공중이 해당 이벤트에 대해 갖는 태도나 행동을 의미한다. 홍보 효과는 인지 효과, 태도 효과, 행동 효과로 나누어 평가할 수 있다.

① 인지 효과

이벤트 개최에 대한 내용을 공중에게 단순히 알리는 것을 목표로 한다. 이 단계는 해당 이벤트에 대하여 새롭게 인지하도록 알리는 홍보활동이 전개된다. 이는 주로 이벤트 개최 이전 초기 단계에 실시하는 홍보활동의 목표가 된다.

② 태도 효과

해당 이벤트에 대한 호의적인 감정이나 호혜적 태도를 갖도록 하는 것을 목표로 한다. 이 단계는 해당 이벤트에 대해 호의적인 감정을 갖게 하거나 기존의 호혜적인 태도를 더욱 강화할 수 있도록 하는 홍보활동을 전개한다. 주로 이벤트 개최와 관련하여 이벤트 개최 이전 중간 단계에서 실시하는 홍보활동의 목표가 된다.

③ 행동 효과

대상 이벤트에 대하여 참여의욕을 고취시키고 실제 행사장에 참가하도록 유인하는 것을 목표로 한다. 이 단계는 해당 이벤트에 대하여 관심과 호기심을 증폭시키고 이벤트 참가를 유인하는 홍보활동을 전개한다. 주로 이벤트 개최가 임박한 시기부터 이벤트가 진행되는 단계에서 실시하는 홍보활동의 목표가 된다.

4) 홍보 전략

홍보를 하는 이유는 이벤트 주최자가 그와 관계된 공중과 우호적인 관계를 유지하는 것이며, 이들은 잠재고객으로서 대상 이벤트에 대하여 이해와 관심을 갖도록 유도하는 것이다. 홍보 전략을 홍보의 기본 방향으로서, 이를 수립하기 위해서 먼저 홍보의 목적과 목표가 선행되어야 한다.

홍보의 목적(goal)은 가장 상위의 개념으로서 추상적이고 광범위하며 측정하기 어려운 정성적인 개념을 의미한다. 반면 홍보의 목표(objective)는 구체적이고 특정적이며 측정 가능한 정량적인 개념을 말한다. 홍보 목적은 이벤트 주최자에 대한 공중들의 이해와 관심 또는 호의적인 감정을 형성하는 것이다. 예를 들면, 이벤트 주최자 또는 이벤트에 대한 소비자의 호의적인 태도를 형성하는 것이 목적이 될 수 있다. 반면 홍보 목표는 이벤트 주최자나 대상 이벤트에 대한 구체적인 인지도 또는 이해도의 수준과 이에 대한 언론기관의 호의적인 보도 태도 등을 의미한다. 예를 들면, 이벤트 주최자와 이벤트에 대한 언론의 호의적인 보도, 대상 이벤트와 관련한 인지도 및 관심도의 제고 등을 말한다.

홍보 전략은 상위의 개념인 홍보 목적과 홍보 목표를 실질적으로 달성하기 위한 기본 방향을 의미한다. 홍보 전략은 홍보대상, 홍보 범위, 홍보 메시지, 홍보 방법 및 수단 등에 방향을 설정하는 것이다.

첫째, 홍보대상은 외부 고객과 내부 고객으로 구분할 수 있다. 외부 고객은 관람객, 참가자, 지역사회, 언론, 이해관계자 등을 말하며, 내부 고객은 이벤트 주최자의 내부 구성원을 말한다. 홍보대상에서 관람객은 이벤트 개최의 성패 여부를 판단하는 정량적인 목표와 직접적인 관계가 있기 때문에 무엇보다 중요하다. 관람객의 대상은 대부분 일반인이 되는 경우가 많은데, 가능한 고객을 세분화하는 것이 좋다. 즉, 이벤트의 특성에 따라 주 타깃(main target)과 보조 타깃(sub target)으로 나누어 공략하는 것이 효과적이며 예산의 효율성 또한 제고할 수 있다.

이벤트 홍보활동에 있어 외부 고객을 중심으로 전개하다 보면 내부 고객을 소홀히 하거나 잊어버리는 경우가 많다. 내부 고객은 동일 조직체의 구성원으로 해당 이벤트에 직접적으로 관여되지 않는 사람이다. 이들은 해당 이벤트가 본인이나 부서의 업무가 아니므로 별로 관심이 없거나 냉소적일 수 있다. 하지만 이들의 도움이나 지원이 없이는 성공적인 이벤트를 개최할 수 없다. 외부 고객은 해당 이벤트에 대하여 내부 고객에게 질문하거나 관심을 표명할 수 있다. 이때 내부 고객은 내용을 잘 모르거나 본인 일이 아니라고 자세한 응답을 회피할 수 있다. 결과적으로 외부 고객은 해당 이벤트에 대해 관심도는 멀어지고, 심지어 해당 조직 내에서도 잘 모르는 이벤트라면서 기대하지 않는 것은 물론 주변에 부정적인 구전효과까지 나타날 수 있다. 내부 고객은 홍보활동에 있어 중요한 대상이자 대외적인 홍보대사이다. 내부 구성원이 관심을 갖기 위해서는 조직체의 단체장이나 임원들이 항상 해당 이벤트에 대한 전도사 역할을 하여야 한다. 그렇게 해야 내부 구성원들은 해당 이벤트의 중요성을 알게 되어 관심을 가지며 대외적으로도 적극적인 홍보활동을 하게 된다.

둘째, 홍보의 범위를 설정해야 한다. 홍보 범위는 주로 지리적인 위치를 말하며, 그 범위는 인근 지역권 또는 전국권이 될 수 있다. 국제행사의 경우에는 해외까지 확장되며 해외 국가 또는 해외 지역까지 범위를 설정할 수 있다. 통상 기업의 이벤트는 주로 마케팅 및 광고 타깃과 동일하며, 지역축제는 지역민을 중심으로 인근 지역을 주 대상으로 하고 나머지 권역을 보조 대상으로 설정한다. 홍보의 범위가 넓어질수록 홍보비용이 상승하므로 적정한 홍보 범위를 설정해야 홍보 비용을 효율적으로 사용할 수 있다. 통상 물리적인 거리로 홍보 범위를 설정하는데, 자동차 주행으로 2~3시간 소요 거리이면 주 대상이 되며, 그 이상의 경우 보조 대상으로 설정한다. 이는 하루 시간을 기준으로 집에서 행사장까지의 왕복 소요 시간과 관람 시간을 고려한 것이다.

셋째, 홍보 메시지(message)에 대한 전략적인 구성이다. 홍보 메시지를 설정하기 위해서는 홍보 콘셉트가 선행되어야 한다. 홍보 콘셉트에 따라 구체적으로 홍보대상에게 전달할 메시지를 개발하게 되며, 홍보대상 전체를 위한 하나의 메시지가 가능하지만 최대한 홍보대상별로 각각의 메시지를 개발하게 된다. 왜냐하면 잠재고객의 특성 및 관심에 적합하도록 해당 이벤트의 메시지를 개발해야 관심을 유발할 수 있기 때문이다. 즉, 어린이가 있는 가족 대상과 연인이나 친구 대상의 메시지가 같은 것보다 다른 관점의 메시지로 소구(appeal)하는 것이 효과적이다.

넷째, 홍보의 방법과 수단이다. 이는 홍보활동을 전개하는 데 있어 활용해야 할 방법과 수단을 전략적으로 결정하는 것이다. 통상 홍보 예산은 제한적이며 많이 투입하지 못하기 때문에 경제성과 효율의 측면에서 홍보 방법과 수단을 선정하여야 한다. 또한 홍보대상에 따라 홍보 도구가 달라진다. 홍보대상의 라이프스타일(lifestyle), 관심사항, 특성이 다르기 때문에 이에 부응하는 홍보 방법과 수단을 선택하는 것은 중요하다. 일반적으로 방송매체인 TV는 타깃과 관계없이 큰 효과가 있으나 매체 비용이 상대적으로 높다. 최근 미디어의 발전으로 인터넷, SNS, 스마트폰 등 뉴미디어의 효과는 상당히 크다. 홍보대상의 도달 범위(coverage)가 폭넓은 매체를 선택하는 것이 좋겠지만, 예산의 효율성과 경제성을 따져 봐야 한다. 홍보대상에게 적은 비용으로 높은 효과를 나타내는 방법과 수단을 개발하는 것이 필요하다.

5) 홍보 전술

홍보 전술은 홍보 전략의 하위 개념으로서 전략 방향에 따라 구체적이고 실천적인 홍보활동의 전개방안을 계획하는 것이다. 홍보 전략이 결정되면 각 전략에 따라 세부적인 실천방안을 구체화하게 되며, 특히 홍보 예산의 규모를 고려하여 계획해야 한다. 홍보 대상 및 범위에 따라 홍보 메시지를 개발하고, 구체적인 홍보 매체 및 수단에 대하여 단계별 · 시기별 · 대상별로 구체적인 실시계획을 수립하는 것이다.

먼저, 홍보 메시지는 해당 이벤트를 홍보대상에게 어떻게 전달할 것인가에 관한 내용이다. 즉, 홍보대상에게 어떤 효과가 나타나기를 기대하느냐에 따라 메시지의 내용은 달라진다. 앞서 언급한 것처럼 홍보 효과는 인지 효과, 태도 효과, 행동 효과로 나눌 수 있다. 통상 홍보 메시지의 개발은 이벤트 개막일을 중심으로 4단계로 나누어서 준비한다. 이벤트를 계획하는 초기 단계에서는 인지 효과를 목표로 홍보 메시지를 작성한다. 주로 홍보대상 전체를 위한 홍보 메시지를 개발하지만, 필요에 따라서는 주 타깃을 위한 홍보 메시지도 개발할 수 있다. 이벤트가 어느 정도 가까워지면 태도 효과를 목표로 홍보 메시지를 작성해야 한다. 이때는 홍보대상에게 이벤트에 대한 관심과 호의적인 감정을 가질 수 있도록 메시지를 만들어야 한다. 이벤트가 개최되기 직전 시점이 오면 행동 효과를 목표로 홍보 메시지가 작성되어야 한다. 관심이나 호의적인 감정을 갖고 있는 홍보대상에게 행동으로 옮겨서 행사장을 방문하게 만드는 것이 중요하다. 따라서 주 타깃을 중심으로 한 홍보 메시지를 개발하여야 하며, 그 내용은 방문이나 참가를 유인할 수 있어야 한다. 통상 사람들은 행사일 15일에서 일주일 전에 이벤트 방문에 대한 최종 의사결정을 하므로 그 시점을 잘 판단해야 한다. 이벤트가 종료되는 시점인 사후단계에서는 행사 결과에 대한 긍정적이고 호의적인 확산이 될 수 있도록 홍보 메시지를 생산해야 한다. 성공적인 행사의 성과와 파급 효과에 대해 알려 주고 차기 행사에 대한 기대감을 갖게 해야 한다.

다음은 홍보 매체 및 수단에 대한 구체적인 계획이다. 홍보 매체 및 수단으로는 언론을 활용하는 방법, 직접 홍보물을 제작하여 배포하는 홍보 방법과 팸 투어, 선포식 등의 소규모 행사로 이루어지는 홍보성 이벤트, 기존 매체에 비용을 지불하고 집행하는 광고, 기업 및 제품과 연관된 협찬광고 형태의 스폰서십 등 다양한 형태가 있다. 이러한 형태의 매체 및 수단은 홍보 메시지와 마찬가지로 시기별 · 단계별로 유효적절한 유형을 선택하는 것이 중요하다.

첫째, 언론을 활용하는 대표적인 방법은 퍼블리시티이다. 퍼블리시티는 보도자료를 활용하여 언론에 기사화시키는 홍보활동이다. 보도 유형으로 인쇄매체는 스트레이트, 기획기사, 사진기사, 인터뷰, 기고 및 칼럼 등이 있다. 방송매체는 뉴스, 교양 또는 생활정보 프로그램, 지역 네트워크 프로그램 등이 있다. 또한 언론을 활용하는 홍보활동으로 기자회견, 언론간담회, 현장 프레스 투어, 프레스센터 운영 등이 있다.

둘째, 직접 홍보물을 제작하여 배포하는 홍보방법은 홍보 영상, 홍보용 책자, 포스터, 브로슈어 및 리플릿, 현수막 등이다. 이는 이벤트 주최자가 직접 제작하여 배포 및 부착하는 형태이다.

셋째, 홍보성 이벤트로 주로 행사 이전에 실시하는 사전 이벤트이다. 엠블럼 및 캐릭터 선포식, D−1년/100일 행사, 홍보대사 선포식, 주민 설명회, 팸 투어, 계기성 이벤트 (예: 다른 축제나 행사에 참가하여 행하는 홍보활동) 등 다양한 형태가 있다.

넷째, 이벤트 주최자가 유료 매체를 활용하는 광고이다. 여기에는 4대 매체(TV, 라디오, 신문, 잡지), 케이블TV, 인터넷, 옥외광고, 교통광고 등이 있다. 유료형태의 매체는 많은 비용을 수반할 수 있어 홍보 예산을 고려하여 계획하여야 한다. 지방박람회 또는 전국체전과 같이 규모가 큰 이벤트는 주관언론사 또는 주관방송사를 선정하여 활용하기도 한다.

다섯째, 스폰서십 형태로 기업이 자사 제품에 해당 이벤트를 홍보해 주는 방법이다. 제품 패키지의 일부를 할당하여 해당 이벤트에 대한 내용을 담는 것이다. 예를 들어, 주류회사의 병 제품 뒷면에 이벤트 내용을 부착하는 것이다. 홍보 전술은 구체적인 홍보활동을 전개하는 것으로서 이벤트의 유형, 성격, 특성에 따라 다양한 형태로 홍보 활동을 계획할 수 있다.

2. 표적시장 선정

이벤트의 홍보 마케팅은 일반 제품의 홍보 마케팅과 달라서 다양한 이해관계자(stakeholder)가 관련되어 있다. 따라서 이벤트의 홍보 마케팅 활동을 수행하면서 이러한 이해관계자들을 염두에 두고 업무를 수행해야 한다. 모든 마케팅활동은 그 대상이 누구인지에 따라 달라질 수 있다. 이벤트의 경우, 운영 측면에서 방문객, 참가자, 스태프, 자원봉사자 등이 중요하며 홍보 측면에서는 언론, 방송, 중앙 및 지방 미디어 등이 중요하다. 또한 행정 측면에서 공공기관, 지방자치단체, 정부기관 등이 필요하며, 재정 측면에서 스폰서, 기업 등이 중요하다.

1) 시장세분화

(1) 시장세분화의 개념

이벤트에 참가하는 방문객을 이해하고 이들의 욕구를 충족시키고 효율적인 홍보 마케팅을 수행하기 위해서는 시장세분화(market segmentation)의 과정이 필요하다. 모든 이벤트는 관심이 있는 대상이 한정되어 있기 때문에 대상에 대한 접근방식과 프로그램이 효율적으로 설정되어야 성공적인 이벤트를 개최할 수 있다.

통상 이벤트에 참여하는 잠재고객은 인구통계적 · 지리적 · 심리적으로 서로 다른 이질적인 성격을 지닌 다양한 사람들로 구성되어 있다. 따라서 이들 중 서로 비슷한 유형의 특성을 지닌 사람들을 하나의 집단으로 형성시키는 과정을 시장세분화라고 한다. 이때 비슷한 유형의 특성을 동질성(homogeneity)이라고 한다. 이러한 이벤트의 잠재고객의 유형과 특성을 간단히 살펴보면 먼저 주거지역별로 나눌 수 있다. 개최지역 거주자와 국내지역 거주자, 또는 해외지역 방문객으로 나눠 볼 수 있다. 방문객의 인구통계적 · 심리적 · 행동적 예상 유형으로 구분해 볼 수 있다. 또한 방문 동기나 방문 편익의 유형이 무엇인지, 방문객의 소비 유형이나 규모는 얼마나 되는지에 따라 유형이나 특성을 구분할 수 있다.

이러한 시장세분화 과정을 통해서 이벤트에 참여할 확률이 높은 집단을 찾아내고, 세분시장의 수요가 있는지 확인하며, 세분시장의 규모와 가능성을 분석하여 표적시장을 선정하여야 한다. 이와 같이 시장세분화는 모든 소비자를 대상으로 홍보 마케팅 활동을 하는 것이 아니라 일정한 특성을 지닌 세분시장 중에서 가장 매력도가 높은 세분시장에 적은 비용을 투입하여 높은 효과를 획득하는 데 꼭 필요한 과정이다.

(2) STP의 과정

시장세분화의 목적은 이벤트 목적에 부합하는 표적시장을 선정하고, 이벤트를 잠재적 수요자에게 인식시키기 위한 것이다. 다양한 특성을 지닌 많은 사람을 일정한 기준에 의해 분류하는 것이 세분화(segmentation)이며, 이 세분화 과정을 거친 다수의 세분시장 중에서 이벤트의 목적과 주최자의 능력을 고려하여 가장 매력적인 시장을 선택하는 것이 표적시장의 결정(targeting)이라고 한다. 선정된 표적시장의 잠재적 수요자들에게 개최될 이벤트를 인지하고 설득시키는 과정을 포지셔닝(positioning)이라고 한다. 이러한 과정, 즉 세분화, 표적시장의 결정, 포지셔닝의 과정을 STP(Segmentation, Targeting, Positioning) 과정이라고 한다([그림 11-2] 참조).

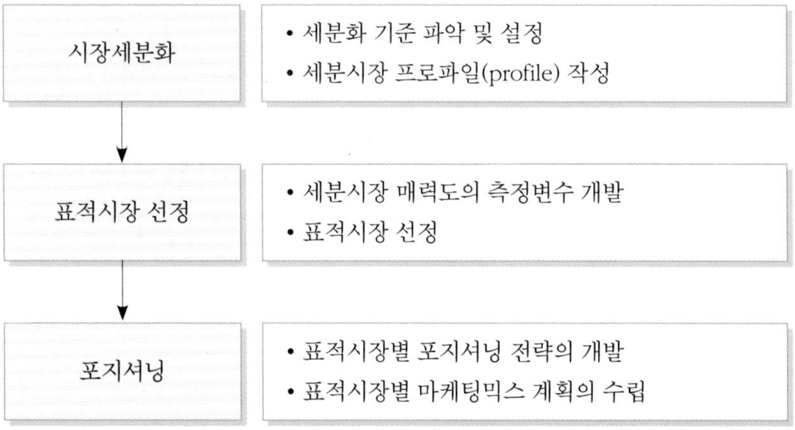

[그림 11-2] STP 과정

STP의 과정을 수행하기 위해서는, 첫째, 세분화의 기준을 파악 및 설정해야 한다. 시장세분화에는 지리적 변수, 인구통계적 변수, 심리적 변수, 구매행동 변수 등 다양한 변수를 고려해야 한다. 이 중 이벤트 개최 목적과 세부적인 목표에 관련된 변수들을 중심으로 세분화 기준을 설정하는 것이 바람직하다. 세분화 기준이 설정되고 나면, 세분화 변수에 따른 세분시장의 프로파일을 작성하여 각 세분시장의 특성을 파악한다.

둘째, 세분화된 시장과 이벤트 개최목적과 비교하여 각 세분시장의 매력도를 측정한다. 그중 가장 매력도가 높은 세분시장을 표적시장으로 결정한다.

셋째, 결정된 표적시장에 대한 포지셔닝 전략을 개발하며, 포지셔닝 전략은 마케팅 믹스 전략 및 홍보 전략을 수립하는 과정으로 연결된다.

최근 실무에서는 이러한 3단계에 차별화(differentiation)단계를 추가하여 STPD라고도 한다. 그만큼 유사하거나 경쟁적인 이벤트가 시장에 많아지자 다른 경쟁자와 뚜렷이 구분되는 편익을 인식시키는 것이 중요하게 되었다. 예를 들면, 산천어축제, 빙어축제, 송어축제 등 겨울철 낚시축제가 지속적으로 늘어나고 있다. 비슷한 시기와 잠재 수요자를 대상으로 이벤트의 차별적 우위를 찾는 데 전력을 다할 필요가 있다.

한편 세분화된 시장이 표적시장으로 결정되기 위해서는 마케팅활동을 수행할 충분한 가치가 있는 특성을 가져야 한다. 또한 표적시장은 자원을 투입할 경제적 가치가 있어야 하며, 이를 효율적으로 투입할 방법이 있어야 한다. 즉, 측정가능성 및 규모, 접근가능성의 조건을 충족시켜야 한다.

첫째, 측정가능성과 규모는 세분화된 시장의 규모가 어느 정도인지를 측정할 수 있어야 한다. 세분시장의 규모가 경제적 가치가 있어야 표적시장으로 결정할 수 있다. 만약 규모를 측정할 수 없는 세분시장이나 또는 매우 규모가 작은 다수의 세분시장이 표적시장으로 결정된다면 이벤트 주최자는 많은 어려움에 직면할 수 있다.

둘째, 접근가능성은 아주 매력적인 세분시장이 표적시장으로 선택되었다 하더라도 잠재고객에게 접근할 방법이 없다면 아무런 의미가 없다. 즉, 세분시장에 효과적으로 접근할 수 있는 방법이 있어야 이벤트 개최는 물론 프로그램, 방문객의 편익을 전달해 줄 수 있는 것이다.

(3) 시장세분화의 기준

이벤트 주최자는 시장세분화를 위해 집단의 특성이 어떤 변수들로 구성되어 있는지, 어떤 변수에 의한 시장세분화가 중요한 기준인지를 인식해야 한다. 이벤트의 시장세분

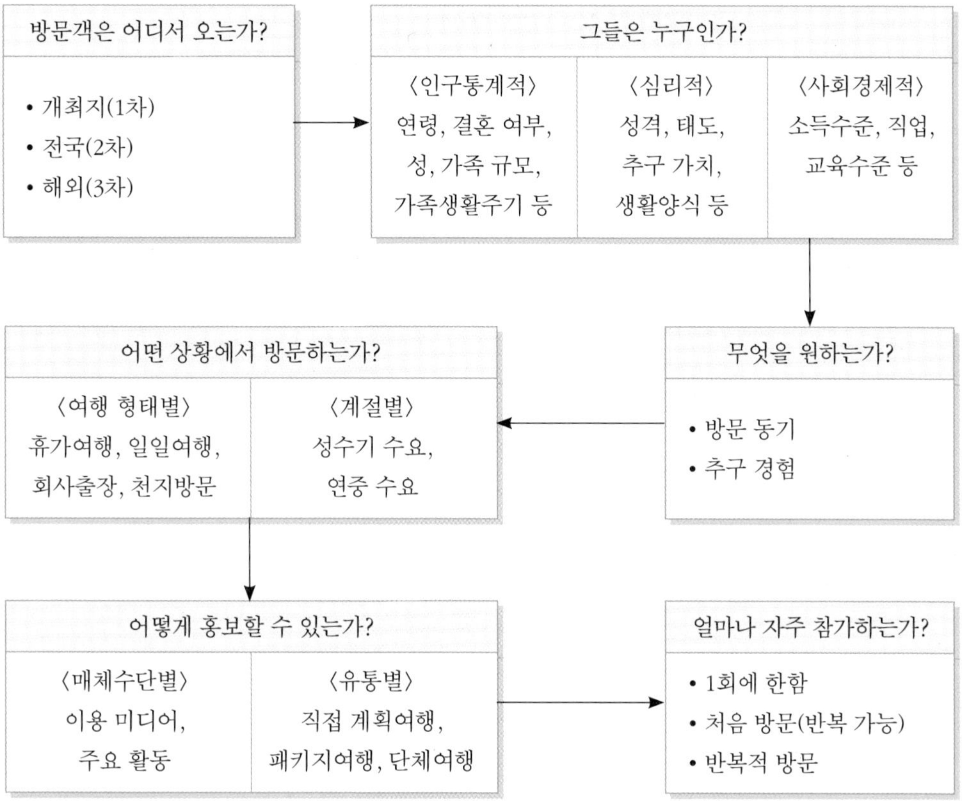

[그림 11-3] 이벤트 시장세분화의 주요 변수

화는 다양한 변수들을 사용할 수 있으나, 주로 지리적 요소, 인구통계적 요소, 심리적 요소, 구매행동, 추구편익 등이 사용된다([그림 11-3] 참조).

① 지리적 세분화

지리적 세분화(geographic segmentation)는 시장을 국가, 지방, 도시 등의 상이한 지리적 단위로 나누는 것이다. 대부분의 이벤트 수요는 개최지 또는 개최지 인근지역에서 발생되는 경우가 많지만, 이벤트 성격에 따라 외래 방문객에 중점을 두어야 한다. 이벤트의 지리적 세분시장은 지역, 도시 규모, 인구밀도 등으로 구별할 수 있다.

지역을 중심으로 한 세분시장은 다음과 같이 나눌 수 있다.

- 개최지 및 인근 지역 주민
- 당일 여행 거리(자동차로 3시간 이내)

• 숙박이 필요한 거리(자동차로 3시간 이상)
• 외국 방문객

지리적 세분화의 적용은 시민 또는 군민의 화합 이벤트, 지역문화제, 문화관광축제, 지방박람회 등에 따라 달라질 수 있다. 또한 1차 및 2차 잠재고객에 대한 시장세분화는 개최지 배후도시의 규모로 구별할 수 있으며, 규모가 큰 배후도시가 많을수록 방문객의 홍보와 유치에 용이하다(〈표 11-2〉 참조).

〈표 11-2〉 **이벤트 시장의 지리적 세분화 방법**

<table>
<tr><th>변수</th><th colspan="3">지리적 세분화 방법</th></tr>
<tr><td rowspan="4">지 역</td><td>개최지(1차)</td><td colspan="2">개최지 및 인근 지역주민</td></tr>
<tr><td rowspan="2">국내(2차)</td><td>지역 개최</td><td>수도권, 강원권, 충청권, 전라권, 경상권, 제주권</td></tr>
<tr><td>서울 개최</td><td>강북, 강남, 수도권 신도시 등</td></tr>
<tr><td>해외(3차)</td><td colspan="2">동남아시아, 아시아, 유럽, 중동, 북미, 오세아니아 등</td></tr>
<tr><td>도시 규모</td><td colspan="3">5만, 10만, 25만, 50만, 100만, 400만 명 이상</td></tr>
<tr><td>인구 밀도</td><td colspan="3">도시, 교외, 시골 등</td></tr>
</table>

② 인구통계적 세분화

인구통계적 세분화(demographic segmentation)는 연령, 성별, 가족구성원 수, 가족생활주기, 소득, 직업, 교육, 종교, 인종, 세대, 국적, 사회계층 등의 인구통계적 변수에 기초하여 시장을 몇 개의 집단으로 분할하는 것이다. 인구통계적 변수는 소비자의 욕구, 선호 등이 변수들과 높은 연관성을 갖고 있으며, 다른 변수에 비해 측정이 용이하기 때문에 가장 널리 사용되는 기준이다.

인구통계적 변수는 여가활동의 선호도에 중요한 의미를 지니고 있어 이벤트 특성에 따라 반드시 고려해야 한다. 스포츠나 엔터테인먼트 이벤트의 경우 젊은 연령층의 흥미를 유발시키며, 문화예술 이벤트는 여성층의 관심을 끌기가 용이하다. 지역축제는 가족단위 방문객을 유인하기 쉬운 것도 인구통계적 변수와 관련이 있다.

〈표 11-3〉 **이벤트 시장의 인구통계적 세분화 방법**

변수	인구통계적 세분화 방법
연령	7세 미만, 8~12세, 13~18세, 19~24세, 25~34세, 35~49세, 50~64세, 65세 이상
성	남성, 여성
가족 규모	1~2명, 3~4명, 5명 이상
가족생활주기	미혼, 신혼, 젊은 부부, 중년, 장년, 노년, 독신기
소득	100만 원 미만, 100~199만 원, 200~299만 원, 300~499만 원, 500만 원 이상
직업	사무직, 전문직, 기술직, 판매직, 자영업, 학생, 주부, 농축수산업 등
교육	초졸, 중졸, 고졸, 대졸, 대학원 이상
종교	불교, 천주교, 기독교, 이슬람교
세대	베이비붐세대, X세대, N세대

연령의 세분화는 연령을 명시한 세분화 방법을 이용하기도 하고, 각 연령대를 구분(예: 30대 초반, 중반, 후반)하거나 세대별(예: X세대)로 세분화하여 구분하기도 한다. 가족생활주기는 여가활동 및 소비행동에 직접적인 영향을 준다. 가족생활주기에 따라 일상생활에서의 관심 분야가 달라지기 때문이다. 미혼과 기혼, 신혼과 자녀가 있을 때를 비교하면 여가활동에 현격한 차이를 나타낸다.

③ 심리적 세분화

심리적 세분화(psychopathic segmentation)는 잠재고객을 라이프 스타일, 성격, 사회경제적 지위 등을 기초로 하여 상이한 집단으로 구분하는 것이다. 동일한 인구통계적 집단 내에 속한 사람들이라 할지라도 매우 상이한 심리적 특성을 나타낼 수 있다. 특히 라이프 스타일과 성격에 따른 시장세분화는 시장 규모를 정확히 판단하기 어려운 단점이 있다.

〈표 11-4〉 **이벤트 시장의 심리적 세분화 방법**

변수	심리적 세분화 방법
사회계층	상류층, 상위중산층, 하위중산층, 숙련노동층, 비숙련노동층
라이프 스타일	전통적 알뜰형, 합리적 생활만족형, 진보적 유행추구형, 보수적 생활무관심형
성격	자기과시적, 사교적, 적극적, 권위주의적

사회계층(social class)은 단순히 소득수준에 의해 분류하는 것이 아니라 명예나 권력 등 사회적 지위에 관련된 사항이 고려된 사회경제적 측면(socio-economic)의 변수이다. 사회계층에 의한 세분화는 상류계층, 상위중산층, 하위중산층, 숙련노동계층, 비숙련 노동계층의 5개 계층으로 나뉘며, 각각의 계층이 선호하는 이벤트의 유형에서 다른 차이를 나타낸다.

라이프 스타일(lifestyle)은 사람들이 살아가는 방식을 가리킨다. 라이프 스타일은 보통 개인의 활동(activity), 관심(interest), 의견(opinion)과 관련된 문항으로 측정된다. 전통적 알뜰형은 전통적 의식주생활 집단으로 문화생활보다 건강, 자녀문제, 사업 등에 관심을 가지고 있으며, 비사교적이고 보수적 가치관을 가진 40~50대가 주류를 이루고 있다. 합리적 생활만족형은 온건보수 집단으로서 윤택한 경제생활, 레저, 취미생활에 관심을 가지고 있으며 20~30대의 기혼여성, 중간수준의 생활수준 계층이 중심인 유형이다. 진보적 유행추구형은 전통적 가치를 거부하는 진보 성향의 집단으로서 여가생활, 취미생활의 관심도가 높고, 20대 미혼남녀, 학생, 사무직 종사자들이 주류를 이룬다. 보수적 생활무관심형은 비적극적 일상생활의 낙관적 집단으로 건강, 인간관계, 사회안전에 많은 관심을 갖고 있으며, 50대 이상의 기혼 남성이 중심인 계층이다.

성격(personality)은 영속적이며 지속적인 행동의 패턴으로 정의된다. 그러므로 성격 변수는 라이프 스타일의 변수보다 더 깊이 내재해 있다. 성격에 의해 세분하는 방법으로 자기과시적 성격, 사교적 성격, 적극적인 성격, 권위주의적 성격 등이 있다.

④ 추구 편익 세분화

이벤트에 참가하는 방문객은 각자 추구하는 편익이 다르게 나타난다. 이벤트 수요시장에서 추구 편익에 의한 세분화는 다른 문화를 접해 보고자 하는 집단, 자신의 즐거움을 위해 참가하는 집단, 다른 여가생활에 비해 저렴한 참여비용으로 참가하는 집단, 정보를 얻기 위해 참가하는 집단, 특산품 및 전시품 등의 쇼핑을 목적으로 참가하는 집단, 가족 또는 친구와 즐거운 시간을 보내려는 집단 등 다양한 형태로 구분할 수 있다.

이와 같이 다양한 세분화 변수를 이용하여 이벤트에 참가하는 잠재 수요의 시장을 세분화할 수 있다. 시장세분화에서 중요한 것은 이벤트 개최 목적과 이를 달성하기 위한 세부 목표에 따라 세분 변수를 설정하는 것이다. 또한 특정 변수만을 이용해서 수요시장을 세분화하는 것이 아니라 다양한 변수를 고려해야 한다.

이벤트 수요시장을 세분화하는 방법은 직접 관찰, 이벤트 담당자의 인식, 과거 방문객의 데이터, 설문조사 등으로 가능하며, 이러한 방법을 병행하여 사용하는 것이 좋다.

2) 표적시장의 결정

(1) 세분시장의 평가

이벤트에 참여할 대상의 세분시장은 많이 존재한다. 하지만 모든 세분시장을 매력적인 시장이라고 판단할 수는 없다. 세분시장으로 선택하기 위해서는 이벤트의 개최목적과 세부목표의 달성 여부, 개최 환경과의 부합 여부, 자원 투입으로 인한 긍정적인 효과의 달성 여부 등을 고려해야 한다. 이를 위해 각 세분시장의 매력도를 측정할 필요가 있으며, 그중에서 가장 매력도와 효과성이 좋은 세분시장을 세분시장으로 결정해야 한다.

세분시장의 매력도를 측정하기 위하여 환경적 요인, 적합성 요인, 세분시장 요인, 경쟁구조 요인의 네 가지를 고려하여 평가한다.

첫째, 환경적 요인으로서 세분시장의 경제적 상태와 경향, 인구통계적인 변화, 사회·문화적인 욕구, 법적인 제약, 정치적인 환경 등을 말한다.

둘째, 적합성 요인으로서 세부시장이 이벤트의 개최 목적과 부합 여부, 주최자의 인적 자원 및 재무적 자원의 운용 가능 여부, 적합한 마케팅 믹스의 적용 여부 등 적합성 정도를 점검해야 한다.

셋째, 세분시장 요인으로서 그 시장 규모의 크기, 일회성 또는 지속성의 개최 주기 여부, 수요 성장률, 이벤트 수익성 등을 고려해야 한다.

넷째, 경쟁구조 요인으로서 유사 이벤트와의 경쟁구조, 잠재적 진입자의 위협, 스폰서십의 확보 가능성, 대체 이벤트의 존재 여부 등을 고려하여 세분시장의 매력도를 측정하는 것이다.

(2) 표적시장의 결정 전략

각각 세분시장의 매력도가 측정되면 이벤트 주최자는 세분시장을 표적시장으로 결정해야 한다. 이벤트 수요시장은 많은 세분시장을 대상으로 1개의 세분시장을 선택할 수 있지만, 통상 복수의 세분시장을 선택한다. 복수의 표적시장 중에 마케팅의 중심이 되는 시장을 핵심표적시장(main target, core target), 마케팅의 부차적인 표적시장을 하위표적시장(sub target)이라고 한다.

이벤트의 표적시장을 선택하는 방법에는 비차별화 마케팅 전략, 차별화 마케팅 전략, 집중화 마케팅 전략이 있다.

① 비차별화 마케팅 전략

수요자 전체 시장을 대상으로 표적시장을 결정하는 것이다. 모든 이벤트 프로그램과 동일한 촉진방법에 의해 불특정 다수의 대중을 표적시장을 선택하는 방법이다. 주로 엑스포, 월드컵, 올림픽과 같은 메가 이벤트, 대규모의 지역축제, 정부 주도의 대형행사 등에서 선택하는 마케팅 전략이다.

② 차별화 마케팅 전략

다양한 세분시장 중 몇 개의 표적시장을 결정하는 것이다. 각각의 표적시장에 알맞은 이벤트 프로그램을 마련하고 각각의 표적시장에 적합한 촉진도구를 이용해 접근하는 방법이다. 주로 지방박람회, 지역축제에 고려할 수 있는 전략으로 방문객의 만족도를 향상시킬 수 있다.

③ 집중화 마케팅 전략

매력도가 가장 높은 단일시장을 표적시장으로 선택하는 것이다. 해당 시장에 맞는 이벤트 프로그램을 구성하며, 적합한 촉진도구를 활용해 집중적으로 마케팅 활동을 수행하는 것이다. 이는 단일 프로그램 또는 소수의 프로그램으로 구성된 이벤트에 적합하다. 주로 국제회의, 컨벤션, 무역전시회, 패션쇼, 문화예술이벤트 등에 사용할 수 있다.

3) 포지셔닝

포지셔닝(positioning)은 예상고객의 마음에 자리 잡는 것이다. 즉, 예상고객의 의식속에 해당 이벤트를 위치시키는 것이다. 포지셔닝은 해당 이벤트를 다른 이벤트와 구별되게 하고, 방문을 유발하도록 의미를 부여하는 것이라고 할 수 있다.

따라서 효과적인 포지셔닝을 위해서는 다음 사항이 전제되어야 한다.

첫째, 포지셔닝은 표적고객의 마음과 관련되어야 한다. 둘째, 이벤트 주최자는 해당 이벤트가 표적고객이 행동을 설명할 수 있는 방문동기 요인을 이해해야 한다. 셋째, 이벤트 주최자는 해당 이벤트가 표적고객의 욕구를 만족시키는 정도를 이해해야 한다.

넷째, 이벤트 주최자는 표적고객의 욕구에 대하여 경쟁 이벤트가 어떻게 수행하는지를 이해해야만 한다.

표적시장으로 결정된 잠재적 이벤트 방문객들은 자신의 소득과 시간을 다양한 활동에 사용할 수 있다. 따라서 이벤트 주최자는 잠재고객들이 주최 이벤트에 방문하는 경험이 다른 여가활동이나 타 이벤트에 방문하는 것과 다르도록 차별적이고 특징적인 이미지를 구축할 필요가 있다. 즉, 주최 이벤트만의 차별적인 특징과 편익이 방문객의 욕구를 충족시킬 수 있다는 인식을 심어 주고, 표적시장 내에서 효과적으로 마케팅 활동을 수행하는 것이다.

표적시장에 개최 이벤트를 포지셔닝하는 방법은 다음과 같다.

- 속성 포지셔닝: 이벤트가 지닌 속성이나 특징을 전달한다.
- 편익 포지셔닝: 이벤트가 방문객에게 주는 편익을 약속한다.
- 방문객 포지셔닝: 방문객의 유형과 특성을 제시한다.
- 경쟁자 포지셔닝: 주최 이벤트를 경쟁 이벤트와 비교하여 차별성을 제시한다.
- 범주 포지셔닝: 주최 이벤트를 유사 이벤트의 선도자(leader)로 묘사한다.
- 품질/가격 포지셔닝: 개최 이벤트를 일정한 품질과 가격수준으로 제시한다.

포지셔닝 맵(positioning map)은 방문객의 마음속에 주최 이벤트와 유사/경쟁 이벤트의 위치를 2차원 또는 3차원 도면으로 작성한 것을 말한다. 이러한 포지셔닝 맵의 유형에는 이벤트 주최자가 이벤트의 특성을 사용한 이벤트 위주의 포지셔닝 맵과 잠재적 방문객의 지각을 중심으로 작성하는 지각도(perceptual map)가 있다.

첫째, 이벤트 특성에 의한 포지셔닝 맵은 이벤트의 속성이나 특성 중에 2~3개의 차원을 선별하여 이벤트들의 포지셔닝 맵을 작성하는 것이다. 예를 들면, 공연이벤트의 프로그램과 입장료를 2개의 축으로 사용하여 경쟁 이벤트들을 도식화할 수 있다. 이 방법은 잠재고객들이 이벤트를 평가 및 선택할 때 이벤트의 속성을 기준으로 하면 유용하나, 다른 기준을 사용하면 의미가 없다. 따라서 공급자 입장에서 본 이벤트의 포지셔닝에 불과하다는 문제점이 있다.

둘째, 잠재적 방문객의 지각에 근거한 지각도는 방문객이 각각의 이벤트에 대해 지각하고 있는 차원을 선별하여 도식화하는 방법이다. 예를 들어, 이벤트가 전통문화인가 현대문화인가, 참여형인가 관람형인가에 따라 방문객이 실제 느끼는 바에 대해 작성한다([그림 11-4] 참조). 이러한 방법은 소구대상인 잠재적 방문객을 정확하게 파악할 수 있다는 장점이 있다.

일반적으로 포지셔닝 맵은 다음과 같은 과정을 통해 이루어진다.

첫째, 차원의 수를 결정한다. 지각도의 차원을 결정하려면 먼저 방문객들이 이벤트를 평가하거나 지각할 때 고려하는 속성에 대해 파악한다. 이때 여러 속성 중에서 방문객들이 모든 이벤트에 동일하다고 느끼는 속성은 의미가 없기 때문에 제외한다.

둘째, 각 차원의 명칭을 결정한다. 차원의 명칭은 요인분석, 상관관계분석 등 통계기법을 통하여 결정할 수 있다. 하지만 어떤 방법을 사용하더라도 실제 시장과 이벤트에 대해서 가장 잘 파악하고 있는 이벤트 전문가의 직관이 가장 중요한 요소이다.

셋째, 주최 이벤트 및 경쟁 이벤트의 위치를 확인한다. 차원의 수와 명칭이 결정되면

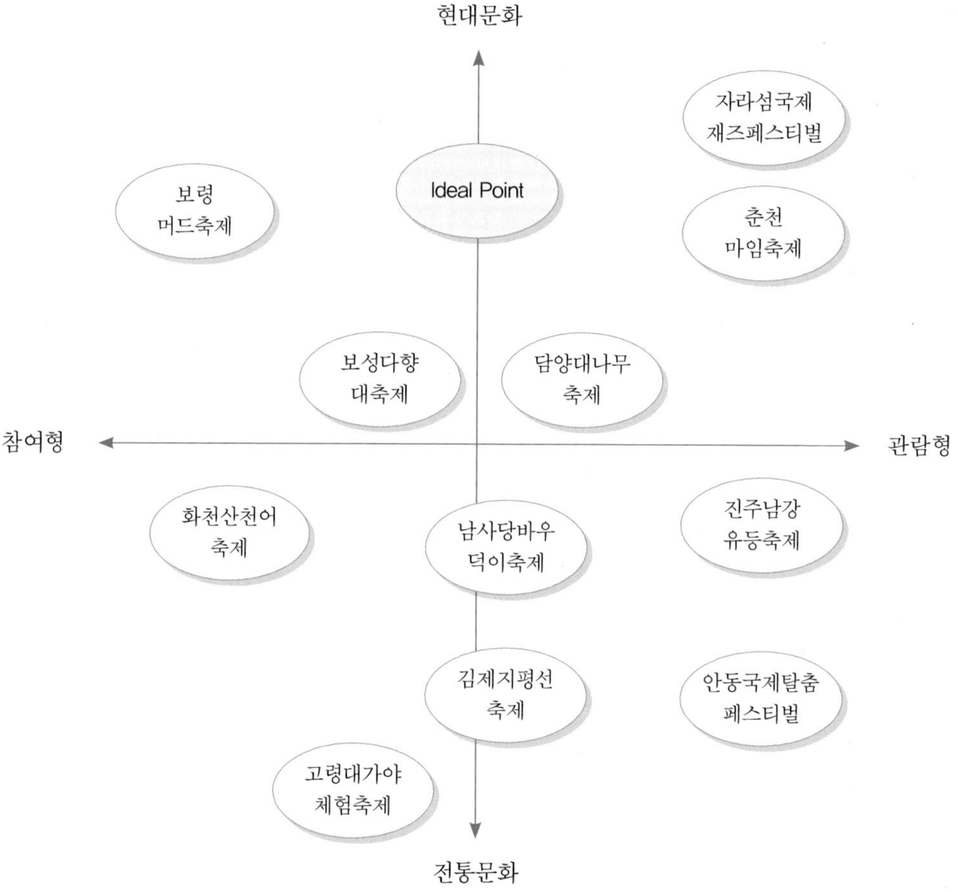

[그림 11-4] 이벤트 포지셔닝 맵(예시)

경쟁 이벤트와 주최 이벤트의 위치를 지각도에서 확인해야 한다.

넷째, 이상점(ideal point)을 결정한다. 경쟁 이벤트와 방문객들의 욕구에 기초하여 가장 이상적인 주최 이벤트의 위치를 결정해야 한다. 신규 이벤트의 경우에는 이상적인 위치에 맞는 이벤트 프로그램과 촉진 전략이 필요하고, 기존 이벤트의 경우에는 이상적인 위치에 접근할 수 있는 전략을 사용해야 한다.

3. 홍보 포인트

홍보는 언론사와의 인맥관계나 네트워크가 잘 되어 있다고 무조건 잘되는 것이 아니다. 보도자료는 언론사에서 뉴스로서의 가치를 느끼고 인정할 때 비로소 기사화되는 것이다. 따라서 보도자료를 매력적으로 작성하는 것이 매우 중요하다. 한편 홍보목표를 달성하기 위해서는 홍보활동에 대한 전략적인 접근방법이 발휘되어야 효과적인 홍보 효과를 기대할 수 있다. 홍보활동에서 가장 중요한 포인트는 잠재고객이라는 것을 잊어서는 안 된다. 현재 이벤트의 홍보활동이 어떻게 이루어지고 있는지 현황을 분석해 보고 실질적인 해결방안을 찾아보는 것이 필요하다.

1) 보도자료

(1) 보도자료의 개념

언론과의 커뮤니케이션의 첫 단계는 언론보도에 필요한 자료를 제공하는 것으로, 바로 보도자료의 작성과 배포이다. 보도자료는 말 그대로 뉴스 보도의 자료로서 뉴스나 기사 작성에 참고하는 자료라는 의미이다. 보도자료는 프레스 릴리즈(press release) 또는 뉴스 릴리즈(news release)라고도 한다. 이러한 뉴스 릴리즈는 언론에 뉴스나 관련 기사를 보도함으로써 홍보의 목적을 달성하는 언론홍보(publicity)의 자료원이라고 할 수 있다. 일간신문 및 인터넷신문의 상당 부분은 기자가 직접 취재한 것이 아니라 기업이나 조직체가 언론사에 제공하는 보도자료를 원천으로 하고 있다. 따라서 보도자료는 홍보담당자 입장에서 보면 뉴스 원천(news source)인 반면 언론사 입장에서 보면 정보원천(information source)을 뜻한다.

(2) 뉴스의 의미 및 중요성

홍보담당자는 뉴스나 기사의 원천이 되는 보도자료를 작성하기 위해 '뉴스(news)'가 무엇인지 확실하게 알아야 한다. 보도자료가 언론사의 뉴스 원천이 되지 못하면 언론사는 이것을 뉴스나 기사로 취급하지 않는다.

뉴스는 언론사에서 보도할 만한 가치가 있어 신문이나 방송에서 보도하는 것을 의미한다. 따라서 뉴스를 만들기 위해서는 TV를 시청하고 라디오를 청취하며 신문을 많이 읽어야 한다. 홍보담당자는 조직체에 대해 자세히 알아야 무엇을 뉴스 원천으로 채택해서 보도자료로 작성할지 판단할 수 있다. 일반적으로 이벤트 개최에서 보도자료의 소재로 삼는 내용은 이벤트 행사 개요, 사전 D-day 관련 행사, 홍보대사 선정, 자원봉사자 발대식, 이벤트 프로그램 내용, 홍보성 이벤트 퀴즈 등이다. 하지만 중요한 것은 언론사의 편집자가 이러한 내용이 뉴스나 기사로 보도할 만한 가치가 있다는 것을 납득해야 한다는 것이다.

보도자료는 적어도 다음과 같은 질문에 만족해야만 언론사에서 뉴스로서 가치가 있다고 평가한다.

- 보도자료의 내용이 이벤트 주최자나 이벤트와 관계없이 일반 독자에게 흥미를 주는가?
- 보도자료의 내용이 일반 독자에게 영향을 주는가?
- 보도자료의 내용이 새롭거나 특이한가?

이러한 관점에서 홍보담당자는 어떠한 내용이 뉴스로서 가치가 있는지 판별할 줄 알아야 훌륭한 보도자료를 작성할 수 있다.

통상 뉴스로서의 가치는 다음의 다섯 가지 원칙에 따라 결정된다.

- **영향성의 원칙**: 보도자료의 내용이 독자에게 얼마나 영향을 미칠 것인지에 대한 평가이다. 만일 보도자료의 내용이 독자나 시청자의 생활에 커다란 영향을 미치는 내용이라면 뉴스로 보도할 가치가 크다.
- **흥미성의 원칙**: 보도자료의 내용이 독자에게 얼마나 신기한 것인지 또는 흥미로운 내용인지에 대한 평가이다.
- **근접성의 원칙**: 보도자료의 내용이 독자의 주변 환경과 밀접하게 관련될수록 뉴스

로서의 가치가 높아진다. 만일 보도자료의 내용이 독자와 물리적 또는 심리적으로 멀리 떨어진 곳에서 발생한 일이라면 뉴스로서의 보도가치는 저하된다. 반대로 보도자료의 내용이 영향성이나 흥미성에서 가치가 낮다 하더라도 독자의 가까운 주변에서 일어난 일이라면 뉴스로서의 가치는 높아진다. 즉, 특정 지역 뉴스는 중앙 뉴스로서의 가치는 현저히 낮지만, 해당 지역민에게는 그 가치가 상당히 클 수 있다.

- 시의성의 원칙: 어떤 내용이 시간적으로 최신 소식인지를 평가하는 것이다. 아무리 뉴스 가치가 큰 사건이라 할지라도 며칠 또는 몇 주 후에 기사로 작성되면 뉴스로서 가치가 없다. 뉴스란 독자에게 항상 새로운 내용이어야 하기 때문이다.
- 저명성의 원칙: 독자에게 얼마나 알려진 내용인지에 대한 평가이다. 만일 보도자료가 독자나 시청자에게 널리 알려진 사람에 대한 내용이라면 뉴스 가치가 큰 것이다. 예를 들어, 지방자치단체의 시장 또는 군수는 해당지역의 저명인사이므로 그들의 활동이나 행동은 뉴스로서의 가치가 있다.

(3) 보도자료의 종류

보도자료의 형태와 종류는 활용 목적이나 상황에 따라 분류된다.

- 보도기사(straight news) 자료: 이벤트의 개최, 이벤트 조직의 인사발령, 국제행사 승인 등을 독자에게 알리는 보도자료이다.
- 기획/해설기사 자료: 특정한 주제에 관한 자료를 수집하여 특집기사나 기획기사처럼 보도자료를 작성하고 배포하는 경우이다. 특집기사나 기획기사로 게재할 만한 내용을 보도자료로 언론사에 제공하는 것이다.
- 캡션(caption) 자료: 이벤트와 관련하여 특징적이거나 관심을 유도하는 내용을 사진을 중심으로 배포하는 보도자료이다. 자세한 글보다 한 장의 사진 이미지가 더 큰 효과를 발휘할 때 사용된다. 사진을 싣고 효과를 높이기 위해 설명을 붙여서 제공한다.
- 피처스토리(feature story): 해당 사안보다는 읽을거리 위주의 화제 거리를 만들어 흥미를 유발하는 자료이다.
- 투고 및 칼럼(column): 전문가 투고 또는 칼럼과 같은 글은 보도자료만큼 효과를 기대할 수 없지만 일종의 보도자료로서 유사한 효과를 기대할 수 있다.

- **부정뉴스 자료:** 이벤트 주최자에 대한 부정적인 뉴스를 특정 언론사가 보도하려고 취재하고 있을 때 먼저 이에 대한 내용을 보도자료로 작성하면 부정적인 뉴스를 어느 정도 예방할 수 있다. 이벤트 주최자 또는 이벤트에 대한 특정 사안에 대해 특정 언론사가 보도하기 전에 보도자료를 통해 유사한 내용을 사전에 공표하고, 이를 통해 사건의 심각성을 희석시키는 방법이다.

(4) 보도자료의 구성요소

보도자료는 제목, 전문, 본문, 첨부자료, 기록사항 등으로 이루어진다. 구체적인 내용은 다음과 같다.

① 제목

보도자료의 제목은 타이틀(title), 헤드라인(headline)이라고 불리는데 보도자료의 가치를 결정할 만큼 중요하다. 따라서 제목은 언론에서 헤드라인으로 채택될 수 있게 작성하는 것이 좋다. 경우에 따라서는 부제(subtitle)가 붙는데, 주로 제목의 내용을 보완하는 형태로 작성한다.

제목은 기사를 요약해서 한눈에 파악할 수 있기 때문에 언론사는 주로 제목만 보고 내용을 판단하는 경우가 많다. 제목은 독자의 호기심을 유발하며, 지면을 장식하고, 뉴스 가치의 크기를 결정짓는다. 따라서 제목은 가능한 한 짧은 문장이어야 하고 핵심을 찔러야 한다. 또한 기사에 근거해야 하며 기사의 핵심을 간추린 것이어야 한다.

② 전문(前文)

전문은 보도자료의 전체 내용을 이끄는 글로서 간단히 설명한 요약문이다. 일반적으로 보도자료는 두괄식(頭括式) 형태로 작성되며, 이는 중요한 내용이 먼저 제시되고 점차 덜 중요한 내용으로 구성된 형태를 띠고 있다.

전문은 본문의 핵심 내용을 요약한 것으로 언론사의 흥미를 끌 수 있어야 한다. 중요도가 낮은 내용은 과감하게 본문으로 처리해야 한다. 전문은 기자나 독자를 본문으로 끌어들일 수 있도록 호기심을 자극해야 한다. 따라서 전문은 간결하고 명확하게 구어체로 작성하되 부정적이거나 불확실한 내용은 피하는 것이 좋다.

③ 본문

본문은 보도자료에 대한 자세한 내용을 말한다. 가능한 '6하 원칙'으로 작성된 기사 형태로 누가, 언제, 어디서, 무엇을, 어떻게, 왜 했는지 전체 내용을 자세히 서술한다. 본문도 간결한 문장으로 작성해야 하며, 기사 스타일로 쉽게 읽을 수 있도록 작성하는 것이 좋다.

본문은 보도자료의 본론으로서 주장하려는 내용이 잘 전달되어야 한다. 본문 작성 시 문장을 길게 쓰지 않도록 주의하며, 명료하게 단문 형태로 쓰는 것이 좋다. 사실을 정확하고 객관적으로 작성하되 내용이 차별화되도록 한다. 단락은 관점이 바뀔 때 나누어야 한다. 가능한 연결어, 수식어를 자제하면서 구어체(口語體) 문장으로 써야 한다. 특히 애매한 표현은 피하고, 이벤트 기사의 경우 행사 내용과 함께 관람객에게 미치는 영향이나 혜택을 강조하는 것이 좋다.

④ 첨부자료

보도자료에 첨부하는 자료는 없는 경우도 있지만, 설문조사나 연구 결과물과 관계된 보도자료에는 첨부자료가 따를 수 있다. 이는 1~2페이지의 보도자료에 모두 담지 못하는 자세한 내용으로서 첨부자료로 배포된다.

⑤ 기록사항

기록사항은 보도자료의 출처를 표기하는 것으로서 단체명, 주소, 홍보담당자명, 연락처(전화번호, 이메일 등) 등을 말한다. 또한 보도자료가 언제 누구에 의해 작성되었는지와 보도 희망시간을 포함한다.

(5) 보도자료의 전개과정

먼저 어떤 내용을 보도자료로 만들 것인지를 판단해야 한다. 그리고 보도자료가 언제 기사화되는 것이 좋은지 판단해야 하며, 이러한 계획이 완성되면 보도자료를 작성해서 언론사에 배포하는 과정을 거친다.

① 보도자료 개발

먼저 무엇을 보도자료로 개발할 것인지 소재를 찾는 것이 중요하다. 이벤트 주최자는 이벤트와 관련된 어떤 활동이 소비자에게 영향을 주고 언론이 관심을 보일 것이라고 판단하면 보도자료로 개발하는 것이 필요하다. 일반적으로 새로운 이벤트의 개최, 이벤트 D-day 행사, 개막행사, 저명인사의 출연, 흥미로운 프로그램, 세계 석학의 참여, 홍행 성공, 세계 최초 또는 최대의 콘텐츠 등이 소재로 개발된다.

② 보도시점의 파악

보도자료가 언제 언론사에 전달되는 것이 적절한지 보도시점을 고려해야 한다. 특히 지면이나 방송의 여유가 없는 대형 이슈(예: 선거철, 올림픽, 대형사고 등)가 연일 기사화될 경우에는 보도자료의 기사화는 쉽지 않다. 따라서 보도 지면의 여유가 많을 때를 선정하는 것이 중요하다. 또한 유사한 내용의 보도자료를 단기간에 여러 번 제공하는 것도 삼가는 것이 좋다.

③ 보도자료의 배포

보도자료가 완성되면 이를 언론사에 배포해야 한다. 예전에는 주로 팩스로 발송하거나 출력자료를 직접 전달하였지만 이제는 이메일로 작성해서 보내는 경우가 많다. 특히 기자설명회나 기자회견은 대개 보도자료를 현장에서 직접 제공한다.

(6) 보도자료 작성방법

보도자료의 작성방법은 조직체의 성격에 따라 다르다. 특히 많은 홍보 주체가 특별한 보도자료 양식이 없기 때문에 자신의 공문서 규격에 따라 작성하는 경우가 많다. 하지만 모든 서류는 일반적인 규격에 맞춰 작성해야 상대방이 쉽게 읽고 이해할 수 있다.

일반적으로 보도자료의 작성방법은 다음과 같다.

- 제목은 기사 제목으로 사용할 수 있도록 세련된 문장으로 작성한다.
- 간결하고 명확한 헤드라인이 되도록 제목을 붙인다.
- 전문은 두괄식 형태로 작성하며, 중요한 내용이 먼저 제시되도록 작성한다.
- 문장은 가능한 짧고 단순하게 구어체로 쉽게 쓴다.
- 독자의 관점에서 객관적이며 정직하게 써야 한다.
- 매체별 특성을 고려하여 작성해야 한다.
- 평범한 내용이라도 가능한 한 흥미를 유발할 수 있는 내용을 부각해서 쓴다.
- 보도자료 내용에 대하여 항상 출처를 밝힌다.

수많은 홍보 주체들이 보도자료를 통해 언론홍보를 하기 때문에 경쟁이 매우 심하다. 따라서 자신의 보도자료가 언론홍보로 가시화되기 위해서는 보다 경쟁력 있는 보도자료를 작성해야 한다.

경쟁력 있는 보도자료를 작성하기 위해서는 다음의 내용을 숙지하고 있어야 한다.

- 보도자료는 기자처럼 생각하고 작성하면 좋다.
- 보도자료를 독자와 편집자 위주로 작성해야 한다.
- 보도자료는 가능하면 1장으로 압축하고 자세한 내용은 자료로 첨부한다.
- 보도자료는 항상 자료원(조직체명, 홍보담당자, 연락처 등)과 보도 희망 일자 및 시간을 표시해야 한다.

(7) 홍보활동의 테크닉

언론은 최상의 홍보기관이다. 보도자료는 언론의 중요한 정보 원천이 되며, 언론은 보도의 목적으로 정보 원천이 필요하기 때문에 상호의존적인 관계이다. 따라서 언론과의 호의적인 관계를 유지하는 것은 보도자료를 기사화하는 데 유리하다.

언론관계에서 성공하기 위해서는 다음의 내용을 유의해야 한다.

- 언론에게 뉴스를 팔라.
- 기사화는 게이트키퍼(gatekeeper)에 달려 있다. 게이트키퍼는 커뮤니케이션의 관문을 지키는 사람이란 뜻으로 뉴스나 정보의 유출을 통제하는 사람을 가리킨다.
- 뉴스의 가치를 생각하라. 보도자료가 유명성, 신기성, 흥미성, 사회성, 최신성, 근접성의 요소를 얼마나 갖추었는지 살펴보라.
- 뉴스의 커뮤니케이션 창구는 단일화해라. 뉴스화하기 위하여 같은 언론 조직의 여러 창구를 상대하면 오히려 낭패를 볼 수 있다.
- 감추면 더 손해를 본다. 언론의 속성은 사회적 감시기능이다. 문제가 되거나 부정적인 부분을 감추려고 하면 할수록 언론은 관심을 가지고 파헤치려고 할 것이다.
- 나쁜 뉴스일수록 빨리 발표하라.
- 기자를 상대하는 요령을 숙지하라. 우선 정직해야 한다. 공식적인 정보를 제공하고 구걸식으로 기사를 요청하지 말아야 한다. 또한 기사 내용에 대한 시시비비를 가리려고 기자와 논쟁하거나 다투지 말아야 한다.

한편 다음과 같은 행동은 언론관계에서 실패를 야기할 수 있으므로 주의해야 한다.

- 간혹 보도자료를 통해 뉴스로 위장하여 광고를 하려는 행동
- 언론의 메커니즘(mechanism)을 무시하는 행동
- 정상적인 보도업무를 방해하는 행동
- 기사권을 침해하는 행동
- 광고 게재로 기사를 협박하는 행동

언론보도를 위한 퍼블리시티의 의사결정권은 언론사에 있다. 따라서 성공하는 퍼블리시티를 위해서는 먼저 뚜렷한 목적을 세워야 한다. 즉, 대상은 누구인가, 그들의 관심사는 무엇인가, 그들은 어떤 매체를 이용하는가, 기대효과는 무엇인가 등이 명확해야 한다. 또한 매체의 성격을 파악하고 매체에 따라 접근방식을 달리해야 한다. 매체와 평소 우호적인 관계를 유지하여야 하며, 매체에 대한 정보를 관리하고 있어야 한다.

보도자료 전달의 기술은 기사화에 있어 결정적이다. 먼저 보도자료를 전달하는 담당기자나 부서를 제대로 찾아야 한다. 또한 해당하는 모든 매체에 공평하게 제공하여야 한다. 매체에 따라 제공 여부를 나누는 것은 금물이다. 보도자료를 제공하는 시점에는 언론의 마감시간을 생각해야 한다. 타이밍을 놓치면 기사화하는 데 어려움이 발생하고 결국 보도되지 않을 수 있다. 적절한 전달 수단을 택해야 한다. 사안에 따라서 이메일로 발송하거나 기자회견을 통한 배포를 판단해야 한다.

2) 홍보활동에 대한 전략적 접근

(1) 홍보 타깃의 접근 전략

이벤트 주최자는 잠재고객별로 특화된 접근 전략을 고려해야 한다. 다양한 타깃에 맞는 콘셉트를 정교화하여 메시지를 개발하고 이를 통해 이벤트에 대한 친밀감 및 참여 의지를 강화하는 것이 필요하다. 예를 들면, 스토리텔링(storytelling) 마케팅을 이용한 다양한 접근으로 타깃별 메시지의 수용성을 극대화하는 것이다. 기본적으로 스토리텔링 마케팅을 이용하여 일반인의 이벤트에 대한 관심을 유도한다. 지역주민의 경우는 자긍심을 고취하는 메시지로 참여의식을 최대화할 수 있는 홍보 메시지를 개발해야 한다. 연령층에 따라 2030세대, 4050세대에 맞는 편익과 흥미요소를 강조하여 공략해야

한다. 또한 미디어는 이벤트 개최의 가치를 다양한 각도로 부각할 수 있는 정보를 제공해야 한다. 기업체는 기업 프로모션 측면에서 편익과 효과를 강조하고, 관광객에게는 매력 있는 관광 상품으로 부각시켜야 할 것이다.

(2) 언론사와의 전략적 공조

지역에서 개최하는 이벤트는 주로 지역 언론과의 공조체계를 구축하는 경우가 많다. 지역민을 대상으로 하는 이벤트는 문제가 없지만, 전국 또는 외래 관광객을 대상으로 하는 이벤트라면 중앙 언론과도 유기적인 연결체계를 구축해야 한다. 주요 언론사의 이벤트 개최지역 담당자를 대상으로 지속적인 언론 이슈를 창출하고 인적 네트워크를 구축해야 한다. 일부 중앙 언론은 지역별로 담당기자가 배정되어 있거나 현지에 파견되어 있다.

한편 대규모의 이벤트는 전국을 대상으로 홍보하기 위해 주관방송사를 선정하는 것도 필요하다. 보통 지방 국제박람회의 경우 주관방송사를 선정하여 홍보 효과를 극대화하고 있다. 주관방송사는 이벤트가 개최되는 기간을 전후로 집중적으로 홍보활동을 전개하여 홍보 효과를 높일 수 있다. 이벤트 개최 전에는 특집 프로그램, 기획 보도, 다큐멘터리, 성공 기원 행사 등을 편성할 수 있다. 이벤트 개최 중에는 현장에서의 개막식 중계, 생방송 보도, 뉴스 보도 등으로 행사 내용을 전달하여 방문객의 참여를 유도할 수 있다. 이벤트 개최 이후에는 이벤트에 대한 성과를 전달하여 차기 이벤트를 위한 좋은 이미지를 남겨야 한다.

(3) 통합적 마케팅커뮤니케이션

목표 타깃과의 접점을 극대화하기 위해서는 특정 매체 또는 일부 매체만을 활용하는 것은 효율적이지 못하다. 따라서 목표 타깃에 전방위로 홍보활동을 전개하기 위해서는 방송광고, 인쇄광고, 퍼블리시티, 옥외광고, 교통광고, 온라인광고, 프로모션 활동 등을 골고루 활용하는 것이 좋다. 매체 특성에 따라 인지도 제고, 정보 전달, 이미지 구축, 쌍방향 커뮤니케이션 등 필요한 홍보목표에 적합한 매체를 선택해야 한다.

(4) 단계별 목표수립에 따른 홍보활동

이벤트 개최기간을 중심으로 사전단계, 행사단계, 사후단계의 3단계로 나누어 단계별 핵심목표를 차별적으로 설정하여 운영하는 것이 효율적이다.

사전단계의 핵심목표는 이벤트에 대한 인지도 제고 및 관심 유발이다. 이벤트에 대한 소개 및 관심을 유도할 수 있는 내용으로 홍보활동을 전개한다. 주요 프로그램은 사전 이벤트, D-day 행사, 엠블럼 공개, 홍보대사 위촉, 퍼블리시티, 기자간담회, TV기획프로그램, 온라인 홍보, 서포터즈 운영 등을 활용한다. 이벤트의 사전단계가 행사단계와 6개월 이상의 시간 차이가 난다면 사전단계를 2단계로 나누어 세분화할 수 있다. 이때는 1단계인 인지도 제고 및 호기심 유발을 핵심목표로 하고, 2단계인 사전 붐업으로 기대감 조성 및 호의도 유발을 핵심목표로 전개한다.

행사단계의 핵심목표는 방문객의 참여 유도이다. 시간적으로는 이벤트 개최 15일 전부터 행사기간까지이다. 이때는 잠재고객의 태도를 행동으로 전환시키기 위해 집중적으로 홍보 및 광고활동을 전개해야 한다. 잠재고객은 이벤트 개최일 15일부터 7일 이전에 최종 참가 여부를 주로 결정하기 때문에 이때의 홍보활동은 방문객 유치에 결정적이다. 주요 프로그램은 매체광고, TV정보프로그램, 온라인 홍보, 현장 프레스센터 운영, 퍼블리시티 등을 활용한다.

사후단계의 핵심목표는 긍정적 평가 및 확산이다. 이벤트 목표가 제대로 달성되어 성공적인 행사로서 포지셔닝하는 것이다. 성공적인 개최는 차기 이벤트에 대한 기대감을 부여하고 방문객 유치에 대한 부담도 덜게 된다. 스폰서십이 필요한 이벤트는 스폰서 유치에 훌륭한 마케팅 자료로 활용할 수 있다. 주요 프로그램은 퍼블리시티, 인터뷰 등을 활용한다.

3) 홍보 마케팅의 개선방안

현행 축제 및 이벤트 과정에서 광고홍보의 문제점에 대해서 살펴보면 다음과 같다.

첫째, 광고홍보의 예산 편성은 순서상 맨 뒷전이 된다. 축제 예산을 편성할 때 공식행사, 전시 및 이벤트 프로그램, 현장 운영 등 실질적으로 축제 현장에 사용되는 비용을 우선 배정하다 보니 광고홍보비는 항상 뒷전에 편성될 수밖에 없다. 따라서 남는 예산이나 아주 적은 예산으로 광고홍보비를 편성하게 된다. 이는 현실적으로 축제 예산 규모가 작은 것에도 기인한다. 현재 개최되고 있는 지역축제의 예산 규모를 지방자치단체별로 살펴보면 1억 원 미만이 38.9%, 1~2억 원이 14.2%, 2~3억 원은 6.5%로 3억 미만이 전체의 59.6%를 차지하고 있다(〈표 11-5〉 참조).

〈표 11-5〉 **축제 예산 현황(2006년 기준)**

축제 예산	축제 수(개)	백분율(%)
10억 이상	24	2.0
9억 이상~10억 미만	5	0.4
8억 이상~9억 미만	11	0.9
7억 이상~8억 미만	13	1.1
6억 이상~7억 미만	12	1.0
5억 이상~6억 미만	27	2.3
4억 이상~5억 미만	35	3.0
3억 이상~4억 미만	43	3.7
2억 이상~3억 미만	77	6.5
1억 이상~2억 미만	167	14.2
1억 미만	458	38.9
미정/무응답	304	25.8
합 계	1,176	100.0

출처: 문화관광부(2007). 문화관광축제 변화와 성과.

둘째, 축제 예산이 축소되는 경우 홍보가 첫 번째 대상이 된다. 지역축제를 준비하는 과정에서 예산이 조정되는 경우가 있다. 다행히도 예산이 증액된다면 문제가 없지만 예산이 축소되는 경우에는 상당한 어려움에 봉착한다. VIP나 단체장이 참석하는 공식 행사 예산을 쉽게 줄일 수 있는가? 또는 관람객을 대상으로 하는 전시 및 이벤트 프로그램을 쉽게 축소할 수 있는가? 광고홍보는 눈에 조금만 덜 보이면 되므로 쉽게 예산에 칼을 대는 것이다. 그래서 광고홍보비는 주 대상이 아닌 보조 대상이 될 수밖에 없다.

셋째, 축제 결과 및 평가에서 문제가 있으면 대부분 홍보 탓으로 귀결된다. "이번 축제의 관람객 수가 목표에 미달한 것은 홍보가 잘 안 돼서 그래." "광고홍보팀에서 제대로 언론 방송에 홍보를 못하니까 사람들이 축제가 있는지도 모르지." "다른 축제는 홍보가 잘 돼서 성공한 거라고."라며 좋지 않은 결과에 대해 광고홍보에 지탄을 보낸다. 과연 광고홍보가 주된 이유로 축제의 실패를 가져 왔는가? 그래서 '홍보는 아무리 잘해야 본전이다.'라는 우스갯소리가 있는가 보다.

넷째, 광고홍보의 전문가 부재 및 이해도 부족이다. 많은 사람이 광고홍보를 너무 쉽게 생각하는 경향이 있다. 지역 언론 및 방송사와 평소 친분이 있거나 관계가 좋다면 여러 번 기사화할 수 있다고 생각한다. 언론과 방송의 특성을 모르고 하는 얘기다. 또한 광고홍보의 수단은 매우 다양하다. 4대 매체에서 온라인, 옥외매체, 언론홍보, 프로모션, 홍보물, 유관기관, 소규모 매체 등에 이르기까지 다양한 매체를 활용해야 한다.

그렇다면 여러 가지 어려움에 처해 있는 지역축제 광고홍보의 문제점을 단순히 예산이나 언론 및 방송사의 관계만 탓하고 있어야 하는가? 주어진 여건에서 최대한의 해결책을 찾아가는 몇 가지 방법이 있다.

첫째, 광고홍보 예산의 비중과 절대 금액에 따라 매체 종류를 선택하라. 광고홍보 예산이 여유가 있다면 타깃의 수용 범위가 넓은 대규모 매체를 활용하고, 절대 금액에 따라 광고홍보 매체의 우선순위를 결정해야 한다. IT의 급속한 발달로 인하여 인터넷은 광고홍보 효과가 높은 기존의 신문을 제치고 TV에 이어 두 번째로 그 효과가 높게 나타났다.

둘째, 광고홍보의 집행은 개최 시점 1개월에서 15일 전부터 집중하라. 조사 결과, 대부분의 관람객은 보통 개최 시점 일주일~15일 전에 관람 여부를 최종 결정하기 때문이다. 미리 몇 개월 전부터 광고홍보를 집행하는 것은 실질적인 방문 유도까지 이르기에는 효율적이지 못하다.

셋째, 축제의 독특하고 신선한 이슈(issue)를 발굴하라. 언론사와 방송사는 최초성, 특이성, 신선함, 이슈성이 있는 내용을 기사화하는 특성이 있다. 따라서 같은 내용을 절대 두 번 기사화하지 않는다. 심지어 다른 언론에서 조금이라도 먼저 실은 내용은 기사화하지 않는다. 그리고 일정한 간격을 두고 이슈를 하나씩 제공하라. 한 번에 많은 홍보거리를 주면 나중에 홍보할 것이 없어진다. 2002 오송국제바이오엑스포의 국내 최초의 20×50m의 거대한 '걸리버 인체탐험', 국내 최초 우주인 선발의 마라톤 측정시험에 '70대의 신세계 정재은 명예회장 참가'는 언론과 방송에서 자발적으로 기사화시킨 좋은 사례이다.

넷째, 소규모 매체 및 특수 매체를 활용하라. 일반적으로 기업은 상품이나 서비스를 판매하기 위하여 TV를 중심으로 많은 광고비를 연중 투여한다. 하지만 지역축제의 경우 예산의 한계가 있기 때문에 비싼 대중매체 광고보다 기사화 위주의 홍보활동에 집중해야 한다. 또한, 소규모 매체인 육교광고, 버스광고, 지하철광고, 포스터, 팸플릿, 플래카드 등을 활용하여 효율성을 제고하여야 한다. 고령대가야축제의 예를 들면, '명함 크기 홍보물'을 제작하여 보관 편의성을 높여 사람들이 쉽게 버리지 않게 하였다.

다섯째, 잠재 관람객이 많은 장소에서 사전 홍보 이벤트를 적극 활용하라. 보통 지역

축제는 해당 지역에 가야만 축제에 대한 홍보와 관심을 느낄 수 있다. 지역 주민만 끌어들일 것인가? 외래 관광객을 유인하기 위해서는 자기 지역을 벗어나 공략 지역에 가서 직접 홍보활동을 벌여야 하고, 그래야만 지역 축제에 대한 사람들의 관심도 유발하고 언론과 방송은 자발적으로 기사화할 것이다. 세계 최고(最古)의 금속활자인 '직지'를 소재로 한 청주국제인쇄출판박람회의 경우 서울에서 사전 직지체험행사를 개최하여 커다란 홍보 효과를 거두었다.

여섯째, 기업의 스폰서십(sponsorship)을 끌어들여라. 부족한 예산을 보충하기 위하여 기업의 스폰서십을 생각할 수 있다. 이전에는 연고 기업과 인맥을 통한 기업의 협찬을 받아 왔다. 하지만 기업의 경영 환경은 급속히 변화하고 심한 경쟁상태에 처해 있다. 따라서 이젠 기업들도 지원 개념의 단순한 협찬에서 벗어나 확실한 홍보 및 마케팅 효과가 있어야만 스폰서십에 참여한다. 월드컵이나 올림픽의 스폰서십에 참여하려는 기업들을 보면 쉽게 알 수 있다. 따라서 축제도 기업의 홍보 효과가 나타날 수 있는 프로그램을 제공해야 한다. 지속적으로 성공하는 축제는 기업의 스폰서십을 보다 쉽게 유치할 수 있다.

제12장

홍보마케팅 및 유치

1. 홍보활동

홍보 마케팅의 주요 활동은 언론홍보에서 시작한다. 언론홍보를 통한 기사화는 광고보다 신뢰도가 높으며, 유료의 광고와 달리 비용을 거의 부담하지 않고도 잠재고객에게 이벤트 메시지를 전달할 수 있기 때문이다. 하지만 언론홍보만으로 홍보목표를 충족시키기에는 부족하므로 다른 홍보활동을 전방위로 실시하여야 한다.

1) 언론홍보

(1) 퍼블리시티

퍼블리시티는 이벤트 주최자의 상품인 이벤트에 관한 정보를 미디어에 제공하여 그 정보가 미디어 입장에서 뉴스가치가 인정될 때 뉴스로서 게재 또는 방송되는 것을 말한다. 퍼블리시티는 주로 무료 형태로서 유료의 광고보다 경제적이고 신뢰도가 높아 이벤트 주최자가 홍보활동에서 가장 많이 활용하는 방법이다.

퍼블리시티와 광고의 근본적인 차이점은 다음과 같다.

첫째, 목적에서 광고는 본질적으로 판매 촉진이며, 퍼블리시티는 원래 공중에게 새로운 정보나 관심 있는 정보를 교육적으로 알리는 것이다.

둘째, 광고는 비용을 부담하는 반면, 퍼블리시티는 지불하지 않는다.

셋째, 광고 내용은 광고주가 임의로 통제할 수 있으나, 퍼블리시티는 뉴스나 정보제공자의 의사와 관계없다.

넷째, 광고는 광고주를 확인할 수 있으나, 퍼블리시티는 반드시 그렇지는 않다.

다섯째, 미디어의 업무 면에서 광고는 접촉대상이 광고부인 반면, 퍼블리시티는 편집국에서 담당한다.

여섯째, 광고는 광고면이나 광고시간대에 집행하지만, 퍼블리시티는 기사면이나 보도프로그램에서 다룬다. 따라서 정보에 대한 신뢰도는 퍼블리시티가 높은 편이다.

퍼블리시티에 제공되는 뉴스나 기사인 보도자료는 다음과 같은 종류가 있다.

첫째, 스트레이트 뉴스는 사실 중심의 뉴스를 전달하기 위한 보도자료를 말하며, 뉴스의 핵심을 앞부분에 두어 작성해야 한다.

동양일보

2010년 09월 15일(수)
01면 종합

15일 2010 제천국제한방바이오엑스포 개막식에 앞서 홍보도우미들이 도열해 엑스포 개막을 알리고 있다.

"무병장수의 꿈"…한방의 과거 · 현재 · 미래 체험

제천국제한방바이오엑스포 오늘 개막

한의약 분야 최초의 국제행사인 '제천국제한방바이오엑스포'가 14일 화려한 개막과 함께 오는 10월 16일까지 31일간의 대장정에 돌입한다.

충북도와 제천시가 공동 개최한 제천국제한방엑스포는 제천시 왕암동 2산업단지 일원에서 한의학의 우수성을 전 세계에 알린다.

'한방의 재발견'이라는 주제로 우리 민족이 발전시켜 온 침과 뜸, 경혈경락 등 과학화 · 산업화하는 한의학의 과거와 현재, 미래를 모두 체험할 수 있다.

내일 오전 9시 본격 개장

다양한 볼거리

상설전시장을 포함한 53만2000㎡의 행사장에 5만여명의 외국인을 포함해 100여만명의 관람객이 찾을 것으로 예상하고 있는 이 행사는 한방생명과학관과 미래한방관 등 다양한 볼거리가 준비돼 있다.

지난 6월 준공한 한방생명과학관에서는 한의학의 역사와 과학적 원리 등을 3차원 영상으로 배울 수 있고 미래한방관에서는 침과 뜸, 경혈경락, 한방신약, 최신 한방진단기기 등 한의학 분야의 연구성과와 미래 한의학의 방향을 한눈에 볼 수 있다

신기한 세계전통의학

엑스포 기간 세계전통의학관에서 아시아(8개국), 남미(4개국), 아프리카(3개국) 등 세계 15개국이 참가해 '무병장수의 꿈, 새롭게 열리다'라는 주제로 각국의 전통의학을 볼 기회가 마련된다.

세계전통의학관에는 북한의 고려학과 중국의 중의학, 인도 아유르베다, 일본 캄포의학, 베트남 월의학, 몽골의 몽의학을 비롯해 파키스탄, 네팔, 아르헨티나, 브라질, 콜롬비아, 페루, 세네갈, 말리, 가봉 등 세계 각국의 전통의학 및 대체의학이 소개될 예정이다.

추계 학술회의 개최

한의학 발전을 위해 행사기간 청풍리조트에서 국내 · 외 한의사들이 참여하는 학술회의가 개최된다.

국제학술회의는 [illegible]국제심포지엄(서울대 자연과학대)과 발효한약국제심포지엄(전통의약산업센터), 국제한약연구개발심포지엄(경희대 산학협력단), 국제통합중앙학술회의(대전둔산한방병원) 등 4개가 열린다.

또 국내회의로는 전국한의학학술대회(대한한의학회)와 한국약용작물학술심포지엄(한국 약용작물학회), 한방임상연구세미나(세명대 산학협력단), 우수한 약재감별연구세미나(대한한약협회) 등이 열려 한의학 발전 방안과 함께 전문가들의 정보 교류장이 될 전망이다.

한방 특화도시 발돋움

청풍명월의 고장으로 널리 알려진 제천은 조선시대부터 내려온 3대 약령시장의 한곳으로, 태백산맥 일대에서 생산된 60여 종의 약재를 유통하는 한방과 약초의 도시로도 유명하다.

제천시는 이런 점을 부각시키며 한방엑스포를 성공리에 마무리하고 명실상부한 한방특화도시, 의료존중휴양도시로 발돋움한다는 계획을 하고 있다.

제천시도 약초를 재료로 한 비빔밥인 '약채락'등 다양한 한방음식을 개발해 보급하는 등 '약초웰빙 특구'를 기반으로 하는 세계적 한방도시로 거듭나기 위한 도약을 준비하고 있다.

최명현 제천시장은 "한방바이오엑스포 기간 모든 열정을 바쳐 손님 모시기에 최선을 다하겠다"면서 諸만 시민의 지혜와 역량을 모아 성공저인 엑스포를 치르겠다"고 말했다.

〈제천/장승주〉

[그림 12-1] **스트레이트 뉴스 사례**

출처: 동아일보(2010. 9. 15.)

둘째, 기획기사는 뉴스 뒤의 뉴스를 발굴하여 정리하는 것으로 사회적 트렌드나 뉴스의 배경을 설명하는 자료를 말한다. 주로 기승전결 형식으로 작성해야 하며 기사의 양이 상대적으로 많은 편이다.

한방산업의 현재와 미래

"한의학 콘텐츠 개발… 요양 관광도시로 도약"

고부가 가치화 행정 · 농자재 지원 절실
한방 바이오엑스포, 차별화 전략 구상

화장품 · 음료 등 대표 브랜드 개발 필요
1차산업 탈피 대체의학 개발 눈떠야

[그림 12-2] 기획기사 사례

출처: 충청일보(2009. 6. 22.)

셋째, 피처(feature)기사는 사실보다 웃음과 눈물이 묻어나는 이야기로 잔잔한 감동을 전달하는 글이다. 주인공의 증언이나 체험이 핵심이며, 감동을 주는 휴먼 스토리로 구성된다. 예를 들면, 축제나 박람회의 자원봉사자(부부, 아버지와 아들 등)의 훈훈한 이야기 등이다.

충청매일

2010년 07월 05일(월)
01면 종합

성공 신화 창조 통해 '한방제천' 동력 탑재

2010제천국제한방바이오엑스포
2010 World Oriental Medicine-Bio EXPO in Jecheon, Korea

원쪽에서부터 한방엑스포조직위 배정원, 이상천, 신영하 부장, 이양식 운영본부장, 김재갑 사무총장, 강성택 기획본부장, 신철호, 김교영 부장, 김동학 팀장.

조직위, 주말도 반납한 채 관람객 유치 총력

9월 16일~10월 16일 제천 제2산단서 개최

전국돌며 284회 홍보 계획… 105만명 목표

'한방의 재발견'을 주제로 오는 9월 16일부터 10월 16일까지 31일간 충북 제천시 일원에서 열리는 '제천국제한방바이오엑스포'가 73일 앞으로 다가왔다.

한방엑스포는 한방의 모든 것을 보고 듣고 느낄 수 있는 세계 최초 한의학분야 축제로 전통의학의 과학화, 산업화, 세계화를 통해 한의약의 우수성을 전 세계에 알리게 된다. 청풍명월의 고장 제천은 예로부터 산간지방에서 채취 · 생산되는 우수한 한약재의 집산지로 널리 알려져 왔다.

유네스코 세계기록유산에 등재된 동의보감의 저술에 참여한 이정구 선생과 어의 이공기 선생의 고향으로 한의학 발전의 기틀이 된 고장이기도 하다.

이를 바탕으로 세명대 한의과대학과 한방병원, 한의학 연구소, 전통의약산업센터, 한의약 관련 업체가 집적된 전국 최고의 한방클러스터가 형성된 곳이다.

엑스포를 70여일 앞둔 조직위는 성공적인 개최를 위해 주말도 반납한 채 행사준비에 한창이다.

성공적인 개최를 위해서는 관람객 유치가 우선이다. 조직위 유치부(부장 고명수) 직원들은 105만명의 관람객 유치 목표를 갖고 현재까지 전국을 돌며 284회 유치활동을 펼치고 있다. 엑스포 시민홍보단도 이들과 함께 각종 전국단위 대회장을 돌며 엑스포 홍보에 열을 올리고 있다.

성공개최 두 번째는 입장권 사전예매율이다. 사업부(부장 배정원)는 입장권 예매를 위해 농협중앙회 충북지역본부를 비롯해 전국 1천800여 지점과 신한은행 970여 지점, 인터넷 사이트 티켓링크를 통해 다음 달까지 70만매 티켓 판매를 목표로 전념하고 있다.

이를 위해 조직위는 가수 장나라, 방송인 이상용, 서진규 박사 등을 홍보대사로 추대해 적극적인 엑스포를 알리고 있다.

또 지역에서는 민간단체 주도로 '시민 1티켓 갖기 운동'도 벌일 계획인 것으로 알려지고 있어 성공 엑스포에 시민들의 참여가 이어질 것으로 보고 있다.

특히 전시부(신철호, 신영하 부장)가 맡은 '명문한방병원관'유치는 그야말로 피말리는 홍보전을 펼쳤다.

당초 무료전시공간에서 자기 병원들의 홍보를 위해 몰려들 것이라는 예상과 달리 유명 한방병원들의 외면을 받으면서 어려움을 겼었다.

이에 전시부는 전국 한의대 병원과 한방병원을 방문해 한방엑스포의 중요성을 설명하고 한의약 분야의 최초 국제행사임을 강조하면서 이들의 마음을 열기 시작했다.

이 같은 노력으로 국내 최고의 경희대, 원광대, 자생한방병원, 하나한방병원, 대전대 둔산병원, 우보한의원, 세명대한방병원 등 7개 병원을 유치, 확정했다.

또 산업관에는 이수, 경남, 함소아제약 등 7개 업체와 (주)아토션생명과학을 포함한 5개 화장품 업계, 메디슨필립스코리아, 동아케어스 등 16개 의료기기업체가 장을 벌인다. NH한삼인과 한방발효법제(주)를 포함한 14개 식품업체, 중국, 파키스탄 등 17개 해외기업체 등 모두 59개 우량업체가 각종 전시를 하게 된다.

또한 이번 한방엑스포는 자원봉사로 성공을 예견한다. 운영부(부장 이상천)는 시민을 대상으로 행사장 일원에서 각종 봉사활동을 벌일 자원봉사자 1천여 명을 확정하고 차별화된 엑스포 봉사활동을 펼치게 된다.

이들 자원봉사자들은 1일 행사장에서 500여명이 나서 활동하게 된다.

김재갑 사무총장은 "제천시는 제천약초 웰빙특구와 WHO건강도시 지정과 함께 그동안 매년 펼쳐온 제천한방건강축제를 통해 '제천하면 한방, 한방하면 제천'을 떠올릴 수 있도록 다각적인 이미지를 심어 왔다"면서 "이번 한방엑스포를 성공리에 마쳐 제천을 한방특화와 의료관광 휴양도시로 부각시켜 지역의 새로운 동력으로 삼겠다"는 각오를 설명했다.

목성균 기자 sobak21@ccdn.co.kr

[그림 12-3] 피처기사 사례

출처: 충청매일(2010. 7. 5.)

넷째, 사진기사는 사진을 중심으로 뉴스를 전달하는 형식이다. 역동적이고 창의적인 사진이 핵심이며 간단하고 명료한 글로 작성한다.

朝鮮日報 2010년 03월 03일 수요일
A30면 사람들

제천엑스포 조직위 제공

"제천 엑스포 성공 기원" …한방약초 넣은 초대형 비빔밥 '2010 제천국제한방바이오엑스포' 조직위가 2일 서울 청계광장에서 엑스포 성공을 기원하며 전국 최대 규모로 한방약초약채락 비빔밥을 만드는 행사를 열었다. 제천 재경향우회 김명구 고문, 충청북도의회 이종호 의원, 제천시의회 강현심 의장, 제천시 엄태영 시장, 서울시 오세훈 시장, 충청북도 정우택 지사, 제천국제한방바이오엑스포 이수정 조직위원장, 홍보대사인 방송인 상용, 가수 장나라, 희망연구소 서진규 소장, 제천 재경향우회 김관석 수석부회장(사진 왼쪽부터)이 참여했다.

[그림 12-4] 사진기사 사례

출처: 조선일보(2010. 3. 3.)

(2) 기자회견 및 언론간담회

기자회견 또는 언론간담회는 담당 기자들을 특정한 시간과 장소로 초청하여 해당 이벤트와 관련된 내용을 중심으로 발표 및 보도자료를 제공하는 형태이다. 기자회견은 사전에 회견 내용, 회견방식, 일자, 시간, 장소, 초청 언론사 범위, 예산 등을 결정해야 한다. 또한 기자회견 시간에 따라 음료 또는 식사를 제공하고 자료, 기념품, 주차권 등을 제공해야 한다. 필요에 따라 기자회견 후 개별 인터뷰를 실시하는 경우도 있다. 참석하지 못한 매체를 대상으로 회견 후 보도자료(사진 포함)를 배포하는 것도 잊지 말아야 한다. 기자회견은 주로 이벤트 개최에 따라 기본계획 및 EI(event identity) 발표, 유명인 홍보대사 위촉 등의 이슈를 활용하기도 한다.

(3) 방송 프로그램

방송 프로그램은 기존 프로그램에 해당 이벤트에 대한 내용을 다루게 하여 전국적인 인지도를 높이는 데 활용한다. 뉴스 프로그램의 보도 시점은 주로 이벤트 개막식 및 폐막식이 대상이 된다. 교양 및 생활정보 프로그램은 행사 개최 이전에 이벤트의 내용을 중심으로 잠재고객의 관심은 물론 방문을 유도하도록 구성한다. 특히 지역에서 개최하는 경우에는 지역 네트워크 방송을 활용하는 것도 좋은 방법이다. 방송 프로그램은 타 매체에 비해 파급력이 높은 장점이 있지만, 일부 비용을 부담해야 하는 단점이 있다.

SBS-TV 〈저녁 8시뉴스〉

KBS-TV 〈무엇이든 물어보세요〉

[그림 12-5] 방송 프로그램 사례

출처: 2010 제천한방바이오엑스포 백서.

(4) 팸 투어 및 프레스센터 운영

팸 투어는 언론사를 대상으로 행사 장소로 초청하여 현장에서 펼쳐지는 이벤트 프로그램을 직접 보고 체험하게 하여 기사를 유도하는 방식이다. 주로 행사 개최 직전이나 행사 개최 중에 실시한다.

또한 행사 기간 중 효율적이고 정확한 행사 정보를 전달하기 위해 행사장 내에 프레스 센터(press center)를 마련하여 기자들을 대상으로 편의를 제공해야 한다. 프레스 센터에는 기사를 작성할 수 있도록 인터넷 라인, 노트북, 책상 및 의자, 행사 자료 등을 항상 비치하여야 한다. 또한 현장을 방문한 기자들에게 신속한 취재 지원 및 현장감을 전달할 수 있도록 프레스킷(press kit)이나 언론용 자료집을 제공한다.

[그림 12-6] **언론용 자료집 사례**

출처: 2010 제천한방바이오엑스포 백서.

2) 홍보제작물

(1) 홍보영상물

홍보영상물은 이벤트 주최자가 이벤트 홍보를 위해 영상 형태로 제작하여 활용하는 수단이다. 대부분의 이벤트는 홍보영상물을 제작하며, 이는 홈페이지, 방송매체, 옥외 전광판, SNS 등에 활용한다. 홍보영상물의 상영시간은 3~5분 이내로 가능한 한 짧게 만드는 것이 좋다. TV홍보용으로 사용할 경우 30~40초로 제작한다.

(2) 홍보인쇄물

홍보인쇄물은 이벤트 주최자가 사전 홍보용으로 가장 많이 사용하는 수단이다. 홍보인쇄물은 주로 사전 홍보용으로 제작하여 배포하거나 게재하는 용도이다. 홍보인쇄물의 유형은 포스터, 브로슈어, 팸플릿/리플릿, 전단지 등 다양하다.

포스터(poster)는 문자, 그림, 사진 등을 사용하여 대량으로 인쇄하여 벽면에 부착하는 형태이다.

브로슈어(brochure)는 이벤트에 대한 전반적인 내용을 수록한 책자로서 지질, 인쇄, 제본 등이 일반적인 소책자보다 고급스러운 것이 특징이다. 일반적으로 4×6배판, A4 사이즈 정도의 크기에 페이지 수가 많은 편이다.

포스터

브로슈어(표지 및 내지)

[그림 12-7] 홍보인쇄물 사례

출처: 2010 제천한방바이오엑스포 백서.

팸플릿(pamphlet)은 하드커버나 제본이 되지 않은 소책자를 말한다. 흔히 양면 인쇄된 낱장의 종이나 반(또는 1/3, 1/4)으로 접힌 것을 말하며, 보통 리플릿(leaflet)이라 불린다. 반으로 접힌 몇 장의 종이나 이를 간단한 책의 형태로 철한 것을 말하기도 한다.

전단지(flyer)는 낱장의 종이 인쇄물을 가리킨다. 현업에서는 아직도 일본어 '散らす'(지라스 – 뿌리다)라는 뜻에서 유래한 '찌라시'라는 말을 사용하기도 한다.

(3) 온라인 제작물

개최 이벤트에 대한 주요 이슈와 정보를 홍보용 콘텐츠로 제작하여 특집 페이지 형태로 구성한다. 홈페이지 방문자에게 적극적으로 개최 이벤트에 대한 다양한 소식을 전달하며 온라인 이벤트를 진행하여 지속적인 관심을 유도한다. 예를 들어, 웹툰, 플래시 애니메이션, 파워블로거, 갤러리 등이 있다.

1편(변비) 2편(비만) 3편(탈모) 4편(외국친구의 방문) 5편(아토피)

[그림 12-8] **웹툰 사례**

출처: 2010 제천한방바이오엑스포 백서.

3) 홍보성 이벤트

홍보성 이벤트(promotional event)는 개최할 이벤트에 대하여 언론을 통한 홍보나 잠재고객에게 홍보하기 위하여 실시하는 촉진활동이다. 가능한 언론 노출을 유도하거나 사람들의 관심을 모으기 위해서 홍보성 이벤트는 의미가 있거나 이슈가 될 수 있는 시기 또는 아이템을 활용해야 한다.

첫째, 숫자를 활용한 D-day 이벤트이다. 이벤트 개최 D-1년, D-100일, D-30일과 같이 의미 있는 날짜를 통해 관심도를 제고하는 방법이다. 지역 이벤트의 경우 해당 지역에서 실시하는 사례가 많으나, 잠재고객이 많은 대도시에서 실시하는 것도 좋은 방법이다.

둘째, 개최할 이벤트와 관련된 선포식 행사이다. EI, 엠블럼(emblem), 캐릭터/마스코트 등 신규 제작물을 선포식 소재로 활용할 수 있다.

셋째, 이벤트와 관련된 각종 위촉식 행사이다. 유명인, 연예인 등의 빅 샷(big shot)을 홍보대사로 위촉하는 경우 언론 보도를 유도할 수 있다. 또한 위촉식은 지역 출신 저명인사, 지역모임(향우회, 동호회), 지역주민 등 지역의 구성원을 활용하여 홍보단 또는 서포터즈(supporters)로 위촉하는 경우에도 해당된다.

D-200일 국내 최대 약채락비빔밥 행사

100만 번째 관람객 입장 이벤트

[그림 12-9] 홍보성 이벤트 사례

출처: 2010 제천한방바이오엑스포 백서.

넷째, 특별한 계기를 통하여 홍보활동을 할 수 있는 계기성 이벤트이다. 이벤트 개최 이전에 다른 이벤트 또는 축제에 참가하여 홍보물을 배포하거나 홍보부스를 설치하여 홍보활동을 전개하는 것이다. 계기성 이벤트를 할 경우에는 가능한 개최 이벤트와 유사한 표적대상, 인근지역에서 개최하고 있는 이벤트, 방문객이 많은 대규모 이벤트에 참여하여 홍보하는 것이 효율적이다.

2009전국새마을지도자대회의 홍보부스

[그림 12-10] 계기성 행사 사례

출처: 2010 제천한방바이오엑스포 백서.

4) 광고

광고는 이벤트 주최자가 예상 고객에게 이벤트에 대한 정보를 제공하거나 설득을 하기 위해서 유료의 대중매체를 이용하는 모든 활동이다. 광고 매체는 TV · 라디오 등의 방송 매체, 신문 · 잡지 등의 인쇄 매체, 온라인 광고, 옥외광고, 교통광고 등으로 구분된다. 최근에는 전통적인 4대 매체인 TV · 라디오 · 신문 · 잡지의 영향력은 낮아지고 있으며, 인터넷 · 스마트폰 등 뉴미디어(new media)의 영향력이 점차 높아지고 있다. 광고매체는 비용을 수반하기 때문에 홍보 예산의 규모에 따라 집행 매체를 경제성과 효율성 측면을 고려하여 선정하여야 한다. 예산의 여유가 있는 경우에는 고비용이나 효과가 높은 TV광고를 활용하며, 적은 예산인 경우에는 소규모 매체를 중심으로 활용하는 것이 효과적이다. 주어진 예산을 효율적으로 집행하기 위해서는 목표시장과 매체의 장단점을 고려하여 미디어 믹스(media mix)를 최적화하여야 한다(〈표 12-1〉 참조).

〈표 12-1〉 **광고매체의 장단점**

매체	장점	단점
TV	• 생생한 시청각 효과 • 매체 선호도가 높음 • 높은 매체 도달 범위	• 고비용의 광고비 부담 • 불특정다수에게 노출 • 짧은 노출시간으로 메시지 전달 한계
라디오	• 높은 빈도의 반복 노출 용이 • 저렴한 광고비 • 단기간의 제작기간	• 낮은 청취율 • 청각과 기억에만 의존 • 짧은 노출시간
신문	• 광범위한 노출 가능 • 많은 양의 정보 전달 • 지역적인 노출 통제	• 짧은 광고 수명 • 상대적으로 높은 광고비용 • 표적고객 선정이 어려움
잡지	• 오랜 광고 수명 • 이벤트 성격에 따른 표적화 가능 • 비교적 낮은 비용	• 광고메시지 변경이 어려움 • 독자들의 낮은 관심 • 고른 전달이 어려움
인터넷	• 젊은 계층 중심의 접근 용이 • 정보 수정 용이 • 대량 정보전달 가능	• 제한된 접근성 • 표적대상의 제한적 노출 • 사용자가 노출을 통제
모바일	• 실시간 정보 전달 가능 • 정확한 효과측정 가능 • 정확한 타깃팅이 가능	• 작은 광고화면으로 주목도 낮음 • 광고에 대한 소비자의 거부감 • 개인정보보호 침해 가능
옥외	• 높은 전파력과 노출빈도 • 특정지역 선정 가능 • 상대적으로 낮은 광고비용	• 메시지 정보량이 적음 • 효과측정의 어려움 • 장기간 게재조건으로 인한 비효율성

(1) 방송광고

방송광고는 전파를 이용한다는 점에서 전파광고라고도 한다. 방송매체의 유형은 TV, 케이블 TV, 라디오 등이 있다.

방송광고의 종류는 다음과 같다.

- **프로그램 광고**: 프로그램의 스폰서로 참여하여 본 방송의 전후에 방영되는 광고
- **토막광고**: 프로그램과 프로그램 사이의 광고이며, 스폿(spot)광고라고 함
- **자막광고**: 방송순서 고지(곧이어), 방송국명칭 고지(ID) 시 화면 하단에 방송되는 자막 형태의 광고
- **시보광고**: 현재 시간 고지 시 방송되는 광고
- **중간광고**: 프로그램 중간에 방영되는 광고

방송시간에 따라 시급이 나눠지는데 보통 SA, A, B, C의 4개 시급으로 구성된다. 가장 높은 시급인 SA급은 프라임 타임(prime time)으로 단가가 가장 비싸다. 또한 시급은 평일과 토요일, 일요일에 따라 약간씩 다르게 편성된다. TV광고는 광고 선호도가 가장 높은데 이는 전국적인 도달율이 높기 때문이다. 반면 라디오 광고는 광고비가 저렴하며, 청취자의 선별성이 높으므로 타깃 세분화에 효과적이다.

[그림 12-11] TV-CM 사례

출처: 2010 제천한방바이오엑스포 백서.

(2) 인쇄광고

인쇄광고는 종이를 이용하는 점에서 지면광고라고도 한다. 인쇄광고의 유형은 신문, 잡지 등이 있다. 신문광고는 매체 도달 범위가 넓고, 신문에 대한 신뢰도가 높으며, 배포지역이 명확하여 지역별 광고에 편리하다. 또한 광고 내용을 구체적이고 상세하게

전달이 가능하며, 독자 대부분이 장기간 정기구독자인 것이 특징이다.

신문광고의 분류는 다음과 같다.

- **성격별 분류**: 종합지, 경제지, 스포츠지, 지방지, 영자지, 대학지 등
- **게재면별 분류**: 기사 아래 광고, 보도란 광고(기사 속 정해진 위치에 게재)
- **크기별 분류**: 전면광고, 통광고(5단×37cm 등), 변형광고, 돌출광고

신문광고는 TV광고에 이어 두 번째로 선호도가 높았으나, 인터넷의 급속한 발전으로 인해 자리를 내어 주었다. 하지만 신문광고는 지역별 광고가 편리하기 때문에 지역 축제나 이벤트에 유용하게 활용되고 있다.

잡지광고는 타깃이 명확해 목표시장을 공략하는 데 효과적이며, 다른 매체에 비해 수명기간이 긴 편이다. 잡지의 종류는 여성지, 시사지, 연예지, 레저·스포츠지, 청소년지, 컴퓨터지, 경제·산업지 등 다양하다. 하지만 최근 인터넷의 영향으로 인해 잡지 구독자 수가 급속도로 줄어들어 여성지를 중심으로 폐간이 진행되고 있다.

신문광고(5단×37cm)

잡지광고

[그림 12-12] **인쇄광고 사례**

출처: 2010 제천한방바이오엑스포 백서.

(3) 인터넷광고

광의의 개념으로서의 인터넷광고는 이벤트 주최자가 인터넷을 이용하여 잠재고객에게 행하는 일련의 커뮤니케이션 활동이다. 이벤트를 홍보할 목적으로 이벤트 안내, 프로그램 소개, Q&A, 공지사항, 가입자 관리 등을 하고 각종 프로모션의 인터넷 마케

팅 활동을 전개한다. 반면, 협의의 개념으로서 인터넷광고는 특정 사이트에 광고용 배너를 개재하여 자신의 사이트 방문을 유도하는 광고행위로서 검색엔진이나 다른 사이트에 자신의 사이트를 하이퍼링크(hyperlink)시키고, 그 대가를 지불하는 것을 말한다. 인터넷광고의 특징은 웹사이트를 구축하여 광고 효과 측정이 효율적이고, 세분화된 타깃 광고가 가능하다는 것이다. 또한 정보를 편리하고 능동적으로 검색할 수 있어 소비자와 이벤트 주최자 간의 쌍방적 커뮤니케이션에 유리하다. 인터넷광고는 포털 사이트(portal site) 방문율이 대부분을 차지하는 구조이며, 블로그 및 SNS 카테고리가 활성화되고 있다. 인터넷광고는 쌍방향 커뮤니케이션의 강점을 지닌 뉴미디어로 급속하게 발전하면서 TV광고에 이어 2위의 영향력을 미치고 있다.

인터넷광고의 종류는 다음과 같다.

- **배너형**: 고정형, 애니메이션형, 인터랙티브, 동영상, 플로팅 등
- **검색형**: 검색광고, 검색+디스플레이광고
- **커뮤니티형**: 브랜드 커뮤니티, 블로그 등

인터넷광고의 접촉도는 젊은 계층은 물론 전 연령대로 점차 확산되고 있어 영향력이 증가하고 있다.

(4) 옥외광고

옥외광고(Out Of Home: OOH)는 불특정 다수의 사람을 대상으로 일정한 공간을 점거하여 반복해서 시각적 자극과 정보를 제공하는 광고물을 의미한다. 통상적으로 방송광고, 인쇄광고, 인터넷광고를 제외한 매체를 옥외광고로 분류한다. 「옥외광고물 등 관리법」에 의한 정의는 공중에게 항상 또는 일정 기간 계속 노출되어 공중이 자유로이 통행하는 장소에서 볼 수 있는 광고물로서 간판, 디지털 광고물, 입간판, 현수막, 벽보, 전단과 그밖에 이와 유사한 것을 총칭한다.

옥외광고의 특징은 다음과 같다.

- **고정성/상징성**: 일정 공간을 점유하고 있으며, 그 위치로 인해 지역의 상징이 됨
- **인지성**: 특정 지역에 고정되어 통행인에게 반복적인 노출로 인지도를 높여줌
- **지역 한정성**: 특정 지역에 게시하므로 해당 지역을 대상으로 소구할 수 있음

- **반복 소구성**: 일정 장소에 고정되어 비교적 장기간에 걸쳐 동일한 메시지를 전달
- **장기성**: 일반적으로 장기간에 걸쳐 지속적으로 게시함

옥외광고는 설치장소에 따라 옥상광고, 벽면광고, 야립광고, 돌출광고, 입간판광고로 구분된다. 제작구조에 따라 네온간판, 광고간판, 조명간판, 묘사간판, Flex간판, 전광판, 광고탑, 입간판으로 나뉜다. 옥상광고, 야립광고 등은 제작비가 높고, 집행기간이 긴 편이다.

육교 현판

홍보탑

[그림 12-13] 옥외광고 사례

출처: 2010 제천한방바이오엑스포 백서.

(5) 교통광고

교통광고는 교통수단의 내외부에 부착, 설치되거나 교통기관 및 이에 수반되는 부대시설을 이용하여 행해지는 각종 광고 형태를 총칭한다. 즉, 지하철 · 기차 · 자동차 · 버스 · 선박 · 항공기의 차체, 플랫폼, 정류장, 각종 설비를 이용하거나 교통기관 내에 설치된 간판이나 서비스로 제공되는 시설 등을 매체로 이용한 광고이다. 외국에서는 교통광고를 하나의 독립된 광고매체로 인정하고 있지만, 국내는 옥외광고의 한 분야로 포함시키고 있다.

교통광고의 종류는 다음과 같다.

① 차량광고

버스, 택시, 영상표출 차량을 이용한 광고를 말한다. 버스광고의 내부는 천장곡면 광고, 좌석시트커버 광고, 정거장 안내 광고 등이 있으며, 외부는 버스외부광고, 쉘터(shelter)광고, 정거장 표지판 광고, 노선 안내기 광고 등이 있다. 택시광고에는 택시표시등 광고, 택시외부 광고, 쉘터광고가 있으며, 그 외에 점보트론, 버스래핑(wrapping) 광고가 있다.

버스외부광고

택시쉘터광고

버스쉘터광고

[그림 12-14] 차량광고 사례

출처: http://www.especialgroup.com/70, http://m.blog.naver.com/admancho/60194825836, http://www.ckad.co.kr/ad_01/list_03.html

② 지하철광고

지하철광고의 종류는 차내광고, 차체광고, 역내광고로 자세한 내용은 다음과 같다.

- 차내광고: 천장걸이형(S형), 액자형(A형), 천장곡면 모서리형(B형), 출입문 상단광고(C형), 노선도광고, 출입문스티커광고 등

- **차체광고:** 전동차 외부광고
- **역내광고:** 와이드컬러(W/C), 실내 LED광고, 출구안내 표시판광고, 승차권 자동발매기광고, 역명광고, 포스터광고 등

지하철 차내 광고를 차내 전면 또는 반면을 일괄적으로 단독 광고주에게 제공하는 형태의 브랜드 트레인(brain train)광고가 있다. 이는 광고와 더불어 크리에이티브를 활용하여 아트 갤러리 형태로 연출할 수 있어 높은 주목도와 이슈거리를 만들 수 있다. 차내 전면을 활용하는 것을 'full car showing', 차내 반면을 활용하는 것을 'half car showing'이라고 한다.

[그림 12-15] **지하철광고 사례**

출처: http://blog.daum.net/busad21/30555

③ 철도광고

철도광고는 차내광고와 철도역사광고로 나눌 수 있다. 차내광고는 천장걸이형, 액자형(출입문 상 · 하단), 출입문 스티커광고 등이 있으며, 철도역사광고는 승강장 역명 표지판 광고, 승강장 입간판광고, 간이의자광고, 역사 내 와이드칼라(W/C), 역사 내 LED, TV박스 등의 형태가 있다.

KTX 래핑광고

역사 내 광고

[그림 12-16] **철도광고 사례**

출처: http://www.newsis.com/ar_detail/view.html?ar_id=NISX20130721_0012239080 &cID=10401&pID=10400, http://www.i-click.co.kr/

④ 고속도로광고

고속도로광고는 휴게소광고, 톨게이트광고, 기타광고로 구분된다. 휴게소광고는 휴게소표시 안내탑, 휴게소 조명탑광고, 하이네트(Hi-NET, 고속도로 종합정보시스템)가 있으며, 톨게이트광고는 정보판광고, 요금표지판광고 등이 있다. 기타 광고로는 육교현판광고, 전광판광고, 긴급전화대광고 등이 있다.

도로정보안내판 광고

톨게이트 전광판광고

[그림 12-17] **고속도로광고 사례**

출처: http://www.ad-info.co.kr/media_exw_108.php, http://www.kiad.co.kr/new/product/tollgate.asp

(6) 특수 광고

특수 광고는 정형화되지 않은 형태의 광고물을 말한다. 특수 광고의 매체로는 비행선, 키오스크(kiosk), 조형물, 상설부스형 등이 있다.

2010년 경포해수욕장

[그림 12-18] 비행선 사례

출처: 2010 제천한방바이오엑스포 백서.

2. 관람객 및 참가자 유치

홍보 마케팅 활동은 궁극적으로 관람객이나 참가자를 이벤트 현장에 참여시키는 것이다. 단순히 홍보활동만으로는 잠재고객을 이벤트 현장으로 유인하는 데 한계가 있다. 따라서 잠재고객을 이벤트 현장에 방문하도록 유인하기 위한 다양한 전략과 전술이 필요하다.

1) 참가자 초청

참가자 초청은 단체나 기업의 구성원, 회원, 고객, 유통업체(dealer), 협력업체 등을 대상으로 개최 이벤트에 초대하는 것을 의미한다. 초청 대상의 인원수가 적을 경우 모든 대상자를 초청할 수 있으며, 대상 인원수가 많을 경우에는 참가기준에 따른 초청 대상의 선정이나 추첨으로 결정할 수 있다. 참가자를 초청하는 경우는 주로 기업의 내부 고객행사, 딜러행사, 고객사은행사 등 이벤트 프로모션이 많으며, 컨벤션과 같은 회의 이벤트는 회원이나 관련 분야의 참가자 등록을 통해 이루어진다.

내부 고객 행사는 주로 목표 및 성과 달성과 관련된 행사를 대상으로 개최한다. 예를 들면, 우수 판매자에 대한 보상 및 시상을 하는 보험회사나 화장품회사의 연도상 행사를 들 수 있다. 공공기관에서도 우수한 성과를 달성한 기관이나 개인을 참가시켜 시상식을 포함한 다양한 행사를 개최하고 있다.

유통업체나 협력업체를 대상으로 실시하는 딜러행사는 신제품이나 신기술의 교육 및 전파, 실적 우수자 대상의 시상식, 인센티브 투어(incentive tour) 등이 있다. 특히 글로벌 기업들은 국내 · 외 딜러들을 초청하여 컨벤션 형태의 대형 행사를 개최하기도 한다.

회원이나 고객을 대상으로 하는 고객 이벤트 프로모션은 주로 기업이 주최한다. 기업은 신규고객 확보나 충성고객 유지를 위하여 주기적으로 고객대상 프로모션을 실시한다. 고객을 위한 이벤트는 문화행사, 공연행사, 투어행사, 견학행사, 특별행사 등 다양한 형태로 개최된다. 또한 초청고객은 우량고객이나 충성고객을 대상으로 선별하는 경우가 많다. 물론 신규고객 확보나 일반 고객의 충성도를 높이기 위해서 초청 대상에 포함할 수 있다.

2) 관람객 유치

이벤트 관람객을 유치하기 위해서는 먼저 타깃별 유치 목표를 설정하여야 한다. 일반적으로 관람객의 유형은 친구 및 가족 단위의 개별 관람객과 단체 관람객으로 나눈다. 단체 관람객은 학생 단체, 일반 단체로 나누기도 한다. 통상 관람객 유치 비율은 개별 관람객 40~50%, 단체 관람객 50~60%로 구성된다.

(1) 개별 관람객 유치

개별 관람객은 주로 가족, 친척, 친구, 연인, 개인 등의 형태로 행사장을 방문하는 형태이다. 일반적인 축제나 이벤트는 개별 관람객 유치를 비중 있게 다룬다. 단체 관람객은 자발적인 참여도 있지만 단체의 계획과 프로그램에 따라 참여하므로 자율적인 의사결정이 약하다. 반면 개별 관람객은 본인의 의지와 의사결정으로 참가하기 때문에 상대적으로 중요한 공략대상이 된다.

첫째, 타깃별로 체험형 프로그램을 개발하는 방법이다. 대부분의 축제나 이벤트의 경우 타깃의 범위가 넓다. 따라서 타깃을 세분화하여 해당 타깃의 욕구와 관심사를 고려한 홍보 메시지 전개와 이에 따른 유치를 활성화해야 한다. 예를 들면, 건강과 관련된 이벤트는 학생층, 2030세대층, 부모 대상, 장년 및 노년층으로 구분할 수 있다. 학생층을 대상으로 인체 여행, 건강 리더십 캠프 등의 건강 체험프로그램으로 유도할 수 있다. 2030세대는 피부, 몸매, 머릿결 등에 민감하므로 미용 및 다이어트 체험 프로그램을 준비할 수 있다. 부모는 항상 자녀의 건강을 걱정하므로 영·유아 부모 대상으로는 아토피·환경호르몬 등에 대한 유용한 정보를 제공하고, 수험생 자녀를 둔 부모 대상으로는 수험생을 위한 영양식 비법 정보 프로그램, 과체중 혹은 허약 체질의 자녀를 둔 부모 대상으로는 건강 관리법에 대한 프로그램을 마련하는 것이다. 장년층과 노년층은 성인병, 노화, 만성병 등에 대한 프로그램으로 집객을 유도할 수 있다.

둘째, 여행사와 연계한 관광 패키지 프로그램을 개발하는 방법이다. 가족 단위 관람객을 위한 가족사랑여행 프로그램, 친구·연인과 함께하는 테마여행 프로그램, 각 분야의 동호인들을 위한 동호회여행 프로그램 등 개별 관람객에 적합한 관광 패키지 프로그램에 개최 이벤트를 포함하여 개발한다. 조사에 따르면, 축제나 이벤트 방문객 중 63.4%가 주요 관광지를 경유하여 행사장에 방문하는 것을 선호하는 것으로 나타났으며, 이벤트만 관람하는 것을 선호하는 경우는 5.8%로 나타났다. 모든 연령대에서도 마찬가지로 주요 관광지를 경유하여 이벤트 행사장을 관람하는 것에 대한 선호도가 상대적으로 높게 나타나 가능한 이벤트와 인근 지역의 관광지를 연계하는 것이 필요하다.

셋째, 소비자 대상 프로모션 활동이 활발한 기업을 활용하는 방법이다. 기업은 고객을 유치하거나 충성고객으로 유지하기 위하여 고객 대상 프로모션 활동을 전개한다. 고객의 신규 가입을 위한 프로모션 활동이나 우량고객을 대상으로 프로모션 활동을 하는 기업들과 연계한 마케팅 활동이다. 예를 들면, 이벤트 주최자는 기업에 무료 초대권을 제공하고, 기업은 회원 또는 고객에게 웹진이나 홍보성 이메일 또는 메시지를 발송한다. 고객은 이벤트와 관련한 응모를 하고 추첨을 통해 당첨자에게 초대권이 증정된다. 이벤트 주최자는 일부 무료 초대권을 제공하는 대신 기업이 보유하고 있는 회원이나 고객에게 이벤트에 대한 홍보 기회를 제공받으며, 개별 관람객 유치 효과까지 기대할 수 있다.

넷째, 입장권과 연계한 다양한 혜택을 제공하는 방법이다. 입장권을 구매하면 일부 금액이나 전액을 상품권으로 증정하는 것이다. 유료에 따른 부담을 상품권으로 일부 보상하는 혜택을 제공하며, 행사장 내에서 상품권을 사용하기 때문에 더 많은 구매를 유도할 수 있다. 또한 행사장 주변의 상권 활성화를 위하여 할인혜택을 제공할 수 있다. 음식점이나 숙박업소를 대상으로 공식지정업소로 선정하고, 입장권을 제시하면 일정 비율의 할인혜택을 제공하는 방법이다. 방문객에게는 상품권이나 할인혜택을 통해 비용 절감 편익을 제공하고, 지역 상권은 방문객 체류 및 상권 이용을 통해 경제적 이익을 도모할 수 있다.

(2) 단체 관람객 유치

단체 관람객은 개인이 아닌 그룹 형태로 유치원, 학교, 동호회, 커뮤니티, 사회·종교단체 등 특정한 조직에 소속된 사람들의 집단을 말한다. 단체 관람객 유치는 개최 이벤트의 주제와 직·간접적 관련성이 높은 그룹을 공략 대상으로 선정해야 한다. 또한 해당 단체의 방문에 대해 혜택을 제공할 필요가 있으며, 입장료 할인, 기념품 증정, 안내 전담인력 제공 등 구체적인 혜택을 제시하는 것이 좋다.

지방박람회와 같은 대규모 이벤트에서는 주최자 내부에 유치전담반을 별도 부서로 설치하는 경우가 많다. 유치전담반은 대상별 접근 전략에 따라 체계적이고 적극적인 유치활동을 전개한다. 유치전담반의 구성은 이벤트 주최자의 책임자급이 총괄하며, 대행사에서도 지원업무를 담당하게 된다.

첫째, 오피니언 리더(opinion leader) 기관이나 단체를 대상으로 긍정 여론과 구전효과를 조성하는 방법이다. 일반적으로 정부기관, 전국 교육청, 교육 관련 총연합회, 언론사 등이 해당한다. 또한 개최 이벤트와 관련된 기관이나 단체를 대상으로 공략하는 것이 바람직하다. 예를 들면, 건강을 주제로 하는 이벤트는 건강에 관심이 많은 타깃층을 보유하고 있는 노인, 주부, 운동 관련 단체를 대상으로 유치활동을 전개하는 것이 바람직하다. 주요 단체에 공문이나 텔레마케팅을 통하여 개최 이벤트를 소개하며, 필요에 따라서는 직접 방문하여 협의한다. 전국적인 규모나 회원 수가 많은 단체를 우선 고려하는 것이 유리하다. 예를 들면, 대한노인회(8백만 명), 재향군인회(8백만 명), 평생학습기관(1천만 명) 등이다.

둘째, 초·중·고교 체험학습 프로그램을 유치하는 방법이다. 학생 단체를 유치하기 위해서는 교육청, 학교, 교육 관련 기관을 대상으로 이벤트 홍보와 교육적 효과에 대한 설득이 이루어져야 한다. 전국의 교육청은 초·중·고등학교를 관장하고 있으며, 각 학교는 학생들의 현장학습을 실시하고 있다. 해당 교육청을 통해 각 학교에 개최 이벤트에 대한 현장학습을 권장하는 공문을 하달할 수 있도록 지원을 받아야 한다. 초·

중 · 고 단체의 경우 직접 학교를 방문하여 개최 이벤트에 대해 안내함으로써 지속적인 관계 유지를 통해 방문을 유도하여야 한다. 초 · 중 · 고 관련 협의회를 대상으로 유치 활동을 고려할 수 있는데, 협의체로서는 전국 단위 학교장협의회, 초 · 중 · 고 교장협의회, 초등학교장협의회, 중고등학교장협의회 등이 있다. 필요에 따라서는 초 · 중 · 고 교장단을 대상으로 팸 투어를 실시하고 사전 예약을 유도할 수 있다. 대학생의 경우에는 이벤트 소재 관련학과 개설 대학을 중심으로 유치활동을 전개한다. 학교 홍보실 또는 학과장을 방문하여 개최 이벤트를 설명하고 단체 관람에 따른 혜택을 제시하는 것이 좋다. 이벤트 포스터를 대학교 및 학과에 부착하도록 요청하는 것도 좋은 방법이다.

[그림 12-19] 학교장 초청설명회 사례

출처: 2010 제천한방바이오엑스포 백서.

셋째, 공식여행사의 지정 및 인센티브를 제공하는 방법이다. 공식여행사는 개최 이벤트의 공식휘장 사용권을 가지고, 모객 실적에 따라 유치지원금을 지급받는다. 공식여행사들은 개최 이벤트를 필수로 한 여행상품 개발, 팸 투어, 여행상품 설명회 등의 활동을 하게 된다. 인센티브는 공식여행사 이외에 일반여행사에게도 적용할 수 있다. 여행사는 관광상품을 통해 관광객을 모집하기 때문에 개최 이벤트를 포함한 인근 지역을 활용한 패키지 관광상품을 개발할 수 있다. 여행사 입장에서는 패키지 관광상품을 통해 일반 관광객을 모집할 수 있으며, 추가로 개최 이벤트 주최자로부터 인센티브를 받게 된다. 예를 들면, 2013 대장경세계문화축전의 경우, 단체관람객의 유치보상금 지급률을 규모에 따라 차등을 두었는데, 내국인 관람객은 최고 35%, 외국인 관람객은 최고 50%까지 지급하였다.

넷째, 관련 분야의 기관이나 단체와 협력 기반을 구축하기 위하여 업무협약 및 스폰서십을 활용한 방법으로 공식 후원기업이나 업무협약(Memorandum Of Understanding: MOU)을 체결한 기업의 종사자를 대상으로 유치활동을 전개한다. 이를 위해서는 우선 공식후원기관을 선정한다. 후원기관은 정부기관(중앙 및 지방정부), 언론기관, 교육기관, 금융기관, 관광기관 등 유관기관이 대상이 된다. 후원기관에 따라 잠재고객들은 개최 이벤트에 대한 신뢰성을 갖기 때문에 가능한 유관기관을 다양하게 선정하는 것이 좋다. 때로는 일반 기업을 후원기관으로 선정하기도 하는데, 보통 협찬 또는 스폰서십으로 참여하는 경우가 많다. 후원의 의미는 금전적인 지원 개념이 아닌 대외적인 공신력을 제공하기 때문에 정부기관이나 비영리기관이 해당된다. 다음으로 업무협약을 체결한다. 교육청의 경우에는 교과과정과 연계한 현장학습을 협력한다는 내용이 포함된다. 금융권의 경우에는 전국망을 통한 입장권 판매에 대한 내용을 포함할 수 있으며, 사회단체의 경우에는 각종 행사에 개최 이벤트 홍보 및 입장권 구매 협력 등의 내용이 포함된다. 양해각서 체결기관이 많으면 많을수록 사전 입장권 예매 등의 다양한 지원을 받을 수 있다.

[그림 12-20] 단체 업무제휴협약 체결 사례

출처: 2010 제천한방바이오엑스포 백서.

(3) 해외 관람객 유치

첫째, 해외여행 네트워크 구축을 통한 관람객 유치 방법이다. 여행네트워크는 외래 관광객을 중심으로 국외 여행사와 국내 여행사가 연계되어 있다. 국외의 경우 일본, 중국, 동남아 등 근거리 해외 관람객을 대상으로 국외 소재 여행사를 활용한다. 국내의 경우 외래 관광객을 전문으로 상대하는 인바운드(in-bound) 여행사를 활용한다. 또한 한국일반여행업협회(KATA)를 통해 협력할 수 있는 여행업체 리스트를 확보하고 개최 이벤트를 연계할 수 있는 상품을 개발한다.

한편 해외에서 개최되는 관광설명회 및 관광박람회에 참가하여 홍보부스를 운영해 유치활동을 전개할 수 있다.

둘째, 국내 거주 외국인을 대상으로 유치하는 방법이다. 2015년 기준 국내 거주 외국인의 수는 174만 명에 달한다. 외국인과 관련된 국내의 주요 기관이나 단체인 주한 상공회의소, 외국인 고용기업, 다문화지원센터, 각 대학교 유학생 교류센터 등을 홍보 창구로 활용한다. 7만여 명에 이르는 주한 미군 및 미군 가족의 서비스 단체로 항공권, 렌터카, 여행 안내 등 각종 예약업무를 대행하고 있는 USO(United Service Organization)도 활용할 필요가 있다.

셋째, 해외 외교채널을 통해 관람객을 유치하는 방법이다. 한국관광공사 해외지사, 주한대사관, 주한해외관광청 등과 공조하여 개최 이벤트를 홍보하여 유치활동을 전개하는 것이다. 또한 국내의 지방자치단체들은 해외 도시와 자매결연 또는 우호협력을 맺고 있다. 이벤트 개최장소의 지방자치단체와 협력하여 관련 해외 도시에 이벤트에 대한 홍보 협조를 요청해야 한다.

3) 참가자 유치

참가자는 이벤트에 방문하는 관람객을 대상으로 전시, 홍보 또는 판매활동을 위해 참여하는 기관이나 단체 또는 기업을 의미한다. 이벤트 주최자는 개최 이벤트의 주제와 성격에 따라 참가자의 대상과 범위를 결정해야 한다. 이벤트 주제와 무관하거나 지나치게 상업적인 참가자로 구성하는 것은 자칫 이벤트의 목적이나 지향성에 위배되어 역효과를 불러일으킬 수 있다. 또한 다양한 참가부스는 이벤트 프로그램을 풍성하게 만들어 관람객의 만족도를 높일 수 있으며, 이벤트 주최자는 참가부스 덕분으로 일부 예산을 절감할 수 있다. 지역축제나 단기간 이벤트에서는 참가부스가 많지 않지만, 전시 이벤트나 박람회는 전시 참가자가 많이 필요하기 때문에 참가부스 유치가 중요한 업무이다.

참가자 유형은 크게 전시 참가자와 판매 참가자로 구분된다. 전시 참가자는 주로 정부기관, 공공기관, 단체, 기업 등이다. 공공성 기관이나 단체는 조직의 업무나 활동에 대한 홍보 또는 이해도를 제고하기 위한 목적으로 참가한다. 반면 영리성 단체나 기업은 조직의 제품이나 서비스를 홍보하고 궁극적으로 판매하기 위한 목적으로 참가한다. 판매 참가자는 주로 기업 또는 자영업자 등이다. 이들은 제품이나 서비스를 판매할 목적으로 참가하기 때문에 주로 주최자의 수익사업과 연관된다. 따라서 판매 참가자는 유료의 형태로 참가한다. 반면 전시 참가자는 유료 또는 무료의 형태로 참가하며, 유료의 경우에는 판매 참가자보다 상대적으로 적은 비용으로 참가하게 된다.

(1) 전시 참가자

전시 참가자를 유치하기 위해서는 전시 참가자의 입장에서 생각해야 한다. 즉, 이벤트에 참가하여 어떤 소득을 얻을 수 있는지, 소기의 목적을 달성할 수 있는지, 기회비용 부담은 없는지 등을 고려하여 기대성과 대비 참가에 대한 부담을 줄여 주는 것이 중요하다.

첫째, 혜택 제공을 통한 전시 참가자를 유치한다. 지역축제나 단기간 이벤트는 전시 참가자가 큰 부담은 없다. 하지만 전시형 이벤트나 박람회는 비용 측면 또는 장기간 운영 측면에 대한 부담을 갖게 된다. 먼저 참가자의 비용 부담을 최소화하기 위하여 부스 비용을 낮게 책정하거나 필요에 따라서는 수익이 없는 수준에서 비용을 책정한다. 또한 중소기업 및 벤처기업은 인력에 대한 부담이 크다. 기업의 인원수가 적기 때문에 참가 부스에 배치할 인력이 없을 수도 있다. 이에 주최자는 참가부스에 대한 운영인력을 지원해 주는 방법도 고려해야 한다. 장기간 운영할 경우에도 많은 부담을 유발한다. 이를 위해 3일, 5일, 10일, 전 기간 등 참가 기간을 선택할 수 있는 융통성을 발휘할 필요가 있다.

둘째, 대형기관 또는 대기업 위주로 전시 참가자를 유치해야 한다. 전시 참가자는 참가 의사를 결정할 때 어떤 기관 및 단체, 기업이 참가하는지를 살펴본다. 대외적인 공신력과 규모가 있는 조직이 많이 참가하면 할수록 전시 참가자의 유치는 수월해진다. 따라서 대형기관이나 대기업을 우선 유치 대상으로 선정하고 전시 참가자로서 확정하는 것이 중요하다. 참가 부스의 형태는 독립부스 또는 기본부스로 나뉘며, 독립부스와 기본부스가 적절한 비율로 구성되는 것이 바람직하다. 기본부스로만 구성될 경우 행사장이 초라해 보일 수 있다.

셋째, 국내외 유사 이벤트에 참가하여 홍보한다. 이벤트는 주제나 목표 타깃이 유사한 이벤트는 대부분 존재한다. 전시 참가자들은 일회성으로 참가하는 것보다 유사한 형태의 이벤트에는 반복적으로 참가하는 양상을 나타낸다. 따라서 개최 이벤트의 전시 참가자를 유치하기 위해서는 유사 이벤트에 직접 참가하여 이벤트 홍보 및 유치활동을 전개할 필요가 있다. 유사 이벤트에 대한 사전조사는 물론 전시 참가자에 대한 리스트를 확보하는 것이 중요하다.

넷째, 이벤트 주제와 관련성이 높은 전시 참가자 위주로 유치해야 한다. 관람객은 전시 부스를 이벤트의 프로그램으로 인식한다. 그러므로 이벤트 주제와 관련성이 없거나 전혀 다른 전시부스는 이벤트의 정체성을 상실하게 만든다. 전시 참가자를 선정할 때는 이벤트의 목적과 주제를 고려한 참가기준을 마련할 필요가 있으며, 이 기준에 적합한 전시 참가자를 유치해야 한다. 간혹 전시 참가자를 유치하는 과정에서는 참가 신청서에는 주제 관련성이 있는 내용으로 작성하지만 이벤트 개최 시점에는 전혀 다른 품목이 전시되거나 판매 목적으로 변질되는 경우가 있다. 이를 방지하기 위해서는 참가 신청서 또는 계약서에 전시 참가자의 의무와 규정을 명시하여야 한다.

(2) 판매 참가자

판매 참가자는 수익사업의 일환이다. 수익사업의 기본방침은 수익성과 공익성을 고려해야 한다. 관람객의 기호와 편의를 제공하는 차원에서 사업을 전개해야 영리추구로 인한 부작용을 방지할 수 있다. 또한 지역업체 또는 연고업체를 우선적으로 참여시키며 과도한 참가비 책정의 지양, 판매대상 중복 방지 등의 참가업체의 권익을 최대한 보장하는 운영방안을 마련해야 한다. 판매 참가자는 식음료판매시설과 휘장사업자로 나눌 수 있다.

식음료판매시설은 목표관람객을 기준으로 적정한 규모로 설정해야 한다. 또한 판매가격 및 품질의 수준을 보장하기 위하여 임대비용을 가능한 낮게 책정하는 것이 좋다.

휘장사업자는 보통 공식공급업자와 공식상품화권자가 있다. 공식공급업자는 공식휘장 및 마스코트의 사용 허가를 받고 이벤트에 필요한 소요 물자를 독점적으로 공급하며, 그 대가로 주최자에게 재화나 용역을 제공해야 한다. 공식상품화권자는 이벤트의 심벌, 로고, 마스코트, 엠블럼 등을 사용하여 기념품을 제조, 판매할 수 있는 권리를 부여받고 주최자에게 사용료를 지불한다.

찾아보기

인명

내용

저자 소개

사단법인 한국이벤트협회

사단법인 한국이벤트협회는 문화관광부 최초 등록 단체로서 이벤트 종사자의 권익보호와 실무 능력 및 기술 향상에 기여하는 데 설립목적이 있다.

법적 제도적 장치마련과 교육, 정보자료를 제공하는 데 있어 네트워크의 역할을 담당하며, 한국직업능력개발원 제2014-3223호에 의한 1급, 2급, 3급 이벤트 연출사 자격증의 발급과 검증을 실시하고 있다.

또한 한국이벤트산업 심포지엄 개최를 시작으로 문화콘텐츠를 창의적으로 생산하고 새로운 산업으로 성장시키는 데 핵심적 역할을 담당하고 있으며, 이벤트산업의 위상 정립에 최선을 다하고 있다.

–교재 편찬위원회 위원장
호서대학교 교수 정철상

이벤트 연출론
Event Directing Theory

2018년 2월 20일 1판 1쇄 인쇄
2018년 2월 28일 1판 1쇄 발행

지은이 • 사단법인 한국이벤트협회
편찬위원장 • 정철상
펴낸이 • 김진환
펴낸곳 • (주)학지사
04031 서울특별시 마포구 양화로 15길 20 마인드월드빌딩
대표전화 • 02-330-5114 팩스 • 02-324-2345
등록번호 • 제313-2006-000265호

홈페이지 • http://www.hakjisa.co.kr
페이스북 • https://www.facebook.com/hakjisa

ISBN 978-89-997-1498-6 93320

정가 25,000원

이 도서의 국립중앙도서관 출판시도서목록(CIP)은 서지정보유통지원시스템 홈페이지(http://seoji.nl.go.kr)와 국가자료공동목록시스템(http://www.nl.go.kr/kolisnet)에서 이용하실 수 있습니다.
(CIP 제어번호: CIP2018004839)